# 新
# 판례
# 행정법입문

홍정선

박영사

# 머 리 말

## [1] 이 책의 출간배경

「행정법 관련 판례에 접근하려는 사람들에게 도움이 되는 책」을 기대하면서 「신판례행정법입문」을 출간한다. 행정법 관련 판례에 대한 이해는 행정법의 이해에 직결되기 때문에 「신판례행정법입문」은 행정법에 관심이 있는 모든 사람들에게 유용할 것이라 생각한다. 오래 전 대학에서 행정법 강의를 시작할 때부터 저자 자신과 행정법을 공부하는 사람들을 위해 「신판례행정법입문」을 저술해야겠다고 마음먹었는데, 이제 와서야 그 뜻의 일부를 이루게 되었다. 오늘날까지 축적된 행정법 관련 판례의 내용이 행정법 전반에까지 미치고 있기 때문에, 「신판례행정법입문」의 발간이 가능하였다고 생각된다.

## [2] 수록한 판례

법원도서관의 「종합법률정보」에 나타나는 판례 전부를 대상으로 하면서, 「신판례행정법입문」이라는 책의 성격에 적합한 판례를 가능한 한 많이 수록하려고 하였다. 「신판례행정법입문」에서 특별행정법(행정법각론) 관련 판례는 수록하지 아니하였다. 그러나 특별행정법 영역일지라도 일반행정법(행정법총론)과 행정쟁송법에 관련 있는 판례라면, 물론 수록하였다.

## [3] 이 책의 편집

먼저 판례를 제시하고(□ 부분), 이어서 상당수의 판례에 [평설]을 가하였다. 판례 자체만으로 이해가 용이한 경우에는 [평설]을 가미하지 않았다. 그리고 여러 부분에서 판례모음을 두었다(예: 처분성을 긍정한 판례 모음, 처분을 변경하는 처분의 항고소송 대상 여부에 관한 판례 모음). 판례모음은 입문의 수준을 넘어 보다 심도 있는 학습을 하고자 하는 사람들에게 상당히 유익할 것이라 믿는다. 경우에 따라서는 판례의 이해를 위해 알아야 할 사항을 [참고]에서 설명하기도 하였다. □ 판례·[평설]·[참고]·판례모음 각각에서 중요하거나 기억을 요하는 용어는 고딕체의 글자로 표기하였다.

## [4] 판례와 법령의 최종반영 기준일

이 책에 수록한 판례 중 대법원판례는 2017. 12. 15.일자 판례공보에 게재된 것까지, 헌법재판소결정례는 2017. 12.에 선고된 결정례까지 반영하려고 하였다. 한편, 판례에서 구 법령이 적시되어 있는 경우에는 2018년 1월 1일을 기준으로 하여 현행 법령을 괄호안에 병기하기도 하였다.

## [5] 제작비 · 책값의 절감

「신판례행정법입문」의 원고를 처음 조판했을 때, 그 쪽수가 거의 700쪽에 달하였다. 「신판례행정법입문」이라는 책의 성격에 비추어 그 쪽수가 지나친 것으로 판단되었다. 이 때문에 내용의 일부를 줄이고, 아울러 판례모음을 폐기할까 하는 생각까지 하였지만, 그럴 수는 없었다. 다행히 출판사 박영사의 협조로 판례모음을 박영사 자료실에 비치하고, 「신판례행정법입문」의 독자들이 QR코드를 통해 접속할 수 있도록 하였다. 이로서 「신판례행정법입문」의 성격도 살리면서 출판비용(책값)을 줄일 수 있을 것이라 생각한다.

## [6] 「공직자 주식백지신탁법」의 소개

머리말을 이용하여 저자가 금년 초에 출간하는 「공직자 주식백지신탁법(초판)(박영사 간)」을 소개하고 싶다. 이 책은 공직윤리법상 주식백지신탁제도를 내용으로 한다. 고위공직자의 임용이나 선출직 공무원의 선출과정에서 빈번히 문제되는 주식백지신탁제도에 대한 독자들의 이해를 돕기 위해 집필하였다. 저자가 과거 「주식백지신탁 심사위원회 위원장」으로서 경험하였던 바가 집필에 많은 도움이 되었다. 이 책은 3개의 PART(PART 1. 주식백지신탁제도의 법리, PART 2. 직무관련성 심사방법, PART 3. 직무관련성 심사사례연습)로 구성되어 있다. PART 2. 직무관련성 심사방법 부분은 최근 중요문제가 된 공직자의 부패행위와 관련된 직무관련성 유무의 판단 기준으로 활용될 수 있을 것이다. 이 책은 공직자 주식백지신탁에 관한 국내 최초의 문헌으로서, 공직자 주식백지신탁제도의 전반적인 이해에 많은 도움을 줄 것으로 생각한다.

## [7] 감사의 말씀

끝으로, 원고의 검토 · 보완 · 교정에 도움을 준 부산대학교 법학전문대학원 방동희 교수에게 감사의 마음을 전한다. 이 책을 출간해주신 박영사 안종만 회장님, 편집과 교정을 맡아준 박영사 김선민 부장님께도 감사하면서.

2018년 1월 1일
우거에서
홍 정 선 씀

# 목  차

## 제 1 부   일반행정법(행정법총론)

### 제 1 장   행 정 법

제 1 절   행정법의 의의 ·······················································································3
  [1] 공익 ······································································································3
  [2] 통치행위 ······························································································4
  [3] 공법과 사법 ························································································5
제 2 절   행정법의 법원 ·······················································································7
  [4] 행정법에 대한 헌법상 원리 ·······························································7
  [5] 행정법의 법원의 종류 ········································································9
  [6] 행정법의 법원 사이의 관계·효력·해석 ·········································18

### 제 2 장   행정법관계

제 1 절   행정의 주체와 행정법관계의 종류 ·····················································25
  [7] 행정의 주체 ······················································································25
  [8] 행정법관계(행정상 법률관계)의 종류 ···············································26
제 2 절   행정법관계의 내용(공권·공의무) ·······················································28
  [9] 개인적 공권 ······················································································28
제 3 절   행정법관계의 발생·변경·소멸 ·····························································38
  [10] 공법상 사건, 사무관리·부당이득 ····················································38
  [11] 사인의 공법행위 ··············································································43

# 제 3 장  행정의 행위형식

제 1 절  행정입법(헌법 제75조, 제95조) ·············································· 54
　　　[12] 법규명령(위임명령·집행명령) ············································ 54
　　　[13] 행정규칙 ······································································· 72
　　　[14] 입법형식과 규율사항의 불일치 ··········································· 80
제 2 절  행정계획 ··············································································· 84
　　　[15] 행정계획 일반론 ·························································· 84
　　　[16] 행정계획의 통제 ·························································· 87
제 3 절  행정행위 ··············································································· 91
　　　[17] 행정행위의 관념 ·························································· 91
　　　[18] 행정행위의 내용 ························································· 103
　　　[19] 행정행위의 적법요건 ··················································· 122
　　　[20] 행정행위의 효력 ························································· 133
　　　[21] 행정행위의 하자 ························································· 137
　　　[22] 행정행위의 폐지와 실효 ··············································· 151
　　　[23] 행정행위의 부관 ························································· 160
제 4 절  그 밖의 행위형식 ··································································· 169
　　　[24] 공법상 계약 ······························································· 169
　　　[25] 공법상 사실행위(행정지도)(절차법 제48조~제51조) ·················· 173
　　　[26] 사법형식의 행정작용 ··················································· 175

# 제 4 장  행정절차·행정정보

제 1 절  행정절차(헌법 제12조 제1항) ···················································· 179
　　　[27] 행정절차상 당사자의 권리 ·············································· 179
　　　[28] 행정절차상 하자 ························································· 186
제 2 절  행정과 정보 ·········································································· 188
　　　[29] 개인정보자기결정권(정보상 자기결정권)
　　　　　 (헌법 제10조, 제17조 등, 정보법) ································· 188
　　　[30] 정보공개청구권(헌법 제21조 등, 공개법) ···························· 190

# 제 5 장  행정의 실효성확보

제 1 절  행정벌 ·········································································································· 210
　[31] 행정형벌 ······································································································ 210
　[32] 행정질서벌(질서법) ················································································· 215
제 2 절  행정상 강제집행과 즉시강제 ······················································· 218
　[33] 행정상 강제집행(행집법) ······································································ 218
　[34] 행정상 즉시강제(경찰관직무집행법) ·················································· 233
제 3 절  행정조사 및 기타 수단 ··································································· 235
　[35] 행정조사(조사법) ···················································································· 235
　[36] 기타 실효성확보수단 ············································································· 238

# 제 6 장  국가책임법(손해배상·손실보상)

제 1 절  국가배상제도 ·················································································· 251
　[37] 국가배상법 일반론 ················································································ 251
　[38] 위법한 직무집행행위로 인한 배상책임 ·············································· 255
　[39] 영조물의 하자로 인한 배상책임 ························································· 289
제 2 절  손실보상제도 ·················································································· 300
　[40] 손실보상제도 일반론(헌법 제23조 제3항) ········································ 300
　[41] 손실보상청구권의 성립요건(헌법 제23조 제3항) ····························· 303
　[42] 손실보상의 내용 ···················································································· 311
　[43] 손실보상의 절차와 권리보호 ······························································ 316
　[44] 국가책임제도의 보완 ············································································· 324

# 제 2 부  행정쟁송법

# 제 1 장  행정심판법

　[45] 일반론 ········································································································ 337
　[46] 행정심판법 ······························································································· 342

# 제 2 장   행정소송법

제 1 절   일반론 ·········································································· 354
    [47] 행정소송의 의의와 한계 ··············································· 354
제 2 절   항고소송 ········································································ 358
  제 1 항   취소소송 ····································································· 358
    [48] 취소소송 ······································································· 358
  제 2 항   무효등 확인소송 ························································· 456
    [49] 일반론 ··········································································· 456
    [50] 기타 ············································································· 460
  제 3 항   부작위위법확인소송 ··················································· 461
    [51] 부작위위법확인소송의 소송요건(본안판단의 전제요건) ··········· 461
    [52] 기타 ············································································· 465
  제 4 항   무명항고소송(법정외 항고소송) ······································ 468
    [53] 유형별 검토 ··································································· 469
제 3 절   당사자소송 ····································································· 471
    [54] 당사자소송 일반론 ························································· 471
제 4 절   객관적 소송 ···································································· 475
    [55] 민중소송 ······································································· 475
    [56] 기관소송 ······································································· 476


판례색인 ····················································································· 477
사항색인 ····················································································· 490

# 판례 QR코드 목차

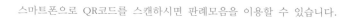
스마트폰으로 QR코드를 스캔하시면 판례모음을 이용할 수 있습니다.

QR 1. 통치행위 관련 판례 모음 ·················································· 5
QR 2. 신뢰보호원칙의 요건 관련 판례 모음 ·································· 14
QR 3. 신뢰보호원칙의 위반 여부에 관한 판례 모음 ····················· 15
QR 4. 침익적 부진정소급효를 인정한 판례 모음 ·························· 20
QR 5. 침익적 진정소급효를 인정한 판례 ···································· 20
QR 6. 행정상 사법 관계(국고관계)로 본 판례모음 ······················ 27
QR 7. 반사적 이익으로 본 판례 모음 ········································· 29
QR 8. 경쟁자소송을 긍정한 판례 모음 ········································ 33
QR 9. 사실로서의 신고 ·························································· 46
QR 10. 수리를 요하는 신고로 본 판례 모음 ································ 49
QR 11. 제재(위법)의 승계 ······················································ 51
QR 12. 수리를 요하는 행위로 본 판례에 대한 비판적 검토 ··········· 53
QR 13. 법규명령에서 법규의 의미와 집행명령의 예 ···················· 54
QR 14. 규제 대상별 구체성·명확성 요구 정도의 상이에 관한 판례 모음 ········ 60
QR 15. 하자있는 법규명령에 따른 행정행위의 효과에 관한 판례 모음 ·· 66
QR 16. 고시형식의 법규명령에 관한 대법원 판례 모음 ················· 82
QR 17. 고시형식의 법규명령에 관한 헌법재판소 결정례 모음 ········· 82
QR 18. 행정작용 중 행정행위가 아니라는 판례 모음 ··················· 93
QR 19. 불확정개념의 해석을 재량으로 본 판례 모음 ··················· 97
QR 20. 효과재량설에 따라 재량행위로 본 판례 모음 ·················· 101
QR 21. 특허로 본 판례 모음 ·················································· 113
QR 22. 재건축조합설립인가처분의 성격 ····································· 113
QR 23. 재량행위로 본 판례 모음 ············································· 114
QR 24. 종래의 판례상 기재·정정·말소행위의 처분성이 부인된 사례 모음 ····· 118
QR 25. 하자의 승계를 인정한 판례 모음 ···································· 148
QR 26. 하자의 승계를 부인한 판례 모음 ···································· 148
QR 27. 직권취소가 가능하다고 한 판례 모음 ···························· 153

QR 28. 공법상 계약을 당사자소송의 대상으로 본 판례 모음 ······························ 172
QR 29. 대집행을 위한 공익상 요청이 있다는 판례 모음 ······························ 221
QR 30. 대집행을 위한 공익상 요청이 없다는 판례 모음 ······························ 221
QR 31. 행정조사의 실체법상 한계에 관한 판례 모음 ································· 234
QR 32. 사익보호성을 긍정한 직무관련 판례 모음 ····································· 260
QR 33. 사익보호성을 부정한 직무관련 판례 모음 ····································· 260
QR 34. "집행하면서"로 본 판례 모음 ··················································· 260
QR 35. 과실 유무에 관한 유형별 판례 모음 ··········································· 261
QR 36. 처분성을 긍정한 판례 모음 ···················································· 367
QR 37. 처분성을 부정한 판례 모음 ···················································· 367
QR 38. 처분을 변경하는 처분의 항고소송 대상 여부에 관한 판례 모음 ········ 367
QR 39. 교원의 임용 관련 행위의 처분성 여부에 관한 판례 모음 ··············· 367
QR 40. 제소기간 관련 판례 모음 ······················································· 403
QR 41. 심판제기를 요하는지 여부에 관한 판례 모음 ······························ 407
QR 42. 권리보호의 필요를 부인한 판례 모음 ········································· 418
QR 43. 권리보호의 필요를 긍정한 판례 모음 ········································· 418
QR 44. 회복하기 어려운 손해를 긍정한 판례 모음 ································· 424
QR 45. 입증책임(증명책임)에 관한 판례 모음 ········································ 432
QR 46. 기본적 사실관계의 동일성을 부정한 판례 모음 ···························· 435
QR 47. 기본적 사실관계의 동일성을 긍정한 판례 모음 ···························· 435
QR 48. 취소소송에서 일부 취소를 긍정한 판례 모음 ······························ 440
QR 49. 취소소송에서 일부 취소를 부정한 판례 모음 ······························ 440
QR 50. 기속력에 반하지 않는 재처분 관련 판례 모음 ····························· 449
QR 51. 무효등 확인소송에서 권리보호의 필요의 유무에 관한 판례 모음 ········ 457
QR 52. 무효등 확인소송에서 확인의 이익의 유무에 관한 종전 판례 모음 ······ 458
QR 53. 의무이행소송(이행소송)을 인정하지 아니하는 판례 모음 ·················· 468
QR 54. 당사자소송 관련 판례 모음 ···················································· 474
QR 55. 민중소송 관련 판례 모음 ······················································· 475
QR 56. 기관소송 관련 판례 모음 ······················································· 475

# 법령약어

| | |
|---|---|
| 공개법 | 공공기관의 정보공개에 관한 법률 |
| 공표법 | 법령 등 공포에 관한 법률 |
| 국배법 | 국가배상법 |
| 국정법 | 국가재정법 |
| 국징법 | 국세징수법 |
| 민법 | 민법 |
| 부공법 | 부동산 가격공시에 관한 법률 |
| 절차법 | 행정절차법 |
| 정보법 | 개인정보 보호법 |
| 조사법 | 행정조사기본법 |
| 지정법 | 지방재정법 |
| 질서법 | 질서위반행위규제법 |
| 토상법 | 공익사업을 위한 토지 등의 취득 및 보상에 관한 법률 |
| 행소법 | 행정소송법 |
| 행심법 | 행정심판법 |
| 행집법 | 행정대집행법 |
| 헌법 | 헌법 |
| 헌재법 | 헌법재판소법 |

# 제1부

# 일반행정법
# (행정법총론)

*Administrative Law*

# 제 1 장

# 행 정 법

## 제 1 절 행정법의 의의

### [1] 공익

① 원심이 이건 워커힐관광, 써비스 제공사업을 한국전쟁에서 전사한 고 워커 장군을 추모하고 외국인을 대상으로 하여 교통부 소관사업으로 행하기로 하는 정부방침 아래 교통부 장관이 토지수용법 제3조1항3호 소정의 문화시설에 해당하는 공익사업으로 인정하고 스스로 기업자가 되어 본건 토지수용의 재결신청을 하여 중앙토지수용 위원회의 재결을 얻어 보상금을 지급한 사실을 인정하였음은 정당하고, 사실관계가 이렇다면 본건 수용재결은 적법유효한 것이라 할 것이다(대판 1971. 10. 22, 71다1716).

② 공공이익의 비교형량을 함에 있어서는 공공이익 자체의 객관적 가치평가뿐만 아니라 행정처분의 경위와 그 과정, 다시 말하자면 그에 따른 일련의 연속된 처분인가, 또는 기존의 처분을 변경하는 처분인가 여하에 따라 공공이익에 대한 가치평가도 달라져야 할 것이고, 또 행정의 독립성과 관련하여 행정청이 최초로 행정처분을 하면서 어느 쪽의 공공이익을 더 중요한 것으로 판단하였는가 하는 문제와 일단 행정청이 어떤 쪽의 공공이익을 더 중요한 것으로 판단한 후 법원이 그 판단에 관하여 재량권의 범위 내인가 아니면 재량권의 남용인가 하는 심사를 할 때의 문제를 구별하여 그 판단기준을 달리하여야 할 것이다(대판 1990. 4. 27, 89누4093).

[평설] 행정법은 공익(공공이익) 실현을 목표로 한다. 공익이 무엇인가를 정의하기는 어렵다. ①이 워커힐관광, 써비스 제공사업을 문화시설에 해당하는 공익사업으로 판단

하였던 것이 과연 정당하였는가에 관해 의문을 제기하는 시각도 있다. 한편, 공익은 사익과의 충돌도 문제되지만, 여러 공익 사이의 충돌도 문제된다. ②는 후자의 문제에 대한 해결방법을 제시하고 있다.

## [2] 통치행위

① 일반사병 이라크파병결정은 대통령이 파병의 정당성뿐만 아니라 북한 핵 사태의 원만한 해결을 위한 동맹국과의 관계, 우리나라의 안보문제, 국·내외 정치관계 등 국익과 관련한 여러 가지 사정을 고려하여 파병부대의 성격과 규모, 파병기간을 국가안전보장회의의 자문을 거쳐 결정한 것으로, 그 후 국무회의 심의·의결을 거쳐 국회의 동의를 얻음으로써 헌법과 법률에 따른 절차적 정당성을 확보했음을 알 수 있다. 그렇다면 이 사건 파견결정은 그 성격상 국방 및 외교에 관련된 고도의 정치적 결단을 요하는 문제로서, 헌법과 법률이 정한 절차를 지켜 이루어진 것임이 명백하므로, 대통령과 국회의 판단은 존중되어야 하고 헌법재판소가 사법적 기준만으로 이를 심판하는 것은 자제되어야 한다. 이에 대하여는 설혹 사법적 심사의 회피로 자의적 결정이 방치될 수도 있다는 우려가 있을 수 있으나 그러한 대통령과 국회의 판단은 궁극적으로는 선거를 통해 국민에 의한 평가와 심판을 받게 될 것이다(헌재 2004. 4. 29, 2003헌마814).

② 입헌적 법치주의국가의 기본원칙은 어떠한 국가행위나 국가작용도 헌법과 법률에 근거하여 테두리 안에서 합헌적·합법적으로 행하여질 것을 요구하고, 이러한 합헌성과 합법성의 판단은 본질적으로 사법의 권능에 속하는 것이다. 다만 고도의 정치성을 띤 국가행위에 대하여는 이른바 통치행위라 하여 법원 스스로 사법심사권의 행사를 억제하여 그 심사대상에서 제외하는 영역이 있을 수 있다. 그러나 이와 같이 통치행위의 개념을 인정한다고 하더라도 과도한 사법심사의 자제가 기본권을 보장하고 법치주의 이념을 구현하여야 할 법원의 책무를 태만히 하거나 포기하는 것이 되지 않도록 그 인정을 지극히 신중하게 하여야 한다(대판 2010. 12. 16, 2010도5986 전원합의체).

[평설] ①은 헌법재판소가 일반사병 이라크파병 사건에서 사법자제설의 근거로 통치행위를 긍정한 것을 보여준다. ②는 대법원이 이른바 유신헌법 하인 1974년 8월에 유죄의 선고를 받은 자가 2010년에 재심을 청구한 사건에서 사법자제설의 입장에서 통치행위를 인정하는 경우에도 사법심사의 자제에 한계가 있음을 적시하고 있다. 한편,

통치행위의 인정 여부에 관해 긍정설[권력분립설(내재적 한계설), 재량행위설(합목적성설), 사법자제설, 독자성설], 부정설, 제한적 긍정설(정책설)로 나뉘고 있다.

QR 1. **통치행위 관련 판례 모음**  ☞  **QR코드**

[3] 공법과 사법

1. 공법인과 사법인의 차이(구별)

① 서울대학교병원, 국립대학교병원, 지방공사병원은 **공법인**, 민법상 비영리법인은 **사법인**인 점에서 법률적 성격에 본질적인 차이가 있고, 양자 사이에는 **설립목적, 경영원칙, 목적사업, 운영형태, 재정지원 및 감독** 등의 점에서도 규율을 달리하고 있으므로, 지방세의 면제여부에 관하여 이들 공법인과 민법상의 비영리법인을 달리 취급하는 것은 양자의 본질적 차이에 따른 것이므로 합리적인 이유가 있다[헌재 2001. 1. 18, 98헌바75·89, 99헌바89(병합)].

② 국유재산법 제51조 제1항에 의한 국유재산의 무단점유자에 대한 **변상금부과**는 … 그 체납시에는 국세징수법에 의하여 강제징수토록 하고 있는 점 등에 비추어 보면 그 부과처분은 관리청이 공권력을 가진 우월적 지위에서 행하는 것으로서 행정처분이라고 보아야 한다(대판 1992. 4. 14, 91다42197).

[평설] ①은 공법인과 사법인의 차이를 밝히고 있고, ②는 강제성을 공법상 행위와 사법상 행위의 구별기준으로 들고 있다.

2. 공법의 성질(훈시규정·강행규정)

(1) 훈시규정

□ 경제자유구역의 지정 고시일로부터 2년 이내에 대통령령이 정하는 바에 따라 실시계획을 작성하여 지식경제부장관에게 승인을 신청하지 않은 경우의 효력에 관하여 구 '경제자유구역의 지정 및 운영에 관한 법률(경제자유무역법)'에 **별다른 규정**을 두고 있지 않은 점을 비롯하여 경제자유구역 지정제도의 **취지 및 관련 규정의 내용** 등을 종합하여 보면, 경제자유무역법 제9조 제1항 본문의 실시계획을 작성하여 지식경제부장관의 승인을 얻어야 하는 시기에 관한 규정은 훈시규정에 해당한다(대판 2011. 2. 24, 2010두21464).

[평설] 행정법규는 공익실현을 목적으로 하는바 성질상 **강행성**(강제성)을 갖는 경우가 많지만, 임의성을 갖는 경우도 있다. 이 판결에서 언급된 법률은 후자의 예가 된다.

## (2) 효력규정 판단기준과 예

1 (공법상 금지규정에 반하는 행위의 효과에 관해 명문의 규정이 없는 경우) **사법의 영역에까지 그 효력을 미쳐서 당해 법률행위의 효과에도 영향이 있다고 할 것인지**를 신중하게 판단하여야 한다. 그리고 그 판단에 있어서는, 당해 금지규정의 배경이 되는 사회경제적·윤리적 상황과 그 추이, 금지규정으로 보호되는 당사자 또는 이익, 그리고 반대로 그 규정에 의하여 **활동이 제약되는 당사자 또는 이익**이 전형적으로 어떠한 성질을 가지는지 또 그 이익 등이 일반적으로 어떠한 법적 평가를 받는지, 금지되는 행위 또는 그에 기한 재화나 경제적 이익의 변동 등이 어느 만큼 반사회적인지, 금지행위에 기하여 또는 그와 관련하여 일어나는 재화 또는 경제적 이익의 변동 등이 당사자 또는 제3자에게 가지는 의미 또는 그들에게 미치는 영향, 당해 금지행위와 유사하거나 밀접한 관련이 있는 행위에 대한 법의 태도 기타 관계 법상황 등이 **종합적으로 고려되어야 한다**(대판 2010. 12. 23, 2008다75119).

2 구 주택건설촉진법 제10조의 4 제1항은 '국민주택기금은 국민주택의 건설, 국민주택건설을 위한 대지조성사업 등의 용도 외로는 이를 운용할 수 없다'고 규정하고 있는바, 이는 주택건설종합계획을 효율적으로 실시하기 위하여 필요한 자금을 확보하고 이를 원활히 공급하기 위하여 정부의 재원으로 조성하여 설치한 국민주택기금을 그 설치 목적에 들어맞는 용도로 엄격히 제한하여 운용하려는 데 그 입법 취지를 두고 있으므로, 국민주택기금 운용제한 규정은 **강행규정으로서 이에 위반한 행위는 그 효력이 없다**(대판 2006. 12. 21, 2004다17054; 대판 2006. 12. 21, 2004다17054; 대판 1997. 10. 10, 97다7264).

[평설] 행정법규는 공익실현을 목적으로 하는바 **성질상 단속규정**(형벌이나 행정상 불이익 수반)의 성질을 갖는 것일 **일반적**이다. 그러나 명문의 규정이 없다고 하여도 경우에 따라서는 단속규정 위반이 무효가 될 수 있다고 하면서 그 판단기준을 적시하고 있는 판례이다. 판례의 확립된 견해이다.

## 제 2 절  행정법의 법원

### [4] 행정법에 대한 헌법상 원리

### Ⅰ. 법치주의 – 법률의 유보(헌법 제37조 제2항, 제40조)

#### 1. 법률유보의 원칙에서 법률의 의미

☐ 국민의 기본권은 헌법 제37조 제2항에 의하여 국가안전보장·질서유지 또는 공공복리를 위하여 필요한 경우에 한하여 이를 제한할 수 있으나, 그 제한의 방법은 원칙적으로 법률로써만 가능하고, 제한의 정도도 기본권의 본질적 내용을 침해할 수 없으며, 필요한 최소한도에 그쳐야 한다. 여기서 기본권 제한에 관한 법률유보원칙은 '법률에 근거한 규율'을 요청하는 것이므로, 그 형식이 반드시 법률일 필요는 없다 하더라도 법률상의 근거는 있어야 한다(헌재 2016. 4. 28, 2012헌마630; 헌재 2011. 2. 24, 2009헌마209; 헌재 2000. 12. 14, 2000헌마659).

#### 2. 의회유보의 원칙

☐ 오늘날의 법률유보원칙은 단순히 행정작용이 법률에 근거를 두기만 하면 충분한 것이 아니라, 국가공동체와 그 구성원에게 기본적이고도 중요한 의미를 갖는 영역, 특히 국민의 기본권 실현에 관련된 영역에 있어서는 국민의 대표자인 입법자 스스로 그 본질적 사항에 대하여 결정하여야 한다는 요구, 즉 의회유보원칙까지 내포하는 것으로 이해되고 있다. 이 때 입법자가 형식적 법률로 스스로 규율하여야 하는 사항이 어떤 것인지는 일률적으로 획정할 수 없고, 구체적인 사례에서 관련된 이익 내지 가치의 중요성 등을 고려하여 개별적으로 정할 수 있다고 할 것이다(헌재 2017. 7. 27, 2015헌마1094; 헌재 2016. 7. 28, 2014헌바158; 헌재 2012. 4. 24, 2010헌바1; 헌재 2001. 4. 26, 2000헌마122; 헌재 1999. 5. 27, 98헌바70; 헌재 1998. 5. 28, 96헌가1, 대판 2015. 8. 20, 2012두23808 전원합의체).

[평설] 「법률의 유보」의 근거 내지 범위와 관련하여 중요사항유보설(본질성설)이 일반적으로 지지되고 있다. 중요사항유보설은 2중의 의미 내지 2단계로 구성되는데, 제1단계는 법률의 유보, 즉 입법사항의 문제이고, 제2단계는 법률의 유보를 전제로 위임입법과의 관계에서 입법자가 위임입법에 위임할 수 없고 반드시 입법자 스스로 정해야 한다는 의미의 문제인데, 헌법재판소는 이 결정에서 제2단계를 받아들이면서, 제2

단계가 적용되는 범위에 대한 판단기준을 적시하고 있다. 판례의 확립된 견해이다.

## Ⅱ. 사회복지주의

### 1. 과소보호금지 원칙

□ 국가가 국민의 생명·신체의 안전에 대한 보호의무를 다하지 않았는지 여부를 헌법재판소가 심사할 때에는 국가가 이를 보호하기 위하여 적어도 적절하고 효율적인 최소한의 보호조치를 취하였는가 하는 이른바 '과소보호금지 원칙'의 위반 여부를 기준으로 삼아, 국민의 생명·신체의 안전을 보호하기 위한 조치가 필요한 상황인데도 국가가 아무런 보호조치를 취하지 않았든지 아니면 취한 조치가 법익을 보호하기에 전적으로 부적합하거나 매우 불충분한 것임이 명백한 경우에 한하여 국가의 보호의무의 위반을 확인하여야 한다(헌재 2015. 4. 30, 2012헌마38).

### 2. 생활상 필요한 급부의 보장(헌법 제34조 제2항)

① 인간다운 생활을 할 권리는 사회권적 기본권의 일종으로서 인간의 존엄에 상응하는 최소한의 물질적인 생활의 유지에 필요한 급부를 요구할 수 있는 권리이다(헌재 2016. 5. 26, 2015헌바263).

② 국가가 헌법 제34조 제1항이 규정하는 인간다운 생활을 보장하기 위한 급부의 수준을 구체적으로 결정함에 있어서는 국민 전체의 소득수준과 생활수준, 국가의 재정규모와 정책, 국민 각 계층의 상충하는 갖가지 이해관계 등 복잡하고 다양한 요소를 함께 고려하여야 하는 것이어서 광범위한 재량이 부여되지 않을 수 없다. 따라서 국가가 행하는 최저생활보장 수준이 국민의 인간다운 생활을 보장하기 위한 객관적인 내용의 최소한을 보장하고 있는지 여부는 특정한 법률에 의한 급부만을 가지고 판단하여서는 안 되고 다른 법령에 의거하여 국가가 최저생활보장을 위하여 지급하는 각종 급여나 각종 부담의 감면 등을 총괄한 수준으로 판단하여야 한다(헌재 2014. 3. 27, 2012헌바192).

[평설] ①은 헌법 제34조 제1항이 규정하는 인간다운 생활을 할 권리를 추상적인 권리가 아니라 구체성을 띠는 권리(구체적 권리로서 급부청구권)로 본다. ②는 인간다운 생활을 할 권리의 보장으로서 「최저생활수준의 보장」이 이루어지고 있는지 여부의 판단기준이 제시하고 있다.

## [5] 행정법의 법원의 종류

### I. 관습법

#### 1. 관습법의 의의

□  관습법이란 사회의 거듭된 관행으로 생성한 사회생활규범이 사회의 법적 확신과 인식에 의하여 법적 규범으로 승인·강행되기에 이른 것을 말하고, 그러한 관습법은 법원(法源)으로서 법령에 저촉되지 아니하는 한 법칙으로서의 효력이 있는 것이고, 또 사회의 거듭된 관행으로 생성한 어떤 사회생활규범이 법적 규범으로 승인되기에 이르렀다고 하기 위하여는 헌법을 최상위 규범으로 하는 전체 법질서에 반하지 아니하는 것으로서 정당성과 합리성이 있다고 인정될 수 있는 것이어야 하고, 그렇지 아니한 사회생활규범은 비록 그것이 사회의 거듭된 관행으로 생성된 것이라고 할지라도 이를 법적 규범으로 삼아 관습법으로서의 효력을 인정할 수 없다(대판 2005. 7. 21, 2002다1178; 대판 2003. 7. 24, 2001다48781).

#### 2. 관습법의 소멸

□  사회의 거듭된 관행으로 생성된 사회생활규범이 관습법으로 승인되었다고 하더라도 사회 구성원들이 그러한 관행의 법적 구속력에 대하여 확신을 갖지 않게 되었다거나, 사회를 지배하는 기본적 이념이나 사회질서의 변화로 인하여 그러한 관습법을 적용하여야 할 시점에 있어서의 전체 법질서에 부합하지 않게 되었다면 그러한 관습법은 법적 규범으로서의 효력이 부정될 수밖에 없다(대판 2005. 7. 21, 2002다1178).

### II. 행정법의 일반원칙

#### 1. 행정의 자기구속의 원칙

##### (1) 법원으로서의 성격

1️⃣ 행정규칙이 법령의 규정에 의하여 행정관청에 법령의 구체적 내용을 보충할 권한을 부여한 경우, 또는 재량권행사의 준칙인 규칙이 그 정한 바에 따라 되풀이 시행되어 행정관행이 이룩되게 되면, 평등의 원칙이나 신뢰보호의 원칙에 따라 행정기관은 그 상대방에 대한 관계에서 그 규칙에 따라야 할 자기구속을 당하게 되고, 그러한 경우에는 대외적인 구속력을 가지게 된다 할 것이다(헌재 1990. 9. 3, 90헌마13; 헌재 2007. 8. 30, 2004헌마670).

② 재량준칙은 일반적으로 행정조직 내부에서만 효력을 가질 뿐 대외적인 구속력을 갖는 것은 아니므로 행정처분이 이를 위반하였다고 하여 그러한 사정만으로 곧바로 위법하게 되는 것은 아니고, 다만 그 재량준칙이 정한 바에 따라 되풀이 시행되어 행정관행이 이루어지게 되면 평등의 원칙이나 신뢰보호의 원칙에 따라 행정기관은 상대방에 대한 관계에서 그 규칙에 따라야 할 자기구속을 받게 되므로, 이러한 경우에는 특별한 사정이 없는 한 그에 반하는 처분은 평등의 원칙이나 신뢰보호의 원칙에 어긋나 재량권을 일탈·남용한 위법한 처분이 된다(대판 2013. 11. 14, 2011두28783; 대판 2009. 12. 24, 2009두7967; 대판 2009. 6. 25, 2008두13132; 대판 1992. 10. 13, 92누2325).

[평설] ①에서 헌법재판소는 행정의 자기구속의 원칙을 법원으로 인정하면서, 인정근거로 평등의 원칙과 신뢰보호의 원칙을 제시하고 있다. 신뢰보호와 무관한 경우에도 행정의 자기구속의 원칙이 적용될 수 있으므로, 신뢰보호의 원칙을 행정의 자기구속의 원칙을 인정하는 일반적인 근거로 보는 것은 어렵다. 학설은 평등의 원칙을 근거로 본다. 평등원칙은 헌법에서 나온다. ②에서 대법원도 행정의 자기구속의 원칙을 법원으로 인정하면서, 헌법재판소와 마찬가지로 인정근거로 평등의 원칙과 신뢰보호의 원칙을 제시하고 있다.

(2) 평등의 원칙(헌법 제11조)
① 헌법 제11조 제1항에 정한 법 앞에서의 평등의 원칙은 결코 일체의 차별적 대우를 부정하는 절대적 평등을 의미하는 것은 아니나, 법을 적용함에 있어서 뿐만 아니라 입법을 함에 있어서도 불합리한 차별대우를 하여서는 아니된다는 것을 뜻한다(헌재 1989. 5. 24, 89헌가37 등).
② 법적용의 형평성의 원칙 또는 평등의 원칙이라고 하는 의미 속에는 전제요건이 동일한 사안을 동시에 판단하는 경우에는 동일하게 취급해야 할 것과 유사한 사건에서 이루어진 행정관행과 다르게 또는 불평등하게 행위하지 말아야 할 것 등의 의미가 내포되어 있다(대판 1993. 9. 10, 93누5741).
③ 평등위반 여부를 심사함에 있어 엄격한 심사척도에 의할 것인지, 완화된 심사척도에 의할 것인지는 입법자에게 인정되는 입법형성권의 정도에 따라 달라지게 될 것이나, 헌법에서 특별히 평등을 요구하고 있는 경우와 차별적 취급으로 인하여 관련 기본권에 대한 중대한 제한을 초래하게 된다면 입법형성권은 축소되어

보다 엄격한 심사척도가 적용되어야 할 것인바, 제대군인 가산점제도는 헌법 제 25조에 의하여 보장된 공무담임권이라는 기본권의 행사에 중대한 제약을 초래 하는 것이기 때문에 엄격한 심사척도가 적용된다(헌재 1999. 12. 23, 98헌바33; 헌재 1999. 12. 23, 98헌마363).

[평설] 1과 2는 평등원칙의 의의를 정의하고 있고, 3은 평등원칙 위반 여부 심사방 법으로서 엄격한 심사척도를 제시하고 있다.

## 2. 비례원칙(헌법 제37조 제2항)

### (1) 비례원칙의 의의

1 비례의 원칙(과잉금지의 원칙)이란 어떤 **행정목적**을 달성하기 위한 수단은 그 목 적달성에 **유효·적절**하고 또한 가능한 한 **최소침해**를 가져오는 것이어야 하며 아 울러 그 수단의 도입으로 인한 침해가 의도하는 공익을 능가하여서는 아니된다는 **헌법상의 원칙**을 말한다(대판 1997. 9. 26, 96누10096; 대판 1994. 3. 8, 92누1728).

2 어떤 법률의 입법목적이 정당하고 그 목적을 달성하기 위해 국민에게 의무를 부과하고 그 불이행에 대해 제재를 가하는 것이 적합하다고 하더라도 입법자가 그러한 수단을 선택하지 아니하고도 보다 **덜 제한적인 방법**을 선택하거나, 아예 국민에게 **의무를 부과하지** 아니하고도 그 목적을 실현할 수 있음에도 불구하고 국 민에게 의무를 부과하고 그 의무를 강제하기 위하여 그 불이행에 대해 제재를 가한다면 이는 과잉금지원칙의 한 요소인 "최소침해성의 원칙"에 위배된다(헌재 2006. 6. 29, 2002헌바80등).

[평설] 1에서 대법원은 비례원칙을 「**행정의 목적과 수단의 관계**」에서 정의하고 있다. 2에서 헌법재판소는 비례원칙을 「입법의 목적, 그 목적과 수단의 관계」에서 정의하 고 있다. 이러한 개념정의 방식은 행정법학이나 헌법학에서도 다를 바 없다. (넓은 의미 의) 비례원칙은 행정의 목적－수단의 관계에서 **적합성의 원칙, 필요성의 원칙**(최소침해 의 원칙), **상당성의 원칙**(협의의 비례원칙)을 내용으로 한다.

### (2) 비례원칙의 법적 근거

□ 국민의 기본권의 제한은 공공의 필요와 기본권제한 사이의 비례, 균형이 이 루어져야 한다는 것이 헌법 제37조 제2항에 규정된 헌법상의 요청이다(헌재 1989.

7. 14, 88헌가5; 헌재 2015. 7. 30, 2014헌가13등).

[평설] 판례는 헌법 제37조 제2항을 비례원칙의 헌법적 근거로 본다. 헌법 제37조 제2항을 비례원칙의 헌법적 근거로 볼 수 없다는 견해도 있다. 저자는 판례와 같은 견해를 취한다.

### (3) 필요성의 원칙(최소침해의 원칙)

□ 불법·폭력 집회나 시위가 개최될 가능성이 있다고 하더라도 이를 방지하기 위한 조치는 개별적·구체적인 상황에 따라 필요최소한의 범위에서 행해져야 하는 것인바, 서울광장에서의 일체의 집회는 물론 일반인의 통행까지 막은 것은 당시 상황에 비추어 볼 때, 필요한 최소한의 조치였다고 보기 어렵고, 가사 그 필요성이 있더라도 몇 군데 통로를 개설하거나 또는 집회의 가능성이 적거나 출근 등의 왕래가 빈번한 시간대에는 통행을 허용하는 등 덜 침해적인 수단을 취할 수 있었음에도 모든 시민의 통행을 전면적으로 통제한 것은 침해를 최소화한 수단이라고 할 수 없으므로 과잉금지원칙을 위반하여 기본권을 침해하였다(헌재 2011. 6. 30, 2009헌마406).

### (4) 상당성의 원칙(협의의 비례원칙)

□ 제재적 행정처분이 재량권의 범위를 일탈하였거나 남용하였는지 여부는 처분사유로 된 위반행위의 내용과 그 위반의 정도, 당해 처분에 의하여 달성하려는 공익상의 필요와 개인이 입게 될 불이익 및 이에 따르는 제반 사정 등을 객관적으로 심리하여 공익침해의 정도와 그 처분으로 인하여 개인이 입게 될 불이익을 비교교량하여 판단하여야 한다.… 수입 녹용 전부에 대하여 전량 폐기 또는 반송처리를 지시한 경우, 녹용 수입업자가 입게 될 불이익이 의약품의 안전성과 유효성을 확보함으로써 국민보건의 향상을 기하고 고가의 한약재인 녹용에 대하여 부적합한 수입품의 무분별한 유통을 방지하려는 공익상 필요보다 크다고는 할 수 없으므로 위 폐기 등 지시처분이 재량권을 일탈·남용한 경우에 해당하지 않는다(대판 2006. 4. 14, 2004두3854; 대판 2007. 9. 20, 2007두6946).

## 3. 신뢰보호의 원칙(절차법 제4조 제2항)

### (1) 신뢰보호의 원칙의 인정 근거

① 헌법상 법치국가의 원칙으로부터 신뢰보호의 원리가 도출된다. 법률의 개정시 구법질서에 대한 당사자의 신뢰가 합리적이고도 정당하며 법률의 개정으로 야기되는 당사자의 손해가 극심하여 **새로운 입법으로 달성하고자 하는 공익적 목적이** 그러한 당사자의 신뢰의 파괴를 정당화할 수 없다면 그러한 새 입법은 신뢰보호의 원칙상 허용될 수 없다(헌재 1995. 6. 29, 94헌바39; 헌재 2015. 7. 30, 2014헌마1030; 헌재 2016. 6. 30, 2014헌바365).

② 법령의 개정에서 신뢰보호원칙이 적용되어야 하는 이유는, 어떤 법령이 장래에도 그대로 존속할 것이라는 합리적이고 정당한 신뢰를 바탕으로 국민이 그 법령에 상응하는 구체적 행위로 나아가 일정한 법적 지위나 생활관계를 형성하여 왔음에도 국가가 이를 전혀 보호하지 않는다면 **법질서에 대한 국민의 신뢰는 무너지고** 현재의 행위에 대한 장래의 법적 효과를 예견할 수 없게 되어 법적 안정성이 크게 저해되기 때문이다(대판 2007. 10. 29, 2005두4649).

[평설] ①에서 헌법재판소는 신뢰보호의 원칙의 근거를 **법치국가의 원칙**에 두고 있다. ②에서 대법원은 그 근거를 **법적 안정성**에서 찾고 있다. 법치국가원칙에 법적 안정성이 포함된다고 볼 때, 헌법재판소나 대법원의 견해는 같다고 볼 것이다. 학설도 법적 안정설을 지지하고 있다. 한편, 판례는 신뢰보호의 원칙을 규정하는 **행정절차법의 제정**(1988. 1. 1.) **이전부터 신뢰보호의 원칙을 인정**하여 왔다.

▢ 국세기본법 제18조 제2항의 규정은 납세자의 권리보호와 과세관청에 대한 납세자의 신뢰보호에 그 목적이 있는 것이므로 이 사건 보세운송면허세의 부과근거이던 지방세법시행령이 1973. 10. 1. 제정되어 1977. 9. 20.에 폐지될 때까지 4년 동안 그 면허세를 부과할 수 있는 점을 알면서도 피고가 수출확대라는 공익상 필요에서 한 건도 이를 부과한 일이 없었다면 납세자인 원고는 그것을 믿을 수밖에 없고 그로써 비과세의 관행이 이루어졌다고 보아도 무방하다(대판 1980. 6. 10, 80누6).

### (2) 신뢰보호의 원칙의 적용요건(성립요건)

▢ 일반적으로 행정상의 법률관계에서 행정청의 행위에 대하여 신뢰보호의 원칙이 적용되기 위해서는, 첫째 행정청이 개인에게 신뢰의 대상이 되는 공적인 견해를 표명하여야 하고, 둘째 행정청의 견해표명이 정당하다고 신뢰한 데에 그 개인

에게 귀책사유가 없어야 하며, 셋째 그 개인이 견해표명을 신뢰하고 이에 상응하는
행위를 하였어야 하고, 넷째 행정청이 견해표명에 반하는 처분을 함으로써 견해표
명을 신뢰한 개인의 이익이 침해되는 결과가 초래되어야 하며, 다섯째로 견해표
명에 따른 행정처분을 할 경우 이로 말미암아 공익 또는 제3자의 정당한 이익을
현저히 침해할 우려가 있는 경우가 아니어야 한다(대판 2017. 4. 7, 2014두1925; 대판
2016. 12. 15, 2013두8431; 대판 2016. 6. 28, 2014두2638).

[평설] 판례는 신뢰보호의 원칙의 **적용요건(성립요건)**으로 5가지를 적시하고 있다. 판
례의 확립된 견해이다.

□  개인의 신뢰이익에 대한 **보호가치는** ① 법령에 따른 개인의 행위가 국가에 의
하여 일정방향으로 유인된 신뢰의 행사인지, ② 아니면 단지 법률이 부여한 기회
를 활용한 것으로서 원칙적으로 사적 위험부담의 범위에 속하는 것인지 여부에 따
라 달라진다. 만일 법률에 따른 개인의 행위가 단지 법률이 반사적으로 부여하
는 기회의 활용을 넘어서 국가에 의하여 일정 방향으로 유인된 것이라면 특별히
보호가치가 있는 신뢰이익이 인정될 수 있고, 원칙적으로 개인의 신뢰보호가 국
가의 법률개정이익에 우선된다고 볼 여지가 있다(헌재 2002. 11. 28, 2002헌바45).

## QR 2. **신뢰보호원칙의 요건 관련 판례 모음**  ☞  QR코드

### (3) 신뢰보호의 원칙 위반 여부의 판단기준
□  신뢰보호원칙의 위반 여부는 한편으로는 침해받은 신뢰이익의 보호가치, 침해
의 중한 정도, 신뢰침해의 방법 등과 다른 한편으로는 새 **입법을 통해 실현코자**
하는 공익목적을 종합적으로 비교형량하여 판단하여야 한다(헌재 2017. 7. 27, 2015
헌마1052; 헌재 2016. 6. 30, 2014헌바365; 헌재 2008. 9. 25, 2007헌마233; 헌재 2008. 2. 28,
2005헌마872; 헌재 1995. 10. 26, 94헌바12).

### (4) 신뢰보호의 원칙 위반 여부의 입증책임
① 신의칙이나 국세기본법 제18조 제3항에서 규정하는 조세관행 존중의 원칙은
합법성의 원칙을 희생하여서라도 납세자의 신뢰를 보호함이 정의의 관념에 부합하는
것으로 인정되는 특별한 사정이 있을 경우에 한하여 적용되고, 일반적으로 납세자

에게 받아들여진 세법의 해석 또는 국세행정의 관행이란 비록 잘못된 해석 또는 관행이라도 특정 납세자가 아닌 불특정한 일반 납세자에게 정당한 것으로 이의 없이 받아들여져 납세자가 그와 같은 해석 또는 관행을 신뢰하는 것이 무리가 아니라고 인정될 정도에 이른 것을 말하며, 그러한 해석 또는 관행의 존재에 대한 입증책임은 그 주장자인 납세자에게 있다(대판 2002. 10. 25, 2001두1253).

② 신의성실의 원칙이나 소급과세금지의 원칙이 적용되기 위한 요건의 하나인 "과세관청이 납세자에게 신뢰의 대상이 되는 공적인 견해를 표명하였다"는 사실은, 납세자가 주장·입증하여야 한다고 보는 것이 상당하다(대판 1992. 3. 31, 91누9824).

## QR 3. 신뢰보호원칙의 위반 여부에 관한 판례 모음  ☞  QR코드

□ 택시운전사가 1983. 4. 5. 운전면허정지기간 중의 운전행위를 하다가 적발되어 형사처벌을 받았으나 행정청으로부터 아무런 행정조치가 없어 안심하고 계속 운전업무에 종사하고 있던 중 행정청이 위 위반행위가 있은 이후에 장기간에 걸쳐 아무런 행정조치를 취하지 않은 채 방치하고 있다가 3년여가 지난 1986. 7. 7.에 와서 이를 이유로 행정제재를 하면서 가장 무거운 운전면허를 취소하는 행정처분을 하였다면 이는 행정청이 그간 별다른 행정조치가 없을 것이라고 믿은 신뢰의 이익과 그 법적 안정성을 빼앗는 것이 되어 매우 가혹할 뿐만 아니라 비록 그 위반행위가 운전면허취소 사유에 해당한다 할지라도 그와 같은 공익상의 목적만으로는 위 운전사가 입게 될 불이익에 견줄 바 못된다 할 것이다(대판 1987. 9. 8, 87누373).

□ 당초 정구장 시설을 설치한다는 도시계획결정을 하였다가 정구장 대신 청소년 수련시설을 설치한다는 도시계획 변경결정 및 지적승인을 한 경우, 당초의 도시계획결정만으로는 도시계획사업의 시행자 지정을 받게 된다는 공적인 견해를 표명하였다고 할 수 없다는 이유로 그 후의 도시계획 변경결정 및 지적승인이 도시계획사업의 시행자로 지정받을 것을 예상하고 정구장 설계 비용 등을 지출한 자의 신뢰이익을 침해한 것으로 볼 수 없다(대판 2000. 11. 10, 2000두727).

## 4. 부당결부금지의 원칙

① 부당결부금지의 원칙이란 행정주체가 행정작용을 함에 있어서 상대방에게 이와 실질적인 관련이 없는 의무를 부과하거나 그 이행을 강제하여서는 아니 된다는 원칙을 말한다(대판 2009. 2. 12, 2005다65500).

② 지방자치단체장이 사업자에게 **주택사업계획승인**을 하면서 그 주택사업과는 아무런 관련이 없는 **토지를 기부채납하도록** 하는 부관을 주택사업계획승인에 붙인 경우, 그 부관은 부당결부금지의 원칙에 위반되어 위법하다(대판 1997. 3. 11, 96다49650; 대판 1997. 5. 16, 97누1310).

[평설] ①은 「부당결부금지의 원칙」 개념에 대한 대법원의 정의 바를 보여준다. 사견은 부당결부금지의 원칙을, 「행정작용과 사인이 부담하는 급부(그 급부가 사실상의 것이든 혹은 법적 근거를 가진 것이든 불문한다)는 **부당한 내적인 관련**(실체적 관련성)을 가져서는 아니 되고 또한 **부당하게 상호 결부되어서도 아니 된다는 원칙**」으로 정의하고자 한다. ②의 경우, 이 사건 당시의 주택건설촉진법에는 부당결부금지에 관한 규정이 없었지만, 대법원은 이 사건에 원칙을 적용하였다. 주택건설촉진법을 대체한 현행 주택법은 부당결부금지에 관한 명문의 규정을 두고 있다[현행 주택법 제17조(기반시설의 기부채납) ① 사업계획승인권자는 제15조 제1항 또는 제3항에 따라 사업계획을 승인할 때 사업주체가 제출하는 사업계획에 해당 주택건설사업 또는 대지조성사업과 직접적으로 관련이 없거나 과도한 기반시설의 기부채납(寄附採納)을 요구하여서는 아니 된다].

## 5. 기타의 원칙

(1) 신의성실의 원칙을 적용한 판례(절차법 제4조 제1항)

□ 경찰 수사관들이 A를 불법구금 상태에서 고문하여 간첩혐의에 대한 허위자백을 받아내는 등의 방법으로 증거를 조작함으로써 A가 구속 기소되어 유죄판결을 받고 그 형집행을 당하도록 하였으므로, 그 소속 공무원들의 불법행위로 인하여 A와 그 가족이 입은 일체의 비재산적 손해에 대하여 국가배상법에 따른 위자료배상책임을 인정하면서, A가 국가를 상대로 위자료지급청구를 할 수 없는 객관적인 장애사유가 있었고, 피해자인 A를 보호할 필요성은 심대한 반면 국가의 이행거절을 인정하는 것은 현저히 부당하고 불공평하므로 국가의 소멸시효 완성 항변은 신의성실의 원칙에 반하는 권리남용으로서 허용될 수 없다(대판 2011. 1. 13, 2009다103950).

(2) 명확성의 원칙을 적용한 판례

참고☞ 명확성의 원칙이란 법규범이나 행정작용은 표현상 그 내용이 명확하여야 한다는 원칙을 말한다.

□ 명확성원칙은 기본권을 제한하는 법규범의 내용은 명확하여야 한다는 헌법상의 원칙인데, 명확성원칙을 요구하는 이유는 만일 **법규범의 의미내용이 불확실하다면 법적 안정성과 예측가능성을 확보할 수 없고 법집행 당국의 자의적인 법해석과 집행을 가능하게 하기 때문이다.** 다만 법규범의 문언은 어느 정도 일반적·규범적 개념을 사용하지 않을 수 없기 때문에 기본적으로 최대한이 아닌 최소한의 명확성을 요구하는 것으로서, 법문언이 법관의 보충적인 가치판단을 통해서 그 의미 내용을 확인할 수 있고, 그러한 **보충적 해석이 해석자의 개인적인 취향에 따라 좌우될 가능성이 없다면 명확성원칙에 반한다고 할 수 없다.** 이 경우 **법규범의 의미내용은 법규범의 문언뿐만 아니라 입법취지, 입법연혁, 그리고 법규범의 체계적 구조 등을 종합적으로 고려하는 해석방법에 의하여 구체화하게 되므로** 결국 당해 법률조항이 명확성원칙에 위반되는지 여부는 위와 같은 해석방법에 의하여 의미내용을 합리적으로 파악할 수 있는 해석기준을 얻을 수 있는지 여부에 달려 있다(헌재 2015. 7. 30, 2014헌바298).

(3) 수인성의 원칙을 적용한 판례

① 과태료는… 원칙적으로 위반자의 고의·과실을 요하지 아니하나, 위반자가 그 의무를 알지 못하는 것이 무리가 아니었다고 할 수 있어 그것을 정당시할 수 있는 사정이 있을 때 또는 그 의무의 이행을 그 당사자에게 기대하는 것이 무리라고 하는 사정이 있을 때 등 그 **의무 해태를 탓할 수 없는 정당한 사유가 있는 때**에는 이를 부과할 수 없다(대판 2000. 5. 26, 98두5972; 대판 1994. 1. 25, 93누8542; 대판 1998. 3. 13, 96누6059).

② 선행처분과 후행처분이 서로 독립하여 별개의 효과를 목적으로 하는 경우에도 선행처분의 불가쟁력이나 구속력이 그로 인하여 불이익을 입게 되는 자에게 수인한도를 넘는 가혹함을 가져오며, 그 결과가 당사자에게 **예측가능한 것이 아닌 경우에는 국민의 재판받을 권리를 보장하고 있는 헌법의 이념에 비추어 선행처분의 후행처분에 대한 구속력은 인정될 수 없다**(대판 1994. 1. 25, 93누8542).

[평설] ①에서 "의무의 이행을 그 당사자에게 기대하는 것이 무리라고 하는 사정"이라고 한 부분은 그 당사자가 참고 견디기 어려운 경우를 표현한 것으로 볼 것이기에, 이 판례에서 수인성의 원칙이 적용되었다고 볼 것이다. ② 역시 수인성의 원칙이라는 표현을 사용하고 있지 아니하지만, 내용상 수인성의 원칙이 적용되고 있음은 분명하다.


## [6] 행정법의 법원 사이의 관계·효력·해석
### I. 적용대상 법령이 다수인 경우, 적용할 법령
### 1. 복수의 법령 간 충돌이 있는 경우

① 법률이 **상호 모순, 저촉되는 경우에는 신법이 구법에**, 그리고 **특별법이 일반법에** 우선하나, 법률이 상호 모순되는지 여부는 각 법률의 입법목적, 규정사항 및 그 적용범위 등을 종합적으로 검토하여 판단하여야 한다(대판 2012. 5. 24, 2010두16714; 대판 1993. 11. 9, 93누13483).

② 세무조사대상의 기준과 선정방식에 관한 구 국세기본법 제81조의 5가 도입된 배경과 취지, 구 국세기본법 제81조의 5가 포함된 제7장의 2에 관한 **구 국세기본법과 개별 세법의 관계** 등을 종합하여 보면, 구 국세기본법 제81조의 5가 마련된 이후에는 개별 세법이 정한 질문·조사권은 구 국세기본법 제81조의 5가 정한 요건과 한계 내에서만 허용된다고 보아야 한다(대판 2014. 6. 26, 2012두911).


[평설] ①은 신법과 구법, 특별법과 일반법 상호 모순, 저촉되는 경우에 적용할 법에 관한 원칙을 보여준다. ②는 기본법과 개별법 사이, 충돌의 경우에 적용할 법에 관한 원칙을 보여준다. ②의 경우, 신법우선의 원칙을 적용한다면, 구법인 기본법보다 신법인 개별법이 우선하여야 한다. 그럼에도 판례는 **구법인 기본법과 신법인 개별법** 사이에서는 **구법인 기본법이 우선한다**고 하였다. 그 이유는, 신법인 개별법이 우선하게 되면, 일반법이 예정하는 질서가 훼손될 것이기 때문일 것이다. 그러나 구법이 신법에 우선한다는 것은 문제이다. 구법이 신법에 의해 내용상 일부 수정되는 것으로 보아야 할 것이다.


### 2. 복수의 법령 간 충돌이 없는 경우, 적용할 법원

□ 식품위생법과 건축법은 그 입법 목적, 규정사항, 적용범위 등을 서로 달리하고 있어서 식품접객업에 관하여 식품위생법이 건축법에 우선하여 **배타적으로 적용되는** 관계에 있다고는 해석되지 아니하므로, 식품위생법에 따른 식품접객업(일

반음식점영업)의 영업신고요건을 갖춘 자라고 할지라도 그 영업신고를 한 당해 건축물이 건축법 소정의 허가를 받지 아니한 무허가 건물이라면 적법한 신고를 할 수 없다고 보아야 할 것이다(대판 2009. 4. 23, 2008도6829; 대판 2000. 11. 28, 2000도 2123; 대판 1995. 1. 12, 94누3216; 대판 1989. 9. 12, 88누6856).

[평설] 입법목적을 달리하는 법률들의 내용이 충돌하지 않는다면, 그 법률들은 지향하는 바가 각각 다르기 때문에 **당연히 각각 적용될 수밖에 없다.**

## II. 법원의 효력

### 1. 공포일의 의미(헌법 제53조 제1항, 제4항, 제6항, 공포법)

① 1969. 5. 19. 대통령령 제3938호로서 개정되어 **공포한 날부터 시행하기로** 되어 있는 「관세법 제28조 제1항 제10호의 규정에 의한 물품지정의 건 중 개정의 건」이 1969. 5. 19.자의 관보에 수록되어 있기는 하나 … 그 관보의 인쇄와 정부 간행물 판매쎈타에의 배치 및 **지방보급소 발송의 각 일자가 모두 1969. 5. 21.**이었(으므로)… 법령 등 공포에 관한 법률 제12조의 규정에 따라 위 대통령령 제3938호의 **시행일은 1969. 5. 21.**이었다(대판 1970. 7. 21, 70누76).

② 현행 국가배상법이 1967. 3. 3.자 관보 제4588호에 게재는 되어 있으나, 실지로는 위 관보가 **같은달 9일에야 인쇄 발행되었**…(으)므로, 위 법이 **공포된 날짜를 1967. 3. 9.**이라고 보아 같은법 부칙 제1항의 정한 바에 따라 같은해 4. 9.부터 시행된다고 판단한 원판결은 정당하다(대판 1968. 12. 6, 68다1753).

[평설] ①은 공포일이 시행일인데 실제에 있어 **공포일**(관보게재일)과 시행일(관보보급소 발송일)이 다른 경우, 최초구독가능시설을 취하고 있다. ②는 관보게재일(**공포일**)과 실제 **인쇄일이** 상이한 경우, **실제 인쇄일을 공포일로** 본다. 공포는 국민에게 알리기 위한 것이고, 실제 인쇄한 날부터 국민이 알 수 있으므로, 판례의 태도는 타당하다.

### 2. 법령의 소급효

#### (1) 침익적 부진정소급효의 원칙적 인정

□ 행정처분은 그 근거 법령이 개정된 경우에도 **경과규정에서 달리 정함이 없는** 한 처분 당시 시행되는 법령과 그에 정한 기준에 의하는 것이 원칙이다. … 법령 **불소급의 원칙은** 그 법령의 효력발생 전에 완성된 요건 사실에 대하여 당해 법령

을 적용할 수 없다는 의미일 뿐, 계속 중인 사실이나 그 이후에 발생한 요건 사실에 대한 법령적용까지를 제한하는 것은 아니라고 할 것이다(대판 2014. 4. 24, 2013두 26552).

[평설] 판례는 학설과 마찬가지로 법령의 부진정소급은 「법령불소급의 원칙」에 반하는 것이 아니며, 다만 신뢰보호의 관점에서 법령의 부진정소급이 제한될 수 있다고 한다.

## QR 4. 침익적 부진정소급효를 인정한 판례 모음   ☞   QR코드

### (2) 침익적 진정소급효의 예외적 인정
□ 기존의 법에 의하여 형성되어 이미 굳어진 개인의 법적 지위를 사후입법을 통하여 박탈하는 것 등을 내용으로 하는 **진정소급입법**은 개인의 신뢰보호와 법적안정성을 내용으로 하는 법치국가원리에 의하여 특단의 사정이 있어 **예외적으로 허용되는 경우를 제외하고는 헌법적으로 허용되지 아니하는 것이 원칙**이며, **진정소급입법이 허용되는 예외적인 경우**로는 일반적으로, 국민이 소급입법을 예상할 수 있었거나, 법적 상태가 불확실하고 혼란스러웠거나 하여 보호할 만한 신뢰의 이익이 적은 경우와 소급입법에 의한 당사자의 손실이 없거나 아주 경미한 경우, 그리고 신뢰보호의 요청에 우선하는 심히 중대한 공익상의 사유가 소급입법을 정당화하는 경우 등을 들 수 있다(헌재 1998. 9. 30, 97헌바38; 1996. 2. 16, 96헌가 2등; 헌재 1989. 3. 17, 88헌마1).

[평설] 헌법재판소나 대법원은 침익적 내용의 진정소급입법은 헌법위반이지만, 예외적인 경우에는 헌법상 허용될 수 있음을 밝히고 있다.

## QR 5. 침익적 진정소급효를 인정한 판례   ☞   QR코드

## 3. 헌법재판소가 위헌으로 선고한 법률의 효력 상실 시점
□ 헌법재판소에 의하여 위헌으로 선고된 법률 또는 법률의 조항이 제정 당시로 소급하여 효력을 상실하는가 아니면 장래에 향하여 효력을 상실하는가의 문제는 특단의 사정이 없는 한 헌법적합성의 문제라기보다는 입법자가 법적 안정성과 개인의 권리구제 등 제반이익을 비교형량하여 가면서 결정할 **입법정책의 문제**로 보

인다. 우리의 입법자는 헌법재판소법 제47조 제2항 본문의 규정을 통하여 형벌법규를 제외하고는 법적 안정성을 더 높이 평가하는 방안을 선택하였는바, 이에 의하여 구체적 타당성이나 평등의 원칙이 완벽하게 실현되지 않는다고 하더라도 헌법상 법치주의의 파생인 법적 안정성 내지 신뢰보호의 원칙에 의하여 이러한 선택은 정당화된다 할 것이고, 특단의 사정이 없는 한 이로써 헌법이 침해되는 것은 아니라 할 것이다(헌재 2008. 9. 25, 2006헌바108).

## 4. 법령개폐의 경우에 적용할 법령

1 구법을 개폐하는 신법이 제정된 경우에도 별도의 명문규정이 없는 이상 **구법 시행당시에 발생한 사유에 대하여는 개폐된 구법이 그대로 적용되어야 할 것이다**(대판 1994. 3. 11, 93누19719; 대결 1984. 7. 26. 고지 83두2).

2 수입 냉동감자에 대한 유통기한 표시기준은 구 식품위생법시행규칙(1995. 8. 31. 보건복지부령 제10호로 개정되기 전의 것) 제5조 [별표2]에서 규정하고 있었으나 위 규정들은 법령의 개정으로 폐지되고, 냉동감자에 대한 유통기한의 규정도 그 이후 시행된 보건복지부의 개정고시에 의하여 자율화하도록 변경되었는바, 이러한 법령의 개정은 법률이념의 변천으로 종래의 규정에 따른 처벌 자체가 부당하다는 반성적 고려에서 비롯된 것이라기보다는 국내외 제반 여건의 변화에 따른 식품의 안정성 제고와 양질의 식품개발 촉진 및 국제간의 조화를 기하기 위하여 **정책적으로 취하여진 조치에 불과한** 것이라고 보여지므로, 이와 같이 식품의 유통기한 표시기준이 자율에 맡겨지게 되었다 하더라도 그 이전에 범한 식품위생법위반행위에 대한 가벌성이 소멸되는 것은 아니다(대판 1997. 2. 28, 96도2247).

3 개정 법률이 전문 개정인 경우에는 기존 법률을 폐지하고 새로운 법률을 제정하는 것과 마찬가지여서 종전의 본칙은 물론, 부칙 규정도 모두 소멸하는 것으로 보아야 하므로 종전의 법률 부칙의 경과규정도 실효된다고 보는 것이 원칙이지만, 특별한 사정이 있는 경우에는 그 효력이 상실되지 않는다고 보아야 한다. 여기에서 말하는 '특별한 사정'은 전문 개정된 법률에서 종전의 법률 부칙의 경과규정에 관하여 계속 적용한다는 별도의 규정을 둔 경우뿐만 아니라, 그러한 규정을 두지 않았다고 하더라도 종전의 경과규정이 실효되지 않고 계속 적용된다고 보아야 할 만한 예외적인 사정이 있는 경우도 포함한다(대판 2008. 11. 27, 2006두19419).

[평설] ①은 법령개정이 있는 경우, **행위시법**이 적용됨을 적시하고 있다. ②는 형벌이 수반하는 경우에는 반드시 행위시의 법령이 적용되어야 한다고 단언할 수 없다는 점을 읽을 수 있다. 행위자의 기본권보호의 관점에서 판례의 태도는 긍정적으로 평가할 만하다. ③은 **전부개정 법률**의 경우, 원칙적으로 본칙과 부칙 모두 소멸된다는 내용을 볼 수 있다.

## Ⅲ. 법원의 해석과 흠결의 보충
### 1. 행정법원의 해석
#### (1) 행정해석과 법원
□ 법원이 국세예규심사위원회의 유권해석에 구속되는 것은 아니므로 동 위원회에서 의결된 "가정형"에 관한 유권해석에 따르지 아니하였다 하여 이를 위법이라고 할 수 없다(대판 1986. 10. 28, 85누808).

[평설] **유권해석**(국가기관에 의한 해석)에는 **입법해석**(입법기관에 의한 해석), **행정해석**(행정기관에 의한 해석), **사법해석**(사법기관에 의한 해석)이 있다. 사법기관이 법적 분쟁을 주관하는 기관이므로 법원은 행정해석에 구속될 수 없다는 것을 분명히 한 판례이다.

#### (2) 법원의 해석방법
#### (가) 종합적 해석(원칙)
□ 법령의 해석은 어디까지나 법적 안정성을 해치지 않는 범위 내에서 구체적 타당성을 찾는 방향으로 이루어져야 한다. 이를 위해서는 가능한 한 **원칙적으로 법령에 사용된 문언의 통상적인 의미에 충실하게** 해석하고, 나아가 당해 법령의 입법 취지와 목적, 그 제·개정 연혁, 법질서 전체와의 조화, 다른 법령과의 관계 등을 고려하는 **체계적 논리적 해석방법**을 추가적으로 동원함으로써, 위와 같은 타당성 있는 법령 해석의 요청에 부응하여야 한다(대판 2012. 7. 5, 2011두19239).

[평설] 법해석 방법에 **문리적 해석, 논리적 해석, 역사적 해석, 목적론적 해석, 비교법적 해석**이 있고, 이러한 방법을 종합적으로 활용할 것(종합적 해석)을 제시하는 판례이다. 학설도 같다.

(나) 유추해석

① 침익적 행정처분의 근거인 행정법규는 엄격하게 해석·적용하여야 하고 그 적용 상대방에게 불리한 방향으로 지나치게 확장해석하거나 유추해석하여서는 안 되지만 그 법규의 해석에서 문언의 통상적인 의미를 벗어나지 않는 한 그 입법 취지와 목적 등을 고려한 목적론적 해석이 배제되는 것은 아니다(대판 2016. 7. 27, 2015두46390; 대판 2007. 10. 26, 2007두9884; 대판 2016. 11. 24, 2014두47686).

② 하천법(1971. 1. 19. 법률 제2292호로 개정된 것) 제2조 제1항 제2호, 제3조에 의하면 제외지는 하천구역에 속하는 토지로서 법률의 규정에 의하여 당연히 그 소유권이 국가에 귀속된다고 할 것인바 한편 동법에서는 위 법의 시행으로 인하여 국유화가 된 제외지의 소유자에 대하여 그 손실을 보상한다는 직접적인 보상규정을 둔 바가 없으나 동법 제74조의 손실보상요건에 관한 규정은 보상사유를 제한적으로 열거한 것이라기보다는 예시적로 열거하고 있으므로 국유로 된 제외지의 소유자에 대하여는 위 법조를 유추적용하여 관리청은 그 손실을 보상하여야 한다(대판 1987. 7. 21, 84누126).

[평설] ①은 침익적 행정처분의 근거인 행정법규의 해석에는 유추해석이 허용되지 않는다는 판례이다. 이익침해의 확대를 가져오기 때문이다. 이러한 해석은 기본권의 최대한의 보장이라는 헌법 제10조, 법률의 유보를 규정하는 헌법 제37조 제2항으로부터 나온다. ②는 수익적 행정처분의 근거인 행정법규의 해석에는 유추해석이 허용된다는 판례이다. 이러한 해석은 기본권의 최대한의 보장이라는 헌법 제10조, 법률의 유보를 규정하는 헌법 제37조 제2항에 반하는 것이 아니기 때문이다.

(다) 상위법 합치적 해석

① 어떤 법률이 한 가지 해석방법에 의하면 헌법에 위배되는 것처럼 보이더라도 다른 해석방법에 의하면 헌법에 합치하는 것으로 볼 수 있을 때에는 헌법에 합치하는 해석방법을 택하여야 할 것이다(대결 1992. 5. 8, 91부8).

② 어느 시행령이나 조례의 규정이 모법에 저촉되는지가 명백하지 않은 경우에는 모법과 시행령 또는 조례의 다른 규정들과 그 입법 취지, 연혁 등을 종합적으로 살펴 모법에 합치된다는 해석도 가능한 경우라면 그 규정을 모법위반으로 무효라고 선언해서는 안 된다(대판 2014. 1. 16, 2011두6264; 대판 2013. 11. 28, 2012두16565).

[평설] ①은 헌법합치적 해석, ②는 상위법령 합치적 해석에 관한 것이다. 모든 법령은 상위법령의 구체화이므로, 법령을 해석할 때에 상위법령을 구체화하는 방향으로 해석하여야 하는 것이므로 판례의 숨은 뜻일 것이다.

## 2. 「법원의 흠결」의 보충

① 민법 제155조는 "기간의 계산은 법령, 재판상의 처분 또는 법률행위에 다른 정한 바가 없으면 본장의 규정에 의한다."고 규정하고 있으므로, 기간의 계산에 있어서는 당해 법령 등에 특별한 정함이 없는 한 민법의 규정에 따라야 하는 것이고, 한편 광업법 제16조는 "제12조에 따른 광업권의 존속기간이 끝나서 광업권이 소멸하였거나 제35조에 따라 광업권이 취소된 구역의 경우 그 광업권이 소멸한 후 6개월 이내에는 소멸한 광구의 등록광물과 같은 광상에 묻혀 있는 다른 광물을 목적으로 하는 광업권 설정의 출원을 할 수 없다."고 규정하고 있으나, **광업법에**는 기간의 계산에 관하여 **특별한 규정**을 두고 있지 아니하므로, 광업법 제16조 소정의 출원제한기간을 계산함에 있어서도 기간계산에 관한 민법의 규정은 그대로 적용된다(대판 2009. 2. 12, 2007두17359).

② 사업시행자가 손실보상의무를 이행하지 아니한 채 공유수면에서 허가어업을 영위하던 어민들에게 피해를 입힐 수 있는 **공유수면매립공사를 시행함으로써 어민**들이 더 이상 허가어업을 영위하지 못하는 손해를 입게 된 경우에는, 어업허가가 취소 또는 정지되는 등의 처분을 받았을 때 손실을 입은 자에 대하여 보상의무를 규정하고 있는 수산업법 제81조 제1항을 **유추적용하여 그 손해를 배상하여야 할** 것이고, 이 경우 그 손해액은 공유수면매립사업의 시행일을 기준으로 삼아 산정하여야 한다(대판 2004. 12. 23, 2002다73821; 대판 1987. 7. 21, 84누126).

[평설] ①은 **민법으로 행정법의 흠결을 보충**한 경우이다. 민법상 기간에 관한 규정은 사법관계뿐만 아니라 공법관계에도 적용되는 법기술적 규정 내지 법상 약속에 관한 규정으로 이해될 수 있다. ②는 **공법의 유추적용으로 법원의 흠결을 보충**한 경우이다. 이 판례에서 이루어진 유추해석은 처분의 상대방에게 수익적이었다는 점을 유의할 필요가 있다.

# 제 2 장

# 행정법관계

## 제 1 절   행정의 주체와 행정법관계의 종류

### [7] 행정의 주체

#### 1. 행정의 주체로서 민간(민간에 의한 행정사무 수행 가능성)

□ 국가가 자신의 임무를 그 스스로 수행할 것인지 아니면 그 임무의 기능을 민간부문으로 하여금 수행하게 할 것인지 하는 문제, 즉 **국가가 어떤 임무수행방법을 선택할 것인가 하는 문제는 입법자가 당해 사무의 성격과 수행방식의 효율성 정도 및 비용, 공무원 수의 증가 또는 정부부문의 비대화 문제, 민간부문의 자본능력과 기술력의 성장 정도, 시장여건의 성숙도, 민영화에 대한 사회적·정치적 합의 등을 종합적으로 고려하여 판단해야 할 사항으로서 그 판단에 관하여는 입법자에게 광범위한 입법재량 내지 형성의 자유가 인정된다**(헌재 2007. 6. 28, 2004헌마262).

[평설] 사인에게도 공적 사무(국가사무)를 수행하게 하는 **수탁사인제도** 내지 **민영화(민간영역화)**가 헌법상 허용됨을 전제로 하는 판례로 이해될 수 있다.

#### 2. 행정의 주체로서 공법상 법인

① **도시 및 주거환경정비법에 따른 주택재건축정비사업조합은 관할 행정청의 감독 아래 위 법상의 주택재건축사업을 시행하는 공법인**(동법 제18조)**으로서, 그 목적 범위 내에서 법령이 정하는 바에 따라 일정한 행정작용을 행하는 행정주체의 지위를 갖는다**(대판 2009. 10. 15, 2008다93001).

② 구 **교통안전공단법**(1999. 12. 28. 법률 제6066호로 개정되기 전의 것)에 의하여 설립된 **교통안전공단의** 사업목적과 분담금의 부담에 관한 같은 법 제13조, 그 납부통지에 관한 같은 법 제17조, 제18조 등의 규정 내용에 비추어 교통안전공단이 그 사업목적에 필요한 재원으로 사용할 기금 조성을 위하여 같은 법 제13조에 정한 **분담금 납부의무자에** 대하여 한 분담금 납부통지는 그 납부의무자의 구체적인 분담금 납부의무를 확정시키는 효력을 갖는 **행정처분이라고** 보아야 할 것이고, 이는 그 분담금 체납자로부터 국세징수법에 의한 강제징수를 할 수 있음을 정한 규정이 없다고 하여도 마찬가지이다(대판 2000. 9. 8, 2000다12716).

[평설] 두 판례 모두 공법인도 **법령이** 정하는 범위 안에서 제한적으로 행정주체의 지위를 가질 수 있음을 판시하고 있다.

## [8] 행정법관계(행정상 법률관계)의 종류

### 1. 공법관계와 사법관계의 구분기준

① 어떤 법률관계가 불평등한 것이어서 민법의 규정이 배제되는 공법적 법률관계라고 하기 위하여는 그 **불평등이 법률에** 근거한 것이라야 하고, 당사자 간의 불평등이 공무원의 위법한 강박행위에 기인한 것일 때에는 이러한 불평등은 사실상의 문제에 불과하여 이러한 점만을 이유로 당사자 사이의 관계가 민법의 규정이 배제되는 공법적 법률관계라고 할 수 없으므로, 재단의 이사장직에서 사임한다는 의사표시의 성립과정에 국가공무원들의 불법적인 강박행위가 개재되어 있었다 하더라도 사임의 의사표시를 하도록 강박하고 그 의사표시를 당해 법인에 전달한 국가공무원의 행위를 가리켜 국민의 재산권을 수용하는 수용에 유사한 행정처분이라고 볼 수는 없다(대판 1996. 12. 23, 95다40038; 대판 1993. 10. 26, 93다6409).

② 국유재산의 무단점유자에 대한 변상금 부과는 공권력을 가진 우월적 지위에서 행하는 행정처분이고, 그 부과처분에 의한 **변상금 징수권은 공법상의 권리인** 반면, 민사상 **부당이득반환청구권은** 국유재산의 소유자로서 가지는 **사법상의 채권이다**(대판 2014. 7. 16, 2011다76402 전원합의체).

[평설] ①은 **평등 · 불평등 관계,** ②는 **우월적 지위 여부를** 행정상 공법관계와 사법관계의 구별기준으로 적시하고 있다. 평등 · 불평등 관계나 우월적 지위 여부는 표현이 다를 뿐 내용상 차이가 없다. 한편, 판례는 **공법상 부당이득반환청구권을** 사권으로 보지

만, 공법영역에서 발생한 부당이득반환청구권은 그 성질을 공법상 권리로 보는 것이
논리적일 것이다.

## QR 6. 행정상 사법 관계(국고관계)로 본 판례모음  ☞  QR코드

## 2. 특별행정법관계

### (1) 특별권력관계론의 부인

□  수형자의 기본권 제한에 대한 구체적인 한계는 헌법 제37조 제2항에 따라 법률
에 의하여, 구체적인 자유·권리의 내용과 성질, 그 제한의 태양과 정도 등을 교
량하여 설정하게 되며, 수용 시설 내의 안전과 질서를 유지하기 위하여 이들 기
본권의 일부 제한이 불가피하다 하더라도 그 본질적인 내용을 침해하거나, 목적
의 정당성, 방법의 적정성, 피해의 최소성 및 법익의 균형성 등을 의미하는 과잉
금지의 원칙에 위배되어서는 안 된다(헌재 2004. 12. 16, 2002헌마478).

[평설] 수형자의 기본권 제한에도 법률의 근거가 필요하다는 내용으로부터 판례는「구
체적인 법률의 근거 없이도 기본권을 제한할 수 있다」는 과거의 **특별권력관계론**을 부
인한다는 것을 읽을 수 있다.

### (2) 특별권력관계와 특별행정법관계의 혼용

1  서울특별시지하철공사의 임원과 직원의 근무관계의 성질은 지방공기업법의 모
든 규정을 살펴보아도 **공법상의 특별권력관계**라고는 볼 수 없고 **사법관계**에 속할
뿐만 아니라, 위 지하철공사의 사장이 그 이사회의 결의를 거쳐 제정된 인사규
정에 의거하여 소속직원에 대한 징계처분을 한 경우 위 사장은 행정소송법 제13
조 제1항 본문과 제2조 제2항 소정의 행정청에 해당되지 않으므로 공권력발동주
체로서 위 징계처분을 행한 것으로 볼 수 없고, 따라서 이에 대한 불복절차는 **민
사소송**에 의할 것이지 행정소송에 의할 수는 없다(대판 1989. 9. 12, 89누2103).
2  **농지개량조합과 그 직원과의 관계**는 사법상의 근로계약관계가 아닌 **공법상의
특별권력관계**이고, 그 조합의 직원에 대한 징계처분의 취소를 구하는 소송은 행
정소송사항에 속한다(대판 1995. 6. 9, 94누10870).

[평설] 두 판례에서 특별권력관계라는 용어가 사용되었다고 하여 판례가 종래의 특별

권력관계를 인정한 것으로 볼 것은 아니고, 법률의 유보 하에 놓이는 특별행정법관계라는 의미로 특별권력관계라는 용어를 사용한 것으로 볼 것이다. 특별행정법관계를 지칭하는 의미로 특별권력관계라는 용어를 사용하는 판례가 앞으로는 나타나지 않기를 기대한다.

### (3) 행정입법에 의한 기본권제한

□ 행형법상 징벌의 일종인 금치처분을 받은 자에 대하여 금치기간 중 집필을 전면 금지한 행형법시행령 제145조 제2항 본문 부분은, 금치대상자의 자유와 권리에 관한 사항을 규율하는 것이므로 **모법의 근거 및 위임이 필요**하다(헌재 2005. 2. 24, 2003헌마289; 대판 1992. 5. 8, 91부8).

### 3. 사법심사

□ **국립 교육대학 학생에 대한 퇴학처분**은, 국가가 설립·경영하는 교육기관인 동 대학의 교무를 통할하고 학생을 지도하는 지위에 있는 학장이 교육목적 실현과 학교의 내부질서유지를 위해 학칙 위반자인 재학생에 대한 구체적 법집행으로서 국가공권력의 하나인 징계권을 발동하여 학생으로서의 신분을 일방적으로 박탈하는 국가의 교육행정에 관한 의사를 외부에 표시한 것이므로, **행정처분**임이 명백하다(대판 1991. 11. 22, 91누2144).

[평설] 특별행정법관계에서의 행위도 행정쟁송법상의 쟁송대상이 되는 처분에 해당하면 사법심사의 대상이 됨을 밝히고 있다.

## 제 2 절   행정법관계의 내용(공권·공의무)

### [9] 개인적 공권

### Ⅰ. 일반론

#### 1. 권리와 법률에 의해 보호되는 이익의 구별 여부

① 행정소송에서 소송의 원고는 행정처분에 의하여 직접 권리를 침해당한 자임을 보통으로 하나 **직접 권리의 침해를 받은 자가 아닐지라도 소송을 제기할 법률상의 이익을 가진 자는 그 행정처분의 효력을 다툴 수 있다**(대판 1974. 4. 9, 73누

173).

② 도시계획법과 건축법의 규정 취지에 비추어 볼 때 이 법률들이 주거지역 내에서의 일정한 건축을 금지하고 또는 제한하고 있는 것은 도시계획법과 건축법이 추구하는 공공복리의 증진을 도모하고저 하는데 그 목적이 있는 동시에 한편으로는 주거지역내에 거주하는 사람의 "주거의 안녕과 생활환경을 보호" 하고저 하는데도 그 목적이 있는 것으로 해석이 된다. 그러므로 주거지역내에 거주하는 사람이 받는 위와 같은 보호이익은 단순한 반사적 이익이나 사실상의 이익이 아니라 바로 법률에 의하여 보호되는 이익이라고 할 것이다(대판 1975. 5. 13, 73누96·97).

[평설] 1951년에 제정된 **구** 행정소송법에는 원고적격에 관한 규정이 없었다. 판례는 1970년대 전후에 권리 외에도 법률상 보호되는 이익이 침해되는 자도 원고적격을 갖는다고 하였다. ①을 보면, 권리와 법률상 이익이 구별되고 있다. 오늘날에는 학설상 권리(개인적 공권), 법률에 의해 보호되는 이익, 그리고 **현행 행정소송법 제12조**의 법률상 이익은 모두 동일한 것으로 이해되고 있다. ②는 이른바 **청주시 연탄공장사건** 판례인데, 주거지역내에 거주하는 사람이 받는 보호이익을 권리라 하지 않고 법률에 의하여 보호되는 이익이라는 표현이 보인다. 이것은 권리와 법률상 이익을 구별하는 이전의 판례태도를 유지하였던 것이라 하겠다.

## QR 7. 반사적 이익으로 본 판례 모음  ☞  QR코드

## 2. 개인적 공권의 종류
### (1) 헌법으로부터 바로 나오는 개인적 공권(기본권)
① 만나고 싶은 사람을 만날 수 있다는 것은 인간이 가지는 가장 기본적인 자유 중 하나로서, 이는 헌법 제10조가 보장하고 있는 **인간으로서의 존엄과 가치 및 행복추구권** 가운데 포함되는 헌법상의 기본권이라고 할 것인바, **구속된 피고인이나 피의자**도 이러한 **기본권의 주체**가 됨은 물론이며 오히려 구속에 의하여 외부와 격리된 피고인이나 피의자의 경우에는 다른 사람과 만남으로써 외부와의 접촉을 유지할 수 있다는 것이 더욱 큰 의미를 가지게 되는 것이고, 또한 무죄추정의 원칙을 규정한 헌법 제27조 제4항의 규정도 구속된 피고인이나 피의자가 위와 같은 헌법상의 기본권을 가진다는 것을 뒷받침하는 규정이라 할 수 있으므로 형사소송법 제89조 및 제213조의2가 규정하고 있는 **구속된 피고인 또는 피의자의 타인**

과의 접견권은 위와 같은 헌법상의 기본권을 확인하는 것일 뿐 형사소송법의 규정에 의하여 비로소 피고인 또는 피의자의 접견권이 창설되는 것으로는 볼 수 없다(대판 1992. 5. 8, 91부8).

② 헌법상 입법의 공개(제50조 제1항), 재판의 공개(제109조)와는 달리 행정의 공개에 대하여서는 명문규정을 두고 있지 않지만 "알 권리"의 생성기반을 살펴볼 때 이 권리의 핵심은 **정부가 보유하고 있는 정보에 대한 국민의 "알 권리"**, 즉 국민의 정부에 대한 일반적 정보공개를 구할 권리(청구권적 기본권)라고 할 것이며, 이러한 "알 권리"의 실현은 법률의 제정이 뒤따라 이를 구체화시키는 것이 충실하고도 바람직하지만, 그러한 법률이 제정되어 있지 않다고 하더라도 불가능한 것은 아니고 헌법 제21조에 의해 **직접 보장**될 수 있다고 하는 것이 헌법재판소의 확립된 판례인 것이다(헌재 1991. 5. 13, 90헌마133; 대판 1989. 10. 24, 88누9312; 헌재 1989. 9. 4, 88헌마22).

[평설] ①은 피고인·피의자의 접견권은 법률(형사소송법)이 아니라 헌법에서 바로 나오며, ②는 국민의 알 권리도 헌법에서 바로 나오는 개인적 공권이라는 취지의 판례이다. 모든 개인적 공권이 법률의 구체화를 통해서만 나오는 것은 아님을 보여준다.

(2) 법률로부터 나오는 개인적 공권

□ 사회적 기본권의 성격을 가지는 **의료보험수급권**은 국가에 대하여 적극적으로 급부를 요구하는 것이므로 헌법규정(제34조 제1항)만으로는 이를 실현할 수 없고 법률에 의한 형성을 필요로 한다. 의료보험수급권의 구체적 내용, 즉 수급요건·수급권자의 범위·급여금액 등은 **법률에 의하여 비로소 확정**된다. … **법률에 의하여 구체적으로 형성된 의료보험수급권**에 대하여 헌법재판소는 이를 재산권의 보장을 받는 공법상의 권리로서 헌법상의 사회적 기본권의 성격과 재산권의 성격을 아울러 지니고 있다고 본다(헌재 2003. 12. 18, 2002헌바1; 헌재 2000. 6. 29, 99헌마289; 헌재 1999. 4. 29, 97헌마333; 헌재 1991. 7. 8, 89헌마181; 헌재 1991. 2. 11, 90헌가27 등).

(3) 법규명령으로부터 나오는 개인적 공권

① 건축주명의변경신고에 관한 **건축법시행규칙** 제3조의2의 규정은 단순히 행정관청의 사무집행의 편의를 위한 것에 지나지 않는 것이 아니라, 허가대상건축물의 양수인에게 건축주의 명의변경을 신고할 수 있는 **공법상의 권리를 인정함과**

아울러 행정관청에게는 그 신고를 수리할 의무를 지게 한 것으로 봄이 상당하다 (대판 1992. 3. 31, 91누4911).

② 서울특별시의 "철거민에 대한 시영아파트 특별분양 개선지침"은 서울특별시 내부에 있어서의 행정지침에 불과하며, 그 지침 소정의 사람에게 **공법상의 분양신청권**이 부여되는 것은 아니라 할 것이어서 서울특별시의 시영아파트에 대한 분양불허의 의사표시는 항고소송의 대상이 되는 행정처분으로 볼 수 없다(대판 1992. 10. 27, 91누3871).

[평설] ①은 개인적 공권이 **법규명령으로부터** 나오는 경우를 보여준다. ②는 **행정규칙으로부터는** 개인적 공권이 나오지 아니한다는 것을 보여준다.

(4) 관습법으로부터 나오는 개인적 공권
□ 구 수산업법(1990. 8. 1. 법률 제4252호로 전문 개정되기 전의 것) 제40조 소정의 '**입어의 관행에 따른 권리**'(관행어업권)란, 일정한 공유수면에 대한 공동어업권 설정 이전부터 어업의 면허 없이 그 공유수면에서 오랫동안 계속 수산동식물을 포획 또는 채취하여 옴으로써 그것이 대다수 사람들에게 일반적으로 시인될 정도에 이른 것을 말한다(대판 2001. 3. 13, 99다57942).

[평설] 개인적 공권이 관습법으로부터 나오는 경우를 보여주는 판례이다. 관행어업권이 성문법인 수산업법에 의해 명시적으로 인정되고 있음이 특징적이다.

3. 법령에서 나오는 개인적 공권의 성립요건
① 행정소송법 제12조에서 말하는 법률상 이익이란 당해 **행정처분의 근거 법률에 의하여 보호되는 직접적이고 구체적인 이익**을 말하고 당해 행정처분과 관련하여 간접적이거나 사실적·경제적 이해관계를 가지는 데 불과한 경우는 여기에 포함되지 아니한다 할 것이나, 행정처분의 직접 상대방이 아닌 제3자라 하더라도 당해 행정처분으로 인하여 법률상 보호되는 이익을 침해당한 경우에는 취소소송을 제기하여 그 당부의 판단을 받을 자격이 있다(대판 2004. 5. 14, 2002두12465; 대판 2002. 10. 25, 2001두4450; 2002. 8. 23, 2002추61; 대판 1971. 3. 23, 70누164).
② 법률상 보호되는 이익이라 함은 당해 처분의 근거 법규 및 관련 법규에 의하여 보호되는 개별적·직접적·구체적 이익이 있는 경우를 말하는데, 환경·교통·

재해등에관한영향평가법(환경영향평가법)의 각 관련 규정에 의하면, 폐기물처리시설 설치기관이 1일 처리능력이 100t 이상인 폐기물처리시설을 설치하는 경우에는 **폐기물처리시설설치촉진및주변지역지원등에관한법률**(폐촉법)에 따른 환경상 영향조사 대상에 해당할 뿐만 아니라 **환경영향평가법**에 따른 환경영향평가 대상사업에도 해당하므로 **폐촉법령**뿐만 아니라 **환경영향평가법령**도 위와 같은 폐기물처리시설을 설치하기 위한 폐기물소각시설 설치계획 입지결정·고시처분의 근거 법령이 된다고 할 것이고, 따라서 위 폐기물처리시설설치계획입지가 결정·고시된 지역 인근에 거주하는 주민들에게 위 처분의 근거 법규인 환경영향평가법 또는 폐촉법에 의하여 보호되는 법률상 이익이 있으면 위 처분의 효력을 다툴 수 있는 원고적격이 있다(대판 2005. 5. 12, 2004두14229).

③ 형사소송법 제89조 및 제213조의2가 규정하고 있는 **구속된 피고인 또는 피의자**의 타인과의 접견권은 위와 같은 **헌법상의 기본권**(헌법 제10조가 보장하고 있는 인간으로서의 존엄과 가치 및 행복추구권)을 확인하는 것일 뿐 형사소송법의 규정에 의하여 비로소 피고인 또는 피의자의 접견권이 창설되는 것으로는 볼 수 없다(대판 1992. 5. 8, 91부8).

④ 행정청이 국민의 신청에 대하여 한 거부행위가 항고소송의 대상이 되는 행정처분에 해당하려면, 행정청의 행위를 요구할 법규상 또는 조리상의 신청권이 그 국민에게 있어야 하고, 이러한 신청권의 근거 없이 한 국민의 신청을 행정청이 받아들이지 아니한 경우에는 그 거부로 인하여 신청인의 권리나 법적 이익에 어떤 영향을 주는 것이 아니므로 이를 항고소송의 대상이 되는 행정처분이라고 할 수 없다(대판 2005. 4. 15, 2004두11626).

[평설] 종래의 판례인 ①은 사익보호성 유무 판단의 근거법령으로 **당해 행정처분의 근거 법률**만을 적시하였고, ②는 사익보호성 유무 판단의 근거법령으로 **당해 행정처분의 근거 법령 외에 관련 법령까지 확대**하고 있다. ③은 근거법령으로 헌법상 기본권을 언급하였고, ④는 조리(행정법의 일반원칙)를 법률상 이익(사익보호성) 유무 판단의 근거로 활용하였다.

## II. 제3자의 사익보호

□ 행정소송에 있어서는 비록 당해 행정처분의 상대자가 아니라 하더라도 그 행정처분으로 말미암아 위와 같은 법률에 의하여 보호되는 이익을 침해받는 사람

이면 당해행정처분의 취소를 소구하여 그 당부의 판단을 받을 법률상의 자격이
있다(대판 1975. 5. 13, 73누96·97).

[평설] 판례는 오래전부터 해당 행정처분의 상대방이 아닌 제3자라 할지라도 사익보호
의 주체가 될 수 있음을 인정해오고 있다. 제3자의 사익보호성이 인정되는 경우는 경
쟁자소송·경원자소송·이웃소송(인인소송)의 경우이다.

## 1. 경쟁자소송과 제3자의 사익보호

□ 일반적으로 면허나 인·허가 등의 수익적 행정처분의 근거가 되는 법률이 해당
업자들 사이의 **과당경쟁으로 인한 경영의 불합리를** 방지하는 것도 그 목적으로 하
고 있는 경우, 다른 업자에 대한 면허나 인·허가 등의 수익적 행정처분에 대하
여 이미 같은 종류의 면허나 인·허가 등의 수익적 행정처분을 받아 영업을 하고
있는 기존의 업자는 경업자에 대하여 이루어진 면허나 인·허가 등 행정처분의 상대
방이 아니라 하더라도 당해 행정처분의 취소를 구할 원고적격이 있다(대판 2006. 7.
28, 2004두6716).

## QR 8. **경쟁자소송을 긍정한 판례 모음** ☞ QR코드

## 2. 경원자소송과 제3자의 사익보호

□ (수인이 경쟁관계에서 액화석유가스충전사업허가신청을 하였으나, 허가청(고흥군수)이 특정
인에게 허가를 내주자, 허가처분을 받지 못한 신청인이 허가청을 상대로 허가취소의 소를 제기
한 고흥군 엘피지충전소허가사건에서) 인·허가 등의 **수익적 행정처분을 신청한 수인이**
**서로 경쟁관계에** 있어서 일방에 대한 허가 등의 처분이 타방에 대한 불허가 등으
로 귀결될 수밖에 없는 때(이른바 경원관계에 있는 경우로서 동일대상지역에 대한 공유수
면매립면허나 도로점용허가 혹은 일정지역에 있어서의 영업허가 등에 관하여 거리제한규정이나
업소개수제한규정 등이 있는 경우를 그 예로 들 수 있다) 허가 등의 처분을 받지 못한 자
는 비록 경원자에 대하여 이루어진 허가 등 처분의 상대방이 아니라 하더라도
당해 처분의 취소를 구할 당사자적격이 있다(대판 1992. 5. 8, 91누13274; 대판 1998.
9. 8, 98두6272).

## 3. 이웃소송(인인소송)과 제3자의 사익보호

1 도시계획법과 건축법의 규정 취지에 비추어 볼 때 이 법률들이 주거지역 내에서의 일정한 건축을 금지하고 또는 제한하고 있는 것은 도시계획법과 건축법이 추구하는 **공공복리의 증진을 도모**하고자 하는데 그 목적이 있는 동시에 한편으로는 주거지역 내에 거주하는 사람의 "**주거의 안녕과 생활환경을 보호**"하고자 하는데도 그 목적이 있는 것으로 해석이 된다. 그러므로 주거지역 내에 거주하는 사람이 받는 위와 같은 보호이익은 단순한 반사적 이익이나 사실상의 이익이 아니라 바로 법률에 의하여 보호되는 이익이라고 할 것이다(대판 1975. 5. 13, 73누96·97; 대판 2006. 3. 16, 2006두330 전원합의체(대구 (L.P.G)자동차충전소 설치허가사건); 대판 2001. 7. 27, 99두2970(국립공원집단시설지구개발사업사건); 대판 1998. 9. 22, 97누19571(발전소건설사건); 대판 1998. 9. 4, 97누19588(영광 원자로시설부지사전승인사건); 대판 1995. 9. 26, 94누14544(화장장설치사건); 대판 1983. 7. 12, 83누59(LPG자동차충전소설치허가사건)).

2 (광구를 설정함에 있어서 단위구역내에 기존 자유형광구가 있어 단위구역실시가 곤란한 경우에 단위구역제의 예외로서 상당한 거리를 보유하고 광구를 설정하도록 한 구 광업법 시행령 제11조(현행 광업법 제14조 제4항) 위반을 이유로 다툰 사건에서) 원고들의 광구로부터 상당한 거리를 보유한 경계선에 동종의 광업권을 갖고 있던 피고 보조참가인이 원고들에 대한 **광업권 증구허가처분**으로 인하여 동 증구허가의 대상구역에 해당하는 보안구역이 폐지됨으로 말미암아 원고들의 광구로부터의 상당한 거리를 상실하는 결과가 되어 **보안구역존치의 이익을 침해당하였다면** 위 증구허가처분에 대하여 구 광업법 제71조 소정의 이의신청을 할 적격이 있고 위 증구허가처분취소처분의 취소를 구하는 소송에 이해관계있는 자로서 보조참가할 수 있다(대판 1982. 7. 27, 81누271).

## Ⅲ. 개인적 공권(법률상 이익)의 특수문제

### 1. 반사적 이익에서 법률상 이익으로

□ 공물의 인접주민은 다른 일반인보다 인접공물의 일반사용에 있어 특별한 이해관계를 가지는 경우가 있고, 그러한 의미에서 다른 사람에게 인정되지 아니하는 이른바 **고양된 일반사용권**이 보장될 수 있으며, 이러한 고양된 일반사용권이 침해된 경우 다른 개인과의 관계에서 민법상으로도 보호될 수 있으나, 그 권리도 공물의 일반사용의 범위 안에서 인정되는 것이므로, 특정인에게 어느 범위에서 이른바 고양된 일반사용권으로서의 권리가 인정될 수 있는지의 여부는 당해

공물의 목적과 효용, 일반사용관계, 고양된 일반사용권을 주장하는 사람의 법률상의 지위와 당해 공물의 사용관계의 인접성, 특수성 등을 종합적으로 고려하여 판단하여야 한다(대판 2006. 12. 22, 2004다68311·68328).

[평설] 종래 공물인 **도로의 일반사용으로 인한 이익**은 반사적 이익으로 이해되었다. 오늘날 도로의 일반사용으로 인한 이익을 권리로서 일반적으로 인정하기는 어렵지만, 합리적인 이유 없이 도로의 사용이 배제되면, 그 사인은 그 **배제의 제거를 구할 수 있다**는 의미에서 권리를 갖는다고 본다. 경우에 따라서는 **도로사용 그 자체가 권리로 인정되어야 하는 경우**도 있다는 것이 학설의 입장이다. 도로에 접한 주민의 도로사용을 일반인에 비해 보다 강화된 권리로서 인정하는 이 판례는 바로 학설의 입장과 같다.

## 2. 개인적 공권의 포기의 제한
□ 지방자치단체장이 도매시장법인의 대표이사에 대하여 위 지방자치단체장이 개설한 농수산물도매시장의 도매시장법인으로 다시 지정함에 있어서 그 지정조건으로 '지정기간중이라도 개설자가 농수산물 유통정책의 방침에 따라 도매시장법인 이전 및 지정취소 또는 폐쇄 지시에도 일체 소송이나 손실보상을 청구할 수 없다'라는 부관을 붙였으나, 그 중 **부제소특약에 관한 부분**은 당사자가 임의로 처분할 수 없는 공법상의 권리관계를 대상으로 하여 사인의 국가에 대한 **공권인 소권**을 당사자의 합의로 포기하는 것으로서 **허용될 수 없다**(대판 1998. 8. 21, 98두8919).

[평설] 개인적 공권은 오로지 **개인의 이익**을 위해서만 인정되는 것은 아니고, **국가나 사회공공**을 위해서 인정되는 **성질**도 갖는바, 일신전속적인 성질을 가지고(예: 선거권), 이전(국가배법 제4조; 공무원연금법 제32조)이나 포기가 곤란한 특성을 갖는다. 이 판례는 포기가 곤란한 경우의 예를 보여준다.

## 3. 무하자재량행사청구권
□ 검사의 임용 여부는 임용권자의 자유재량에 속하는 사항이나, 임용권자가 동일한 검사신규임용의 기회에 원고를 비롯한 다수의 검사 지원자들로부터 임용신청을 받아 전형을 거쳐 자체에서 정한 임용기준에 따라 이들 일부만을 선정하여 검사로 임용하는 경우에 있어서 **법령상 검사임용 신청 및 그 처리의 제도에 관한 명문 규정이 없다고 하여도 조리상** 임용권자는 임용신청자들에게 전형의 결과인

임용 여부의 응답을 해줄 의무가 있다고 할 것이며, 응답할 것인지 여부 조차도 임용권자의 편의재량사항이라고는 할 수 없다(대판 1991. 2. 12, 90누5825).

[평설] 학설상 특정한 행위의 발령권한이 행정청의 재량에 놓이더라도 동시에 그 결정이 법적으로 보호되는 사인의 이익과 관련되면, 그 사인은 행정청에 대하여 특정행위를 발령함에 있어 하자 없는 결정을 구할 수 있는 권리를 가지는바, 이를 무하자재량행사청구권이라 한다. 이와 관련하여 「검사임용여부를 질의한 자는 질의에 대하여 응답을 받을 권리가 있다」는 것이 이 판례의 취지인바, 이 판례는 독자적인 성질의 무하자재량행사청구권을 인정한 것이라는 주장도 있다. 그러나 이 판례에서 인정된 응답을 받을 권리 그 자체는 헌법 제10조 인간의 존엄·가치권, 헌법 제15조의 직업선택의 자유, 헌법 제25조 및 국가공무원법·검찰청법 등에서 나오는 공무담임권의 한 부분으로써 실질적인 권리이다. 이 판례는 공무담임과 무관한 「재량행사의 하자 그 자체」를 대상으로 하는 권리를 인정한 것이라는 주장은 타당하지 않다.

4. 행정개입청구권
① 지방자치단체장이 공장시설을 신축하는 회사에 대하여 사업승인 내지 건축허가 당시 부가하였던 조건에 따른 이행을 하고 이를 증명하는 서류를 제출할 때까지 신축공사를 중지하라는 **공사중지명령**에 있어서는 그 명령의 내용 자체로 또는 그 성질상으로 명령 이후에 그 **원인사유가 해소되는 경우**에는 **잠정적으로** 내린 당해 공사중지명령의 **해제를 요구할 수 있는 권리**를 위 명령의 상대방에게 인정하고 있다고 할 것이므로, 위 회사에게는 **조리상으로** 그 해제를 요구할 수 있는 권리가 인정된다고 할 것이다(대판 2007. 5. 11, 2007두1811; 대판 1997. 12. 26, 96누17745).
② 산림법령에는 채석허가처분을 한 처분청이 산림을 복구한 자에 대하여 복구설계서승인 및 복구준공통보(이하 '복구준공통보 등'이라 한다)를 한 경우 그 취소신청과 관련하여 아무런 규정을 두고 있지 않고, 원래 행정처분을 한 처분청은 그 처분에 하자가 있는 경우에는 원칙적으로 별도의 법적 근거가 없더라도 스스로 이를 직권으로 취소할 수 있지만, 그와 같이 **직권취소를 할 수 있다는 사정만으로** 이해관계인에게 처분청에 대하여 그 취소를 요구할 신청권이 부여된 것으로 볼 수는 **없다**(대판 2006. 6. 30, 2004두701; 대판 2014. 11. 27, 2014두37665; 대판 1999. 12. 7, 97누17568; 대판 1997. 9. 12, 96누6219).

[평설] 학설상 행정권의 위법한 불행사(부작위)에 대하여 적정한 권력발동을 청구하는 권리를 광의의 **행정개입청구권**이라 하며, 여기에는 개인이 자기의 이익을 위해 자기에 대한 행정권의 발동을 구하는 권리(**행정행위발령청구권**)와 자기의 이익을 위해 타인에게 행정권의 발동을 청구하는 권리(**협의의 행정개입청구권**)가 포함된다. ①은 행정행위발령청구권을 인정한 판례이다. ②는 행정행위발령청구권을 부인한 것이다.

## 5. 공권·공의무의 승계

① 구 산림법 제90조의2 제1항, 구 산림법 시행규칙 제95조의2는 채석허가를 받은 자(이하 '수허가자'라 한다)의 지위를 승계한 자는 단독으로 관할 행정청에의 명의변경신고를 통하여 수허가자의 명의를 변경할 수 있는 것으로 규정하고, 산림법 제4조는 법에 의하여 행한 처분 등은 토지소유자 및 점유자의 승계인에 대하여도 그 효력을 미치도록 규정하고 있는 점, 채석허가는 수허가자에 대하여 일반적·상대적 금지를 해제하여 줌으로써 채석행위를 자유롭게 할 수 있는 자유를 회복시켜 주는 것일 뿐 권리를 설정하는 것이 아니라 하더라도 **대물적 허가의 성질**을 아울러 가지고 있는 점 등을 감안하여 보면, 수허가자가 사망한 경우 특별한 사정이 없는 한 수허가자의 상속인이 수허가자로서의 지위를 승계한다고 봄이 상당하다(대판 2005. 8. 19, 2003두9817, 9824 병합).

② **회사합병**이 있는 경우에는 피합병회사의 권리·의무는 사법상의 관계나 공법상의 관계를 불문하고 그의 **성질상 이전을 허용하지 않는 것을 제외하고는 모두 합병으로 인하여 존속한 회사에게 승계**되는 것으로 보아야 할 것이고, 공인회계사법에 의하여 설립된 회계법인간의 흡수합병이라고 하여 이와 달리 볼 것은 아니다(대판 2004. 7. 8, 2002두19460).

③ 식품위생법(구 식품위생법(2009. 2. 6. 법률 제9432호로 전부 개정되기 전의 것)) 제22조 제5항, 구 식품위생법 시행령(2008. 12. 31. 대통령령 제21214호로 개정되기 전의 것) 제13조 제1항 제7호, 제13조의 2 제3의 2호에 의하면, 신고대상인 **일반음식점 영업**을 하고자 하는 때와 해당 영업의 영업장 면적 등 중요한 사항을 변경하고자 하는 때에는 이를 구청장 등에게 신고하도록 규정하고, 같은 법 제77조 제1호에서는 위와 같은 신고의무를 위반한 자를 3년 이하의 징역 또는 3천만 원 이하의 벌금에 처하도록 규정하며, 같은 법 제25조 제1항은 영업의 신고를 한 자가 그 **영업을 양도한 때에는 양수인이 영업자의 지위를 승계**하도록 규정하는바, 위 **신고의무 조항 및 처벌조항의 취지**는 신고대상인 영업을 신고 없이 하거나 해당 영업의 영

업장 면적 등 중요한 사항을 변경하였음에도 그에 관한 신고 없이 영업을 계속하는 경우 이를 처벌함으로써 그 신고를 강제하고 궁극적으로는 미신고 영업을 금지하려는 데 있는 것으로 보이는 점도 고려하면, 영업장 면적이 변경되었음에도 그에 관한 신고의무가 이행되지 않은 영업을 양수한 자도 역시 그와 같은 신고의무를 이행하지 않은 채 영업을 계속한다면 처벌대상이 된다고 보아야 한다(대판 2010. 7. 15, 2010도4869).

[평설] ①은 당시 산림법상 명문의 규정이 없었지만, 대물적 허가의 성질을 가지는 채석허가의 경우, 수허가자가 사망하면 그 상속인이 수허가자의 지위를 승계한다고 하여 상속을 승계의 사유로 본 것이고, ②는 법인의 합병을 승계의 사유로 본 것이고, ③은 명시적으로 제재사유의 승계까지 규정하는 경우, 그 규정의 의미를 밝히고 있다.

## 제 3 절　행정법관계의 발생·변경·소멸

### [10] 공법상 사건, 사무관리·부당이득

#### Ⅰ. 시간의 경과

#### 1. 기간의 계산

□ 민법 제155조는 "기간의 계산은 법령, 재판상의 처분 또는 법률행위에 다른 정한 바가 없으면 본장의 규정에 의한다."고 규정하고 있으므로, 기간의 계산에 있어서는 당해 법령 등에 특별한 정함이 없는 한 민법의 규정에 따라야 한다. 한편 병역법 제88조 제1항 제2호는 '공익근무요원 소집통지서를 받은 사람이 정당한 사유 없이 소집기일부터 3일이 지나도 소집에 응하지 아니한 경우에는 3년 이하의 징역에 처한다'고 규정하고 있으나, 병역법은 기간의 계산에 관하여 특별한 규정을 두고 있지 아니하다. 따라서 병역법 제88조 제1항 제2호에 정한 '소집기일부터 3일'이라는 기간을 계산할 때에도 기간계산에 관한 민법의 규정이 적용된다고 할 것이므로, 민법 제157조에 따라 기간의 초일은 산입하지 아니하고, 민법 제161조에 따라 기간의 말일이 토요일 또는 공휴일에 해당하는 때에는 기간은 그 익일로 만료한다고 보아야 한다(대판 2012. 12. 26, 2012도13215).

2. 소멸시효(국정법 제96조 제1항, 지정법 제82조 제1항)

(1) 국가재정법·지방재정법상 소멸시효의 적용범위

□ 구 예산회계법(1989. 3. 31. 법률 4012호로 개정전) 제71조 소정의 금전의 급부를 목적으로 하는 국가의 권리라 함은 금전의 급부를 목적으로 하는 국가의 권리인 이상 그 발생원인에 관하여는 아무런 제한이 없으므로 **국가의 공권력의 발동으로 하는 행위는 물론 국가의 사법상 행위에서 발생한 국가에 대한 금전채무도 포함한 다**(대판 1974. 7. 26, 74다703).

[평설] "금전의 급부를 목적으로 하는 국가의 권리로서 시효에 관하여 다른 법률에 규정이 없는 것은 5년 동안 행사하지 아니하면 시효로 인하여 소멸한다"고 규정하는 구 예산회계법 제71조(현행 국가재정법 제96조 제1항, 지방자치단체의 경우, 지방재정법 제82조 제1항)는 국가의 사법상 행위에서 발생한 국가에 대한 금전채무에도 적용됨을 밝히고 있는 판례이다.

(2) 단기소멸시효제도의 취지

□ 국가채무에 대하여 단기소멸시효를 두는 것은 **국가의 채권, 채무관계를 조기에 확정하고 예산 수립의 불안정성을 제거하여 국가재정을 합리적으로 운용하기 위한** 것으로서 그 입법목적은 정당하며, … 국가에 대한 채권의 경우 민법상 단기시효기간이 적용되는 채권과 같이 일상적으로 빈번하게 발생하는 것이라 할 수 없고 일반사항에 관한 예산·회계관련 기록물들의 보존기간이 5년으로 되어 있는 점에 비추어 이 사건 법률조항에서 정한 5년의 단기시효기간이 채권자의 재산권을 본질적으로 침해할 정도로 지나치게 짧고 불합리하다고 볼 수 없다(헌재 2001. 4. 26, 99헌바37).

(3) 소멸시효의 효과(소멸시효의 항변)

① 민사소송절차에서 변론주의 원칙은 권리의 발생·변경·소멸이라는 법률효과 판단의 요건이 되는 주요사실에 관한 주장·증명에 적용된다. 따라서 권리를 소멸시키는 소멸시효 항변은 변론주의 원칙에 따라 당사자의 주장이 있어야만 법원의 판단대상이 된다(대판 2017. 3. 22, 2016다258124).

② 소멸시효에 있어서 그 시효기간이 만료되면 권리는 당연히 소멸하지만 그 시효의 이익을 받는 자가 소송에서 소멸시효의 주장을 하지 아니하면 그 의사에 반

하여 재판할 수 없고, 그 시효이익을 받는 자는 시효기간 만료로 인하여 소멸하는 권리의 의무자를 말한다(대판 1991. 7. 26, 91다5631).

③ 소멸시효를 이유로 한 항변권의 행사도 민법의 대원칙인 신의성실의 원칙과 권리남용금지의 원칙의 지배를 받는 것이어서, 채무자가 시효완성 전에 채권자의 권리행사나 시효중단을 불가능 또는 현저히 곤란하게 하였거나, 그러한 조치가 불필요하다고 믿게 하는 행동을 하였거나, 객관적으로 채권자가 권리를 행사할 수 없는 장애사유가 있었거나, 또는 일단 시효완성 후에 채무자가 시효를 원용하지 아니할 것 같은 태도를 보여 권리자로 하여금 그와 같이 신뢰하게 하였거나, 채권자보호의 필요성이 크고 같은 조건의 다른 채권자가 채무의 변제를 수령하는 등의 사정이 있어 채무이행의 거절을 인정함이 현저히 부당하거나 불공평하게 되는 등의 특별한 사정이 있는 경우에는 채무자가 소멸시효의 완성을 주장하는 것이 신의성실의 원칙에 반하여 권리남용으로서 허용될 수 없다(대판 2017. 2. 15, 2014다230535).

[평설] 소멸시효완성의 효과에 관해 **절대적 소멸설**(시효기간경과로 권리는 당사자의 원용에 관계없이 절대적으로 소멸한다는 견해)과 **상대적 소멸설**(시효기간의 경과로 권리 자체가 절대적으로 소멸하는 것이 아니라 시효소멸로 이익을 받게 될 자가 권리자의 권리주장에 대해 항변할 수 있는 것에 불과하다는 견해)의 대립이 있다. 소송절차상 변론주의를 택하기 때문에 당사자의 원용이 없으면 직권으로 시효를 고려하지 않는다는 것이 ①과 ②의 입장이므로 실무상 양설에 큰 차이가 없어 보인다. ③은 한센병을 앓은 적이 있는 갑 등이 국가가 한센병 환자의 치료 및 격리수용을 위하여 운영·통제해 온 국립 소록도병원 등에 입원해 있다가 위 병원 등에 소속된 의사 등으로부터 정관절제수술 또는 임신중절수술을 받았음을 이유로 국가를 상대로 손해배상을 구한 사건에서의 판시내용이다.

(4) 소멸시효 완성 후의 조세부과처분의 효과

□ 조세에 관한 소멸시효가 완성되면 국가의 조세부과권과 납세의무자의 납세의무는 당연히 소멸한다 할 것이므로 소멸시효완성 후에 부과된 부과처분은 납세의무 없는 자에 대하여 부과처분을 한 것으로서 그와 같은 하자는 중대하고 명백하여 그 처분의 효력은 당연무효이다(대판 1985. 5. 14, 83누655).

## 3. 취득시효(민법 제245조)

① 구 국유잡종재산은 사경제적 거래의 대상으로서 사적 자치의 원칙이 지배되고 있으므로 시효제도의 적용에 있어서도 동일하게 보아야 하고, **국유잡종재산에 대한 시효취득을 부인하는 동규정은 합리적 근거없이 국가만을 우대하는 불평등한 규정**으로서 헌법상의 평등의 원칙과 사유재산권 보장의 이념 및 과잉금지의 원칙에 반한다(헌재 1991. 5. 13, 89헌가97).

② 구 지방재정법 제74조 제2항은 "공유재산은 민법 제245조의 규정에 불구하고 시효취득의 대상이 되지 아니한다. 다만, 잡종재산의 경우에는 그러하지 아니하다"라고 규정하고 있으므로, 구 지방재정법상 공유재산에 대한 취득시효가 완성되기 위하여는 그 공유재산이 취득시효기간 동안 계속하여 시효취득의 대상이 될 수 있는 **잡종재산이어야** 하고, 이러한 점에 대한 **증명책임은 시효취득을 주장하는 자에게 있다**(대판 2009. 12. 10, 2006다19177).

[평설] ①은 "국유잡종재산(현행법상 **일반재산**)은 민법 제245조의 규정에 불구하고 시효취득의 대상이 되지 아니한다"는 구 국유재산법 제5조 제2항이 위헌임을 선언한 결정례이다. 같은 내용의 구 지방재정법 제74조 제2항도 위헌으로 선언되었다(헌재 1992. 10. 1, 92헌가6·7). ②는 시효취득을 주장하는 자는 일반재산(종래의 잡종재산)의 시효취득요건으로서 취득시효기간 중 내내 일반재산(종래의 잡종재산)일 것에 대한 증명책임을 부담한다는 판례이다.

③ 행정재산은 공용폐지가 되지 아니하는 한 사법상 거래의 대상이 될 수 없으므로 시효취득의 대상이 되지 아니하고, … **공용폐지의 의사표시는 명시적 의사표시뿐 아니라 묵시적 의사표시이어도 무방하나 적법한 의사표시이어야** 하고, 행정재산이 본래의 용도에 제공되지 않는 상태에 놓여 있다는 사실만으로 관리청의 이에 대한 공용폐지의 의사표시가 있었다고 볼 수 없다(대판 1996. 5. 28, 95다52383).

④ 잡종재산이던 것이 행정재산으로 된 경우 잡종재산일 당시에 취득시효가 완성되었다고 하더라도 **행정재산으로 된 이상 이를 원인으로 하는 소유권이전등기를 청구할 수 없다**(대판 1997. 11. 14, 96다10782).

[평설] ③은 행정재산에 공용폐지가 있으면, 시효취득의 대상이 된다고 하고, ④는 일

반재산(종래의 잡종재산)의 시효취득도 소유권이전등기청구 시점에 일반재산의 형태로 있어야 가능하고, 행정재산으로 전환되어 있다면 불가하다는 판례이다.

### 4. 기한의 성질

□ 산업집적활성화 및 공장설립에 관한 법률 시행규칙 제6조 제3항에 의하면, 시장 등은 공장설립 등의 신청을 받은 날부터 20일(공장설립 등의 승인신청 내용의 전부가 시장 등의 권한에 속하는 경우에는 14일, 다른 법률에 따른 인허가 등의 의제처리가 필요하지 아니한 경우에는 7일) 이내에 승인 여부를 결정하도록 되어 있지만, 위 규정은 가능한 한 조속히 그 승인사무를 처리하도록 정한 훈시규정에 불과할 뿐 강행규정이나 효력규정이라고 할 수는 없다. 따라서 시장 등이 위 기한을 경과하여 공장설립 등의 승인신청을 거부하는 처분을 하였다고 해서 그 거부처분이 위법하다고 할 수는 없고, 나아가 위 기한을 경과함으로써 승인이 있는 것으로 간주되는 것도 아니다(대판 2017. 3. 16, 2016두54084).

## II. 공법상 사무관리·부당이득

### 1. 공법상 사무관리(민법 제734조)

□ 사무관리가 성립하기 위하여는 우선 사무가 타인의 사무이고 타인을 위하여 사무를 처리하는 의사, 즉 관리의 사실상 이익을 타인에게 귀속시키려는 의사가 있어야 하며, 나아가 사무의 처리가 본인에게 불리하거나 본인의 의사에 반한다는 것이 명백하지 아니할 것을 요한다. 다만 타인의 사무가 국가의 사무인 경우, 원칙적으로 사인이 법령상 근거 없이 국가의 사무를 수행할 수 없다는 점을 고려하면, 사인이 처리한 국가의 사무가 사인이 국가를 대신하여 처리할 수 있는 성질의 것으로서, 사무 처리의 긴급성 등 국가의 사무에 대한 사인의 개입이 정당화되는 경우에 한하여 사무관리가 성립하고, 사인은 그 범위 내에서 국가에 대하여 국가의 사무를 처리하면서 지출된 필요비 내지 유익비의 상환을 청구할 수 있다(대판 2014. 12. 11, 2012다15602).

[평설] 공법에서 사무관리가 인정될 것인가에 관해 부정적 시각도 없지 않지만, 판례는 긍정적인 입장을 취한다.

## 2. 공법상 부당이득(민법 제741조)

① 변상금부과처분이 당연무효인 경우에 이 변상금부과처분에 의하여 납부자가 납부하거나 징수당한 오납금은 지방자치단체가 법률상 원인 없이 취득한 부당이 득에 해당하고, 이러한 오납금에 대한 납부자의 부당이득반환청구권은 처음부터 법률상 원인이 없이 납부 또는 징수된 것이므로 납부 또는 징수 시에 발생하여 확 정되며, 그 때부터 소멸시효가 진행한다(대판 2005. 1. 27, 2004다50143; 대판 1992. 3. 31, 91다32053).

② 정부조직법 제3조 제1항과 경찰서직제(1973. 7. 14. 대통령령 제6764호)에 의하면 경찰서 및 그 산하 파출소는 지방자치단체의 사무를 관장하는 지방행정기관이 아니고 국가사무를 시행하기 위하여 설치된 특별지방행정기관이므로 **파출소가 사인소유의 토지를 정당한 권원 없이 점유사용하였다면 국가가** 부당이득금반환의 책임을 져야 하고 지방자치단체에게 부당이득금의 반환을 명할 수는 없다(대판 1989. 10. 13, 88다카33039).

③ 지방자치단체가 타인 소유의 토지를 아무런 권원 없이 도로부지로 사용하고 있는 경우, 그 소유자의 손해는 일반적으로 **토지의 임대료 상당이다**(대판 1993. 9. 10, 93다24711).

④ 개발부담금 부과처분이 취소된 이상 그 후의 부당이득으로서의 **과오납금 반 환**에 관한 법률관계는 단순한 민사 관계에 불과한 것이고, 행정소송 절차에 따라 야 하는 관계로 볼 수 없다(대판 1995. 12. 12, 94다51253; 대판 1991. 2. 6, 90프2).

[평설] ①은 부당이득반환청구권의 발생과 소멸시효의 진행, ②는 부당이득반환의무 자, ③은 부당이득반환청구권의 범위, ④는 부당이득반환청구소송의 관할법원에 관 한 것이다. ④는 공법상 부당이득청구권의 발생을 긍정하면서도 그 청구권의 행사는 민사소송에 의하여야 한다는 판례이다. 공법상 부당이득청구권은 공법상 권리이므로 행정소송법상 당사자소송에 의하는 것이 타당하다.

## [11] 사인의 공법행위

### Ⅰ. 사인의 공법행위 일반론

#### 1. 사인의 공법행위에 적용할 법규

① 국가 또는 지방자치단체의 공무원이 사직의 의사를 표시하여 의원면직처분 을 하는 경우에 그 사직의 의사표시는 그 법률관계의 특수성에 비추어 객관적으

로 표시된 바를 존중하여야 할 것이므로, 공무원이 사회적 물의로 징계파면이 될 경우 퇴직금조차 받지 못하게 될 것을 우려하여 일정시기까지 사표수리를 보류해 줄 것을 당부하면서 작성일자를 기재하지 아니한 사직서를 작성 제출한 경우, 행정청이 그 시기까지 기다리지 않고 바로 그 사표를 수리하고 면직처분을 하였다 하여 그 면직처분에 하자가 있다고 할 수 없다(대판 1986. 8. 19, 86누81; 대판 2000. 11. 14, 99두5481; 대판 1995. 12. 5, 95누12033; 대판 1994. 1. 11, 93누10057; 대판 1992. 8. 14, 92누909; 대판 1978. 7. 25, 76누276).

② 사직서의 제출이 감사기관이나 상급관청 등의 강박에 의한 경우에는 그 정도가 의사결정의 자유를 박탈할 정도에 이른 것이라면 그 의사표시가 무효로 될 것이고 그렇지 않고 의사결정의 자유를 제한하는 정도에 그친 경우라면 그 성질에 반하지 아니하는 한 의사표시에 관한 민법 제110조의 규정을 준용하여 그 효력을 따져보아야 할 것이다(대판 1997. 12. 12, 97누13962).

③ 사인의 공법상 행위는 명문으로 금지되거나 성질상 불가능한 경우가 아닌 한 그에 따른 행정행위가 행하여질 때까지 자유로이 철회하거나 보정할 수 있다(대판 2014. 7. 10, 2013두7025; 대판 1993. 7. 27, 92누16942).

④ 민원사무처리법령 관련 규정의 내용과 그 취지에 의하면, 민원 1회방문 처리제는 다수의 행정기관 또는 부서와 관련되는 복합민원에 대하여 관계 행정기관 및 부서에 의한 공동 심의 등을 통하여 민원인의 1회 방문으로 일괄처리함으로써 민원인의 불편과 부담을 경감시키려는 데에 주된 도입 취지가 있다(대판 2015. 8. 27, 2013두1560).

[평설] ①은 사인의 공법행위에서 의사표시와 관련하여 **표시주의**를 취하고 있다는 점, ②는 강박에 의한 의사표시가 의사결정의 자유를 제한하는 정도에 그친 경우라면 의사표시에 관한 민법 제110조의 규정이 준용된다는 점, ③은 행정행위가 행하여질 때까지 철회와 보정의 자유가 인정된다는 점, ④는 복합민원의 도입취지를 보여준다. 현재로서 사인의 공법행위에 관한 일반법은 없다. 민원 처리에 관한 법률, 행정절차법, 개별 법률 등에서 일부 나타난다. 복합민원은 민원 처리에 관한 법률에서 규정하고 있다.

## 2. 사인의 공법행위의 하자

① 조사기관에 소환당하여 구타당하리라는 공포심에서 조사관의 요구를 거절치 못하고 작성교부한 사직서이라면 이를 본인의 진정한 의사에 의하여 작성한 것이라

할 수 없으므로 그 사직원에 따른 면직처분은 **위법**이다(대판 1968. 3. 19, 67누164).
2 처분청인 피고가 당초의 골재채취허가를 취소한 것이 오로지 피고 자신이 골재의 채취와 반출에 대한 감독을 할 수 없다는 내부적 사정에 따른 것이라면, 골재채취허가를 취소할 만한 정당한 사유가 될 수 없고, 상대방인 원고가 이 사건 골재채취허가취소처분에 대하여 한 동의가 피고측의 기망과 강박에 의한 의사표시라는 이유로 적법하게 취소되었다면, 위 동의는 처음부터 무효인 것이 되므로 이 사건 골재채취허가취소처분은 위법한 것이다(대판 1990. 2. 23, 87누7061).
3 감사담당 직원이 당해 공무원에 대한 비리를 조사하는 과정에서 사직하지 아니하면 징계파면이 될 것이고 또한 그렇게 되면 퇴직금 지급상의 불이익을 당하게 될 것이라는 등의 강경한 태도를 취하였다고 할지라도 그 취지가 단지 비리에 따른 객관적 상황을 고지하면서 사직을 권고·종용한 것에 지나지 않고 위 공무원이 그 비리로 인하여 징계파면이 될 경우 퇴직금 지급상의 불이익을 당하게 될 것 등 여러 사정을 고려하여 사직서를 제출한 경우라면 그 의사결정이 의원면직처분의 효력에 영향을 미칠 하자가 있었다고는 볼 수 없다(대판 1997. 12. 12, 97누13962).

[평설] 사인의 공법행위의 하자의 유무에 관한 판례들이다. 1은 **공포심에 따른 의사표시는 하자 있는 의사표시**라는 점, 2는 **기망·강박에 따른 의사표시는 하자 있는 의사표시**라는 점, 3은 **객관적 상황을 고지하면서 사직을 권고·종용한데 따른 의사표시는 하자 있는 의사표시가 아니라는 점**을 보여주고 있다.

4 취득세와 같은 신고납부방식의 조세의 경우에는 원칙적으로 납세의무자가 스스로 과세표준과 세액을 정하여 신고하는 행위에 의하여 납세의무가 구체적으로 확정되고, 납부행위는 신고에 의하여 확정된 구체적 납세의무의 이행으로 하는 것이며, 지방자치단체는 그와 같이 확정된 조세채권에 기하여 납부된 세액을 보유한다. 따라서 납세의무자의 신고행위가 중대하고 명백한 하자로 인하여 당연무효로 되지 아니하는 한 그것이 바로 부당이득에 해당한다고 할 수 없고, 여기에서 신고행위의 하자가 중대하고 명백하여 당연무효에 해당하는지에 대하여는 신고행위의 근거가 되는 법규의 목적, 의미, 기능 및 하자 있는 신고행위에 대한 법적 구제수단 등을 목적론적으로 고찰함과 동시에 신고행위에 이르게 된 구체적 사정을 개별적으로 파악하여 합리적으로 판단하여야 한다(대판 2014. 4. 10, 2011다15476).

[평설] ④는 사인의 공법행위의 하자의 효과에 관한 판례이다. 이 판례에서 "신고행위의 하자가 중대하고 명백하여 당연무효에 해당하는지"라는 표현이 나오는데, 이러한 표현은 행정행위의 하자의 효과로서 무효와 취소를 구별하는 기준으로서 지지되고 있는 하자의 중대성과 명백성의 논리를 활용하고 있는 것으로 볼 수 있다.

## II. 사인의 공법행위로서 신고

## QR 9. 사실로서의 신고 ☞ QR코드

### 1. 수리를 요하지 않는 신고

#### (1) 신고의 의의

□ 체육시설의 설치·이용에 관한 법률 …각 규정에 의하면, 체육시설업은 등록체육시설업과 신고체육시설업으로 나누어지고, 당구장업과 같은 신고체육시설업을 하고자 하는 자는 체육시설업의 종류별로 같은법시행규칙이 정하는 해당 시설을 갖추어 소정의 양식에 따라 신고서를 제출하는 방식으로 시·도지사에 신고하도록 규정하고 있으므로, 소정의 시설을 갖추지 못한 체육시설업의 신고는 부적법한 것으로 그 수리가 거부될 수밖에 없고 그러한 상태에서 신고체육시설업의 영업행위를 계속하는 것은 무신고 영업행위에 해당한다(대판 1998. 4. 24, 97도3121).

[평설] 체육시설의 설치·이용에 관한 법률상 신고체육시설업은 신고가 행정청에 도달한 때부터 신고의 효력이 발생한다(도달주의)는 판례이다. 수리를 요하지 아니하는 신고에서 수리는 사실상의 행위일 뿐 법적 행위는 아니다.

#### (2) 신고효과의 발생시점(도달주의)

① 수산업법령에 의하면… 수산제조업의 신고를 하고자 하는 자가 그 신고서를 구비서류까지 첨부하여 제출한 경우 시장·군수·구청장으로서는 형식적 요건에 하자가 없는 한 수리하여야 할 것이고, 나아가 관할 관청에 신고업의 신고서가 제출되었다면 담당공무원이 법령에 규정되지 아니한 다른 사유를 들어 그 신고를 수리하지 아니하고 반려하였다고 하더라도, 그 신고서가 제출된 때에 신고가 있었다고 볼 것이다(대판 1999. 12. 24, 98다57419·57426).

② 주택건설촉진법 제38조 제2항 단서 등에 의하면, 공동주택 및 부대시설·복리시설의 소유자·입주자·사용자 및 관리주체가 건설부령이 정하는 경미한 사항

으로서 신고대상인 건축물의 건축행위를 하고자 할 경우에는 그 관계 법령에 정
해진 적법한 요건을 갖춘 신고만을 하면 그와 같은 건축행위를 할 수 있고, 행정청
의 수리처분 등 별단의 조처를 기다릴 필요가 없다(대판 1999. 4. 27, 97누6780).

③ (체육시설의 설치·이용에 관한 법률상 … 당구장업과 같은 신고체육시설업의 경우) 적법
한 요건을 갖춘 신고의 경우에는 행정청의 수리처분 등 별단의 조처를 기다릴 필요
없이 그 접수시에 신고로서의 효력이 발생하는 것이므로 그 수리가 거부되었다고
하여 무신고 영업이 되는 것은 아니다(대판 1998. 4. 24, 97도3121).

④ 숙박업을 하고자 하는 자가 공중위생관리법령이 정하는 시설과 설비를 갖추
고 행정청에 신고를 하면, 행정청은 공중위생관리법령의 위 규정에 따라 원칙적
으로 이를 수리하여야 한다. 행정청이 법령이 정한 요건 이외의 사유를 들어 수
리를 거부하는 것은 위 법령의 목적에 비추어 이를 거부해야 할 중대한 공익상
의 필요가 있다는 등 특별한 사정이 있는 경우에 한한다. 이러한 법리는 이미 다
른 사람 명의로 숙박업 신고가 되어 있는 시설 등의 전부 또는 일부에서 새로
숙박업을 하고자 하는 자가 신고를 한 경우에도 마찬가지이다(대판 2017. 5. 30,
2017두34087).

[평설] ①, ②, ③ 모두 **수리를 요하지 아니하는 신고의 경우**, 신고가 **도달하면 그 자
체로 신고의 효과가 발생**한다는 판례이다. ④는 숙박업의 신고를 수리를 요하는 신고
로 본다는 견해도 있을 수 있을 것이다. 그러나 숙박업 신고의 수리를 내부적 절차로
이해하고, 숙박업의 신고를 수리를 요하지 아니하는 신고로 보는 것이 타당할 것이다.

## (3) 신고수리의 통지의 의미

□  체육시설의 설치·이용에 관한 법령의 관련규정을 보면, 등록체육시설업에
대한 사업계획의 승인을 얻은 자는 규정된 기한 내에 사업시설의 착공계획서를
제출하고 그 수리 여부에 상관없이 설치공사에 착수하면 되는 것이지, 착공계획
서가 수리되어야만 비로소 공사에 착수할 수 있다거나 그 밖에 착공계획서 제출
및 수리로 인하여 원고에게 어떠한 권리를 설정하거나 의무를 부담케 하는 법률
효과가 발생하는 것이 아니므로 시·도지사가 원고의 착공계획서를 수리하고 이
를 통보한 행위는 원고의 착공계획서 제출사실을 확인하는 행정행위에 불과하고 그
를 항고소송이나 행정심판의 대상이 되는 **행정처분으로 볼 수 없다**(대판 2001. 5.
29, 99두10292).

[평설] 수리를 요하지 아니하는 신고의 경우, 신고를 수리하였다는 통지를 한다고 하여도 그 오지는 도달을 확인해 주는 사실행위일 뿐이다. 신고의 효과는 신고의 도달로써 발생한다. 판례는 원고의 착공계획서 제출사실을 확인하는 행정행위라고 하였는데, 단순한 사실행위라는 의미로 행정행위라는 용어를 사용하는 것은 바람직하지 않다.

(4) 신고필증 교부의 의미

□ 의료법시행규칙 제22조 제3항에 의하면 의원개설 신고서를 수리한 행정관청이 소정의 신고필증을 교부하도록 되어 있다 하여도 이는 신고사실의 확인행위로서 신고필증을 교부하도록 규정한 것에 불과하고 그와 같은 신고필증의 교부가 없다 하여 개설신고의 효력을 부정할 수 없다(대판 1985. 4. 23, 84도2953).

(5) 수리의 거부

□ 체육시설의 설치·이용에 관한 법률상 당구장업과 같은 신고체육시설업을 하고자 하는 자는 체육시설업의 종류별로 같은법시행규칙이 정하는 해당 시설을 갖추어 소정의 양식에 따라 신고서를 제출하는 방식으로 시·도지사에 신고하도록 규정하고 있으므로, … 적법한 요건을 갖춘 신고의 경우에는 행정청의 수리처분 등 별단의 조처를 기다릴 필요 없이 그 접수시에 신고로서의 효력이 발생하는 것이므로 그 수리가 거부되었다고 하여 무신고 영업이 되는 것은 아니다(대판 1998. 4. 24, 97도3121).

2. 수리를 요하는 신고
(1) 신고의 의의, 신고효과의 발생시점

□ 어업의 신고에 관하여 유효기간을 설정하면서 그 기산점을 '수리한 날'로 규정하고, 나아가 필요한 경우에는 그 유효기간을 단축할 수 있도록까지 하고 있는 개정 수산업법 제44조 제2항의 규정 취지 및 어업의 신고를 한 자가 공익상 필요에 의하여 한 행정청의 조치에 위반한 경우에 어업의 신고를 수리한 때에 교부한 어업신고필증을 회수하도록 하고 있는 구 수산업법시행령(1996. 12. 31. 대통령령 제15241호로 개정되기 전의 것) 제33조 제1항의 규정 취지에 비추어 보면, 개정 수산업법 제44조 소정의 어업의 신고는 행정청의 수리에 의하여 비로소 그 효과가 발생하는 이른바 '수리를 요하는 신고'라고 할 것이다(대판 2000. 5. 26, 99다37382).

## QR 10. 수리를 요하는 신고로 본 판례 모음  ☞  QR코드

### (2) 신고수리의 통지, 신고필증 교부의 의미(수리의 통보)

□ 이른바 '수리를 요하는 신고'인 납골당설치 신고가 구 장사법 관련 규정의 모든 요건에 맞는 신고라 하더라도 신고인은 곧바로 납골당을 설치할 수는 없고, 이에 대한 행정청의 수리처분이 있어야만 신고한 대로 납골당을 설치할 수 있다. 한편 수리란 신고를 유효한 것으로 판단하고 법령에 의하여 처리할 의사로 이를 수령하는 수동적 행위이므로 수리행위에 신고필증 교부 등 행위가 꼭 필요한 것은 아니다(대판 2011. 9. 8, 2009두6766).

[평설] 수리를 요하는 신고의 경우, 신고인이 수리처분 후에 적법한 행위를 할 수 있으므로, 수리는 신고인이 알 수 있도록 외부에 표시되어야 한다. 따라서 수리처분도 행정절차법상 처분에 해당한다고 볼 것이므로 행정절차법 제24조의 적용을 받아 "다른 법령등에 특별한 규정이 있는 경우를 제외하고는 문서로" 하여야 할 것이다. 수리처분의 문서가 신고필증이라는 명칭으로 발급될 수도 있을 것이다.

### (3) 수리의 거부

① 주유소등록신청을 받은 행정청은 주유소설치등록신청이 … **법정등록 요건에 합치되는 경우에는 특별한 사정이 없는 한 이를 수리하여야 하고**, 관계 법령에서 정하는 제한사유 이외의 사유를 들어 등록을 거부할 수는 없는 것이나, 심사결과 관계 **법령상의 제한 이외의 중대한 공익상 필요가 있는 경우에는 그 수리를 거부할 수 있다**(대판 1998. 9. 25, 98두7503).

② 토지거래신고가 국토이용관리법 제21조의 7, 국토이용관리법시행령 제28조, 국토이용관리법시행규칙 제11조 소정의 형식적 요건을 모두 갖춘 것이라면 시장·군수·구청장은 일단 이를 수리하여야 하는 것이고, … 공익적 기준에 적합하지 않는다는 등의 실체적 사유를 들어 토지거래신고의 수리 자체를 거부할 수 없다(대판 1997. 8. 29, 96누6646).

[평설] ①은 법령상의 제한 이외의 중대한 공익상 필요가 있는 경우에는 수리거부가 가능하다는 취지의 판례이고, ②는 형식적 요건을 모두 갖춘 것이라면 공익적 기준에 적합하지 않다는 실체적 사유를 들어 수리를 거부하는 것은 불가능하다는 취지의 판

례이다.

## 3. 영업양도·양수에 따라 지위를 승계하는 자의 지위승계의 신고

### (1) 지위승계신고 수리의 효과

① 식품위생법 제25조 제1항, 제3항에 의하여 영업양도에 따른 지위승계신고를 수리하는 허가관청의 행위는, 단순히 양도·양수인 사이에 이미 발생한 사법상의 사업양도의 법률효과에 의하여 양수인이 그 영업을 승계하였다는 사실의 신고를 접수하는 행위에 그치는 것이 아니라, 실질에 있어서 양도자의 사업허가를 취소함과 아울러 양수자에게 적법히 사업을 할 수 있는 권리를 설정하여 주는 행위로서 사업허가자의 변경이라는 법률효과를 발생시키는 행위라고 할 것이다(대판 2001. 2. 9, 2000도2050; 대판 1993. 6. 8, 91누11544).

② 식품위생법 규정에 의하여 영업자지위승계신고를 수리하는 처분은 종전의 영업자의 권익을 제한하는 처분이라 할 것이다(대판 2003. 2. 14, 2001두7015).

### (2) 사실상 양수한 자의 지위승계신고 전의 지위

□ 산림법 등 산림법령이 수허가자의 명의변경제도를 두고 있는 취지는, 채석허가가 일반적·상대적 금지를 해제하여 줌으로써 채석행위를 자유롭게 할 수 있는 자유를 회복시켜 주는 것일 뿐 권리를 설정하는 것이 아니어서 관할 행정청과의 관계에서 수허가자의 지위의 승계를 직접 주장할 수는 없다 하더라도, 채석허가가 대물적 허가의 성질을 아울러 가지고 있고 수허가자의 지위가 사실상 양도·양수되는 점을 고려하여 수허가자의 지위를 사실상 양수한 양수인의 이익을 보호하고자 하는 데 있는 것으로 해석되므로, 수허가자의 지위를 양수받아 명의변경신고를 할 수 있는 양수인의 지위는 단순한 반사적 이익이나 사실상의 이익이 아니라 산림법령에 의하여 보호되는 직접적이고 구체적인 이익으로서 법률상 이익이라고 할 것이고, 채석허가가 유효하게 존속하고 있다는 것이 양수인의 명의변경신고의 전제가 된다는 의미에서 관할 행정청이 양도인에 대하여 채석허가를 취소하는 처분을 하였다면 이는 양수인의 지위에 대한 직접적 침해가 된다고 할 것이므로 양수인은 채석허가를 취소하는 처분의 취소를 구할 법률상 이익을 가진다(대판 2003. 7. 11, 2001두6289).

[평설] 양도인의 지위를 사실상 양수한 자가 지위승계를 신고하기 전에도 사실상 양수

한 자에게 양도인에 준하는 지위를 인정하는 판례이다.

(3) 부존재·무효인 사업양도·양수를 전제로 하는 지위승계신고의 수리의 효과

□ 사업양도·양수에 따른 허가관청의 지위승계신고의 수리는 적법한 사업의 양도·양수가 있었음을 전제로 하는 것이므로 그 수리대상인 사업양도·양수가 존재하지 아니하거나 무효인 때에는 수리를 하였다 하더라도 그 수리는 유효한 대상이 없는 것으로서 당연히 무효라 할 것이고, 사업의 양도행위가 무효라고 주장하는 양도자는 민사쟁송으로 양도·양수행위의 무효를 구함이 없이 막바로 허가관청을 상대로 하여 행정소송으로 위 신고수리처분의 무효확인을 구할 법률상 이익이 있다(대판 2005. 12. 23, 2005두3554).

## QR 11. 제재(위법)의 승계  ☞  QR코드

## 4. 신고업을 규정하는 법률과 다른 법률과의 관계

### (1) 지위승계신고에 대한 행정절차법 적용 여부

□ 행정절차법 제21조 제1항, 제22조 제3항 및 제2조 제4호의 각 규정에 의하면, 행정청이 당사자에게 의무를 과하거나 권익을 제한하는 처분을 할 때에는 당사자 등에게 처분의 사전통지를 하고 의견제출의 기회를 주어야 하며, 여기서 당사자란 행정청의 처분에 대하여 직접 그 상대가 되는 자를 의미한다. 한편 구 관광진흥법(2010. 3. 31. 법률 제10219호로 개정되기 전의 것, 이하 같다) 제8조 제2항, 제4항, 구 체육시설의 설치·이용에 관한 법률(2010. 3. 31. 법률 제10219호로 개정되기 전의 것, 이하 '구 체육시설법'이라 한다) 제27조 제2항, 제20조의 각 규정에 의하면, 공매 등의 절차에 따라 문화체육관광부령으로 정하는 주요한 유원시설업 시설의 전부 또는 체육시설업의 시설 기준에 따른 필수시설을 인수함으로써 유원시설업자 또는 체육시설업자의 지위를 승계한 자가 관계 행정청에 이를 신고하여 행정청이 수리하는 경우에는 종전 유원시설업자에 대한 허가는 효력을 잃고, 종전 체육시설업자는 적법한 신고를 마친 체육시설업자의 지위를 부인당할 불안정한 상태에 놓이게 된다. 따라서 행정청이 구 관광진흥법 또는 구 체육시설법의 규정에 의하여 유원시설업자 또는 체육시설업자 지위승계신고를 수리하는 처분은 종전 유원시설업자 또는 체육시설업자의 권익을 제한하는 처분이고, 종전 유원시설업

자 또는 체육시설업자는 그 처분에 대하여 직접 그 상대가 되는 자에 해당한다
고 보는 것이 타당하므로, 행정청이 그 신고를 수리하는 처분을 할 때에는 **행정
절차법 규정에서 정한 당사자에 해당하는 종전 유원시설업자 또는 체육시설업자
에 대하여 위 규정에서 정한 행정절차를 실시하고** 처분을 하여야 한다(대판 2012.
12. 13, 2011두29144; 대판 2003. 2. 14, 2001두7015).

**(2) 법률상 신고요건 외에 관련 법률의 적용 여부**
□　학교보건법과 체육시설의 설치·이용에 관한 법률은 그 입법목적·규정사항·적
용범위 등을 서로 달리 하고 있어서 당구장의 설치에 관하여 체육시설의 설치·
이용에 관한 법률이 학교보건법에 우선하여 **배타적으로 적용되는 관계에 있다고
는 해석되지 아니하므로** 체육시설의 설치·이용에 관한 법률에 따른 당구장업의
신고요건을 갖춘 자 할지라도 학교보건법 제5조 소정의 학교환경 위생정화구
역 내에서는 같은 법 제6조에 의한 별도 요건을 충족하지 아니하는 한 적법한
신고를 할 수 없다고 보아야 한다(대판 1991. 7. 12, 90누8350).

[평설] A가 불법건물에서 당구장업을 영위하기 위하여 체육시설의 설치·이용에 관한
법률이 정하는 요건을 구비하여 신고한 경우에 판례의 입장을 따르게 되면, A의 당구
장업 신고는 건축법 위반이므로 신고요건에 미비가 있는 것이 되어 적법한 것이 아니
게 된다. 한편, 체육시설의 설치·이용에 관한 법률과 건축법은 별개이므로, 체육시설
의 설치·이용에 관한 법률이 정하는 요건을 구비하여 신고한 A의 신고는 적법하지만,
관할 행정청은 건축법에 따라 A가 당구장업을 영위하려는 건물에 대하여 철거 등을
명할 수 있다(건축법 제79조 제1항)는 해석도 가능하다.

**5. 신고의무위반행위의 사법상 효과**
□　국토이용관리법 제21조의2, 제21조의7, 제21조의3 제7항, 제33조 제4호의 각
규정을 종합하면 위 법 제21조의7 이하의 신고구역에 관한 규정은 **단속법규에
속하고 신고의무에 위반한 거래계약의 사법적 효력까지 부인되는 것은 아니다**(대판
1988. 11. 22, 87다카2777).

[평설] 행정법규는 공익실현을 목적으로 하는바 성질상 단속규정(형벌이나 행정상 불이익
수반)의 성질을 갖는 것이 일반적이다. 명문의 규정이 없다고 하여도 경우에 따라서는

단속규정 위반이 무효가 될 수 있는 경우도 있다([4]2(2)를 보라).

QR 12. **수리를 요하는 행위로 본 판례에 대한 비판적 검토**  ☞  QR코드

# 제3장

# 행정의 행위형식

## 제 1 절  행정입법(헌법 제75조, 제95조)

### [12] 법규명령(위임명령 · 집행명령)

QR 13. **법규명령에서 법규의 의미와 집행명령의 예**  ☞  QR코드

### Ⅰ. 위임입법의 관념

#### 1. 위임입법의 의의

□ 위임입법이란 법률 또는 상위명령에서 구체적으로 범위를 정하여 위임받은 사항에 관하여 법규로서의 성질을 가지는 일반적 · 추상적 규범을 정립하는 것을 의미하는 것으로서 형식적 의미의 법률(국회입법)에는 속하지 않지만 실질적으로는 행정에 의한 입법으로서 법률과 같은 성질을 갖는 법규의 정립이기 때문에 권력분립주의 내지 법치주의 원리에 비추어 그 요건이 엄격할 수밖에 없으니 법규적 효력을 가지는 행정입법의 제정에는 반드시 구체적이며 명확한 법률의 위임을 요하는 것이다(헌재 2001. 4. 26, 2000헌마122; 헌재 1993. 5. 13, 92헌마80).

[평설] 헌법재판소는 **상위법령의 위임과 법규성**(국민에 대한 구속력)을 위임입법의 개념요소로 정의하고 있다. 따라서 헌법재판소의 입장을 따르게 되면, 상위법령의 위임을 받아 정립된 규범일지라도 **법규성을 갖지 아니한다면**(예: 법률인 정부조직법의 위임에 따라 대통령령으로 정하는 직제) 위임입법이 아니라는 것이 된다. 헌법재판소가 취하는 위임입법의 정의는 문제가 있다[이와 관련하여 졸저, 행정법원론(상), 옆번호 591 참조].

## 2. 위임입법의 필요성

□ 국가에 있어서 국민의 권리·의무에 관한 것이라 하여 모든 사항을 국회에서 제정한 법률만으로 규정하는 것은 불가능한바, 이는 **행정영역이 복잡·다기하여** 상황의 변화에 따라 다양한 방식으로 적절히 대처할 필요성이 요구되는 반면, 국회의 **기술적·전문적 능력이나 시간적 적응능력**에는 한계가 있기 때문이다(헌재 2011. 9. 29, 2010헌가93; 헌재 2015. 7. 30, 2013헌바204; 헌재 2003. 7. 24, 2002헌바82).

## 3. 위임입법의 법규성

① 법령에서 행정처분의 요건 중 일부 사항을 부령으로 정할 것을 위임한 데 따라 시행규칙 등 부령에서 이를 정한 경우에 그 부령의 규정은 국민에 대해서도 구속력이 있는 법규명령에 해당한다고 할 것이지만, **법령의 위임이 없음에도 법령에 규정된 처분 요건에 해당하는 사항을 부령에서 변경하여 규정한 경우**에는 그 부령의 규정은 행정청 내부의 사무처리 기준 등을 정한 것으로서 행정조직 내에서 적용되는 행정명령의 성격을 지닐 뿐 국민에 대한 대외적 구속력은 없다고 보아야 한다(대판 2015. 6. 23, 2012두2986).

② 구 **여객자동차 운수사업법 시행규칙** 제31조 제2항 제1호, 제2호, 제6호는 구 여객자동차 운수사업법 제11조 제4항의 위임에 따라 시외버스운송사업의 사업계획변경에 관한 절차, 인가기준 등을 구체적으로 규정한 것으로서, 대외적인 구속력이 있는 **법규명령**이라고 할 것이고, 그것을 행정청 내부의 사무처리준칙을 규정한 행정규칙에 불과하다고 할 수는 없다. 따라서 원심이 인정하는 바와 같이 피고가 이 사건 시외버스운송사업계획변경인가처분을 함에 있어서 이 사건 각 규정에서 정한 절차나 인가기준 등을 위배하였다면, 이 사건 처분은 위법함을 면하지 못한다고 할 것이다(대판 2006. 6. 27, 2003두4355).

[평설] 두 판례의 표현상 위임입법에는 대외적인 구속력이 있는 **법규명령**과 행정청 내부의 사무처리준칙을 규정한 **행정규칙**의 두 종류가 있다는 것, 그리고 대외적인 구속력이 있는 법규명령의 위반은 위법이 된다는 것을 볼 수 있다.

## 4. 위임입법의 형태(종류)

① 오늘날 의회의 입법독점주의에서 입법중심주의로 전환하여 일정한 범위 내에서 행정입법을 허용하게 된 동기가 사회적 변화에 대응한 입법수요의 급증과 종래

의 형식적 권력분립주의로는 현대사회에 대응할 수 없다는 기능적 권력분립론에 있다는 점 등을 감안하여 헌법 제40조와 헌법 제75조, 제95조의 의미를 살펴보면, 국회입법에 의한 수권이 입법기관이 아닌 행정기관에게 법률 등으로 구체적인 범위를 정하여 위임한 사항에 관하여는 당해 행정기관에게 법정립의 권한을 갖게 되고, 입법자가 규율의 형식도 선택할 수도 있다 할 것이므로, 헌법이 인정하고 있는 위임입법의 형식은 예시적인 것으로 보아야 할 것이고, 그것은 법률이 행정규칙에 위임하더라도 그 행정규칙은 위임된 사항만을 규율할 수 있으므로, 국회입법의 원칙과 상치되지도 않는다. 다만, 형식의 선택에 있어서 규율의 밀도와 규율영역의 특성이 개별적으로 고찰되어야 할 것이고, 그에 따라 입법자에게 상세한 규율이 불가능한 것으로 보이는 영역이라면 행정부에게 필요한 보충을 할 책임이 인정되고 극히 전문적인 식견에 좌우되는 영역에서는 행정기관에 의한 구체화의 우위가 불가피하게 있을 수 있다. 그러한 영역에서 행정규칙에 대한 위임입법이 제한적으로 인정될 수 있다(헌재 2004. 10. 28, 99헌바91; 헌재 2014. 7. 24, 2013헌바183 등).
② 일반적으로 행정 각부의 장이 정하는 고시라 하더라도 그것이 특히 법령의 규정에서 특정 행정기관에서 법령 내용의 구체적 사항을 정할 수 있는 권한을 부여함으로써 그 법령 내용을 보충하는 기능을 가질 경우에는 그 형식과 상관없이 근거 법령 규정과 결합하여 대외적으로 구속력이 있는 법규명령으로서의 효력을 가진다(대판 2017. 5. 31, 2017두30764; 대판 2006. 4. 27, 2004도1078).
③ 헌법이 위임입법의 형태로 제75조와 제95조에서 열거하고 있는 대통령령, 총리령 또는 부령 등의 행정입법은 예시적인 것으로 보아야 한다. 따라서 법률은 헌법 제108조에서 열거하고 있는 사항은 물론, 열거하고 있지 않은 사항에 대해서도 이를 대법원규칙에서 정하도록 위임할 수 있으므로, 소송비용에 관한 사항이 소송절차에 관련된 사항인지와 관계없이 심판대상조항이 이를 대법원규칙에 위임하였다 하여 헌법 제108조를 위반한다고 볼 수는 없다(헌재 2016. 6. 30, 2013헌바370 등).

[평설] ①은 헌법이 인정하고 있는 위임입법의 형식은 예시적이라는 점, ②는 행정각부의 장이 정하는 고시가 **법규명령일** 수 있다는 점, ③은 대법원규칙도 법규명령일 수 있다는 점을 판시하고 있다.

5. 위임입법의 규정사항

① 헌법 제75조는 대통령에 대한 입법권한의 위임에 관한 규정이지만, 국무총리나 행정각부의 장으로 하여금 법률의 위임에 따라 총리령 또는 부령을 발할 수 있도록 하고 있는 헌법 제95조의 취지에 비추어 볼 때, **입법자는 법률에서 구체적으로 범위를 정하기만 한다면 대통령령뿐만 아니라 부령에 입법사항을 위임할 수도** 있다(헌재 1998. 2. 27, 97헌마64).

② 농림부령으로 제정된 농지개혁법 시행규칙 제12조는 농지개혁법 제6조 제1항 제7호의 규정에 의하여 위토의 인정을 받고자 하는 자는 동 조가 규정한 절차를 밟도록 규정하고 있으나 헌법 제74조는 [행정 각부 장관은 그 담임한 직무에 관하여 직권 또는 특별한 위임에 의하여 부령을 발할 수 있다]고 규정하고 있으므로 행정 각부 장관이 부령으로 제정할 수 있는 범위는 법률 또는 대통령령이 위임한 사항이나 또는 법률 또는 대통령령을 실시하기 위하여 필요한 사항에 한정되므로 **법률 또는 대통령령으로 규정할 사항은 부령으로 규정하였다고 하면 그 부령은 무효임을 면치 못한다**(대판 1962. 1. 25, 4294민상9).

[평설] ①은 **법률로 입법사항을 바로 부령에 위임할 수 있다는 점**, ②는 **대통령령으로 규정할 사항은 부령으로 규정할 수는 없다는 점**을 판시하고 있다.

## II. 위임명령의 근거와 한계

1. 위임의 근거법령 일반론

(1) 위임의 근거법령에 명시적인 위임규정이 필요한지 여부

□ 법률의 시행령이나 시행규칙은 법률에 의한 위임이 없으면 개인의 권리·의무에 관한 내용을 변경·보충하거나 법률이 규정하지 아니한 새로운 내용을 정할 수는 없지만, 법률의 시행령이나 시행규칙의 내용이 모법의 입법 취지와 관련 조항 전체를 유기적·체계적으로 살펴보아 모법의 해석상 가능한 것을 명시한 것에 지나지 아니하거나 **모법 조항의 취지에 근거하여 이를 구체화하기 위한 것인 때에는 모법의 규율 범위를 벗어난 것으로 볼 수 없으므로, 모법에 이에 관하여 직접 위임하는 규정을 두지 아니하였다고 하더라도 이를 무효라고 볼 수는 없**다. 이러한 법리는 지방자치단체의 교육감이 제정하는 교육규칙과 모법인 상위법령의 관계에서도 마찬가지이다(대판 2014. 8. 20, 2012두19526; 대법 2016. 12. 1, 2014두8650).

[평설] 모법에 위임이라는 용어가 명시적으로 적시되어 있지 않다고 하여도 해석상 위임이 가능한 것으로 볼 수도 있다는 판례이다.

### (2) 근거법령의 부여·소멸과 위임명령의 효력

① 일반적으로 법률의 위임에 따라 효력을 갖는 법규명령의 경우에 위임의 근거가 없어 무효였더라도 나중에 법 개정으로 위임의 근거가 부여되면 그때부터는 유효한 법규명령으로 볼 수 있다(대판 2017. 4. 20, 2015두45700).

② 일반적으로 … 구법의 위임에 의한 유효한 법규명령이 법개정으로 위임의 근거가 없어지게 되면 그 때부터 무효인 법규명령이 되므로, 어떤 법령의 위임 근거 유무에 따른 유효 여부를 심사하려면 법개정의 전·후에 걸쳐 모두 심사하여야만 그 법규명령의 시기에 따른 유효·무효를 판단할 수 있다(대판 1995. 6. 30, 93추83).

### (3) 위임명령에 근거법령 조문의 명시가 필요한지 여부

□ 법령의 위임관계는 반드시 하위 법령의 개별조항에서 위임의 근거가 되는 상위 법령의 해당 조항을 구체적으로 명시하고 있어야만 하는 것은 아니다(대판 1999. 12. 24, 99두5658).

## 2. 구체적으로 범위를 정한 위임(포괄적 위임의 금지)의 의미

### (1) 구체적으로 범위를 정한 위임을 요구하는 이유

① 헌법은 제75조에서 "대통령은 법률에서 구체적으로 범위를 정하여 위임받은 사항 … 에 관하여 대통령령을 발할 수 있다."고 규정함으로써 위임입법의 근거를 마련함과 동시에, 입법상 위임은 '구체적으로 범위를 정하여' 하도록 함으로써 그 한계를 제시하고 있다. 즉, 헌법 제75조는 법률이 대통령령에 입법사항의 규정을 위임할 경우에는 법률에 미리 대통령령으로 규정될 내용 및 범위의 기본사항을 구체적으로 규정하여 둠으로써 행정권에 의한 자의적인 법률의 해석과 집행을 방지하고 의회입법과 법치주의의 원칙을 달성하고자 하는 것이다(헌재 2013. 10. 24, 2012헌바368).

② 법률의 위임은 반드시 구체적이고 개별적으로 한정된 사항에 대하여 행하여져야 한다. 그렇지 아니하고 일반적이고 포괄적인 위임을 한다면 이는 사실상 입법권을 백지위임하는 것이나 다름없어 의회입법의 원칙이나 법치주의를 부인하는

것이 되고 행정권의 부당한 자의와 기본권행사에 대한 무제한적 침해를 초래할 위험이 있기 때문이다(헌재 2013. 6. 27, 2011헌바386).

③ 위임입법을 엄격한 헌법적 한계 내에 두는 이유는 무엇보다도 권력분립의 원칙에 따라 국민의 자유와 권리에 관계되는 사항은 국민의 대표기관인 의회가 정하는 것이 원칙이라는 법리에 기인한 것이다. 즉, 행정부에 의한 법규사항의 제정은 입법부의 권한 내지 의무를 침해하고 **자의적인 시행령 제정으로 국민들의 자유와 권리를 침해할 수 있기 때문에**, 엄격한 헌법적 기속을 받게 하는 것이다(헌재 2001. 4. 26, 2000헌마122).

## (2) 「구체적으로 범위를 정하여」의 의미

① 헌법 제75조는 "대통령은 법률에서 구체적 범위를 정하여 위임받은 사항 … 에 관하여 대통령령을 발할 수 있다."고 규정하고 있으므로, 법률의 위임은 반드시 **구체적이고 개별적으로 한정된 사항**에 관하여 행해져야 할 것이고, 여기서 **구체적**이라는 것은 일반적·추상적이어서는 안 된다는 것을, 범위를 정한다는 것은 포괄적·전면적이어서는 아니 된다는 것을 각 의미한다(대판 1995. 12. 8, 95카기16).

② 헌법 제75조에서 '법률에서 구체적으로 범위를 정하여'라 함은 법률에 대통령령 등 하위법령에 규정될 내용 및 범위의 기본사항이 가능한 한 구체적이고도 명확하게 규정되어 있어서 누구라도 당해 법률 그 자체로부터 대통령령 등에 **규정될 내용의 대강을 예측할 수 있어야** 함을 의미한다(헌재 2017. 7. 27, 2015헌마1094; 헌재 2017. 5. 25, 2014헌마844; 헌재 2013. 10. 24, 2012헌바368; 헌재 2003. 7. 24, 2002헌바82; 헌재 1995. 11. 30, 93헌바32; 대판 2015. 1. 15, 2013두14238).

③ 법치국가원리의 한 표현인 명확성의 원칙은 기본적으로 모든 기본권제한입법에 대하여 요구된다. 규범의 의미내용으로부터 **무엇이 금지되는 행위이고 무엇이 허용되는 행위인지를 수범자가 알 수 없다면** 법적 안정성과 예측가능성은 확보될 수 없게 될 것이고, 또한 법집행 당국에 의한 자의적 집행을 가능하게 할 것이기 때문이다(대판 2010. 5. 27, 2009두1983).

④ 헌법 제75조는 "대통령은 법률에서 구체적으로 범위를 정하여 위임받은 사항에 관하여 대통령령을 발할 수 있다"라고 규정하여 위임입법의 헌법상 근거를 마련함과 동시에 위임은 구체적으로 범위를 정하여 하도록 하여 그 한계를 제시하고 있는데, 이는 행정부에 입법을 위임하는 **수권법률의 명확성원칙에 관한 것으**로서 법률의 명확성원칙이 행정입법에 관하여 구체화된 특별규정이라고 할 수

있다(헌재 2007. 10. 26, 2007두9884; 헌재 2007. 4. 26, 2004헌가29).

[평설] 헌법재판소나 대법원 모두 「구체적으로 범위를 정하여」의 의미를 예측가능성의
이론으로 이해하고 있다. 예측가능성의 이론을 활용하는 결정례는 계속되고 있다(헌재
2017. 5. 25, 2014헌마844; 헌재 2013. 10. 24, 2012헌바368; 헌재 2003. 7. 24, 2002헌바82; 헌
재 1995. 11. 30, 93헌바32).

(3) 「예측가능성」 유무의 판단방법
① 예측가능성 유무는 당해 특정조항 하나만을 가지고 판단할 것은 아니고 관련
법 조항 전체를 유기적·체계적으로 종합 판단하여야 하며, 각 대상법률의 성질
에 따라 구체적·개별적으로 검토하여야 한다. 위임입법의 위와 같은 구체성, 명
확성의 요구 정도는 각종 법률이 규제하고자 하는 대상의 종류와 성질에 따라 달라
질 것이다(헌재 2017. 8. 31, 2015헌바388; 헌재 2017. 7. 27, 2015헌마1094; 헌재 2017. 5. 25,
2014헌마844; 대판 2015. 1. 15, 2013두14238; 헌재 2014. 4. 24, 2013헌가4; 헌재 2013. 10. 24,
2012헌바368; 헌재 2009. 5. 28, 2007헌바26; 헌재 2002. 8. 29, 2000헌바50 등; 헌재 1999. 1.
28, 97헌가8; 헌재 1998. 11. 26, 97헌바31; 헌재 1998. 7. 16, 96헌바52 등; 헌재 1996. 8. 29,
94헌마113; 헌재 1995. 11. 30, 91헌바1등; 헌재 1994. 7. 29, 93헌가12 등; 대판 2010. 5. 27,
2009두1983).
② 법규범이 명확한지 여부는 그 법규범이 수범자에게 법규의 의미내용을 알 수
있도록 공정한 고지를 하여 예측가능성을 주고 있는지 여부 및 그 법규범이 법
을 해석·집행하는 기관에게 충분한 의미내용을 규율하여 자의적인 법해석이나
법집행이 배제되는지 여부에 따라 이를 판단할 수 있는데, 법규범의 의미내용은
그 문언뿐만 아니라 입법목적이나 입법취지, 입법연혁, 그리고 법규범의 체계적
구조 등을 종합적으로 고려하는 해석방법에 의하여 구체화하게 되므로, 결국 법
규범이 명확성원칙에 위반되는지 여부는 위와 같은 해석방법에 의하여 그 의미
내용을 합리적으로 파악할 수 있는 해석기준을 얻을 수 있는지 여부에 달려 있
다(헌재 2016. 9. 29, 2015헌바325; 헌재 2006. 12. 28, 2005헌바59; 헌재 2003. 7. 24, 2002헌
바82; 헌재 1996. 8. 29, 94헌마113; 헌재 1995. 11. 30, 94헌바40 등; 대판 2004. 7. 22, 2003두
7606; 대판 2004. 1. 29, 2003두10701 등).

QR 14. 규제 대상별 구체성·명확성 요구 정도의 상이에 관한 판례 모음    ☞    QR코드

(4) 법규범의 명확성과 법규범의 일반·추상성과의 관계

☐  조세나 부담금의 부과요건과 징수절차를 법률로 규정하였다고 하더라도 그 규정 내용이 지나치게 추상적이고 불명확하면 부과관청의 자의적인 해석과 집행을 초래할 염려가 있으므로 **법률 또는 그 위임에 따른 명령·규칙의 규정은 일의적이고 명확해야 한다.** 그러나 **법률규정은 일반성, 추상성을 가지는 것이어서** 법관의 법 보충작용으로서의 해석을 통하여 그 의미가 구체화되고 명확해질 수 있으므로, 조세나 부담금에 관한 규정이 관련 **법령의 입법 취지와 전체적 체계 및 내용 등에 비추어 그 의미가 분명해질 수 있다면** 이러한 경우에도 명확성을 결여하였다고 하여 위헌이라고 할 수는 없다(대판 2017. 10. 12, 2015두60105).

## 3. 「포괄적 위임 금지」의 적용대상 규범영역

(1) 고시(행정규칙)에 포괄적 위임이 가능한지 여부

☐  전문적·기술적 사항이나 경미한 사항으로서 업무의 성질상 **고시와 같은 행정규칙의 형식으로 입법위임을 할 필요성이 인정되는 경우라도,** 그러한 위임은 헌법 제75조의 **포괄위임금지 원칙을 위반하여서는 안 되고 반드시 구체적·개별적으로** 한정된 사항에 대하여 행하여져야 한다(헌재 2016. 3. 31, 2014헌바382).

(2) 대법원규칙에 포괄적 위임이 가능한지 여부

☐  헌법 제75조는 "대통령은 법률에서 구체적인 범위를 정하여 위임받은 사항과 법률을 집행하기 위하여 필요한 사항에 관하여 대통령령을 발할 수 있다."고 규정하여 위임입법의 근거와 함께 그 범위와 한계를 제시하고 있다. 헌법 제75조에 근거한 **포괄위임금지원칙은** 법률에 이미 대통령령 등 하위법규에 규정될 내용 및 범위의 기본사항이 구체적으로 규정되어 있어서 누구라도 당해 법률로부터 하위법규에 규정될 내용의 대강을 예측할 수 있어야 함을 의미하는데, 위임입법이 **대법원규칙인 경우에도** 수권법률에서 이 원칙을 **준수하여야 하는 것은** 마찬가지라 할 것이다(헌재 2016. 9. 29, 2015헌바331; 헌재 2016. 6. 30, 2014헌바456등; 헌재 2016. 7. 28, 2014헌바242등).

(3) 조례에 포괄적 위임이 가능한지 여부

① 헌법재판소는 **조례의 경우,** 조례의 제정권자인 지방의회는 선거를 통해서 그 지역적인 민주적 정당성을 지니고 있는 주민의 대표기관이고 헌법이 지방자치단

체에 포괄적인 자치권을 보장하고 있는 취지로 볼 때, 조례에 대한 법률의 위임은 법규명령에 대한 법률의 위임과 같이 반드시 구체적으로 범위를 정하여 할 필요가 없으며 포괄적인 것으로 족하다(헌재 2001. 4. 26, 2000헌마122; 헌재 1995. 4. 20, 92헌마264등).

② 법률이 주민의 권리의무에 관한 사항에 관하여 구체적으로 아무런 범위도 정하지 아니한 채 조례로 정하도록 포괄적으로 위임하였다고 하더라도, 행정관청의 명령과는 달라 조례도 주민의 대표기관인 지방의회의 의결로 제정되는 지방자치단체의 자주법인 만큼 지방자치단체가 법령에 위반되지 않는 범위 내에서 주민의 권리의무에 관한 사항을 조례로 제정할 수 있으므로, 구 하천법 제33조 제4항이 부당이득금의 금액과 징수방법 등에 관하여 구체적으로 범위를 정하지 아니한 채 포괄적으로 조례에 위임하고 있고, 위 법률규정에 따라 지방자치단체의 하천·공유수면 점용료 및 사용료 징수조례가 부당이득금의 금액과 징수방법 등에 관하여 필요한 사항을 구체적으로 정하였다 하여, 위 법률규정이 포괄위임금지의 원칙에 반하는 것으로서 헌법에 위반된다고 볼 수 없다(대판 2006. 9. 8, 2004두947).

### (4) 공법상 법인의 정관에 포괄적 위임이 가능한지 여부

① 법률이 정관에 자치법적 사항을 위임한 경우에는 헌법 제75조, 제95조가 정하는 포괄적인 위임입법의 금지는 원칙적으로 적용되지 않는다고 봄이 상당하다. 우선 헌법 제75조, 제95조의 내용을 보면, 그 문리해석상 정관에 위임한 경우까지 그 적용 대상으로 하고 있지 않다. 즉 헌법상의 포괄위임입법금지 원칙은 법규적 효력을 가지는 행정입법의 제정(법규명령)을 주된 대상으로 하고 있는 것이다. 위임입법을 엄격한 헌법적 한계내에 두는 이유는 무엇보다도 권력분립의 원칙에 따라 국민의 자유와 권리에 관계되는 사항은 국민의 대표기관인 의회가 정하는 것이 원칙이라는 법리에 기인한 것이다. 즉, 행정부에 의한 법규사항의 제정은 입법부의 권한 내지 의무를 침해하고 자의적인 시행령 제정으로 국민들의 자유와 권리를 침해할 수 있기 때문에, 엄격한 헌법적 기속을 받게 하는 것이다. 그런데 법률이 행정부가 아니거나 행정부에 속하지 않는 공법적 기관의 정관에 특정 사항을 정할 수 있다고 위임하는 경우에는 그러한 권력분립의 원칙을 훼손할 여지가 없다. 이는 자치입법에 해당되는 영역이므로 자치적으로 정하는 것이 바람직하다(헌재 2001. 4. 26, 2000헌마122).

② 법률이 공법적 단체 등(예: 도시 및 주거환경정비법상 주택재개발조합)의 정관에 자치법적 사항을 위임한 경우에는 헌법 제75조가 정하는 포괄적인 위임입법의 금지는 원칙적으로 적용되지 않는다고 봄이 상당하고, 그렇다 하더라도 그 사항이 국민의 권리·의무에 관련되는 것일 경우에는 적어도 국민의 권리·의무에 관한 기본적이고 본질적인 사항은 국회가 정하여야 한다(대판 2007. 10. 12, 2006두14476).

## 4. 위임의 근거법령의 특수문제
### (1) 재위임의 가부

□ 법률에서 위임받은 사항을 전혀 규정하지 않고 재위임하는 것은 복위임금지 원칙에 반할 뿐 아니라 위임명령의 제정 형식에 관한 수권법의 내용을 변경하는 것이 되므로 허용되지 않으나 위임받은 사항에 관하여 대강을 정하고 그 중의 특정사항을 범위를 정하여 하위법령에 다시 위임하는 경우에는 재위임이 허용된다. 이러한 법리는 조례가 지방자치법 제22조 단서에 따라 주민의 권리제한 또는 의무부과에 관한 사항을 법률로부터 위임받은 후, 이를 다시 지방자치단체장이 정하는 '규칙'이나 '고시' 등에 재위임하는 경우에도 마찬가지이다(대판 2015. 1. 15, 2013두14238; 대판 2015. 1. 15, 2013두14238; 헌재 2002. 10. 31, 2001헌라1 전원재판부; 헌재 1996. 2. 29, 94헌마213).

### (2) 처벌규정 위임의 가부

□ 범죄와 형벌에 관한 사항에 있어서도 위임입법의 근거와 한계에 관한 헌법 제75조는 적용되는 것이고, 다만 법률에 의한 처벌법규의 위임은, 헌법이 특히 인권을 최대한 보장하기 위하여 죄형법정주의와 적법절차를 규정하고, 법률에 의한 처벌을 강조하고 있는 기본권보장 우위사상에 비추어 바람직하지 못한 일이므로, 그 요건과 범위가 보다 엄격하게 제한적으로 적용되어야 하는바, 따라서 처벌법규의 위임을 하기 위하여는 첫째, 특히 긴급한 필요가 있거나 미리 법률로써 자세히 정할 수 없는 부득이한 사정이 있는 경우에 한정되어야 하며, 둘째, 이러한 경우에도 법률에서 범죄의 구성요건은 처벌대상행위가 어떠한 것일 것이라고 예측할 수 있을 정도로 구체적으로 정하고, 셋째, 형벌의 종류 및 그 상한과 폭을 명백히 규정하여야 한다(헌재 2000. 6. 29, 99헌가16; 헌재 2014. 3. 27, 2011헌바42; 헌재 2012. 4. 24, 2009헌바329; 헌재 2010. 3. 25, 2008헌가5; 헌재 2006. 7. 27, 2005헌바66; 헌재 1996. 2. 29, 94헌바213; 대판 2002. 11. 26, 2002도2998; 대판 2000. 10. 27, 2000도1007; 대판 1982.

11. 23, 82도2352).

**(3) 위임입법의 한계를 벗어난 시행령상 처벌규정의 효력**

☐ 법률의 시행령은 모법인 법률의 위임 없이 법률이 규정한 개인의 권리·의무에 관한 내용을 변경·보충하거나 법률에서 규정하지 아니한 새로운 내용을 규정할 수 없고, 특히 법률의 시행령이 형사처벌에 관한 사항을 규정하면서 법률의 명시적인 위임 범위를 벗어나 그 처벌의 대상을 확장하는 것은 **죄형법정주의의 원칙에도 어긋나는 것이므로, 그러한 시행령은 위임입법의 한계를 벗어난 것으로서 무효**이다(대판 2017. 2. 16, 2015도16014 전원합의체 판결).

**(4) 중요사항 위임의 가부**

☐ 농업기반공사및농지관리기금법 부칙 제6조 단서는 농업기반공사의 자치적 입법사항을 정관에 위임한 것으로서 이를 행정부의 법규명령에 위임한 것과 같이 볼 수 없어, 헌법상 포괄위임입법금지 원칙이 적용되지 않으며, 이미 조합장 등의 기존 임기가 종료된 것을 전제로 종전의 기득권 보호차원에서 필요한 예우를 규정한 것이므로 직업선택의 자유의 기본적이거나 본질적인 사항이라고 볼 수 없어 반드시 국회가 스스로 정할 사항은 아니므로 법률유보의 원칙에 위배되지 않고, 달리 청구인들의 직업선택의 자유를 침해한 것이라 볼만한 사정이 없다(헌재 2001. 4. 26, 2000헌마122).

## Ⅲ. 법규명령의 적법요건과 소멸

### 1. 내용요건 중 명확성 판단의 기준이 되는 주체

☐ 수범자에 대한 행위규범으로서의 법령이 명확하여야 한다는 것은 일반 국민 누구나 그 뜻을 명확히 알게 하여야 한다는 것을 의미하지는 않고, **사회의 평균인이 그 뜻을 이해하고 위반에 대한 위험을 고지받을 수 있을 정도면 충분하며,** 일정한 신분 내지 직업 또는 지역에 거주하는 사람들에게만 적용되는 법령의 경우에는 그 사람들 중의 **평균인을 기준으로 하여 판단하여야 한다**(헌재 2016. 2. 25, 2013헌바435).

## 2. 요건미비 하자의 효과

### (1) 법규명령 자체의 효과(비법규성)

1 공공기관의 운영에 관한 법률 제39조 제3항에서 부령에 위임한 것은 '입찰참가 자격의 제한기준 등에 관하여 필요한 사항'일 뿐이고, 이는 그 규정의 문언상 입찰 참가자격을 제한하면서 그 기간의 정도와 가중·감경 등에 관한 사항을 의미하 는 것이지 처분대상까지 위임한 것이라고 볼 수는 없다. 따라서 이 사건 규칙 조 항에서 위와 같이 처분대상을 확대하여 정한 것은 상위법령의 위임 없이 규정한 것이 므로 이는 위임입법의 한계를 벗어난 것으로서 그 대외적 효력을 인정할 수 없다. 이러한 법리는 구 공기업·준정부기관 계약사무규칙 제2조 제5항이 "공기업·준 정부기관의 계약에 관하여 계약사무규칙에 규정되지 아니한 사항에 관하여는 국 가를 당사자로 한 계약에 관한 법령을 준용한다."고 규정하고 있다고 하여 달리 볼 수 없다(대판 2017. 6. 15, 2016두52378; 대결 2006. 4. 28, 2003마715; 대판 1999. 11. 26, 97누13474; 대판 1985. 3. 26, 84누384).

2 구 **독점규제및공정거래에관한법률**(1996. 12. 30. 법률 제5235호로 개정되기 전의 것) 제23조 제3항은 "공정거래위원회가 불공정거래행위를 예방하기 위하여 필요한 경우 사업자가 준수하여야 할 지침을 제정·고시할 수 있다"고 규정하고 있으므 로 위 위임규정에 근거하여 제정·고시된 **표시·광고에관한공정거래지침**의 여러 규정 중 불공정거래행위를 예방하기 위하여 사업자가 준수하여야 할 지침을 마 련한 것으로 볼 수 있는 내용의 규정은 위 법의 위임범위 내에 있는 것으로서 위 법의 규정과 결합하여 법규적 효력을 가진다고 할 것이나, 위 지침 Ⅲ(규제대 상 및 법운용방침) 2(법운용방침) (나)호에서 정하고 있는 '문제되는 표시·광고내용에 대한 사실 여부 또는 진위 여부에 관한 입증책임은 당해 사업자가 진다'는 입증 책임규정은 원래 공정거래위원회가 부담하고 있는 표시·광고 내용의 허위성 등 에 관한 입증책임을 전환하여 사업자로 하여금 표시·광고 내용의 사실성 및 진 실성에 관한 입증책임을 부담하게 하는 것으로서 사업자에게 중대한 불이익을 부과하는 규정이라 할 것이므로 이러한 사항을 지침으로 정하기 위하여는 법령 상의 뚜렷한 위임근거가 있어야 할 것인데, 위 법규정은 공정거래위원회로 하여 금 불공정거래행위를 예방하기 위하여 사업자가 준수하여야 할 사항을 정할 수 있도록 위임하였을 뿐 입증책임전환과 같은 위 법의 운용방침까지 정할 수 있도 록 위임하였다고는 볼 수 없으므로 위 입증책임규정은 법령의 위임 한계를 벗어

난 규정이어서 법규적 효력이 없다(대판 2000. 9. 29, 98두12772).

**(2) 하자있는 법규명령에 따른 행정행위의 효과(무효)**

□ 위법·무효인 시행령이나 시행규칙의 규정을 적용한 하자 있는 행정처분이 당연
무효로 되려면 그 규정이 행정처분의 중요한 부분에 관한 것이어서 결과적으로
그에 따른 행정처분의 중요한 부분에 하자가 있는 것으로 귀착되고 또한 그 규정
의 위법성이 객관적으로 명백하여 그에 따른 행정처분의 하자가 객관적으로 명백
한 것으로 귀착되어야 한다(대판 1997. 5. 28, 95다15735; 대판 1984. 8. 21, 84다카353).

**QR 15. 하자있는 법규명령에 따른 행정행위의 효과에 관한 판례 모음 ☞ QR코드**

## 3. 근거법령 폐지·소멸시, 법규명령의 효력

**(1) 근거법령인 상위법령의 폐지시, 집행명령의 효력**

□ 상위법령의 시행에 필요한 세부적 사항을 정하기 위하여 행정관청이 일반적
직권에 의하여 제정하는 이른바 **집행명령**은 근거법령인 **상위법령이 폐지**되면 특
별한 규정이 없는 이상 실효되는 것이나, 상위법령이 개정됨에 그친 경우에는 개
정법령과 성질상 모순, 저촉되지 아니하고 개정된 상위법령의 시행에 필요한 사
항을 규정하고 있는 이상 그 집행명령은 상위법령의 개정에도 불구하고 당연히
실효되지 아니하고 개정법령의 시행을 위한 집행명령이 제정, 발효될 때까지는
여전히 그 효력을 유지한다(대판 1989. 9. 12, 88누6962).

**(2) 법률의 위헌선언시, 그 법률에 근거한 위임명령의 효력**

□ 법규명령의 위임근거가 되는 법률에 대하여 위헌결정이 선고되면 그 위임에 근
거하여 제정된 **법규명령도 원칙적으로 효력을 상실**하나, 구 택지소유상한에관한법
률(1998. 9. 19. 법률 제5571호로 폐지)에 대한 헌법재판소의 위헌결정에 따라 그 시
행령의 효력이 상실된다는 이유를 들어 과오납 택지초과소유부담금을 환급함에
있어서 구 택지소유상한에관한법률시행령(1998. 9. 25. 대통령령 제15899호로 폐지) 제
32조 제4항에서 인정하였던 구 국세기본법시행령(2000. 12. 9. 대통령령 제17036호로
개정되기 전의 것) 제30조 제2항의 규정에 의한 환급가산금을 지급하지 아니한다면
위헌결정이 있기 이전의 상태보다 더 헌법질서에 반하는 결과를 초래하게 되므로,

택지초과소유부담금 부과처분이 위헌결정의 취지에 따라 취소되어 기 납부된 부담금을 반환함에 있어서는 과오납금의 환급가산금에 관한 구 국세기본법(2000. 12. 29. 법률 제6303호로 개정되기 전의 것) 제52조 및 구 국세기본법시행령(2000. 12. 9. 대통령령 제17036호로 개정되기 전의 것) 제30조 제1, 2항을 유추적용하여 환급가산금을 지급하여야 한다(대판 2001. 6. 12, 2000다18547).

## Ⅳ. 법규명령의 통제

### 1. 법원에 의한 통제(헌법 제101조 제1항, 제107조 제1항)

### (1) 처분적 법규에 대한 통제

1 어떠한 고시가 일반적·추상적 성격을 가질 때에는 법규명령 또는 행정규칙에 해당할 것이지만, 다른 집행행위의 매개 없이 그 자체로서 직접 국민의 구체적인 권리의무나 법률관계를 규율하는 성격을 가질 때에는 행정처분에 해당한다(대판 2006. 9. 22, 2005두2506).

2 대통령령 등 법령의 효력을 가진 명령이라도 그 효력이 다른 행정행위를 기다릴 것 없이 직접적으로 또 현실히 그 자체로서 국민의 권리훼손 기타 이익침해의 효과를 발생케 하는 성질의 것이라면 행정소송법상 처분이라 보아야 할 것이다(대판 1953. 8. 19, 53누37).

3 조례가 집행행위의 개입 없이도 그 자체로서 직접 국민의 구체적인 권리의무나 법적 이익에 영향을 미치는 등의 법률상 효과를 발생하는 경우 그 조례는 항고소송의 대상이 되는 행정처분에 해당한다(대판 1996. 9. 20, 95누8003).

[평설] **법규명령인 고시나 대통령령, 지방자치단체의 조례**도 그 자체로서 직접 국민의 구체적인 권리의무나 법적 이익에 영향을 미치는 경우(1의 **처분적 고시**, 2의 **처분적 대통령령**, 3의 **처분적 조례**)에는 항고소송의 대상이 될 수 있다는 점을 보여준다.

### (2) 행정입법부작위에 대한 통제와 부작위위법확인소송

1 원고는 안동지역댐피해대책위원회위원장으로서 안동댐 건설로 인하여 급격한 이상기후의 발생 등으로 많은 손실을 입어 왔는바, 특정다목적댐법 제41조에 의하면 다목적댐 건설로 인한 손실보상의무가 국가에게 있고 같은법 제42조에 의하면 손실보상절차와 그 방법 등 필요한 사항은 대통령령으로 규정하도록 되어 있음에도 피고가 이를 제정하지 아니한 것은 **행정입법부작위**에 해당하는 것이

어서 그 부작위위법확인을 구한다고 주장하나, 행정소송은 구체적 사건에 대한 법률상 분쟁을 법에 의하여 해결함으로써 법적 안정을 기하자는 것이므로 부작위위법확인소송의 대상이 될 수 있는 것은 구체적 권리의무에 관한 분쟁이어야 하고 추상적인 법령에 관하여 제정의 여부 등은 그 자체로서 국민의 구체적인 권리의무에 직접적 변동을 초래하는 것이 아니어서 행정소송의 대상이 될 수 없으므로 이 사건 소는 부적법하다(대판 1992. 5. 8, 91누11261).

② 입법부가 법률로써 행정부에게 특정한 사항을 위임했음에도 불구하고 행정부가 정당한 이유 없이 이를 이행하지 않는다면 **권력분립의 원칙과 법치국가 내지 법치행정의 원칙에 위배되는 것으로서 위법함과 동시에 위헌적인 것이 되는바**, 구 군법무관임용법(1967. 3. 3. 법률 제1904호로 개정되어 2000. 12. 26. 법률 제6291호로 전문개정되기 전의 것) 제5조 제3항과 군법무관임용 등에 관한 법률(2000. 12. 26. 법률 제6291호로 개정된 것) 제6조가 군법무관의 보수를 법관 및 검사의 예에 준하도록 규정하면서 그 구체적 내용을 시행령에 위임하고 있는 이상, 위 법률의 규정들은 군법무관의 보수의 내용을 법률로써 일차적으로 형성한 것이고, 위 법률들에 의해 상당한 수준의 보수청구권이 인정되는 것이므로, 위 보수청구권은 단순한 기대이익을 넘어서는 것으로서 **법률의 규정에 의해 인정된 재산권의 한 내용이 되는** 것으로 봄이 상당하고, 따라서 행정부가 정당한 이유 없이 시행령을 제정하지 않은 것은 위 보수청구권을 침해하는 불법행위에 해당한다(대판 2007. 11. 29, 2006다3561).

[평설] ①은 행정입법부작위는 행정소송법상 부작위위법확인소송의 대상일 수 없다는 점, ②는 행정입법부작위가 경우에 따라서는 국가배상청구권을 발생시키는 불법행위에 해당할 수 있다는 점을 판시하고 있다.

2. 헌법재판소에 의한 통제(헌법 제111조, 헌재법)
(1) 법규명령에 대한 헌법소원
① 헌법 제107조 제2항이 규정한 명령·규칙에 대한 대법원의 최종심사권이란 구체적인 소송사건에서 명령·규칙의 위헌여부가 재판의 전제가 되었을 경우 법률의 경우와는 달리 헌법재판소에 제청할 것 없이 대법원이 최종적으로 심사할 수 있다는 의미이며, 명령·규칙 그 자체에 의하여 직접 기본권이 침해되었음을 이유로 하여 헌법소원심판을 청구하는 것은 위 헌법규정과는 아무런 상관이 없는 문제이

다. 따라서 입법부·행정부·사법부에서 제정한 규칙이 별도의 집행행위를 기다리지 않고 직접 기본권을 침해하는 것일 때에는 모두 헌법소원심판의 대상이 될 수 있는 것이다. …법령 자체에 의한 직접적인 기본권침해 여부가 문제되었을 경우 그 법령의 효력을 직접 다투는 것을 소송물로 하여 일반 법원에 구제를 구할 수 있는 절차는 존재하지 아니하므로 이 사건에서는 다른 구제절차를 거칠 것 없이 바로 헌법소원심판을 청구할 수 있는 것이다(헌재 1990. 10. 15, 89헌마178; 헌재 2000. 7. 20, 99헌마455; 헌재 1992. 6. 26, 91헌마25).

② 헌법재판소법 제68조 제2항의 헌법소원심판청구는 법률이 헌법에 위반되는지 여부가 재판의 전제가 되는 때에 당사자가 위헌제청신청을 하였음에도 불구하고 법원이 이를 배척하였을 경우에 법원의 제청에 갈음하여 당사자가 직접 헌법재판소에 헌법소원의 형태로써 심판청구를 하는 것이므로, 그 심판의 대상은 재판의 전제가 되는 형식적 의미의 법률 및 그와 동일한 효력을 가진 명령이고 대통령령, 부령, 규칙 또는 조례 등을 대상으로 한 헌법재판소법 제68조 제2항의 헌법소원심판청구는 부적법하다(헌재 2017. 4. 27, 2016헌바452).

[평설] ①은 **처분적 법규명령은 헌법재판소법 제68조 제1항**(공권력의 행사 또는 불행사(不行使)로 인하여 헌법상 보장된 기본권을 침해받은 자는 법원의 재판을 제외하고는 헌법재판소에 헌법소원심판을 청구할 수 있다. …)의 **헌법소원심판 청구사유에 해당한다**는 점을 판시하고 있다. ②는 위헌 여부 심판 제청 기각에 대한 헌법소원에서 대통령령, 부령, 규칙 또는 조례 등을 대상으로 한 **헌법재판소법 제68조 제2항**(제41조제1항에 따른 법률의 위헌 여부 심판의 제청신청이 기각된 때에는 그 신청을 한 당사자는 헌법재판소에 헌법소원심판을 청구할 수 있다. …)의 **헌법소원심판 청구사유가 아니라는** 점을 판시하고 있다.

## (2) 법규명령미제정의 부작위에 대한 헌법소원

① 행정과 사법은 법률에 기속되므로, 국회가 특정한 사항에 대하여 행정부에 위임하였음에도 불구하고 행정부가 정당한 이유 없이 이를 이행하지 않는다면 권력분립의 원칙과 법치국가의 원칙에 위배되는 것이다. …행정부가 위임 입법에 따른 시행명령을 제정하지 않거나 개정하지 않은 것에 정당한 이유가 있었다면 그런 경우에는 헌법재판소가 위헌확인을 할 수는 없다. 그러한 정당한 이유가 인정되기 위해서는 그 위임입법 자체가 헌법에 위반된다는 것이 명백하거나, 행정입법 의무의 이행이 오히려 헌법질서를 파괴하는 결과를 가져옴이 명백할 정도는 되

어야 할 것이다(헌재 2004. 2. 26, 2001헌마718).

② 넓은 의미의 입법부작위에는, 입법자가 헌법상 입법의무가 있는 어떤 사항에 관하여 전혀 입법을 하지 아니함으로써 '입법행위의 흠결이 있는 경우'와 입법자가 어떤 사항에 관하여 입법은 하였으나 그 입법의 내용 범위 절차 등이 당해 사항을 불완전, 불충분 또는 불공정하게 규율함으로써 '입법행위에 결함이 있는 경우'가 있는데, 일반적으로 전자를 **진정입법부작위**, 후자를 **부진정입법부작위**라고 부르고 있다(헌재 1996. 10. 31, 94헌마108; 헌재 2014. 4. 24, 2012헌바332; 헌재 2008. 10. 30, 2006헌바80; 헌재 1998. 7. 16, 96헌마246).

[평설] ①은 행정입법부작위가 위법하게 되는 경우를 판시하고, ②는 행정입법부작위의 유형을 진정입법부작위와 부진정입법부작위로 구분하고 있다.

### (3) 기본권을 직접 침해하는 법령에 근거한 처분에 대한 헌법소원

□ 이 사건에서 청구인이 행정법 과목의 제1문과 제2문의 답안지를 바꾸어 기재하였더라도 사법시험 불합격까지는 사법시험법 제11조 및 같은 법 시행령 제5조에 따른 사법시험 합격결정이라는 집행행위가 예정되어 있다. 그러나 사법시험 제2차 시험에 있어서 해당 문제번호의 답안지에 답안을 작성하지 아니한 자는 이 사건 규칙에 따라 영점처리를 받을 수밖에 없고, 이는 집행행위자에게 재량의 여지가 없는 기속적 규정이다. 한편 어느 과목이든 4할 이상을 득점하지 못하면 사법시험에 합격될 수 없으므로(같은 법 시행령 제5조 제2항), **이 사건 규칙에 따라 영점처리된 청구인은 사후 집행행위의 유무나 내용에 상관없이 불합격처분을 면할 수 없다.** 결국 청구인의 권리관계는 합격결정이라는 구체적 집행행위 이전에 이미 이 사건 규칙에 의하여 일의적이고 명백하게 확정된 상태가 되었으므로, 이 사건 규칙으로 인한 권리침해의 직접성이 인정된다(헌재 2008. 10. 30, 2007헌마1281 전원재판부).

[평설] 기본권을 직접 침해하는 법령에 근거한 처분에 대한 헌법소원의 인정여부에 관해 견해가 나뉜다. ① **긍정설**(헌법소원요건 완화적용설)은 법령의 내용이 기본권을 직접 침해하고 있으므로 기본권침해의 직접성이 있고, 또한 법령의 내용 자체를 바로 잡는 근본적인 해결(위헌성의 제거)은 헌법재판소만이 할 수 있으므로 권리보호의 보충성도 충족한다는 것을 논거로 한다. ② **부정설**(헌법소원요건 엄격적용설)은 처분이 기본권을

직접 침해하고 있고, 구체적 규범통제가 가능하므로 권리구제의 보충성도 없다는 것을 논거로 한다. ③ **헌법재판소**는 이 사건에서 긍정설을 취하였다. ④ **사견**으로, 행정소송법 제6조(명령·규칙의 위헌판결등 공고)로 인해 행정소송으로도 법령의 내용 자체를 바로 잡는 의미를 가질 수 있으므로 긍정설은 설득력이 약하다. 부정설이 보다 합리적이다. 이 사건의 개요와 심판대상조문을 보기로 한다.

[사건개요] 청구인은 2007년 제49회 사법시험 제1차 시험에 합격하고 같은 해 6. 19.부터 22.까지 실시된 제49회 사법시험 제2차 시험에 응시하였는데, 실수로 행정법 과목의 제1문과 제2문의 답안지를 바꾸어 기재하는 바람에 사법시험법 시행규칙 제7조 제3항 제7호에 의하여 행정법 과목에서 영점을 받고 2007. 10. 18. 2007년도 제49회 사법시험 제2차 시험 불합격처분을 받았다. 이에 청구인은 행정법 과목에서 영점처리가 되지 않고 과락을 면하기 위한 최저점수인 40점만 받았어도 제49회 사법시험 제2차 시험에 합격하였을 것이므로, 위 '사법시험법 시행규칙' 제7조 제3항 제7호가 청구인의 직업선택의 자유와 평등권을 침해한다고 주장하면서 2007. 11. 12. 이 사건 헌법소원심판을 청구하였다.

[심판대상조문] 사법시험법 시행규칙(2001. 12. 4. 법무부령 510호로 제정된 것) 제7조(응시자준수사항을 위반한 자의 처리 등) ③ 다음 각 호의 1에 해당하는 경우에는 그 과목을 영점처리한다.

7. 제2차 시험에 있어서 해당 문제번호의 답안지에 답안을 작성하지 아니한 자(답안지 제출 전에 시험관리관으로부터 답안지의 문제번호를 정정받은 경우를 제외한다)

## V. 법규명령의 개정과 신뢰보호

1 개정 법령이 기존의 사실 또는 **법률관계**를 적용대상으로 하면서 국민의 재산권과 관련하여 종전보다 불리한 법률효과를 규정하고 있는 경우에도 그러한 사실 또는 **법률관계**가 개정법령이 시행되기 이전에 이미 완성 또는 종결된 것이 아니라면 이를 헌법상 금지되는 소급입법에 의한 재산권 침해라고 할 수는 없으며, 그러한 개정 법령의 적용과 관련하여서는 개정 전 법령의 존속에 대한 국민의 신뢰가 개정 법령의 적용에 관한 공익상의 요구보다 더 보호가치가 있다고 인정되는 경우에 그러한 국민의 **신뢰**를 보호하기 위하여 그 적용이 제한될 수 있는 여지가 있을 **따름**이다(대판 2009. 9. 10, 2008두9324).

2 개정 전 약사법 제3조의2 제2항의 위임에 따라 같은 법 시행령(1994. 7. 7 –

1997. 3. 6) 제3조의2에서 한약사 국가시험의 응시자격을 '필수 한약관련 과목과 학점을 이수하고 대학을 졸업한 자'로 규정하던 것을, 개정 시행령(1997. 3. 6 - 2006. 3. 29) 제3조의2에서 '한약학과를 졸업한 자'로 응시자격을 변경하면서, 개정 시행령 부칙이 한약사 국가시험의 응시자격에 관하여 1996학년도 이전에 대학에 입학하여 개정 시행령 시행 당시 대학에 재학중인 자에게는 개정 전의 시행령 제3조의2를 적용하게 하면서도 1997학년도에 대학에 입학하여 개정 시행령 시행 당시 대학에 재학중인 자에게는 개정 시행령 제3조의2를 적용하게 하는 것은 헌법상 신뢰보호의 원칙과 평등의 원칙에 위배되어 허용될 수 없다(대판 2007. 10. 29, 2005두4649).

[평설] ①은 국민의 신뢰보호를 위해 **부진정소급적용이 제한될 수 있다**는 것을 판시하고 있고, ②는 부진정소급적용이 제한되는 예를 보여준다.

## [13] 행정규칙
### Ⅰ. 행정규칙의 의의·형식
### 1. 고시·훈령 형식의 행정규칙
#### (1) 수권 없이 발령되는 행정규칙(고시·훈령)

① 상급행정기관이 하급행정기관에 대하여 **업무처리지침이나 법령의 해석적용에** 관한 기준을 정하여 발하는 이른바 행정규칙은 일반적으로 **행정조직 내부에서만 효력을 가질 뿐** 대외적인 구속력을 갖는 것은 아니다(대판 1995. 5. 23, 94도2502).

② 초임호봉 획정과 관련하여 교육인적자원부(현재는 교육과학기술부)장관에게 **법령 내용의 구체적 사항을 정할 수 있는 권한을 부여하는 규정을 두고 있지 않다.** 그렇다면 2006년 교육공무원 보수업무 등 편람(이하 '보수업무편람'이라 한다)은 교육인적자원부에서 관련 행정기관 및 그 직원을 위한 업무처리지침 내지 참고사항을 정리해 둔 것에 불과하고 법규명령의 성질을 가진 것이라고는 볼 수 없다(대판 2010. 12. 9, 2010두16349).

③ 학원의설립·운영에관한법률시행령 제18조에서 수강료의 기준에 관하여 조례 등에 위임한 바 없으므로, 제주도학원의설립·운영에관한조례나 그에 근거한 제주도학원업무처리지침의 관계 규정이 법령의 위임에 따라 법령의 구체적인 내용을 보충하는 기능을 가진 것이라고 보기 어려우므로 법규명령이라고는 볼 수 없고, **행정기관 내부의 업무처리지침에 불과하다**(대판 1995. 5. 23, 94도2502).

[평설] ①은 법령의 근거 없이 직권으로 발령되는 고시·훈령 등 행정규칙은 행정조직 내부적인 법(내부법)으로 국민을 구속하는 것은 아니라는 점을 판시하고 있다. 이러한 행정규칙이 전형적인 형태의 행정규칙이다. ②는 수권 없이 발령되는 행정규칙의 예를 보여 준다. ③은 법령의 근거 없이 직권으로 발령되는 조례·규칙도 행정조직 내부적인 법(내부법)으로 주민을 구속하는 것은 아니라는 점을 판시하고 있다.

### (2) 수권 하에 발령되는 고시·훈령

☐  구 국립묘지안장대상심의위원회 운영규정은 국가보훈처장이 심의위원회의 운영에 관하여 구 국립묘지의 설치 및 운영에 관한 법률 및 시행령에서 위임된 사항과 그 시행에 필요한 사항을 규정함을 목적으로 하여 **국가보훈처 훈령으로 제정된** 것으로서, 영예성 훼손 여부 등에 관한 판단의 기준을 정한 **행정청 내부의 사무처리준칙이다.** 이는 대외적으로 국민이나 법원을 기속하는 효력이 없으므로, 그에 따른 처분의 적법 여부는 위 기준만이 아니라 관계 법령의 규정 내용과 취지에 따라 판단해야 한다. 따라서 위 기준에 **부합한다고 하여 곧바로 당해 처분이 적법한 것이라고 할 수는 없지만,** 위 기준 **자체로** 헌법 또는 법률에 합치되지 않거나 이를 적용한 결과가 처분사유의 내용 및 관계 법령의 규정과 취지에 비추어 현저히 부당하다고 인정할 만한 합리적인 이유가 없는 한, 섣불리 위 기준에 따른 처분이 재량권의 범위를 일탈하였거나 재량권을 남용한 것이라고 판단해서는 안된다(대판 2013. 12. 26, 2012두19571).

[평설] 고시나 훈령이 상위법의 위임에 따라 제정되어도 그 내용이 행정청 내부의 사무처리준칙에 불과하다면 행정규칙으로 보아야 한다는 판례이다.

## 2. 대통령령·총리령·부령 형식 등의 행정규칙
### (1) 수권 없이 발령되는 대통령령·총리령·부령 형식
① 법령에서 행정처분의 요건 중 일부 사항을 부령으로 정할 것을 위임한 데 따라 **시행규칙 등 부령에서 이를 정한 경우에 그 부령의 규정은 국민에 대해서도 구속력이 있는 법규명령에 해당한다고 할 것이지만, 법령의 위임이 없음에도 법령에 규정된 처분 요건에 해당하는 사항을 부령에서 변경하여 규정한 경우에는** 그 부령의 규정은 행정청 내부의 사무처리 기준 등을 정한 것으로서 행정조직 내에서 적용되는 **행정명령의 성격을 지닐 뿐 국민에 대한 대외적 구속력은 없다고 보아

야 한다. 따라서 어떤 행정처분이 그와 같이 법규성이 없는 시행규칙 등의 규정
에 위배된다고 하더라도 그 이유만으로 처분이 위법하게 되는 것은 아니라 할
것이고, 또 그 규칙 등에서 정한 요건에 부합한다고 하여 반드시 그 처분이 적법
한 것이라고 할 수도 없다. 이 경우 처분의 적법 여부는 그러한 규칙 등에서 정
한 요건에 합치하는지 여부가 아니라 일반 국민에 대하여 구속력을 가지는 법률
등 법규성이 있는 관계 법령의 규정을 기준으로 판단하여야 한다(대판 2013. 9. 12,
2011두10584).

② 검찰보존사무규칙이 검찰청법 제11조에 기하여 제정된 **법무부령**이기는 하지
만, 그 사실만으로 같은 규칙 내의 모든 규정이 법규적 효력을 가지는 것은 아니다.
기록의 열람·등사의 제한을 정하고 있는 같은 규칙 제22조는 법률상의 위임근
거가 없어 행정기관 내부의 사무처리준칙으로서 행정규칙에 불과하다(대판 2006.
5. 25, 2006두3049).

[평설] 제95조를 보면, 부령은 법률이나 대통령령의 위임에 따라 제정될 수 있다. **법률
이나 대통령령의 위임이 없이 부령에 규정된 사항은 헌법 제95조에 부합하지 아니한
다.** 그러한 사항은 부령에 규정되어 있다고 하여도 행정내부적인 것, 즉 행정규칙에
불과하다는 판례이다. 이러한 행정규칙은 전형적인 행정규칙의 형태가 아니다.

(2) 수권 하에 발령되는 제재적 행정처분기준을 정하는 부령
① 제재적 행정처분의 기준이 **부령의 형식**으로 규정되어 있더라도 그것은 **행정청
내부의 사무처리준칙**을 정한 것에 지나지 아니하여 대외적으로 국민이나 법원을
기속하는 효력이 없고, 당해 처분의 적법 여부는 위 처분기준만이 아니라 관계
법령의 규정 내용과 취지에 따라 판단되어야 한다(대판 2007. 9. 20, 2007두6946; 대
판 1991. 6. 11, 91누2083; 대판 1993. 2. 9, 92누15253; 1995. 4. 7, 94누14360; 대판 1997. 10.
24, 96누17288; 대판 1998. 3. 27, 97누20236).

② **도로교통법시행규칙** 제53조 제1항이 정한 [별표 16]의 운전면허행정처분기준은
**부령의 형식**으로 되어 있으나, 그 규정의 성질과 내용이 운전면허의 취소처분 등
에 관한 사무처리기준과 처분절차 등 **행정청 내부의 사무처리준칙**을 규정한 것에
지나지 아니하므로 대외적으로 국민이나 법원을 기속하는 효력이 없으므로, 자
동차운전면허취소처분의 적법 여부는 그 운전면허행정처분기준만에 의하여 판
단할 것이 아니라 도로교통법의 규정 내용과 취지에 따라 판단되어야 한다(대판

1997. 5. 30, 96누5773).

[평설] 판례는 법률이나 대통령령의 위임에 따라 부령에 제재적 행정처분기준이 규정된 경우, **부령에 규정되었음에도** 불구하고 그러한 규정은 행정규칙이라 한다. 대법원의 확립된 견해이다. 이러한 행정규칙은 전형적인 행정규칙의 형태가 아니다. 한편, 사견으로, 이러한 규정은 헌법 제95조가 정하는 내용에 따른 것이므로, 즉 상위법이 구체적으로 범위를 정하여 위임한 바에 따른 것이므로 대외적 구속력을 갖는 법규명령으로 볼 것이다. 다만 법규명령으로 본다고 하여도 이러한 규정은 행정청에 재량권을 부여하고 있는 것이 일반적이므로 행정청의 탄력적인 법적용에 별문제가 발생하지 아니할 것이다.

## Ⅱ. 행정규칙의 성질·종류·적법요건

## 1. 행정규칙의 성질(법규성 부인, 내부법)

□ 어떤 **행정처분**이 그와 같이 **법규성이 없는 시행규칙 등의 규정에 위배된다고** 하더라도 그 이유만으로 처분이 위법하게 되는 것은 아니라 할 것이고, 또 그 규칙 등에서 정한 요건에 부합한다고 하여 반드시 그 처분이 적법한 것이라고 할 수도 없다. 이 경우 **처분의 적법 여부**는 그러한 규칙 등에서 정한 요건에 합치하는지 여부가 아니라 일반 **국민**에 대하여 **구속력**을 가지는 **법률 등 법규성이 있는 관계 법령의 규정**을 기준으로 판단하여야 한다(대판 2013. 9. 12, 2011두10584).

## 2. 행정규칙(고시)의 종류

□ 고시 또는 공고의 법적 성질은 일률적으로 판단될 것이 아니라 고시에 담겨진 내용에 따라 구체적인 경우마다 달리 결정된다고 보아야 한다. 즉, 고시가 일반·추상적 성격을 가질 때는 법규명령 또는 행정규칙에 해당하지만, 고시가 구체적인 규율의 성격을 갖는다면 행정처분에 해당한다. 이 사건 국세청고시는 특정 사업자를 납세병마개 제조자로 지정하였다는 행정처분의 내용을 모든 병마개 제조자에게 알리는 통지수단에 불과하므로, 청구인의 이 사건 국세청 고시에 대한 헌법소원심판청구는 고시 그 자체가 아니라 고시의 실질적 내용을 이루는 국세청장의 위 납세병마개 제조자 지정처분에 대한 것으로 해석함이 타당하다(헌재 1998. 4. 30, 97헌마141).

[평설] 고시란 행정기관이 법령이 정하는 바에 따라 일정한 사항을 불특정다수의 일반인에게 알리는 행위(형식)를 말한다(구 사무관리규정 제7조 제3호; 동 시행규칙 제3조 제3호). 법규의 성질을 갖는 고시도 있다. 이 판례상 고시는 행정행위로서의 고시에 해당한다는 것을 볼 수 있다.

3. 행정규칙(고시)의 적법요건(표시요건)
① 국세청훈령은 국세청장이 구 소득세법시행령 제170조 제4항 제2호에 해당할 거래를 행정규칙의 형식으로 지정한 것에 지나지 아니하므로 적당한 방법으로 이를 표시, 또는 통보하면 되는 것이지, 공포하거나 고시하지 아니하였다는 이유만으로 그 효력을 부인할 수 없다(대판 1990. 5. 22, 90누639).
② 구 청소년보호법에 따른 청소년유해매체물 결정 및 고시처분은 당해 유해매체물의 소유자 등 특정인만을 대상으로 한 행정처분이 아니라 일반 불특정 다수인을 상대방으로 하여 일률적으로 표시의무, 포장의무, 청소년에 대한 판매·대여 등의 금지의무 등 각종 의무를 발생시키는 행정처분으로서, 정보통신윤리위원회가 특정 인터넷 웹사이트를 청소년유해매체물로 결정하고 청소년보호위원회가 효력발생시기를 명시하여 고시함으로써 그 명시된 시점에 효력이 발생하였다고 봄이 상당하고, 정보통신윤리위원회와 청소년보호위원회가 위 처분이 있었음을 위 웹사이트 운영자에게 제대로 통지하지 아니하였다고 하여 그 효력 자체가 발생하지 아니한 것으로 볼 수는 없다(대판 2007. 6. 14, 2004두619).

[평설] 고시는 법령 등 공포에 관한 법률의 적용을 받지 아니한다. 국민에게 공포되어야만 하는 것은 아니다. 성립된 행정규칙이 적당한 방법으로 통보되고 도달하면 효력을 갖는다. 그러나 법령보충규칙은 반드시 공포되도록 하는 입법적 보완이 있어야 할 것이다

Ⅲ. 행정규칙의 효과
1. 내부적 효과(구속효)
① 상급행정기관이 하급행정기관에 대하여 업무처리지침이나 법령의 해석적용에 관한 기준을 정하여 발하는 이른바 행정규칙은 일반적으로 행정조직 내부에서만 효력을 가질 뿐 대외적인 구속력을 갖는 것은 아니다(대판 2016. 10. 27, 2014두12017).

② 항고소송의 대상이 되는 행정처분이라 함은 원칙적으로 행정청의 공법상 행위로서 특정 사항에 대하여 법규에 의한 권리의 설정 또는 의무의 부담을 명하거나 기타 법률상 효과를 발생하게 하는 등으로 일반 국민의 권리 의무에 직접 영향을 미치는 행위를 가리키는 것이지만, 어떠한 처분의 근거나 법적인 효과가 행정규칙에 규정되어 있다고 하더라도, 그 처분이 행정규칙의 내부적 구속력에 의하여 상대방에게 권리의 설정 또는 의무의 부담을 명하거나 기타 법적인 효과를 발생하게 하는 등으로 그 상대방의 권리 의무에 직접 영향을 미치는 행위라면, 이 경우에도 항고소송의 대상이 되는 행정처분에 해당한다(대판 2002. 7. 26, 2001두3532).

[평설] ①은 행정규칙은 내부적 구속효를 갖는다는 원칙을 판시하고 있다. 행정규칙의 발령권(**집행권에 내재하는 사무집행권**으로부터 나오는 **지시권**)으로부터 나온다. 다른 행정주체소속의 행정기관이나 소속원에게 행정규칙으로 의무를 부과하려면, 법령의 근거를 요한다. ②는 행정규칙은 내부법인바 하급기관이나 **소속 공무원**은 당연히 행정규칙을 따라야 하므로, 규칙에 따른 처분으로 소속 공무원의 권리(법률상 이익)가 침해되면, 제소할 수 있다는 것을 판시하고 있다.

## 2. 외부적 효과(구속효)

### (1) 직접적 외부적 구속효

① 국민의권익보호를위한행정절차에관한훈령에 따라 1990. 3. 1.부터 시행된 행정절차운영지침(은) 대외적 구속력을 가지는 것이 아니므로, (이 훈령에 위반하여) 시장이 건조물 소유자의 신청이 없는 상태에서 소유자의 의견을 듣지 아니하고 **건조물을 문화재로 지정하였다고 하여 위법한 것이라고 할 수 없다**(대판 1994. 8. 9, 94누3414).

② 자동차운수사업면허취소등의 처분이 위 규칙에서 정한 기준에 따른 것이라 하여 당연히 적법한 처분이라 할 수는 없고 그 **처분의 적법여부는** 처분이 **자동차운수사업법**의 규정 및 그 취지에 적합한 것인가의 **여부**에 따라 판단하여야 할 것이다(대판 1990. 12. 11, 90누1243).

③ 관계행정청이 건축사사무소의 등록취소처분을 함에 있어 당해 건축사들을 사전에 청문토록 한 (훈령의) 취지는 위 행정처분으로 인하여 건축사사무소의 기존 권리가 부당하게 침해받지 아니하도록 등록취소 사유에 대하여 당해 건축사에게 변명과 유리한 자료를 제출할 기회를 부여하여 위법 사유의 시정가능성을

감안하고 처분의 신중성과 적정성을 기하려 함에 있다 할 것이므로 설사 건축사법 제28조 소정의 등록취소 등 사유가 분명히 존재하는 경우라 하더라도 당해 건축사가 정당한 이유없이 청문에 응하지 아니한 경우가 아닌 한 청문절차를 거치지 아니하고 한 건축사사무소 등록취소 처분은 위법하다(대판 1984. 9. 11, 82누166).

[평설] ①은 행정규칙은 **외부적으로** 직접적인 구속효를 갖는 법규가 아니므로 행정규칙위반은 **위법이 아니라는** 취지의 판례이다. ②는 행정규칙은 외부적으로 직접적인 구속효를 갖지 아니하므로 행정규칙에 따른 행정처분이 적법성의 추정을 받는 것도 아니라는 판례이다. ③은 **외부적으로 직접적 구속효를 인정한** 것으로서 **극히 예외적 판례**인데, 행정절차법 제정(1988. 1. 1.) 이전의 판례이다. 이 후 내부법으로서 행정규칙에 직접적인 외부적 구속효를 인정하는 판례는 보이지 아니한다.

(2) 간접적 외부적 구속효
① 행정규칙이 법령의 규정에 의하여 행정관청에 법령의 구체적 내용을 보충할 권한을 부여한 경우, 또는 재량권행사의 준칙인 규칙이 그 정한 바에 따라 되풀이 시행되어 **행정관행**이 이룩되게 되면, 평등의 원칙이나 신뢰보호의 원칙에 따라 행정기관은 그 상대방에 대한 관계에서 그 규칙에 따라야 할 자기구속을 당하게 되고, 그러한 경우에는 대외적인 구속력을 가지게 된다 할 것이다(헌재 2001. 5. 31, 99헌마413).
② 재량준칙이 정한 바에 따라 되풀이 시행되어 **행정관행**이 이루어지게 되면 평등의 원칙이나 신뢰보호의 원칙에 따라 행정청은 상대방에 대한 관계에서 그 규칙에 따라야 할 자기구속을 받게 되므로, 이러한 경우에는 특별한 사정이 없는 한 그에 반하는 처분은 평등의 원칙이나 신뢰보호의 원칙에 어긋나 재량권을 일탈·남용한 위법한 처분이 된다(대판 2014. 11. 27, 2013두18964).

[평설] 헌법재판소나 대법원은, **행정규칙은 그 자체가 외부법은 아니지만, 평등의 원칙, 신뢰보호의 원칙을 근거로 간접적 구속효를 갖는다**는 견해를 취하고 있다. 평등의 원칙을 보다 구체화하면, 행정의 자기구속의 법리를 근거로 행정규칙은 간접적 구속효를 갖는다고 표현할 수 있다.

## IV. 행정규칙의 통제

### 1. 법원에 의한 통제(사법심사)

□ 제재적 행정처분의 기준이 부령의 형식으로 규정되어 있더라도 그것은 행정청 내부의 사무처리준칙을 정한 것에 지나지 아니하여 대외적으로 국민이나 법원을 기속하는 효력이 없고, 당해 처분의 적법 여부는 위 처분기준만이 아니라 관계 법령의 규정 내용과 취지에 따라 판단되어야 하므로, 위 **처분기준에 적합**하다 하여 곧바로 당해 처분이 적법한 것이라고 할 수는 없지만, 위 **처분기준**이 그 **자체로** 헌법 또는 법률에 합치되지 아니하거나 위 처분기준에 따른 제재적 행정처분이 그 처분사유가 된 위반행위의 내용 및 관계 법령의 규정 내용과 취지에 비추어 현저히 부당하다고 인정할 만한 합리적인 이유가 없는 한 섣불리 그 처분이 재량권의 범위를 일탈하였거나 재량권을 남용한 것이라고 판단해서는 안된다(대판 2007. 9. 20, 2007두6946; 대판 2014. 11. 27, 2013두18964; 대판 2013. 12. 26, 2012두9571; 대판 2012. 11. 29, 2008두21669; 대판 1983. 9. 13, 82누285).

### 2. 헌법재판소에 의한 통제(헌법소원)

① 행정규칙은 **원칙적으로** 헌법소원의 심판대상이 될 수 없으나, **예외적으로** 행정규칙이 법령의 규정에 의하여 행정관청에 **법령의 구체적 내용을 보충**할 권한을 **부여한 경우**나, 재량권행사의 준칙인 규칙이 그 정한 바에 따라 되풀이 시행되어 행정관행이 형성되어 행정기관이 그 상대방에 대한 관계에서 그 규칙에 따라야 할 **자기구속을 당하게 되는 경우**에는 헌법소원의 대상이 될 수도 있다(헌재 2013. 8. 29, 2012헌마767; 헌재 2001. 5. 31, 99헌마413).

② (피청구인인 보건복지부장관이 장애인차량 엘피지 보조금 지원사업과 관련하여 4~6급 장애인에 대한 지원을 중단하기로 하는 정책결정을 내리고 이에 따라 일선 공무원들에 대한 지침을 변경한 것에 대하여 장애인용 엘피지 승용차를 운행하면서 엘피지 보조금 지원을 받아온 청구인이 장애인의 이동수단에 대한 지원을 폐지하는 것은 장애인에 대한 국가의 보호의무에 반하고, 장애인의 인간다운 생활을 할 권리를 침해하며, 장애의 정도에 따라 지원 여부를 달리하는 것은 불평등하다는 등의 주장을 하면서 청구한 헌법소원심판사건에서) 행정 각 부의 장관이 국가 예산을 재원으로 사회복지 사업을 시행함에 있어 예산 확보 방법과 그 집행 대상 등에 관하여 정책결정을 내리고 이를 미리 일선 공무원들에게 지침 등의 형태로 고지하는 일련의 행위는 장래의 예산 확보 및 집행에 대비한 일종의 준비행위로서 헌법소원의 대상이 될 수 없지만, 위와 같은 **정책결정을 구체화시킨**

지침의 내용이 국민의 기본권에 직접적으로 영향을 끼치고, 앞으로 법령의 뒷받침에 의하여 그대로 실시될 것이 틀림없을 것으로 예상될 수 있을 때에는 예외적으로 헌법소원의 대상이 될 수도 있다 할 것이다(헌재 2007. 10. 25, 2006헌마1236).

## [14] 입법형식과 규율사항의 불일치

Ⅰ. 행정규칙형식의 법규명령(법규명령사항의 고시·훈령에 위임)

1. 행정규칙형식의 법규명령을 인정하는 이유

□ 헌법재판소는 **법률이 입법사항을 고시에 위임하는 것이 허용되는지 여부**와 관련하여 2004. 10. 28. 99헌바91 결정에서 한정된 범위에서 허용된다고 결정한 이래, 최근에도 다음과 같이 일관되게 허용된다는 입장을 취하고 있다(헌재 2014. 7. 24, 2013헌바183등; 헌재 2016. 2. 25, 2015헌바191; 헌재 2016. 3. 31, 2014헌바382; 헌재 2016. 10. 27, 2015헌바360등 참조). 『오늘날 의회의 입법독점주의에서 입법중심주의로 전환하여 일정한 범위 안에서 행정입법을 허용하게 된 동기는 사회적 변화에 대응한 입법수요의 급증과 종래의 **형식적 권력분립주의**로는 현대사회에 대응할 수 없다는 기능적 권력분립론에 있다. 이러한 사정을 감안하여 **헌법 제40조·제75조·제95조**의 의미를 살펴보면, 국회가 입법으로 행정기관에게 구체적인 범위를 정하여 위임한 사항에 관하여는 당해 행정기관이 법 정립의 권한을 갖게 되고, 이때 입법자가 그 규율의 형식도 선택할 수 있다고 보아야 하므로, 헌법이 인정하고 있는 **위임입법의 형식은 예시적인 것으로 보아야 한다.** 따라서 법률이 일정한 사항을 행정규칙에 위임하더라도 그 행정규칙은 위임된 사항만을 규율할 수 있으므로, 국회입법의 원칙과 상치되지 아니한다(헌재 2017. 9. 28, 2016헌바140; 헌재 2016. 3. 31, 2014헌바382; 헌재 2004. 10. 28, 99헌바91; 대판 2017. 5. 30, 2014다61340).

[평설] 「헌재 2009. 2. 26, 2005헌바94, 2006헌바30(병합)」의 소수의견은 "우리 헌법 제40조가 국회입법의 원칙을 천명하면서 헌법 제75조, 제95조, 제108조, 제113조 제2항, 제114조 제6항에서 법률의 위임을 받아 발할 수 있는 법규명령을 한정적으로 열거하고 있는 이상, 법률로써 그와 다른 종류의 법규명령을 창설할 수 없고 더구나 그러한 법규사항을 행정규칙 기타 비법규명령에 위임하여서는 아니 된다. 결국 법률이 행정규칙 등에 위임할 수 있는 사항은 집행명령(헌법 제75조 후단)에 의하여 규정할 수 있는 사항 또는 법률의 의미를 구체화하는 사항에 한정되어야 하는 것이고, 새로운 입법사항이나 국민의 새로운 권리·의무에 관한 사항이 되어서는 아니 됨에도, 법 제32조

제3호는 권리·의무에 관한 법규적 사항을 헌법상 열거된 법규명령이 아닌 '문화관광부장관의 고시'에 직접 위임한 것으로서 헌법에 위반된다고 하지 않을 수 없고, 따라서 이에 대한 처벌규정인 법 제50조 제3호 역시 헌법에 위반된다"고 하였다.

## 2. 행정규칙형식의 법규명령의 대외적 구속력의 발생근거

□ 법령의 규정이 특정 행정기관에게 법령 내용의 구체적 사항을 정할 수 있는 권한을 부여하면서 권한행사의 절차나 방법을 특정하지 아니한 경우에는 수임 행정기관은 행정규칙이나 규정 형식으로 법령 내용이 될 사항을 구체적으로 정할 수 있다. 이 경우 행정규칙 등은 당해 법령의 위임한계를 벗어나지 않는 한 대외적 구속력이 있는 법규명령으로서 효력을 가지게 되지만, 이는 **행정규칙이 갖는 일반적 효력이 아니라 행정기관에 법령의 구체적 내용을 보충할 권한을 부여한 법령 규정의 효력에 근거하여 예외적으로 인정되는 것이다.** 따라서 그 행정규칙이나 규정이 상위법령의 위임범위를 벗어난 경우에는 법규명령으로서 대외적 구속력을 인정할 여지는 없다. 이는 행정규칙이나 규정 '내용'이 위임범위를 벗어난 경우뿐 아니라 상위법령의 위임규정에서 특정하여 정한 권한행사의 '절차'나 '방식'에 위배되는 경우도 마찬가지이므로, 상위법령에서 세부사항 등을 시행규칙으로 정하도록 위임하였음에도 이를 고시 등 행정규칙으로 정하였다면 그 역시 대외적 구속력을 가지는 법규명령으로서 효력이 인정될 수 없다(대판 2012. 7. 5, 2010다72076).

[평설] 행정규칙형식의 법규명령의 대외적 구속력은 **행정규칙의 형식**에서 나오는 것이 **아니라 위임의 근거된 법령**으로부터 나온다는 것을 적시하고 있다.

## 3. 행정규칙형식의 법규명령 제정·개정의 한계
### (1) 위임할 수 있는 사항(행정규제기본법 제4조 제2항 단서)
□ 행정규칙은 법규명령과 같은 엄격한 제정 및 개정절차를 필요로 하지 아니하므로, 기본권을 제한하는 내용의 입법을 위임할 때에는 법규명령에 위임하는 것이 원칙이고, 고시와 같은 형식으로 입법위임을 할 때에는 법령이 전문적·기술적 사항이나 경미한 사항으로서 업무의 성질상 위임이 불가피한 사항에 한정된다(헌재 2017. 9. 28, 2016헌바140; 헌재 2004. 10. 28, 99헌바91).

(2) 위임한계 준수 여부에 대한 심사방법

□ 특정 고시가 위임의 한계를 준수하고 있는지 여부를 판단할 때에는, 당해 법률 규정의 입법 목적과 규정 내용, 규정의 체계, 다른 규정과의 관계 등을 종합적으로 살펴야 하고, 법률의 위임 규정 자체가 그 의미 내용을 정확하게 알 수 있는 용어를 사용하여 위임의 한계를 분명히 하고 있는데도 고시에서 그 문언적 의미의 한계를 벗어났다든지, 위임 규정에서 사용하고 있는 용어의 의미를 넘어 그 범위를 확장하거나 축소함으로써 위임 내용을 구체화하는 단계를 벗어나 새로운 입법을 한 것으로 평가할 수 있다면, 이는 위임의 한계를 일탈한 것으로서 허용되지 아니한다(대판 2016. 8. 17, 2015두51132).

QR 16. 고시형식의 법규명령에 관한 대법원 판례 모음 ☞ QR코드
QR 17. 고시형식의 법규명령에 관한 헌법재판소 결정례 모음 ☞ QR코드

Ⅱ. 법규명령형식의 행정규칙(행정규칙사항의 대통령령·총리령·부령에 위임)

1. 총리령·부령에 정한 경우(행정규칙)

① 공공기관의 운영에 관한 법률 제39조 제2항, 제3항에 따라 입찰참가자격 제한 기준을 정하고 있는 구 공기업·준정부기관 계약사무규칙 제15조 제2항, 국가를 당사자로 하는 계약에 관한 법률 시행규칙 제76조 제1항 [별표 2], 제3항 등은 비록 부령의 형식으로 되어 있으나 규정의 성질과 내용이 공기업·준정부기관(이하 '행정청'이라 한다)이 행하는 입찰참가자격 제한처분에 관한 행정청 내부의 재량준칙을 정한 것에 지나지 아니하여 대외적으로 국민이나 법원을 기속하는 효력이 없다(대판 2014. 11. 27, 2013두18964).

② 구 식품위생법 시행규칙(2013. 3. 23. 총리령 제1010호로 개정되기 전의 것, 이하 같다) 제89조에서 [별표 23]으로 구 식품위생법(2013. 3. 23. 법률 제11690호로 개정되기 전의 것, 이하 같다) 제75조에 따른 행정처분의 기준을 정하였다 하더라도, 이는 행정기관 내부의 사무처리준칙을 규정한 것에 불과한 것으로서 보건복지부장관이 관계 행정기관 및 직원에 대하여 직무권한행사의 지침을 정하여 주기 위하여 발한 행정명령의 성질을 가지는 것이지 같은 법 제75조 제1항의 규정에 의하여 보장된 재량권을 기속하는 것이라고 할 수 없고, 대외적으로 국민이나 법원을 기속하는 힘이 있는 것은 아니다(대판 2014. 6. 12, 2014두2157).

[평설] 행정규칙사항을 총리령이나 부령으로 정한 경우, 그것은 행정규칙일 뿐 법규명령은 아니라는 것이고, 이것은 종전부터 있어온 판례의 확립된 견해이다(대판 1988. 12. 6, 88누2816; 대판 1990. 7. 13, 90누2284; 대판 1991. 5. 14, 90누9780), 문제는 어떠한 사항이 행정규칙사항이고, 어떠한 사항이 법규명령사항인가라는 점이다. 헌법상 입법사항은 모두 법규명령사항으로 보는 **사견으로는**, 상위법의 위임을 받아 총리령이나 부령으로 정하는 사항은 모두 법규명령으로 본다. 이렇게 되면, 법규명령에는 외부적·내부적 구속효를 모두 갖는 법규명령과 내부적 구속효만을 갖는 법규명령이 있다. 물론 전자가 일반적인 형태의 법규명령이다. 판례는 후자를 행정규칙으로 보는 것이다.

## 2. 대통령령에 정한 경우(법규명령)

① 당해 처분의 기준이 된 주택건설촉진법시행령 제10조의3 제1항 [별표 1]은 주택건설촉진법 제7조 제2항의 위임규정에 터잡은 규정형식상 대통령령이므로 그 성질이 부령인 시행규칙이나 또는 지방자치단체의 규칙과 같이 통상적으로 행정조직 내부에 있어서의 행정명령에 지나지 않는 것이 아니라 대외적으로 국민이나 법원을 구속하는 힘이 있는 법규명령에 해당한다(대판 1997. 12. 26, 97누15418).

② 구 청소년보호법(1999. 2. 5. 법률 제5817호로 개정되기 전의 것) 제49조 제1항·제2항에 따른 같은법시행령(1999. 6. 30. 대통령령 제16461호로 개정되기 전의 것) 제40조 [별표 6]의 위반행위의종별에따른과징금처분기준은 법규명령이기는 하나 모법의 위임규정의 내용과 취지 및 헌법상의 과잉금지의 원칙과 평등의 원칙 등에 비추어 같은 유형의 위반행위라 하더라도 그 규모나 기간·사회적 비난 정도·위반행위로 인하여 다른 법률에 의하여 처벌받은 다른 사정·행위자의 개인적 사정 및 위반행위로 얻은 불법이익의 규모 등 여러 요소를 종합적으로 고려하여 사안에 따라 적정한 과징금의 액수를 정하여야 할 것이므로 그 수액은 정액이 아니라 최고한도액이다(대판 2001. 3. 9, 99두5207).

[평설] 판례는 처분기준을 대통령령으로 정한 경우, 그것은 행정규칙이 아니라 법규명령이라 한다. 판례는 처분기준을 대통령령으로 정하는 경우와 총리령이나 부령으로 정하는 경우를 구분하는 이유를 밝히지 않고 있다. 양자를 구분해야 할 특별한 이유는 보이지 아니한다.

## 제 2 절 행정계획

### [15] 행정계획 일반론

#### 1. 행정계획의 의의

① 행정계획이라 함은 행정에 관한 전문적·기술적 판단을 기초로 하여 도시의 건설·정비·개량 등과 같은 특정한 행정목표를 달성하기 위하여 서로 관련되는 행정수단을 종합·조정함으로써 장래의 일정한 시점에 있어서 일정한 질서를 실현하기 위한 활동기준으로 설정된 것이다(대판 1996. 11. 29, 96누8567; 대판 2011. 2. 24, 2010두21464; 대판 2007. 4. 12, 2005두1893).

② 행정계획은 특정한 행정목표를 달성하기 위하여 행정에 관한 전문적·기술적 판단을 기초로 관련 행정수단을 종합·조정함으로써 장래의 일정한 시점에 일정한 질서를 실현하기 위하여 설정한 활동기준이나 그 설정행위를 말한다(대판 2016. 2. 18, 2015두53640).

[평설] ①은 행정계획을 활동기준(Plan)으로 정의하였고, 이러한 개념은 상당기간 지속되었다. ②는 행정계획을 활동기준(Plan) 또는 그 설정행위(Planing)로 정의하고 있다. 학설은 행정계획은 동태적으로 과정으로 이해하면서, 행정계획을 활동기준(Plan) 또는 그 설정행위(Planing)로 정의하여 왔다. 뒤의 판례는 학설의 입장을 받아들인 것이라 하겠다.

#### 2. 행정계획(Plan)의 성질

##### (1) 비구속적 행정계획(사실행위)

□ (국토해양부장관이 2011. 5. 13. 발표한 '한국토지주택공사 이전방안'이 전북혁신도시 사업지구 내 주거용 택지를 분양받았거나, 전북혁신도시상가조합의 조합원이자 대표자로서 각 소속 조합이 위 사업지구 내 근린생활 시설용지를 분양받았거나, 또는 위 사업지구 내에 있는 기존 소유 토지를 협의매도한 후 나머지 토지(인접토지)를 소유하고 있는 청구인들의 평등권, 재산권 등을 침해한다고 주장하면서 헌법소원심판을 청구한 국토해양부장관이 언론을 통해 발표한 '한국토지주택공사 이전방안'에 관한 사건에서) '공공기관 지방이전에 따른 혁신도시 건설 및 지원에 관한 특별법'에 따르면, 지방이전계획을 수립하는 주체는 이전공공기관의 장이고(제4조 제1항), 그 제출받은 계획을 검토·조정하여 국토해양부장관에

게 제출하는 주체는 소관 행정기관의 장이며(제4조 제3항, 제4항), 그에 따라 지역발전위원회의 심의를 거친 후 승인하는 주체가 국토해양부장관일 뿐이다. 따라서 피청구인이 발표한 이 사건 이전방안은 한국토지주택공사와 각 광역시·도, 관련 행정부처 사이의 의견 조율 과정에서 **행정청으로서의 내부 의사를 밝힌 행정계획안 정도에 불과하고**, 법적 구속력을 가진 행정행위라고 보기는 어렵다. … 이 사건 이전방안은 행정청의 기본방침을 밝히는 **비구속적 행정계획안에 불과하여** 직접 국민의 권리의무에 영향을 미치지 아니하므로 헌법재판소법 제68조 제1항의 공권력의 행사에 해당한다 할 수 없다(헌재 2014. 3. 27, 2011헌마291).

### (2) 내부적 구속효 있는 행정계획

① 구 **도시계획법령상 도시기본계획**은 도시의 기본적인 공간구조와 장기발전방향을 제시하는 종합계획으로서 그 계획에는 토지이용계획, 환경계획, 공원녹지계획 등 장래의 도시개발의 일반적인 방향이 제시되지만, 그 계획은 도시계획입안의 지침이 되는 것에 불과하여 일반 국민에 대한 직접적인 구속력은 없는 것이다(대판 2002. 10. 11, 2000두8226).

② 국토해양부, 환경부, 문화체육부, 농림수산식품부가 합동으로 2009. 6. 8. 발표한 '**4대강 살리기 마스터플랜**'은 4대강 정비사업과 그 주변 지역의 관련 사업을 체계적으로 추진하기 위하여 수립한 종합계획이자 '**4대강 살리기 사업**'의 기본방향을 제시하는 계획으로서, 이는 행정기관 내부에서 사업의 기본방향을 제시하는 것일 뿐, 국민의 권리·의무에 직접 영향을 미치는 것은 아니라고 할 것이어서 행정처분에 해당하지 아니한다(대판 2015. 12. 10, 2011두32515).

### (3) 외부적 구속효 있는 행정계획

① 도시계획법 제12조 소정의 도시계획결정이 고시되면 도시계획구역안의 토지나 건물 소유자의 토지형질변경, 건축물의 신축, 개축 또는 증축 등 권리행사가 일정한 제한을 받게 되는바 이런 점에서 볼 때 **고시된 도시계획결정**은 특정 개인의 권리 내지 법률상의 이익을 개별적이고 구체적으로 규제하는 효과를 가져오게 하는 행정청의 처분이라 할 것이고, 이는 행정소송의 대상이 된다(대판 1982. 3. 9, 80누105).

② 택지개발촉진법 제3조에 의한 건설부장관의 택지개발예정지구의 지정과 같은

법 제8조에 의한 건설부장관의 택지개발사업시행자에 대한 택지개발계획의 승인은 그 처분의 고시에 의하여 개발할 토지의 위치, 면적, 권리내용 등이 특정되어 그 후 사업시행자에게 택지개발사업을 실시할 수 있는 권한이 설정되고, 나아가 일정한 절차를 거칠 것을 조건으로 하여 일정한 내용의 수용권이 주어지며 고시된 바에 따라 특정 개인의 권리나 법률상 이익이 개별적이고 구체적으로 규제받게 되므로 건설부장관의 위 각 처분은 행정처분의 성격을 갖는다(대판 1992. 8. 14, 91누11582).

### 3. 행정계획의 적법요건·효과

#### (1) 공포·고시(적법요건)

□ 구 도시계획법(1971. 1. 19. 법률 제2291호로 개정되기 전의 것) 제7조가 도시계획결정등 처분의 고시를 도시계획구역, 도시계획결정등의 효력발생요건으로 규정하였다고 볼 것이어서 건설부장관 또는 그의 권한의 일부를 위임받은 서울특별시장, 도지사등 지방장관이 기안, 결재등의 과정을 거쳐 정당하게 도시계획결정등의 처분을 하였다고 하더라도 이를 관보에 게재하여 고시하지 아니한 이상 대외적으로는 아무런 효력도 발생하지 아니한다(대판 1985. 12. 10, 85누186).

[평설] 개별 법령에 특별히 정하는 바가 있으면, 그에 따라야 한다. 법규형식의 계획은 '법령 등 공포에 관한 법률'이 정한 바의 형식을 갖추어서 공포되어야 한다.

#### (2) 집중효(효과)

① 건설부장관이 구 **주택건설촉진법**(1991. 3. 8. 법률 제4339호로 개정되기 전의 것) 제33조에 따라 관계기관의 장과의 협의를 거쳐 사업계획승인을 한 이상 같은 조 제4항의 허가·인가·결정·승인 등이 있는 것으로 볼 것이고, 그 절차와 별도로 **도시계획법** 제12조 등 소정의 중앙도시계획위원회의 의결이나 주민의 의견청취 등 절차를 거칠 필요는 없다(대판 1992. 11. 10, 92누1162).

② 구 **건축법**(1999. 2. 8. 법률 제5895호로 개정되기 전의 것) 제8조 제1항, 제3항, 제5항에 의하면, 건축허가를 받은 경우에는 구 **도시계획법**(2000. 1. 28. 법률 제6243호로 전문 개정되기 전의 것) 제4조에 의한 토지의 형질변경허가나 **농지법** 제36조에 의한 농지전용허가 등을 받은 것으로 보며, 한편 건축허가권자가 건축허가를 하고자 하는 경우 당해 용도·규모 또는 형태의 건축물을 그 건축하고자 하는 대지에 건

축하는 것이 건축법 관련 규정이나 같은 도시계획법 제4조, 농지법 제36조 등 관계 법령의 규정에 적합한지의 여부를 검토하여야 하는 것일 뿐, 건축불허가처분을 하면서 그 처분사유로 건축불허가 사유뿐만 아니라 형질변경불허가 사유나 농지전용불허가 사유를 들고 있다고 하여 그 건축불허가처분 외에 별개로 형질변경불허가처분이나 농지전용불허가처분이 존재하는 것이 아니므로, 그 건축불허가처분을 받은 사람은 그 건축불허가처분에 관한 쟁송에서 건축법상의 건축불허가 사유뿐만 아니라 같은 도시계획법상의 형질변경불허가 사유나 농지법상의 농지전용불허가 사유에 관하여도 다툴 수 있는 것이지, 그 건축불허가처분에 관한 쟁송과는 별개로 형질변경불허가처분이나 농지전용불허가처분에 관한 쟁송을 제기하여 이를 다투어야 하는 것은 아니며, 그러한 쟁송을 제기하지 아니하였어도 형질변경불허가 사유나 농지전용불허가 사유에 관하여 불가쟁력이 생기지 아니한다(대판 2001. 1. 16, 99두10988).

[평설] ①은 **절차집중을 긍정하는 판례로** 이해될 수 있다. 절차집중이란 대체행정청에 적용되는 절차가 계획확정기관에 적용되지 아니한다는 것을 의미한다. 달리 말한다면, 절차와 관련하는 한, 계획확정기관이 계획확정절차만 준수하면 된다는 것이다. 물론 실체법적 요건은 갖추어야 한다. ②는 **실체집중을 부정하는 판례로** 이해될 수 있다. 실체집중이란 계획확정기관은 집중효의 대상이 되는 인·허가 등의 실체법적 요건과 절차법적 요건을 모두 고려함이 없이 판단할 수 있음을 의미하고, 실체집중을 부정한다는 것은 계획확정기관이 집중효의 대상이 되는 인·허가 등의 실체법적 요건과 절차법적 요건을 모두 고려하여야 함을 의미한다.

## [16] 행정계획의 통제

1. 법원에 의한 통제

(1) 처분성

□ 도시계획법 제12조 소정의 **도시계획결정이 고시되면** 도시계획구역 안의 토지나 건물 소유자의 토지형질변경, 건축물의 신축, 개축 또는 증축 등 권리행사가 일정한 제한을 받게 되는바 이런 점에서 볼 때 고시된 도시계획결정은 특정 개인의 권리 내지 법률상의 이익을 개별적이고 구체적으로 규제하는 효과를 가져오게 하는 행정청의 처분이라 할 것이고, 이는 행정소송의 대상이 되는 것이라 할 것이다(대판 1982. 3. 9, 80누105).

□ 구 도시 및 주거환경정비법에 따른 주택재건축정비사업조합은 관할 행정청의 감독 아래 위 법상 주택재건축사업을 시행하는 공법인으로서, 그 목적 범위 내에서 법령이 정하는 바에 따라 일정한 행정작용을 행하는 행정주체의 지위를 가진다 할 것인데, **재건축정비사업조합**이 이러한 행정주체의 지위에서 위 법에 기초하여 수립한 사업시행계획은 인가·고시를 통해 확정되면 이해관계인에 대한 **구속적 행정계획으로서 독립된 행정처분에 해당하고, 이와 같은 사업시행계획안에 대한 조합 총회결의**는 그 행정처분에 이르는 절차적 요건 중 하나에 불과한 것으로서, 그 계획이 확정된 후에는 항고소송의 방법으로 계획의 취소 또는 무효확인을 구할 수 있을 뿐, 절차적 요건에 불과한 총회결의 부분만을 대상으로 그 효력 유무를 다투는 확인의 소를 제기하는 것은 허용되지 아니하고, 한편 이러한 항고소송의 대상이 되는 행정처분의 효력이나 집행 혹은 절차속행 등의 정지를 구하는 신청은 **행정소송법상 집행정지신청의 방법으로서만** 가능할 뿐 **민사소송법상 가처분의 방법으로는 허용될 수 없다**(대결 2009. 11. 2, 2009마596).

[평설] 모든 행정계획이 사법심사의 대상일 수는 없다. **처분성을 갖는 행정계획만이** 개인의 법률상 이익을 침해하는 경우에 사법심사의 대상이 될 수 있다. 헌법재판소의 입장도 같다(헌재 1991. 7. 22, 89헌마174).

(2) 형성의 자유, 계획재량
□ 행정주체는 구체적인 행정계획을 입안·결정함에 있어서 비교적 광범위한 형성의 자유를 가진다(대판 2016. 2. 18, 2015두53640; 대판 2015. 12. 10, 2011두32515; 대판 1997. 9. 26, 96누10096; 대판 1996. 11. 29, 96누8567; 대판 1996. 11. 22, 96누8567).

[평설] 행정계획상 **목표의 구체화와 수단의 선택**은 충분한 정보와 자료를 바탕으로 한 전문적인 예측에 기해 행정주체의 고유한 판단에 따라 이루어지는바, 바로 이것이 행정주체의 **형성의 자유**를 의미하게 된다. 형성의 자유를 **계획재량**이라 부르기도 한다. 행정계획의 입안과 결정에 형성의 자유가 있다는 것은 판례의 확립된 견해이다.

(3) 형량명령
□ 행정주체의 위와 같은 형성의 자유가 무제한적이라고 할 수는 없고, 행정계획에서는 그에 관련되는 당사자들의 이익을 공익과 사익 사이에서는 물론이고

공익 사이에서나 사익 사이에서도 정당하게 비교·교량하여야 한다는 제한이 있다(대판 2016. 2. 18, 2015두53640).

[평설] 형성의 자유에는 형량명령이 따른다는 판례이다. 형량명령이란 ① 계획상의 **목표**는 법질서에 부합하여야 하고, ② **수단**은 목표실현에 적합하고, 필요하고 또한 비례적이어야 하고, ③ 법에서 **절차**를 정한 것이 있다면 그 절차를 준수하여야 하고, ④ 전체로서 **계획관련자 모두의 이익을 정당히 고려**하여야 한다는 것을 의미한다.

## (4) 형량하자

□ 행정주체가 행정계획을 입안·결정하면서 이익형량을 전혀 행하지 않거나 이익형량의 고려 대상에 마땅히 포함시켜야 할 사항을 빠뜨린 경우 또는 이익형량을 하였으나 정당성과 객관성이 결여된 경우에는 행정계획결정은 형량에 하자가 있어 위법하게 된다. 이러한 법리는 행정주체가 구 국토의 계획 및 이용에 관한 법률(2009. 2. 6. 법률 제9442호로 개정되기 전의 것) 제26조에 의한 주민의 도시관리계획 입안 제안을 받아들여 도시관리계획결정을 할 것인지를 결정할 때에도 마찬가지이고, 나아가 도시계획시설구역 내 토지 등을 소유하고 있는 주민이 장기간 집행되지 아니한 도시계획시설의 결정권자에게 도시계획시설의 변경을 신청하고, 결정권자가 이러한 신청을 받아들여 도시계획시설을 변경할 것인지를 결정하는 경우에도 동일하게 적용된다(대판 2012. 1. 12, 2010두5806; 대판 2016. 2. 18, 2015두53640; 대판 2014. 7. 10, 2012두2467; 대판 1996. 11. 29, 96누8567).

[평설] 형량명령을 준수하지 아니하면, 형량하자가 발생하고, 이로 인해 그 행정계획은 위법하다는 판례이다. 이러한 논리는 판례의 확립된 견해이다.

## 2. 국민에 의한 통제
### (1) 입안단계

□ 법령이 관할 행정청으로 하여금 도시관리계획을 입안할 때 해당 도시관리계획안의 내용을 주민에게 공고·열람하도록 한 것은 다수 이해관계자의 이익을 합리적으로 조정하여 국민의 권리에 대한 부당한 **침해를 방지**하고 **행정의 민주화와 신뢰를 확보**하기 위하여 **국민의 의사**를 그 과정에 반영시키는 데 그 취지가 있다(대판 2015. 1. 29, 2012두11164).

□ 공고 및 공람 절차에 하자가 있는 도시계획결정은 위법하다(대판 2000. 3. 23, 98두2768).

(2) 계획폐지청구권

□ 도시계획시설결정은 광범위한 지역과 상당한 기간에 걸쳐 다수의 이해관계인에게 다양한 법률적·경제적 영향을 미치는 것이 되어 일단 **도시계획시설사업의 시행에 착수한 뒤에는, 시행의 지연에 따른 손해나 손실의 배상 또는 보상을 함은 별론으로 하고, 그 결정 자체의 취소나 해제를 요구할 권리를 일부의 이해관계인에게 줄 수는 없는 것이다**[헌재 2002. 5. 30, 2000헌바58, 2001헌바3(병합)].

(3) 계획변경청구권

① 구 국토이용관리법상 주민이 국토이용계획의 변경에 대하여 신청을 할 수 있다는 규정이 없을 뿐만 아니라, 국토건설종합계획의 효율적인 추진과 국토이용질서를 확립하기 위한 **국토이용계획은 장기성, 종합성이 요구되는 행정계획이어서** 원칙적으로는 그 계획이 일단 확정된 후에 어떤 사정의 변동이 있다고 하여 그러한 사유만으로는 지역주민이나 일반 이해관계인에게 일일이 그 계획의 변경을 신청할 권리를 인정하여 줄 수는 없다(대판 2003. 9. 23, 2001두10936; 대판 1989. 10. 24, 89누725).

② 산업입지 및 개발에 관한 법률 등은 산업단지에 적합한 시설을 설치하여 입주하려는 자와 토지 소유자에게 **산업단지 지정과 관련한 산업단지개발계획 입안과 관련한 권한을 인정하고, 산업단지 지정뿐만 아니라 변경과 관련해서도 이해관계인**에 대한 절차적 권리를 보장하는 규정을 두고 있다. 또한 산업단지 안에는 다수의 기반시설 등 도시계획시설 등을 포함하고 있고, 국토의 계획 및 이용에 관한 법률의 해석상 도시계획시설부지 소유자에게는 그에 관한 **도시·군관리계획의 변경 등을 요구할 수 있는 법규상 또는 조리상 신청권이 인정된다**고 해석되고 있다. 헌법상 재산권 보장의 취지에 비추어 보면 토지의 소유자에게 위와 같은 절차적 권리와 신청권을 인정한 것은 정당하다고 볼 수 있다. 이러한 법리는 이미 산업단지 지정이 이루어진 상황에서 산업단지 안의 토지 소유자로서 종전 산업단지개발계획을 일부 변경하여 산업단지개발계획에 적합한 시설을 설치하여 입주하려는 자가 종전 계획의 변경을 요청하는 경우에도 그대로 적용될 수 있다. 그러

므로 산업단지개발계획상 산업단지 안의 토지 소유자로서 산업단지개발계획에 적합한 시설을 설치하여 입주하려는 자는 산업단지지정권자 또는 그로부터 권한을 위임받은 기관에 대하여 산업단지개발계획의 변경을 요청할 수 있는 **법규상 또는 조리상 신청권**이 있고, 이러한 신청에 대한 거부행위는 항고소송의 대상이 되는 행정처분에 해당한다고 보아야 한다(대판 2017. 8. 29, 2016두44186).

③ 폐기물관리법상 폐기물처리사업계획의 적정통보를 받은 자는 장래 일정한 기간 내에 관계 법령이 규정하는 시설 등을 갖추어 **폐기물처리업허가신청**을 할 수 있는 **법률상 지위**에 있다고 할 것인바, 피고(진안군수)로부터 폐기물처리사업계획의 적정통보를 받은 원고가 폐기물처리업허가를 받기 위하여는 이 사건 부동산에 대한 용도지역을 '농림지역 또는 준농림지역'에서 '준도시지역(시설용지지구)'으로 변경하는 국토이용계획변경이 선행되어야 하고, 원고의 위 계획변경신청을 피고가 거부한다면 이는 실질적으로 원고에 대한 폐기물처리업허가신청을 불허하는 결과가 되므로, 원고는 위 **국토이용계획변경**의 입안 및 결정권자인 피고에 대하여 그 계획변경을 신청할 법규상 또는 조리상 권리를 가진다고 할 것이다(대판 2003. 9. 23, 2001두10936).

[평설] ①은 계획변경청구권을 부인하는 판례이다. 행정계획은 일반적으로 공익을 위한 것이므로 특정인의 사익보호와 거리가 멀다. 따라서 개인적 공권으로서 **계획변경청구권**을 일반적으로 인정하는 것은 어렵다. ②와 ③은 계획변경청구권을 긍정하는 판례이다. 달리 말한다면, 원고에게 사익보호성이 인정된다는 취지의 판례이다.

# 제 3 절  행정행위

## [17] 행정행위의 관념

### I. 행정행위의 의의

#### 1. 법적 행위로서 행정행위(처분)

□ 항고소송의 대상이 되는 행정처분이라 함은 행정청의 공법상의 행위로서 특정사항에 대하여 법규에 의한 권리의 설정 또는 의무의 부담을 명하거나 기타 법률상 효과를 발생하게 하는 등 국민의 구체적인 권리의무에 직접적 변동을 초래하는 행위를 말하는 것이고, 행정권 내부에서의 행위나 알선, 권유, 사실상의 통

지 등과 같이 상대방 또는 기타 관계자들의 법률상 지위에 직접적인 법률적 변동을 일으키지 아니하는 행위 등은 항고소송의 대상이 될 수 없다(대판 1995. 11. 21, 95누9099).

[평설] 취소소송을 형성소송으로 본다는 점(대판 1997. 1. 24, 95누17403)과 처분 해당 여부를 "법률상 지위에 직접적인 법률적 변동을 일으키는지 여부"를 판시사유로 하고 있는 점 등에 비추어 판례는 기본적으로 ①의 입장을 취한 것으로 보인다.

## 2. 일반처분 – 입법인가 행정행위인가

### (1) 횡단보도설치

□ 도로교통법 제10조 제1항은 지방경찰청은 도로를 횡단하는 보행자의 안전을 위하여 행정자치부령이 정하는 기준에 의하여 횡단보도를 설치할 수 있다고 규정하고, 제10조 제2항은 보행자는 지하도·육교 그 밖의 횡단시설이나 횡단보도가 설치되어 있는 도로에서는 그 곳으로 횡단하여야 한다고 규정하며, 제24조 제1항은 모든 차의 운전자는 보행자가 횡단보도를 통행하고 있는 때에는 그 횡단보도 앞에서 일시 정지하여 보행자의 횡단을 방해하거나 위험을 주어서는 아니된다고… 규정하는 도로교통법의 취지에 비추어 볼 때, 지방경찰청장이 횡단보도를 설치하여 보행자의 통행방법 등을 규제하는 것은, 행정청이 **특정사항에 대하여 의무의 부담을 명하는 행위**이고 이는 국민의 권리의무에 직접 관계가 있는 행위로서 행정처분이라고 보아야 할 것이다(대판 2000. 10. 27, 98두8964).

[평설] 횡단보도를 설치하여 보행자의 통행방법 등을 규제하는 것은 행정처분에 해당한다는 것이 판례의 취지이다. 횡단보도의 설치는 **물적 관련 일반처분**으로 볼 것이다.

### (2) 개별토지가격결정

□ 시장·군수 또는 구청장의 개별토지가격결정은 관계법령에 의한 토지초과이득세, 택지초과소유부담금 또는 개발부담금 산정의 기준이 되어 **국민의 권리나 의무 또는 법률상 이익에 직접적으로 관계되는 것으로서** 행정소송법 제2조 제1항 제1호 소정의 행정청이 행하는 구체적 사실에 관한 법집행으로서의 공권력행사이므로 항고소송의 대상이 되는 행정처분에 해당한다(대판 1994. 2. 8, 93누111).

[평설] 판례는 개별토지가격결정(개별공시지가)을 일종의 **물적 관련 일반처분**으로 본다. 그런데 개별공시지가가 후속하는 절차에서 관계자의 법적 이익과 관련을 맺지만, 개별 공시지가의 결정·고시 그 자체가 바로 사인의 권리·의무를 직접 발생시키는 것이 아니므로 **처분**으로 보기 어렵다는 것이 사견이다.

QR 18. **행정작용 중 행정행위가 아니라는 판례 모음** ☞ QR코드

## Ⅱ. 행정행위의 종류

### 1. 다단계행정행위

□ 건축허가권자가 **건축불허가처분**을 하면서 그 처분사유로 건축불허가 사유뿐만 아니라 구 소방법 제8조 제1항에 따른 소방서장의 건축부동의 사유를 들고 있다고 하여 그 건축불허가처분 외에 별개로 건축부동의처분이 존재하는 것이 아니므로, 그 건축불허가처분을 받은 사람은 그 건축불허가처분에 관한 쟁송에서 건축법상의 건축불허가 사유뿐만 아니라 소방서장의 부동의 사유에 관하여도 다툴 수 있다(대판 2004. 10. 15, 2003두6573).

[평설] 행정행위의 발령에 사인의 협력이 아니라 **다른 행정청의 협력이 요구되는 행위**를 다단계행정행위라 부른다. 예컨대 다단계행정행위인 건축허가에서 다른 행정청(판례상 소방서장)의 협력행위는 행정행위가 아니므로 다른 행정청은 행정소송상 피고가되지 아니한다. 건축허가청을 피고로 다투는 다른 행정청은 소송에 참가인(보조참가)으로 참여할 수 있다.

### 2. 요식행위(절차법 제24조)

□ 납세고지서에 과세연도, 세목, 세액 및 그 산출근거, 납부기한과 납부장소 등의 **명시**를 요구한 국세징수법 제9조나 과세표준과 세액계산명세서의 첨부를 명한 상속세법 제25조의2, 같은법 시행령 제19조 제1항 등의 규정은 단순한 세무행정상의 편의를 위한 **훈시규정**이 아니라, 조세법률주의의 원칙에 따라 과세관청의 자의를 배제하고 신중하고도 합리적인 과세처분을 하게 함으로써 조세행정의 공정을 기함과 아울러 납세의무자에게 부과처분의 내용을 자세히 알려주어 이에 대한 불복여부의 판정과 불복신청의 편의를 주려는데 그 근본취지가 있는 **강행규정**으로 보아야 하므로 납세고지서에 세액산출근거 등의 기재사항이 누락되었거

나 과세표준과 세액의 계산명세서가 첨부되지 않았다면 적법한 납세의 고지라고 볼 수 없다(대판 1989. 11. 10, 88누7996).

[평설] 행정행위의 적법요건으로 일정한 형식이 요구되는 행위를 **요식행위**라 하고, 그러하지 않은 행위를 **불요식행위**라 한다. 행정절차법은 **요식행위를 원칙**으로 하고 있다(절차법 제24조 본문). 요식행위에서 요구되는 형식이 결여되면, 요구되는 취지에 비추어 위법의 문제를 가져온다.

## 3. 부분승인·예비결정

### (1) 부분승인(부분허가)

□ 원자력법 제11조 제3항 소정의 부지사전승인제도는 원자로 및 관계 시설을 건설하고자 하는 자가 그 계획중인 건설부지가 원자력법에 의하여 원자로 및 관계 시설의 부지로 적법한지 여부 및 굴착공사 등 일정한 범위의 공사(이하 '사전공사'라 한다)를 할 수 있는지 여부에 대하여 건설허가 전에 미리 승인을 받는 제도로서, 원자로 및 관계 시설의 건설에는 장기간의 준비·공사가 필요하기 때문에 필요한 모든 준비를 갖추어 건설허가신청을 하였다가 부지의 부적법성을 이유로 불허가될 경우 그 불이익이 매우 크고 또한 원자로 및 관계 시설 건설의 이와 같은 특성상 미리 사전공사를 할 필요가 있을 수도 있어 건설허가 전에 미리 그 부지의 적법성 및 사전공사의 허용 여부에 대한 승인을 받을 수 있게 함으로써 그의 경제적·시간적 부담을 덜어 주고 유효·적절한 건설공사를 행할 수 있도록 배려하려는 데 그 취지가 있다고 할 것이므로, 원자로 및 관계 시설의 **부지사전승인처분**은 그 자체로서 건설부지를 확정하고 사전공사를 허용하는 법률효과를 지닌 **독립한 행정처분이기는 하지만**, 건설허가 전에 신청자의 편의를 위하여 미리 그 건설허가의 일부 요건을 심사하여 행하는 **사전적 부분 건설허가처분의 성격**을 갖고 있는 것이어서 **나중에 건설허가처분이 있게 되면** 그 건설허가처분에 흡수되어 독립된 존재가치를 상실함으로써 그 건설허가처분만이 쟁송의 대상이 되는 것이므로, 부지사전승인처분의 취소를 구하는 소는 소의 이익을 잃게 되고, 따라서 부지사전승인처분의 위법성은 나중에 내려진 건설허가처분의 취소를 구하는 소송에서 이를 다투면 된다(대판 1998. 9. 4, 97누19588).

[평설] 부분승인은 **단계화된 행정절차**에서 주로 문제된다. 부분승인이란 사인이 원하

는 바의 일부에 대해서만 우선 승인하는 행위를 말한다(예: 건축허가·시설허가·영업허
가신청의 경우에 우선 건축이나 시설의 설치만을 허가하는 경우. 그리고 원자력안전법 제10조
제3항의 경우 및 주택법 제29조 제1항·제4항의 건축물의 동별사용허가의 경우). 이 판례에
나타난 원자로 및 관계 시설의 부지사전승인처분은 **부분승인(부분허가)**의 성질을 갖
는 것으로 이해되고 있다. 한편, 이 판례에 대해서는 "부지사전승인처분의 위법성은
나중에 내려진 건설허가처분취소청구소송에서 다투면 된다고 하였는데, 이러한 대상
판결의 입장은 단계화된 행정결정절차의 취지에도 어긋나며, 또한 '나중에 건설허가
처분이 있게 되면 부지사전승인처분은 소의 이익을 잃는다'고 하였는데 소의 이익(권
리보호필요성)과 관련해서도 만일 부지사전승인처분의 위법성이 조기에 결정된다면
사업자측은 더 이상 투자하지 않을 것이고 원고측도 헛된 노력이나 비용을 들이지 않
아도 되는 만큼 다툴 수 있는 기회를 일찍 주는 것은 원고측에나 피고측(피고의 보조참
가인 포함)에나 다 같이 이로운 것이므로 권리보호필요성이 있다고 보아야 한다"는 지
적도 있다.

## (2) 예비결정
**참고☞** 예비결정이란 종국적인 행정행위를 하기에 앞서서 종국적인 행정행위에 요구되
는 여러 요건 중에서 개별적인 몇몇 요건에 대한 결정을 말한다(예: 원자력안전법 제10
조 제3항; 폐기물관리법 제25조 제2항; 건축법 제10조 제1항의 사전결정).

1️⃣ 건설폐기물처리업에 관한 법규는 허가 요건을 일률적·확정적으로 규정하는
형식을 취하지 않고 최소한도만을 정하고 있다. 건설폐기물의 재활용촉진에 관
한 법률 제21조 제2항 각호가 정한 검토 사항은 단순한 **행정처분의 발령요건을 정
한 것이라기보다는** 위 적합 여부 판단·결정에 관한 재량권 행사에서 고려해야
할 다양한 사항의 범위와 기준을 좀 더 구체적이고 명확하게 정한 것으로 볼 수
있다. 그 취지는 건설폐기물 처리업 허가의 사전결정절차로서 중요한 의미를 가지
는 폐기물 처리 사업계획서 적합 여부의 통보에 관한 행정작용의 투명성과 적법성
을 제고하려는 데 있다(대판 2017. 10. 31, 2017두46783).

☐ **건설폐기물의 재활용촉진에 관한 법률 제21조**(건설폐기물 처리업의 허가 등)
① 건설폐기물 처리업을 하려는 자는 환경부령으로 정하는 바에 따라 **건설폐기물 처리 사업
계획서를 시·도지사에게 제출**하여야 한다.
② 시·도지사는 제1항에 따라 건설폐기물 처리 사업계획서를 제출받은 경우 다음 각 호의 사항

을 검토한 후 그 **적합 여부를** 건설폐기물 처리 사업계획서를 **제출한 자에게 통보**하여야 한다.
1. 건설폐기물 처리업 허가를 받으려는 자(법인인 경우에는 임원을 포함한다)가 제24조에 따른 결격사유에 해당하는지 여부(제2호 이하 생략)
③ 제2항에 따라 사업계획이 적합하다는 **통보를 받은 자는** 환경부령으로 정하는 바에 따라 다음 각 호의 기준을 갖추어 **시·도지사의 허가를 받아야** 한다.

② **폐기물관리법** 제26조 제1항, 제2항 및 같은법 시행규칙 제17조 제1항 내지 제5항의 규정에 비추어 보면 폐기물처리업의 허가에 앞서 사업계획서에 대한 적정·부적정 통보 제도를 두고 있는 것은 폐기물처리업을 하고자 하는 자가 스스로 시설 등을 설치하여 허가신청을 하였다가 허가단계에서 그 사업계획이 부적정하다고 판명되어 불허가되면 허가신청인이 막대한 경제적·시간적 손실을 입게 되므로, 이를 방지하는 동시에 허가관청으로 하여금 미리 사업계획서를 심사하여 그 적정·부적정통보 처분을 하도록 하고, 나중에 허가단계에서는 나머지 허가요건만을 심사하여 신속하게 허가업무를 처리하는 데 그 취지가 있다(대판 1998. 4. 28, 97누21086).

③ **폐기물관리법** 관계법령의 규정에 의하면 폐기물처리업의 허가를 받기 위하여는 먼저 사업계획서를 제출하여 허가권자로부터 사업계획에 대한 적정통보를 받아야 하고, 그 적정통보를 받은 자만이 일정기간 내에 시설, 장비, 기술능력, 자본금을 갖추어 허가신청을 할 수 있으므로, 결국 **부적정통보는** 허가신청 자체를 제한하는 등 개인의 권리 내지 법률상의 이익을 개별적이고 구체적으로 규제하고 있어 **행정처분에** 해당한다(대판 1998. 4. 28, 97누21086).

④ 공정거래위원회가 부당한 공동행위를 행한 사업자로서 구 독점규제 및 공정거래에 관한 법률(2013. 7. 16. 법률 제11937호로 개정되기 전의 것) 제22조의2에서 정한 자진신고자나 조사협조자에 대하여 **과징금 부과처분**(이하 '선행처분'이라 한다)을 한 뒤, 독점규제 및 공정거래에 관한 법률 시행령 제35조 제3항에 따라 다시 자진신고자 등에 대한 사건을 분리하여 자진신고 등을 이유로 한 **과징금 감면처분**(이하 '후행처분'이라 한다)을 하였다면, **후행처분은** 자진신고 감면까지 포함하여 처분 상대방이 실제로 납부하여야 할 최종적인 과징금액을 결정하는 **종국적 처분**이고, **선행처분은** 이러한 종국적 처분을 예정하고 있는 일종의 **잠정적 처분**으로서 후행처분이 있을 경우 선행처분은 후행처분에 흡수되어 소멸한다. 따라서 위와 같은 경우에 선행처분의 취소를 구하는 소는 이미 효력을 잃은 처분의 취소를

구하는 것으로 부적법하다(대판 2015. 2. 12, 2013두987).

[평설] ①은 건설폐기물의 재활용촉진에 관한 법률상 건설폐기물 처리업 **적정통보는 사전절차로서의 성격**을 갖는다고 하고, ②는 폐기물관리법상 예비결정제도의 취지를 판시하고, ③은 폐기물관리법상 부적정통보는 **예비결정으로서 행정처분**이라 하고, ④는 예비결정의 쟁송취소가능성에 대하여 제한적으로 판시하고 있다.

## 4. 불확정개념, 기속행위와 재량행위
### (1) 불확정개념의 해석·적용
□ 국토의 계획 및 이용에 관한 법률 제56조에 따른 개발행위허가와 농지법 제34조에 따른 농지전용허가·협의는 **금지요건·허가기준 등이 불확정개념으로 규정된 부분이 많아** 그 요건·기준에 부합하는지의 판단에 관하여 행정청에 재량권이 부여되어 있으므로, 그 요건에 해당하는지 여부는 행정청의 재량판단의 영역에 속한다(대판 2017. 10. 12, 2017두48956).

[평설] 학설상 ① 요건이 불확정개념으로 규정되어 있는 경우, 그 효과의 선택은 재량적이라는 견해와 ② 불확정개념은 인식 관련 개념이고, 재량은 법효과 선택 관련 개념이므로, 요건상 불확정개념이 사용된다고 하여도 그 효과의 선택이 재량적이라고 말할 수 없다는 견해가 있다. 판례는 ①의 입장을 취하고 있음을 보여준다. 사견으로, ②가 보다 논리적이다.

## QR 19. 불확정개념의 해석을 재량으로 본 판례 모음  ☞  QR코드

### (2) 기속행위·재량행위
① 건설업법 제38조 제1항 단서에 의하면 건설업자가 건설업면허를 타인에게 부여한 때는 건설부장관은 그 건설면허를 취소하여야 하고 면허관청이 그 취소여부를 선택할 수 있는 재량의 여지가 없다(대판 1984. 9. 11, 83누658).
② 국유재산의 무단점유 등에 대한 변상금징수의 요건은 **국유재산법 제51조 제1항에 명백히 규정**되어 있으므로 변상금을 징수할 것인가는 처분청의 재량을 허용하지 않는 기속행위이다(대판 2000. 1. 28, 97누4098).

[평설] ① 법규상 구성요건에서 정한 요건이 충족되면 **행정청이 반드시 어떠한 행위를** 발하거나 발하지 말아야 하는 행위, 즉 법의 기계적인 집행으로서의 행정행위를 기속행위라 한다. 이 판례상 행위들은 전형적인 기속행위에 해당한다. ② 재량행위에 관해서는 항을 바꾸어서 살피기로 한다.

## 5. 확약

### (1) 확약의 성질

□ 어업권면허에 선행하는 우선순위결정은 행정청이 우선권자로 결정된 자의 신청이 있으면 어업권면허처분을 하겠다는 것을 약속하는 행위로서 강학상 확약에 불과하고 행정처분은 아니므로, 우선순위결정에 공정력이나 불가쟁력과 같은 효력은 인정되지 아니하며, 따라서 우선순위결정이 잘못되었다는 이유로 종전의 어업권면허처분이 취소되면 행정청은 종전의 우선순위결정을 무시하고 다시 우선순위를 결정한 다음 새로운 우선순위결정에 기하여 새로운 어업권면허를 할 수 있다(대판 1995. 1. 20, 94누6529).

[평설] 학설은 확인·확약의 성질을 행정행위로 보는 견해(다수 견해)와 행정법상 독자적 행위형식으로 보는 견해로 나뉜다. **판례**는 확약이 행정행위(행정처분)가 아니라고 할 뿐, 행정법상 독자적 행위형식인지 여부에 관해 언급하는 바가 없다.

### (2) 확약의 실효

□ 행정청이 상대방에게 장차 어떤 처분을 하겠다고 확약 또는 공적인 의사표명을 하였다고 하더라도, 그 자체에서 상대방으로 하여금 언제까지 처분의 발령을 신청하도록 유효기간을 두었는데도 그 기간 내에 상대방의 신청이 없었다거나 **확약 또는 공적인 의사표명이 있은 후에 사실적·법률적 상태가 변경되었다면**, 그와 같은 확약 또는 공적인 의사표명은 행정청의 별다른 의사표시를 기다리지 않고 **실효된다**(대판 1996. 8. 20, 95누10877).

[평설] 확약이 주어진 후 사실상태 또는 법적 상태가 변경되면, 확약의 구속성은 사후적으로 별다른 의사표시가 없어도 상실된다는 것은 **확약의 존속력**이 통상의 행정행위에 비해 약한 것임을 뜻하는 것이기도 하다.

## Ⅲ. 재량행위

### 1. 소위 기속재량(법규재량)과 자유재량(공익재량)의 구분

#### (1) 양자의 구분

□ **법규재량**이란 무엇이 법이냐에 관한 재량으로서 행정청의 자유판단에 맡겨지지 않고 법이 일반법칙성을 예정하고 있어 오히려 **재량이 법의 해석·적용에 관한 법률적 판단으로 여겨지는 경우**를 말하며, 만일 그 재량을 그르친 행위를 한다면 위법한 행정행위를 한 것으로 되어 법원의 통제 밑에 들어가 소송의 대상이 됨은 법의 기속에 위반한 때와 동일하다(대판 1973. 10. 10, 72누121; 대판 1984. 1. 31, 83누451; 대판 1998. 9. 8, 98두8759).

[평설] 종전에 판례는 재량을 **법규재량(기속재량)**과 **자유재량(공익재량)**으로 구분하였다. 재판으로부터 자유로운 재량행위의 범위를 설정·축소하고자 하는 것이 구분의 취지였을 것으로 추론된다. 이러한 취지는 재량행위 중 법규재량행위(기속재량행위)는 사법심사의 대상이 된다는 부분에서 읽을 수 있다.

#### (2) 구분의 폐기

□ 행정행위가 그 재량성의 유무 및 범위와 관련하여 이른바 **기속행위 내지 기속재량행위**와 **재량행위 내지 자유재량행위**로 구분된다고 할 때, 그 구분은 당해 행위의 근거가 된 법규의 체재·형식과 그 문언, 당해 행위가 속하는 행정 분야의 주된 목적과 특성, 당해 행위 자체의 개별적 성질과 유형 등을 모두 고려하여 판단하여야 한다(대판 2001. 2. 9, 98두17593; 대판 2001. 2. 9, 98두17593).

[평설] 법규재량(기속재량)과 자유재량(공익재량)을 모두 재량의 종류로 보던 입장을 바꾸어 기속재량을 기속행위와 병렬적으로, 자유재량행위를 재량행위에 병렬적으로 판시하고 있다. 종래의 판례보다 진일보한 것이지만, 단순히 재량행위와 기속행위로 구분하는 것이 가장 합리적이라 볼 때, 이 판례도 미흡하다.

### 2. 기속행위와 재량행위의 구분

#### (1) 법문상 양자의 구분이 분명한 경우

① 부동산 실권리자명의 등기에 관한 **법률 시행령** 제3조의 2 단서는 조세를 포탈하거나 법령에 의한 제한을 회피할 목적이 아닌 경우에 과징금의 100분의 50을

감경할 수 있다고 규정하고 있고, 이는 **임의적 감경규정임이 명백하므로**, 위와 같은 감경사유가 존재하더라도 과징금을 감경할 것인지 여부는 과징금 부과관청의 재량에 속한다(대판 2007. 7. 12, 2006두4554).

[평설] 법문에서 「…할 수 있다」고 규정하는 경우에는 재량행위라는 판례이다. 말하자면 법문의 표현이 분명한 경우에는 법문이 정하는 바에 따르면 된다는 취지이다.

② 경찰은 범죄의 예방, 진압 및 수사와 함께 국민의 생명, 신체 및 재산의 보호 기타 공공의 안녕과 질서유지를 직무로 하고 있고, 직무의 원활한 수행을 위하여 **경찰관 직무집행법**, 형사소송법 등 관계 법령에 의하여 여러 가지 권한이 부여되어 있으므로, 구체적인 직무를 수행하는 경찰관으로서는 **제반 상황에 대응하여 자신에게 부여된 여러 가지 권한을 적절하게 행사하여 필요한 조치를 취할 수 있는 것이고**, 그러한 권한은 일반적으로 경찰관의 전문적 판단에 기한 합리적인 재량에 위임되어 있는 것이다(대판 2017. 11. 9, 2017다228083).

(2) 법문상 양자의 구분이 불분명한 경우
① 어떤 행정행위가 기속행위인지 재량행위인지 여부는 이를 일률적으로 규정지을 수는 없고, 당해 행위의 근거가 된 법규의 체제·형식과 그 문언, 당해 행위가 속하는 행정 분야의 주된 목적과 특성, 당해 행위 자체의 개별적 성질과 유형 등을 **모두 고려하여 판단하여야** 한다(대판 2014. 4. 10, 2012두16787).
② 야생동·식물보호법 제16조 제3항과 같은 법 시행규칙 제22조 제1항의 체제 또는 문언을 살펴보면 원칙적으로 국제적멸종위기종 및 그 가공품의 수입 또는 반입 목적 외의 용도로의 사용을 금지하면서 용도변경이 불가피한 경우로서 환경부장관의 용도변경승인을 받은 경우에 한하여 용도변경을 허용하도록 하고 있으므로, 위 법 제16조 제3항에 의한 용도변경승인은 특정인에게만 용도 외의 사용을 허용해주는 권리나 이익을 부여하는 이른바 수익적 **행정행위로서 법령에 특별한 규정이 없는 한 재량행위**이다(대판 2011. 1. 27, 2010두23033).
③ 구 자동차운수사업법의 관련 규정에 의하면 마을버스운송사업면허의 허용여부는 사업구역의 교통수요, 노선결정, 운송업체의 수송능력, 공급능력 등에 관하여 기술적·전문적인 판단을 요하는 분야로서 이에 관한 행정처분은 운수행정을 통한 **공익실현**과 아울러 **합목적성**을 추구하기 위하여 보다 구체적 타당성에 적합

한 기준에 의하여야 할 것이므로 그 범위 내에서는 법령이 특별히 규정한 바가 없으면 **행정청의 재량**에 속하는 것이라고 보아야 할 것이고, 또한 마을버스 한정 면허시 확정되는 마을버스 노선을 정함에 있어서도 기존 일반노선버스의 노선과 의 중복 허용 정도에 대한 판단도 행정청의 재량에 속한다(대판 2001. 1. 19, 99두 3812).

[평설] ①은 종합적인 관점에서 판단하고 있는데, 이러한 논리를 **종합설**이라 부른다. 판례가 가장 빈번히 활용하는 방법이다. ②는 효과에 따라 양자를 구분하는 방식(효과 재량설)을 취하는 판례이다. 판례는 왜 수익적 행위는 재량행위이어야 하는지 그 이유 를 밝히고 있지 아니한다는 문제점을 갖는다. **효과재량설**은 침익적 행위는 기속행위, 수익적 행위는 법규상 또는 해석상 특별한 기속이 없는 한 재량행위이며, 국민의 권리·의 무와 관련없는 행위도 재량행위라는 견해이다. ③은 **공익성**을 기준으로 양자를 구분 하는 판례이다.

## QR 20. **효과재량설에 따라 재량행위로 본 판례 모음**   ☞   QR코드

## 3. 재량하자

### (1) 재량하자의 문제영역

□ 구 총포·도검·화학류등단속법(1995. 12. 6. 법률 제4989호로 개정되기 전의 것) 제 30조 제3호, 제29조 제1항 제4호, 제13조 제1항 제3호의 규정에 의하면, 면허관 청은 화약류관리보안책임자면허를 받은 사람이 같은법의 규정을 위반하여 벌금 이상의 형의 선고를 받음으로써 화약류관리보안책임자의 결격사유에 해당하게 된 경우에는 그 면허를 취소하여야 한다고 되어 있는바, 이러한 경우에는 면허 관청이 그 취소여부를 선택할 수 있는 **재량의 여지가 없음**이 그 법문상 명백하므 로 위 법조에 위반하였음을 이유로 한 화약류관리보안책임자 면허취소처분이 재 량권의 범위를 일탈한 것이라고 할 여지가 없다(대판 1996. 8. 23, 96누1665).

[평설] 재량행사는 **재량권이 주어진 목적과 한계**를 벗어나면 하자있는 재량행사가 되 고, 하자있는 재량행사에 따른 행정행위는 위법한 행위가 된다. 재량하자는 재량행위 에서 문제되고, 기속행위에서는 문제되지 아니한다.

(2) 재량하자의 사유

① 재량행위에 대한 법원의 사법심사는 당해 행위가 **사실오인, 비례·평등의 원칙 위배**, 당해 행위의 목적 위반이나 부정한 동기 등에 근거하여 이루어짐으로써 재량권의 일탈·남용이 있는지 여부만을 심사하게 된다(대판 2001. 7. 27, 99두8589).

② 재량을 행사할 때 판단의 기초가 된 **사실인정에 중대한 오류**가 있는 경우 또는 비례·평등의 원칙을 위반하거나 **사회통념상 현저하게 타당성을 잃는** 등의 사유가 있다면 이는 재량권의 일탈·남용으로서 위법하다(대판 2016. 7. 14, 2015두48846).

③ **경찰공무원**이 그 단속의 대상이 되는 신호위반자에게 먼저 적극적으로 돈을 요구하고 다른 사람이 볼 수 없도록 돈을 접어 건네주도록 전달방법을 구체적으로 알려주었으며 동승자에게 신고시 범칙금 처분을 받게 된다는 등 비위신고를 막기 위한 말까지 하고 금품을 수수한 경우, 비록 그 받은 돈이 1만 원에 불과하더라도 위 금품수수행위를 징계사유로 하여 당해 경찰공무원을 해임처분한 것은 징계재량권의 일탈·남용이 아니다(대판 2006. 12. 21, 2006두16274).

(3) 재량하자의 효과

□ 자유재량에 있어서도 그 범위의 넓고 좁은 차이는 있더라도 법령의 규정뿐만 아니라 관습법 또는 일반적 조리에 의한 일정한 한계가 있는 것으로서 위 **한계를 벗어난 재량권의 행사는 위법**하다고 하지 않을 수 없다(대판 1990. 8. 28, 89누8255; 대판 2016. 7. 14, 2015두48846).

(4) 재량하자에 대한 사법심사의 방법(행소법 제27조)

① 행정행위를 **기속행위와 재량행위**로 구분하는 경우 양자에 대한 사법심사는, 전자의 경우 그 법규에 대한 원칙적인 기속성으로 인하여 법원이 사실인정과 관련 법규의 해석·적용을 통하여 일정한 결론을 도출한 후 그 결론에 비추어 **행정청이 한 판단의 적법 여부를 독자의 입장에서 판정**하는 방식에 의하게 되나, 후자의 경우 행정청의 재량에 기한 공익판단의 여지를 감안하여 **법원은 독자의 결론을 도출함이 없이** 해당 행위에 재량권의 일탈·남용이 있는지 여부만을 심사하게 되고, 이러한 재량권의 일탈·남용 여부에 대한 심사는 사실오인, 비례·평등의 원칙 위배 등을 그 판단 대상으로 한다(대판 2016. 1. 28, 2015두52432; 대판 2017. 3. 15, 2016두55490; 대판 2014. 4. 10, 2012두16787; 대판 2013. 11. 14, 2011두28783; 대판 2010. 9. 9,

2010다39413; 대판 2001. 2. 9, 98두17593).

② 과징금부과처분을 할 것인지 여부와 처분의 정도에 관하여 **재량이 인정되는 과징금 납부명령**에 대하여 그 명령이 재량권을 일탈하였을 경우, **법원으로서는** 재량권의 일탈 여부만 판단할 수 있을 뿐이지 **재량권의 범위 내에서 어느 정도가 적정한 것인지에 관하여는 판단할 수 없어** 그 전부를 취소할 수밖에 없고, 법원이 적정하다고 인정하는 부분을 초과한 부분만 취소할 수는 없다. 피고의 이 사건 과징금납부명령이 재량권 일탈·남용에 해당한다면서 적정하다고 인정되는 과징금을 산정한 후 이를 초과한 부분만 취소한 원심판결은 이 점에서도 파기를 면할 수 없다(대판 2009. 6. 23, 2007두18062; 대판 1998. 4. 10, 98두2270).

[평설] 기속행위의 경우, 행정청은 법령이 정하는 특정한 내용의 처분만을 하여야 하는바, 법원은 행정청이 법령이 정하는 특정한 내용의 처분을 하였는지를 심사하여야 한다. 그러나 **재량행위의 경우**, 행정청은 **법령이 부여한 범위 안에서 적당한 처분을 할 수 있으므로**, 법원은 행정청이 법령이 부여한 범위 안에서 처분을 한 것인지 여부를 심사하면 되는 것이지, 특정한 처분을 하였는지를 심사하여야 하는 것은 아니다. 법원은 입법자가 행정청에 부여한 선택의 자유영역을 침해할 수는 없기 때문이다. 판례의 확립된 견해이다.

## (5) 입증책임
□ **자유재량에 의한 행정처분**이 그 재량권의 한계를 벗어난 것이어서 위법하다는 점은 그 **행정처분의 효력을 다투는 자가 이를 주장·입증하여야** 하고 처분청이 그 재량권의 행사가 정당한 것이었다는 점까지 주장·입증할 필요는 없다(대판 1987. 12. 8, 87누861).

## [18] 행정행위의 내용
### Ⅰ. 명령적 행위
참고☞ 학문상 명령적 행위란 사인이 원래부터 갖고 있는 **자연적 자유를 제한**하여 일정한 행위를 할 **의무를 부과**하거나 또는 부과된 의무를 해제하는 행위를 말한다.

## 1. 허가

### (1) 허가의 의의

① 건축허가는 행정관청이 건축행정상 목적을 수행하기 위하여 수허가자에게 일반적으로 행정관청의 허가 없이는 건축행위를 하여서는 안된다는 **상대적 금지**를 관계 법규에 적합한 **일정한 경우**에 해제하여 줌으로써 일정한 건축행위를 하여도 좋다는 **자유를 회복시켜 주는 행정처분**일 뿐 수허가자에게 어떤 새로운 권리나 능력을 부여하는 것이 아니다(대판 2002. 4. 26, 2000다16350).

② 구 도시계획법(2000. 1. 18. 법률 제6243호로 전문 개정되기 전의 것)상의 **개발제한구역 내에서의 건축물 용도변경에 대한 허가**가 가지는 **예외적인 허가**로서의 성격과 그 **재량행위**로서의 성격에 비추어 보면, 그 용도변경의 허가는 개발제한구역에 속한다는 것 이외에 다른 공익상의 사유가 있어야만 거부할 수가 있고 그렇지 아니하면 반드시 허가를 하여야만 하는 것이 아니라 그 용도변경이 개발제한구역의 지정 목적과 그 관리에 위배되지 아니한다는 등의 사정이 특별히 인정될 경우에 한하여 그 허가가 가능한 것이다(대판 2001. 2. 9, 98두17593; 대판 2004. 7. 22, 2003두7606).

③ 이 사건 게임산업진흥에 관한 법률 제26조 제2항이 … 허가제가 아닌 **등록제**로 규정하여 인터넷컴퓨터게임시설제공업의 시설기준에 관하여 단지 형식적 심사에 **그치도록 함으로써** 그 규제 수단도 최소한에 그치고 있고, PC방 영업을 영위하고자 하는 자가 이 사건 법률조항에 의한 의무를 이행하기 위하여 번잡한 준비나 설비를 하여야 할 의무를 부담하는 것도 아니어서 법익의 균형을 상실하고 있지도 아니하므로, 이 사건 법률조항은 과잉금지의 원칙에 위배하여 인터넷컴퓨터게임시설제공업자의 직업결정의 자유를 침해하는 것이 아니다(헌재 2009. 9. 24, 2009헌바28 전원재판부; 헌재 1997. 8. 21, 93헌바51).

[평설] ①은 허가의 의의는 **상대적 금지의 해제**라는 취지의 판례이다. 예방적 금지의 해제라고도 한다. 판례가 허가를 예방적 금지의 해제로 본 것은 오래 전부터이다(대판 1963. 8. 22, 63누97). 건축허가는 전형적인 허가에 해당한다. ②는 **예외적 허가(예외적 승인)와 구별**에 관한 것이다. **예외적 허가**는 금지를 일반적인 것으로 규정하면서, 다만 예외적으로 금지를 해제하는 경우를 말한다. 이에 반해 허가는 일반적으로 해제가 예정되어 있는 경우의 금지를 해제, 즉 **예방적 금지의 해제**를 의미한다. 엄밀히 말한다면 예외적 허가도 허가의 일종이라 말할 수 있다. ③은 **등록제(수리를 요하는 신고)**

와 **구별**에 관한 것이다. 허가제에 있어서 허가요건의 심사는 실질적 심사이지만(예컨대 건축허가의 경우에 설계도면의 내용이 법에서 정한 안전에 문제가 없는 것인지의 여부를 심사하는 것이 실질적 심사의 예에 해당한다), **등록제(수리를 요하는 신고)에서 등록요건의 심사는 형식적 심사**(예컨대 정기간행물의 등록사항이 외관상 잡지 등 정기간행물의 진흥에 관한 법률 제15조 제1항 각 호를 충족하는지의 여부를 심사하는 것이 형식적 심사의 예에 해당한다. 만약 등록 후 발간시에 어떠한 내용이 게재될 것이라는 전제하에 그 내용이 법질서에 어긋나는지의 여부를 심사한다면, 그것은 형식적 심사가 아니라 실질적 심사에 해당한다)에 그친다는 점에서 양자 간에 차이가 난다.

## (2) 허가의 근거법

1 채석허가기준에 관한 관계 **법령의 규정이 개정된 경우**, 새로이 개정된 법령의 경과규정에서 달리 정함이 없는 한 **처분 당시에 시행되는 개정 법령**과 그에서 정한 기준에 의하여 채석허가 여부를 결정하는 것이 원칙이고, 그러한 개정 법령의 적용과 관련하여서는 개정 전 법령의 존속에 대한 국민의 신뢰가 개정 법령의 적용에 관한 공익상의 요구보다 더 보호가치가 있다고 인정되는 경우에 그러한 **국민의 신뢰를 보호하기 위하여 그 적용이 제한될 수 있는 여지가 있을 따름이다**(대판 2005. 7. 29, 2003두3550).

2 허가 등의 행정처분은 원칙적으로 처분시의 법령과 허가기준에 의하여 처리되어야 하고 허가신청 당시의 기준에 따라야 하는 것은 아니며, 비록 허가신청 후 허가기준이 변경되었다 하더라도 그 허가관청이 허가신청을 수리하고도 정당한 이유 없이 그 처리를 늦추어 그 사이에 허가기준이 변경된 것이 아닌 이상 변경된 허가기준에 따라서 처분을 하여야 한다(대판 2006. 8. 25, 2004두2974).

[평설] 1은 허가는 **처분시의 법**에 따른다는 점, 국민의 신뢰보호를 위해 그 적용이 제한될 수 있다는 점을 지적하고 있고, 2는 허가신청 후 허가관청이 허가신청을 수리하고도 정당한 이유 없이 그 처리를 늦추어 그 사이에 허가기준이 변경된 경우에는 **처분시의 법이 적용되지 않을 수 있음**을 암시하고 있다.

## (3) 허가 거부의 사유로서 '중대한 공익상 필요'

1 위험물취급소 위치변경신청에 대한 불허가처분 당시의 소방법시행령 제78조 소정의 시설기준 가운데 주유소 상호간의 거리에 관한 **명문의 제한이 없었던 당**

시 상공부장관의 통첩에 의한 내무부장관의 거리제한지시를 적용하여 위치변경신청
을 거부한 처분은 적법하다(대판 1974. 11. 26, 74누110).
② 산림훼손은 국토 및 자연의 유지와 수질 등 환경의 보전에 직접적으로 영향
을 미치는 행위이므로, 법령이 규정하는 산림훼손 금지 또는 제한 지역에 해당
하는 경우는 물론 금지 또는 제한 지역에 해당하지 않더라도 허가관청은 **산림훼**
**손허가신청** 대상토지의 현상과 위치 및 주위의 상황 등을 고려하여 국토 및 자연
의 유지와 환경의 보전 등 중대한 공익상 필요가 있다고 인정될 때에는 허가를 거
부할 수 있고, 그 경우 **법규에 명문의 근거가 없더라도 거부처분을 할 수 있다**(대판
2003. 3. 28, 2002두12113; 대판 1997. 8. 29, 96누15213; 대판 1995. 9. 15, 95누6113).

[평설] ①은 행정권에 의해 추가된 허가요건의 미비가 거부사유가 된다는 판례이다.
허가요건의 추가는 기본권제한의 강화를 뜻하는 것이므로 **법률의 근거 없이** 행정권이
허가요건을 추가하는 것은 허용되지 아니한다. 그것은 헌법 제37조 제2항에 반한다.
이 때문에 이 판례는 문제가 있었다. 참고로 이 판례 이전에 공중목욕장업허가에 관하
여 분포의 적정을 그 허가요건으로 규정한 구공중목욕장업법 시행세칙이 법률상 근거
없이 직업선택의 자유를 제한한다고 하여 위헌·위법으로 선언한바 있고(대판 1963. 8.
22, 63누97), 이 판례 이후 시예규에 의한 양곡가공시설물 설치장소에 대한 거리제한은
위법하다는 판례도 있었다(대판 1981. 1. 27, 79누433). ②는 산림훼손허가신청에 대하여
**중대한 공익상의 필요가 있으면 허가를 거부할 수 있다**는 것을 보여주고 있다. 산림
훼손허가는 무절제한 산림벌채로 인한 각종 위험의 방지를 위해 개인의 자유를 제한
하였다가 해제하는 의미, 즉 일반적 금지해제의 성질도 갖지만, 또 한편으로는 산림의
효과적인 보호육성이라는 공익적 의미도 갖는바, 전체로서 산림훼손허가는 재량행위
로 볼 것이다. 판례가 ① **산림훼손허가를 기속행위로 보면서** 임의로 공익을 허가요건
의 하나로 추가하였다면 법치행정의 원리에 반한다고 볼 여지가 있고, ② **산림훼손허**
**가를 재량행위로 보면서** 효과선택에 있어서 재량행사의 기준으로 공익을 활용하였다
면 별 문제가 없다고 볼 것이다. 사견으로는 판례가 ②의 입장을 따른 것으로 본다.
산림훼손허가와 같이 복합목적을 지닌 허가는 재량행위일 수 있다. 한편, 건축허가의
경우에도 같은 지적을 할 수 있다.
□ 건축허가권자는 건축허가신청이 건축법 등 관계 법령에서 정하는 어떠한 제한에
배치되지 않는 이상 같은 법령에서 정하는 건축허가를 하여야 하고, **중대한 공익상의**
**필요가 없음에도 불구하고** 요건을 갖춘 자에 대한 허가를 관계 법령에서 정하는 제한
사유 이외의 사유를 들어 거부할 수는 없다(대판 2012. 11. 22, 2010두19270 전원합의체;

대판 2016. 8. 24, 2016두35762).

## (4) 허가의 효과
### (가) 반사적 이익

① 유기장영업허가는 유기장 경영권을 설정하는 설권행위가 아니고 일반적 금지를 해제하는 영업자유의 회복이라 할 것이므로 그 **영업상의 이익은 반사적 이익**에 불과하고 행정행위의 본질상 금지의 해제나 그 해제를 다시 철회하는 것은 공익성과 합목적성에 따른 당해 행정청의 재량행위라 할 것이다(대판 1986. 11. 25, 84누147).

② 이 사건 건물의 4, 5층 일부에 객실을 설비할 수 있도록 숙박업구조변경허가를 함으로써 그곳으로부터 50미터 내지 **700미터** 정도의 거리에서 여관을 경영하는 원고들이 받게 될 불이익은 간접적이거나 사실적, 경제적인 불이익에 지나지 아니하므로 그것만으로는 원고들에게 위 숙박업구조변경허가처분의 무효확인 또는 취소를 구할 소익이 있다고 할 수 없다(대판 1990. 8. 14, 89누7900).

[평설] ①은 **허가를 받은 자의 이익** 중 반사적 이익 부분을 판시하고 있다. 즉 허가영업을 통한 경영상 이익은 반사적 이익이라는 판례이다. ②는 허가를 받은 처분의 상대방이 아니라 **제3자가 입는 불이익**은 반사적 이익이라는 판례이다. 역시 제3자의 반사적 이익과 관련한다.

### (나) 법률상 이익(경영상 이익의 면에서)

□ 구 오수·분뇨 및 축산폐수의 처리에 관한 법률과 시행령의 관계 규정이 당해 지방자치단체 내의 분뇨등의 발생량에 비하여 기존 업체의 시설이 과다한 경우 일정한 범위 내에서 분뇨등 수집·운반업 및 정화조청소업에 대한 허가를 제한할 수 있도록 하고 있는 것은 분뇨등을 적정하게 처리하여 자연환경과 생활환경을 청결히 하고 수질오염을 감소시킴으로써 국민보건의 향상과 환경보전에 이바지한다는 **공익목적**을 달성하고자 함과 동시에 업자간의 **과당경쟁으로 인한 경영의 불합리를** 미리 방지하자는 데 그 목적이 있는 점 등 제반 사정에 비추어 보면, 업종을 분뇨등 수집·운반업 및 정화조청소업으로 하여 분뇨등 관련 **영업허가**를 받아 영업을 하고 있는 기존업자의 이익은 단순한 사실상의 반사적 이익이 아니고 **법률상 보호되는 이익**이라고 해석된다(대판 2006. 7. 28, 2004두6716).

[평설] 이 판례는 법률상 보호이익과 관련한다. 입법 여하에 따라서는 예외적으로 허가로 인한 경영상 이익이 법률상 이익일 수도 있다는 판례로 보인다. 하여간 구「오수·분뇨 및 축산폐수의 처리에 관한 법률」은 폐지되었고 그 내용의 상당부분은 새로 제정된 가축분뇨의 관리 및 이용에 관한 법률에 반영되었다. 오래된 것이기는 하나 유사한 판례로 다음을 볼 수 있다.

▫ 주류제조 면허가 재정허가의 일종으로 일반적 금지의 해제로 자유의 회복일 뿐 권리설정이 아닌 반사적이라고는 하더라도 일단 이 **주류 제조업의 면허를 얻은 자의 이익**은 단순한 사실상의 반사적 이익에만 그치는 것이 아니고 **주세법의 규정된 바에 따라 보호되는 이익**이라고 할 것이다(대판 1975. 3. 11, 74누138).

(다) 관련 문제(타법상의 제한, 사권의 설정)

① **도로법과 건축법에서 각 규정하고 있는 건축허가**는 그 허가권자의 허가를 받도록 한 목적, 허가의 기준, 허가 후의 감독에 있어서 같지 아니하므로 **도로법 제50조 제1항**에 의하여 접도구역으로 지정된 지역 안에 있는 건물에 관하여 같은 법조 제4, 5항에 의하여 도로관리청인 도지사로부터 **개축허가를 받았다고 하더라도 건축법 제5조 제1항**에 의하여 시장 또는 군수의 **허가를 다시 받아야 한다**(대판 1991. 4. 12, 91도218; 대판 1989. 9. 12, 88누6856).

② 건축허가서는 허가된 건물에 관한 실체적 권리의 득실변경의 공시방법이 아니며 추정력도 없으므로 건축허가서에 **건축주로 기재된 자**가 건물의 소유권을 취득하는 것은 아니므로, 자기 비용과 노력으로 건물을 신축한 자는 그 건축허가가 타인의 명의로 된 여부에 관계없이 그 소유권을 원시취득한다(대판 2002. 4. 26, 2000다16350; 대판 2009. 3. 12, 2006다28454).

[평설] ①은 허가는 허가의 근거법상의 금지를 해제하는 효과만 있을 뿐 **타법에 의한 제한(금지)**까지 해제하는 효과가 있는 것은 아니라는 판례이다. ②는 건축허가는 건축금지의 해제일 뿐, 소유권 등 **사권을 설정**하는 것은 아니라는 판례이다.

(5) 허가의 기간과 갱신

① 일반적으로 행정처분에 효력기간이 정하여져 있는 경우에는 그 기간의 경과로 그 행정처분의 효력은 상실되고, 다만 허가에 붙은 기한이 그 허가된 사업의 **성질상 부당하게 짧은 경우**에는 이를 그 허가 자체의 존속기간이 아니라 그 허가

조건의 존속기간으로 보아 그 기한이 도래함으로써 그 조건의 개정을 고려한다는 뜻으로 해석할 수는 있지만, 그와 같은 경우라 하더라도 그 허가기간이 연장되기 위하여는 그 종기가 도래하기 전에 그 허가기간의 연장에 관한 신청이 있어야 하며, 만일 그러한 연장신청이 없는 상태에서 허가기간이 만료하였다면 그 허가의 효력은 상실된다(대판 2007. 10. 11, 2005두12404; 대판 2004. 3. 25, 2003두12837).

② 종전의 허가가 기한의 도래로 실효한 이상 원고가 종전 허가의 **유효기간이 지나서 신청한** 이 사건 기간연장신청은 그에 대한 종전의 허가처분을 전제로 하여 단순히 그 유효기간을 연장하여 주는 행정처분을 구하는 것이라기보다는 종전의 허가처분과는 별도의 **새로운 허가를** 내용으로 하는 행정처분을 구하는 것이라고 보아야 할 것이어서, 이러한 경우 허가권자는 이를 새로운 허가신청으로 보아 법의 관계규정에 의하여 허가요건의 적합여부를 새로이 판단하여 그 허가여부를 결정하여야 할 것이다(대판 1995. 11. 10, 94누11866).

③ 유료 직업소개사업의 허가갱신은 허가취득자에게 종전의 지위를 계속 유지시키는 효과를 갖는 것에 불과하고 갱신 후에는 갱신 전의 법위반 사항을 불문에 붙이는 효과를 발생하는 것이 아니므로 **일단 갱신이 있은 후에도 갱신 전의 법위반 사실을 근거로 허가를 취소할 수 있다**(대판 1982. 7. 27, 81누174; 대판 1984. 9. 11, 83누658).

[평설] ①은 허가기간이 단기인 경우, 그 기간의 의미를 **허가 자체의 존속기간**으로 볼 수도 있고, **허가조건의 존속기간**으로 볼 수 있으며, 허가조건의 존속기간으로 보는 경우에는 일반론에 따라 종기가 도래하기 전에 그 허가기간의 연장에 관한 신청이 있어야 함을 판시하고 있다. ②는 허가기간 만료 후에 이루어진 신청은 신규허가를 위한 신청에 해당한다는 판례이다. ③은 갱신 후에 갱신 전의 법위반을 이유로 허가를 취소할 수 있다는 판례이다. 허가의 갱신은 종전의 행위의 효력을 지속시키기 위한 것이지, 갱신 전의 행위와 별개의 행위를 발령하는 것이 아니므로 **갱신 전후의 행위는 전제로서 하나의 행위로 보아야** 한다. 판례의 태도는 정당하다.

(6) 허가영업의 양도와 제재의 승계(위법사유의 승계) ☞  ☞ QR코드 QR 11.

(7) 무허가의 효과

① 총포판매업허가가 없는 피고인 1이 총기를 판매한 것이라면 소론과 같이 비록

판매허가를 받은 자의 총기판매소에 총기를 보관하고 총기소지허가자에게만 이를 판매하였다 하더라도 이는 **총포도검화약류단속법위반**에 해당한다(대판 1986. 5. 27, 86도265).

② 행정청의 허가가 있어야 함에도 불구하고 허가를 받지 아니하여 처벌대상의 행위를 한 경우라도, 허가를 담당하는 공무원이 허가를 요하지 않는 것으로 잘못 알려 주어 이를 믿었기 때문에 허가를 받지 아니한 것이라면 허가를 받지 않더라도 죄가 되지 않는 것으로 착오를 일으킨 데 대하여 정당한 이유가 있는 경우에 해당하여 **처벌할 수 없다**(대판 1992. 5. 22, 91도2525).

③ 건축허가처분이 당연무효라고 하더라도 그 허가처분을 받은 자가 원심변론종결 전에 이미 건축공사를 완료하고 준공검사필증까지 교부받았다면 그 건축허가처분의 무효확인을 받아 건물의 건립을 저지할 수 있는 단계는 지났다고 할 것이므로, 그 허가처분의 무효확인을 소구할 법률상의 이익이 없다(대판 1993. 6. 8, 91누11544; 대판 1992. 4. 24, 91누11131).

[평설] ①은 무허가행위가 **처벌의 대상**이 된다는 판례이다. ②는 무허가행위라도 정당한 사유가 있으면, **처벌받지 아니한다**는 판례이다. ③은 건축허가처분의 무효확인을 거쳐 원상회복을 함으로써 얻는 이익보다 이미 축조된 건축물을 유지함으로써 얻는 이익이 크다고 볼 수 있는 경우에 가능한 판례이다.

(8) 인·허가의제

(가) 인·허가의제의 취지

□ 건축법에서 인·허가의제 제도를 둔 취지는, 인·허가의제사항과 관련하여 건축허가 또는 건축신고의 관할 행정청으로 그 **창구를 단일화**하고 **절차를 간소화**하며 **비용과 시간을 절감**함으로써 **국민의 권익을 보호**하려는 것이다(대판 2011. 1. 20, 2010두14954 전원합의체; 대판 2015. 7. 9, 2015두39590).

(나) 인·허가의제와 협의절차

□ 구 주한미군 공여구역주변지역 등 지원 특별법 제11조에 의한 사업시행승인을 하는 경우 같은 법 제29조 제1항에 규정된 사업 관련 모든 인허가의제 사항에 관하여 관계 행정기관의 장과 일괄하여 사전 협의를 거칠 것을 요건으로 하는 것은 아니고, 사업시행승인 후 인허가의제 사항에 관하여 관계 행정기관의 장과

협의를 거치면 그때 해당 인허가가 의제된다고 보는 것이 타당하다(대판 2012. 2. 9, 2009두16305).

[평설] 주된 인·허가기관이 의제되는 처분의 관계기관과 협의를 거쳐야 하는가의 여부는 개별 법령이 정하는바에 의할 것이다. 법령상 불분명하면 인·허가의제의 취지를 고려하면서 판단해야 할 것이다.

(다) 의제되는 행위의 근거법령상 요건의 적용 여부

□ **건축법과 국토계획법령의** 규정 체제 및 내용 등을 종합해 보면, 건축물의 건축이 국토계획법상 개발행위에 해당할 경우 그에 대한 건축허가를 하는 허가권자는 건축허가에 배치·저촉되는 관계 법령상 제한 사유의 하나로 국토계획법령의 개발행위허가기준을 확인하여야 하므로, **국토계획법상 건축물의 건축에 관한 개발행위허가가 의제되는 건축허가신청이 국토계획법령이 정한 개발행위허가기준에 부합하지 아니하면 허가권자로서는 이를 거부할 수 있다고 보아야 한다**(대판 2016. 8. 24, 2016두35762).

[평설] 주된 인·허가기관은 주된 인·허가의 근거법률**뿐만 아니라 의제되는 행위의 근거법률**까지 준수하여야 한다는 판례이다. 그 이유는 "건축법에서 인·허가의제 제도를 둔 취지는, 인·허가의제사항과 관련하여 건축허가의 관할 행정청으로 그 창구를 단일화하고 절차를 간소화하며 비용과 시간을 절감함으로써 국민의 권익을 보호하려는 것이지, 인·허가의제사항 관련 법률에 따른 각각의 인·허가 요건에 관한 일체의 심사를 배제하려는 것으로 보기는 어렵다는 것이다(대판 2015. 7. 9, 2015두39590).

(라) 의제된 행위에 대한 원래의 근거법률이 적용되는지 여부

① 주된 인허가에 관한 사항을 규정하고 있는 법률에서 주된 인허가가 있으면 다른 법률에 의한 인허가를 받은 것으로 의제한다는 규정을 둔 경우, 주된 인허가가 있으면 **다른 법률에 의한 인허가가 있는 것으로 보는 데 그치고, 거기에서 더 나아가 다른 법률에 의하여 인허가를 받았음을 전제로 하는 그 다른 법률의 모든 규정들까지 적용되는 것은 아니다**(대판 2016. 11. 24, 2014두47686; 대판 2015. 4. 23, 2014두2409; 대판 2016. 11. 24, 2014두47686; 대판 2016. 11. 25, 2015두37815; 대판 2016. 12. 15, 2014두40531).

② 구 건축법(1995. 1. 5. 법률 제4919호로 개정되기 전의 것) 제8조 제4항은 건축허가를 받은 경우, 구 도시계획법(1999. 2. 8. 법률 제5898호로 개정되기 전의 것) 제25조의 규정에 의한 도시계획사업 실시계획의 인가를 받은 것으로 본다는 인가의제규정만을 두고 있을 뿐, 구 건축법 자체에서 새로이 설치한 공공시설의 귀속에 관한 구 도시계획법 제83조 제2항을 준용한다는 규정을 두고 있지 아니하므로, 구 건축법 제8조 제4항에 따른 건축허가를 받아 새로이 공공시설을 설치한 경우, 그 공공시설의 귀속에 관하여는 구 도시계획법 제83조 제2항이 적용되지 않는다(대판 2004. 7. 22, 2004다19715).

[평설] 의제된 행위에 관한 원래의 근거 법률이 적용된다는 판례(대판 2007. 10. 26, 2007두9884)가 없는 것은 아니지만, 적용되지 아니한다는 판례가 주류를 이룬다.

(마) 인·허가의제와 소송의 대상

□ 구 건축법(1999. 2. 8. 법률 제5895호로 개정되기 전의 것) 제8조 제1항, 제3항, 제5항에 의하면, 건축허가를 받은 경우에는 구 도시계획법(2000. 1. 28. 법률 제6243호로 전문 개정되기 전의 것) 제4조에 의한 토지의 형질변경허가나 농지법 제36조에 의한 농지전용허가 등을 받은 것으로 보며, 한편 건축허가권자가 건축허가를 하고자 하는 경우 당해 용도·규모 또는 형태의 건축물을 그 건축하고자 하는 대지에 건축하는 것이 건축법 관련 규정이나 같은 도시계획법 제4조, 농지법 제36조 등 관계 법령의 규정에 적합한지의 여부를 검토하여야 하는 것일 뿐, 건축불허가처분을 하면서 그 처분사유로 건축불허가 사유뿐만 아니라 형질변경불허가 사유나 농지전용불허가 사유를 들고 있다고 하여 그 건축불허가처분 외에 별개로 형질변경불허가처분이나 농지전용불허가처분이 존재하는 것이 아니므로, 그 건축불허가처분을 받은 사람은 그 건축불허가처분에 관한 쟁송에서 건축법상의 건축불허가 사유뿐만 아니라 같은 도시계획법상의 형질변경불허가 사유나 농지법상의 농지전용불허가 사유에 관하여도 다툴 수 있는 것이지, 그 건축불허가처분에 관한 쟁송과는 별개로 형질변경불허가처분이나 농지전용불허가처분에 관한 쟁송을 제기하여 이를 다투어야 하는 것은 아니며, 그러한 쟁송을 제기하지 아니하였어도 형질변경불허가 사유나 농지전용불허가 사유에 관하여 불가쟁력이 생기지 아니한다(대판 2001. 1. 16, 99두10988).

[평설] 판례는 행정청이 주된 인·허가를 불허하는 처분을 하면서 주된 인·허가 사유와 의제되는 인·허가의 사유를 함께 제시한 경우, 주된 인·허가를 거부한 처분을 대상으로 쟁송을 제기하여야 한다는 견해를 취한다.

## II. 형성적 행위

### 1. 권리설정행위(협의의 특허)

#### (1) 협의의 특허의 의의

□ 광업권이란, 등록을 한 일정한 토지의 구역에서 등록을 한 광물과 이와 같은 광상에 묻혀 있는 다른 광물을 탐사하고, 채굴하여 취득하는 권리를 말한다(광업법 제3조 제3호 내지 제3호의3). 광업권은 국가가 일정한 미채굴광물의 채굴, 취득을 위하여 부여하는 권리로서, 토지소유권과 분리된 **독자적 권리**이며(헌법 제120조 제1항, 광업법 제2조), 토지소유자라 하더라도 자기 토지에 매장된 미채굴광물을 채굴, 취득하기 위해서는 **토지소유권과는 별도로 광업권을 설정하여야** 한다. … 광업권설정의 허가는 특정인에게 광업권을 설정하여 주는 것으로서 강학상 **특허의 성격을 지니는 행정행위**이지만, 광업권설정의 출원이 적법하고 광업법 및 동법시행령에 정하여진 불수리, 각하, 불허가사유가 있지 아니하는 한 행정청은 광업권설정의 허가를 하도록 **기속**된다(헌재 2014. 2. 27, 2010헌바483).

[평설] 특허는 단순히 금지를 해제하는 것이 아니라 특정인에게 **권리를 부여하는 행위**이다.

QR 21. **특허로 본 판례 모음** ☞ QR코드
QR 22. **재건축조합설립인가처분의 성격** ☞ QR코드

#### (2) 협의의 특허의 성질(기속행위·재량행위)

① 여객자동차운수사업법에 의한 개인택시운송사업의 면허는 특정인에게 권리나 이익을 부여하는 행정청의 재량행위이다(대판 2010. 1. 28, 2009두19137).

② 광업권설정의 허가는 특정인에게 광업권을 설정하여 주는 것으로서 강학상 특허의 성격을 지니는 행정행위이지만, 광업권설정의 출원이 적법하고 광업법 및 동법시행령에 정하여진 불수리, 각하, 불허가사유가 있지 아니하는 한 행정청은 광업권설정의 허가를 하도록 기속된다(헌재 2014. 2. 27, 2010헌바483).

[평설] 권리 설정 여부에 대한 판단에는 **공익적 요소의 고려가 보다 중요하므로** 명문의 규정이 없는 한 특허는 **원칙적으로 재량행위로 볼 것이다.** 해석상 공익적 요소보다 **사인 보호의 필요가 큰 경우에는 기속행위로 볼 수 있을 것이다.** 하여간 판례는 특허가 수익적이므로 재량행위라는 논지를 펴는 경우가 대부분이다. 수익적인 것이 왜 재량적이어야 하는가에 대한 내용은 보이지 아니한다.

## QR 23. 재량행위로 본 판례 모음　☞　QR코드

### (3) 특허의 재산권성 여부

□　자동차운수사업법의 관계 규정에 따르면, 인가를 받아 자동차운수사업의 양도가 적법하게 이루어지면 그 면허는 당연히 양수인에게 이전되는 것일 뿐, 자동차운수사업을 떠난 **면허 자체는 자동차운수사업을 합법적으로 영위할 수 있는 자격에 불과하므로,** 자동차운수사업자의 **자동차운수사업면허는** 법원이 강제집행의 방법으로 이를 압류하여 **환가하기에 적합하지 않은 것이다**(대결 1996. 9. 12, 96마1088·1089).

[평설] 행정청의 행위인 **특허**(예: 버스운송사업면허) 그 자체는 거래의 대상이 아니다. 거래의 대상은 특허를 받은 영업이다(예: 버스운송사업). 특허나 허가를 받은 영업의 양도·양수에 인가나 신고 등이 요구되는 것은 별개의 문제이다.

### (4) 협의의 특허의 효과로서 독점적 권리·지위설정

① 지구별 어업협동조합 및 지구별 어업협동조합 내에 설립된 어촌계의 어장을 엄격히 구획하여 종래 인접한 각 조합이나 어촌계상호간의 어장한계에 관한 분쟁이나 경업을 규제함으로써 각 조합이나 어촌계로 하여금 각자의 소속 어장을 배타적으로 점유 관리하게 하였음에 비추어 특별한 경우가 아니면 같은 업무구역 안에 **중복된 어업면허는 당연무효이다**(대판 1978. 4. 25, 78누42).

② 광업법상 이미 **광업권이 설정된 동일한 구역에 대하여 동일한 광물에 대한 광업권을 중복설정할 수 없고** 이종광물이라고 할지라도 광업권이 설정된 광물과 동일 광상중에 부존하는 이종광물은 광업권설정에 있어서 동일광물로 보게 되므로 이러한 이종광물에 대하여는 기존광업권이 적법히 취소되거나 그 존속기간이 만료되지 않는 한 별도로 광업권을 설정할 수 없는 것이다(대판 1986. 2. 25, 85누712).

## 2. 포괄적 법률관계설정행위

### (1) 의의

□ 국적은 국민의 자격을 결정짓는 것이고, 이를 취득한 자는 국가의 주권자가 되는 동시에 국가의 속인적 통치권의 대상이 되므로, **귀화허가는 외국인에게 대한민국 국적을 부여함으로써 국민으로서의 법적 지위를 포괄적으로 설정하는 행위에 해당한다**(대판 2010. 10. 28, 2010두6496).

[평설] 귀화허가는 한국인으로서의 권리와 의무, 책임 모두를 발생시키는 행위이므로 포괄적 법률관계 설정행위의 전형적인 예에 해당한다. **국적법 규정에 귀화 '허가'라는 용어가 사용되어도** 성질상 포괄적 신분설정행위로서 특허에 해당한다.

### (2) 성질(재량행위)

□ 심판대상조항(국적법 제5조 제3호 품행이 단정할 것)은 **귀화 요건 중 하나로 외국인을 국가공동체의 새로운 구성원으로 받아들이는 데 있어 그가 기존 국가질서 및 사회구성원과 조화를 이룰 수 있는 건전한 인격과 품성을 갖추고 있는지 여부를 판단하기 위한 것으로, 귀화허가 결정에 있어 국가에게 폭넓은 재량권이 인정된다는 점까지를 고려하면,** 심판대상조항에서 '품행이 단정할 것'과 같이 어느 정도 보편적이고 가치평가적인 개념을 사용하는 것은 불가피한 측면이 있다(헌재 2016. 7. 28, 2014헌바421).

[평설] 귀화허가 여부의 판단에 있어서 귀화허가 신청인의 사익보다 우리나라 이익의 고려가 보다 중요하다고 볼 것이므로 허가권자에게 재량권을 인정할 수밖에 없을 것이다.

## 3. 인가

### (1) 의의

1 매립준공인가는 매립면허에 대한 단순한 확인행위가 아니며, 인가는 당사자의 법률적 행위를 보충하여 그 **법률적 효력을 완성시키는 행정주체의 보충적 의사표시이다**(대판 1975. 8. 29, 75누23).

2 인가는 기본행위인 재단법인의 정관변경에 대한 법률상의 효력을 완성시키는 보충행위이다(대판 1995. 5. 16, 95누4810).

[평설] 학문상으로도 인가는 행정청이 타자의 법률행위를 동의로써 보충하여 그 행위의 효력을 완성시켜 주는 행정행위로 정의되고 있다.

## (2) 성질(기속행위·재량행위)

□ **재단법인의 임원취임**이 사법인인 재단법인의 정관에 근거한다 할지라도 이에 대한 행정청의 승인(인가)행위는 법인에 대한 주무관청의 감독권에 연유하는 이상 그 인가행위 또는 인가거부행위는 **공법상의 행정처분**으로서, 그 임원취임을 인가 또는 거부할 것인지 여부는 주무관청의 권한에 속하는 사항이라고 할 것이고, 재단법인의 임원취임승인 신청에 대하여 주무관청이 이에 기속되어 이를 **당연히 승인**(인가)**하여야 하는 것은 아니다**(대판 2000. 1. 28, 98두16996).

[평설] 인가의 성질은 근거법령의 법문에 따라 판단하여야 한다. 만약 법령에 특별한 규정이 없다면 인가의 대상이 공익적 견지에서 판단을 요하는 것인지 아니면 사익의 보호를 위한 것인지의 여부 등을 고려하여 판단하여야 한다는 취지의 판례로 이해될 수 있다.

## (3) 법률적 효력의 완성의 의미

□ 상호신용금고법 제10조 제1호가 정관의 변경에 재무부장관의 인가를 얻어야 하도록 규정하고 있음에 비추어 변경된 정관상에 그 시행일에 관하여 아무런 규정을 두고 있지 않다면 정관변경의 효력은 특단의 사정이 없는 한 **재무부장관의 인가가 있는 날로부터 발생한다**(대판 1985. 3. 26, 84누181).

[평설] 인가가 갖는 **법률적 효력의 완성의 의미**에는 효력 발생의 의미도 포함될 수 있음을 보여주는 판례이다.

## (4) 소의 대상(기본행위·인가행위)

□ **보충행위인 인가처분 자체에만 하자가 있다면 그 인가처분의 무효나 취소를 주장할 수 있지만, 인가처분에 하자가 없다면 기본행위에 하자가 있다 하더라도 따로 그 기본행위의 하자를 다투는 것은 별론으로 하고 기본행위의 무효를 내세워 바로 그에 대한 행정청의 인가처분의 취소 또는 무효확인을 소구할 법률상의 이익이 없다**(대판 1996. 5. 16, 95누4810).

## Ⅲ. 준법률행위적 행정행위

### 1. 확인행위

① 친일반민족행위자 재산의 국가귀속에 관한 특별법 제3조 제1항 본문, 제9조 규정들의 취지와 내용에 비추어 보면, 같은 법 제2조 제2호에 정한 친일재산은 친일반민족행위자재산조사위원회가 국가귀속결정을 하여야 비로소 국가의 소유로 되는 것이 아니라 특별법의 시행에 따라 그 취득·증여 등 원인행위시에 소급하여 당연히 국가의 소유로 되고, 위 위원회의 국가귀속결정은 당해 재산이 친일재산에 해당한다는 사실을 확인하는 이른바 준법률행위적 행정행위의 성격을 가진다 (대판 2008. 11. 13, 2008두13491).

② 준공검사처분(현행 건축법상으로는 사용승인처분)은 건축허가를 받아 건축한 건물이 건축허가사항대로 건축행정목적에 적합한가의 여부를 확인하고, 준공검사필증을 교부하여 줌으로써 허가받은 자로 하여금 건축한 건물을 사용·수익할 수 있게 하는 법률효과를 발생시키는 것이다(대판 1992. 4. 10, 91누5358).

[평설] 진위가 미확정적인 특정의 사실 또는 법률관계의 존재여부를 공권적으로 판단하여 이것을 **확정**하는 행위를 확인행위라 한다. ①, ②는 확인행위의 예를 보여준다.

### 2. 공증행위

#### (1) 의의

□ 의료법 부칙 제7조, 제59조(1675. 12. 31. 법률 2862호로 개정 전의 것), 동법시행규칙 제59조 및 1973. 11. 9.자 보건사회부 공고 58호에 의거한 서울특별시장 또는 도지사의 의료유사업자 자격증 갱신발급행위는 유사의료업자의 자격을 부여 내지 확인하는 것이 아니라 **특정한 사실 또는 법률관계의 존부를 공적으로 증명**하는 소위 **공증행위**에 속하는 행정행위라 할 것이다(대판 1977. 5. 24, 76누295).

[평설] 진위가 확정적인 특정의 사실 또는 법관계의 존재여부를 공적으로 증명하는 행위를 공증이라 한다. 위의 판례는 확인행위의 예를 보여준다.

#### (2) 각종 공부에의 등재행위

#### (가) 처분성이 부인된 공부에 관한 판례

□ 하천대장은 하천에 관한 행정사무집행의 원활을 기하기 위하여 하천관리청

이 그 현황과 관리사항을 기재하여 작성 보관하는 것이니, 특정토지를 하천대장에 기재한다 하여 그 토지에 관한 권리의 창설이나 설정·취득·변경 및 소멸의 효력이 발생한다 할 수 없으므로 하천대장에의 기재는 하천구역의 지정처분이라 할 수 없다(대판 1982. 7. 13, 81누129).

**QR 24. 종래의 판례상 기재·정정·말소행위의 처분성이 부인된 사례 모음** ☞ QR코드

(나) 지목변경신청서반려처분에 대한 헌법재판소 결정
□ 지적법 제38조 제2항에 의하면 … 피청구인(강서구청장)의 반려행위는 지적관리업무를 담당하고 있는 행정청의 지위에서 청구인의 등록사항 정정신청을 확정적으로 거부하는 의사를 밝힌 것으로서 공권력의 행사인 거부처분이라 할 것이므로 헌법재판소법 제68조 제1항 소정의 "공권력의 행사"에 해당한다(헌재 1999. 6. 24, 97헌마315).

[평설] 종전에 대법원은 지목관련등재행위가 처분이 아니라 하였는데, 헌법재판소는 이 결정례를 통해 처분임을 천명하였다.

(다) 헌법재판소 결정(헌재 1999. 6. 24, 97헌마315) 후 대법원의 견해 변경
□ 구 지적법 제20조, 제38조 제2항의 규정은 토지소유자에게 지목변경신청권과 지목정정신청권을 부여한 것이고, 한편 지목은 토지에 대한 공법상의 규제, 개발부담금의 부과대상, 지방세의 과세대상, 공시지가의 산정, 손실보상가액의 산정 등 토지행정의 기초로서 공법상의 법률관계에 영향을 미치고, 토지소유자는 지목을 토대로 토지의 사용·수익·처분에 일정한 제한을 받게 되는 점 등을 고려하면, 지목은 토지소유권을 제대로 행사하기 위한 전제요건으로서 토지소유자의 실체적 권리관계에 밀접하게 관련되어 있으므로 지적공부 소관청의 지목변경신청 반려행위는 국민의 권리관계에 영향을 미치는 것으로서 항고소송의 대상이 되는 행정처분에 해당한다(대판 2004. 4. 22, 2003두9015; 대판 2013. 10. 24, 2011두13286).

[평설] 위의 (나)의 결정례가 나오자 대법원이 그에 따라 입장을 변경한 판례이다. 이 판례에서 적시된 내용을 더 옮겨본다. "그럼에도 불구하고, 이와는 달리 지목변경(정정이나 등록전환 등 포함, 이하 같다)신청에 대한 반려(거부)행위를 항고소송의 대상이 되는

행정처분에 해당한다고 할 수 없다고 판시한 대법원 1981. 7. 7. 선고 80누456 판결, 1991. 2. 12. 선고 90누7005 판결, 1993. 6. 11. 선고 93누3745 판결, 1995. 12. 5. 선고 94누4295 판결 등과 지적공부 소관청이 직권으로 지목변경한 것에 대한 변경(정정) 신청 반려(거부)행위를 항고소송의 대상이 되는 행정처분에 해당한다고 할 수 없다고 판시한 대법원 1971. 8. 31. 선고 71누103 판결, 1972. 2. 22. 선고 71누196 판결, 1976. 5. 11. 선고 76누12 판결, 1980. 2. 26. 선고 79누439 판결, 1980. 7. 8. 선고 79누309 판결, 1985. 3. 12. 선고 84누681 판결, 1985. 5. 14. 선고 85누25 판결 등을 비롯한 같은 취지의 판결들은 이 판결의 견해에 배치되는 범위 내에서 이를 모두 변경하기로 한다."

□ 구 **건축법**(2005. 11. 8. 법률 제7696호로 개정되기 전의 것) 제14조 제4항의 규정은 **건축물의 소유자에게 건축물대장의 용도변경신청권을 부여한 것**이고, 한편 **건축물의 용도는 토지의 지목에 대응하는 것으로서** 건물의 이용에 대한 공법상의 규제, 건축법상의 시정명령, 지방세 등의 과세대상 등 **공법상 법률관계에 영향을 미치고,** 건물소유자는 용도를 토대로 건물의 사용·수익·처분에 일정한 영향을 받게 된다. 이러한 점 등을 고려해 보면, 건축물대장의 용도는 건축물의 소유권을 제대로 행사하기 위한 전제요건으로서 건축물 소유자의 실체적 권리관계에 밀접하게 관련되어 있으므로, **건축물대장 소관청의 용도변경신청 거부행위는 국민의 권리관계에 영향을 미치는 것으로서 항고소송의 대상이 되는 행정처분에 해당한다**(대판 2009. 1. 30, 2007두7277; 대판 2009. 2. 12, 2007두17359).

(라) 무허가건물관리대장의 경우
□ **무허가건물관리대장은,** 행정관청이 지방자치단체의 조례 등에 근거하여 무허가건물정비에 관한 행정상 사무처리의 편의와 사실증명의 자료로 삼기 위하여 작성·비치하는 대장으로서 무허가건물을 무허가건물관리대장에 등재하거나 등재된 내용을 변경 또는 삭제하는 행위로 인하여 당해 무허가 건물에 대한 실체상의 권리관계에 변동을 가져오는 것이 아니고, 무허가건물의 건축시기, 용도, 면적 등이 무허가건물관리대장의 기재에 의해서만 증명되는 것도 아니므로, 관할관청이 무허가건물의 무허가건물관리대장 등재 요건에 관한 오류를 바로잡으면서 당해 무허가건물을 **무허가건물관리대장에서 삭제하는 행위는** 다른 특별한 사정이 없는 한 **항고소송의 대상이 되는 행정처분이 아니다.** … 무허가건물관리대장에 등재되어

있었다가 그 이후 무허가건물관리대장에서 삭제되었다고 하여 이주대책에서 정한 원고의 법률상 지위에 어떠한 영향을 미친다고 볼 수 없다(대판 2009. 3. 12, 2008두11525).

(마) 공부에의 등재행위의 처분성 유무 판단기준

□ 토지대장에 기재된 일정한 사항을 변경하는 행위는, 그것이 지목의 변경이나 정정 등과 같이 **토지소유권** 행사의 전제요건으로서 토지소유자의 **실체적 권리관계에 영향을 미치는** 사항에 관한 것이 아닌 한 행정사무집행의 편의와 사실증명의 자료로 삼기 위한 것일 뿐이어서, 그 소유자 명의가 변경된다고 하여도 이로 인하여 당해 토지에 대한 실체상의 권리관계에 변동을 가져올 수 없고 토지 소유권이 지적공부의 기재만에 의하여 증명되는 것도 아니다. 따라서 소관청이 **토지대장상의 소유자명의변경신청을 거부한 행위**는 이를 항고소송의 대상이 되는 행정처분이라고 할 수 없다(대판 2012. 1. 12, 2010두12354).

[평설] 판례는 공부에의 **등재행위의 처분성 유무**의 판단에 있어 각각의 행위가 **실체적 권리관계에 영향을 미치는지** 여부를 중요한 기준으로 하고 있음을 볼 수 있다.

3. 통지행위

① 구 도시재개발법 제33조 제1항에서 정한 **분양신청기간의 통지 등 절차**는 재개발구역 내의 토지 등의 소유자에게 분양신청의 기회를 보장해 주기 위한 것으로서 같은 법 제31조 제2항에 의한 토지수용을 하기 위하여 **반드시 거쳐야 할 필요적 절차**이고, 또한 그 통지를 함에 있어서는 분양신청기간과 그 기간 내에 분양신청을 할 수 있다는 취지를 명백히 표시하여야 하므로, 이러한 통지 등의 절차를 제대로 거치지 않고 이루어진 수용재결은 위법하다(대판 2007. 3. 29, 2004두6235).

② 기간제로 임용되어 임용기간이 만료된 국·공립대학의 조교수는 교원으로서의 능력과 자질에 관하여 합리적인 기준에 의한 공정한 심사를 받아 위 기준에 부합되면 특별한 사정이 없는 한 재임용되리라는 기대를 가지고 재임용 여부에 관하여 합리적인 기준에 의한 공정한 심사를 요구할 법규상 또는 조리상 신청권을 가진다고 할 것이니, 임용권자가 임용기간이 만료된 조교수에 대하여 **재임용을 거부하는 취지로 한 임용기간만료의 통지**는 위와 같은 대학교원의 법률관계에

영향을 주는 것으로서 행정소송의 대상이 되는 처분에 해당한다(대판 2004. 4. 22, 2000두7735).

[평설] ①은 통치행위에 관한 것이다. **특정인 또는 불특정다수인에게 어떠한 사실을 알리는 행위를 통지행위**라 한다. 준법률행위적 행정행위로서 통지행위는 독립된 행위이므로 행정행위의 적법요건인 통지(교부·송달)와 구별되고, 아무런 법적 효과도 주어지지 아니하는 단순한 사실행위로서의 통지행위(예: 당연퇴직의 통보)와도 구별된다. 대법원은 ②를 통해 "기간을 정하여 임용된 대학교원이 그 임용기간의 만료에 따른 재임용의 기대권을 가진다고 할 수 없고, 임용권자가 인사위원회의 심의결정에 따라 교원을 재임용하지 않기로 하는 결정을 하고 이를 통지하였다고 하더라도 이를 행정소송의 대상이 되는 행정처분이라고 할 수 없다"고 판시한 **종전의 입장**(대판 1997. 6. 27, 96누4305)을 **변경**하였다.

## 4. 수리행위
### (1) 의의와 성질
① 사실증명서의 첨부 없는 **광업출원인 주소변경계 수리**는 일종의 **독립적인 행정처분**으로서 취소사유 있는 처분에 속한다(대판 1962. 2. 15, 61누16).
② 관광진흥법 제8조 등 관계 규정의 형식이나 체재 또는 문언 등을 종합하여 보면, 관광사업의 양도·양수에 의한 **지위승계신고**에 대하여는 적법·유효한 사업양도가 있고, 양수인에게 구 관광진흥법 제7조 제1항 각 호의 결격사유가 없는 한 행정청이 다른 사유를 들어 수리를 거절할 수 없다고 할 것이므로, 위 신고의 수리에 관한 처분을 **재량행위라고 볼 수 없다**(대판 2007. 6. 29, 2006두4097).

[평설] 행정청이 **타인의 행위를 유효한 행위로 받아들이는 행위를 수리행위**라 한다. 수리행위는 하나의 의사작용인 까닭에 단순한 사실로서의 도달과 다르다. ①은 수리행위의 예를 보여주며, ②는 기속행위와 재량행위의 구별에 관한 일반론에 따라 관광사업의 양도·양수에 의한 지위승계신고의 수리를 기속행위로 본 판례이다.

### (2) 수리의 거부
① 구 건축법(1982. 12. 31. 법률 제3644호로 개정되기 전의 것) 제5조 제2항에 규정한 신고가 동법시행령 소정의 형식적 요건을 갖추어 적법하게 제출된 이상 군수는

이를 수리하여야 할 것이고 실체적인 이유로 그 수리를 거부할 수는 없으므로 형식적 요건에 흠결이 없는 신고에 대하여 실체적인 사유를 들어 신고서를 반려하였다 하더라도 그 신고의 효력이 없다고 할 수 없다(대판 1988. 9. 20, 87도449).

② 사설강습소를 설립함에 있어서 주무관청에 등록토록 한 법률조항이 자유와 권리의 본질적 내용을 침해하는 것이 아닌 이상 이를 직업선택의 자유를 규정한 헌법에 위반되어 효력이 없다 할 수는 없고, 주무관청이 무도 교습소에 관해 사실상 그 설립을 위한 등록을 수리하지 않고 있다 하더라도 이에 대하여 행정쟁송으로 다툼은 별론으로 하고 그 등록을 하지 아니하고 위와 같은 시설을 설립 운영한 이상 위 법률에 위반된다 할 것이다(대판 1990. 8. 10, 90도1062).

[평설] ①은 수리를 요하지 아니하는 신고의 경우, 신고의 수리거부가 있어도 신고요건을 갖춘 신고가 있었다면 신고의 효력은 발생한다는 취지의 판례이고, ②는 수리를 요하는 신고(등록)의 경우, 신고의 수리거부가 신고요건을 갖춘 신고가 있었다고 하여도 수리하기 전에는 신고의 효력이 발생하지 아니한다는 취지의 판례이다.

## [19] 행정행위의 적법요건

□  일반적으로 행정처분이 주체·내용·절차와 형식이라는 내부적 성립요건과 외부에 대한 표시라는 외부적 성립요건을 모두 갖춘 경우에는 행정처분이 존재한다고 할 수 있다. 행정처분의 외부적 성립은 행정의사가 외부에 표시되어 행정청이 자유롭게 취소·철회할 수 없는 구속을 받게 되는 시점을 확정하는 의미를 가지므로, 어떠한 처분의 외부적 성립 여부는 행정청에 의해 행정의사가 공식적인 방법으로 외부에 표시되었는지를 기준으로 판단하여야 한다(대판 2017. 7. 11, 2016두35120).

[평설] 판례는 종전(대판 1999. 8. 20, 97누6889)부터 행정행위의 내부적 성립요건과 외부적 성립요건이라는 개념을 사용하지만, 양자는 합하여 행정행위의 적법요건을 구성한다. 행정행위의 외부적 성립요건이 내부적 성립요건의 마지막 단계인지, 내부적 성립요건과 명백히 구분되는 것인지 여부가 명백한 것은 아니라고 볼 때, 행정행위의 적법요건을 내부적 성립요건과 외부적 성립을 구분하여야 할 특별한 이유는 보이지 아니한다.

## Ⅰ. 주체요건

### 1. 권한

① 관련법령에 의하여 경위 이하의 경찰공무원의 임용권은 소속기관의 장에게 위임되어 있으므로 도지사가 경위에 대하여 한 면직처분은 무권한에 의한 것이 아니다(대판 1973. 3. 20, 73누10).

② 행정처분의 권한을 내부적으로 위임받은 수임기관이 그 권한을 행사함에 있어서는 행정처분의 내부적 성립과정은 스스로 결정하여 행하고 그 외부적 성립요건인 상대방에의 표시만 위임기관의 명의로 하면 된다(대판 1984. 12. 1.1, 80누344).

[평설] 행정행위는 권한을 가진 기관이 발령하여야 한다. ①은 권한위임의 경우에는 수임기관이 권한행정청이고, ②는 내부위임의 경우에는 외부관계에서 위임기관이 권한행정청이라는 취지이다.

### 2. 합의제기관

① 구 폐기물처리시설 설치촉진 및 주변지역지원 등에 관한 법률 제9조 제3항, 같은 법 시행령 제7조 [별표 1], 제11조 제2항 각 규정들에 의하면, 입지선정위원회는 폐기물처리시설의 입지를 선정하는 의결기관이고, 입지선정위원회의 구성방법에 관하여 일정 수 이상의 주민대표 등을 참여시키도록 한 것은 폐기물처리시설 입지선정 절차에 있어 주민의 참여를 보장함으로써 주민들의 이익과 의사를 대변하도록 하여 주민의 권리에 대한 부당한 침해를 방지하고 행정의 민주화와 신뢰를 확보하는 데 그 취지가 있는 것이므로, 주민대표나 주민대표 추천에 의한 전문가의 참여 없이 의결이 이루어지는 등 입지선정위원회의 구성방법이나 절차가 위법한 경우에는 그 하자 있는 입지선정위원회의 의결에 터잡아 이루어진 폐기물처리시설 입지결정처분도 위법하게 된다. 입지선정위원회가 군수와 주민대표가 선정·추천한 전문가를 포함시키지 않은 채 임의로 구성되어 의결을 한 경우, 그에 터잡아 이루어진 폐기물처리시설 입지결정처분의 하자는 중대한 것이고 객관적으로도 명백하므로 무효사유에 해당한다(대판 2007. 4. 12, 2006두20150).

② 행정청은 일반적으로 어떤 행정처분을 함에 앞서 법령 또는 재량에 의하여 그 사전심사를 위한 심의기구를 구성하여 이를 위임할 수 있는 것이므로 피고가 개인택시를 면허함에 있어서 개인택시면허심사회의를 구성하여 그 심사회의로

하여금 면허신청자의 자격 등을 심사하도록 하고 그 심사위원 중에 **공무원 아닌 사람이 포함되어** 있다고 하여 심사절차나 그 심사위원에 관하여 **특별규정이 없는 이상 이를 무효라고 할 이유가 없다**(대판 1985. 11. 26, 85누394).

[평설] ①은 권한행정청이 합의제기관인 경우에는 구성원이 적법한 소집절차·의결절차에 따라 의사결정을 할 수 있는 지위에 있어야 하고, ②는 명문으로 금하는 바가 없다면 권한행정기관의 구성에 공무원이 아닌 자도 참여시킬 수 있다는 취지의 판례이다.

Ⅱ. 내용요건

1. 적법

① 공사중지명령은 엄격한 법적 근거를 요하는 기속행위에 속한다 할 것인데, 이웃주민들의 집단민원이 있을 경우 다세대주택 건축허가를 취소할 수 있다거나 공사중지명령을 할 수 있다는 근거법규가 없고, 주택건설촉진법이 단독주택에 대하여는 그것이 비록 같은법 제33조 제1항에 의한 사업계획승인을 받아 건립된 일단의 단독주택 중 하나라 하더라도 공동주택 소유자의 철거 및 재건축을 제한하는 같은법 제38조 제2항과 같은 제한을 하고 있지 아니하므로, 위와 같은 단독주택 하나를 헐고 다세대주택을 건축하는 공사에 대하여 이웃주민들의 집단적인 건축반대민원이 있다는 것과 같은법의 취지에 반한다는 것을 이유로 한 공사중지명령은 **법령상의 근거 없이 행하여진 위법한 처분**이다(대판 1991. 10. 11, 91누7835).

② 자동차운수사업법 제59조 소정의 운행정지처분 사유가 발생하였다 하더라도 그 운행정지처분을 함에 있어서는 그에 의하여 달하려고 하는 **자동차운수사업법상의 공익목적과 운행정지처분에 의하여 처분상대방이 입게 될 불이익을 비교 형량**하여 결정하여야 할 것이다(대판 1984. 4. 10, 83누676).

[평설] ①은 침익적 행위에는 법률의 근거가 있어야 하고(법률의 유보), ②는 재량행위의 경우에는 재량하자가 없어야 적법한 행위가 된다는 취지의 판례이다.

2. 가능

① 과세관청이 납세자에 대한 체납처분으로서 제3자의 소유 물건을 압류하고 공

매하더라도 그 처분으로 인하여 제3자가 소유권을 상실하는 것이 아니고, 체납처분으로서 압류의 요건을 규정하는 **국세징수법** 제24조 각 항의 규정을 보면 어느 경우에나 압류의 대상을 납세자의 재산에 국한하고 있으므로, 납세자가 아닌 제3자의 재산을 대상으로 한 압류처분은 그 처분의 내용이 **법률상 실현될 수 없는 것**이어서 당연무효이다(대판 2006. 4. 13, 2005두15151).

② 공유수면의 일부가 사실상 매립되었다 하더라도 공유수면으로서의 **공용폐지조치가 없는 이상** 법률상으로는 공유수면으로서의 성질을 보유한다 할 것이므로 본건 공유수면의 일부가 **불법** 매립된 토지라 하더라도 그 토지에 대한 공유수면매립면허 및 준공인가처분이 **법률상 불능을** 대상으로 하는 무효의 처분이라고 할 수 없다(대판 1972. 9. 26, 72다1070).

[평설] 행정행위는 사실상 또는 법률상으로 실현이 가능하여야 하며, 불가능한 경우에는 무효가 된다는 취지의 판례이다.

## 3. 명확

□ 구 독점규제 및 공정거래에 관한 법률 제23조 제1항은 불공정거래행위의 하나로 그 제4호에서 '자기의 거래상의 지위를 부당하게 이용하여 상대방과 거래하는 행위'를 들고, 법 제23조 제2항에 따른 법 시행령 제36조 제1항 [별표 1] 제6호는 법 제23조 제1항 제4호에 해당하는 행위유형으로서, (나)목에서 '이익제공강요'를 들면서 '거래상대방에게 자기를 위하여 금전·물품·용역 기타의 경제상 이익을 제공하도록 강요하는 행위'를, (라)목에서 '불이익제공'을 들면서 이를 '(가)목 내지 (다)목에 해당하는 행위 외의 방법으로 거래상대방에게 불이익이 되도록 거래조건을 설정 또는 변경하거나 그 이행과정에서 불이익을 주는 행위'라고 규정하고 있는바, 법 제2조 제1호 소정의 사업자가 법 제23조 제1항 제4호, 제2항, 법 시행령 제36조 제1항 [별표 1] 제6호 (나)목 및 (라)목 소정의 행위를 하였음을 이유로 공정거래위원회가 법 제24조 소정의 **시정명령 등 행정처분**을 하기 위해서는 그 대상이 되는 '이익제공강요' 및 '불이익제공'의 내용이 **구체적으로 명확하게 특정되어야** 하고, 그러하지 아니한 상태에서 이루어진 그 시정명령 등 행정처분은 위법하다(대판 2007. 1. 12, 2004두7146).

[평설] **명확성의 요구**는 행정행위의 법률집행기능에서 나온다. 즉 행정행위는 일반추

상적인 법률을 특정인을 상대로 구체적으로 정하는 것이기 때문에, 그 행정행위의 내용은 당연히 명확하여야 한다. 행정행위의 명확성은 행정행위 그 자체로부터 발령행정청·상대방·처분내용 등을 인식할 수 있어야 함을 의미한다.

## Ⅲ. 형식요건(절차법 제24조)

### 1. 의의

① 행정절차법 제24조 제1항에서 행정청이 처분을 하는 때에는 다른 법령 등에 특별한 규정이 있는 경우를 제외하고는 **문서로 하도록 규정한 것은 처분 내용의 명확성을 확보하고 처분의 존부나 내용에 관한 다툼을 방지하기 위한 것인바**, 이와 같은 행정절차법의 규정 취지를 감안해 보면, 행정청이 문서에 의하여 처분을 한 경우 원칙적으로 그 처분서의 문언에 따라 어떤 처분을 하였는지 확정하여야 하나, 그 처분서의 문언만으로는 **행정청이 어떤 처분을 하였는지 불분명하다는 등** 특별한 사정이 있는 때에는 처분 경위나 처분 이후의 상대방의 태도 등 다른 사정을 고려하여 처분서의 문언과 달리 그 처분의 내용을 해석할 수도 있다(대판 2010. 2. 11, 2009두18035; 대판 2005. 7. 28, 2003두469).

② 행정청이 문서에 의하여 처분을 한 경우 **처분서의 문언이 불분명하다는 등의 특별한 사정이 없는 한**, 문언에 따라 어떤 처분을 하였는지를 확정하여야 한다. 처분서의 문언만으로도 행정청이 어떤 처분을 하였는지가 분명한데도 처분 경위나 처분 이후의 상대방의 태도 등 다른 사정을 고려하여 처분서의 문언과는 달리 다른 처분까지 포함되어 있는 것으로 확대해석해서는 안 된다(대판 2017. 8. 29, 2016두44186).

[평설] 처분에 문서형식이 요구되는 이유, 문서에 나타난 처분 내용의 확정 방법을 볼 수 있다. ①은 어떠한 처분인지 **불분명한 경우**, ②는 어떠한 처분인지 **분명한 경우**, 처분서의 문언의 해석에 관한 판례이다.

### 2. 하자

□ 행정절차법 제24조는 행정의 공정성·투명성 및 신뢰성을 확보하고 국민의 권익을 보호하기 위한 것이므로 위 규정에 위반하여 행하여진 **행정청의 처분**은 그 하자가 중대하고 명백하여 원칙적으로 **무효**이다(대판 2011. 11. 10, 2011도11109).

[평설] 처분에 문서형식이 요구되는 이유에 비추어 문서형식의 하자는 원칙적으로 무효사유가 된다는 판례이다.

## Ⅳ. 절차요건

### 1. 이유제시(절차법 제23조)

### (1) 취지

□ 행정절차법 제23조 제1항은 행정청이 처분을 하는 때에는 당사자에게 그 근거와 이유를 제시하도록 규정하고 있고, 이는 **행정청의 자의적 결정을 배제하고** 당사자로 하여금 행정구제절차에서 적절히 대처할 수 있도록 하는 데 그 취지가 있다(대판 2013. 11. 14, 2011두18571).

[평설] 이유제시의 요구는 ① 본질적 기능으로 행정청 스스로에 의한 통제를 가능하게 하고, ② 자기통제는 정당한 결론의 도출을 가능하게 하고, ③ 정당한 결정은 개인의 권리보호에 기여한다. 또한 이유명시의 강제는 ④ 상대방에게 그 처분을 적극적으로 수용하게 하며, ⑤ 합리적인 결정을 가능하게 하고, ⑥ 사후통제시 부담의 완화를 가져오고, ⑦ 외부기관에 의한 통제를 용이하게 하고, ⑧ 결정내용을 명백히 하며, ⑨ 공동의 동의를 가져온다.

### (2) 법적 성질(적법요건)

□ 납세고지서에 과세연도, 세목, 세액 및 그 산출근거, 납부기한과 납부장소 등의 명시를 요구한 국세징수법 제9조나 과세표준과 세액계산명세서의 첨부를 명한 구 법인세법(1993. 12. 31. 법률 제4664호로 개정되기 전의 것) 제37조, 제59조의5, 구 법인세법시행령(1993. 12. 31. 대통령령 제14080호로 개정되기 전의 것) 제99조 등의 규정이 단순한 세무행정상의 편의를 위한 **훈시규정이 아니라**, 헌법과 국세기본법에 규정된 **조세법률주의의 원칙**에 따라 **과세관청의 자의를 배제하고** 신중하고도 합리적인 과세처분을 하게 함으로써 조세행정의 공정을 기함과 아울러 납세의무자에게 부과처분의 내용을 자세히 알려주어 이에 대한 불복 여부의 결정과 불복신청의 편의를 주려는데 그 근본취지가 있으므로, 이 규정들은 **강행규정으로 보아야** 하고, 따라서 납세고지서에 세액산출근거 등의 기재사항이 누락되었거나 과세표준과 세액의 계산명세서가 첨부되지 않았다면 적법한 납세의 고지라고 볼 수 없다(대판 2002. 11. 13, 2001두1543).

[평설] 이유제시는 행정행위의 적법요건의 하나이며, **이유제시의 결여는 위법을** 가져온다는 것을 보여준다. 행정절차법 발효(1998. 1. 1.) 이전에도 판례는 이유제시의 결여를 위법사유로 보았다

□ 세무서장인 피고가 주류도매업자인 원고에 대하여 한 이 사건 일반주류도매업면허 취소통지에 '상기 주류도매장은 무면허 주류 판매업자에게 주류를 판매하여 주세법 제11조 및 국세법사무처리규정 제26조에 의거 지정조건위반으로 주류판매면허를 취소합니다'라고만 되어 있어서 원고의 영업기간과 거래상대방 등에 비추어 원고가 어떠한 거래행위로 인하여 이 사건 처분을 받았는지 알 수 없게 되어 있다면 이 사건 면허취소처분은 위법하다(대판 1990. 9. 11, 90누1786).

## (3) 이유제시의 정도

□ 당사자가 신청하는 허가 등을 거부하는 처분을 하면서 당사자가 그 근거를 알수 있을 정도로 이유를 제시한 경우에는 처분의 근거와 이유를 구체적으로 명시하지 않았더라도 그로 말미암아 그 처분이 위법하다고 볼 수는 없다. 이때 '이유를 제시한 경우'는 처분서에 기재된 내용과 관계 법령 및 당해 처분에 이르기까지의 전체적인 과정 등을 종합적으로 고려하여, 처분 당시 당사자가 어떠한 근거와 이유로 처분이 이루어진 것인지를 충분히 알 수 있어서 그에 불복하여 행정구제 절차로 나아가는 데 별다른 지장이 없었다고 인정되는 경우를 뜻한다(대판 2017. 8. 29, 2016두44186; 대판 2013. 11. 14, 2011두18571; 대판 2007. 5. 10, 2005두13315).

## (4) 이유제시 하자의 치유

① 허가의 취소처분의 근거와 위반사실의 적시를 빠뜨린 하자는 **피처분자가 처분 당시 그 취지를 알고 있었다거나 그 후 알게 되었다고 하여도 이로써 치유될 수는** 없다(대판 1987. 5. 26, 86누788).

② 과세처분시 납세고지서에 과세표준, 세율, 세액의 산출근거 등이 누락된 경우에는 늦어도 과세처분에 대한 불복여부의 결정 및 불복신청에 편의를 줄 수있는 상당한 기간 내에 보정행위를 하여야 그 하자가 치유된다 할 것이므로, 과세처분이 있은지 4년이 지나서 그 취소소송이 제기된 때에 보정된 납세고지서를 송달하였다는 사실이나 오랜 기간(4년)의 경과로써 과세처분의 하자가 치유되었다고 볼 수는 없다(대판 1983. 7. 26, 82누420).

③ 세액산출근거가 누락된 납세고지서에 의한 과세처분의 하자의 치유를 허용

하려면 늦어도 과세처분에 대한 불복여부의 결정 및 불복신청에 편의를 줄 수 있는 상당한 기간 내에 하여야 한다고 할 것이므로 위 과세처분에 대한 전심절차가 모두 끝나고 상고심의 계류중에 세액산출근거의 통지가 있었다고 하여 이로써 위 과세처분의 하자가 치유되었다고는 볼 수 없다(대판 1984. 4. 10, 83누393).

[평설] ①은 이유제시는 피처분자가 처분이유를 아는지 여부와 관계없이 필요한 처분(행정행위)의 적법요건이라는 판례이다. ②와 ③은 하자의 치유가 어느 시점까지 가능한가의 여부에 관한 판례이다. 치유 가능한 시기와 관련하여 ① 학설은 쟁송제기 이전에만 가능하다는 견해(쟁송제기이전시설)와 이후에도 가능할 것이라는 견해(쟁송종결시설), 그리고 절충적 견해(원칙상 쟁송제기 이전에만 가능하지만 행정쟁송 제기 후에 하자의 치유를 인정하여도 처분의 상대방의 권리구제에 장애를 초래하지 않는 경우에는 허용된다는 견해)로 나뉜다. ② 판례는 하자의 추완이나 보완은 행정쟁송의 제기 이전에 가능하다는 입장을 취한다.

## (5) 판결의 기속력과 동일한 처분
□  행정소송법 제30조 제2항에 의하면, 행정청의 거부처분을 취소하는 판결이 확정된 경우에는 그 처분을 행한 행정청은 판결의 취지에 따라 이전의 신청에 대하여 재처분할 의무가 있고, 이 경우 확정판결의 당사자인 처분 행정청은 그 행정소송의 사실심 변론종결 이후 발생한 새로운 사유를 내세워 다시 이전의 신청에 대하여 거부처분을 할 수 있으며, 그러한 처분도 이 조항에 규정된 재처분에 해당한다(대판 1999. 12. 28, 98두1895).

[평설] 이유제시에 하자가 있다고 하더라도 기속력은 판결에 적시된 절차 내지 형식의 위법사유에 한정되는 것이므로 그 하자를 보완하여 종전의 처분과 동일한 내용의 처분을 한다고 하더라도 판결의 기속력에 위반되는 것은 아니라는 취지의 판례이다.

## 2. 협력절차
### (1) 협력절차의 취지와 법적 성격(적법요건)
① 교육공무원법 제25조에서 대학의 장이 교수를 임용 또는 임용제청함에 있어 대학 인사위원회의 동의를 얻도록 한 것은 교수 임용권자 또는 임용제청권자의 자의를 억제하고 객관적인 기준에 따른 인사질서를 확립함으로써 우수한 교원을 확

보함과 동시에 대학의 자치 및 자율권과 교원의 신분보장을 도모하고자 하는 데 있다(대판 2006. 9. 28, 2004두7818).

② 경찰공무원징계령 제12조 제1항 소정의 징계심의대상자에 대한 출석통지는 징계심의대상자로 하여금 징계심의가 언제 개최되는가를 알게 함과 동시에 자기에게 이익되는 사실을 진술하거나 증거자료를 제출할 기회를 부여하기 위한 조치에서 나온 강행규정이므로 위 출석통지 없이 한 징계심의 절차는 위법하다(대판 1985. 10. 8, 84누251).

[평설] ①은 협력절차의 취지를 판시하고 있다. 협력절차가 요구되는 취지는 일반적으로 상대방의 이익보호, 절차의 공정성의 확보, 적정한 결론의 탐구 등에 있다. ②는 협력절차가 행정행위의 적법요건의 하나라는 취지의 판례이다.

(2) 협력절차 불이행 하자의 효과(취소사유)

□ 행정청이 구 학교보건법 소정의 학교환경위생정화구역 내에서 금지행위 및 시설의 해제 여부에 관한 행정처분을 함에 있어 학교환경위생정화위원회의 심의를 거치도록 한 취지는 그에 관한 전문가 내지 이해관계인의 의견과 주민의 의사를 행정청의 의사결정에 반영함으로써 공익에 가장 부합하는 민주적 의사를 도출하고 행정처분의 공정성과 투명성을 확보하려는 데 있고, 나아가 그 심의의 요구가 법률에 근거하고 있을 뿐 아니라 심의에 따른 의결내용도 단순히 절차의 형식에 관련된 사항에 그치지 않고 금지행위 및 시설의 해제 여부에 관한 행정처분에 영향을 미칠 수 있는 사항에 관한 것임을 종합해 보면, 금지행위 및 시설의 해제 여부에 관한 행정처분을 하면서 절차상 위와 같은 심의를 누락한 흠이 있다면 그와 같은 흠을 가리켜 위 행정처분의 효력에 아무런 영향을 주지 않는다거나 경미한 정도에 불과하다고 볼 수는 없으므로, 특별한 사정이 없는 한 이는 행정처분을 위법하게 하는 취소사유가 된다(대판 2007. 3. 15, 2006두15806).

(3) 부실한 협력절차

□ 환경영향평가법령에서 정한 환경영향평가를 거쳐야 할 대상사업에 대하여 그러한 환경영향평가를 거치지 아니하였음에도 승인 등 처분을 하였다면 그 처분은 위법하다 할 것이나, 그러한 절차를 거쳤다면, 비록 그 환경영향평가의 내용이 다소 부실하다 하더라도, 그 부실의 정도가 환경영향평가제도를 둔 입법 취지를 달성할

수 없을 정도이어서 환경영향평가를 하지 아니한 것과 다를 바 없는 정도의 것이
아닌 이상, 그 부실은 당해 승인 등 처분에 재량권 일탈·남용의 위법이 있는지
여부를 판단하는 하나의 요소로 됨에 그칠 뿐, 그 부실로 인하여 당연히 당해 승인
등 처분이 위법하게 되는 것이 아니다(대판 2006. 3. 16, 2006두330).

[평설] 협력절차를 거쳤다고 하여도 그 협력이 부실하다면, 경우에 따라 재량권의 남용
이나 일탈을 이유로 위법한 행위가 될 수 있다는 취지의 판례이다.

**(4) 협력절차에 대한 불복**
□ 건축허가권자가 **건축불허가처분**을 하면서 그 처분사유로 건축불허가 사유뿐만
아니라 구 소방법 제8조 제1항에 따른 **소방서장의 건축부동의** 사유를 들고 있다
고 하여 그 건축불허가처분 외에 별개로 건축부동의처분이 존재하는 것이 아니
므로, 그 건축불허가처분을 받은 사람은 그 **건축불허가처분에 관한 쟁송**에서 건축
법상의 건축불허가 사유뿐만 아니라 소방서장의 부동의 사유에 관하여도 다툴
수 있다(대판 2004. 10. 15, 2003두6573).

**3. 신청에 대한 보완 요구**(절차법 제17조 제5항, 제6항, 제8항)
□ 행정규제및민원사무기본법 제9조 제3항, 같은법시행령 제26조 제1항·제2항,
제27조 제1항에 의하면 행정기관은 민원인으로부터 민원서류를 제출받았을 때
에는 다른 법령에 특별한 규정이 없는 한 그 접수를 보류 또는 거부할 수 없고,
그 민원서류에 흠결이 있다고 인정할 때에는 2회에 걸쳐 보완 또는 보정을 요구
한 이후에 그 보완 또는 보정이 없을 때에 비로소 접수된 민원서류를 반려할 수
있도록 규정되어 있는바, 그 규정 소정의 보완 또는 보정의 대상이 되는 흠결은 보
완 또는 보정이 가능한 경우이어야 함은 물론이고, 그 내용 또한 형식적·절차적인
요건에 한하고 실질적인 요건에 대하여까지 보완 또는 보정요구를 하여야 한다고 볼
수 없다(대판 1996. 10. 25, 95누14244).

[평설] 보완의 대상은 형식적 요건에 한정되며, 실질적 요건(내용요건)은 보완요구의 대
상이 아니라는 취지의 판례이다. 실질적 요건은 접수 후에 검토할 사항이기 때문일 것
이다.

## V. 표시요건(송달·통지)

### 1. 의의

□ 납세고지서의 교부송달 및 우편송달에 있어서는 반드시 납세의무자 또는 그와 일정한 관계에 있는 사람의 현실적인 수령행위를 전제로 하고 있다고 보아야 하며, 납세자가 과세처분의 내용을 이미 알고 있는 경우에도 납세고지서의 송달이 불필요하다고 할 수는 없다(대판 2004. 4. 9, 2003두13908).

[평설] 수령을 요하는 행정행위에서 상대방에게 표시(송달·통지)되지 않는 한, 아직 행정행위로서 존재한다고 볼 수 없고, 따라서 효력을 발생한다고도 말할 수 없기 때문이다.

### 2. 도달주의(절차법 제15조)

#### (1) 도달의 의미

□ 갑의 처가 갑의 주소지에서 갑에 대한 정부인사발령통지를 수령하였다면 비록 그 때 갑이 구치소에 수감 중이었고 처분청 역시 그와 같은 사실을 알고 있었다거나 갑의 처가 위 통지서를 갑에게 전달하지 아니하고 폐기해 버렸더라도 갑의 처가 위 통지서를 수령한 때에 그 내용을 양지할 수 있는 상태에 있었다고 볼 것이다(대판 1989. 9. 26, 89누4963).

[평설] 행정절차법의 발효(1998. 1. 1.) 이전부터 판례는 도달주의를 적용하여 왔다. 도달이란 현실적으로 상대방이 행정행위를 수령하여 지료하여야 함을 뜻하는 것은 아니고 상대방이 지료할 수 있는 상태에 두는 것을 말하는데, 이 판례는 이러한 도달의 의미를 보여준다.

#### (2) 부적법한 송달

□ 수도과태료의 부과처분에 대한 납입고지서에 송달상대방이나 송달장소, 송달방법 등에 관하여는 서울특별시급수조례 제37조에 따라 지방세법의 규정에 의하여야 할 것이므로 납세고지서의 송달이 부적법하면 그 부과처분은 효력이 발생할 수 없고 또한 송달이 부적법하여 송달의 효력이 발생하지 아니하는 이상 상대방이 객관적으로 위 부과처분의 존재를 인식할 수 있었다 하더라도 그와 같은 사실로써 송달의 하자가 치유된다고 볼 수 없다(대판 1988. 3. 22, 87누986).

(3) 보통우편·등기우편의 차이

□ 내용증명우편이나 등기후편과는 달리, **보통우편**의 방법으로 발송되었다는 사실만으로는 그 우편물이 상당한 기간 내에 도달하였다고 추정할 수 없고, 송달의 **효력을 주장하는 측에서 증거에 의하여 이를 입증하여야 한다**(대판 2009. 12. 10, 2007 두20140).

□ 우편법령상 '**등기취급**'은 우편물의 취급과정을 기록에 의하여 명확히 하는 우편물의 특수취급제도이고, 내용증명은 이러한 등기취급을 전제로 발송인이 수취인에게 어떤 내용의 문서를 언제 발송하였다는 사실을 우체국이 증명하는 **특수취급제도이다**(대판 2009. 7. 23, 2006다81325).

[20] 행정행위의 효력

## I. 공정력

1 행정행위의 공정력이라 함은 행정행위에 하자가 있더라도 당연무효가 아닌 한 권한있는 기관에 의하여 **취소될 때까지는 잠정적으로 유효한 것으로 통용되는 효력**에 지나지 아니하는 것이므로, 행정행위가 취소되지 아니하여 공정력이 인정된다고 하더라도 그 상대방이나 이해관계인은 언제든지 그 행정행위가 위법한 것임을 주장할 수 있다(대판 1993. 11. 9, 93누14271).

2 행정처분이 아무리 **위법**하다고 하여도 그 하자가 중대하고 명백하여 당연 무효라고 보아야 할 사유가 있는 경우를 제외하고는 아무도 그 하자를 이유로 무단히 그 효과를 부정하지 못한다(대판 2013. 4. 26, 2010다79923).

[평설] 1은 **공정력의 의미**, 2는 **공정력이 인정되는** 하자 있는 행위의 **범위**(취소할 수 있는 행위)에 관한 것이다.

## II. **구성요건적 효력**(선결문제)

1. 민사사건과 선결문제

(1) 행정행위의 효력 유무가 선결문제인 경우(행소법 제11조)

1 민사소송에 있어서 어느 행정처분의 당연무효여부가 선결문제로 되는 때에는 이를 판단하여 당연무효임을 전제로 판결할 수 있고 반드시 행정소송 등의 절차에 의하여 그 취소나 무효확인을 받아야 하는 것이 아니다(대판 2010. 4. 8, 2009다90092; 대판 1971. 5. 24, 71다744).

② 수용재결이 있은 후에 수용 대상 토지에 숨은 하자가 발견되는 때에는 불복기간이 경과되지 아니한 경우라면 공평의 견지에서 기업자는 그 하자를 이유로 재결에 대한 이의를 거쳐 손실보상금의 감액을 내세워 행정소송을 제기할 수 있다고 보는 것이 상당하나, 이러한 불복절차를 취하지 않음으로써 그 재결에 대하여 더 이상 다툴 수 없게 된 경우에는 기업자는 그 재결이 당연무효이거나 취소되지 않는 한 재결에서 정한 손실보상금의 산정에 있어서 위 하자가 반영되지 않았다는 이유로 민사소송절차로 토지소유자에게 부당이득의 반환을 구할 수는 없다(대판 2001. 1. 16, 98다58511).

[평설] ①은 선결문제(선행처분)가 당연무효이면 민사법원이 선결문제의 직접 무효를 판단할 수 있다는 것인데, **학설·실정법**(행정소송법 제11조 제1항)·**판례 모두 긍정**한다. 한편, **부당이득의 반환**은 "법률상 원인 없이 타인의 재산 또는 노무로 인하여 이익을 얻고 이로 인하여 타인에게 손해를 가한 자는 그 이익을 반환하여야 한다"는 법리(민법 제741조)에 따른 것이다. 부당이득의 반환을 명하기 위해서는 법률상 원인이 없어야 하는데, ① 취소할 수 있는 행위는 취소할 때까지 유효하므로, 취소할 수 있는 행위가 존재하는 한 부당이득은 성립할 수 없지만, ② 무효행위의 경우에는 법률상 원인이 없는 경우에 해당하므로 부당이득이 성립한다. ②는 해당 사건이 ①의 경우에 해당하는 바, 토지소유자가 부당이득의 반환을 구할 수 없다고 하였다. 두 판례의 취지는 같다.

## (2) 행정행위의 위법 여부가 선결문제인 경우

□ 위법한 행정대집행이 완료되면 그 처분의 무효확인 또는 취소를 구할 소의 이익은 없다 하더라도, 미리 그 **행정처분의 취소판결**이 있어야만, 그 행정처분의 위법임을 이유로 한 **손해배상청구를** 할 수 있는 것은 아니다(대판 1972. 4. 28, 72다337).

[평설] 국가배상법 제2조는 공무원의 위법한 직무로 인한 손해에 대한 국가나 지방자치단체의 손해의 배상책임을 규정하고 있지, 무효인 행위의 직무로 인한 손해의 배상책임을 규정하고 있는 것은 아니다. 민사법원은 위법여부를 판단할 수 있다는 것이 판례의 취지이다. 다수 견해도 같은 입장이다. 참고로, 영업허가취소로 인한 손해배상청구소송을 판례는 민사소송사항으로 보나, 학설은 행정소송(당사자소송)으로 보아야 한다는 것이 일반적이다.

## 2. 형사사건과 선결문제

### (1) 행정행위의 효력 유무가 선결문제인 경우

□ 시흥소방서의 담당 소방공무원이 피고인에게 행정처분인 위 시정보완명령을 구두로 고지한 것은 행정소송법 제24조에 위반한 것으로 그 하자가 중대하고 명백하여 위 **시정보완명령**은 당연 무효라고 할 것이고, 무효인 위 시정보완명령에 따른 피고인의 의무위반이 생기지 아니하는 이상 피고인에게 위 시정보완명령에 위반하였음을 이유로 같은 법 제48조의2 제1호에 따른 **행정형벌을 부과할 수 없다** (대판 2011. 11. 10, 2011도11109; 대판 1971. 5. 31, 71도742).

[평설] 소방시설 설치유지 및 안전관리에 관한 법률 제9조에 의한 소방시설 등의 설치 또는 유지·관리에 대한 명령을 정당한 사유 없이 위반한 자는 같은 법 제48조의2 제1호에 의하여 행정형벌에 처해지는데, 위 시정보완명령이 행정처분으로서 하자가 있어 무효인 경우에는 명령에 따른 의무위반이 생기지 아니하므로 행정형벌을 부과할 수 없는데, 여기서 **형사법원이 위 시정보완명령(행정처분)이 무효인지 여부를 판단할 수 있다**는 것이다.

### (2) 행정행위의 위법 여부가 선결문제인 경우

□ 개발제한구역의 지정 및 관리에 관한 특별조치법(이하 '개발제한구역법'이라 한다) 제30조 제1항에 의하여 행정청으로부터 **시정명령**을 받은 자가 이를 위반한 경우, 그로 인하여 개발제한구역법 제32조 제2호에 정한 **처벌**을 하기 위하여는 시정명령이 적법한 것이라야 하고, 시정명령이 당연무효가 아니더라도 위법한 것으로 인정되는 한 개발제한구역법 제32조 제2호 위반죄가 성립될 수 없다(대판 2017. 9. 21, 2017도7321; 대판 2017. 10. 31, 2017도9582; 대판 2009. 6. 25, 2006도824; 대판 2004. 5. 14, 2001도2841).

[평설] 판례는 **형사법원이 위법 여부를 판단할 수 있다**는 것인데, 다수설도 같은 입장이다. 다수설은 구성요건적 효력은 권력분립의 원리상 인정되는 효력이므로 당해 처분의 위법·적법과는 무관하다는 등의 논리를 근거로 한다.

## III. 존속력

### 1. 형식적 존속력(불가쟁력)

□ 종전의 산업재해요양보상급여취소처분이 불복기간의 경과로 인하여 확정되었
더라도 요양급여청구권이 없다는 내용의 법률관계까지 확정된 것은 아니며 소멸시효
에 걸리지 아니한 이상 다시 요양급여를 청구할 수 있고 그것이 거부된 경우 이
는 새로운 거부처분으로서 위법여부를 소구할 수 있다(대판 1993. 4. 13, 92누17181).

[평설] 법적 구제수단의 포기, 쟁송기간의 도과, 판결을 통한 행정행위의 확정 등의
사유가 있으면, 행정행위의 상대방 등은 더 이상 그 행정행위의 효력을 다툴 수 없게
되는바, 행정행위가 갖는 이러한 효력을 형식적 존속력 또는 불가쟁력이라 한다. 불가
쟁력으로 인해 상대방 등이 더 이상 다툴 수 없다는 것이지, 처분의 기초가 된 사실관
계나 법률적 판단이 확정되고 당사자들이나 법원이 이에 기속되어 모순되는 주장이나
판단을 할 수 없게 되는 것은 아니라는 점을 유의하여야 한다.

### 2. 실질적 존속력(불가변력)

□ 국민의 권리와 이익을 옹호하고 법적안정을 도모하기 위하여 특정한 행위에 대
하여는 행정청이라 하여도 이것을 자유로이 취소·변경 및 철회할 수 없다는 행정행
위의 불가변력은 당해 행정행위에 대하여서만 인정되는 것이고, 동종의 행정행
위라 하더라도 그 대상을 달리할 때에는 이를 인정할 수 없다(대판 1974. 12. 10, 73
누129).

[평설] 행정의 법률적합성의 원칙상 행정행위에 원시적인 흠이나 후발적 사유가 있으
면, 이를 취소 또는 변경하는 것이 원칙이다. 그러나 일부의 행정행위는 처분청도 당
해 행위에 구속되어 직권으로 취소·변경할 수 없다. 행정행위가 갖는 이러한 힘을 실
질적 존속력 또는 불가변력이라 한다. 이러한 의미의 불가변력을 협의의 불가변력이
라 부른다. 한편, ② 행정행위의 폐지·변경에는 특별한 제한이 따른다는 의미에서 나
타나는 구속력을 광의의 불가변력이라 부른다. 광의의 불가변력은 행정행위의 취소·
철회의 제한원리와 관련한다. ③ 우리의 경우, 일반적인 견해는 불가변력을 협의로 이
해하는 것으로 보인다. 판례도 불가변력을 협의로 이해하고 있음을 보여준다.

3. 양자의 관계

□ 개별토지에 대한 가격결정도 행정처분에 해당하며, 원래 행정처분을 한 처분청은 그 행위에 하자가 있는 경우에는 원칙적으로 별도의 법적 근거가 없더라도 스스로 이를 직권으로 취소할 수 있는 것이고, 행정처분에 대한 **법정의 불복기간이 지나면 직권으로도 취소할 수 없게 되는 것은 아니므로**, 처분청은 토지에 대한 개별토지가격의 산정에 명백한 잘못이 있다면 이를 직권으로 취소할 수 있다(대판 1995. 9. 15, 95누6311).

[평설] 제소기간이 경과하여 **형식적 존속력이 생긴 행위일지라도 실질적 존속력이 없는 한** 권한을 가진 행정청은 그 행위를 취소·변경할 수 있다는 판례이다.

## [21] 행정행위의 하자

### Ⅰ. 하자 유무의 판단

① 행정소송에서 행정처분의 위법 여부는 **행정처분이 행하여졌을 때의 법령과 사실상태를 기준으로** 하여 판단하여야 하고, 처분 후 법령의 개폐나 사실상태의 변동에 의하여 영향을 받지는 않는다(대판 2007. 5. 11, 2007두1811).

② 특별한 사정이 없는 한 행정행위의 적법여부는 그 행정처분 당시를 기준으로 판단하여야 할 것이므로, 면허신청 당시에 제출되지 아니한 새로운 사실은 그 행정처분의 적법여부를 가리는 자료로 삼을 수 없다(대판 1996. 10. 11, 96누6172).

[평설] ①은 하자 유무 판단의 기준시점, ②는 하자 유무 판단 자료의 범위에 관한 것이다.

### Ⅱ. 행정행위의 무효와 취소의 구별

1. 구별

(1) 대법원

① 하자 있는 행정처분이 당연무효가 되기 위하여는 그 **하자가 법규의 중요한 부분을 위반한 중대한 것으로서 객관적으로 명백한 것이어야** 하며 하자가 중대하고 명백한 것인지 여부를 판별함에 있어서는 그 법규의 목적, 의미, 기능 등을 목적론적으로 고찰함과 동시에 구체적 사안 자체의 특수성에 관하여도 합리적으로 고찰함을 요한다(대판 1995. 7. 11, 94누4615의 다수의견; 대판 2016. 12. 29, 2014두2980, 2997; 대

판 2016. 7. 14, 2015두46598; 대판 2005. 6. 24, 2004두10968; 대판 1996. 2. 9, 95누4414).
② 행정행위의 무효사유를 판단하는 기준으로서의 **명백성**은 행정처분의 법적 안정성 확보를 통하여 행정의 원활한 수행을 도모하는 한편 그 행정처분을 유효한 것으로 믿은 제3자나 공공의 신뢰를 보호하여야 할 필요가 있는 경우에 보충적으로 요구되는 것으로서, 그와 같은 필요가 없거나 하자가 워낙 중대하여 그와 같은 필요에 비하여 처분 상대방의 권익을 구제하고 위법한 결과를 시정할 필요가 훨씬 더 큰 경우라면 그 하자가 명백하지 않더라도 그와 같이 중대한 하자를 가진 **행정처분은 당연무효라고 보아야** 한다(대판 1995. 7. 11, 94누4615의 소수의견).

[평설] ①은 다수의견으로서 행정행위의 무효와 취소를 구별하고, 그 기준으로 **중대명백설**을 취하면서, 구체적인 판단방법을 판시하고 있다. **판례의 확립된 견해이다.** ②는 소수의견으로서 행정행위의 무효의 기준으로 중대성요건만을 요구하여 중대한 하자를 가진 처분을 무효로 보지만, 제3자나 공공의 신뢰보호의 필요가 있는 경우에는 보충적으로 **명백성요건**을 요구한다. 이러한 견해를 명백성보충요건설이라 부른다.

(2) 헌법재판소
□ 행정처분 자체의 효력이 쟁송기간 경과 후에도 존속중인 경우, 특히 그 처분이 위헌법률에 근거하여 내려진 것이고 그 행정처분의 목적달성을 위하여서는 후행 행정처분이 필요한데 후행행정처분은 아직 이루어지지 않은 경우, 그 행정처분을 무효로 하더라도 법적 안정성을 크게 해치지 않는 반면에 그 하자가 중대하여 그 구제가 필요한 경우에 대하여서는 그 예외를 인정하여 이를 당연무효사유로 보아서 쟁송기간 경과 후에라도 무효확인을 구할 수 있는 것이라고 봐야 할 것이다. 학설상으로도 중대명백설 외에 중대한 하자가 있기만 하면 그것이 명백하지 않더라도 무효라고 하는 중대설도 주장되고 있고, 대법원의 판례로도 반드시 하자가 중대명백한 경우에만 행정처분의 무효가 인정된다고는 속단할 수 없기 때문이다(헌재 1994. 6. 30, 92헌바23).

[평설] 헌법재판소는 원칙적으로 중대명백설을 취하지만, 예외적으로 법적 안정성을 해치지 않는 반면에 그 하자가 중대하여 권리구제의 필요성이 큰 경우에는 무효를 인정한다. 말하자면 헌법재판소는 **중대명백설을 원칙으로** 하면서 예외적으로 **중대설을** 취한다고 하겠다.

## 2. 중대명백설

① 구 국토의 계획 및 이용에 관한 법률 제88조 제2항, 제95조, 제96조의 규정 내용에다가 도시계획시설사업은 도시 형성이나 주민 생활에 필수적인 기반시설 중 도시관리계획으로 체계적인 배치가 결정된 시설을 설치하는 사업으로서 공공복리와 밀접한 관련이 있는 점, 도시계획시설사업에 관한 실시계획의 인가처분은 특정 도시계획시설사업을 현실적으로 실현하기 위한 것으로서 사업에 필요한 토지 등의 수용 및 사용권 부여의 요건이 되는 점 등을 종합하면, 실시계획의 인가 요건을 갖추지 못한 인가처분은 공공성을 가지는 도시계획시설사업의 시행을 위하여 필요한 수용 등의 특별한 권한을 부여하는 데 정당성을 갖추지 못한 것으로서 법규의 중요한 부분을 위반한 중대한 하자가 있다(대판 2015. 3. 20, 2011두3746).
② 하자가 명백하다고 하기 위하여는 그 사실관계오인의 근거가 된 자료가 외형상 상태성을 결여하거나 또는 객관적으로 그 성립이나 내용의 진정을 인정할 수 없는 것임이 명백한 경우라야 할 것이고 사실관계의 자료를 정확히 조사하여야 비로소 그 하자유무가 밝혀질 수 있는 경우라면 이러한 하자는 외관상 명백하다고 할 수는 없을 것이다(대판 1992. 4. 28, 91누6863).
③ 행정청이 어느 법률관계나 사실관계에 대하여 어느 법률의 규정을 적용하여 행정처분을 한 경우에 그 법률관계나 사실관계에 대하여는 그 법률의 규정을 적용할 수 없다는 법리가 명백히 밝혀지지 아니하여 그 해석에 다툼의 여지가 있는 때에는 행정청이 이를 잘못 해석하여 행정처분을 하였더라도 이는 그 처분 요건사실을 오인한 것에 불과하여 그 하자가 명백하다고 할 수 없다(대판 2015. 3. 20, 2011두3746; 대판 2015. 3. 20, 2011두3746).

[평설] ①은 법규의 중요한 부분을 위반한 경우, 그 하자는 **중대한 하자**라는 취지의 판례이다. ②와 ③은 **하자의 명백성** 유무에 관한 것이다.

## III. 위헌 법령에 근거한 처분

### 1. 위헌결정에 따른 법률의 효력(제한적 소급효)

□ 효력이 다양할 수밖에 없는 위헌결정의 특수성 때문에 예외적으로 부분적인 소급효의 인정을 부인해서는 안 될 것이다. 첫째 구체적 규범통제의 실효성의 보장의 견지에서 법원의 제청·헌법소원 청구 등을 통하여 헌법재판소에 법률의 위헌결정을 위한 계기를 부여한 당해 사건, 위헌결정이 있기 전에 이와 동종의 위헌

여부에 관하여 헌법재판소에 위헌제청을 하였거나 법원에 위헌제청신청을 한 경우의 당해 사건, 그리고 따로 위헌제청신청을 아니하였지만 당해 법률 또는 법률의 조항이 재판의 전제가 되어 법원에 계속 중인 사건에 대하여는 소급효를 인정하여야 할 것이다. 둘째 당사자의 권리구제를 위한 구체적 타당성의 요청이 현저한 반면에 소급효를 인정하여도 법적 안정성을 침해할 우려가 없고 나아가 구 법에 의하여 형성된 기득권자의 이득이 해쳐질 사안이 아닌 경우로서 소급효의 부인이 오히려 정의와 평등 등 헌법적 이념에 심히 배치되는 때에도 소급효를 인정할 수 있다(헌재 1993. 5. 13, 92헌가10 등; 대판 2017. 3. 9, 2015다233982; 대판 1993. 1. 15, 91누5747).

[평설] 헌법재판소법은 위헌으로 결정된 법률 또는 법률의 조항은 그 결정이 있는 날로부터 효력을 상실한다고 규정하지만(당시 헌법재판소법 제47조 제2항 본문, 현행법 제47조 제2항), 이 규정의 해석과 관련하여 위헌결정의 특수성 때문에 예외적으로 부분적인 소급효를 인정할 수밖에 없는 경우를 적시하고 있는 판례이다. 헌법재판소와 대법원(대판 1993. 2. 26, 92누12247; 대판 2005. 11. 10, 2005두5628 등)의 확립된 견해이다. 물론 형벌에 관한 법률 또는 법률의 조항의 경우에는 소급을 규정하고 있다(당시 헌법재판소법 제47조 제2항 단서, 현행법 제47조 제3항).

## 2. 위헌법률의 소급효와 그 법률에 근거한 행정처분의 관계

□  위헌결정의 소급효가 인정된다고 하여 위헌인 법률에 근거한 행정처분이 당연무효가 된다고는 할 수 없고 오히려 이미 취소소송의 제기기간을 경과하여 확정력이 발생한 행정처분에는 위헌결정의 소급효가 미치지 않는다고 보아야 할 것이다(대판 1994. 10. 28, 92누9463).

[평설] 법률의 위헌결정이 있은 후 그 법률에 근거하여 처분이 발령되면, 그 처분은 중대명백설에 따라 당연무효가 된다(대판 1994. 10. 28, 92누9463; 헌재 1999. 9. 16, 92헌바9).

## 3. 위헌법률에 근거한 행정처분의 효력

① 법률에 근거하여 행정처분이 발하여진 후에 헌법재판소가 그 행정처분의 근거가 된 법률을 위헌으로 결정하였다면 결과적으로 행정처분은 법률의 근거가 없이 행하여진 것과 마찬가지가 되어 하자가 있는 것이 되나, 하자 있는 행정처분이 당연무효가 되기 위하여는 그 하자가 중대할 뿐만 아니라 명백한 것이어야

하는데, 일반적으로 법률이 헌법에 위반된다는 사정이 헌법재판소의 위헌결정이 있기 전에는 객관적으로 명백한 것이라고 할 수는 없으므로 헌법재판소의 위헌결정 전에 행정처분의 근거되는 당해 법률이 헌법에 위반된다는 사유는 특별한 사정이 없는 한 그 행정처분의 취소소송의 전제가 될 수 있을 뿐 당연무효사유는 아니라고 봄이 상당하다(대판 1994. 10. 28, 92누9463; 대판 2001. 3. 23, 98두5583; 대판 2009. 5. 14, 2007두16202).

② 행정처분의 근거법률이 헌법에 위반된다는 사정은 헌법재판소의 위헌결정이 있기 전에는 객관적으로 명백한 것이라고 할 수는 없으므로 **특별한 사정이 없는 한 그러한 하자는 행정처분의 취소사유에 해당할 뿐 당연무효사유는 아니어서,** 제소기간이 경과한 뒤에는 행정처분의 근거 법률이 위헌임을 이유로 무효확인소송 등을 제기하더라도 행정처분의 효력에는 영향이 없음이 원칙이다(헌재 2016. 11. 24, 2015헌바207).

[평설] ①은 처분의 근거된 법령이 사후적으로 위헌·위법으로 판명된 경우, 그 위헌·위법은 중대명백설에 따라 취소사유라는 취지의 판례이다. 확립된 대법원의 견해이다. ②는 중대명백설을 원칙적인 것으로 취하고 있음을 보여준다. 앞에서 본 판례(헌재 1994. 6. 30, 92헌바23)에서 헌법재판소는 예외적으로 중대설을 취한다는 것을 본 바 있다.

## 4. 위헌 법률에 근거한 처분의 집행력

□ [다수의견] 구 헌법재판소법(2011. 4. 5. 법률 제10546호로 개정되기 전의 것) 제47조 제1항은 "법률의 위헌결정은 법원 기타 국가기관 및 지방자치단체를 기속한다." 고 규정하고 있는데, 이러한 위헌결정의 기속력과 헌법을 최고규범으로 하는 법질서의 체계적 요청에 비추어 국가기관 및 지방자치단체는 위헌으로 선언된 법률규정에 근거하여 새로운 행정처분을 할 수 없음은 물론이고, 위헌결정 전에 이미 형성된 법률관계에 기한 후속처분이라도 그것이 새로운 위헌적 법률관계를 생성·확대하는 경우라면 이를 허용할 수 없다. 따라서 조세 부과의 근거가 되었던 법률규정이 위헌으로 선언된 경우, 비록 그에 기한 과세처분이 위헌결정 전에 이루어졌고, 과세처분에 대한 제소기간이 이미 경과하여 조세채권이 확정되었으며, 조세채권의 집행을 위한 체납처분의 근거규정 자체에 대하여는 따로 위헌결정이 내려진 바 없다고 하더라도, 위와 같은 위헌결정 이후에 조세채권의 집행을 위한 새로운 체납처분에 착수하거나 이를 속행하는 것은 더 이상 허용되지 않고, 나아가

이러한 위헌결정의 효력에 위배하여 이루어진 체납처분은 그 사유만으로 하자가 중대하고 객관적으로 명백하여 당연무효라고 보아야 한다(대판 2012. 2. 16, 2010두10907 전원합의체 판결).

[평설] 새로운 위헌적 법률관계의 생성·확대의 방지라는 헌법적 요구에 초점을 둔 결정례이다. 학설은 위헌 법률에 근거한 처분의 집행력의 인정여부와 관련하여 ① 위법성의 승계의 문제로 보는 견해(판례의 소수견해)와 ② 위헌적인 법적용의 집행배제의 문제로 보는 견해(판례의 소수견해)로 나뉜다. 후자의 견해도 ⓐ 헌법재판소법 제47조 제2항(위헌으로 결정된 법률 또는 법률의 조항은 그 결정이 있는 날부터 효력을 상실한다)의 해석상 "이미 확정된 재판이나 처분은 위헌결정에 영향을 받지 아니하되, 그러한 확정된 재판이나 처분에 의한 집행은 더 이상 허용되지 않으며, 또한 위헌법률의 소급무효로 인한 부당이득반환청구권도 허용되지 않는다"는 취지로 이해하는 견해(수정해석에 의한 집행배제론), ⓑ 헌법재판소법 제47조 제1항의 기속력은 소위 "결정준수의무"를 본질로 하고 있고, 이에 따라 국가기관은 위헌결정된 법률을 사안에 적용하거나 이를 집행하여서는 아니 되는 기속력을 받는다는 견해(결정준수의무에 기초한 집행배제론)가 있다.

## 5. 위법한 시행령·조례에 근거한 처분

① 일반적으로 시행령이 헌법이나 법률에 위반된다는 사정은 그 시행령의 규정을 위헌 또는 위법하여 무효라고 선언한 대법원의 판결이 선고되지 아니한 상태에서는 그 시행령 규정의 위헌 내지 위법 여부가 해석상 다툼의 여지가 없을 정도로 명백하였다고 인정되지 아니하는 이상 객관적으로 명백한 것이라 할 수 없으므로, 이러한 시행령에 근거한 행정처분의 하자는 취소사유에 해당할 뿐 무효사유가 되지 아니한다(대판 2007. 6. 14, 2004두619).

② 조례 제정권의 범위를 벗어나 국가사무를 대상으로 한 무효인 서울특별시행정권한위임조례의 규정에 근거하여 구청장이 건설업영업정지처분을 한 경우, 그 처분은 결과적으로 적법한 위임 없이 권한 없는 자에 의하여 행하여진 것과 마찬가지가 되어 그 하자가 중대하나, 지방자치단체의 사무에 관한 조례와 규칙은 조례가 보다 상위규범이라고 할 수 있고, 또한 헌법 제107조 제2항의 "규칙"에는 지방자치단체의 조례와 규칙이 모두 포함되는 등 이른바 규칙의 개념이 경우에 따라 상이하게 해석되는 점 등에 비추어 보면 위 처분의 위임 과정의 하자가 객관적으

로 명백한 것이라고 할 수 없으므로 이로 인한 하자는 결국 당연무효사유는 아니라고 봄이 상당하다(대법 1995. 7. 11, 94누4615 전원합의체판결).

[평설] 위법한 시행령에 근거한 처분의 효력이나(①) 위법한 조례에 근거한 처분의 효력도(②) 위헌법률에 근거한 행정처분의 경우와 다를 바 없다.

## Ⅳ. 무효인 행정행위

### 1. 무효의 사유

#### (1) 주체요건상 무효사유 여부(무권한의 행위)

① 의료법 제51조, 제64조의 규정들에 의하면 의료법에 의한 권한을 하급기관에 위임할 수 있는 것은 보건사회부장관에 그치므로 도지사가 의료업정지권한을 군수에게 위임한 것은 무효이고 따라서 군수가 한 의료업정지처분은 무효이다(대판 1975. 4. 8, 75누41; 대판 1976. 2. 24, 76누1).

② 행정청의 권한에는 사무의 성질 및 내용에 따르는 제약이 있고, 지역적·대인적으로 한계가 있으므로 이러한 권한의 범위를 넘어서는 권한유월의 행위는 무권한 행위로서 원칙적으로 무효라고 할 것이나, 행정청의 공무원에 대한 의원면직처분은 공무원의 사직의사를 수리하는 소극적 행정행위에 불과하고, 당해 공무원의 사직의사를 확인하는 확인적 행정행위의 성격이 강하며 재량의 여지가 거의 없기 때문에 의원면직처분에서의 행정청의 권한유월 행위를 다른 일반적인 행정행위에서의 그것과 반드시 같이 보아야 할 것은 아니다. 5급 이상의 국가정보원직원에 대한 의원면직처분이 임면권자인 대통령이 아닌 국가정보원장에 의해 행해진 것으로 위법하고, 나아가 국가정보원직원의 명예퇴직원 내지 사직서 제출이 직위해제 후 1년여에 걸친 국가정보원장 측의 종용에 의한 것이었다는 사정을 감안한다 하더라도 그러한 하자가 중대한 것이라고 볼 수는 없으므로, 대통령의 내부결재가 있었는지에 관계없이 당연무효는 아니다(대판 2007. 7. 26, 2005두15748).

③ 구청장이 서울특별시 조례에 의한 적법한 위임 없이 택시운전자격정지처분을 한 경우, 그 하자가 비록 중대하다고 할지라도 객관적으로 명백하다고 할 수는 없으므로 당연무효 사유가 아니다(대판 2002. 12. 10, 2001두4566).

[평설] ①은 무권한의 행위를 무효로 본 종래의 판례이고, ②와 ③은 근년의 판례로서 무권한의 행위를 취소할 수 있는 행위로 본 판례이다.

= 권한 없는 행정기관이 한 당연무효인 행정처분의 취소권자

□ 권한 없는 행정기관이 한 당연무효인 행정처분을 취소할 수 있는 권한은 당해 행정처분을 한 처분청에게 속하고, 당해 행정처분을 할 수 있는 적법한 권한을 가지는 행정청에게 그 취소권이 귀속되는 것이 아니다(대판 1984. 10. 10, 84누463).

[평설] 당연무효인 행정처분을 취소(무효를 선언하는 의미의 취소)할 수 있는 권한은 당해 행정처분을 한 처분청에 있다는 취지의 판례이다. 항고소송에서는 그 처분청이 피고가 된다는 것을 의미한다.

(2) 절차요건상 무효사유 여부

① 일반 유흥음식점의 장소 변경허가를 함에 있어서 소론 위조된 해제승인서가 첨부되었는데도 유효한 해제승인서인 것으로 잘못 알고 접수 허가한 것인 점에서 착오로 허가해 주었다고 볼 것이요 행정행위의 절차에 하자있는 것으로는 볼 수 없다 할 것이므로 원심이 이와 같이 착오로 허가해 주었다고 하여 그것만을 이유로 그 허가처분을 취소할 수는 없다(대판 1979. 6. 26, 79누43; 1976. 5. 11, 75누214).

② 피고(진천군수)가 약사법 제69조의 2의 규정에 따라 원고에 대하여 양약종상의 허가취소를 하기에 앞서 원고에게 청문의 기회를 부여하여야 함에도 불구하고 그러한 절차를 이행하지 아니한 것은 위법이나 이러한 흠 때문에 허가취소처분이 당연무효가 되는 것은 아니다(대판 1986. 8. 19, 86누115; 대판 1987. 7. 21, 86누623).

③ 납세의무자가 세금을 납부기한까지 납부하지 아니하자 과세청이 징수를 위하여 압류처분에 이른 것이라면 비록 독촉절차 없이 압류처분을 하였다 하더라도 이러한 사유만으로는 압류처분을 무효로 되게 하는 중대하고도 명백한 하자로는 되지 않는다(대판 1987. 9. 22, 87누383).

[평설] ①은 착오를 독립의 취소사유로도 보지 아니한 판례이다. 착오의 결과로 인한 행위가 위법한 경우에는 위법을 이유로 무효·취소될 수 있을 것이다. ②는 법률상 요구되는 청문절차의 결여를 무효사유가 아니라 취소사유로 본 판례이다. 행정절차법 발효(1998. 1. 1.) 이전의 판례이지만, 행정절차법이 시행 중인 오늘날에도 취소사유로 본다. ③은 법률상 요구되는 공고·통지 등의 절차의 결여를 취소사유로 본 판례이다. 그러나 과세절차의 엄격성을 고려하면, 재산권 침해라는 면에서 그 하자가 중대하고, 법률상 요구되는 절차의 결여라는 점에서 그 하자가 명백하다고 보아 무효로 볼 여지

도 있다.

## (3) 형식요건상 무효사유 여부

□ 지방세법 제1조 제1항 제5호, 제25조 제1항, 지방세법시행령 제8조 등 납세고지서에 관한 법령규정들은 강행규정으로서 이들 법령이 요구하는 기재사항 중 일부를 누락시킨 하자가 있는 경우 이로써 그 부과처분은 위법하게 되지만, 이러한 납세고지서 작성과 관련한 하자는 그 고지서가 납세의무자에게 송달된 이상 과세처분의 본질적 요소를 이루는 것은 아니어서 과세처분의 취소사유가 됨은 별론으로 하고 당연무효의 사유로는 되지 아니한다(대판 1998. 6. 26, 96누12634).

[평설] 법이 문서의 형식뿐만 아니라 기재사항까지 정하고 있음에도 불구하고 요구되는 이유기재가 불충분하다면, 그 불충분은 처분의 취소사유가 된다는 취지의 판례이다. 만약 동일한 경우, 그 기재를 결한 사항이 중요한 부분이라면 무효사유가 된다고 볼 것이다.

## (4) 내용요건상 무효사유 여부

□ 공사중지명령은 엄격한 법적 근거를 요하는 기속행위에 속한다 할 것인데, 이웃 주민들의 집단민원이 있을 경우 다세대주택 건축허가를 취소할 수 있다거나 공사중지명령을 할 수 있다는 근거법규가 없고, 주택건설촉진법이 단독주택에 대하여는 그것이 비록 같은 법 제33조 제1항에 의한 사업계획승인을 받아 건립된 일단의 단독주택 중 하나라 하더라도 공동주택 소유자의 철거 및 재건축을 제한하는 같은 법 제38조 제2항과 같은 제한을 하고 있지 아니하므로, 위와 같은 단독주택 하나를 헐고 다세대주택을 건축하는 공사에 대하여 이웃 주민들의 집단적인 건축반대민원이 있다는 것과 같은 법의 취지에 반한다는 것을 이유로 한 공사중지명령은 법령상의 근거 없이 행하여진 위법한 처분이다(대판 1991. 10. 11, 91누7835).

[평설] 공사중지처분취소소송에서 판시된 판결요지이다. 판례는 법적 근거의 결여라는 하자를 취소사유로 보았다. 침익적 행위에 법적 근거가 없었다는 것은 내용상 중대한 하자로 볼 수 있으므로, 만약 법적 근거의 결여가 명백하였다면 무효사유로 볼 수도 있었을 것이다.

## 2. 무효의 효과

□  무효한 행정처분은 형식상 행정처분으로서는 존재하나 그 처분내용에 적응한 법률상 결과는 전혀 발생할 수 없는 것이므로 권한 있는 기관으로부터의 취소선언이 없다 하여도 누구나 언제든지 그 무효를 주장할 수 있고 법원은 그 행정처분을 민사사건의 선결문제로서 심리하여 그 무효를 인정할 수 있는 것이다(대판 1966. 11. 29, 66다1619).

[평설] 행정행위의 무효는 처분이 존재한다는 점에서 행정행위의 부존재와 구별되고, 처음부터 아무런 효력도 발생하지 않는다는 점에서 권한 있는 기관이 취소할 때까지 효력이 있는 취소와 구별된다.

## 3. 무효의 주장방법

□  행정처분의 당연무효를 선언하는 의미에서 그 취소를 구하는 행정소송을 제기한 경우에도 제소기간의 준수 등 취소소송의 제소요건을 갖추어야 하는 것이므로 원고가 주위적 청구로 이 사건 이의재결의 취소를 구하고 있는 이상 그 취지가 위 이의재결의 당연무효를 선언하는 의미에서 취소를 구하는 것이라 하더라도 토지수용법 제75조의2 소정의 제소기간을 준수하여야 한다(대판 1993. 3. 12, 92누11039; 대판 1966. 9. 6, 66누81).

[평설] 행정행위의 무효는 무효확인심판으로 주장하거나(행심법 제4조 제2호, 제9조 제2항), 무효확인소송으로써 주장하거나(행소법 제4조 제2호, 제35조), 선결문제로써 주장할 수 있는데(행소법 제11조), 이 판례는 **무효선언을 구하는 의미의 취소소송의 형식**으로 무효를 주장하는 것도 가능하다는 것을 보여준다.

## V. 행정행위의 하자의 승계

□  계고처분의 후속절차인 대집행에 위법이 있다고 하더라도, 그와 같은 후속절차에 위법성이 있다는 점을 들어 선행절차인 계고처분이 부적법하다는 사유로 삼을 수는 없다(대판 1997. 2. 14, 96누15428).

## 1. 선행·후행 행위가 하나의 효과를 목적으로 하는 경우

□  2개 이상의 행정처분이 연속적 또는 단계적으로 이루어지는 경우 선행처분과

후행처분이 서로 합하여 1개의 **법률효과를** 완성하는 때에는 선행처분에 하자가 있으면 그 하자는 후행처분에 승계된다. 이러한 경우에는 **선행처분에 불가쟁력이 생겨 그 효력을 다툴 수 없게 되더라도** 선행처분의 하자를 이유로 후행처분의 효력을 다툴 수 있다(대판 2017. 7. 18, 2016두49938).

[평설] 판례는 선행행위와 후행행위가 일련의 절차를 구성하면서 **하나의 효과를 목적으로 하는 경우**(예: 체납처분절차상 압류와 매각)에는 예외적으로 선행행위의 위법성이 후행행위에 승계된다고 한다. 전통적 견해도 같다.

## 2. 선행·후행 행위가 별개의 효과를 목적으로 하는 경우

### (1) 원칙

□ 선행처분과 후행처분이 서로 독립하여 **별개의 법률효과를 발생시키는 경우**에는 선행처분에 불가쟁력이 생겨 그 효력을 다툴 수 없게 되면 **선행처분의 하자가 당연무효인 경우를 제외하고는 특별한 사정이 없는 한** 선행처분의 하자를 이유로 후행처분의 효력을 다툴 수 없는 것이 원칙이다(대판 2017. 7. 18, 2016두49938; 대판 1998. 9. 8, 97누20502; 대판 1988. 6. 28, 87누1009; 대판 1987. 9. 22, 87누383; 헌재 2004. 1. 29, 2002헌바73).

[평설] 선행행위와 후행행위가 상호관련적이나 별개의 목적으로 행하여지는 경우(예: 과세처분과 체납처분, 건물철거명령과 대집행계고처분), 선행행위의 위법성이 후행행위에 승계되지 아니한다는 것이 판례의 견해이다. 전통적 견해도 판례와 같은 입장이다.

### (2) 예외(선행행위의 무효, 수인성의 원칙)

① 선행처분과 후행처분이 서로 독립하여 별개의 법률효과를 목적으로 하는 때에도 선행처분이 당연무효이면 선행처분의 하자를 이유로 후행처분의 효력을 다툴 수 있다(대판 2017. 7. 11, 2016두35120; 대판 1999. 4. 27, 97누6780; 대판 1996. 6. 28, 96누4374; 대판 1988. 6. 28, 87누1009; 대판 1987. 9. 22, 87누383; 대판 1961. 10. 19, 4294행상61).

② 선행처분과 후행처분이 서로 독립하여 별개의 효과를 목적으로 하는 경우에도 선행처분의 불가쟁력이나 구속력이 그로 인하여 불이익을 입게 되는 자에게 수인한도를 넘는 가혹함을 가져오며, 그 결과가 당사자에게 예측가능한 것이 아닌 경

우에는 국민의 재판받을 권리를 보장하고 있는 헌법의 이념에 비추어 선행처분의 후행처분에 대한 구속력은 인정될 수 없다(대판 2013. 3. 14, 2012두6964; 대판 1998. 3. 13, 96누6059; 대판 1994. 1. 25, 93누8542).

[평설] ①은 선행행위와 후행행위가 별개의 목적으로 행하여지는 경우일지라도 **선행행위가 무효이면 후행행위를 다툴 수 있다**는 판례이다. 판례의 확립된 견해이다. ②는 **수인성의 원칙을 적용하여 후행행위의 구속력을 부인**한다. 역시 판례의 확립된 견해이다. 수인성의 원칙이란 모든 공행정기관이나 입법자의 작용은 그 효과가 사인이 수인할 수 있는 것이어야 한다는 원칙이다. 예컨대 납세자의 담세능력을 초과한 과세처분 또는 소방공무원에 대해 생명의 희생이 요구되는 진화명령은 수인이 불가능한 경우에 해당할 것이다.

QR 25. **하자의 승계를 인정한 판례 모음** ☞ QR코드
QR 26. **하자의 승계를 부인한 판례 모음** ☞ QR코드

## VI. 행정행위의 하자의 치유와 전환

### 1. 하자의 치유

#### (1) 치유의 인정 여부

□ 하자 있는 행정행위의 치유는 행정행위의 성질이나 법치주의 관점에서 볼 때 **원칙적으로 허용될 수 없는 것**이고, 예외적으로 행정행위의 무용한 반복을 피하고 당사자의 법적 안정성을 위해 이를 허용하는 때에도 국민의 권리나 이익을 침해하지 아니하는 범위에서 구체적 사정에 따라 합목적적으로 인정하여야 할 것이다 (대판 2014. 2. 27, 2011두11570; 대판 2002. 7. 9, 2001두10684; 대판 2001. 6. 26, 99두11592; 대판 1991. 5. 28, 90누1359; 대판 1983. 7. 26, 82누420).

[평설] 행정행위의 하자의 치유에 관한 일반법은 없다. 제한적으로 하자의 치유를 인정하는 것이 판례의 확립된 견해이다.

#### (2) 치유가 인정되는 행위(취소할 수 있는 행위)

□ 징계처분이 중대하고 명백한 흠 때문에 당연무효의 것이라면 징계처분을 받은 원고가 이를 용인하였다 하여 그 흠이 치유되는 것은 아니다(대판 1989. 12. 12,

88누8869).

[평설] **무효인 행위에는 치유가 인정되지 아니한다**는 판례이다. 따라서 "절차상 또는 형식상 하자로 인하여 무효인 행정처분이 있은 후 행정청이 관계 법령에서 정한 절차 또는 형식을 갖추어 다시 동일한 행정처분을 하였다면 당해 행정처분은 종전의 무효인 행정처분과 관계없이 새로운 행정처분이라는 것이 판례의 견해이다(대판 2007. 12. 27, 2006두3933; 대판 2010. 4. 29, 2009두16879).

### (3) 치유가 인정되는 하자의 유형

① 행정청이 식품위생법상의 청문절차를 이행함에 있어 소정의 청문서 도달기간을 지키지 아니하였다면 이는 청문의 절차적 요건을 준수하지 아니한 것이므로 이를 바탕으로 한 행정처분은 일단 위법하다고 보아야 할 것이지만 이러한 **청문제도의 취지**는 처분으로 말미암아 받게 될 영업자에게 미리 변명과 유리한 자료를 제출할 기회를 부여함으로써 부당한 권리침해를 예방하려는 데에 있는 것임을 고려하여 볼 때, 가령 행정청이 청문서 도달기간을 다소 어겼다 하더라도 영업자가 이에 대하여 이의하지 아니한 채 스스로 청문일에 출석하여 그 의견을 진술하고 변명하는 등 방어의 기회를 충분히 가졌다면 청문서 도달기간을 준수하지 아니한 하자는 치유되었다고 봄이 상당하다(대판 1992. 10. 23, 92누2844).

② 공매절차에서 … 체납처분의 전제요건으로서의 **독촉**은 체납자로 하여금 당해 체납세액을 납부하여 **체납처분**을 당하는 것을 피할 수 있는 기회를 제공하기 위한 것인데, 설사 **독촉장의 송달이 흠결**되었다고 하더라도 그 이후에 이루어진 공매절차에서 공매통지서가 체납자에게 적법하게 송달된 경우에는 실질적으로 체납자의 절차상의 권리나 이익이 침해되었다고 보기 어려운 점 등에 비추어 보면, 비록 압류처분의 단계에서 독촉의 흠결과 같은 절차상의 하자가 있었다고 하더라도 그 이후에 이루어진 공매절차에서 공매통지서가 적법하게 송달된 바가 있다면 매수인이 매각결정에 따른 매수대금을 납부한 이후에는 다른 특별한 사정이 없는 한, 당해 공매처분을 취소할 수 없다(대판 2006. 5. 12, 2004두14717).

③ 운송사업의 사업계획변경인가처분으로 종전 운행계통에 관하여 각각 그 종점을 기점으로, 기점을 경유지로 하고 그 운행계통을 연장하여 종점을 새로 정하며, 경유지를 일부 변경하는 것이 노선면허가 없는 상태에서 운행계통을 연장, 변경한 것이어서 위법할 뿐 아니라, 이는 운수회사가 보유하고 있는 노선면허를

통합변경하는 내용의 처분이 아니므로, 처분의 대상이 되지 아니한 위 새로 정한 종점까지의 다른 구간의 노선면허를 위 회사가 보유하고 있다 하여 위 처분의 노선흠결의 하자가 치유되지 아니한다(대판 1991. 5. 28, 90누1359).

[평설] ①과 ②는 모두 **절차상 하자의 치유를 인정한 판례이다.** 판례가 하자의 치유를 인정한 경우는 주로 절차상 하자와 관련한다. 학설상으로는 요건의 사후보완, 즉 무권대리행위의 추인, 허가요건이나 등록요건의 사후충족, 요식행위의 형식보완 등을 치유의 사유로 든다. 한편, ③은 행정처분의 **내용상 하자의 치유를 인정하지 아니하는 판례이다**(부정설). 학설은 행정처분의 내용상 하자의 치유 여부에 대하여 긍정설과 부정설로 나뉘고 있다.

(4) 치유가 인정되는 시간적 한계
□ 하자의 치유를 허용하려면 늦어도 과세처분에 대한 **불복여부의 결정 및 불복신청에 편의를 줄 수 있는 상당한 기간 내에** 하여야 한다고 할 것이므로 위 과세처분에 대한 전심절차가 모두 끝나고 이 사건 소송이 계류중인 1982. 11. 13 세액산출근거의 통지가 있었다고 하여 이로써 위 과세처분의 하자가 치유되었다고는 볼 수 없다고 할 것이다(대판 1984. 4. 10, 83누393; 대판 1983. 7. 26, 82누420).

[평설] ① 판례는 하자의 추완이나 보완은 행정심판(행정쟁송)의 제기 이전에만 가능하다는 견해(**쟁송제기이전시설**)를 취한다. ② 학설은 쟁송제기 이전에만 가능하다는 입장(**쟁송제기이전시설**)과 이후에도 가능할 것이라는 입장(**쟁송종결시설**), 그리고 절충적 입장(행정쟁송 제기 후에는 하자의 치유를 인정하여도 처분의 상대방에 권리구제의 장애를 초래하지 않는 경우에 허용된다는 견해, **절충설**)으로 나뉘고 있다. ③ 사견으로, 소송경제 등을 고려하여 소송절차의 종결 전까지 하자의 치유를 인정하는 것이 바람직하다고 본다.

2. 하자의 전환
□ 하자있는 행정행위의 치유나 전환은 행정행위의 성질이나 법치주의의 관점에서 볼 때 원칙적으로 허용될 수 없는 것이지만, 행정행위의 무용한 반복을 피하고 당사자의 법적 안정성을 위해 이를 허용하는 때에도 국민의 권리와 이익을 침해하지 않는 범위에서 구체적 사정에 따라 합목적적으로 인정해야 할 것이다(대판 1983. 7. 26, 82누420).

## [22] 행정행위의 폐지와 실효

### Ⅰ. 행정행위의 직권취소

#### 1. 직권취소의 의의와 성질

① 행정행위의 취소는 일단 유효하게 성립한 행정행위를 그 행위에 위법 또는 부당한 하자가 있음을 이유로 소급하여 그 효력을 소멸시키는 별도의 행정처분이고, 행정행위의 철회는 적법요건을 구비하여 완전히 효력을 발하고 있는 행정행위를 사후적으로 그 행위의 효력의 전부 또는 일부를 장래에 향해 소멸시키는 행정처분이므로, 행정행위의 취소사유는 행정행위의 성립 당시에 존재하였던 하자를 말하고, 철회사유는 행정행위가 성립된 이후에 새로이 발생한 것으로서 행정행위의 효력을 존속시킬 수 없는 사유를 말한다(대판 2006. 5. 11, 2003다37969; 대판 1999. 12. 28, 98두1895).

② 일정한 행정처분으로 국민이 일정한 이익과 권리를 취득하였을 경우에 종전 행정처분에 하자가 있음을 전제로 직권으로 이를 취소하는 행정처분은 이미 취득한 국민의 기존 이익과 권리를 박탈하는 **별개의 행정처분이다**(대판 2017. 6. 15, 2014두46843).

[평설] ①은 행정행위의 **직권취소와 철회의 개념**을 적시하고 그 내용이 다르다는 것을 보여주는 판례이다. 직권취소에 대한 판례의 정의는 확립된 것이다(대판 1999. 12. 28, 98두1895 등). 한편, 취소라는 용어는 넓은 의미로 직권취소와 철회를 포함하는 의미로 사용되기도 한다(대판 2000. 2. 25, 99두10520). ②는 하자 있는 행정행위를 직권으로 **취소하는 행위는 취소되는 행위의 변형이 아니라 그와 구별되는 별개의 새로운 행위**라는 점을 강조하고 있다. 직권취소 그 자체를 대상으로 다툴 수도 있다. 판례의 확립된 견해이다(대판 2014. 11. 27, 2014두9226).

#### 2. 직권취소의 법적 근거와 직권취소청구권

① 행정처분을 한 처분청은 그 처분의 성립에 하자가 있는 경우 별도의 법적 근거가 없다고 하더라도 직권으로 이를 취소할 수 있다고 봄이 원칙이므로, 국민연금법이 정한 수급요건을 갖추지 못하였음에도 연금 지급결정이 이루어진 경우에는 이미 지급된 급여 부분에 대한 환수처분과 별도로 그 지급결정을 취소할 수 있다(대판 2017. 3. 30, 2015두43971; 대판 2017. 1. 12, 2015두2352; 대판 2014. 11. 27, 2013두16111; 대판 2014. 7. 10, 2013두7025; 대판 2008. 11. 13, 2008두8628; 대판 1986. 2. 25, 85누

664; 대판 1982. 7. 27, 81누271).

② 산림법령에는 채석허가처분을 한 처분청이 산림을 복구한 자에 대하여 복구
설계서승인 및 복구준공통보를 한 경우 그 취소신청과 관련하여 아무런 규정을
두고 있지 않고, 원래 행정처분을 한 처분청은 그 처분에 하자가 있는 경우에는
원칙적으로 별도의 법적 근거가 없더라도 스스로 이를 직권으로 취소할 수 있지
만, 그와 같이 **직권취소를 할 수 있다는 사정만으로 이해관계인에게 처분청에 대
하여 그 취소를 요구할 신청권이 부여된 것으로 볼 수는 없다**(대판 2006. 6. 30, 2004두
701).

[평설] ①은 처분청은 별도의 **법적 근거가 없어도** 하자있는 행위를 직권취소할 수 있
다는 판례이다. 직권취소는 단순위법한 행위 또는 부당한 행위를 적법한 행위 또는 정
당한 행위로 바로잡는 행위이므로 판례의 견해는 타당하다. 판례의 확립된 견해이다.
일반적 견해의 입장도 같다. ②는 사인의 **직권취소청구권**(직권취소를 청구할 수 있는 권
리)을 부인하는 판례이다. 근거법령이나 관련법령의 규정상 또는 해석상 사익보호를
위해 직권취소를 청구할 수 있음을 규정한다면, 직권취소청구권을 인정할 수도 있을
것이다.

## 3. 수익적 행위의 직권취소
### (1) 직권취소 자유의 제한

□ 수익적 행정처분을 직권으로 **취소하는 행정처분**은 이미 취득한 국민의 기존
이익과 권리를 박탈하는 **별개의 행정처분**으로, 취소될 행정처분에 **하자가 있어야
하고**, 나아가 행정처분에 하자가 있다고 하더라도 **취소해야 할 공익상 필요**와 취
소로 당사자가 입게 될 기득권과 신뢰보호 및 **법률생활 안정의 침해 등 불이익**을 비
교·교량한 후 공익상 필요가 당사자가 입을 불이익을 정당화할 만큼 강한 경우
에 한하여 취소할 수 있는 것이다(대판 2017. 6. 15, 2014두46843; 대판 2017. 3. 30,
2015두43971; 대판 2015. 1. 29, 2012두6889; 대판 2014. 11. 27, 2014두9226; 대판 2014. 7. 24,
2013두27159; 대판 2008. 11. 13, 2008두8628; 대판 2002. 11. 8, 2001두1512; 대판 1990. 10.
10, 89누6433).

[평설] ① **위법·침익적 행위**는 형식적 존속력(불가쟁력)이 생겨난 후에도 의무에 합당
한 재량에 따라 행정청은 취소할 수 있다. 특별한 제한이 따르지 아니한다. 왜냐하면

위법·침익적인 행위의 취소는 일면 관계자에게 수익적인 것일 뿐만 아니라, 타면 법치국가적 요구에 합당하기 때문이다. 그러나 **위법·수익적 행위**의 경우에는 **상대방의 신뢰보호**와 관련하여 그 **취소가 본질적으로 제한된다**는 것이 학설의 입장인데, 판례도 이러한 입장을 따르고 있음을 볼 수 있다. 판례의 확립된 견해이다. ② 판례는 수익적 행위의 직권취소의 가능 여부는 **공익·사익의 형량**에 따라 판단하여야 한다는 취지를 판시하고 있다. 판례의 확립된 견해이다.

### (2) 기속행위의 경우(직권취소 불가)

□ 행정처분의 성립과정에서 그 **처분을 받아내기 위한 뇌물이 수수되었다면** 특별한 사정이 없는 한 그 행정처분에는 **직권취소사유가 있는 것으로** 보아야 할 것이고, 이러한 이유로 직권취소하는 경우에는 처분 상대방 측에 귀책사유가 있기 때문에 신뢰보호의 원칙도 적용될 여지가 없다 할 것이며, 다만 행정처분의 성립과정에서 뇌물이 수수되었다고 하더라도 그 행정처분이 기속적 행정행위이고 그 처분의 요건이 충족되었음이 객관적으로 명백하여 다른 선택의 여지가 없었던 경우에는 직권취소의 예외가 될 수 있을 것이지만, 그 경우 이에 대한 입증책임은 이를 주장하는 측에게 있다(대판 2003. 7. 22, 2002두11066).

### QR 27. 직권취소가 가능하다고 한 판례 모음  ☞  QR코드

### (3) 직권취소의 필요성에 대한 입증책임

□ 종전 행정처분에 하자가 있음을 전제로 직권으로 이를 취소하는 (경우)··· 하자나 **취소해야 할 필요성에 관한 증명책임은 기존 이익과 권리를 침해하는 처분을 한 행정청**에 있다(대판 2017. 6. 15, 2014두46843; 대판 2015. 1. 29, 2012두6889; 대판 2014. 11. 27, 2014두9226).

[평설] 판례의 확립된 견해이다.

### 4. 직권취소의 절차

① 관계행정청이 식품위생법에 의한 영업정지처분을 하려면 반드시 사전에 청문절차를 거쳐야 함은 물론 청문서 도달기간 등을 엄격하게 지켜 영업자로 하여금 의견진술과 변명의 기회를 보장하여야 할 것이고 가령 식품위생법 제58조 소

정의 사유가 분명히 존재하는 경우라 하더라도 위와 같은 청문절차를 제대로 준
수하지 아니하고 한 영업정지처분은 위법임을 면치 못할 것이다(대판 1990. 11. 9,
90누4129).

② 변상금 부과처분에 대한 취소소송이 진행중이라도 그 부과권자로서는 위법
한 처분을 스스로 취소하고 그 하자를 보완하여 다시 적법한 부과처분을 할 수
도 있다(대판 2006. 2. 10, 2003두5686).

[평설] ①은 직권으로 **취소 또는 정지하는 행위 그 자체도 독립된 행정행위**이므로 행
정절차법이 정하는 의견청취절차를 그쳐야 한다는 취지의 판례이다. ②는 **취소소송이
진행 중**이라도 위법한 처분을 스스로 취소하고 그 하자를 보완하여 다시 처분을 할 수
있다는 취지의 판례이다.

## 5. 직권취소의 효과
□ 행정처분이 취소되면 그 소급효에 의하여 처음부터 그 처분이 없었던 것과 같
은 효과를 발생하게 되는바, 행정청이 의료법인의 이사에 대한 이사취임승인취
소처분(제1처분)을 직권으로 취소(제2처분)한 경우에는 그로 인하여 이사가 소급하
여 이사로서의 지위를 회복하게 되고, 그 결과 위 제1처분과 제2처분 사이에 법
원에 의하여 선임결정된 임시이사들의 지위는 법원의 해임결정이 없더라도 당연
히 소멸된다(대판 1997. 1. 21, 96누3401; 대판 2006. 5. 11, 2003다37969; 대판 1999. 12. 28,
98두1895).

[평설] 위법·부당을 이유로 행정행위의 효력을 부인하려는 것이 행정행위의 **직권취소**
이므로 직권취소의 효과는 **소급적**인 것이 원칙이다. 판례의 확립된 견해이다.

## 6. 직권취소의 직권취소 가능성
① 국세기본법 제26조 제1호는 부과의 취소를 국세납부의무 소멸사유의 하나로
들고 있으나, 그 부과의 취소에 하자가 있는 경우의 부과의 취소의 취소에 대하
여는 **법률이 명문**으로 그 취소요건이나 그에 대한 불복절차에 대하여 따로 규정을
둔 바도 없으므로, 설사 부과의 **취소**에 위법사유가 있다고 하더라도 당연무효가 아
닌 한 일단 유효하게 성립하여 부과처분을 확정적으로 상실시키는 것이므로, 과세
관청은 부과의 취소를 다시 취소함으로써 원부과처분을 소생시킬 수는 없고 납세의

무자에게 종전의 과세대상에 대한 납부의무를 지우려면 다시 법률에서 정한 부과절차에 좇아 동일한 내용의 새로운 처분을 하는 수밖에 없다(대판 1995. 3. 10, 94누7027; 대판 1979. 5. 8, 77누61).

② 행정처분이 취소되면 그 소급효에 의하여 처음부터 그 처분이 없었던 것과 같은 효과를 발생하게 되는바, 행정청이 의료법인의 이사에 대한 **이사취임승인취소처분**(제1처분)을 **직권으로 취소**(제2처분)한 경우에는 그로 인하여 이사가 소급하여 이사로서의 지위를 회복하게 되고, 그 결과 위 제1처분과 제2처분 사이에 법원에 의하여 선임 결정된 임시이사들의 지위는 법원의 해임결정이 없더라도 당연히 소멸된다(대판 1997. 1. 21, 96누3401).

③ 피고가 본건 광업권자가 1년 내에 사업에 착수하지 못한 이유가 광구소재지 출입허가를 얻지 못한 때문이라는 점, 또는 위 정리요강에 의한 사전서면 통고를 하지 아니하였다는 점을 참작하여 피고가 광업권취소처분을 하지 아니하였다던가, 또는 일단취소처분을 한 후에 새로운 이해관계인이 생기기 전에 취소처분을 취소하여 그 광업권의 회복을 시켰다면 모르되 피고가 본건취소처분을 한 후에 원고가 1966. 1. 19에 본건 광구에 대하여 선출원을 적법히 함으로써 이해관계인이 생긴 이 사건에 있어서, 피고가 1966. 8. 24자로 1965. 12. 30자의 취소처분을 취소하여, 위 안소영 명의의 광업권을 복구시키는 조처는, 원고의 선출원 권리를 침해하는 위법한 처분이라고 하지 않을 수 없다(대판 1967. 10. 23, 67누126).

[평설] ①은 직권취소에 하자가 있는 경우, 직권취소를 다시 **직권으로 취소할 수 없다**는 판례이다(소극적 판례). ②는 직권취소를 다시 **직권으로 취소할 수 있다**는 판례이다(적극적 판례). ③은 직권취소로 인해 **새로운 분쟁**이 생기지 아니하는 경우에는 직권취소에 대한 직권취소를 인정하고, 새로운 분쟁이 생기길 수 있는 경우에는 인정하지 아니한다는 취지의 판례이다(절충적 판례). 비교적 오래된 판례이지만, 긍정적으로 음미할 필요가 있어 보인다.

## Ⅱ. 행정행위의 철회

### 1. 철회의 의의와 성질

① 행정행위의 취소는 일단 유효하게 성립한 행정행위를 그 행위에 위법 또는 부당한 하자가 있음을 이유로 소급하여 그 효력을 소멸시키는 별도의 행정처분

이고, 행정행위의 철회는 적법요건을 구비하여 완전히 효력을 발하고 있는 행정행위를 사후적으로 그 행위의 효력의 전부 또는 일부를 장래에 향해 소멸시키는 행정처분이므로, 행정행위의 취소사유는 행정행위의 성립 당시에 존재하였던 하자를 말하고, 철회사유는 행정행위가 성립된 이후에 새로이 발생한 것으로서 행정행위의 효력을 존속시킬 수 없는 사유를 말한다(대판 2006. 5. 11, 2003다37969; 대판 2003. 5. 30, 2003다6422).

② 행정행위의 철회는 적법요건을 구비하여 완전히 효력을 발하고 있는 행정행위를 사후적으로 그 행위의 효력의 전부 또는 일부를 장래에 향해 소멸시키는 행정처분이다(대판 2006. 5. 11, 2003다37969).

[평설] ①은 철회의 의의를 정의하고 있다. ②는 행정행위를 철회하는 행위는 (독립의) 행정처분이라 한다. 따라서 철회 그 자체를 대상으로 다툴 수도 있다.

## 2. 철회의 법적 근거와 철회청구권

① 행정행위를 한 처분청은 비록 그 처분 당시에 별다른 하자가 없었고, 처분 후에 이를 철회할 별도의 법적 근거가 없더라도 원래의 처분을 존속시킬 필요가 없게 된 사정변경이 생겼거나 중대한 공익상 필요가 발생한 경우에는 그 효력을 상실케 하는 별개의 행정행위로 이를 철회할 수 있다(대판 2017. 3. 15, 2014두41190; 대판 2004. 11. 26, 2003두10251, 10268; 대판 1992. 1. 17, 91누3130).

② 별도의 법적 근거가 없어도 별개의 행정행위로 이를 철회 변경할 수 있지만 이는 그러한 철회 변경의 권한을 처분청에게 부여하는 데 그치는 것일 뿐 상대방 등에게 그 철회 변경을 요구할 신청권까지를 부여하는 것은 아니다(대판 1997. 9. 12, 96누6219).

[평설] ①은 별도의 법적 근거가 없더라도 원래의 처분을 존속시킬 필요가 없게 된 사정변경 발생 또는 중대한 공익상 필요가 발생한 경우에는 철회할 수 있는 판례이다. 판례의 확립된 견해이다. 철회에 법적 근거가 필요한지 여부에 관해 학설은 **근거불요설**(행정법규가 완벽하지 않은 상태에서 철회에 일일이 법률의 근거를 요한다고 하면 중대한 공익상의 요청이 있는 경우에도 철회할 수 없다는 결론이 나오는바, 이것은 합리적이 아니라 하여 명시적 근거가 없어도 철회는 가능하다는 견해), **근거필요설**(침익적인 행위의 철회는 수익적이므로 법률의 근거 없이도 가능하지만, 수익적 행위의 철회는 침익적이므로 헌법 제37조 제2

항에 비추어 이 경우에는 법률의 근거가 필요하다는 견해), **제한적 긍정설**(당사자에게 귀책사유가 있거나 사전에 철회권이 유보되어 있는 경우에는 당사자의 이해관계를 배려할 필요성이 크지 않으므로 법적 근거를 요하지 않으나, 새로운 사정의 발생으로 공익목적을 실현하기 위해 철회권이 행사되는 경우에는 공익실현과 더불어 당사자의 이해관계가 고려되어야 하기에 이 경우에는 법적 근거가 필요하다는 견해)로 나뉜다. ②는 **사인의 철회청구권**(철회를 청구할 수 있는 권리)을 부인하는 판례이다. 근거법령이나 관련법령의 규정상 또는 해석상 사익보호를 위해 철회를 청구할 수 있음을 규정한다면, 철회청구권을 인정할 수도 있을 것이다.

## 3. 철회의 사유

① 피고(당시 정주시장)는 원고에게 떼붙임공사와 조경공사를 철저히 하도록 의무를 부과하고, 공사기간을 1986. 10. 20부터 1987. 9. 30까지로 한정하여 이 사건 토지형질변경허가처분을 하였으나, 원고가 입목벌채, 부지정리공사 및 일부배수시설공사만 할 뿐 그 나머지 떼붙임공사와 조경공사는 하지 않고 방치하는 바람에 여름철 집중호우시에 공사장의 토사가 유출되어 인근 주민들에게 피해를 입힌 사실 및 이에 피고가 원고에게 수차례에 걸쳐 잔여공사의 이행을 촉구하는 한편 원고의 요청에 따라 공사기간을 1988. 3. 31까지로 연장하여 주는 등 온갖 노력을 다하였음에도 원고는 또다시 공사기간의 연장을 요청할 뿐 공사지연 사유에 대한 성의있는 답변조차 하지 아니하여 1985. 5. 11 하는 수 없이 이 사건 허가처분을 취소하였다. **부담부 행정처분에 있어서 처분의 상대방이 부담**(의무)**을 이행하지 아니한 경우에** 처분행정청으로서는 이를 들어 당해 처분을 취소(철회)할 수 있는 것이다(대판 1989. 10. 24, 89누2431).

② 건축허가에 허가 당시는 하자가 없었고 본법에 의해 취소권(철회권)의 유보가 되어 있는 경우가 아니라 하더라도, **사정의 변천에 따라 허가를 존속하는 것이 공익에 적합하지 아니할 때에는** 이를 취소(철회)할 수 있으므로, 철도용지에 대해 대지사용허가와 그 위에 건축을 하는 내용의 건축허가를 한 후 철도용지를 부두용지로 사용하기 위해 대지사용허가를 취소하여 그 취소로 건축주가 건축허가를 받은 대지 위에 건축을 할 권원이 없게 되었고 더욱이 건축으로 말미암아 대지의 공공적 이용에 중대한 지장이 있음이 명백한 때에는 건축허가를 취소(철회)할 수 있다(대판 1964. 11. 10, 64누33).

[평설] 근거불요설에서 보면, 철회의 사유는 철회라는 법적 제도가 갖는 기능상 **기존의 행정행위를 위법 또는 비합목적적으로 만드는 사후적인 새로운 사정**이라 하게 된다. ① **침익적인 행위**의 경우에는 철회되는 행위와 동일한 행위를 새로이 하여야 하거나 (예: 기속행위의 경우나 영으로의 재량수축의 경우) 제3자보호 등 다른 이유에서 철회가 불가능한 경우가 아닌 한 철회가 가능하다. ② **수익적 행위**의 철회는 상대방의 보호 등과 관련하여 ⓐ 철회권의 유보, ⓑ 부담의 불이행, ⓒ 사실관계의 변화, ⓓ 법적 상황의 변화, ⓔ 공익상 중대한 침해의 경우에 가능하다고 본다. ①은 ⓑ 부담의 불이행과 ⓔ 공익상 중대한 침해, ②는 ⓒ 사실관계의 변화가 철회의 사유가 될 수 있다는 취지의 판례이다.

### 4. 수익적 행정행위 철회의 제한
□ 수익적 행정행위를 취소 또는 철회하거나 중지시키는 경우에는 이미 부여된 국민의 기득권을 침해하는 것이 되므로, 비록 취소 등의 사유가 있다고 하더라도 그 취소권 등의 행사는 기득권의 침해를 정당화할 만한 중대한 공익상의 필요 또는 제3자의 이익을 보호할 필요가 있고, 이를 상대방이 받는 불이익과 비교·교량하여 볼 때 공익상의 필요 등이 상대방이 입을 불이익을 정당화할 만큼 강한 경우에 한하여 허용될 수 있다(대판 2017. 3. 15, 2014두41190; 대판 2004. 11. 26, 2003두10251·10268; 대판 2004. 7. 22, 2003두7606).

[평설] ① 수익적 행위의 철회는 침익적인 결과를 가져오므로, 수익적 행위의 철회는 결코 자유로운 것이 아니다. 예컨대 실질적 존속력이 있는 행위, 철회가 국민의 법생활의 안정에 중대한 장해를 가져올 수 있는 행위(예: 포괄적 신분설정행위인 귀화허가·공무원임명행위) 등의 경우에는 철회가 제한된다고 볼 것이다. 판례의 확립된 견해이다. ② 판례는 수익적 행위의 철회의 가능 여부는 **공익·사익의 형량**에 따라 판단하여야 한다는 취지를 판시하고 있다. 공익이 보다 강하게 요청되는 경우에는 철회가 가능하다. 판례의 확립된 견해이다. 물론 상대방이 철회를 예상할 수 있는 경우에는 철회가 가능할 것이다(대판 1989. 6. 27, 88누6283).

### 5. 철회권의 행사(행정절차법의 적용)
□ 세무서장인 피고가 주류도매업자인 원고에 대하여 한 이 사건 일반주류도매업면허취소통지에 '상기 주류도매장은 무면허 주류 판매업자에게 주류를 판매하

여 주세법 제11조 및 국세법사무처리규정 제26조에 의거 지정조건위반으로 주류판매면허를 취소합니다'라고만 되어 있어서 원고의 영업기간과 거래상대방 등에 비추어 원고가 어떠한 거래행위로 인하여 이 사건 처분을 받았는지 알 수 없게 되어 있다면 이 사건 면허취소처분은 위법하다(대판 1990. 9. 11, 90누1786).

[평설] 행정행위의 철회는 그 자체가 원행정행위와는 **독립된 행위**이므로, 역시 **행정절차법의 적용을 받는다**고 볼 것이고, 따라서 철회의 경우에도 원칙적으로 당사자에게 그 근거와 이유가 제시되어야 한다(절차법 제23조). 판례는 행정절차법 발효(1998. 1. 1.) 이전부터 이유제시를 요구하였음을 볼 수 있다.

## Ⅲ. 행정행위의 실효

1 구 유기장법(1981. 4. 13. 법률 제3441호로 개정되기 전의 것)상 유기장의 **영업허가**는 대물적 허가로서 영업장소의 소재지와 유기시설 등이 영업허가의 요소를 이루는 것이므로, 영업장소에 설치되어 있던 유기시설이 모두 철거되어 허가를 받은 영업상의 기능을 더 이상 수행할 수 없게 된 경우에는, 이미 당초의 영업허가는 허가의 대상이 멸실된 경우와 마찬가지로 그 효력이 당연히 소멸되는 것이고, 또 유기장의 영업허가는 신청에 의하여 행하여지는 처분으로서 허가를 받은 자가 영업을 폐업할 경우에는 그 효력이 당연히 소멸되는 것이니, 이와 같은 경우 허가행정청의 허가취소처분은 허가가 실효되었음을 확인하는 것에 지나지 않는다고 보아야 할 것이므로, 유기장의 영업허가를 받은 자가 영업장소를 명도하고 유기시설을 모두 철거하여 매각함으로써 유기장업을 폐업하였다면 영업허가취소처분의 취소를 청구할 소의 이익이 없는 것이라고 볼 수 있다(대판 1990. 7. 13, 90누2284).

2 원고는 1980. 12. 31자로 이 사건 건물중 2층 117평 1작에 대한 종전의 **결혼예식장영업**을 자진폐업한 이상 위 예식장영업허가는 자동적으로 소멸하고, 1982. 2. 12 위 건물중 2층 1,058평 2홉 2작에 대하여 **예식장영업허가신청**을 하였다 하더라도 이는 전혀 새로운 영업허가의 신청임이 명백하므로 일단 소멸한 종전의 영업허가권이 당연히 되살아난다고 할 수는 없는 것이니 여기에 종전의 영업허가권이 새로운 영업허가신청에도 그대로 미친다고 보는 기득권의 문제는 개재될 여지가 없다(대판 1985. 7. 9, 83누412; 대판 1981. 7. 14, 80누593(청량음료제조업자진폐업으로 인한 당연 허가소멸)).

[평설] ①은 물적 시설의 철거라는 대상의 소멸, ②는 자진폐업이라는 대상의 소멸이 실효사유임을 보여준다.

## [23] 행정행위의 부관
### I. 부관의 종류
#### 1. 조건
① 공유수면 점용허가를 함에 있어서 규사채취는 해수의 침수 영향을 방지할 사전 예방조치를 하고 당국의 확인을 받은 후 실시할 것이라고 되어 있다면 이러한 행정행위의 부관은 그 성질이 부담이라기보다는 오히려 조건에 속한다(대판 1976. 3. 23, 76다253).

② 기간을 정한 개간허가처분은 기간연장 등의 특별한 사정이 없는 한 기간경과 후에는 다시 개간행위를 할 수 없다는 의미에서 장래에 향하여 그 효력이 소멸한다 할 것이므로 행정청이 그 허가기간 경과 후에 동 개간 지역 내의 건물철거 등 부담의 이행을 촉구하였다 하여 그것만으로 개간허가연장신청이 묵시적으로 받아들여진 것이라고 단정할 수 없다(대판 1985. 2. 8, 83누625).

[평설] 조건이란 행정행위의 효력의 발생·소멸을 장래에 발생여부가 불확실한 사실에 의존시키는 부관을 말한다. ①에서는 부담과 조건의 구별, ②에서는 조건은 행정행위의 비독립적인 한 부분이라는 점을 읽을 수 있다.

#### 2. 기한
□ 일반적으로 행정처분에 효력기간이 정하여져 있는 경우에는 그 기간의 경과로 그 행정처분의 효력은 상실되며, 다만 허가에 붙은 기한이 그 허가된 사업의 성질상 부당하게 짧은 경우에는 이를 그 허가 자체의 존속기간이 아니라 그 허가조건의 존속기간으로 보아 그 기한이 도래함으로써 그 조건의 개정을 고려한다는 뜻으로 해석할 수 있다(대판 2004. 11. 25, 2004두7023).

[평설] 기한이란 행정행위의 효력의 발생·소멸을 장래에 그 발생여부가 확실한 사실, 즉 장래의 특정시점에 종속시키는 부관을 말한다. 위 판례는 기한의 의미가 다의적임을 보여준다.

## 3. 부담

1 (행정청이 도시환경정비사업 시행자에게 '무상양도되지 않는 구역 내 국유지를 착공신고 전까지 매입'하도록 한 부관을 붙여 사업시행인가를 하였으나 시행자가 국유지를 매수하지 않고 점용한 사안에서) 그 부관은 국유지에 관해 사업시행인가의 효력을 저지하는 조건이 아니라 작위의무를 부과하는 부담이므로, 사업시행인가를 받은 때에 국유지에 대해 국유재산법 제24조의 규정에 의한 사용·수익 허가를 받은 것이어서 같은 법 제51조에 따른 변상금 부과처분은 위법하다(대판 2008. 11. 27, 2007두24289).

2 개간허가의 준공인가는 개간공사에 의하여 조성된 토지상태가 개간허가 및 그 부대조건에 적법한가의 여부를 확인하는 일종의 **확인행위**이고 개간허가를 받은 자는 준공인가 후 이를 대부받아 개간지상에 건물을 신축하여 사용할 수 있을 뿐만 아니라 수의계약에 의하여 이를 매수할 수 있는 지위를 얻게 되므로 이러한 지위 내지 이익도 **법률상으로 보호받아야** 하므로 기간허가관청으로서는 개간허가기간 경과 후라 할지라도 허가기간 내의 개간공사로 인하여 조성된 토지상태가 개간허가의 용도에 적합하고 이에 부수하여 부과된 부관이 이행되었느냐를 검토 확인하여 준공인가를 할 것인가를 판단하여야 할 것이며 단순히 개간허가기간이 경과되었다는 사유로 개간준공인가를 거부할 수 없다(대판 1985. 2. 8, 83누625).

[평설] **부담**이란 수익적 행정행위에서 부가된 부관으로 상대방에게 작위·부작위·수인·급부의무를 명하는 것을 말한다(예: 도로점용허가시 도로점용료납부명령, 단란주점영업허가시 각종 행위제한 등). 조건, 기한, 철회권의 유보의 경우와 달리 부담은 행정행위의 효과의 발생 또는 소멸과 직결된 것이 아니다. 부담 그 자체는 하나의 독립된 행정행위로 본다. 1은 부담과 조건의 구별, 2는 **부담의 불이행은 후행행위의 발령의 거부사유가 될 수 있다는 점**을 보여준다.

## 4. 법률효과의 일부배제

1 행정행위의 부관은 부담의 경우를 제외하고는 독립하여 행정소송의 대상이 될 수 없는 것인바, 지방국토관리청장이 일부 공유수면매립지에 대하여 한 국가 또는 직할시 귀속처분은 매립준공인가를 함에 있어서 매립의 면허를 받은 자의 매립지에 대한 소유권취득을 규정한 공유수면매립법 제14조의 효과 일부를 배제하는 부관을 붙인 것이고, 이러한 행정행위의 부관은 위 법리와 같이 독립하여 행정소송 대상이 될 수 없다(대판 1993. 10. 8, 93누2032).

② 약사법 제35조, 제37조 제2항 등의 규정들을 종합하면, 한약업사의 자격은 처음부터 영업허가예정지역을 정하여 치루어진 자격시험에 합격한 자에게 주어지고, 종합병원, 병원, 의원, 한방병원, 한의원, 약국 또는 보건지소가 없는 면에 한하여 1인의 한약업사를 허가할 수 있으며, 한약업사의 영업소는 그 수급조절 기타 공익상 필요하다고 인정되는 경우에 도지사의 허가를 얻어 당초 허가된 영업소의 소재지를 관할하는 **도지사의 관할구역 내에 있는 다른 면으로만** 이전이 가능하고 그 관할구역을 벗어나 다른 도지사나 서울특별시장 등의 관할구역으로 이전하는 것은 허용되지 않는다(대판 1989. 9. 12, 89누1452).

[평설] **법률효과의 일부배제**란 법률이 예정하고 있는 효과의 일부를 행정청이 배제하는 행정행위로서의 부관을 말한다. ①은 법률효과의 일부배제의 부관의 예를 보여준다. 한편, 개념상 행정행위의 부관으로서의 법률효과의 일부배제는 행정기관의 행위에 의한 것이므로 법률이 직접 효과를 한정하고 있는 경우는 여기서 말하는 법률효과의 일부배제에 해당하지 아니한다. ②는 법률이 직접 효과를 한정하고 있는 경우, 그 한정은 행정행위의 부관으로서의 법률효과의 일부배제에 해당하지 아니한다는 것을 보여준다.

## Ⅱ. 부관의 적법성(가능성과 한계)

### 1. 부관의 가능성

#### (1) 법률행위적 행정행위와 준법률행위적 행정행위

▢ 매립준공인가는 매립면허에 대한 단순한 확인행위가 아니며, 인가는 당사자의 법률적 행위를 보충하여 그 법률적 효력을 완성시키는 행정주체의 보충적 의사표시로서의 **법률행위적 행정행위인 이상** 매립면허의 양도허가시 및 준공인가시 부관을 붙일 수 있다(대판 1975. 8. 29, 75누23).

[평설] 법률행위적 행정행위에는 부관을 붙일 수 있지만, 준법률행위적 행정행위에는 부관을 붙일 수 없다는 의미까지 내포하는 판례로 이해된다. 준법률행위적 행정행위에도 부관을 붙일 수 있다는 반대견해도 있다.

#### (2) 재량행위와 기속행위

① 주택재건축사업시행의 인가는 … 행정청의 **재량행위**에 속하므로, 처분청으로

서는 법령상의 제한에 근거한 것이 아니라 하더라도 공익상 필요 등에 의하여 필요한 범위 내에서 여러 조건(부담)을 부과할 수 있다(대판 2007. 7. 12, 2007두6663; 대판 1991. 10. 11, 90누8688; 대판 1990. 10. 16, 90누2253).

② 수익적 행정처분에 있어서는 법령에 특별한 근거규정이 없다고 하더라도 그 부관으로서 부담을 붙일 수 있다(대판 2009. 2. 12, 2005다65500; 대판 1997. 3. 11, 96다49650; 대판 2007. 7. 12, 2007두6663).

③ 기속행위 내지 기속적 재량행위 행정처분에 부담인 부관을 붙인 경우 일반적으로 그 부관은 무효라 할 것이다(대판 1998. 12. 22, 98다51305; 대판 1995. 6. 13, 94다56883; 대판 1988. 4. 27, 87누1106).

[평설] ①은 명문의 규정이 없어도 재량행위에는 부관을 붙일 수 있다는 판례이다. 판례의 확립된 견해이다. 그러나 재량행위의 경우에도 성질상 부관을 붙일 수 없는 경우(예: 귀화허가)도 있다. ②는 명문의 규정이 없어도 수익적 행위에는 부관을 붙일 수 있다는 판례이다. 이것은 판례의 확립된 견해이다. 이러한 판례의 견해는 수익적인 행위를 재량행위로 보는데 기인하는 것이라 하겠다.

□ 주택재건축사업시행의 인가는 상대방에게 권리나 이익을 부여하는 효과를 가진 이른바 수익적 행정처분으로서 법령에 행정처분의 요건에 관하여 일의적으로 규정되어 있지 아니한 이상 행정청의 재량행위에 속하므로, 처분청으로서는 법령상의 제한에 근거한 것이 아니라 하더라도 공익상 필요 등에 의하여 필요한 범위 내에서 여러 조건(부담)을 부과할 수 있다(대판 2007. 7. 12, 2007두6663).

③은 기속행위에는 부관을 붙일 수 없다는 판례이다. 판례의 확립된 견해이다. 그러나 기속행위에도 ⓐ 법규상 규정되어 있거나, 또는 ⓑ 부관이 법상의 전제요건을 충족시키게 될 때에는 부관의 발령이 가능하다고 보아야 한다(예: 요건불비의 허가신청이 있는 경우에 요건보완을 조건으로 허가하는 경우에는 기속행위에도 부관을 붙이는 것이 된다).

= 부관 발령의 형식(협약에 따른 부관 내용의 사전 결정)
□ 부담은 행정청이 행정처분을 하면서 일방적으로 부가할 수도 있지만 부담을 부가하기 이전에 상대방과 협의하여 부담의 내용을 협약의 형식으로 미리 정한 다음 행정처분을 하면서 이를 부가할 수도 있다(대판 2009. 2. 12, 2005다65500).

[평설] 행정행위는 권력적 단독행위로서 공법행위이므로 부관의 내용은 행정청이 일방

적으로 정하는 것인데, 이 판례는 행정청과 상대방이 사전에 협의·협약한 내용을 행
정행위의 발령시에 부관으로 부가할 수 있다는 것이다. 이러한 판례의 입장은 전통적
인 행정행위의 개념에 변화를 가져오는 계기가 될 수도 있을 것이다.

## 2. 부관의 한계
### (1) 부관으로서의 한계
① 부담은 비례의 원칙, 부당결부금지의 원칙에 위반되지 않아야만 적법하다고
할 것이다. 기록에 의하면, 원고의 이 사건 토지 중 2,791㎡는 자동차전용도로로
도시계획시설결정이 된 광1류6호선에 편입된 토지이므로, 그 위에 도로개설을 하
기 위하여는 소유자인 원고에게 보상금을 지급하고 소유권을 취득하여야 할 것임에도
불구하고, 소외 인천시장은 원고에게 주택사업계획승인을 하게 됨을 기화로 그 주
택사업과는 아무런 관련이 없는 토지인 위 2,791㎡를 기부채납하도록 하는 부관을
위 주택사업계획승인에 붙인 사실이 인정되므로, 위 부관은 부당결부금지의 원칙에
위반되어 위법하다고 할 것이다(대판 1997. 3. 11, 96다49650; 대판 2009. 12. 10, 2007다
63966).
② 행정처분에 이미 부담이 부가되어 있는 상태에서 그 의무의 범위 또는 내용
등을 변경하는 부관의 **사후변경**은, 법률에 명문의 규정이 있거나 그 변경이 미리
유보되어 있는 경우 또는 상대방의 동의가 있는 경우에 한하여 허용되는 것이 원칙
이지만, 사정변경으로 인하여 당초에 부담을 부가한 목적을 달성할 수 없게 된 경
우에도 그 목적달성에 필요한 범위 내에서 **예외적으로 허용**된다(대판 1997. 5. 30,
97누2627).

[평설] 두 판례 모두 부관으로서 한계에 관한 것이다. ①은 **부관의 사항적 한계**에 관한
것이다. 부관은 **주된 행위와 사항적 통일성을 가져야** 한다(예: 주된 행위가 식품위생법에
근거한 음식점영업허가임에도 부관에서 식품위생과 사항적인 관련성이 없는 주차장의 설치에
관한 사항을 정하고 있다면, 그러한 부관은 사항적 통일성이 결여된 것이다). ②는 **부관의 시
간적 한계**에 관한 것이다. 판례의 확립된 견해이다. 부관은 본질상 행정행위의 발령과
동시에 부과되어야 하나, **사후발령이 가능한가**에 관해서는 견해가 **부정설**(부관은 주된
의사표시시에 가해진 종된 의사표시이므로, 부관의 독자적인 존재는 인정할 수 없다는 견해)·**긍
정설**(부담의 경우에는 사후부관이 가능하다는 견해)·제한적 긍정설(명문의 규정이 있거나,
행정행위 그 자체에 사후부관의 가능성이 유보되어 있거나, 본인의 동의가 있는 경우에는 사후

부관이 가능하다는 견해)로 나뉜다. **최소침해의 원칙상** 행정행위의 전부를 취소하기보다는 부관부행위로 전환하는 것이 보다 실제적이라는 의미에서 불가피한 경우에는 비례원칙에 반하지 아니하는 범위 안에서 **예외적으로 사후부관을 긍정하는 것이 합리적이다**(진정사후부관). 명문의 규정이 있거나 사후부관이 유보되어 있거나(일종의 부담유보) 본인의 동의가 있는 경우의 사후부관은 진정한 사후부관이라 보기 어렵다(**부진정사후부관**).

## (2) 행정행위로서의 한계

☐  지방자치단체장이 도매시장법인의 대표이사에 대하여 위 지방자치단체장이 개설한 농수산물도매시장의 도매시장법인으로 다시 지정함에 있어서 그 지정조건으로 '지정기간 중이라도 개설자가 농수산물 유통정책의 방침에 따라 도매시장법인 이전 및 지정취소 또는 폐쇄 지시에도 일체 소송이나 손실보상을 청구할 수 없다.'라는 부관을 붙였으나, 그 중 부제소특약에 관한 부분은 당사자가 임의로 처분할 수 없는 공법상의 권리관계를 대상으로 하여 사인의 국가에 대한 공권인 소권을 당사자의 합의로 포기하는 것으로서 허용될 수 없다(대판 1998. 8. 21, 98두8919).

[평설] 부관도 **행정행위의 한 구성부분**이므로, 주된 행위와 마찬가지로 행정행위로서의 **적법요건을 구비하여야 한다.** 즉 부관도 법령에 적합하여야 한다(적법한계). 부관을 붙이는 것이 가능하다고 하여도, 부관의 내용은 법령에 위반할 수 없다. 선거권이나 소권의 포기는 허용되지 아니한다는 것이 일반적 견해이다.

## Ⅲ. 위법한 부관(부관의 하자)

## 1. 부관의 위법 여부 판단의 기준시

☐  행정청이 수익적 행정처분을 하면서 부가한 부담의 위법 여부는 **처분 당시 법령을 기준으로 판단하여야** 하고, 부담이 처분 당시 법령을 기준으로 적법하다면 처분 후 부담의 전제가 된 주된 행정처분의 근거 법령이 개정됨으로써 행정청이 더 이상 부관을 붙일 수 없게 되었다 하더라도 곧바로 위법하게 되거나 그 효력이 소멸하게 되는 것은 아니다. 따라서 행정처분의 상대방이 수익적 행정처분을 얻기 위하여 행정청과 사이에 행정처분에 부가할 부담에 관한 협약을 체결하고 행정청이 수익적 행정처분을 하면서 협약상의 의무를 부담으로 부가하였으나 부담의 전제가 된 주된 행정처분의 근거 법령이 개정됨으로써 행정청이 더 이상 부관을

붙일 수 없게 된 경우에도 곧바로 협약의 효력이 소멸하는 것은 아니다(대판 2009. 2. 12, 2005다65500).

[평설] 행정행위 부관의 위법 여부(하자)에 대한 판단의 기준시점도 주된 행정행위의 하자 유무에 대한 판단의 기준시점과 다를 바 없다. 부관은 주된 행위의 한 부분을 구성하기 때문이다. 이와 관련하여 ☞ [436쪽]

## 2. 위법한 부관의 유형

### (1) 무효의 부관

□ 건축허가를 하면서 일정 토지를 기부채납하도록 하는 내용의 허가조건은 부관을 붙일 수 없는 **기속행위** 내지 **기속적 재량행위**인 건축허가에 **붙인 부담**이거나 또는 **법령상 아무런 근거가 없는 부관**이어서 **무효이다**(대판 1995. 6. 13, 94다56883; 대판 1998. 12. 22, 98다51305; 대판 1988. 4. 27, 87누1106).

[평설] 판례의 확립된 견해를 보여준다. 판례는 기속행위 등에 붙인 부관은 무효라고 하는데, 취소할 수 있는 행위가 아니고 무효로 보아야 할 이유는 적시하고 있지 아니한다. 중대명백설을 따르면, 경우에 따라 취소할 수 있는 경우도 있을 것이다.

### (2) 단순위법의 부관

□ 원고가 신축한 상가 등 시설물을 부산직할시에 기부채납함에 있어 그 무상사용을 위한 도로점용기간은 원고의 총공사비와 시 징수조례에 의한 점용료가 같아지는 때까지로 정하여 줄 것을 전제조건으로 하고 원고의 위 조건에 대하여 시는 아무런 이의 없이 수락하고 위 상가 등 건물을 기부채납받아 그 소유권을 취득하였다면 시가 원고에 대하여 위 상가 등의 사용을 위한 **도로점용 허가를 함에 있어서는 그 점용기간을 수락한 조건대로 해야 할 것임에도** 합리적인 근거 없이 단축한 것은 위법한 처분이라 할 것이며 가사 원고가 위 상가를 타에 임대하여 보증금 및 임료수입을 얻는다 하여 위 무상점용기간을 단축할 사유가 될 수 없다.… 원심판결[피고(부산직할시장)가 1983. 3. 3. 원고에 대하여 한 부산 서면 지하도 상가부분 4,603.65평방미터(1,392.59평) 및 부대시설부분에 관한 도로점용허가처분은 이를 **취소한다**]은 적법하다(대판 1985. 7. 9, 84누604).

## 3. 위법 부관에 대한 쟁송

### (1) 기한의 경우

□ 기부채납받은 행정재산에 대한 사용·수익허가에서 공유재산의 관리청이 정한 사용·수익허가의 기간은 그 허가의 효력을 제한하기 위한 행정행위의 부관으로서 이러한 사용·수익허가의 기간에 대해서는 **독립하여 행정소송을 제기할 수 없다**(대판 2001. 6. 15, 99두509; 1993. 10. 8, 93누2032; 대판 1986. 8. 19, 86누202).

### (2) 법률효과의 일부배제

□ 행정청이 한 공유수면매립준공인가 중 매립지 일부에 대하여 한 국가귀속처분은 매립준공인가를 함에 있어서 매립의 면허를 받은 자의 매립지에 대한 소유권취득을 규정한 공유수면매립법 제14조의 효과 일부를 배제하는 부관을 붙인 것이므로 이러한 행정행위의 부관에 대하여는 **독립하여 행정소송의 대상으로 삼을 수 없다**(대판 1991. 12. 13, 90누8503).

### (3) 부담의 경우

□ 행정행위의 부관은 행정행위의 일반적인 효력이나 효과를 제한하기 위하여 의사표시의 주된 내용에 부가되는 종된 의사표시이지 그 자체로서 직접 법적 효과를 발생하는 독립된 처분이 아니므로 현행 행정쟁송제도 아래서는 부관 그 자체만을 독립된 쟁송의 대상으로 할 수 없는 것이 원칙이나 행정행위의 부관 중에서도 행정행위에 부수하여 그 행정행위의 상대방에게 일정한 의무를 부과하는 행정청의 의사표시인 부담의 경우에는 다른 부관과는 달리 행정행위의 불가분적인 요소가 아니고 그 존속이 본체인 행정행위의 존재를 전제로 하는 것일 뿐이므로 부담 그 자체로서 행정쟁송의 대상이 될 수 있다(대판 1992. 1. 21, 91누1264; 대판 2009. 2. 12, 2005다65500).

[평설] ① 첫 번째 판례(대판 1986. 8. 19, 86누202)는 부관으로서 기간은 독립하여 행정소송의 대상이 되지 아니한다는 판례이고, ② 두 번째 판례(대판 1991. 12. 13, 90누8503)는 부관으로서 **법률효과의 일부배제**도 독립하여 행정소송의 대상이 되지 아니한다는 판례이다. 달리 말하면, 두 판례 모두 부관에 하자가 있는 경우에는 주된 행위와 부관을 포함하여 전체로서 부관부행정행위를 다투어야 한다는 취지의 판례이다. ③ 세 번째 판례(대판 1992. 1. 21, 91누1264)는 **부담만은 독립하여 다툴 수 있다는 견해를**

취하고 있다. 「부관이 주된 행위의 구성부분인지 독립된 행정행위인지」를 기준으로
할 것이 아니라, 「부관이 폐지되는 경우에 남는 부분만으로 행정행위가 여전히 존속할
수 있는가」의 여부를 기준으로 주된 행위로부터 침익적인 부관의 분리가 가능하다면,
조건·기한도 경우에 따라 행정쟁송의 대상이 될 수 있고, 분리가 불가능하다면 부담
도 행정쟁송의 대상이 될 수 없다고 논리를 구성하는 것이 국민의 권익보호 등과 관련
하여 바람직하다[분리가능성 기준].

## 4. 위법 부관의 이행으로 이루어진 사법행위의 효력

① 토지소유자가 토지형질변경행위허가에 붙은 기부채납의 부관에 따라 토지를
국가나 지방자치단체에 기부채납(증여)한 경우, 기부채납의 부관이 당연무효이거나
취소되지 아니한 이상 토지소유자는 위 부관으로 인하여 증여계약의 중요부분에 착
오가 있음을 이유로 증여계약을 취소할 수 없다(대판 1999. 5. 25, 98다53134; 대판 1998.
12. 22, 98다51305; 대판 1995. 6. 13, 94다56883).

② 행정처분에 부담인 부관을 붙인 경우 부관의 무효화에 의하여 본체인 행정처
분 자체의 효력에도 영향이 있게 될 수는 있지만, 그 처분을 받은 사람이 부담의
이행으로 사법상 매매 등의 법률행위를 한 경우에는 그 부관은 특별한 사정이 없는
한 법률행위를 하게 된 동기 내지 연유로 작용하였을 뿐이므로 이는 법률행위의
취소사유가 될 수 있음은 별론으로 하고 그 법률행위 자체를 당연히 무효화하는
것은 아니다. 또한, 행정처분에 붙은 부담인 부관이 제소기간의 도과로 확정되어
이미 불가쟁력이 생겼다면 그 하자가 중대하고 명백하여 당연 무효로 보아야 할
경우 외에는 누구나 그 효력을 부인할 수 없을 것이지만, 부담의 이행으로서 하게
된 사법상 매매 등의 법률행위는 부담을 붙인 행정처분과는 어디까지나 별개의 법률
행위이므로 그 부담의 불가쟁력의 문제와는 별도로 법률행위가 사회질서 위반이나
강행규정에 위반되는지 여부 등을 따져보아 그 법률행위의 유효 여부를 판단하여
야 한다(대판 2009. 6. 25, 2006다18174).

[평설] 부관부 행정행위의 경우, 부관의 이행으로서 사법행위가 이루어지기도 하는데
(예: 기부채납의 부관을 붙인 토지형질변경행위허가에 따라 기부채납을 하거나, 공유재산 중 일
반재산의 매매계약의 체결을 부관을 붙인 주택건설사업계획승인처분에 따라 매매계약을 체결하
는 경우), 그러한 경우에 부관의 위법이 그 이행으로 이루어진 사법행위의 효력에 어떠
한 영향을 미치는가의 문제와 관련하여 학설은 **부관구속설**(사법행위의 중요부분의 착오

가 인정되더라도 그 원인행위인 부관이 무효이거나 취소·철회되지 않는 한, 부관인 부담은 행정행위의 공정력에 의해 그 효력을 유지하고 있으므로 기부행위의 중요부분의 착오를 이유로 기부행위만을 취소할 수 없다는 견해), **부관비구속설**(사법행위의 중요부분의 착오성이 인정된다면 부관의 효력유지 여하와는 무관하게, 즉 행정행위의 공정력과 무관하게 취소가 인정될 수 있다는 견해), 절충설(부관이 무효이면 원칙적으로 사법행위에 중요부분의 착오를 인정할 수 있어 사법행위의 취소가 가능하고, 부관이 단순위법사유인 경우에는 상대방은 항구적으로 사법행위에 따른 의무를 부담하기 때문에 설사 그 위법성을 모르고 사법행위(예: 기부채납)를 이행하였다고 하더라도 그러한 사정은 중요부분의 착오를 인정할 수 없어 사법행위를 취소할 수 없다는 견해)로 나뉜다. ①은 부관이 유효한 경우에는 부관구속설, 부관이 무효이거나 취소되는 경우에는 부관비구속설의 입장을 취하는 것으로 보인다. ②는 부관비구속설을 취하는 것으로 보인다.

## 제 4 절  그 밖의 행위형식

### [24] 공법상 계약

#### 1. 공법상 계약의 의의

□ 지방자치법 제9조 제2항 제5호 (라)목 및 (마)목 등의 규정에 의하면, **광주광역시립합창단의 활동은 지방문화 및 예술을 진흥시키고자 하는 광주광역시의 공공적 업무수행의 일환으로 이루어진다고 해석될 뿐 아니라, 그 단원으로 위촉되기 위하여는 공개전형을 거쳐야 하고 지방공무원법 제31조의 규정에 해당하는 자는 단원의 직에서 해촉될 수 있는 등 단원은 일정한 능력요건과 자격요건을 갖추어야 하며, 상임단원은 일반공무원에 준하여 매일 상근하고 단원의 복무규율이 정하여져 있으며, 일정한 해촉사유가 있는 경우에만 해촉되고, 단원의 보수에 대하여 지방공무원의 보수에 관한 규정을 준용하는 점 등에서는 단원의 지위가 지방공무원과 유사한 면이 있으나, 한편 단원의 위촉기간이 정하여져 있고 재위촉이 보장되지 아니하며, 단원에 대하여는 지방공무원의 보수에 관한 규정을 준용하는 이외에는 지방공무원법 기타 관계 법령상의 지방공무원의 자격, 임용, 복무, 신분보장, 권익의 보장, 징계 기타 불이익처분에 대한 행정심판 등의 불복절차에 관한 규정이 준용되지도 아니하는 점 등을 종합하여 보면, 광주광역시문화예술회관장의 단원 위촉은 광주광역시문화예술회관장이 행정청으로서 공권력을 행사하여 행하는 행정처분이 아니라 공법상의 근무관계의 설정을 목적으로 하여 광주광**

역시와 단원이 되고자 하는 자 사이에 대등한 지위에서 의사가 합치되어 성립하는 **공법상 근로계약**에 해당한다고 보아야 할 것이므로, 광주광역시립합창단원으로서 위촉기간이 만료되는 자들의 재위촉 신청에 대하여 광주광역시문화예술회관장이 실기와 근무성적에 대한 평정을 실시하여 재위촉을 하지 아니한 것을 항고소송의 대상이 되는 불합격처분이라고 할 수는 없다(대판 2001. 12. 11, 2001두7794).

[평설] 실제상 공법상 계약은 협력(상대방의 신청이나 동의)을 요하는 행정행위와의 구별이 용이하지 않다. 사인이 규율내용상에 직접 영향을 미칠 수 있다면 계약(사실상의 영향력은 별문제로 하고), 없다면 협력을 요하는 행정행위가 된다고 일단 말할 수 있다. 그것은 상대방의 의사가치에 대한 평가의 문제이다. 공법상 계약과 행정행위의 구분은 적법성의 전제요건, 구속효, 하자의 효과, 쟁송수단 등과 관련하여 의미를 갖는다.

## 2. 공법상 계약과 법치행정의 관계
□ 지방공무원법과 지방전문직공무원규정 등 관계법령의 규정내용에 비추어 보면, 지방전문직공무원 채용계약에서 정한 **채용기간이 만료한 경우 채용계약을 갱신하거나 채용기간을 연장할 것인지 여부는 지방자치단체장의 재량**에 맡겨져 있는 것으로 보아야 할 것이므로 지방전문직공무원 채용계약에서 정한 기간이 형식적인 것에 불과하고 그 채용계약은 기간의 약정이 없는 것이라고 볼 수 없다(대판 1993. 9. 14, 92누4611).

[평설] 공법상 계약도 공행정작용이므로 역시 법률의 우위의 원칙 하에 놓인다. 공법상 계약은 사적 자치(계약자유)의 원칙에 따른다기보다 법규에 의해 체결의 자유와 행정청의 형성의 자유가 제한될 수 있다(수도법 제39조 참조). 따라서 공법상 계약에서는 대등당사자가 자유롭게 의사형성을 하기보다는 법규에 근거하여 행정청만이 보다 많은 형성의 자유를 가질 수 있다.

## 3. 공법상 계약의 적용법규
□ 계약직공무원에 관한 현행 법령의 규정에 비추어 볼 때, 계약직공무원 채용계약해지의 의사표시는 일반공무원에 대한 징계처분과는 달라서 항고소송의 대상이 되는 처분 등의 성격을 가진 것으로 인정되지 아니하고, 일정한 사유가 있

을 때에 국가 또는 지방자치단체가 채용계약 관계의 한쪽 당사자로서 대등한 지위에서 행하는 의사표시로 취급되는 것으로 이해되므로, 이를 징계해고 등에서와 같이 그 징계사유에 한하여 효력 유무를 판단하여야 하거나, **행정처분과 같이 행정절차법에 의하여 근거와 이유를 제시하여야 하는 것은 아니다**(대판 2002. 11. 26, 2002두5948).

[평설] 성립·효력뿐만 아니라 하자 등과 관련하여서 공법상 계약에 관한 적용법규는 ① 특별규정이 있으면 특별규정, ② 없으면 민법이 일단 유추적용된다고 볼 것이다. 공법상 계약에 행정절차법은 적용되지 아니한다. 다른 법률에 특별한 규정이 없는 한, 행정절차법은 처분, 신고, 행정상 입법예고, 행정예고 및 행정지도의 절차에 적용된다(절차법 제3조 제1항).

## 4. 공법상 계약의 해제·해지

□  **계약직 공무원의 계속적 계약은 당사자 상호간의 신뢰관계를 그 기초로 하는 것**이므로, 당해 계약의 존속중에 당사자의 일방이 그 계약상의 의무를 위반함으로써 그로 인하여 계약의 기초가 되는 신뢰관계가 파괴되어 계약관계를 그대로 유지하기 어려운 정도에 이르게 된 경우에는 상대방은 그 계약관계를 막바로 해지함으로써 그 효력을 장래에 향하여 소멸시킬 수 있다고 봄이 타당하다(대판 2002. 11. 26, 2002두5948).

[평설] 행정법은 사법의 경우와 달리 공공복지를 위해 중대한 불이익을 제거하거나 방지하기 위해 **계약체결 후 계약내용의 결정에 기준이 된 상황이 본질적으로 달리 변경될 때를 대비하여 특별한 수정권과 해제권을 인정할 수도 있다.**

## 5. 공법상 계약에 관한 소송

① 서울특별시립무용단원의 위촉은 **공법상 계약**이고, 해촉에 대하여는 **공법상 당사자소송**으로 무효확인을 청구할 수 있다(대판 1995. 12. 22, 95누4636).

② 현행 실정법이 지방전문직공무원 채용계약 해지의 의사표시를 일반공무원에 대한 징계처분과는 달리 항고소송의 대상이 되는 처분등의 성격을 가진 것으로 인정하지 아니하고, 지방전문직공무원규정 제7조 각호의 1에 해당하는 사유가 있을 때 지방자치단체가 채용계약관계의 한쪽 당사자로서 대등한 지위에서 행하

는 의사표시로 취급하고 있는 것으로 이해되므로, 지방전문직공무원채용계약 해지의 의사표시에 대하여는 대등한 당사자간의 소송형식인 공법상 당사자소송으로 그 의사표시의 무효확인을 청구할 수 있다(대판 1993. 9. 14, 92누4611).

[평설] 공법상 계약에 관한 분쟁은 계약이행의 문제인가, 또는 계약상 손해배상청구의 문제인가를 가리지 않고 모두 행정소송법 제3조 제2호에 의거하여 명백히 당사자소송 사항이 된다.  ☞ [471쪽].

QR 28. **공법상 계약을 당사자소송의 대상으로 본 판례 모음**  ☞  QR코드

[25] 공법상 사실행위(행정지도)(절차법 제48조~제51조)
1 . 사실행위 일반론
(1) 권력적 사실행위와 비권력적 사실행위
□  행정청의 사실행위는 경고·권고·시사와 같은 정보제공 행위나 단순한 행정지도와 같이 대외적 구속력이 없는 '비권력적 사실행위'와 행정청이 우월적 지위에서 일방적으로 강제하는 '권력적 사실행위'로 나눌 수 있고, 이 중에서 권력적 사실행위만 헌법소원의 대상이 되는 공권력의 행사에 해당하고 비권력적 사실행위는 공권력의 행사에 해당하지 아니한다. 그런데 일반적으로 어떤 행정청의 사실행위가 권력적 사실행위인지 또는 비권력적 사실행위인지 여부는, 당해 행정주체와 상대방과의 관계, 그 사실행위에 대한 상대방의 의사·관여정도·태도, 그 사실행위의 목적·경위, 법령에 의한 명령·강제수단의 발동가부 등 그 행위가 행하여질 당시의 구체적 사정을 종합적으로 고려하여 개별적으로 판단하여야 한다(헌재 2012. 10. 25, 2011헌마429; 헌재 1994. 5. 6, 89헌마35).

[평설] 공법상 사실행위란 일정한 법적 효과의 발생을 목적으로 하는 것이 아니라 교량의 건설, 도로의 청소 등에서 보는 바와 같이 직접 어떠한 **사실상의 효과·결과의 실현**을 목적으로 하는 행정작용을 말한다. 이 결정례는 **권력적 사실행위와 비권력적 사실행위의 구별기준**을 보여준다. 이러한 기준은 헌법재판소의 확립된 견해이다.

(2) 권리보호수단으로서 헌법소원
□  국립대학인 서울대학교의 "94학년도 대학입학고사주요요강"은 사실상의 준비

행위 내지 사전안내로서 행정쟁송의 대상이 될 수 있는 행정처분이나 공권력의
행사는 될 수 없지만 그 내용이 국민의 기본권에 직접 영향을 끼치는 내용이고
앞으로 법령의 뒷받침에 의하여 그대로 실시될 것이 틀림없을 것으로 예상되어
그로 인하여 직접적으로 기본권침해를 받게 되는 사람에게는 사실상의 규범작용
으로 인한 위험성이 이미 현실적으로 발생하였다고 보아야 할 것이므로 이는 헌법재
판소법 제68조 제1항 소정의 공권력의 행사에 해당된다고 할 것이며, 이 경우
헌법소원 외에 달리 구제방법이 없다(헌재 1992. 10. 1, 92헌마68·76; 헌재 2003. 12.
18, 2001헌마754).

[평설] 행정청이 우월적 지위에서 일방적으로 강제하는 **권력적 사실행위는** 헌법소원의
**대상이** 되는 공권력의 행사에 해당한다는 것은 헌법재판소의 확립된 견해이다. 권력적
사실행위를 일반쟁송절차로 다룰 수 없을 때, 헌법소원으로 다룰 수 있다는 것은 사인
의 권리보호에 중요한 의미를 갖는다.

## 2. 행정지도
참고☞ "행정기관이 그 소관사무의 범위 안에서 **일정한 행정목적을 실현하기 위하여**
특정인에게 일정한 행위를 하거나 하지 아니하도록 **지도·권고·조언 등을 하는 행정**
**작용**"을 행정지도라 한다(절차법 제2조 제3호). 행정지도는 비권력행위로서 사실행위로
이해되고 있다.

## (1) 위법한 지도와 위법성 조각
□  행정관청이 토지거래계약신고에 관하여 공시된 기준지가를 기준으로 매매가
격을 신고하도록 **행정지도**하여 왔고 그 기준가격 이상으로 매매가격을 신고한
경우에는 거래신고서를 접수하지 않고 반려하는 것이 **관행화되어 있다** 하더라도
이는 **법에 어긋나는 관행**이라 할 것이므로 그와 같은 위법한 관행에 따라 허위
신고행위에 이르렀다고 하여 그 범법행위가 **사회상규에 위배되지 않는 정당한 행**
**위라고는 볼 수 없다**(대판 1992. 4. 24, 91도1609; 대판 1994. 6. 14, 93도3247·973·118
(병합)).

[평설] 위법한 행정지도에 따라 행한 사인의 행위는 위법한가, 아니면 위법성이 조각되
는가의 문제가 있다(예: 건축법령에 어긋나는 행정지도를 받아 이루어지는 건축행위는 건축

법위반의 위법행위인가, 아니면 행정지도에 따른 것이기 때문에 위법하지 않다고 할 것인가의 문제가 있다). 행정지도는 강제가 아니라 **상대방의 임의적인 협력을 기대하는 것**이므로, 행정지도에 따른 행위는 상대방의 **자의에 의한 행위**라고 볼 수밖에 없다. 따라서 위법한 행정지도에 따라 행한 사인의 행위는, 법령에 명시적으로 정함이 없는 한, 위법성이 조각된다고 할 수 없다. 판례의 입장도 같다.

### (2) 위법한 지도와 행정소송

□ 항고소송의 대상이 되는 **행정처분**이라 함은 행정청의 공법상 행위로서 특정사항에 대하여 법규에 의한 권리의 설정 또는 의무의 부담을 명하며 기타 법률상 효과를 발생케 하는 등 국민의 구체적 권리의무에 직접적 변동을 초래하는 행위를 말하고 행정권 내부에서의 행위나 알선, 권유, 사실상의 통지 등과 같이 상대방 또는 기타 관계자들의 법률상 지위에 직접적인 법률적 변동을 일으키지 아니하는 행위는 항고소송의 대상이 될 수 없다(대판 1993. 10. 26, 93누6331).

[평설] 행정지도는 법적 효과를 갖지 아니하는 비권력적 사실행위에 불과하다. 사실행위라는 점에서 법적 행위를 대상으로 하는 항고소송의 대상이 되지 아니한다. 다수설과 판례의 입장도 같다.

### (3) 위법한 지도와 손해배상

□ **국가배상법**이 정한 배상청구의 요건인 '공무원의 직무'에는 권력적 작용만이 아니라 **행정지도와 같은 비권력적 작용도 포함**되며 단지 행정주체가 사경제주체로서 하는 활동만 제외된다(대판 1998. 7. 10, 96다38971).

[평설] 국가배상법 제2조는 공무원의 직무를 손해배상청구권의 성립요건의 하나로 규정하고 있지 공무원의 직무 중 권력적 작용만을 한정하고 있지는 아니하다. 판례의 태도는 당연하다.

### (4) 위법한 지도와 헌법소원

□ 교육인적자원부장관의 대학총장들에 대한 이 사건 학칙시정요구는 고등교육법 제6조 제2항, 동법시행령 제4조 제3항에 따른 것으로서 그 법적 성격은 대학총장의 임의적인 협력을 통하여 사실상의 효과를 발생시키는 행정지도의 일종이지만, 그

에 따르지 않을 경우 일정한 불이익조치를 예정하고 있어 사실상 상대방에게 그에 따를 의무를 부과하는 것과 다를 바 없으므로 단순한 행정지도로서의 한계를 넘어 규제적·구속적 성격을 상당히 강하게 갖는 것으로서 헌법소원의 대상이 되는 공권력의 행사라고 볼 수 있다(헌재 2003. 6. 26, 2002헌마337, 2003헌마7·8(병합)).

[평설] 규제적·구속적 성격을 상당히 강하게 갖는 행정지도는 공권력행사로서 헌법소원의 요건을 구비하는 한, 헌법소원의 대상이 될 수 있다는 취지의 판례이다.

## [26] 사법형식의 행정작용

### 1. 일반론

#### (1) 형식선택의 자유(사법으로의 도피)

① 국유재산의 무단점유로 인한 **변상금징수권**은 공법상의 권리채무를 내용으로 하는 것으로서 **사법상의 채권**과는 그 성질을 달리하는 것이므로 위 변상금수권의 성립과 행사는 **국유재산법**의 규정에 의하여서만 가능한 것이고 제3자와의 사법상의 계약에 의하여 그로 하여금 변상금채무를 부담하게 하여 이로부터 변상금징수권의 종국적 만족을 실현하는 것은 허용될 수 없다(대판 1989. 11. 24, 89누787).

② 조세채권은 국가재정수입을 확보하기 위하여 국세징수법에 의하여 우선변제권 및 자력집행권이 인정되는 권리로서 **사법상의 채권**과는 그 성질을 달리하므로 **조세채권의 성립과 행사는 오직 법률에 의해서만** 가능한 것이고 조세에 관한 법률에 의하지 아니한 **사법상의 계약**에 의하여 조세채무를 부담하게 하거나 이를 보증하게 하여 이들로부터 조세채권의 종국적 만족을 실현하는 것은 허용될 수 없다(대판 1986. 12. 23, 83누715).

[평설] 행정의 행위형식에 공법형식(예: 행정행위)과 사법형식이 있는바, 국가나 지방자치단체는 공법상 행위형식이나 사법상 행위형식 중 선택의 자유를 갖는다고 볼 것인가의 문제, 즉 **형식선택의 문제**가 발생한다. 법령의 규정내용, 사무의 성질 등을 고려하여 결정할 수밖에 없을 것이다. ①은 법상의 금전납부의무인 변상금징수와 관련하여, ②는 조세채권과 관련하여 각각 행위형식선택의 자유를 부인한다. 행위형식선택의 자유를 폭넓게 인정하면, 행정주체의 「**사법으로의 도피**」의 현상이 발생할 수도 있다.

(2) 국가·지방자치단체를 당사자로 하는 계약과 적용법률

1 지방재정법에 의하여 준용되는 '국가를 당사자로 하는 계약에 관한 법률'에 따라 지방자치단체가 당사자가 되는 이른바 공공계약은 사경제의 주체로서 상대방과 대등한 위치에서 체결하는 사법(私法)상의 계약으로서 그 본질적인 내용은 사인간의 계약과 다를 바가 없으므로, 그에 관한 법령에 특별한 정함이 있는 경우를 제외하고는 사적 자치와 계약자유의 원칙 등 사법의 원리가 그대로 적용된다(대결 2006. 6. 19, 2006마117; 대판 2001. 12. 11, 2001다33604; 대판 2001. 12. 11, 2001다33604). 2 국가를당사자로하는계약에관한법률의 규정은 국가와 사인 간의 계약관계에서 관계 공무원이 지켜야 할 계약사무 처리에 관한 필요한 사항을 정한 국가의 내부규정에 불과할 뿐만 아니라 위 법이 적용되는 계약도 그 본질은 사인 간의 계약과 다를 바가 없으므로, 그 법령에 특별한 규정이 있는 경우를 제외하고는 사법의 규정 내지 법 원리가 그대로 적용된다고 할 것이므로, 매매계약에 의하여 지급된 계약금에 관하여 위약금 약정이 있어 그 계약금이 위 법 제12조가 규정한 계약보증금의 성질을 갖는다고 하더라도, 당연히 위약벌의 성질을 갖는 것은 아니다(대판 2004. 12. 10, 2002다73852).

[평설] 실정법이 경우에 따라 사법적인 행정작용에 공법적인 제한을 가한다면, 사적 자치와 계약자유의 원칙에 수정이 발생할 수 있을 것이다.

2. 행정사법작용

□ 전화가입계약은 전화가입희망자의 가입청약과 이에 대한 전화관서의 승낙에 의하여 성립하는 영조물이용의 계약관계로서 비록 그것이 공중통신역무의 제공이라는 이용관계의 특수성 때문에 그 이용조건 및 방법, 이용의 제한, 이용관계의 종료 원인 등에 관하여 여러 가지 법적 규제가 있기는 하나 그 성질은 사법상의 계약관계에 불과하다고 할 것이므로, 피고(서울용산전화국장)가 전기통신법시행령 제59조에 의하여 전화가입계약을 해지하였다 하여도 이는 사법상의 계약의 해지와 성질상 다른 바가 없다 할 것이고 이를 항고소송의 대상이 되는 행정처분으로 볼 수 없다(대판 1982. 12. 28, 82누441).

[평설] 공행정주체가 사법형식으로 공적 임무를 직접 수행하는 행정작용을 행정사법작용이라 한다. 공행정의 사법작용을 공법의 구속 하에 두기 위한 법원리로 창안된 것

이다. 행정사법작용은 사법규범으로 직접 공적목적을 수행하는 행정의 경우에 있어서 **사법규범은 공법규정에 의해 보충·수정된다**는 것을 내용으로 한다. 행정사법작용은 특별규정이 없는 한, 공법적인 제약에도 불구하고 전체로서 **법관계는 사법적인 성질**을 갖는 것으로 이해되고 있다. 판례도 같은 견해이다. 참고로, 1982년 한국전기통신공사가 설립되기 이전에 전기통신사업은 **체신부의 소관사무**였다. 현재는 민간영역의 사무이다.

## 3. 조달행정

□ 시가 사경제적 주체로서 한 **물품구매계약은 사법상의 계약**이고, 구 예산회계법 시행령 제74조의 규정취지에 비추어 보면, 물품구매계약서상 '계약체결 후 예정 가격 또는 계약금액의 결정에 하자 또는 착오가 있음이 발견되거나 기타 계약금액을 감액하여야 할 사유가 발생하였을 때에는 계약금액을 감액하거나 환수조치할 수 있다'고 한 계약특수조건은 계약 상대자가 예정가격 또는 계약금액을 높이기 위하여 부정한 방법 등을 사용하거나, 그로 인하여 시의 계약담당공무원이 착오를 일으켜 예정가격 또는 계약금액을 부당하게 높게 책정할 경우에 대비하여 그러한 때에는 그 정상가격과의 차액을 감액하거나 환수할 수 있다는 취지라고 해석된다(대판 1992. 4. 28, 91다46885).

[평설] 행정청의 청사건축을 위한 토지의 매입, 사무용품매입 등과 같이 행정청이 공적 임무의 수행에 전제가 되는 것을 확보하기 위한 행정작용을 **조달행정**이라 한다. 위 판례상 물품구매계약은 조달행정의 예가 된다. 조달행정은 간접적으로 **공적 목적에 기여**한다. 학설이나 판례 모두 조달행정에 관한 법적 분쟁은 원칙적으로 **민사법원의 관할사항**으로 본다.

## 4. 영리활동

□ **국유재산의 매매계약은 순전히 사법상의 계약**에 불과하고, 이를 공권력에 의한 행정처분 내지 준행정처분이라고는 볼 수 없으며 구 국유재산법(1965. 12. 30. 법률 제1731호) 제28조에서 **잡종재산을 차수 또는 매수**한 자가 임대료나 매수대금을 기일 내에 납부하지 않을 때에는 대부 또는 매매계약을 해제하거나 국세징수법에 정한 바에 따라 **체납처분을 할 수 있다**고 규정되어 있다 하여 이에 영향을 미칠 수 **없다**(대판 1969. 12. 26, 69누134).

[평설] 영리활동이란 국가가 공행정목적의 직접적인 수행과는 관계없이 수익의 확보를 위해 행하는 활동을 말한다(예: 국가가 담배공장을 경영하거나 자동차회사에 주주로 참여하는 경우). 영리활동은 이익획득을 직접적인 목적으로 하는 점에서 공적 목적의 수행을 직접적인 목적으로 하는 행정사법과 구별되고, 이익획득과 무관한 조달행정과 구별된다. 국유재산법이나 공유재산 및 물품관리법상 일반재산의 관리도 영리활동에 해당한다고 볼 수 있다. 재산행정을 영리활동과 별도로 다루는 견해도 있다.

# 제 4 장

# 행정절차·행정정보

## 제 1 절  행정절차(헌법 제12조 제1항)

### [27] 행정절차상 당사자의 권리

1. 행정절차의 헌법적 근거

□ 헌법 제12조 제1항(… 법률과 적법한 절차에 의하지 아니하고는 처벌·보안처분 또는 강제노역을 받지 아니한다)이 천명하고 있는 적법절차 원칙은 형사소송 절차에 국한되지 않고 모든 국가작용 전반에 대하여 적용된다고 할 것이나, 이 원칙이 구체적으로 어떠한 절차를 어느 정도로 요구하는지 일률적으로 정하기 어렵고, 이는 규율되는 사항의 성질, 관련 당사자의 사익, 절차의 이행으로 제고될 가치, 국가작용의 효율성, 절차에 소요되는 비용, 불복의 기회 등 다양한 요소들을 형량하여 개별적으로 판단할 수밖에 없다(헌재 2016. 10. 27, 2015헌바358; 헌재 2014. 3. 27, 2012헌바29; 헌재 1993. 7. 29, 90헌바35; 헌재 1992. 12. 24, 92헌가8).

2. 사전통지를 받을 권리(처분의 사전통지제도)(절차법 제21조)

(1) 거부처분에 사전통지가 필요한지 여부

□ 행정절차법 제21조 제1항은 행정청은 당사자에게 의무를 과하거나 권익을 제한하는 처분을 하는 경우에는 미리 처분의 제목, 당사자의 성명 또는 명칭과 주소, 처분하고자 하는 원인이 되는 사실과 처분의 내용 및 법적 근거, 그에 대하여 의견을 제출할 수 있다는 뜻과 의견을 제출하지 아니하는 경우의 처리방법, 의견제출기관의 명칭과 주소, 의견제출기한 등을 당사자 등에게 통지하도록 하고 있는바, 신청에 따른 처분이 이루어지지 아니한 경우에는 아직 당사자에게 권익

이 부과되지 아니하였으므로 특별한 사정이 없는 한 신청에 대한 거부처분이라고 하더라도 직접 당사자의 권익을 제한하는 것은 아니어서 신청에 대한 거부처분을 여기에서 말하는 '당사자의 권익을 제한하는 처분'에 해당한다고 할 수 없는 것이어서 처분의 사전통지대상이 된다고 할 수 없다(대판 2003. 11. 28, 2003두674).

[평설] 행정절차법 제21조가 정하는 사전통지를 받는 것은 절차적 권리로서 당사자의 개인적 공권으로 보호된다. 예외사유에 해당하지 않는 한, 사전통지는 의무적이다. 이에 위반하면 위법을 구성한다. 수익적 행위의 신청에 대한 거부처분에는 사전통지제도가 적용되지 아니한다는 취지의 판례이다. 거부처분에도 사전통지가 필요하다는 견해도 있다. 사견으로, 거부처분도 권익에 대한 간접적 제한으로 보아 사전통지의 범위를 확대할 필요가 있다고 본다.

## (2) 사전통지의 생략

□ 국가공무원법 제75조 및 제76조 제1항에서 공무원에 대하여 직위해제를 할 때에는 … 처분사유 설명서를 반드시 교부하도록 하는 등 … 절차적 보장이 강화되어 있다. 그렇다면 국가공무원법상 직위해제처분은 구 행정절차법 제3조 제2항 제9호, 동법 시행령 제2조 제3호에 의하여 당해 행정작용의 성질상 행정절차를 거치기 곤란하거나 불필요하다고 인정되는 사항 또는 행정절차에 준하는 절차를 거친 사항에 해당하므로, 처분의 사전통지 및 의견청취 등에 관한 행정절차법의 규정이 별도로 적용되지 아니한다고 봄이 상당하다(대판 2014. 5. 16, 2012두26180).

[평설] 행정절차법의 적용이 배제되는 경우를 규정하는 행정절차법 제3조 제2항 제9호의 해석과 관련된 판례이다. 사전통지제도가 개인의 권익보호를 위한 것임을 고려할 때, 사전통지가 생략되는 경우는 제한적으로 적용되어야 한다.

## (3) 사전통지의 위반

□ 행정청이 침해적 행정처분을 하면서 당사자에게 사전통지를 하거나 의견제출의 기회를 주지 아니하였다면, 사전통지나 의견제출의 예외적인 경우에 해당하지 아니하는 한, 처분은 위법하여 취소를 면할 수 없다. '의견청취가 현저히 곤란하거나 명백히 불필요하다고 인정될 만한 상당한 이유가 있는 경우'에 해당하는지는 해당 행정처분의 성질에 비추어 판단하여야 하며, 처분상대방이 이미 행정청에게 위반사

실을 시인하였다거나 처분의 사전통지 이전에 의견을 진술할 기회가 있었다는 사정을 고려하여 판단할 것은 아니다(대판 2016. 10. 27, 2016두41811; 대판 2016. 10. 27, 2016두41811; 대판 2004. 10. 28, 2003두9770; 대판 2004. 5. 28, 2004두1254; 대판 2000. 11. 1, 99두5870).

## 3. 의견제출권(의견제출제도)(절차법 제22조 제3항, 제27조~제27조의2)

### (1) 수리를 요하는 신고의 수리에 의견제출절차가 적용되는지 여부

□ 관광진흥법 제8조 제2항, 제4항, 체육시설법 제27조 제2항, 제20조의 각 규정에 의하면, 공매 등의 절차에 따라 문화체육관광부령으로 정하는 주요한 유원시설업 시설의 전부 또는 체육시설업의 시설 기준에 따른 필수시설을 인수함으로써 그 유원시설업자 또는 체육시설업자의 지위를 승계한 자가 관계 행정청에 이를 신고하여 행정청이 이를 수리하는 경우에는 종전의 유원시설업자에 대한 허가는 그 효력을 잃고, 종전의 체육시설업자는 적법한 신고를 마친 체육시설업자로서의 지위를 부인당할 불안정한 상태에 놓이게 된다. 따라서 행정청이 관광진흥법 또는 체육시설법의 규정에 의하여 유원시설업자 또는 체육시설업자 지위승계신고를 수리하는 처분은 종전의 유원시설업자 또는 체육시설업자의 권익을 제한하는 처분이라 할 것이고, 종전의 유원시설업자 또는 체육시설업자는 그 처분에 대하여 직접 그 상대가 되는 자에 해당한다고 봄이 상당하므로, 행정청으로서는 신고를 수리하는 처분을 함에 있어서 행정절차법 규정 소정의 당사자에 해당하는 종전의 유원시설업자 또는 체육시설업자에 대하여 위 규정 소정의 **행정절차**(사전통지 절차)를 실시하고 처분을 하여야 한다(대판 2012. 12. 13, 2011두29144).

### (2) 의견제출절차 결여의 하자

□ 행정청이 침해적 행정처분을 하면서 당사자에게 행정절차법상의 사전통지를 하거나 의견제출의 기회를 주지 아니하였다면 사전통지를 하지 않거나 의견제출의 기회를 주지 아니하여도 되는 예외적인 경우에 해당하지 아니하는 한 그 처분은 위법하여 취소를 면할 수 없다. 군인사법 및 그 시행령의 관계 규정에 따르면, 원고와 같이 진급예정자 명단에 포함된 자는 진급예정자명단에서 삭제되거나 진급선발이 취소되지 않는 한 진급예정자 명단 순위에 따라 진급하게 되므로, 이 사건 처분과 같이 **진급선발을 취소하는** 처분은 진급예정자로서 가지는 원고의 이익을 침해하는 처분이라 할 것이고, 한편 군인사법 및 그 시행령에 이 사건

처분과 같이 진급예정자 명단에 포함된 자의 진급선발을 취소하는 처분을 함에 있어 행정절차에 준하는 절차를 거치도록 하는 규정이 없을 뿐만 아니라 위 처분이 성질상 행정절차를 거치기 곤란하거나 불필요하다고 인정되는 처분이라고 보기도 어렵다고 할 것이어서 이 사건 처분이 행정절차법의 적용이 제외되는 경우에 해당한다고 할 수 없으며, 나아가 원고가 수사과정 및 징계과정에서 자신의 비위행위에 대한 해명기회를 가졌다는 사정만으로 이 사건 처분이 행정절차법 제21조 제4항 제3호, 제22조 제4항에 따라 원고에게 사전통지를 하지 않거나 의견제출의 기회를 주지 아니하여도 되는 예외적인 경우에 해당한다고 할 수 없으므로, 피고가 이 사건 처분을 함에 있어 원고에게 **의견제출의 기회를 부여하지 아니한 이상**, 이 사건 처분은 절차상 하자가 있어 위법하다고 할 것이다(대판 2007. 9. 21, 2006두 20631; 대판 2016. 10. 27, 2016두41811; 대판 2004. 10. 28, 2003두9770; 대판 2004. 5. 28, 2004두1254; 대판 2000. 11. 1, 99두5870).

4. 청문권(청문제도)(절차법 제22조 제1항, 제28조~제37조)

(1) 청문제도의 취지

□ 행정절차법 제22조 제1항 제1호의 청문제도(행정청이 어떠한 처분을 하기 전에 당사자등의 의견을 직접 듣고 증거를 조사하는 절차)는 행정처분의 사유에 대하여 당사자에게 **변명과 유리한 자료를 제출할 기회를 부여함으로써 위법사유의 시정가능성을** 고려하고, 처분의 신중과 적정을 기하려는 데 그 취지가 있다(대판 2017. 4. 7, 2016 두63224; 대판 2007. 11. 16, 2005두15700).

(2) 청문의 배제

① [서울특별시 종로구청장이 구 공중위생법상 유기장업허가취소처분을 함에 있어서 두 차례에 걸쳐 발송한 청문통지서가 모두 반송되어 온 경우, 행정절차법 제21조 제4항 제3호에 정한 청문을 실시하지 않아도 되는 예외 사유에 해당한다고 단정하여 당사자가 청문일시에 불출석하였다는 이유로 청문을 거치지 않고 유기장업허가취소처분을 하자 이의 취소를 구한 사건에서] '의견 청취가 현저히 곤란하거나 명백히 불필요하다고 인정될 만한 상당한 이유가 있는지 여부'는 해당 행정처분의 성질에 비추어 판단하여야 하는 것이지, 청문통지서의 반송여부, 청문통지의 방법 등에 의하여 판단할 것은 아니며, 또한 행정처분의 상대방이 통지된 청문일시에 불출석하였다는 이유만으로 행정청이 관계법령상 그 실시가 요구되는 청문을 실시하지 아니한 채 침해적 행정처분을 할 수는 없을

것이므로, 행정처분의 상대방에 대한 청문통지서가 반송되었다거나, 행정처분의 상대방이 청문일시에 불출석하였다는 이유로 청문을 실시하지 아니하고 한 침해적 행정처분은 위법하다(대판 2001. 4. 13, 2000두3337).

② 행정청이 당사자와 사이에 도시계획사업의 시행과 관련한 협약을 체결하면서 관계 법령 및 행정절차법에 규정된 청문의 실시 등 의견청취절차를 배제하는 조항을 두었다고 하더라도, 국민의 행정참여를 도모함으로써 행정의 공정성·투명성 및 신뢰성을 확보하고 국민의 권익을 보호한다는 행정절차법의 목적 및 청문제도의 취지 등에 비추어 볼 때, 위와 같은 협약의 체결로 청문의 실시에 관한 규정의 적용을 배제할 수 있다고 볼 만한 법령상의 규정이 없는 한, 이러한 협약이 체결되었다고 하여 청문의 실시에 관한 규정의 적용이 배제된다거나 청문을 실시하지 않아도 되는 예외적인 경우에 해당한다고 할 수 없다(대판 2004. 7. 8, 2002두8350).

[평설] ①은 청문을 실시하지 않아도 되는 경우를 규정하는 행정절차법 제21조 제4항 제3호가 정하는 사항에 대한 판단방법을 제시하는 판례이다. ②는 **합의에 의해 청문 절차를 배제할 수 있는지 여부**에 관한 판례이다. 청문절차는 공법적인 성질을 가진 것으로 강제적인 것이므로 협약으로 배제할 수 없고, 행정처분을 하면서 계약을 체결하여 행정절차법상의 청문 등을 배제할 수 있도록 한다면 행정청은 자신의 우월한 지위를 이용하여 상대방의 의사에 반하여 여러 절차를 배제하는 내용의 계약을 강제함으로써 행정절차법의 취지를 잠탈할 우려가 있는바, 협약으로 청문을 배제할 수 없다고 보는 판례의 태도는 정당하다.

## (3) 청문절차상 사인의 의견의 반영 여부

□ 광업법 제88조 제2항에서 처분청이 같은 법조 제1항의 규정에 의하여 광업용 토지수용을 위한 사업인정을 하고자 할 때에 토지소유자와 토지에 관한 권리를 가진 자의 **의견을 들어야 한다**고 한 것은 그 사업인정 여부를 결정함에 있어서 소유자나 기타 권리자가 의견을 반영할 기회를 주어 이를 **참작하도록 하고자 하는 데 있을 뿐**, 처분청이 그 의견에 기속되는 것은 아니다(대판 1995. 12. 22, 95누30).

[평설] 관계행정청이 사인의 의견에 구속된다면, 행정작용은 행정청이 아니라 사인에

의한 행정이 될 것이기 때문에, 사인의 의견에 행정청이 구속되지는 않는다는 판례의 태도는 정당하다. 사인의 정당한 의견을 무시한 관계행정청의 결정은 사실오인 또는 재량하자 등으로 인해 위법한 것이 될 수도 있을 것이다.

### (4) 청문절차 불필요 또는 의견진술기회 포기 유무의 판단방법

□ 행정절차법 제22조 제4항, 제21조 제4항 제3호에 의하면, "해당 처분의 성질상 의견청취가 현저히 곤란하거나 명백히 불필요하다고 인정될 만한 상당한 이유가 있는 경우"나 "당사자가 의견진술의 기회를 포기한다는 뜻을 명백히 표시한 경우"에는 청문 등 의견청취를 하지 아니할 수 있는데, 여기에서 '의견청취가 현저히 곤란하거나 명백히 불필요하다고 인정될 만한 상당한 이유가 있는 경우'에 해당하는지는 해당 행정처분의 성질에 비추어 판단하여야 하며, 처분상대방이 이미 행정청에게 위반사실을 시인하였다거나 처분의 사전통지 이전에 의견을 진술할 기회가 있었다는 사정을 고려하여 판단할 것은 아니다(대판 2017. 4. 7, 2016두63224).

### (5) 청문절차 결여의 하자의 효과

① 행정청이 특히 침해적 행정처분을 할 때 그 처분의 근거 **법령 등**에서 **청문을 실시하도록 규정**하고 있다면, 행정절차법 등 관련 법령상 청문을 실시하지 않아도 되는 예외적인 경우에 해당하지 않는 한, 반드시 **청문을 실시하여야** 하며, 그러한 **절차를 결여한 처분은 위법한 처분**으로서 취소사유에 해당한다(대판 2017. 4. 7, 2016두63224; 대판 2007. 11. 16, 2005두15700; 대판 2004. 7. 8, 2002두8350).

② 건축사무소의등록취소및폐쇄처분에관한규정 제9조(1979. 9. 6. 건설부훈령 제447호)가 관계행정청이 건축사사무소의 등록취소처분을 함에 있어 해당 건축사들을 **사전에 청문토록 한 취지**는 위 행정처분으로 인하여 건축사사무소의 기존권리가 부당하게 침해받지 아니하도록 등록취소사유에 대하여 해당 건축사에게 변명과 유리한 자료를 제출할 기회를 부여하여 위법사유의 시정가능성을 감안하고 처분의 신중성과 적정성을 기하려 함에 있다 할 것이므로 설사 건축사법 제28조 소정의 등록취소 등 사유가 분명히 존재하는 경우라 하더라도 해당 건축사가 정당한 이유 없이 청문에 응하지 아니한 경우가 아닌 한 **청문절차를 거치지 아니하고 한 건축사사무소 등록취소처분은 위법**하다(대판 1984. 9. 11, 82누166).

③ 청문절차 없이 어떤 행정처분을 한 경우에도 관계 법령에서 청문절차를 시행하

도록 규정하지 않고 있는 경우에는 그 행정처분이 위법하게 되는 것이 아니라고 할 것인바, 구 주택건설촉진법(1992. 12. 8. 법률 제4530호로 개정되기 전의 것) 및 같은 법시행령에 의하면 주택조합설립인가처분의 취소처분을 하고자 하는 경우에 청문절차를 거치도록 규정하고 있지 아니하므로 **청문절차를 거치지 아니한 것이 위법하지 아니하다**(대판 1994. 3. 22, 93누18969).

[평설] ①은 **법령상 요구되는 청문절차의 결여는** 처분의 위법사유라는 판례이다. 판례의 확립된 견해이고 학설의 입장도 같다. 그 하자가 무효사유인지, 취소사유인지는 중대명백설에 따라 판단하면 된다. 취소사유인 경우에는 하자의 치유가 인정될 수도 있을 것이다. ②는 **훈령상 요구되는 청문절차의 결여도** 처분의 위법사유로 본 오래된 판례이다. 이 판례를 제외하고, 훈령에서 정한 청문절차를 결여한 처분이 위법하다는 판례는 찾아보기 어렵다. 이 판례가 행정내부적인 법인 훈령의 위반을 위법사유로 한 것은 이해하기 어렵다. 이 판례는 행정절차법 발효(1998. 1. 1.) 이전의 것이고, 행정절차법 발효 이후에는 이러한 취지의 판례는 찾아볼 수 없다. ③은 **법령상 청문이 요구되지 아니하는 경우에 청문의 결여는** 위법하지 않다는 취지의 판례이다. 행정절차법 시행 전의 판례이지만 현행 행정절차법 아래에서도 행정절차법이나 개별 법령에서 청문이 요구되는 경우가 아니라면, 청문을 거치지 아니하고 이루어진 처분은 위법하지 아니하다고 볼 것이다.

5. 공청회참여권(공청회제도)(절차법 제22조 제2항, 제38조~제39조의2)
□ 묘지공원과 화장장의 후보지를 선정하는 과정에서 **서울특별시, 비영리법인, 일반 기업 등이 공동발족한 협의체인 추모공원건립추진협의회가** 후보지 주민들의 의견을 청취하기 위하여 그 명의로 개최한 공청회는 행정청이 도시계획시설결정을 하면서 개최한 공청회가 아니므로, 위 공청회의 개최에 관하여 **행정절차법에서 정한 절차를 준수하여야 하는 것은 아니다.** 공청회 개최과정에서 피고가 이 사건 협의회의 구성원으로서 행정적인 업무지원을 하였다 하여 달리 볼 것은 아니다(대판 2007. 4. 12, 2005두1893).

[평설] 행정절차법은 공청회를 "**행정청이 공개적인 토론을 통하여 어떠한 행정작용에 대하여 당사자등, 전문지식과 경험을 가진 사람, 그 밖의 일반인으로부터 의견을 널리 수렴하는 절차**"로 정의하고 있다(절차법 제2조 제6호). 행정절차법상 공청회절차는 행정

절차법 제22조 제2항이 정하는 경우에 실시된다. 따라서 행정절차법 제22조 제2항에 따른 공청회가 아닌 경우에는 행정절차법상 공청회 관련 규정이 적용되어야 하는 것은 아니라는 취지의 판례이다.

## [28] 행정절차상 하자

참고☞ 행정절차상 하자란 행정행위의 적법요건 중 절차요건의 미비를 말한다. 절차상 하자에는 법령상 요구되는 상대방의 협력이나 관계행정청의 협력의 결여, 필요적인 처분의 사전통지나 의견청취절차의 결여, 이유제시의 결여, 송달방법의 하자 등이 있다.

### 1. 위법사유로서 절차상 하자

□ 구 도시계획법 제16조의2 제2항 및 동시행령 제14조의2 제6항·제7항·제8항의 규정을 종합하여 보면 **공람공고절차를 위배한 도시계획변경결정신청은 위법하다**고 아니할 수 없고 행정처분에 위와 같은 **법률이 보장한 절차의 흠결이 있는 위법사유가 존재하는 이상 그 내용에 있어 재량권의 범위 내이고 변경될 가능성이 없다**하더라도 그 행정처분은 위법하다(대판 1988. 5. 24, 87누388).

[평설] 판례는 행정절차법 시행 전부터 절차상 하자를 독립된 위법사유로 보고 있다(대판 1984. 9. 11, 82누166; 대판 1991. 7. 9, 91누971; 대판 2000. 11. 1, 99두5870). 절차상 하자가 위법사유를 구성한다고 하여도, 그것이 무효사유인지 아니면 취소사유인지의 여부는 중대명백설에 따라 판단하면 된다.

### 2. 절차상 하자 치유의 가부

참고☞ 절차규정 위반의 경우, **사후에 하자를 보완함으로써**(예: 사후의 신청서제출·이유서제출·청문실시 등) 치유될 수 있는가의 절차상 하자의 치유문제이다. 하자의 치유는 **개인의 권리보호**와 행정능률이라는 두 가지 요청의 조화를 목적으로 한다. 학설과 판례는 국민의 권익을 침해하지 않는 한도 내에서 구체적 사정에 따라 합목적적·제한적으로 하자의 치유를 인정한다(**제한적 긍정설**).

① 청문제도의 취지는 처분으로 말미암아 받게 될 영업자에게 미리 변명과 유리한 자료를 제출할 기회를 부여함으로써 부당한 권리침해를 예방하려는 데에 있는 것임을 고려하여 볼 때, 가령 행정청이 **청문서 도달기간을 다소 어겼다 하더라**

도 영업자가 이에 대하여 이의하지 아니한 채 스스로 청문일에 출석하여 그 의견을 진술하고 변명하는 등 방어의 기회를 충분히 가졌다면 청문서 도달기간을 준수하지 아니한 하자는 치유되었다고 봄이 상당하다(대판 1992. 10. 23, 92누2844).

② 택지초과소유부담금의 납부고지서에 납부금액 및 산출근거, 납부기한과 납부장소 등의 필요적 기재사항의 일부가 누락되었다면 그 부과처분은 위법하다고 할 것이나, 부과관청이 부과처분에 앞서 택지소유상한에관한법률시행령 제31조 제1항에 따라 납부의무자에게 교부한 부담금예정통지서에 납부고지서의 필요적 기재사항이 제대로 기재되어 있었다면 납부의무자로서는 부과처분에 대한 불복여부의 결정 및 불복신청에 전혀 지장을 받지 않았음이 명백하므로, 이로써 납부고지서의 흠결이 보완되거나 하자가 치유될 수 있는 것이다(대판 1997. 12. 26, 97누9390).

③ 과세처분시 납세고지서에 과세표준, 세율, 세액의 산출근거 등이 누락된 경우에는 늦어도 과세처분에 대한 불복여부의 결정 및 불복신청에 편의를 줄 수 있는 상당한 기간내에 보정행위를 하여야 그 하자가 치유된다 할 것이므로, 과세처분이 있은지 4년이 지나서 그 취소소송이 제기된 때에 보정된 납세고지서를 송달하였다는 사실이나 오랜 기간(4년)의 경과로써 과세처분의 하자가 치유되었다고 볼 수는 없다(대판 1983. 7. 26, 82누420).

[평설] ①과 ②는 하자의 치유를 긍정한 판례이고, ③은 하자의 치유를 부정한 판례이다. 하자의 치유의 인정여부에 대한 판단기준은 처분의 상대방이 방어의 기회를 충분히 가졌느냐 또는 상대방이 불복여부의 결정 및 불복신청에 편의를 가질 수 있었는가의 여부이다.

## 3. 하자 치유의 가능시한

□ 하자의 치유를 허용하려면 늦어도 과세처분에 대한 불복여부의 결정 및 불복신청에 편의를 줄 수 있는 상당한 기간내에 하여야 한다고 할 것이므로 위 과세처분에 대한 전심절차가 모두 끝나고 이 사건 소송이 계류중인 1982. 11. 13 세액산출근거의 통지가 있었다고 하여 이로써 위 과세처분의 하자가 치유되었다고는 볼 수 없다고 할 것이다(대판 1984. 4. 10, 83누393). ☞ [148쪽]

## 4. 절차상 하자를 이유로 한 취소판결의 기속력

□ 과세의 절차 내지 형식에 위법이 있어 과세처분을 취소하는 판결이 확정되었을 때는 그 확정판결의 기판력은 거기에 적시된 절차 내지 형식의 위법사유에 한하여 미치는 것이므로 과세관청은 그 위법사유를 보완하여 다시 새로운 과세처분을 할 수 있고 그 새로운 과세처분은 확정판결에 의하여 취소된 종전의 과세처분과는 별개의 처분이라 할 것이어서 확정판결의 기판력에 저촉되는 것이 아니다(대판 1987. 2. 10, 86누91). ☞ [449쪽]


# 제 2 절　행정과 정보

## [29] 개인정보자기결정권(정보상 자기결정권)(헌법 제10조, 제17조 등, 정보법)

### 1. 개인정보자기결정권의 개념

□ 개인정보자기결정권은 자신에 관한 정보가 언제 누구에게 어느 범위까지 알려지고 또 이용되도록 할 것인지를 그 정보주체가 스스로 결정할 수 있는 권리이다(헌재 2017. 7. 27, 2015헌마1094; 헌재 2016. 2. 25, 2013헌마830; 헌재 2005. 7. 21, 2003헌마282; 대판 2016. 8. 17, 2014다235080).

[평설] 개인정보자기결정권의 개념을 정의하는 헌법재판소와 대법원의 확립된 견해이다. 사견으로는, 개인정보자기결정권을 모든 국민이 누구나 자신에 관한 정보를 관리하고, 통제하고, 외부로 표현함에 있어 스스로 결정할 수 있는 권리로 정의한다. 정보상 자기결정권이라고도 한다.

### 2. 개인정보자기결정권의 헌법상 근거

① 개인정보자기결정권의 헌법상 근거로는 헌법 제17조의 사생활의 비밀과 자유, 헌법 제10조 제1문의 인간의 존엄과 가치 및 행복추구권에 근거를 둔 일반적 인격권 또는 위 조문들과 동시에 우리 헌법의 자유민주적 기본질서 규정 또는 국민주권원리와 민주주의원리 등을 고려할 수 있으나, 개인정보자기결정권으로 보호하려는 내용을 위 각 기본권들 및 헌법원리들 중 일부에 완전히 포섭시키는 것은 불가능하다고 할 것이므로, 그 헌법적 근거를 굳이 어느 한 두개에 국한시키는 것은 바람직하지 않은 것으로 보이고, 오히려 개인정보자기결정권은 이들을 이념적 기초

로 하는 독자적 기본권으로서 헌법에 명시되지 아니한 기본권이라고 보아야 할 것이다(헌재 2005. 5. 26, 99헌마513, 2004헌마190(병합); 헌재 2017. 7. 27, 2015헌마1094; 헌재 2016. 2. 25, 2013헌마830; 헌재 2005. 7. 21, 2003헌마282).

② 헌법 제10조의 인간의 존엄과 가치, 행복추구권과 헌법 제17조의 사생활의 비밀과 자유에서 도출되는 개인정보자기결정권은 자신에 관한 정보가 언제 누구에게 어느 범위까지 알려지고 또 이용되도록 할 것인지를 정보주체가 스스로 결정할 수 있는 권리이다(대판 2016. 3. 10, 2012다105482; 대판 2014. 7. 24, 2012다49933).

[평설] ①에서 헌법재판소가 보는 개인정보자기결정권의 헌법적 근거, ②에서는 대법원이 보는 개인정보자기결정권의 헌법적 근거를 볼 수 있다. 헌법재판소와 대법원의 인식은 기본적으로는 같다. 한편, 대법원은 "헌법 제10조, 제17조는 사생활비공개의 소극적 권리와 자기정보의 자율적 통제의 적극적 권리를 포함한다"고 판시한 바 있다(대판 1998. 7. 24, 96다42789).

## 3. 개인정보자기결정권의 인정취지

□ 오늘날 현대사회는 개인의 인적 사항이나 생활상의 각종 정보가 정보주체의 의사와는 전혀 무관하게 타인의 수중에서 무한대로 집적되고 이용 또는 공개될 수 있는 새로운 정보환경에 처하게 되었고, 개인정보의 수집·처리에 있어서의 국가적 역량의 강화로 국가의 개인에 대한 감시능력이 현격히 증대되어 국가가 개인의 일상사를 낱낱이 파악할 수 있게 되었다. 이와 같은 사회적 상황 하에서 개인정보자기결정권을 헌법상 기본권으로 승인하는 것은 현대의 정보통신기술의 발달에 내재된 위험성으로부터 개인정보를 보호함으로써 궁극적으로는 개인의 결정의 자유를 보호하고, 나아가 자유민주체제의 근간이 총체적으로 훼손될 가능성을 차단하기 위하여 필요한 최소한의 헌법적 보장장치라고 할 수 있다(헌재 2005. 5. 26, 99헌마513 등).

## 4. 보호대상 개인정보

① 개인정보의 공개와 이용에 관하여 정보주체 스스로가 결정할 권리인 개인정보자기결정권의 보호대상이 되는 개인정보는 개인의 신체, 신념, 사회적 지위, 신분 등과 같이 개인의 인격주체성을 특징짓는 사항으로서, 그 개인의 동일성을 식별할 수 있게 하는 일체의 정보이다. 또한, 그러한 개인정보를 대상으로 한 조사·

수집·보관·처리·이용 등의 행위는 모두 원칙적으로 개인정보자기결정권에 대한 제한에 해당한다(헌재 2017. 7. 27, 2015헌마1094).

② 반드시 개인의 내밀한 영역이나 사사(私事)의 영역에 속하는 정보에 국한되지 않으며, 공적 생활에서 형성되었거나 이미 공개된 개인정보까지 포함한다(헌재 2016. 2. 25, 2013헌마830; 헌재 2005. 7. 21, 2003헌마282등; 헌재 2005. 5. 26, 99헌마513, 2004헌마190(병합); 대판 2016. 8. 17, 2014다235080; 대판 2016. 3. 10, 2012다105482).

[평설] 개인정보 보호법상 "개인정보"란 살아 있는 개인에 관한 정보로서 성명, 주민등록번호 및 영상 등을 통하여 개인을 알아볼 수 있는 정보(해당 정보만으로는 특정 개인을 알아볼 수 없더라도 다른 정보와 쉽게 결합하여 알아볼 수 있는 것을 포함한다)를 말한다(정보법 제2조 제1호).

## 5. 개인정보자기결정권의 제한
### (1) 제한가능성
□ 헌법상 기본권의 행사는 국가공동체 내에서 타인과의 공동생활을 가능하게 하고 다른 헌법적 가치나 국가의 법질서를 위태롭게 하지 않는 범위 내에서 이루어져야 하므로, 개인정보자기결정권이나 익명표현의 자유도 **국가안전보장·질서유지 또는 공공복리를 위하여 필요한 경우에는 헌법 제37조 제2항에 따라 법률로써 제한될 수 있다**(대판 2016. 3. 10, 2012다105482; 헌재 2005. 5. 26, 99헌마513, 2004헌마190(병합)).

### (2) 제한의 유형
□ 개인정보를 대상으로 한 **조사·수집·보관·처리·이용 등의 행위는 모두 원칙적으로 개인정보자기결정권에 대한 제한에 해당한다**(헌재 2016. 2. 25, 2013헌마830; 헌재 2005. 7. 21, 2003헌마282등; 헌재 2005. 5. 26, 99헌마513; 대판 2016. 8. 17, 2014다235080; 대판 2016. 3. 10, 2012다105482).

## [30] 정보공개청구권(헌법 제21조 등, 공개법)
### I. 정보공개청구권의 관념
#### 1. 정보공개청구권의 의의
□ 국민의 알 권리, 특히 국가정보에의 접근의 권리는 우리 헌법상 기본적으로

표현의 자유와 관련하여 인정되는 것으로 그 권리의 내용에는 일반 국민 누구나 국가에 대하여 보유 · 관리하고 있는 정보의 공개를 청구할 수 있는 이른바 일반 적인 정보공개청구권이 포함된다(대판 1999. 9. 21, 97누5114).

[평설] 정보공개청구권이란 사인이 공공기관에 대하여 정보를 제공해 줄 것을 요구할 수 있는 개인적 공권을 말한다. 정보공개청구권은 자기와 직접적인 이해관계 있는 특 정한 사안에 관한 '**개별적' 정보공개청구권**(예: 행정절차법상 정보공개청구권으로서 문서열 람 · 복사청구권)과 자기와 직접적인 이해관계가 없는 '**일반적' 정보공개청구권**으로 구분 된다.

## 2. 정보공개청구권의 성질

① 공공기관의정보공개에관한법률(이하 '정보공개법'이라 한다)의 목적, 규정 내용 및 취지 등에 비추어 보면, 국민의 **정보공개청구권은 법률상 보호되는 구체적인 권 리**라 할 것이므로, 공공기관에 대하여 정보의 공개를 청구하였다가 공개거부처 분을 받은 청구인은 행정소송을 통하여 그 공개거부처분의 취소를 구할 법률상 의 이익이 있는 것이다(대판 2003. 12. 11, 2003두8395; 대판 2006. 1. 13, 2003두9459).
② 정보공개청구권은 법률상 보호되는 구체적 권리이므로 청구인이 공공기관에 대하여 **정보공개를 청구하였다가 거부처분을 받은 것 자체가 법률상 이익의 침해**에 해당한다고 할 것이고, 거부처분을 받은 것 이외에 추가로 어떤 법률상 이익을 가질 것을 요구하는 것은 아니다(대판 2004. 9. 23, 2003두1370)(법률신문 2004. 10. 25).

[평설] 공공기관의 정보공개에 관한 법률 제5조 제1항이 "모든 국민은 정보의 공개를 청구할 권리를 가진다"고 규정하는바, 사인의 정보공개청구권이 법률에서 바로 권리로 서 명시되고 있다. ☞ [30쪽]

## II. 정보공개청구권의 법적 근거

## 1. 헌법상 근거

① 정부나 공공기관이 보유하고 있는 정보에 대하여 정당한 이해관계가 있는 자 가 그 공개를 요구할 수 있는 권리는 **알 권리**로서 이러한 알 권리는 **헌법 제21조**(언론 · 출판의 자유와 집회 · 결사의 자유)에 **의하여 직접 보장**된다. 어떤 문제가 있을 때 그에 관련된 정보에 대한 공개청구권은 알 권리의 당연한 내용이 된다(헌재 2015.

6. 25, 2011헌마769).

② 국민의 알 권리, 특히 공공기관이 보유·관리하는 정보에 접근할 권리는 우리 헌법상 기본권인 **표현의 자유와 관련하여** 인정되는 것이다(대판 2014. 12. 24, 2014두9349).

[평설] 정보공개청구권을 명시적으로 규정하는 헌법조문은 보이지 아니한다. 헌법재판소나 대법원은 해석상 알 권리 내지 표현의 자유에서 헌법적 근거를 찾고 있다.

## 2. 법률상 근거(공개법 적용배제의 경우)

① 구 **공공기관의 정보공개에 관한 법률** 제4조 제1항은 "정보의 공개에 관하여는 **다른 법률에 특별한 규정이 있는 경우를 제외하고는** 이 법이 정하는 바에 의한다."라고 규정하고 있다. 여기서 '정보공개에 관하여 다른 법률에 특별한 규정이 있는 경우'에 해당한다고 하여 정보공개법의 적용을 배제하기 위해서는, 그 특별한 규정이 '법률'이어야 하고, 나아가 그 내용이 정보공개의 대상 및 범위, 정보공개의 절차, 비공개대상정보 등에 관하여 정보공개법과 달리 규정하고 있는 것이어야 한다(대판 2016. 12. 15, 2013두20882; 대판 2014. 4. 10, 2012두17384).

② **형사소송법** 제59조의2의 내용·취지 등을 고려하면, 형사소송법 제59조의2는 형사재판확정기록의 공개 여부나 공개 범위, 불복절차 등에 대하여 정보공개법과 달리 규정하고 있는 것으로 정보공개법 제4조 제1항에서 정한 '정보의 공개에 관하여 **다른 법률에 특별한 규정이 있는 경우**'에 해당한다고 볼 수 있다. 따라서 형사재판확정기록의 공개에 관하여는 정보공개법에 의한 공개청구가 허용되지 아니한다(대판 2016. 12. 15, 2013두20882).

[평설] 공공기관의 정보공개에 관한 법률의 시행일(1998. 1. 1.) 전에는 구 사무관리규정(1997. 10. 21. 대통령령 제15498호로 개정되기 전의 것) 제33조 제2항과 행정정보공개운영지침(1994. 3. 2. 국무총리 훈령 제288호)이 정보공개의 근거법으로 기능하였다(대판 1999. 9. 21, 97누5114).

## 3. 조례상 근거

□ 지방자치단체는 그 내용이 주민의 권리의 제한 또는 의무의 부과에 관한 사항이거나 벌칙에 관한 사항이 아닌 한 법률의 위임이 없더라도 조례를 제정할

수 있다 할 것인데 청주시의회에서 의결한 **청주시행정정보공개조례안**은 행정에
대한 주민의 알 권리의 실현을 그 근본내용으로 하면서도 이로 인한 개인의 권익
침해 가능성을 배제하고 있으므로 이를 들어 주민의 권리를 제한하거나 의무를 부
과하는 조례라고는 단정할 수 없고 따라서 그 제정에 있어서 반드시 **법률의 개별적
위임**이 따로 필요한 것은 아니다(대판 1992. 6. 23, 92추17).

[평설] 이 판례는 공공기관의 정보공개에 관한 법률의 시행일(1998. 1. 1.) 전에 나타난
것이다. 법률의 위임이 없어도 지방자치단체가 비침익적인 내용의 정보공개조례를 제
정할 수 있다는 취지의 판례이다. 현행 공공기관의 정보공개에 관한 법률은 "지방자치
단체는 그 소관 사무에 관하여 법령의 범위에서 정보공개에 관한 조례를 정할 수 있다
(공개법 제4조 제2항)"고 규정하여 지방자치단체의 정보공개조례의 법적 근거를 명시적
으로 마련하고 있다.

## Ⅲ. 정보공개제도의 문제점

### 1. 정보공개 요구의 남용의 제한

[1] 원고가 공개를 청구한 이 사건 자료 중 일부는 개인의 인적사항, 재산에 관
한 내용이 포함되어 있어서 공개될 경우에는 타인의 **사생활의 비밀과 자유를** 침해
할 우려가 있으며, 이 사건 자료의 분량이 합계 9,029매에 달하기 때문에 이를
원고에게 공개하기 위하여는 피고의 **행정업무에 상당한 지장을 초래할 가능성**이
있고, 이 사건 자료의 공개로 인하여 원고가 주장하는 바와 같은 공익이 실현된
다고 볼 수도 없다(대판 1997. 5. 23, 96누2439).

[2] 국민의 정보공개청구는 정보공개법 제9조에 정한 비공개 대상정보에 해당하
지 아니하는 한 원칙적으로 폭넓게 허용되어야 하지만, 실제로는 해당 정보를
취득 또는 활용할 의사가 전혀 없이 정보공개 제도를 이용하여 사회통념상 용인
될 수 없는 **부당한 이득**을 얻으려 하거나, 오로지 공공기관의 **담당공무원을 괴롭
힐 목적**으로 정보공개청구를 하는 경우처럼 **권리의 남용**에 해당하는 것이 명백한
경우에는 정보공개청구권의 행사를 허용하지 아니하는 것이 옳다(대판 2014. 12.
24, 2014두9349).

[3] 구 공공기관의 정보공개에 관한 법률의 목적, 규정 내용 및 취지에 비추어
보면 정보공개청구의 목적에 특별한 제한이 없으므로, 오로지 **상대방을 괴롭힐
목적**으로 정보공개를 구하고 있다는 등의 특별한 사정이 없는 한 정보공개의 청

구가 **신의칙**에 반하거나 **권리남용**에 해당한다고 볼 수 없다(대판 2006. 8. 24, 2004두 2783).

[평설] 정보공개의 청구가 신의칙에 반하거나 권리남용에 해당되면, 허용되지 아니한 다는 판례들이다. 즉 허용되지 않은 구체적인 사유를 밝히고 있는 판례들이다. 일반적 으로 정보공개와 관련하여 ① 과도한 정보공개는 오히려 **국가기밀**이나 **개인정보**에 대 한 **침해가능성**을 갖는다는 점, ② **행정의 부담**이 과중할 수 있다는 점, ③ **기업비밀**이 악용될 수 있다는 점, ④ 부실정보ㆍ조작정보로 인한 **정보질서의 혼란**이 가능하다는 점, ⑤ **정보무능력자**에 대해 **정보능력자의 우위**로 **불평등**을 초래할 수 있다는 점 등 이 문제점으로 지적된다.

## 2. 공공기관의 정보공개의무의 한계
□ 알 권리에서 파생되는 **정부의 공개의무**는 특별한 사정이 없는 한 국민의 적극 적인 정보수집행위, 특히 **특정의 정보**에 대한 공개청구가 있는 경우에야 비로소 존 재하므로, 정보공개청구가 없었던 경우 대한민국과 중화인민공화국이 2000. 7. 31. 체결한 양국간 마늘교역에 관한 합의서 및 그 부속서 중 '2003. 1. 1.부터 한 국의 민간기업이 자유롭게 마늘을 수입할 수 있다'는 부분을 사전에 마늘재배농 가들에게 공개할 정부의 의무는 인정되지 아니한다(헌재 2004. 12. 16, 2002헌마579).

[평설] 공공기관의 정보공개의무는 사인에게는 **자료제공**의 의미, 공개자 자신에게는 **통제**의 의미, **국정의 민주적 성격 강화**의 의미, 국정에 대한 **국민의 신뢰제고**의 의미 등을 갖지만, 그 의무에는 제한이 따를 수밖에 없다.

## 3. 정보공개청구권과 개인정보자기결정권(공무원의 비밀엄수의무)의 관계
□ 정보주체의 동의 없이 개인정보를 공개함으로써 침해되는 인격적 법익과 정 보주체의 동의 없이 자유롭게 개인정보를 공개하는 표현행위로써 보호받을 수 있는 법적 이익이 하나의 법률관계를 둘러싸고 충돌하는 경우에는, 개인이 공적 인 존재인지 여부, 개인정보의 공공성과 공익성, 개인정보 수집의 목적ㆍ절차ㆍ이 용형태의 상당성, 개인정보 이용의 필요성, 개인정보 이용으로 인해 침해되는 이 익의 성질과 내용 등 여러 사정을 **종합적으로 고려**하여, 개인정보에 관한 인격권 보호에 의하여 얻을 수 있는 이익(비공개 이익)과 표현행위에 의하여 얻을 수 있는 이

익(공개 이익)을 **구체적으로 비교 형량**하여, 어느 쪽 이익이 더 우월한 것으로 평가할 수 있는지에 따라 그 행위의 최종적인 위법성 여부를 판단하여야 한다(대판 2014. 7. 24, 2012다49933; 대판 2011. 9. 2, 2008다42430(전원합의체)).

[평설] 공무원은 재직중은 물론 퇴직 후에도 직무상 지득한 비밀을 엄수하여야 한다(국공법 제59조). 여기서 말하는 직무상 지득한 비밀이란 직무수행상 알게 된 일체의 비밀을 뜻하는 것으로 이해된다. 그리고 그 비밀의 누설은 처벌(형법 제127조) 또는 징계의 원인(국공법 제78조 제1항 제1호)이 된다. 그러나 공공기관의 정보공개에 관한 법률에 따른 공개의 경우에는 공무원법상 비밀엄수의무의 적용이 배제된다고 볼 것이다.

## IV. 정보공개청구권의 주체와 상대방

### 1. 정보공개청구권자

□ 공공기관의정보공개에관한법률 제6조(현행법 제5조) 제1항은 "모든 국민은 정보의 공개를 청구할 권리를 가진다"고 규정하고 있는데, 여기에서 말하는 국민에는 **자연인은 물론 법인, 권리능력 없는 사단·재단도 포함**되고, 법인, 권리능력 없는 사단·재단 등의 경우에는 **설립목적을 불문**한다(대판 2003. 12. 12, 2003두8050).

### 2. 정보공개청구의 상대방(의무자)

#### (1) 특별법에 의하여 설립된 특수법인의 의미

□ 어느 법인이 공공기관의 정보공개에 관한 법률 제2조 제3호, 같은 법 시행령 제2조 제4호에 따라 정보를 공개할 의무가 있는 '**특별법에 의하여 설립된 특수법인**'에 해당하는지 여부는, 국민의 알 권리를 보장하고 국정에 대한 국민의 참여와 국정운영의 투명성을 확보하고자 하는 위 법의 입법 목적을 염두에 두고, 해당 **법인에게 부여된 업무가 국가행정업무**이거나 이에 해당하지 않더라도 그 업무 수행으로써 추구하는 이익이 해당 법인 내부의 이익에 그치지 않고 **공동체 전체의 이익에 해당하는 공익적 성격을 갖는지 여부를 중심으로 개별적으로 판단**하되, 해당 법인의 설립근거가 되는 법률이 법인의 조직구성과 활동에 대한 행정적 관리·감독 등에서 민법이나 상법 등에 의하여 설립된 일반 법인과 달리 규율한 취지, 국가나 지방자치단체의 해당 법인에 대한 **재정적 지원·보조의 유무**와 그 정도, 해당 법인의 공공적 업무와 관련하여 국가기관·지방자치단체 등 다른 공공기관에 대한 정보공개청구와는 별도로 해당 법인에 대하여 직접 정보공개청구를 구할

필요성이 있는지 여부 등을 종합적으로 고려하여야 한다(대판 2010. 12. 23, 2008두 13101; 대판 2010. 4. 29, 2008두5643).

(2) 특별법에 의하여 설립된 특수법인의 예

① 방송법이라는 특별법에 의하여 설립 운영되는 **한국방송공사**(KBS)는 공공기관 의 정보공개에 관한 법률 시행령 제2조 제4호의 '특별법에 의하여 설립된 특수 법인'으로서 **정보공개의무가 있는 공공기관**의 정보공개에 관한 법률 제2조 제3호 의 '공공기관'에 해당한다(대판 2010. 12. 23, 2008두13101).

② '**한국증권업협회**'는 증권회사 상호간의 업무질서를 유지하고 유가증권의 공정 한 매매거래 및 투자자보호를 위하여 일정 규모 이상인 **증권회사 등으로 구성된 회원조직**으로서, 증권거래법 또는 그 법에 의한 명령에 대하여 특별한 규정이 있 는 것을 제외하고는 민법 중 사단법인에 관한 규정을 준용받는 점, 그 업무가 **국 가기관 등에 준할 정도로 공동체 전체의 이익에 중요한 역할이나 기능에 해당하는 공 공성을 갖는다고 볼 수 없는 점** 등에 비추어, 공공기관의 정보공개에 관한 법률 시행령 제2조 제4호의 '특별법에 의하여 설립된 특수법인'에 해당한다고 보기 어 렵다(대판 2010. 4. 29, 2008두5643).

③ 정보공개 의무기관을 정하는 것은 입법자의 입법형성권에 속하고, 이에 따라 입법자는 구 공공기관의 정보공개에 관한 법률 제2조 제3호에서 정보공개 의무 기관을 공공기관으로 정하였는바, 공공기관은 국가기관에 한정되는 것이 아니라 지방자치단체, 정부투자기관, 그 밖에 공동체 전체의 이익에 중요한 역할이나 기 능을 수행하는 기관도 포함되는 것으로 해석되고, 여기에 정보공개의 목적, 교육 의 공공성 및 공·사립학교의 동질성, 사립대학교에 대한 국가의 재정지원 및 보 조 등 여러 사정을 고려해 보면, **사립대학교에 대한 국비 지원이 한정적·일시적· 국부적이라는 점을 고려하더라도**, 같은 법 시행령 제2조 제1호가 정보공개의무를 지는 공공기관의 하나로 사립대학교를 들고 있는 것이 모법인 구 공공기관의 정 보공개에 관한 법률의 위임 범위를 벗어났다거나 사립대학교가 국비의 지원을 받는 범위 내에서만 공공기관의 성격을 가진다고 볼 수 없다(대판 2006. 8. 24, 2004 두2783).

## V. 정보공개대상정보와 비공개대상정보

### 1. 공개대상정보

#### (1) 공개대상정보의 의의

□ 공공기관의 정보공개에 관한 법률에서 말하는 공개대상 정보는 **정보 그 자체가 아닌 정보공개법 제2조 제1호에서 예시하고 있는 매체 등에 기록된 사항을** 의미한다(대판 2013. 1. 24, 2010두18918).

[평설] 공공기관의 정보공개에 관한 법률은 정보를 "공공기관이 직무상 작성 또는 취득하여 관리하고 있는 문서·도면·사진·필름·테이프·슬라이드 및 그 밖에 이에 준하는 매체 등에 기록된 사항"으로 정의하고 있다. 정보의 개념은 내용보다 문서·도면 등 형식에 초점을 두고 규정되어 있다.

#### (2) 공개대상정보의 범위(공공기관이 보유·관리하는 문서의 의미)

**참고☞** 공공기관이 보유·관리하는 정보는 공개대상이 된다(공개법 제9조 제1항). 반대해석상 공공기관이 보유·관리하고 있지 아니한 정보는 공개대상정보가 아니다. 공공기관이 보유·관리하는 문서의 의미가 간단하지 않다.

① 공개청구자는 그가 공개를 구하는 정보를 공공기관이 보유·관리하고 있을 상당한 개연성이 있다는 점에 대하여 입증할 책임이 있으나, 공개를 구하는 정보를 공공기관이 한때 보유·관리하였으나 후에 그 정보가 담긴 문서들이 **폐기되어 존재하지 않게 된 것이라면 그 정보를 더 이상 보유·관리하고 있지 않다는 점에 대한 증명책임은 공공기관에 있다**(대판 2013. 1. 24, 2010두18918; 대판 2004. 12. 9, 2003두12707; 대판 2010. 2. 25, 2007두9877).

② 공공기관의 정보공개에 관한 법률상 공개청구의 대상이 되는 정보란 공공기관이 직무상 작성 또는 취득하여 현재 보유·관리하고 있는 문서에 한정되는 것이기는 하나, 그 **문서가 반드시 원본일 필요는 없다**(대판 2006. 5. 25, 2006두3049).

③ 공공기관의 정보공개에 관한 법률에 의한 정보공개제도는 공공기관이 보유·관리하는 정보를 그 상태대로 공개하는 제도이지만, **전자적 형태로 보유·관리되는 정보**의 경우에는, 그 정보가 청구인이 구하는 대로는 되어 있지 않다고 하더라도, 공개청구를 받은 공공기관이 공개청구대상정보의 기초자료를 전자적 형태로 보유·관리하고 있고, 당해 기관에서 통상 사용되는 컴퓨터 하드웨어 및 소프

트웨어와 기술적 전문지식을 사용하여 그 기초자료를 검색하여 청구인이 구하는 대로 편집할 수 있으며, 그러한 작업이 당해 기관의 컴퓨터 시스템 운용에 별다른 지장을 초래하지 아니한다면, 그 공공기관이 공개청구대상정보를 보유·관리하고 있는 것으로 볼 수 있고, 이러한 경우에 기초자료를 검색·편집하는 것은 새로운 정보의 생산 또는 가공에 해당한다고 할 수 없다(대판 2010. 2. 11, 2009두6001).
4 국민의 정보공개청구권은 법률상 보호되는 구체적인 권리이므로, 공공기관에 대하여 정보의 공개를 청구하였다가 공개거부처분을 받은 청구인은 행정소송을 통하여 그 공개거부처분의 취소를 구할 법률상의 이익이 있고, 공개청구의 대상이 되는 정보가 이미 다른 사람에게 공개되어 널리 알려져 있다거나 인터넷 등을 통하여 공개되어 인터넷검색 등을 통하여 쉽게 알 수 있다는 사정만으로는 소의 이익이 없다거나 비공개결정이 정당화될 수 없다(대판 2010. 12. 23, 2008두13101).

[평설] 1은 폐기된 문서, 2는 사본, 3은 전자적 형태의 정보, 4는 인터넷 등에 공개되어 있는 사항이 공공기관이 보유·관리하는 문서에 해당하는가의 여부에 관해 판시하고 있다.


2. 비공개대상정보
□ 정보공개법은 국민의 알권리를 보장하고 국정에 대한 국민의 참여와 국정 운영의 투명성을 확보함을 목적으로 하고(제1조), 공공기관이 보유·관리하는 정보는 국민의 알권리 보장 등을 위하여 적극적으로 공개하여야 한다는 정보공개의 원칙을 선언하고 있으며(제3조), 모든 국민은 정보의 공개를 청구할 권리를 가진다고 하면서(제5조 제1항) 비공개대상정보에 해당하지 않는 한 공공기관이 보유·관리하는 정보는 공개 대상이 된다고 규정하고 있을 뿐(제9조 제1항) 정보공개 청구권자가 공개를 청구하는 정보와 어떤 관련성을 가질 것을 요구하거나 정보공개 청구의 목적에 특별한 제한을 두고 있지 아니하므로 정보공개 청구권자의 권리구제 가능성 등은 정보의 공개 여부 결정에 아무런 영향을 미치지 못한다(대판 2017. 9. 7, 2017두44558).

[평설] 개별적 정보공개청구권 외에 일반적 정보공개청구권이 인정되기 때문에 정보공개청구권이 정보공개 청구권자의 권리행사와 무관하게 인정되어야 하는바, 판례의 내용은 정당하다.

(1) 공개법 제9조 제1항 제1호 사유

참고☞ 공개법 제9조 ① 1. 다른 법률 또는 법률에서 위임한 명령(국회규칙·대법원규칙·헌법재판소규칙·중앙선거관리위원회규칙·대통령령 및 조례로 한정한다)에 따라 비밀이나 비공개 사항으로 규정된 정보

1 국가정보원법 제12조가 국회에 대한 관계에서조차 국가정보원 예산내역의 공개를 제한하고 있는 것은, 정보활동의 비밀보장을 위한 것으로서, 그 밖의 관계에서도 국가정보원의 예산내역을 비공개 사항으로 한다는 것을 전제로 하고 있다고 볼 수 있고, 예산집행내역의 공개는 예산내역의 공개와 다를 바 없어, 비공개 사항으로 되어 있는 '예산내역'에는 예산집행내역도 포함된다고 보아야 하며, 국가정보원이 그 직원에게 지급하는 현금급여 및 월초수당에 관한 정보는 국가정보원 예산집행내역의 일부를 구성하는 것이므로, 위 현금급여 및 월초수당에 관한 정보는 국가정보원법 제12조에 의하여 비공개 사항으로 규정된 정보로서 공공기관의 정보공개에 관한 법률 제9조 제1항 제1호의 비공개대상정보인 '다른 법률에 의하여 비공개 사항으로 규정된 정보'에 해당한다고 보아야 하고, 위 현금급여 및 월초수당이 근로의 대가로서의 성격을 가진다거나 정보공개청구인이 해당 직원의 배우자라고 하여 달리 볼 것은 아니다(대판 2010. 12. 23, 2010두14800).

2 공공기관의 정보공개에 관한 법률 제9조 제1항 본문은 "공공기관이 보유관리하는 정보는 공개대상이 된다"고 규정하면서 그 단서 제1호에서는 "다른 법률 또는 법률이 위임한 명령(국회규칙·대법원규칙·중앙선거관리위원회규칙·대통령령 및 조례에 한한다)에 의하여 비밀 또는 비공개 사항으로 규정된 정보"는 이를 공개하지 아니할 수 있다고 규정하고 있는바, 그 입법 취지는 비밀 또는 비공개 사항으로 다른 법률 등에 규정되어 있는 경우는 이를 존중함으로써 법률 간의 마찰을 피하기 위한 것이고, 여기에서 '법률에 의한 명령'은 정보의 공개에 관하여 법률의 구체적인 위임 아래 제정된 법규명령(위임명령)을 의미한다(대판 2010. 6. 10, 2009두10512; 대판 2003. 12. 11, 2003두8395).

3 교육공무원법 제13조, 제14조의 위임에 따라 제정된 교육공무원승진규정은 정보공개에 관한 사항에 관하여 구체적인 법률의 위임에 따라 제정된 명령이라고 할 수 없고, 따라서 교육공무원승진규정 제26조에서 근무성적평정의 결과를 공개하지 아니한다고 규정하고 있다고 하더라도 위 교육공무원승진규정은 공공기관의 정보공개에 관한 법률 제9조 제1항 제1호에서 말하는 법률이 위임한 명령에 해

당하지 아니하므로 위 규정을 근거로 정보공개청구를 거부하는 것은 잘못이다
(대판 2006. 10. 26, 2006두11910).

④ 국방부의 한국형 다목적 헬기(KMH) 도입사업에 대한 감사원장의 감사결과보
고서가 군사2급비밀에 해당하는 이상 공공기관의 정보공개에 관한 법률 제9조
제1항 제1호에 의하여 공개하지 아니할 수 있다(대판 2006. 11. 10, 2006두9351).

[평설] ①은 국가정보원법 제12조가 '다른 법률에 의하여 비공개 사항으로 규정된 정
보'에 해당한다는 취지의 판례이고, ②는 공개법 제9조 제1항 제1호의 법률에서 위임
한 명령이란 모든 법규명령(위임명령으로서 대통령령·총리령·부령)이 아니라 정보의 공
개에 관하여 법률의 구체적인 위임 아래 제정된 법규명령(위임명령)을 의미한다는 취
지의 판례이고, ③은 공공기관의 정보공개에 관한 법률 제9조 제1항 제1호에서 말하
는 위임명령이 아닌 행정입법에서 비공개를 규정하고 있는 경우, 그러한 행정입법을
근거로 정보공개청구를 거부할 수 없다는 취지의 판례이고, ④는 군사2급비밀사항은
비공개대상 정보일 수 있다는 취지의 판례이다.

(2) 공개법 제9조 제1항 제2호 사유
참고☞ 공개법 제9조 ① 2. 국가안전보장·국방·통일·외교관계 등에 관한 사항으로서
공개될 경우 국가의 중대한 이익을 현저히 해칠 우려가 있다고 인정되는 정보

□ 보안관찰처분을 규정한 보안관찰법에 대하여 헌법재판소도 이미 그 합헌성
을 인정한 바 있고, 보안관찰법 소정의 보안관찰 관련 통계자료는 우리나라 53개
지방검찰청 및 지청관할지역에서 매월 보고된 보안관찰처분에 관한 각종 자료로
서, 보안관찰처분대상자 또는 피보안관찰자들의 매월별 규모, 그 처분시기, 지역
별 분포에 대한 전국적 현황과 추이를 한눈에 파악할 수 있는 구체적이고 광범
위한 자료에 해당하므로 '통계자료'라고 하여도 그 함의(함의)를 통하여 나타내는
의미가 있음이 분명하여 가치중립적일 수는 없고, 그 통계자료의 분석에 의하여
대남공작활동이 유리한 지역으로 보안관찰처분대상자가 많은 지역을 선택하는
등으로 위 정보가 북한정보기관에 의한 간첩의 파견, 포섭, 선전선동을 위한 교두보
의 확보 등 북한의 대남전략에 있어 매우 유용한 자료로 악용될 우려가 없다고 할 수
없으므로, 위 정보는 공공기관의정보공개에관한법률 제7조 제1항 제2호 소정의
공개될 경우 국가안전보장·국방·통일·외교관계 등 국가의 중대한 이익을 해할

우려가 있는 정보, 또는 제3호 소정의 공개될 경우 국민의 생명 · 신체 및 재산의 보호 기타 공공의 안전과 이익을 현저히 해할 우려가 있다고 인정되는 정보에 해당한다(대판 2004. 3. 18, 2001두8254).

참고☞ 보안관찰법 제4조(보안관찰처분) ① 제3조에 해당하는 자(보안관찰처분대상자) 중 보안관찰해당범죄를 다시 범할 위험성이 있다고 인정할 충분한 이유가 있어 재범의 방지를 위한 관찰이 필요한 자에 대하여는 보안관찰처분을 한다.

(3) 공개법 제9조 제1항 제4호 사유
참고☞ 공개법 제9조 ① 4. 진행 중인 재판에 관련된 정보와 범죄의 예방, 수사, 공소의 제기 및 유지, 형의 집행, 교정(矯正), 보안처분에 관한 사항으로서 공개될 경우 그 직무수행을 현저히 곤란하게 하거나 형사피고인의 공정한 재판을 받을 권리를 침해한다고 인정할 만한 상당한 이유가 있는 정보

① 법원 이외의 공공기관이 정보공개법 제9조 제1항 제4호에서 정한 '진행 중인 재판에 관련된 정보'에 해당한다는 사유로 정보공개를 거부하기 위하여는 반드시 그 정보가 진행 중인 재판의 소송기록 자체에 포함된 내용일 필요는 없다. 그러나 재판에 관련된 일체의 정보가 그에 해당하는 것은 아니고 진행 중인 재판의 심리 또는 재판결과에 구체적으로 영향을 미칠 위험이 있는 정보에 한정된다고 보는 것이 타당하다(대판 2011. 11. 24, 2009두19021).
② 정보공개법 제9조 제1항 제4호는 '수사에 관한 사항으로서 공개될 경우 그 직무수행을 현저히 곤란하게 한다고 인정할 만한 상당한 이유가 있는 정보'를 비공개대상정보의 하나로 규정하고 있다. 그 취지는 수사의 방법 및 절차 등이 공개되어 수사기관의 직무수행에 현저한 곤란을 초래할 위험을 막고자 하는 것으로서, 수사기록 중의 의견서, 보고문서, 메모, 법률검토, 내사자료 등(이하 '의견서 등'이라고 한다)이 이에 해당한다고 할 수 있으나(헌법재판소 1997. 11. 27. 선고 94헌마60 전원재판부 결정, 대법원 2003. 12. 26. 선고 2002두1342 판결 등 참조), 공개청구대상인 정보가 의견서 등에 해당한다고 하여 곧바로 정보공개법 제9조 제1항 제4호에 규정된 비공개대상정보라고 볼 것은 아니고, 의견서 등의 실질적인 내용을 구체적으로 살펴 수사의 방법 및 절차 등이 공개됨으로써 수사기관의 직무수행을 현저히 곤란하게 한다고 인정할 만한 상당한 이유가 있어야만 위 비공개대상정보에 해당한다(대

판 2017. 9. 7, 2017두44558).

③ '공개될 경우 그 직무수행을 현저히 곤란하게 한다고 인정할 만한 상당한 이유가 있는 정보'라 함은 당해 정보가 공개될 경우 수사 등에 관한 직무의 공정하고 효율적인 수행에 직접적이고 구체적으로 장애를 줄 고도의 개연성이 있고 그 정도가 현저한 경우를 의미하며, 여기에 해당하는지 여부는 비공개에 의하여 보호되는 업무수행의 공정성 등의 이익과 공개에 의하여 보호되는 국민의 알권리의 보장과 수사절차의 투명성 확보 등의 이익을 비교·교량하여 구체적 사안에 따라 신중히 판단하여야 한다(대판 2017. 9. 7, 2017두44558; 대판 2008. 11. 27, 2005두15694).

[평설] ①은 진행 중인 재판에 관련된 정보의 의미, ②는 범죄의 수사에 관한 사항의 의미, ③은 공개될 경우 그 직무수행을 현저히 곤란하게 한다고 인정할만한 상당한 이유의 의미에 관해 적시하고 있다.

(4) 공개법 제9조 제1항 제5호 사유
(가) 의의

□ 정보공개법 제9조 제1항 제5호에서 규정하고 있는 '공개될 경우 업무의 공정한 수행에 현저한 지장을 초래한다고 인정할 만한 상당한 이유가 있는 경우'라 함은 같은 법 제1조의 정보공개제도의 목적 및 제9조 제1항 제5호의 규정에 의한 비공개대상정보의 입법 취지에 비추어 볼 때 공개될 경우 업무의 공정한 수행이 객관적으로 현저하게 지장을 받을 것이라는 고도의 개연성이 존재하는 경우를 의미하고, 여기에 해당하는지 여부는 비공개에 의하여 보호되는 업무수행의 공정성 등의 이익과 공개에 의하여 보호되는 국민의 알권리의 보장과 국정에 대한 국민의 참여 및 국정운영의 투명성 확보 등의 이익을 비교·교량하여 구체적인 사안에 따라 신중하게 판단되어야 한다(대판 2016. 12. 15, 2012두11409, 11416(병합); 대판 2011. 11. 24, 2009두19021).

[평설] 공개될 경우 업무의 공정한 수행에 현저한 지장을 초래한다고 인정할 만한 상당한 이유가 있는 정보의 의미를 적시하고 있는 판례이다.

(나) 시험 관련 판례
① 시험의 관리에 있어서 가장 중요한 것은 정확성과 공정성이므로, 이를 위하

여 시험문제와 정답, 채점기준 등 시험의 정확성과 공정성에 영향을 줄 수 있는 모든 정보는 사전에 엄격하게 비밀로 유지되어야 할 뿐만 아니라, 공공기관에서 시행하는 대부분의 시험들은 평가대상이 되는 지식의 범위가 한정되어 있고 그 시행도 주기적으로 반복되므로 이미 시행된 시험에 관한 정보라 할지라도 이를 제한 없이 공개할 경우에는 중요한 영역의 출제가 어려워지는 등 시험의 공정한 관리 및 시행에 영향을 줄 수밖에 없다고 할 것이므로, 이 사건 법률조항이 시험문제와 정답을 공개하지 아니할 수 있도록 한 것이 과잉금지원칙에 위반하여 알권리를 침해한다고 볼 수 없다(헌재 2010. 6. 1, 2010헌마291; 헌재 2009. 9. 24, 2007헌바107 전원재판부; 대판 2007. 6. 15, 2006두15936).

② 알 권리와 학생의 학습권, 부모의 자녀교육권의 성격 등에 비추어 볼 때, 학교교육에서의 시험에 관한 정보로서 공개될 경우 업무의 공정한 수행에 현저한 지장을 초래하는지 여부는 정보공개법의 목적 및 시험정보를 공개하지 아니할 수 있도록 하고 있는 입법 취지, 당해 시험 및 그에 대한 평가행위의 성격과 내용, 공개의 내용과 공개로 인한 업무의 증가, 공개로 인한 파급효과 등을 종합하여, 비공개에 의하여 보호되는 업무수행의 공정성 등의 이익과 공개에 의하여 보호되는 국민의 알 권리와 학생의 학습권 및 부모의 자녀교육권의 보장, 학교교육에 대한 국민의 참여 및 교육행정의 투명성 확보 등의 이익을 비교·교량하여 구체적인 사안에 따라 신중하게 판단하여야 한다(대판 2010. 2. 25, 2007두9877).

[평설] ①은 국가시험 관련 정보, ②는 학교시험 관련 정보 중 비공개정보일 수 있는 요건을 밝히고 있다.

(다) 회의록 관련 판례

① 공공기관의정보공개에관한법률상 비공개대상정보의 입법 취지에 비추어 살펴보면, 같은 법 제7조 제1항 제5호에서의 '감사·감독·검사·시험·규제·입찰계약·기술개발·인사관리·의사결정과정 또는 내부검토과정에 있는 사항'은 비공개대상정보를 예시적으로 열거한 것이라고 할 것이므로 의사결정과정에 제공된 회의관련자료나 의사결정과정이 기록된 회의록 등은 의사가 결정되거나 의사가 집행된 경우에는 더 이상 의사결정과정에 있는 사항 그 자체라고는 할 수 없으나, 의사결정과정에 있는 사항에 준하는 사항으로서 비공개대상정보에 포함될 수 있다. 학교환경위생구역 내 금지행위(숙박시설) 해제결정에 관한 학교환경위생정화

위원회의 회의록에 기재된 발언내용에 대한 해당 발언자의 인적사항 부분에 관한 정보는 공공기관의정보공개에관한법률 제7조 제1항 제5호 소정의 비공개대상에 해당한다(대판 2003. 8. 22, 2002두12946).

② 지방자치단체의 도시공원에 관한 조례에서 규정된 **도시공원위원회의 심의사항**에 관하여 위 위원회의 심의를 거친 후 시장이나 구청장이 위 사항들에 대한 결정을 대외적으로 공표하기 전에 위 위원회의 회의관련자료 및 회의록이 공개된다면 업무의 공정한 수행에 현저한 지장을 초래한다고 할 것이므로, 위 위원회의 심의 후 그 심의사항들에 대한 **시장 등의 결정의 대외적 공표행위가 있기 전까지는** 위 위원회의 회의관련자료 및 회의록은 공공기관의정보공개에관한법률 제7조 제1항 제5호에서 규정하는 **비공개대상정보에 해당**한다고 할 것이고, 다만 시장 등의 결정의 대외적 공표행위가 있은 후에는 이를 의사결정과정이나 내부검토과정에 있는 사항이라고 할 수 없고 위 위원회의 회의관련자료 및 회의록을 공개하더라도 업무의 공정한 수행에 지장을 초래할 염려가 없으므로, 시장 등의 결정의 대외적 공표행위가 있은 후에는 위 위원회의 회의관련자료 및 회의록은 같은 법 제7조 제2항에 의하여 **공개대상**이 된다고 할 것인바, 지방자치단체의 도시공원에 관한 조례안에서 공개시기 등에 관한 아무런 제한 규정 없이 위 위원회의 회의관련자료 및 회의록은 공개하여야 한다고 규정하였다면 이는 같은 법 제7조 제1항 제5호에 위반된다고 할 것이다(대판 2000. 5. 30, 99추85).

③ 독립유공자 등록에 관한 신청당사자의 알권리 보장에는 불가피한 제한이 따를 수밖에 없고 관계 법령에서 제한을 다소나마 해소하기 위해 조치를 마련하고 있는 점, 공적심사위원회의 심사에는 심사위원들의 전문적·주관적 판단이 상당 부분 개입될 수밖에 없는 심사의 본질에 비추어 공개를 염두에 두지 않은 상태에서의 심사가 그렇지 않은 경우보다 더 자유롭고 활발한 토의를 거쳐 객관적이고 공정한 심사 결과에 이를 개연성이 큰 점 등 위 **회의록 공개에 의하여 보호되는 알권리의 보장과 비공개에 의하여 보호되는 업무수행의 공정성 등의 이익 등을 비교·교량해 볼 때**, 위 회의록은 정보공개법 제9조 제1항 제5호에서 정한 '공개될 경우 업무의 공정한 수행에 현저한 지장을 초래한다고 인정할 만한 상당한 이유가 있는 정보'에 해당한다(대판 2014. 7. 24, 2013두20301).

[평설] ①은 **의사결정과정에 있는 사항의 의미**에 관한 판례이고, ②는 지방자치단체의 도시공원위원회의 회의록, ③은 국가보훈처의 독립유공자서훈 공적심사위원회의 회

의록이 비공개대상인지 여부에 관해 적시하고 있다.

(5) 공개법 제9조 제1항 제6호 사유

① 공공기관의 정보공개에 관한 법률 제9조 제1항 제6호 본문은 "해당 정보에 포함되어 있는 성명·주민등록번호 등 개인에 관한 사항으로서 공개될 경우 사생활의 비밀 또는 자유를 침해할 우려가 있다고 인정되는 정보"를 비공개대상정보의 하나로 규정하고 있다. 여기에서 말하는 비공개대상정보에는 성명·주민등록번호 등 '개인식별정보'뿐만 아니라 그 외에 정보의 내용에 따라 '개인에 관한 사항의 공개로 인하여 개인의 내밀한 내용의 비밀 등이 알려지게 되고, 그 결과 인격적·정신적 내면생활에 지장을 초래하거나 자유로운 사생활을 영위할 수 없게 될 위험성이 있는 정보'도 포함된다. 따라서 불기소처분 기록이나 내사기록 중 피의자신문조서 등 조서에 기재된 피의자 등의 인적사항 이외의 진술내용 역시 개인의 사생활의 비밀 또는 자유를 침해할 우려가 인정되는 경우에는 위 비공개대상정보에 해당한다(대판 2017. 9. 7, 2017두44558; 대판 2016. 12. 15, 2012두11409, 11416(병합); 대판 2012. 6. 18, 2011두2361(전원합의체)).

② 원고가 공개를 청구한 사면대상자들의 사면실시건의서와 그와 관련된 국무회의 안건자료를 공개할 경우 비록 당사자들의 사생활의 비밀 등이 침해될 염려가 있다고 하더라도, 사면실시 당시 법무부가 발표한 사면발표문 및 보도자료에 이미 이 사건 정보의 당사자들 상당수의 명단이 포함되어 있는 점, 대통령이 행하는 사면권 행사가 고도의 정치적 행위라고 하더라도, 위 정보의 공개가 정치적 행위로서의 사면권 자체를 부정하려는 것이 아니라 오히려 사면권 행사의 실체적 요건이 설정되어 있지 아니하여 생길 수 있는 사면권의 남용을 견제할 국민의 자유로운 정치적 의사 등이 형성되도록 위 정보에의 접근을 허용할 필요성이 있는 점, 이 사건 정보의 당사자들이 저지른 범죄의 중대성과 반사회성에 비추어 볼 때 이 사건 정보를 공개하는 것은 사면권 행사의 형평성이나 자의적 행사 등을 지적하고 있는 일부 비판적 여론과 관련하여 향후 특별사면행위가 보다 더 국가이익과 국민화합에 기여하는 방향으로 이루어질 수 있게 하는 계기가 될 수 있다는 점 등에 견주어 보면, 이 사건 정보의 공개로 얻는 이익이 이로 인하여 침해되는 당사자들의 사생활의 비밀에 관한 이익보다 더욱 크다고 할 것이므로 정보공개법 제7조 제1항 제6호 소정의 비공개사유에 해당되지 않는다(대판 2006. 12. 7, 2005두241).

③ 정보공개법 제9조 제1항 제6호 단서 (다)목은 '공공기관이 작성하거나 취득한

정보로서 공개하는 것이 공익이나 개인의 권리 구제를 위하여 필요하다고 인정되는 정보'를 비공개대상정보에서 제외하고 있다. 여기에서 '공개하는 것이 개인의 권리구제를 위하여 필요하다고 인정되는 정보'에 해당하는지 여부는 비공개에 의하여 보호되는 개인의 사생활의 비밀 등의 이익과 공개에 의하여 보호되는 개인의 권리구제 등의 이익을 비교·교량하여 구체적 사안에 따라 신중히 판단하여야 한다(대판 2017. 9. 7, 2017두44558; 대판 2009. 10. 29, 2009두14224; 대판 2003. 12. 26, 2002두1342).

[평설] ①은 불기소처분 기록이나 내사기록 중 피의자신문조서 등, ②는 사면실시건의서와 그와 관련된 국무회의 안건자료가 공개법 제9조 제1항 제6호 본문상 비공개대상정보에 해당하는지 여부를 밝히고 있다. ③은 공개법 제9조 제1항 제6호 다목에 해당하는지 여부를 판단하는 방법에 관해 판시하고 있다. 판례의 확립된 견해이다.

### (6) 공개법 제9조 제1항 제7호 사유

□ 구 정보공개법 제9조 제1항 제7호에서 비공개대상정보로 정하고 있는 '법인 등의 경영·영업상 비밀'은 '타인에게 알려지지 아니함이 유리한 사업활동에 관한 일체의 정보' 또는 '사업활동에 관한 일체의 비밀사항'을 의미하는 것이고, 그 공개 여부는 공개를 거부할 만한 정당한 이익이 있는지 여부에 따라 결정되어야 한다. 그리고 그 정당한 이익 유무를 판단할 때에는 국민의 알권리를 보장하고 국정에 대한 국민의 참여와 국정 운영의 투명성을 확보함을 목적으로 하는 구 정보공개법의 입법 취지와 아울러 당해 법인 등의 성격, 당해 법인 등의 권리, 경쟁상 지위 등 보호받아야 할 이익의 내용·성질 및 당해 정보의 내용·성질 등에 비추어 당해 법인 등에 대한 권리보호의 필요성, 당해 법인 등과 행정과의 관계 등을 종합적으로 고려하여야 한다(대판 2014. 7. 24, 2012두12303).

### (7) 비공개사유의 입증책임

□ 국민의 '알권리', 즉 정보에의 접근·수집·처리의 자유는 자유권적 성질과 청구권적 성질을 공유하는 것으로서 헌법 제21조에 의하여 직접 보장되는 권리이고, 그 구체적 실현을 위하여 제정된 공공기관의 정보공개에 관한 법률도 제3조에서 공공기관이 보유·관리하는 정보를 원칙적으로 공개하도록 하여 정보공개의 원칙을 천명하고 있고, 위 법 제9조가 예외적인 비공개사유를 열거하고 있는 점에 비추어 보면, 국민으로부터 보유·관리하는 정보에 대한 공개를 요구받은

공공기관으로서는 위 법 제9조 제1항 각 호에서 정하고 있는 비공개사유에 해당하지 않는 한 이를 공개하여야 하고, 이를 거부하는 경우라 할지라도 대상이 된 정보의 내용을 구체적으로 확인·검토하여 어느 부분이 어떠한 법익 또는 기본권과 충돌되어 위 각 호의 어디에 해당하는지를 주장·증명하여야만 하며, 여기에 해당하는지 여부는 비공개에 의하여 보호되는 업무수행의 공정성 등의 이익과 공개에 의하여 보호되는 국민의 알권리의 보장과 국정에 대한 국민의 참여 및 국정운영의 투명성 확보 등의 이익을 비교·교량하여 구체적인 사안에 따라 개별적으로 판단하여야 한다(대판 2009. 12. 10, 2009두12785; 대판 2003. 12. 11, 2001두8827).

## VI. 정보공개의 청구

### 1. 공개를 청구하는 정보 내용의 기재방법

□ 공공기관의 정보공개에 관한 법률 제10조 제1항 제2호는 정보의 공개를 청구하는 자는 정보공개청구서에 '공개를 청구하는 정보의 내용' 등을 기재할 것을 규정하고 있는바, 청구대상정보를 기재함에 있어서는 **사회일반인의 관점에서 청구대상정보의 내용과 범위를 확정할 수 있을 정도로 특정함을 요한다**(대판 2007. 6. 1, 2007두2555).

### 2. 공개를 청구하는 정보의 공개방법

① 공공기관의정보공개에관한법률 제2조 제2항, 제3조, 제5조, 제8조 제1항, 같은법시행령 제14조, 같은법시행규칙 제2조 [별지 제1호 서식] 등의 각 규정을 종합하면, 정보공개를 청구하는 자가 공공기관에 대해 정보의 사본 또는 출력물의 교부의 방법으로 공개방법을 선택하여 정보공개청구를 한 경우에 공개청구를 받은 공공기관으로서는 같은 법 제8조 제2항에서 규정한 정보의 사본 또는 복제물의 교부를 제한할 수 있는 사유에 해당하지 않는 한 정보공개청구자가 선택한 공개방법에 따라 정보를 공개하여야 하므로 그 공개방법을 선택할 재량권이 없다고 해석함이 상당하다(대판 2003. 12. 12, 2003두8050).

② 공공기관이 공개청구의 대상이 된 정보를 공개는 하되, 청구인이 신청한 공개방법 이외의 방법으로 공개하기로 하는 결정을 하였다면, 이는 정보공개청구 중 정보공개방법에 관한 부분에 대하여 일부 거부처분을 한 것으로 보아야 하고, 청구인

은 그에 대하여 항고소송으로 다툴 수 있다(대판 2016. 11. 10, 2016두44674).

③ 청구인이 정보공개거부처분의 취소를 구하는 소송에서 공공기관이 청구정보를 증거 등으로 법원에 제출하여 법원을 통하여 그 사본을 청구인에게 교부 또는 송달되게 하여 결과적으로 청구인에게 정보를 공개하는 셈이 되었다고 하더라도, 이러한 우회적인 방법은 정보공개법이 예정하고 있지 아니한 방법으로서 정보공개법에 의한 공개라고 볼 수는 없으므로, 당해 정보의 비공개결정의 취소를 구할 소의 이익은 소멸되지 않는다(대판 2016. 12. 15, 2012두11409, 11416(병합)).

[평설] ①은 정보공개법 제10조 제1항 제2호가 규정하는 정보공개방법의 관련 문제로서 정보공개를 청구하는 자에게 **공개방법의 선택권이 있다는 판례**이고, ②는 신청한 공개방법 이외의 방법으로 공개하기로 하는 결정은 공개방법에 대한 거부처분이라는 판례이고, ③은 우회적 방법의 정보공개는 정보공개법상 공개가 아니라는 판례이다.

## 3. 부분공개

① 법원이 행정기관의 정보공개거부처분의 위법 여부를 심리한 결과 공개를 거부한 정보에 비공개사유에 해당하는 부분과 그렇지 않은 부분이 혼합되어 있고, 공개청구의 취지에 어긋나지 않는 범위 안에서 두 부분을 분리할 수 있음을 인정할 수 있을 때에는 공개가 가능한 정보에 국한하여 일부취소를 명할 수 있다. 이러한 **정보의 부분 공개가 허용되는 경우**란 그 정보의 공개방법 및 절차에 비추어 당해 정보에서 **비공개대상정보에 관련된 기술 등을 제외 혹은 삭제하고 나머지 정보만을 공개하는 것이 가능하고 나머지 부분의 정보만으로도 공개의 가치가 있는 경우**를 의미한다(대판 2009. 12. 10, 2009두12785).

② 공공기관의 정보공개에 관한 법률 제14조는 공개청구한 정보가 제9조 제1항 각 호에 정한 비공개대상정보에 해당하는 부분과 공개가 가능한 부분이 혼합되어 있는 경우로서 공개청구의 취지에 어긋나지 아니하는 범위 안에서 두 부분을 분리할 수 있는 때에는 비공개대상정보에 해당하는 부분을 제외하고 공개하여야 한다고 규정하고 있는바, 법원이 정보공개거부처분의 위법 여부를 심리한 결과, 공개가 거부된 정보에 비공개대상정보에 해당하는 부분과 공개가 가능한 부분이 **혼합되어 있으며, 공개청구의 취지에 어긋나지 아니하는 범위 안에서 두 부분을 분리할 수 있다고 인정할 수 있을 때에는, 공개가 거부된 정보 중 공개가 가능한**

부분을 특정하고, 판결의 주문에 정보공개거부처분 중 공개가 가능한 정보에 관한 부분만을 취소한다고 표시하여야 한다(대판 2010. 2. 11, 2009두6001).

[평설] [1]은 정보의 부분공개가 허용되는 경우의 의미를 판시하고 있고, [2]는 부분공개를 인용하는 주문의 표시방법을 판시하고 있다.

# 제 5 장

# 행정의 실효성확보

## 제 1 절  행정벌

### [31] 행정형벌

### Ⅰ. 행정형벌과 형법총칙

#### 1. 고의·과실

1 행정상의 단속을 주안으로 하는 법규라 하더라도 명문규정이 있거나 해석상 과실범도 벌할 뜻이 명확한 경우를 제외하고는 형법의 원칙에 따라 고의가 있어야 벌할 수 있다(대판 1986. 7. 22, 85도108).

2 구 대기환경보전법(1992. 12. 8. 법률 제4535호로 개정되기 전의 것)의 입법목적이나 제반 관계규정의 취지 등을 고려하면, 법정의 배출허용기준을 초과하는 배출가스를 배출하면서 자동차를 운행하는 행위를 처벌하는 위 법 제57조 제6호의 규정은 자동차의 운행자가 그 자동차에서 배출되는 배출가스가 소정의 운행자동차 배출허용기준을 초과한다는 점을 실제로 인식하면서 운행한 고의범의 경우는 물론 과실로 인하여 그러한 내용을 인식하지 못한 과실범의 경우도 함께 처벌하는 규정이다(대판 1993. 9. 10, 92도1136).

[평설] 1에서 해석상 과실범도 벌할 뜻이 명확한 경우의 의미에 대해서, 법문상 과실범을 처벌한다는 표현이 없을 뿐 내용상 과실범을 처벌한다는 내용이 분명한 경우를 뜻하는 것으로 보인다. 그런데 2는 단순히 과실범도 처벌할 수 있다고 하는데, 이것은 과실을 규정하는 형법 제14조의 특별한 규정에는 ① 명시적 규정으로서 특별한 규정 외에 ② 해석을 통한 특별한 규정도 포함된다는 것을 의미한다고 볼 것이다. 만약

②의 범위를 ①에서 적시된 의미보다 넓게 본 것이라면, 문제가 있다.

▫ 형법 제14조(과실) 정상의 주의를 태만함으로 인하여 죄의 성립요소인 사실을 인식하지 못한 행위는 **법률에 특별한 규정이 있는 경우에 한하여** 처벌한다.

## 2. 법인의 책임

① **법인격 없는 사단과 같은 단체**는 법인과 마찬가지로 사법상의 권리의무의 주체가 될 수 있음은 별론으로 하더라도 **법률에 명문의 규정이 없는 한 그 범죄능력은 없고** 그 단체의 업무는 단체를 대표하는 자연인인 대표기관의 의사결정에 따른 대표행위에 의하여 실현될 수밖에 없는바, 구 건축법(1995. 1. 5. 법률 제4919호로 개정되기 전의 것) 제26조 제1항의 규정에 의하여 건축물의 유지·관리의무를 지는 '소유자 또는 관리자'가 법인격 없는 사단인 경우에는 자연인인 대표기관이 그 업무를 수행하는 것이므로, 같은 법 제79조 제4호에서 같은 법 제26조 제1항의 규정에 위반한 자라 함은 법인격 없는 사단의 대표기관인 **자연인을 의미한다**(대판 1997. 1. 24, 96도524).

② **지방자치단체**가 그 고유의 자치사무를 처리하는 경우에는 지방자치단체는 국가기관의 일부가 아니라 국가기관과는 **별도의 독립한 공법인**이므로, 지방자치단체 소속 공무원이 지방자치단체 고유의 자치사무를 수행하던 중 도로법 제81조 내지 제85조의 규정에 의한 위반행위를 한 경우에는 **지방자치단체는 도로법 제86조의 양벌규정에 따라 처벌대상이 되는 법인에 해당한다**(대판 2005. 11. 10, 2004도2657).

③ 구 도로법(1995. 1. 5. 법률 제4920호로 개정되고, 2008. 3. 21. 법률 제8976호로 개정되기 전의 것) 제86조 중 "개인의 대리인·사용인 기타의 종업원이 그 개인의 업무에 관하여 제83조 제1항 제2호의 규정에 의한 위반행위를 한 때에는 그 개인에 대하여도 해당 조의 벌금형을 과한다"는 부분은 **헌법에 위반된다**(2010. 10. 28, 2010헌가24(병합); 헌재 2011. 12. 29, 2011헌가25; 헌재 2015. 1. 29, 2014헌가24; 헌재 2016. 3. 31, 2016헌가4).

[평설] ①은 사법상 법인이나 법인격 없는 사단의 범죄능력을 부인하는 판례이다. ②는 지방자치단체가 양벌규정에 따라 행정형벌(특히 벌금형)의 부과대상자가 된다는 판례이다. ③에서 헌법재판소는 양벌규정은 위헌이라고 선언하였다.

▫ 당시 도로법 제86조(양벌규정) 법인의 대표자나 법인 또는 개인의 대리인·사용인 기타의 종업원이 그 법인 또는 개인의 업무에 관하여 제81조 내지 제85조의 규정에

의한 위반행위를 한 때에는 그 행위자를 벌하는 외에 그 법인 또는 개인에 대하여도 각 해당 조의 벌금형을 과한다.

### 3. 타인의 행위에 대한 책임

① 양벌규정에 의한 영업주의 처벌은 금지위반행위자인 종업원의 처벌에 종속하는 것이 아니라 독립하여 그 자신의 종업원에 대한 선임감독상의 과실로 인하여 처벌되는 것이므로 영업주의 위 과실책임을 묻는 경우 금지위반행위자인 종업원에게 구성요건상의 자격이 없다고 하더라도 영업주의 범죄성립에는 아무런 지장이 없다(대판 1987. 11. 10, 87도1213).

② 이 사건 법률조항(사행행위 등 규제 및 처벌특례법 제31조)은 법인이 고용한 종업원 등이 업무에 관하여 같은 법 제30조 제2항 제1호를 위반한 범죄행위를 저지른 사실이 인정되면, 법인이 그와 같은 종업원 등의 범죄에 대해 어떠한 잘못이 있는지를 전혀 묻지 않고 곧바로 그 종업원 등을 고용한 법인에게도 종업원 등에 대한 처벌조항에 규정된 벌금형을 과하도록 규정하고 있는바, 오늘날 법인의 반사회적 법익침해활동에 대하여 법인 자체에 직접적인 제재를 가할 필요성이 강하다 하더라도, 입법자가 일단 "형벌"을 선택한 이상, 형벌에 관한 헌법상 원칙, 즉 법치주의와 죄형법정주의로부터 도출되는 책임주의원칙이 준수되어야 한다. 그런데 이 사건 법률조항에 의할 경우 법인이 종업원 등의 위반행위와 관련하여 선임·감독상의 주의의무를 다하여 아무런 잘못이 없는 경우까지도 법인에게 형벌을 부과할 수밖에 없게 되어 법치국가의 원리 및 죄형법정주의로부터 도출되는 책임주의원칙에 반하므로 헌법에 위반된다(헌재 2009. 7. 30, 2008헌가14; 헌재 2011. 6. 30, 2010헌가99, 2011헌가2·11(병합); 헌재 2009. 10. 29, 2009헌가6; 헌재 2009. 7. 30, 2008헌가14·16·17·18·24); 헌재 2009. 7. 30, 2008헌가10).

[평석] ①은 행위자의 처벌유무를 불구하고 감독자(종업원의 사업주, 미성년자의 법정대리인)에게 책임을 물었던 과거의 판례로서 ②의 판례가 나타나기 전의 판례이다. ②는 양벌규정이 위헌임을 선언한 판례이다. 헌법재판소의 확립된 견해이다.

## Ⅱ. 병과가 이중처벌인지 여부

### 1. 행정형벌과 행정질서벌의 병과    ☞ [216쪽]

### 2. 행정형벌과 과징금의 병과

□ 구 부동산 실권리자명의 등기에 관한 법률(2007. 5. 11. 법률 제8418호로 개정되기 전의 것) 제5조에 규정된 과징금은 그 취지와 기능, 부과의 주체와 절차 등에 비추어 행정청이 명의신탁행위로 인한 불법적인 이익을 박탈하거나 위 법률에 따른 실명등기의무의 이행을 강제하기 위하여 의무자에게 부과·징수하는 것일 뿐 그것이 헌법 제13조 제1항에서 금지하는 국가형벌권 행사로서의 처벌에 해당한다고 할 수 없으므로 위 법률에서 형사처벌과 아울러 과징금의 부과처분을 할 수 있도록 규정하고 있다 하더라도 이중처벌금지 원칙에 위반한다고 볼 수 없다(대판 2007. 7. 12, 2006두4554).

[평설] 행정형벌과 과징금은 모두 불이익한 제재이지만 그 목적이나 성질이 다르다고 볼 것이므로, 행정형벌과 아울러 과징금을 부과하는 것은 이중처벌에 해당하지 아니한다고 본 판례의 태도는 타당하다.

## Ⅲ. 행정형벌의 과형절차

### 1. 일반절차

□ 본법상 범칙행위는 국세청장, 지방국세청장, 세무서장 또는 세무에 종사하는 공무원의 고발을 기다려 논하게 되어 있으므로, 고발 없이 공소가 제기된 경우에는 공소제기절차가 법률규정에 위반한 것이니 공소를 기각하여야 한다(대판 1971. 11. 30, 71도1736).

[평설] 행정형벌의 처벌절차는 일반법인 형사소송법이 정하는 바에 의한다. 그러나 형사소송법에 우선하는 특별법이 있는 경우에는 그 특별법에 따라야 한다. 그러한 취지의 판례이다.

### 2. 통고처분(특별절차)

#### (1) 통고처분의 의의

□ 조세범 처벌절차법 제15조 제1항에 따른 지방국세청장 또는 세무서장의 조세범칙사건에 대한 통고처분은 법원에 의하여 자유형 또는 재산형에 처하는 형

사절차에 갈음하여 과세관청이 조세범칙자에 대하여 **금전적 제재를 통고**하고 이를 이행한 조세범칙자에 대하여는 고발하지 아니하고 조세범칙사건을 신속·간이하게 처리하는 절차로서, 형사절차의 사전절차로서의 성격을 가진다(대판 2016. 9. 28, 2014도10748).

[평설] 통고처분(범칙금제도)은 대량의 실정법 위반사건을 간이·신속하게 처리하는 의미를 갖는다. 통고처분은 법원의 부담을 완화하는데 기여하고, 전문성을 가진 공무원에 의해 행정목적을 기술적·효율적으로 달성하는 데 기여하며, 국가수입의 확보에도 기여한다. 뿐만 아니라 일반절차에서 나타나는 범법자의 신용실추와 고통의 장기화를 완화하는 데 기여하기도 한다. 또한 통고처분제도는 전과자 발생의 방지에 기여한다.

(2) 통고처분의 합헌성

□ 통고처분의 이행 여부가 당사자의 임의에 맡겨져 있는 점, 승복하지 않는 당사자에게 법관에 의한 정식재판을 받을 기회가 보장되어 있는 점, 비범죄화 정신에 근접한 통고처분의 제도적 의의 등을 종합할 때, 통고처분 제도의 근거규정인 도로교통법 제118조 본문이 **적법절차원칙이나 사법권을 법원에 둔 권력분립원칙에 위배된다거나, 재판청구권을 침해하는 것이라 할 수 없다**(헌재 2003. 10. 30, 2002헌마275; 헌재 1998. 5. 28, 96헌바4).

(3) 통고처분의 재량성

□ 관세법 제284조 제1항, 제311조, 제312조, 제318조의 규정에 의하면, 관세청장 또는 세관장은 관세범에 대하여 통고처분을 할 수 있고, 범죄의 정상이 징역형에 처하여질 것으로 인정되는 때에는 즉시 고발하여야 하며, 관세범인이 통고를 이행할 수 있는 자금능력이 없다고 인정되거나 주소 및 거소의 불명 기타의 사유로 인하여 통고를 하기 곤란하다고 인정되는 때에도 즉시 고발하여야 하는바, 이들 규정을 종합하여 보면, **통고처분을 할 것인지의 여부는 관세청장 또는 세관장의 재량에 맡겨져 있고, 따라서 관세청장 또는 세관장이 관세범에 대하여 통고처분을 하지 아니한 채 고발하였다는 것만으로는 그 고발 및 이에 기한 공소의 제기가 부적법하게 되는 것은 아니다**(대판 2007. 5. 11, 2006도1993).

(4) 통고처분의 효과

□ 구 도로교통법 제119조 제3항은 그 법 제118조에 의하여 범칙금 납부통고서를 받은 사람이 그 범칙금을 납부한 경우 그 범칙행위에 대하여 다시 벌 받지 아니한다고 규정하고 있는바, 이는 **범칙금의 납부에 확정재판의 효력에 준하는 효력을 인정하는 취지**로 해석하여야 한다(대판 2002. 11. 22, 2001도849).

[평설] 범칙자가 범칙금을 납부하면 과형절차는 종료되고, 범칙자는 다시 형사소추되지 아니한다(예: 관세법 제317조; 조처법 제15조 제3항; 출입법 제106조; 도교법 제164조 제3항).

(5) 통고처분에 대한 불복

□ 구 도로교통법 제118조에서 규정하는 경찰서장의 통고처분은 **행정소송의 대상이 되는 행정처분이 아니므로 그 처분의 취소를 구하는 소송은 부적법**하고, 도로교통법상의 통고처분을 받은 자가 그 처분에 대하여 이의가 있는 경우에는 통고처분에 따른 범칙금의 **납부를 이행하지 아니함으로써 경찰서장의 즉결심판청구에 의하여 법원의 심판을 받을 수 있게 될 뿐**이다(대판 1995. 6. 29, 95누4674; 대판 1980. 10. 14, 80누380).

[평설] 소정의 기간 내에 통고처분을 이행하지 아니하면 당연히 통고처분은 효력을 상실한다는 점을 전제로, 통고처분은 취소소송의 대상이 아니어서 통고처분에 불복하면 정식재판을 청구하여야 한다는 취지의 판례이다.

## [32] 행정질서벌(질서법)

### 1. 질서위반행위와 고의·과실

□ **질서위반행위규제법**은 과태료의 부과대상인 질서위반행위에 대하여도 책임주의 원칙을 채택하여 제7조에서 "고의 또는 과실이 없는 질서위반행위는 과태료를 부과하지 아니한다."고 규정하고 있으므로, 질서위반행위를 한 자가 자신의 책임 없는 사유로 위반행위에 이르렀다고 주장하는 경우 **법원으로서는 그 내용을 살펴 행위자에게 고의나 과실이 있는지를 따져보아야** 한다(대결 2011. 7. 14, 2011마364).

[평설] 질서위반행위규제법 시행(2008. 6. 22.) 전까지 판례는 행정질서벌인 과태료의 부과에는 법률에 특별한 규정이 없는 한 고의·과실을 요하지 아니하나[대결 1982. 7. 22, 82마210(무역거래법 제30조 제2항의 규정에 의한 과태료는 이른바 행정질서벌의 하나로서 행정질서유지를 위한 의무의 위반행위에 대하여 과하는 제재이므로 무역거래법 또는 이 법에 의한 처분이 명하는 의무에 위반한 이상 고의 또는 과실유무를 불문하고 과태료 책임을 면할 수 없는 것이다)], 위반자에게 의무를 탓할 수 없는 정당한 사유가 있는 경우에는 과태료를 부과할 수 없다고 하였다(대판 2000. 5. 26, 98두5972; 대결 2006. 4. 28, 2003마715). 질서위반행위규제법 시행으로 사정이 달라졌다.

## 2. 행정질서벌과 행정형벌의 병과의 가부

□ 행정법상의 질서벌인 **과태료의 부과처분과** 형사처벌은 그 성질이나 목적을 달리하는 **별개의 것이므로** 행정법상의 질서벌인 과태료를 납부한 후에 형사처벌을 한다고 하여 이를 **일사부재리의 원칙에** 반하는 것이라고 할 수는 없으며, 자동차의 임시운행허가를 받은 자가 그 허가 목적 및 기간의 범위 안에서 운행하지 아니한 경우에 **과태료를 부과하는 것은** 당해 자동차가 무등록 자동차인지 여부와는 관계 없이, 이미 등록된 자동차의 등록번호표 또는 봉인이 멸실되거나 식별하기 어렵게 되어 임시운행허가를 받은 경우까지를 포함하여, 허가받은 목적과 기간의 범위를 벗어나 운행하는 행위 전반에 대하여 행정질서벌로써 제재를 가하고자 하는 취지라고 해석되므로, 만일 임시운행허가기간을 넘어 운행한 자가 등록된 차량에 관하여 그러한 행위를 한 경우라면 과태료의 제재만을 받게 되겠지만, **무등록 차량에** 관하여 그러한 행위를 한 경우라면 과태료와 별도로 **형사처벌의 대상**이 된다(대판 1996. 4. 12, 96도158).

[평설] 자동차 미등록 운행 시 벌칙 내용(구 자동차관리법 제71조 제1호, 제4조)은 이 판결 당시 법률과 현행 법률(자동차관리법 제80조 제1호, 제5조)의 내용이 동일하다. 그러나 임시운행기간 경과 후 운행의 경우, **당시 법률**(구 자동차관리법 제75조 제1항 제3호, 제26조 제3항)은 과태료의 벌칙을 규정하고 있으나, **현행 법률은** 벌칙규정을 두고 있지 않다. 당시 법률은 미등록운행금지와 임시운행기간 경과 후 운행금지를 분리 규정하였고, 현행 법률은 미등록운행금지에는 임시운행기간 경과 후 운행금지가 포함되는 것으로 보았다. 임시운행허가기간을 경과한 후의 운행에 대한 제재는 임시운행허가 번호판을 악용하여 임시운행허가기간이 경과한 후에 운행하는 것을 방지하겠다는 의도도 있다고 본다면, 반드시 이중처벌이라 말하기 어렵다. 이러한 관점에서 본다면 A는

이중처벌을 받았다고 보기 어렵다. 그러나 이 사건에서 피고인은 무단으로 자동차를 운행하였다는 것이므로, 논리적으로 보면 현행법의 태도가 바람직하지만, 그렇다고 당시 법률이 위헌이라 단언하기는 어렵다.

□ 구 건축법 제54조 제1항에 의한 형사처벌의 대상이 되는 범죄의 구성요건은 당국의 허가 없이 건축행위 또는 건축물의 용도변경행위를 한 것이고, 동법 제56조의2 제1항에 의한 과태료는 건축법령에 위반되는 위법건축물에 대한 시정명령을 받고도 건축주 등이 이를 시정하지 아니할 때 과하는 것이므로, 양자는 처벌 내지 제재대상이 되는 기본적 사실관계로서의 행위를 달리하는 것이다. 그리고, 전자가 무허가건축행위를 한 건축주 등의 행위 자체를 위법한 것으로 보아 처벌하는 것인 데 대하여, 후자는 위법건축물의 방치를 막고자 행정청이 시정조치를 명하였음에도 건축주 등이 이를 이행하지 아니한 경우에 행정명령의 실효성을 확보하기 위하여 제재를 과하는 것이므로 양자는 그 보호법익과 목적에서도 차이가 있고, 또한 무허가건축행위에 대한 형사처벌시에 위법건축물에 대한 시정명령의 위반행위까지 평가된다고 할 수 없으므로 시정명령위반행위가 무허가건축행위의 불가벌적 사후행위라고 할 수도 없다. 이러한 점에 비추어 구 건축법 제54조 제1항에 의한 무허가건축행위에 대한 형사처벌과 동법 제56조의2 제1항에 의한 과태료의 부과는 헌법 제13조 제1항이 금지하는 이중처벌에 해당한다고 할 수 없다(헌재 1994. 6. 30, 92헌바38).

[평설] 청구인은 무단으로 용도를 변경하였다는 것이므로, 논리상 무단용도변경 금지 위반과 시정명령위반을 합하여 하나의 처벌대상으로 하는 것도 가능하겠지만, 입법자는 현행법에서 양자를 분리 규정한 것으로 볼 것이다.

## 3. 과태료부과와 형벌부과 중 입법자의 선택가능성(입법재량)

□ 어떤 행정법규 위반행위에 대하여 입법자가 행정질서벌인 과태료를 부과할 것인지, 행정형벌을 부과할 것인지, 과태료를 부과하기로 한 경우 그 과태료의 액수를 정하는 것은 입법재량에 속한다(헌재 2017. 5. 25, 2017헌바57).

## 제 2 절 행정상 강제집행과 즉시강제

### [33] 행정상 강제집행(행집법)

### Ⅰ. 대집행

### 1. 대집행의 요건

**참고☞** 대집행의 요건으로 ① 공법상 의무의 불이행이 있을 것, ② 불이행된 의무는 대체적 작위의무일 것, ③ 다른 방법이 없을 것, ④ 공익상의 요청이 있을 것(공·사익의 형량)을 들 수 있다. 판례상 문제된 것은 ①, ②, ④와 관련한다.

### (1) 공법상 의무의 불이행이 있을 것

#### (가) 사법상 의무불이행의 경우

□ 피고(서울철도국장)와 원고간의 본건 원판시의 각 **임대차계약관계**는 위 설시와 같이 사법상의 법률관계에 불과하여 원고에게 **공법상의 행위의무**가 발생하는 것이 아니므로 이 건 건물의 철거는 민사소송의 방법으로 구함은 모르되 **행정대집행법에 의한 철거계고처분을 한 조치는 법에 근거 없는 처분**으로써 그 하자가 중대하고 명백한 것이어서 **당연무효**라 할 것이다(대판 1975. 4. 22, 73누215).

[평설] 대집행은 공법상 의무의 불이행을 대상으로 하는바, 사법상 의무의 불이행은 대집행의 대상이 되지 아니한다는 취지의 판례이다.

#### (나) 공법상 의무발생의 사유

□ 건축법 제42조 소정 요건의 구비여부는 본건 계고처분의 요건이 아니고 계고처분이 있기 전의 행정대집행법 제2조 소정행정청에 명령 즉 본건에 있어서는 계고처분에 선행되어야 할 피고의 본건 건물에 대한 철거명령의 적부에 관한 문제로서, 위의 건축법 제42조 소정요건이 구비되어 있지 않다고 주장하는 변론의 전취지로 해석되는 본건에 있어서는, 원심은 모름지기 석명권을 행사하여 본건 계고처분에 선행하여 철거명령이 있었는지의 여부를 심리하여 그 철거명령이 없었다면 본건 계고처분은 요건 흠결로 인하여 적법한 것이라 할 수 없고, 철거명령이 있어 취소된 바 없다면, 본건에서 건축법 제42조 소정요건의 흠결을 주장할 수 없음을 판단하였어야 할 것이다(대판 1966. 2. 28, 65누141).

[평설] 대집행의 대상이 되는 공법상 의무는 ① 법령에서 **직접** 명해질 수도 있고[예컨 대, 수질 및 수생태계 보전에 관한 법률 제15조(배출 등의 금지) 제2항], ② **법령에 근거한 행정행위**에 의해 명해질 수도 있다(예컨대, 옥광법 제10조 제1항). 이 판례는 ②와 관련 된 것이다.

## (다) 공법상 의무발생의 방법

□  계고서라는 명칭의 1장의 문서로서 일정기간 내에 위법건축물의 자진철거를 명함과 동시에 그 소정기한 내에 자진철거를 하지 아니할 때에는 대집행할 뜻을 미리 계고한 경우라도 건축법에 의한 철거명령과 행정대집행법에 의한 계고처분은 독 립하여 있는 것으로서 각 그 요건이 충족되었다고 볼 것이다(대판 1992. 6. 12, 91누 13564).

[평설] 행정행위에 의한 의무부과는 대집행을 위한 계고처분절차보다 선행하는 것 이 원칙이지만, 1장의 문서로서 양자가 동시에 이루어질 수도 있다는 취지의 판례 이다.

## (라) 집행권원의 불요

□  행정대집행법에 따른 행정대집행에서 건물의 점유자가 철거의무자일 때에는 건물철거의무에 퇴거의무도 포함되어 있는 것이어서 별도로 퇴거를 명하는 집행 권원이 필요하지 않다(대판 2017. 4. 28, 2016다213916).

## (2) 불이행된 의무는 대체적 작위의무일 것
### (가) 퇴거의무 불이행의 경우

□  도시공원시설인 매점의 관리청이 그 공동점유자 중의 1인에 대하여 소정의 기간 내에 위 매점으로부터 **퇴거**하고 이에 부수하여 그 판매 시설물 및 상품을 반 출하지 아니할 때에는 이를 대집행하겠다는 내용의 계고처분은 그 주된 목적이 매점의 원형을 보존하기 위하여 점유자가 설치한 **불법 시설물**을 철거하고자 하는 것이 아니라, 매점에 대한 점유자의 점유를 배제하고 그 점유이전을 받는 데 있다고 할 것인데, 이러한 의무는 그것을 강제적으로 실현함에 있어 직접적인 실력행사가 필요한 것이지 대체적 작위의무에 해당하는 것은 아니어서 직접강제의 방법에 의 하는 것은 별론으로 하고 행정대집행법에 의한 대집행의 대상이 되는 것은 아니다

(대판 1998. 10. 23, 97누157).

[평설] 이 판례에서 **퇴거의무**는 의무자(점유자) 스스로 점유이전을 함으로써 이행되는 것이지, 타인이 대신 하여 점유를 이전할 수 있는 것은 아니라는 취지의 판례이다. 즉 퇴거의무는 비대체적 작위의무라는 취지의 판례이다. 퇴거의무 불이행의 경우에는 사정에 따라 경찰관직무집행법상 위험발생방지조치 등이나 형법상 공무집행방해죄의 적용을 통해 의무의 이행을 확보할 수도 있을 것이다.

(나) 토지명도의무 불이행의 경우

□ 피수용자 등이 기업자에 대하여 부담하는 수용대상 **토지의 인도의무**에 관한 구 토지수용법(폐지) 제63조, 제64조, 제77조 규정에서의 '인도'에는 명도도 포함되는 것으로 보아야 하고, 이러한 **명도의무**는 그것을 강제적으로 실현하면서 직접적인 실력행사가 필요한 것이지 대체적 작위의무라고 볼 수 없으므로 특별한 사정이 없는 한 행정대집행법에 의한 대집행의 대상이 될 수 있는 것이 아니다(대판 2005. 8. 19, 2004다2809).

(다) 부작위의무 불이행의 경우

□ 단순한 부작위의무의 위반, 즉 관계법령에 정하고 있는 절대적 금지나 허가를 유보한 상대적 금지를 위반한 경우에는 당해 법령에서 그 위반자에 대하여 위반에 의하여 생긴 유형적 결과의 시정을 명하는 행정처분의 권한을 인정하는 규정(예컨대, 건축법 제69조, 도로법 제74조, 하천법 제67조, 도시공원법 제20조, 옥외광고물등관리법 제10조 등)을 두고 있지 아니한 이상, 법치주의의 원리에 비추어 볼 때 위와 같은 부작위의무로부터 그 의무를 위반함으로써 생긴 결과를 시정하기 위한 작위의무를 당연히 끌어낼 수는 없으며, 또 위 금지규정(특히 허가를 유보한 상대적 금지규정)으로부터 작위의무, 즉 위반결과의 시정을 명하는 권한이 당연히 추론되는 것도 아니다(대판 1996. 6. 28, 96누4374).

[평설] 부작위의무는 비대체적 의무이므로 대집행의 대상이 될 수 없으나, 부작위의무에 의하여 생긴 유형적 결과의 시정을 명하여 작위의무로 전환됨으로써 비로소 대집행의 대상이 될 수 있다. 문제는 부작위의무를 부과하는 금지규정에서 당연히 의무위반으로 인한 결과의 시정을 명할 수 있는 권한이 나오는가의 여부이다. 판례는 그 결

과의 시정을 명할 수 있는 별도의 근거규정(전환규범)(예: 건축법 제79조; 도로법 제96조 참조)을 요하고, 그러한 법적 근거가 없다면 법률유보의 원칙상 대집행은 불가능하다는 견해를 취하고 있다. 공유재산 및 물품 관리법 제83조 등의 경우에도 유사한 문제가 발생한다.

□ 구 공유재산 및 물품 관리법(2010. 2. 4. 법률 제10006호로 개정되기 전의 것, 이하 '공유재산법'이라 한다) 제83조는 "정당한 사유 없이 공유재산을 점유하거나 이에 시설물을 설치한 때에는 행정대집행법 제3조 내지 제6조의 규정을 준용하여 철거 그 밖의 필요한 조치를 할 수 있다."라고 정하고 있는데, 위 규정은 대집행에 관한 개별적인 근거 규정을 마련함과 동시에 행정대집행법상의 대집행 요건 및 절차에 관한 일부 규정만을 준용한다는 취지에 그치는 것이고, 그것이 대체적 작위의무에 속하지 아니하여 원칙적으로 대집행의 대상이 될 수 없는 다른 종류의 의무에 대하여서까지 강제집행을 허용하는 취지는 아니다(대판 2011. 4. 28, 2007도7514).

### (3) 공익상 요청이 있을 것

① 이 사건 건물이나 주위의 미관상으로도 별다른 이상이 없는 사실, 피고가 계고처분을 한 위 위법건물부분을 **대집행으로 철거할 경우 많은 비용이 소요**되는 반면에 **철거를 한다 하더라도 위법건물을 철거하였다는 점 이외에는 위 건물 1, 2층에 새든 입주자들의 생활에는 막대한 불편을 초래**하여 오히려 쓰임새가 줄어든 건물을 만들게 되는바 위 증축으로 인하여 위반결과가 현존하여 있고, 원고가 그 철거의무를 불이행하고 있으나 이를 방치함이 도시계획이나 도로교통상 또는 방화, 보안, 위생, 도시미관 및 공해예방 등의 공익을 심히 해하는 때에 해당한다고 할 수 없으니 이 사건 계고처분은 위법하다(대판 1989. 7. 11, 88누11193).

② 무허가로 불법건축되어 철거할 의무가 있는 원판시건축물을 **도시미관, 주거환경, 교통소통에 지장이 없다는 등의 사유만을 들어 이를 그대로 방치한다면 불법건축물을 단속하는 당국의 권능을 무력화**하여 건축행정의 원활한 수행이 위태롭게 되고 건축허가 및 준공검사시에 소방시설, 주차시설 기타 **건축법 소정의 제한규정을 회피하는 것을 사전 예방**한다는 더 큰 공익을 해칠 우려가 있다(대판 1989. 3. 28, 87누930).

[평설] 의무의 불이행만으로 대집행이 가능한 것은 아니다. 의무의 불이행을 방치하는

것이 심히 공익을 해한다고 인정되는 경우에 비로소 대집행이 허용된다. '심히'의 판단시기는 계고시가 기준이 된다.

QR 29. 대집행을 위한 공익상 요청이 있다는 판례 모음  ☞  QR코드
QR 30. 대집행을 위한 공익상 요청이 없다는 판례 모음  ☞  QR코드

(4) 대집행요건 구비에 대한 주장·입증책임의 주체
□ 건축법에 위반하여 건축한 것이어서 철거의무가 있는 건물이라 하더라도 그 철거의무를 대집행하기 위한 계고처분을 하려면 다른 방법으로는 이행의 확보가 어렵고 불이행을 방치함이 심히 공익을 해하는 것으로 인정될 때에 한하여 허용되고 이러한 요건의 주장·입증책임은 처분 행정청에 있다(대판 1996. 10. 11, 96누8086; 대판 1970. 8. 18, 70누84).

2. 대집행의 주체
[1] 대한주택공사(2009. 5. 22. 법률 제9706호 한국토지주택공사법 부칙 제8조에 의하여 원고에게 권리·의무가 포괄승계되었다)는 구 대한주택공사법(위 한국토지주택공사법 부칙 제2조로 폐지, 이하 '법'이라 한다) 제2조, 제5조에 의하여 정부가 자본금의 전액을 출자하여 설립한 법인이고, 대한주택공사가 택지개발촉진법에 따른 택지개발사업을 수행하는 경우 이러한 사업에 관하여는 법 제9조 제1항 제2호, 제9조 제2항 제7호, 구 대한주택공사법 시행령(2009. 9. 21. 대통령령 제21744호 한국토지주택공사법 시행령 부칙 제2조로 폐지, 이하 '시행령'이라 한다) 제10조 제1항 제2호, 공익사업을 위한 토지 등의 취득 및 보상에 관한 법률 제89조 제2항에 따라 시·도지사나 시장·군수 또는 구청장의 업무에 속하는 대집행권한을 대한주택공사에 위탁하도록 되어 있다. 따라서 대한주택공사는 위 사업을 수행함에 있어 법령에 의하여 대집행권한을 위탁받은 자로서 공무인 대집행을 실시함에 따르는 권리·의무 및 책임이 귀속되는 행정주체의 지위에 있다(대판 2011. 9. 8, 2010다48240).
[2] 군수가 군사무위임조례의 규정에 따라 무허가 건축물에 대한 철거대집행사무를 하부 행정기관인 읍·면에 위임하였다면, 읍·면장에게는 관할구역 내의 무허가 건축물에 대하여 그 철거대집행을 위한 계고처분을 할 권한이 있다(대판 1997. 2. 14, 96누15428).

[평설] 대집행을 결정하고 이를 실행할 수 있는 권한을 가진 자(대집행주체)는 당해 행정청이다(행집법 제2조). 여기서 당해 행정청이란 의무를 부과한 행정청을 의미한다. 그것은 국가기관일 수도 있고, 지방자치단체의 기관일 수도 있다. 당해 행정청으로부터 권한의 위임이 있으면 위임을 받은 자도 대집행주체가 될 수 있다. 그 위임을 받은 자는 위임을 한 행정청의 지위에 놓인다는 취지의 판례이다.

## 3. 대집행의 절차
### (1) 계고
### (가) 대집행할 행위의 내용·범위의 구체적 특정
□ 행정청이 행정대집행법 제3조 제1항에 의한 대집행계고를 함에 있어서는 의무자가 스스로 이행하지 아니하는 경우에 **대집행할 행위의 내용 및 범위가 구체적으로 특정되어야** 하지만, 그 행위의 내용 및 범위는 반드시 대집행계고서에 의하여서만 특정되어야 하는 것이 아니고 계고처분 전후에 송달된 문서나 기타 사정을 종합하여 행위의 내용이 특정되거나 대집행 의무자가 그 이행의무의 범위를 알 수 있으면 족하다(대판 1997. 2. 14, 96누15428; 대판 1996. 10. 11, 96누8086; 대판 1994. 10. 28, 94누5144).

### (나) 상당한 이행기간
□ 행정대집행법 제3조 제1항은 행정청이 의무자에게 대집행영장으로써 대집행할 시기 등을 통지하기 위하여는 그 전제로서 대집행계고처분을 함에 있어서 의무이행을 할 수 있는 상당한 기간을 부여할 것을 요구하고 있으므로, 행정청인 피고가 의무이행기한이 1988. 5. 24.까지로 된 이 사건 대집행계고서를 5.19. 원고에게 발송하여 원고가 그 이행종기인 5.24. 이를 수령하였다면, 설사 피고가 대집행영장으로써 대집행의 시기를 1988. 5. 27 15:00로 늦추었더라도 위 대집행계고처분은 상당한 이행기한을 정하여 한 것이 아니어서 대집행의 적법절차에 위배한 것으로 위법한 처분이라고 할 것이다(대판 1990. 9. 14, 90누2048).

[평설] 상당한 기간이란 **사회통념상 이행에 필요한 기간**을 의미한다. 행정청은 상당한 이행기한을 정함에 있어 의무의 성질·내용 등을 고려하여 사회통념상 해당 의무를 이행하는 데 필요한 기간이 확보되도록 하여야 한다(행집법 제3조 제1항 제2문).

(다) 공유자 1인에 대한 계고

□ 위법한 건물의 공유자 1인에 대한 계고처분은 다른 공유자에 대하여는 그 효력이 없다(대판 1994. 10. 28, 94누5144).

(라) 계고처분의 처분성

□ 행정대집행법 제3조 제1항의 계고처분은 그 계고처분 자체만으로서는 행정적 **법률효과를 발생하는 것은 아니지만**, 같은 법 제3조 제2항의 대집행명령장을 발급하고 대집행을 하는데 전제가 되는 것이므로 **행정처분**이라 할 수 있고 따라서 행정소송의 대상이 될 수 있다(대판 1962. 10. 18, 62누117).

[평설] 계고란 준법률행위적 행정행위로서 통지행위에 해당하는바, 행정쟁송의 대상이 된다는 것이 일반적 견해이며, 판례의 취지도 같다.

(마) 반복된 계고의 처분성

□ 제1차로 철거명령 및 계고처분을 한 데 이어 제2차로 계고서를 송달하였음에도 불응함에 따라 대집행을 일부 실행한 후 철거의무자의 연기원을 받아들여 나머지 부분의 철거를 진행하지 않고 있다가 연기기한이 지나자 다시 제3차로 철거명령 및 대집행계고를 한 경우, 행정대집행법상의 철거의무는 제1차 철거명령 및 계고처분으로써 발생하였다고 할 것이고, 제3차 철거명령 및 대집행계고는 새로운 철거의무를 부과하는 것이라고는 볼 수 없으며, 단지 종전의 계고처분에 의한 건물철거를 독촉하거나 그 대집행기한을 연기한다는 통지에 불과하므로 취소소송의 대상이 되는 독립한 행정처분이라고 할 수 없다(대판 2000. 2. 22, 98두4665; 대판 1994. 10. 28, 94누5144).

(2) 비용징수

□ 한국토지주택공사가 택지개발촉진법 및 동법시행령에 의하여 대집행권한을 위탁받아 공무인 대집행을 실시하기 위하여 지출한 비용은 행정대집행법의 절차에 따라 국세징수법의 예에 의하여 징수할 수 있다고 봄이 상당하다. **행정대집행법이 대집행비용의 징수에 관하여 민사소송절차에 의한 소송이 아닌 간이하고 경제적인 특별구제절차를 마련해 놓고 있으므로** 민법 제750조에 기한 손해배상으로서 대집행비용의 상환을 구하는 원고의 이 사건 청구는 소의 이익이 없어 **부적법**

하다(대판 2011. 9. 8, 2010다48240).

[평설] 행정대집행법 제6조 제1항은 "대집행에 요한 비용은 국세징수법의 예에 의하여 징수할 수 있다"고 규정하고 있다. 행정대집행법 제6조 제1항이 민사소송법상 관련규정에 우선한다는 취지의 판례이다.

(3) 대집행의 실행시, 의무자가 위력으로 방해하는 경우
□ 행정청이 행정대집행의 방법으로 건물철거의무의 이행을 실현할 수 있는 경우에는 건물철거 대집행 과정에서 부수적으로 건물의 점유자들에 대한 퇴거 조치를 할 수 있고, 점유자들이 **적법한 행정대집행을 위력을 행사하여 방해하는 경우 형법상 공무집행방해죄가 성립하므로, 필요한 경우에는 '경찰관 직무집행법'에 근거한 위험발생 방지조치 또는 형법상 공무집행방해죄의 범행방지 내지 현행범체포의 차원에서 경찰의 도움을 받을 수도 있다**(대판 2017. 4. 28, 2016다213916).

[평설] 이 판례의 판시이유 중에 "건물의 점유자가 철거의무자일 때에는 건물철거의무에 퇴거의무도 포함되어 있는 것이어서 별도로 퇴거를 명하는 집행권원이 필요하지 않다"는 부분이 있다.

4. 대집행에 대한 구제
(1) 행정심판의 전치
□ 행정소송법 제18조 제1항에 의하면, 행정처분에 대한 취소소송을 제기하기 위하여는 소위 행정심판전치주의에 따라 먼저 행정심판을 거치는 것을 원칙으로 하며, 행정대집행법 제7조는 대집행에 관하여도 행정심판을 제기할 수 있도록 규정하고 있으므로 이 사건 대집행계고처분취소의 행정소송에 있어서도 **행정심판전치의 원칙이 적용된다**고 할 것이다(대판 1990. 10. 26, 90누5528; 대판 1993. 6. 8, 93누6164).

[평설] 행정소송법은 1998년 3월 1일부터 필요적 심판전치에서 임의적 심판전치로 전환하였다(행송법 제18조). 이 판례는 필요적 심판전치가 적용되던 시기에 나타난 것이다. 현행법 하에서의 판례는 보이지 아니한다. 행정대집행법 제8조는 출소의 가능성을 규정한 것이지, 필요적 심판전치를 규정한 것은 아니므로, 행정대집행에도 임의적 심

판전치가 적용된다고 볼 것이다.

□ 행정대집행법 제7조(행정심판) 대집행에 대하여는 행정심판을 제기할 수 있다. 제8조(출소권리의 보장) 전조의 규정은 법원에 대한 출소의 권리를 방해하지 아니한다.

## (2) 권리보호의 필요

□ 행정대집행법 2조에 의하여 의무자에게 명령된 행위에 관하여 같은법 3조의 계고와 대집행영장에 의한 통지철차를 거쳐서 이미 그 대집행이 사실행위로서 실행이 완료된 이후에 있어서 위법사유가 있음을 이유로 하여 손해배상이나 원상회복의 청구를 하는 것은 별론으로 하고 그 처분의 무효확인을 구하는 것은 즉시 확인의 이익이 없고 또한 그 처분의 취소를 구함은 권리보호의 이익이 없어 부적법하다(대판 1976. 1. 27, 75누230; 대판 1995. 8. 28, 95누2623; 대판 1993. 11. 9, 93누14271; 대판 1979. 11. 13, 79누242; 대판 1971. 4. 20, 71누22).

[평설] 예컨대, 계고처분의 취소는 위법한 계고처분의 위법을 소급적으로 제거할 뿐이며, 계고처분의 취소로 이미 철거된 건물이 저절로 원상회복되는 것은 아니다, 따라서 이미 건물이 철거된 경우에는 계고처분의 취소를 구하는 취소소송은 의미가 없고, 그 대신 위법한 계고처분과 철거로 인한 손해배상을 청구하는 것이 의미가 있다. 판례의 확립된 견해이다.

## (3) 입증책임

□ 건축법에 위반하여 건축한 것이어서 철거의무가 있는 건물이라 하더라도 그 철거의무를 대집행하기 위한 계고처분을 하려면 다른 방법으로는 이행의 확보가 어렵고 불이행을 방치함이 심히 공익을 해하는 것으로 인정될 때에 한하여 허용되고 이러한 요건의 주장·입증책임은 처분 행정청에 있다(대판 1996. 10. 11, 96누8086).

## (4) 하자의 승계

① 피고는 1975. 4. 1자로 원고에게 대하여 이 사건 건물이 피고가 공사하는 구간에 있는 무허가건물이므로 1975. 4. 15까지 자진철거하도록 지시함으로써 이 사건의 대집행계고처분에 앞서서 이른바 법률에 의거한 행정청의 명령에

의한 행위를 명하고 있음을 알 수 있다. 그런데 이러한 피고의 명령에 대하여는 원고가 소원이나 소송을 제기하여 그 위법임을 소구한 점에 관하여 아무런 주장과 입증이 없다. 만일 이러한 명령에 대하여 소구절차를 거치지 아니하였다면 이미 선행행위가 적법인 것으로 확정되었다 할 것이요, 따라서 후행행위인 이 사건 **대집행계고처분**에서는 이 사건 건물이 무허가건물이 아닌 적법인 건축물이라는 주장이나 그러한 사실인정을 하지 못한다 할 것이다(대판 1975. 12. 9, 75누218).

2 대집행의 계고·대집행영장에 의한 통지·대집행의 실행·대집행에 필요한 비용의 납부명령 등은, 타인이 대신하여 행할 수 있는 행정의무의 이행을 의무자의 비용부담하에 확보하고자 하는, 동일한 행정목적을 달성하기 위하여 단계적인 일련의 절차로 연속하여 행하여지는 것으로서, **서로 결합하여 하나의 법률효과를 발생시키는 것**이므로, 선행처분인 계고처분이 하자가 있는 위법한 처분이라면, 비록 하자가 중대하고도 명백한 것이 아니어서 당연무효의 처분이라고 볼 수 없고 대집행의 실행이 이미 사실행위로서 완료되어 계고처분의 취소를 구할 법률상 이익이 없게 되었으며, 또 대집행비용납부명령 자체에는 아무런 하자가 없다 하더라도, 후행처분인 대집행비용납부명령의 취소를 청구하는 소송에서 청구원인으로 선행처분인 계고처분이 위법한 것이기 때문에 그 **계고처분을 전제로 행하여진 대집행비용납부명령도 위법한 것이라는 주장을 할 수 있다**(대판 1993. 11. 9, 93누14271).

[평설] 두 판례 모두 단계적인 일련의 절차로 연속하여 행하여지는 것이지만, 1은 목적을 달리 하는 것이고, 2는 동일한 목적을 위한 것이라는 점에서 다르다. 앞의 판례는 선행행위의 당연무효 아닌 하자가 후행행위에 영향을 미치지 아니하지만, 뒤의 판례는 선행행위의 당연무효 아닌 하자가 후행행위에 영향을 미친다는 취지의 판례이다.

## (5) 국가배상법상 손해배상청구

□ 본건 계고처분 또는 행정대집행 영장에 의한 통지와 같은 행정처분이 위법인 경우에는 그 각 처분의 무효확인 또는 취소를 소구할 수 있으나 행정대집행이 완료한 후에는 그 처분의 무효확인 또는 취소를 구할 소익이 없다 할 것이며 변론의 전취지에 의하여 본건 계고처분 행정처분이 위법임을 이유로 배상을 청구하는 취의로 인정될 수 있는 본건에 있어 미리 그 행정처분의 취소판결이 있어야만 그 행

정처분의 위법임을 이유로 피고에게 배상을 청구할 수 있는 것은 아니라고 해석함
이 상당하다(대판 1972. 4. 28, 72다337).

[평설] 위법한 행정대집행으로 손해를 입은 사인은 국가배상법에 따라 손해배상을 청
구할 수 있다는 취지의 판례이다. 특히 처분에 공정력이 발생하였다고 하여도 위법을
이유로 손해배상을 청구할 수 있다는 판례이다.

### 5. 대집행과 민사법상 구제수단과의 관계

□ 관계 법령상 행정대집행의 절차가 인정되어 행정청이 행정대집행의 방법으로
건물의 철거 등 대체적 작위의무의 이행을 실현할 수 있는 경우에는 따로 민사소송
의 방법으로 그 의무의 이행을 구할 수 없다(대판 2017. 4. 28, 2016다213916; 대판 2017.
4. 13, 2013다207941; 대판 2000. 5. 12, 99다18909; 대판 1990. 11. 13, 90다카23448).

## II. 행정상 강제징수(국세징수법)

### 1. 압류

(1) 독촉절차 없이 이루어진 압류의 하자

□ 납세의무자가 세금을 납부기한까지 납부하지 아니하자 과세청이 그 징수를
위하여 압류처분에 이른 것이라면 비록 독촉절차없이 압류처분을 하였다 하더라
도 이러한 사유만으로는 압류처분을 무효로 되게 하는 중대하고도 명백한 하자로
는 되지 않는다(대판 1987. 9. 22, 87누383; 대판 1992. 3. 10, 91누6030; 대판 1988. 6. 28, 87
누1009; 1984. 9. 25, 84누107).

(2) 압류재산임을 명백히 하지 아니한 압류의 하자

□ 국세징수법 제38조에 의하면, 동산에 대한 압류를 함에 있어 체납자에게 보
관하게 하는 경우에는 봉인 기타의 방법으로 압류재산임을 명백히 하여야 한다
라고 규정되어 있으므로 세무공무원이 같은법 제29조의 규정에 의한 압류조서
를 작성하고 체납자에게 압류동산을 보관시켰다 하더라도 봉인 기타의 방법으로
압류재산임을 명백히 하지 아니한 이상 압류의 효력이 없다 할 것인즉, 같은 취지에
서 이 사건 압류처분이 당연무효라고 판단한 원심의 조치는 정당하다(대판 1987.
11. 24, 87누593).

(3) 압류한 재산의 가액이 징수할 국세액을 초과하는 경우
□ 세무공무원이 국세의 징수를 위해 납세자의 재산을 압류하는 경우 그 재산의 가액이 징수할 국세액을 초과한다 하여 위 압류가 당연무효의 처분이라고는 할 수 없다(대판 1986. 11. 11, 86누479).

[평설] 압류할 재산이 여러 개 있는 경우, 여러 개 재산 중에서 어떠한 재산을 압류할 것인가는 권한행정청의 재량에 속한다고 보지만, 재량권행사에는 남용이나 일탈이 없어야 한다.

(4) 압류처분 후 고지된 세액을 납부한 경우 압류처분의 효력
□ 국세징수법 제24조 제2항에 의한 압류처분 후 고지된 세액이 납부되었다 하더라도 그 압류처분이 당연무효로 된다고는 할 수 없다(대판 1989. 2. 28, 87다카684; 대판 1982. 7. 13, 81누360).

## 2. 공매(매각)
(1) 공매기간을 준수하지 아니한 공매의 하자
□ 국세징수법 제75조에 의하면 공매는 공매공고일로부터 10일간의 기간이 경과한 후에 집행하도록 규정되어 있는바 그렇다면 피고는 위 법조에 정하여진 10일간의 공고기간을 지키려면 1969. 12. 28 이후에 공매집행하여야 함에도 불구하고 그 기간이 경과하지 아니한 1969. 12. 26에 공매처분함으로써 불변기간을 준수하지 아니한 것이 명백하여 이는 위법하다(대판 1974. 2. 26, 73누186).

(2) 체납자와 매수인의 관계
□ 국세징수법 등 관련 규정의 체계 및 운영 형태에 비추어 볼 때, 국세징수법상 공매는 체납자와 매수인 사이의 사법상 매매계약을 체납처분청이 대행하는 성격을 가진다(헌재 2009. 4. 30, 2007헌가8 전원재판부).

## 3. 각종 절차의 처분성
(1) 공매의 처분성
□ 과세관청이 체납처분으로서 행하는 공매는 우월한 공권력의 행사로서 행정소송의 대상이 되는 공법상의 행정처분이며 공매에 의하여 재산을 매수한 자는 그 공

매처분이 취소된 경우에 그 취소처분의 위법을 주장하여 행정소송을 제기할 법률상 이익이 있다고 할 것이다(대판 1984. 9. 25, 84누201).

### (2) 공매하기로 하는 결정 그 자체의 처분성

□ 한국자산공사가 당해 부동산을 인터넷을 통하여 재공매(입찰)하기로 한 결정 자체는 내부적인 의사결정에 불과하여 항고소송의 대상이 되는 행정처분이라고 볼 수 없고, 또한 한국자산공사가 공매통지는 공매의 요건이 아니라 공매사실 자체를 체납자에게 알려주는 데 불과한 것으로서, 통지의 상대방의 법적 지위나 권리·의무에 직접 영향을 주는 것이 아니라고 할 것이므로 이것 역시 행정처분에 해당한다고 할 수 없다(대판 2007. 7. 27, 2006두8464).

[평설] 행정행위는 통지나 공고가 있어야 적법요건을 구비하게 되는데, 통지나 공고 이전의 결정 그 자체는 내부적 행위에 불과하다. 따라서 처분성을 갖지 아니한다는 판례의 태도는 타당하다.

### (3) 체납자에 대한 공매통지의 처분성

□ 국세징수법이 압류재산을 공매할 때에 공고와 별도로 체납자 등에게 공매통지를 하도록 한 이유는, 체납자 등으로 하여금 공매절차가 유효한 조세부과처분 및 압류처분에 근거하여 적법하게 이루어지는지 여부를 확인하고 이를 다툴 수 있는 기회를 주는 한편, 국세징수법이 정한 바에 따라 체납세액을 납부하고 공매절차를 중지 또는 취소시켜 소유권 또는 기타의 권리를 보존할 수 있는 기회를 갖도록 함으로써 체납자 등이 감수하여야 하는 강제적인 재산권 상실에 대응한 절차적인 적법성을 확보하기 위한 것으로 보아야 하고, 따라서 체납자 등에 대한 공매통지는 국가의 강제력에 의하여 진행되는 공매에서 체납자 등의 권리 내지 재산상의 이익을 보호하기 위하여 법률로 규정한 절차적 요건이라고 보아야 하며, 공매처분을 하면서 체납자 등에게 공매통지를 하지 않았거나 공매통지를 하였더라도 그것이 적법하지 아니한 경우에는 절차상의 흠이 있어 그 공매처분이 위법하게 되는 것이지만, 공매통지 자체가 그 상대방인 체납자 등의 법적 지위나 권리·의무에 직접적인 영향을 주는 행정처분에 해당한다고 할 것은 아니므로 다른 특별한 사정이 없는 한 체납자 등은 공매통지의 결여나 위법을 들어 공매처분의 취소 등을 구할 수 있는 것이지 공매통지 자체를 항고소송의 대상으로 삼아 그 취소 등을 구할 수는

**없다**(대판 2011. 3. 24, 2010두25527).

[평설] 종전의 판례는 공매통지는 공매의 요건이 아니라 공매사실 자체를 체납자 등에게 알려주는 데 불과한 것이라는 취지로 판시하였으나(대판 1971. 2. 23, 70누161; 대판 1996. 9. 6, 95누12026), 이 판례에서는 공매통지를 공매의 절차적 요건으로 보았지만 독립의 처분으로는 보지 아니하였다.

## III. 강제금

### 1. 강제금의 의의

□ 구 건축법(2014. 5. 28. 법률 제12701호로 개정되기 전의 것, 이하 같다) 제79조 제1항, 제80조 제1항, 제2항, 제4항 본문, 제5항의 내용, 체계 및 취지 등을 종합하면, 구 건축법상 이행강제금은 시정명령의 불이행이라는 과거의 위반행위에 대한 제재가 아니라, 시정명령을 이행하지 않고 있는 건축주·공사시공자·현장관리인·소유자·관리자 또는 점유자(이하 '건축주 등'이라 한다)에 대하여 다시 상당한 이행기한을 부여하고 기한 안에 시정명령을 이행하지 않으면 이행강제금이 부과된다는 사실을 고지함으로써 의무자에게 심리적 압박을 주어 시정명령에 따른 의무의 이행을 간접적으로 강제하는 행정상의 간접강제 수단에 해당한다(대판 2016. 7. 14, 2015두46598; 대판 2015. 6. 24, 2011두2170).

[평설] 강제금의 개념을 정의하는 일반법은 없다. 학설이나 판례는 건축법 등 여러 법률에서 나타나는 강제금 제도를 통합적으로 정리하여 정의하고 있다. 강제금은 위반에 대한 처벌수단이 아니라, 불이행에 대하여 의무의 강제실현을 위한 수단이라는 취지의 판례이다.

### 2. 강제금과 과태료·형벌과의 병과

□ 건축법 제78조에 의한 무허가 건축행위에 대한 형사처벌과 건축법 제83조 제1항에 의한 시정명령 위반에 대한 이행강제금의 부과는 그 처벌 내지 제재대상이 되는 기본적 사실관계로서의 행위를 달리하며, 또한 그 보호법익과 목적에서도 차이가 있으므로 헌법 제13조 제1항이 금지하는 이중처벌에 해당한다고 할 수 없다(헌재 2004. 2. 26, 2001헌바80등, 2002헌바26(병합); 헌재 2011. 10. 25, 2009헌바140).

## 3. 이행강제금의 적용영역

□ 전통적으로 행정대집행은 대체적 작위의무에 대한 강제집행수단으로, 이행강제금은 부작위의무나 비대체적 작위의무에 대한 강제집행수단으로 이해되어 왔으나, 이는 이행강제금제도의 본질에서 오는 제약은 아니며, **이행강제금은 대체적 작위의무의 위반에 대하여도 부과될 수 있다**(헌재 2004. 2. 26, 2001헌바80등, 2002헌바26(병합)).

[평설] 대체적 작위의무위반의 경우, 일반적으로 대집행이 효과적인 실효성확보수단이므로 이행강제금부과가 가능한지에 관해 견해가 나뉜다. 대체적 작위의무 위반이 있음에도 대집행의 실행이 부적절한 경우(예를 들어 대집행을 실행함이 공익침해인 경우)에는 이행강제금제도가 사용될 수 있다고 볼 것이다. 판례의 견해가 타당하다.

## 4. 이행강제금의 일신전속성

□ 구 건축법상의 이행강제금은 구 건축법의 위반행위에 대하여 시정명령을 받은 후 시정기간 내에 당해 시정명령을 이행하지 아니한 건축주 등에 대하여 부과되는 간접강제의 일종으로서 그 이행강제금 납부의무는 상속인 기타의 사람에게 승계될 수 없는 일신전속적인 성질의 것이므로 이미 **사망한 사람에게 이행강제금을 부과하는 내용의 처분이나 결정은 당연무효**이고, 이행강제금을 부과받은 사람의 이의에 의하여 비송사건절차법에 의한 재판절차가 개시된 후에 그 이의한 사람이 사망한 때에는 사건 자체가 목적을 잃고 절차가 종료한다(대결 2006. 12. 8, 2006마470).

## 5. 이행명령 이행 후 새로운 강제금부과의 가부

□ 국토의 계획 및 이용에 관한 법률 제124조의2 제5항이 이행명령을 받은 자가 그 명령을 이행하는 경우에 새로운 이행강제금의 부과를 즉시 중지하도록 규정한 것은 이행강제금의 본질상 이행강제금 부과로 이행을 확보하고자 한 목적이 이미 실현된 경우에는 그 이행강제금을 부과할 수 없다는 취지를 규정한 것으로서, 이에 의하여 부과가 중지되는 '새로운 이행강제금'에는 국토계획법 제124조의2 제3항의 규정에 의하여 반복 부과되는 이행강제금뿐만 아니라 이행명령 불이행에 따른 최초의 이행강제금도 포함된다. 따라서 이행명령을 받은 의무자가 그 명령을 이행한 경우에는 이행명령에서 정한 기간을 지나서 이행한 경우라도 최초의 이행강제금

을 부과할 수 없다(대판 2014. 12. 11, 2013두15750).

[평설] 건축법상 시정명령을 받은 자가 이를 이행하면 새로운 이행강제금의 부과를 즉시 중지하되(판례는 최초의 이행강제금도 부과할 수 없다는 입장이다), 이미 부과된 이행강제금은 징수하여야 한다(건축법 제80조 제6항)는 취지의 판례이다.

## 6. 이행강제금 납부의 최초 독촉의 처분성
□ 구 건축법 제69조의2 제6항, 지방세법 제28조, 제82조, 국세징수법 제23조의 각 규정에 의하면, 이행강제금 부과처분을 받은 자가 이행강제금을 기한 내에 납부하지 아니한 때에는 그 납부를 독촉할 수 있으며, 납부독촉에도 불구하고 이행강제금을 납부하지 않으면 체납절차에 의하여 이행강제금을 징수할 수 있고, 이때 이행강제금 납부의 최초 독촉은 징수처분으로서 항고소송의 대상이 되는 행정처분이 될 수 있다(대판 2009. 12. 24, 2009두14507).

## [34] 행정상 즉시강제(경찰관직무집행법)
### 1. 행정상 즉시강제의 의의
□ 행정상 즉시강제란 행정강제의 일종으로서 목전의 급박한 행정상 장해를 제거할 필요가 있는 경우에, 미리 의무를 명할 시간적 여유가 없을 때 또는 그 성질상 의무를 명하여 가지고는 목적달성이 곤란할 때에, 직접 국민의 신체 또는 재산에 실력을 가하여 행정상 필요한 상태를 실현하는 작용이며, 법령 또는 행정처분에 의한 선행의 구체적 의무의 존재와 그 불이행을 전제로 하는 행정상 강제집행과 구별된다(헌재 2002. 10. 31, 2000헌가12).

### 2. 즉시강제와 영장제도
① 사전영장주의는 인신보호를 위한 헌법상의 기속원리이기 때문에 인신의 자유를 제한하는 모든 국가작용의 영역에서 존중되어야 하지만, 헌법 제12조 제3항 단서도 사전영장주의의 예외를 인정하고 있는 것처럼 사전영장주의를 고수하다가는 도저히 행정목적을 달성할 수 없는 지극히 예외적인 경우에는 형사절차에서와 같은 예외가 인정되므로, 구 사회안전법(1989. 6. 16. 법률 제4132호에 의해 '보안관찰법'이란 명칭으로 전문 개정되기 전의 것) 제11조 소정의 동행보호규정은 재범의 위험성이 현저한 자를 상대로 긴급히 보호할 필요가 있는 경우에 한하여 단기간의 동

행보호를 허용한 것으로서 그 요건을 엄격히 해석하는 한, 동 규정 자체가 사전 영장주의를 규정한 헌법규정에 반한다고 볼 수는 없다(대판 1997. 6. 13, 96다 56115).

② 영장주의가 행정상 즉시강제에도 적용되는지에 관하여는 논란이 있으나, **행 정상 즉시강제는 상대방의 임의이행을 기다릴 시간적 여유가 없을 때 하명 없 이 바로 실력을 행사하는 것으로서, 그 본질상 급박성을 요건으로 하고 있어 법 관의 영장을 기다려서는 그 목적을 달성할 수 없다고 할 것이므로, 원칙적으로 영장주의가 적용되지 않는다고 보아야 할 것이다. 만일 어떤 법률조항이 영장주 의를 배제할 만한 합리적인 이유가 없을 정도로 급박성이 인정되지 아니함에 도 행정상 즉시강제를 인정하고 있다면, 이러한 법률조항은 이미 그 자체로 과잉 금지의 원칙에 위반되는 것으로서 위헌이라고 할 것이다(헌재 2002. 10. 31, 2000 헌가12).

[평설] 헌법은 제12조에서 신체의 **구속 등에 영장이 필요함을**, 제16조에서 **주거의 수 색 등의 경우에 영장이 필요함을** 규정하고 있다. 그러나 헌법은 **행정작용의 경우에는** 명시적으로 표현하는 바가 없다. 학설은 **영장필요설**(영장제도는 형사작용인가 행정작용인 가를 불문하고 적용된다는 견해), **영장불요설**(헌법상의 영장제도는 형사작용에만 적용되는 것 이지 행정작용에는 적용이 없다는 견해), **절충설**(원칙적으로 영장필요설에 입각하면서도 행정 목적의 달성을 위해 불가피하다고 인정할 만한 특별한 사유가 있는 경우에는 사전영장주의의 적용을 받지 않는다는 견해)로 나뉜다. 절충설이 보다 타당하다. 한편, 즉시강제가 형사 책임의 추궁과 관련을 갖는 것으로서, 침해가 계속되거나 개인의 신체·재산·가택에 중대한 침해를 가할 수도 있는 경우에는 반드시 **사후에라도 영장을 요한다**고 볼 것이 다(조처법 제9조 제2항 참조). 다만, 행정상 즉시강제수단 중 경찰관직무집행법상 보호조 치·위험발생방지 등 표준처분은 **영장주의의 예외**, 즉 영장없이 이루어지는 강제처분 이라 할 것이다.

# 제 3 절   행정조사 및 기타 수단

## [35] 행정조사(조사법)

### 1. 행정조사의 법적 근거

□ 행정조사기본법 제5조 단서에서 정한 '조사대상자의 자발적인 협조를 얻어 실시하는 행정조사'는 개별 법령 등에서 행정조사를 규정하고 있는 경우에도 실시할 수 있다(대판 2016. 10. 27, 2016두41811).

[평설] 행정조사기본법상 행정기관은 법령등에서 행정조사를 규정하고 있는 경우에 한하여 행정조사를 실시할 수 있다. 다만, 조사대상자의 자발적인 협조를 얻어 실시하는 행정조사의 경우에는 그러하지 아니하다(조사법 제5조). 따라서 특정의 조사대상자(행정조사의 대상이 되는 법인·단체 또는 그 기관이나 개인, 조사법 제2조 제3호)를 대상으로 하는 행정조사의 경우에는 조사대상자의 협조가 없는 한 법률의 근거 없이 행정조사를 할 수는 없다.

### 2. 행정조사의 실체법상 한계

□ 같은 세목 및 과세기간에 대한 거듭된 세무조사는 납세자의 영업의 자유나 법적 안정성 등을 심각하게 침해할 뿐만 아니라 세무조사권의 남용으로 이어질 우려가 있으므로 조세공평의 원칙에 현저히 반하는 예외적인 경우를 제외하고는 금지될 필요가 있다(대판 2017. 3. 16, 2014두8360).

[평설] 행정조사는 조사목적을 달성하는데 필요한 최소한의 범위 안에서 실시하여야 하며, 다른 목적 등을 위하여 조사권을 남용하여서는 아니 된다(조사법 제4조 제1항).

## QR 31. 행정조사의 실체법상 한계에 관한 판례 모음   ☞   QR코드

### 3. 행정조사의 절차법상 한계(영장주의와의 관계)

□ 세관공무원이 밀수품을 싣고 왔다는 정보에 의하여 정박중인 선박에 대하여 수색을 하려면 선박의 소유자 또는 점유자의 승낙을 얻거나 법관의 압수 수색영장을 발부받거나 또는 관세법 제212조 1항 후단에 의하여 긴급을 요하는 경우에

한하여 수색압수를 하고 사후에 영장의 교부를 받아야 할 것이다(대판 1976. 11. 9, 76 도2703).

[평설] 행정조사에 영장주의가 적용될 것인가의 문제가 있다. 행정상 즉시강제의 경우와 마찬가지로 영장필요설(적극설)·영장불요설(소극설)·절충설이 있으나, 절충설이 지배적인 견해이고 판례의 입장이다.

## 4. 강제조사의 수인의무

□ 세무조사는 국가의 과세권을 실현하기 위한 행정조사의 일종으로서 국세의 과세표준과 세액을 결정 또는 경정하기 위하여 질문을 하고 장부·서류 그 밖의 물건을 검사·조사하거나 그 제출을 명하는 일체의 행위를 말하며, 부과처분을 위한 과세관청의 **질문조사권**이 행하여지는 세무조사의 경우 납세자 또는 그 납세자와 거래가 있다고 인정되는 자 등(이하 '납세자 등'이라 한다)은 세무공무원의 과세자료 수집을 위한 **질문**에 대답하고 **검사를 수인하여야 할 법적 의무**를 부담한다(대판 2017. 3. 16, 2014두8360).

## 5. 위법한 행정조사에 기초한 처분

① (동대문세무서장의 양도소득세부과처분에 대하여 중복세무조사의 위법을 이유로 취소를 구한 사건에서) 국세기본법은 재조사가 예외적으로 허용되는 경우를 엄격히 제한하고 있는바, 그와 같이 한정적으로 열거된 요건을 갖추지 못한 경우 같은 세목 및 같은 과세기간에 대한 재조사는 원칙적으로 금지되고, 나아가 이러한 중복세무조사금지의 원칙을 위반한 때에는 과세처분의 효력을 부정하는 방법으로 통제할 수밖에 없는 중대한 절차적 하자가 존재한다고 보아야 한다. 이러한 관련 규정들의 문언과 체계, 재조사를 엄격하게 제한하는 입법취지, 그 위반의 효과 등을 종합하여 보면, 구 국세기본법(2014. 12. 23. 법률 제12848호로 개정되기 전의 것, 이하 같다) 제81조의4 제2항에 따라 금지되는 재조사에 기하여 과세처분을 하는 것은 단순히 당초 과세처분의 오류를 경정하는 경우에 불과하다는 등의 특별한 사정이 없는 한 그 자체로 위법하고, 이는 과세관청이 그러한 재조사로 얻은 과세자료를 과세처분의 근거로 삼지 않았다거나 이를 배제하고서도 동일한 과세처분이 가능한 경우라고 하여 달리 볼 것은 아니다(대판 2017. 12. 13, 2016두55421).

② 국세기본법은 제81조의4 제1항에서 "세무공무원은 적정하고 공평한 과세를

실현하기 위하여 필요한 최소한의 범위에서 세무조사를 하여야 하며, 다른 목적 등을 위하여 조사권을 남용해서는 아니 된다."라고 규정하고 있다. 이 조항은 세무조사의 적법 요건으로 객관적 필요성, 최소성, 권한 남용의 금지 등을 규정하고 있는데, 이는 법치국가원리를 조세절차법의 영역에서도 관철하기 위한 것으로서 그 자체로서 구체적인 법규적 효력을 가진다. 따라서 세무조사가 과세자료의 수집 또는 신고내용의 정확성 검증이라는 본연의 목적이 아니라 **부정한 목적을 위하여 행하여진 것이라면 이는 세무조사에 중대한 위법사유가 있는 경우에 해당하고 이러한 세무조사에 의하여 수집된 과세자료를 기초로 한 과세처분 역시 위법하다**(대판 2016. 12. 15, 2016두47659).

③ 원심은 그 채용 증거에 의하여, 피고는 1998. 11.경 원고의 부동산 임대사업과 관련한 부가가치세의 탈루 여부에 대하여 세무조사를 벌인 결과, 임대수입을 일부 누락한 사실 등을 밝혀내고 그 세무조사 결과에 따라 같은 해 12.경 부가가치세 증액경정처분을 한 사실, 그런데 서울지방국세청장은 1999. 11.경 원고의 개인제세 전반에 관하여 특별세무조사를 한다는 명목으로 이미 부가가치세 경정조사가 이루어진 과세기간에 대하여 다시 임대수입의 누락 여부, 매입세액의 부당공제 여부 등에 관하여 조사를 하였고, 피고는 그 세무조사 결과에 따라 부가가치세액을 증액하는 이 사건 재경정처분을 한 사실 등을 인정한 다음, 이 사건 부가가치세부과처분은 이미 피고가 1998. 11.경에 한 세무조사(부가가치세 경정조사)와 같은 세목 및 같은 과세기간에 대하여 **중복하여 실시한 서울지방국세청장의 위법한 중복조사에 기초하여 이루어진 것이므로 위법하다고** 판단하였다. 원심의 이러한 인정과 판단은 정당하다(대판 2006. 6. 2, 2004두12070).

[평설] 학설은 ① 행정조사로 수집된 정보가 정당한 것이 아님에도 그에 기초한 행정행위가 발령되었다면 이는 **사실의 기초에 흠이 있는 행정행위**가 된다는 견해, ② 적법절차의 관점에서 행정조사에 중대한 위법사유가 있다면 행정행위도 위법하다는 견해, ③ 행정조사에 의해 수집된 정보가 행정결정을 위한 정보수집을 위한 것이라면 행정조사의 하자는 **행정결정의 절차상의 하자**라는 견해 등이 있다. 학설은 표현상 다소 차이가 있으나, 대체로 위법한 행정조사에 기초한 행정결정은 위법하다고 본다. 판례도 같은 견해로 이해된다.

## [36] 기타 실효성확보수단

## Ⅰ. 금전상 제재

### 1. 과징금(부과금)

#### (1) 성질(형사벌과의 구별)

① 행정권에는 행정목적 실현을 위하여 행정법규 위반자에 대한 제재의 권한도 포함되어 있으므로, '제재를 통한 억지'는 행정규제의 본원적 기능이라 볼 수 있는 것이고, 따라서 어떤 행정제재의 기능이 오로지 제재(및 이에 결부된 억지)에 있다고 하여 이를 헌법 제13조 제1항에서 말하는 국가형벌권의 행사로서의 '처벌'에 해당한다고 할 수 없는바, 구 **독점규제및공정거래에관한법률** 제24조의2에 의한 **부당내부거래에 대한 과징금**은 그 취지와 기능, 부과의 주체와 절차 등을 종합할 때 부당내부거래 억지라는 행정목적을 실현하기 위하여 그 위반행위에 대하여 **제재를 가하는 행정상의 제재금으로서의 기본적 성격에 부당이득환수적 요소도 부가**되어 있는 것이라 할 것이고, 이를 두고 헌법 제13조 제1항에서 금지하는 **국가형벌권 행사로서의 '처벌'에 해당한다고는 할 수 없다**(헌재 2003. 7. 24, 2001헌가25).
② 공정거래법 제22조에 의한 과징금은 법 위반행위에 따르는 **불법적인 경제적 이익을 박탈하기 위한 부당이득환수의 성격과 함께 위법행위에 대한 제재로서의 성격**을 가지는 것이다(대판 2017. 4. 27, 2016두33360).

#### (2) 제도의 취지

□ 입찰담합에 의한 부당한 공동행위에 대하여 독점규제 및 공정거래에 관한 법률에 따라 부과되는 과징금은 담합행위의 억지라는 행정목적을 실현하기 위한 **제재적 성격과 불법적인 경제적 이익을 박탈하기 위한 성격을 함께 갖는 것으로서** 피해자에 대한 손해의 전보를 목적으로 하는 **불법행위로 인한 손해배상책임과는 그 성격이 전혀 다르므로**, 국가가 입찰담합에 의한 불법행위의 피해자인 경우 가해자에게 입찰담합에 의한 부당한 공동행위에 대하여 과징금을 부과하여 이를 가해자로부터 납부받은 사정이 있다 하더라도 이를 가리켜 손익상계의 대상이 되는 이익을 취득하였다고 할 수 없다(대판 2011. 7. 28, 2010다18850; 대판 2004. 3. 12, 2001두7220).

#### (3) 독점규제 및 공정거래에 관한 법률상 과징금제도의 위헌 여부

□ 법관에게 과징금에 관한 결정권한을 부여한다든지, 과징금 부과절차에 있어

사법적 요소들을 강화한다든지 하면 법치주의적 자유보장이라는 점에서 장점이 있겠으나, **공정거래법에서 행정기관인 공정거래위원회로 하여금 과징금을 부과하여 제재할 수 있도록 한 것은** 부당내부거래를 비롯한 다양한 불공정 경제행위가 시장에 미치는 부정적 효과 등에 관한 사실수집과 평가는 이에 대한 전문적 지식과 경험을 갖춘 기관이 담당하는 것이 보다 바람직하다는 정책적 결단에 입각한 것이라 할 것이고, 과징금의 부과 여부 및 그 액수의 결정권자인 위원회는 합의제 행정기관으로서 그 구성에 있어 일정한 정도의 독립성이 보장되어 있고, 과징금 부과절차에서는 통지, 의견진술의 기회 부여 등을 통하여 당사자의 절차적 참여권을 인정하고 있으며, 행정소송을 통한 사법적 사후심사가 보장되어 있으므로, 이러한 점들을 종합적으로 고려할 때 과징금 부과절차에 있어 **적법절차원칙에 위반되거나 사법권을 법원에 둔 권력분립의 원칙에 위반된다고 볼 수 없다**(헌재 2003. 7. 24, 2001헌가25).

## (4) 형벌과 병과

① 헌법 제13조 제1항은 '이중처벌금지원칙'을 규정하고 있는데, 헌법 제13조 제1항에서 말하는 '처벌'은 원칙적으로 범죄에 대하여 국가가 형벌권을 실행하는 과벌을 의미하는 것이므로, 국가가 행하는 일체의 **제재나 불이익 처분을 모두 그 '처벌'에 포함시킬 수는 없는 것이다**(헌재 2012. 4. 24, 2011헌바62).

② 공정거래법에서 형사처벌과 아울러 과징금의 병과를 예정하고 있더라도 **이중처벌금지원칙에 위반된다고 볼 수 없으며**, 이 과징금 부과처분에 대하여 공정력과 집행력을 인정한다고 하여 이를 확정판결 전의 형벌집행과 같은 것으로 보아 무죄추정의 원칙에 위반된다고도 할 수 없다(헌재 2003. 7. 24, 2001헌가25).

[평설] 헌법 제13조 제1항(모든 국민은 … 동일한 범죄에 대하여 거듭 처벌받지 아니한다)의 처벌의 의미에 대하여 **형식설**(형사처벌만 헌법 제13조 제1항 제2문의 처벌에 해당한다는 견해. 이 견해에 따르면 과징금, 과태료, 보안처분, 보호처분, 신상공개처분은 처벌에 해당하지 아니한다)과 **실질설**(처벌과 다른 법적 형식을 취하고 있다고 하여도 본질적으로 형사처벌에 해당하면, 헌법 제13조 제1항 제2문의 처벌로 보는 견해)이 있다. **독일**과 같은 명시적 규정(독일기본법 제103조 ③ 누구든지 동일한 행위로 인하여 일반형법에 근거하여 거듭 처벌되지 아니한다)은 없지만, 헌법 제13조 제1항 제2문의 처벌은 형사벌만을 의미하는 것으로 볼 것이다. 형사벌과 과징금은 목적을 달리하므로 양자의 병과는 가능하다고 볼 것이고,

판례도 같은 견해로 이해된다.

## (5) 회사 분할과 과징금

□ 회사 분할 시 신설회사 또는 존속회사가 승계하는 것은 분할하는 회사의 권리와 의무이고, 분할하는 회사의 분할 전 법 위반행위를 이유로 과징금이 부과되기 전까지는 단순한 사실행위만 존재할 뿐 과징금과 관련하여 분할하는 회사에 승계 대상이 되는 어떠한 의무가 있다고 할 수 없으므로, **특별한 규정이 없는한 신설회사에 대하여 분할하는 회사의 분할 전 법 위반행위를 이유로 과징금을 부과하는 것은 허용되지 않는다**(대판 2011. 5. 26, 2008두18335).

[평설] 이 사건에서 판례는 "원고(주식회사 엘지화학)가 2001. 4. 3. 분할 전 주식회사 엘지화학으로부터 석유화학 부문 등이 분할되어 신설되었으므로 그 전인 2001. 4. 2.까지의 위반행위 부분을 이 사건 과징금 산정의 기준이 되는 위반행위기간에 포함시킨 것은 분할 전 주식회사 엘지화학의 위반행위를 이유로 신설회사인 원고에게 과징금을 부과한 것이 되어 위법하다"고 하였다. 회사 분할이 오로지 과징금 부과를 막기 위한 목적으로 활용되는 경우에는 과징금부과가 적법할 수도 있을 것이다.

## 2. 가산세

### (1) 의의

□ 법인세법상 가산세는 과세의 적정을 기하기 위하여 납세의무자인 법인으로하여금 성실한 과세표준의 신고 및 세액의 납부의 의무를 부과하면서 그 확보책으로 그 **의무이행을 게을리하였을 경우에 가해지는** 일종의 **행정상의 제재라고 할것이다**(대판 2011. 2. 10, 2008두2330; 대판 2002. 11. 13, 2001두1918; 대법원 2003. 9. 5, 2001두403; 헌재 2014. 5. 29, 2012헌바28).

[평설] 세법은 가산세를 '세법에서 규정하는 의무의 성실한 이행을 확보하기 위하여 세법에 따라 산출한 세액에 가산하여 징수하는 금액'이라 정의하고 있다(국세법 제2조 제4호; 지기법 제1조 제1항 제23호).

### (2) 부과의 정도(비례원칙)

□ 의무위반의 정도와 부과되는 제재 사이에는 적정한 비례관계가 유지되어야 하므

로, 조세의 형식으로 부과되는 금전적 제재인 가산세도 의무위반의 정도에 비례하여야 한다(헌재 2014. 5. 29, 2012헌바28; 헌재 2005. 2. 24, 2004헌바26).

(3) 형법총칙 적용 여부

① 가산세는 그 본질상 세법상 의무불이행에 대한 행정상의 제재로서의 성격을 지님과 동시에 조세의 형식으로 과징되는 부가세적 성격을 지니기 때문에 형법총칙의 규정이 적용될 수 없고, 따라서 행위자의 고의 또는 과실, 책임능력, 책임조건 등을 고려하지 아니하고 가산세 과세요건의 충족 여부만을 확인하여 조세의 부과절차에 따라 과징하게 된다(헌재 2015. 2. 26, 2012헌바355).

② 가산세는 과세권의 행사와 조세채권의 실현을 용이하게 하기 위하여 납세의무자가 법에 규정된 신고, 납세 등 각종 의무를 위반한 경우에 법이 정하는 바에 따라 부과하는 행정적 제재로서, 정당한 사유가 있는 때에는 이를 부과하지 않는다(국세기본법 제48조 제1항). 따라서 단순한 법률의 부지나 오해의 범위를 넘어 세법 해석상 견해가 대립하는 등으로 납세의무자가 그 의무를 알지 못한 것에 책임을 귀속시킬 수 없는 합리적인 이유가 있을 때 또는 그 의무의 이행을 당사자에게 기대하기 어려운 사정이 있을 때 등 그 의무를 게을리한 점을 비난할 수 없는 정당한 사유가 있는 경우에는 가산세를 부과할 수 없다(대판 2017. 7. 11, 2017두36885; 대판 2017. 7. 11, 2017두36885; 대판 2016. 10. 27, 2016두44711; 대판 2011. 2. 10, 2008두2330; 대판 1996. 2. 9, 95누3596; 대판 1993. 6. 8, 93누6744; 헌재 2005. 2. 24, 2004헌바26; 헌재 2002. 8. 23, 2002두66).

[평설] ①과 ②는 모두 가산세 과세요건에 관한 것이다. 말하자면 가산세 부과에 고의·과실을 요하지 않는다고 하여도, 달리 말하면 가산세 과세요건이 충족되면 무제한적으로 가산세를 부과할 수 있는 것은 아니라는 취지의 판례이다. 판례의 확립된 견해이다.

## 3. 가산금

(1) 가산금의 의의

□ 가산금이라 함은 국세를 납부기한까지 납부하지 아니한 때에 국세징수법에 의하여 고지세액에 가산하여 징수하는 금원을 말하고 이러한 가산금은 부과된 국세채권의 이행을 독촉하는 수수료의 성질을 띤 금원이다(대판 1986. 9. 9, 86누76).

참고☞ 국세징수법 제21조(가산금) ① 국세를 납부기한까지 완납하지 아니하였을 때에는 그 납부기한이 지난 날부터 체납된 국세의 100분의 3에 상당하는 **가산금**을 징수한다.

### (2) 가산금의 성격

□ 국유재산 등의 관리청이 하는 행정재산의 사용·수익 허가에 따른 사용료에 대하여는 국유재산법 제25조 제3항의 규정에 의하여 국세징수법 제21조, 제22조가 규정한 가산금과 중가산금을 징수할 수 있다 할 것이고, 위 가산금과 중가산금은 위 사용료가 납부기한까지 납부되지 않은 경우 미납분에 관한 지연이자의 의미로 부과되는 **부대세의 일종**이다(대판 2006. 3. 9, 2004다31074; 대판 1990. 5. 8, 90누1168).

### (3) 가산금 발생원인

□ 국세징수법 제21조가 규정하는 가산금은 국세가 납부기한까지 납부되지 않는 경우, 미납분에 관한 지연이자의 의미로 부과되는 부대세의 일종으로서 과세권자의 가산금확정절차없이 국세를 납부기한까지 납부하지 아니하면 위 **법규정**에 의하여 가산금이 당연히 발생하고 그 액수도 확정된다고 할 것이다(대판 1990. 5. 8, 90누1168).

[**평설**] 가산금은 세무서장의 의사표시가 아니라 기간(납부기한)의 경과로 당연히 발생한다는 취지의 판례이다. 말하자면 가산금의 발생원인은 공법상 용태가 아니라 사건에 해당한다.

### (4) 가산금 징수와 불복

□ … 다만 그에 관한 징수절차를 개시하려면 독촉장에 의하여 그 납부를 독촉함으로써 가능한 것이고 그 가산금납부독촉이 부당하거나 그 절차에 하자가 있는 경우에는 그 징수처분에 대하여 **취소소송**에 의한 불복이 가능할 뿐이라 할 것이다(대판 1990. 5. 8, 90누1168; 대판 1990. 5. 8, 90누1168; 대판 1993. 10. 8, 93누10521; 대판 1996. 4. 26, 96누1627).

## Ⅱ. 제재적 행정처분(관허사업의 제한)

### 1. 성질(형사벌과의 구별)

□ 일정한 법규위반사실이 행정처분의 전제사실이 되는 한편 이와 동시에 형사법규의 위반사실이 되는 경우에 **행정처분과 형벌은 각기 그 권력적 기초, 대상, 목적을 달리하고 있으므로** 동일한 행위에 관하여 독립적으로 행정처분이나 형벌을 과하거나 이를 **병과할 수 있는 것**이다(대판 1986. 7. 8, 85누1002).

### 2. 고의 · 과실의 요부(형법총칙 적용 여부)

□ 행정법규 위반에 대하여 가하는 제재조치는 행정목적의 달성을 위하여 행정법규 위반이라는 객관적 사실에 착안하여 가하는 제재이므로 위반자의 고의 · 과실이 있어야만 하는 것은 아니나, 그렇다고 하여 위반자의 의무 해태를 탓할 수 없는 정당한 사유가 있는 경우까지 부과할 수 있는 것은 아니다(대판 2014. 12. 24, 2010두6700; 대판 2017. 5. 11, 2014두8773; 대판 2014. 10. 15, 2013두5005; 대판 2012. 5. 10, 2012두1297; 대판 2003. 9. 2, 2002두5177; 대판 2000. 5. 26, 98두5972; 대판 1976. 9. 14, 75누255).

[평설] 제재적 행정처분에 위반자의 고의 · 과실을 요하지 않는다고 하여도, 요건이 충족되면 무제한적으로 제재적 행정처분할 수 있는 것은 아니라는 취지의 판례이다. 판례의 확립된 견해이다.

### 3. 처분의 상대방(현실적인 행위자가 아닌 법령상 책임자에 대한 제재의 가부)

□ 행정법규 위반에 대한 제재조치는 행정목적의 달성을 위하여 행정법규 위반이라는 객관적 사실에 착안하여 가하는 제재이므로, **반드시 현실적인 행위자가 아니라도 법령상 책임자로 규정된 자**에게 부과될 수 있다(대판 2017. 5. 11, 2014두8773).

[평설] 엠메이드대부 유한회사가 직원의 대부업법위반으로 6개월간의 영업전부정지 처분을 받자 처분청 서울특별시 광진구청장을 피고로 하여 영업정지처분의 취소를 구한 엠메이드대부 유한회사 영업전부정지사건에서의 판시사항이다. 대판 2012. 5. 10, 2012두1297에서도 "공중위생영업자인 원고(호텔경영법인)가 호텔 내에서 성매매가 이루어지는 것을 방지하여야 할 의무를 위반하였고 원고에게 그 의무위반을 탓할 수 없는 정당한 사유가 있다고 보기 어렵다고 하면서, 피고(서울특별시 강남구청장)가 원고의

종업원 등의 구 성매매알선 등 행위의 처벌에 관한 법률(2011. 5. 23. 법률 제10697호로 개정되기 전의 것, 이하 '구 성매매알선법'이라 한다) 제19조 위반 행위를 이유로 원고에게 영업정지처분을 한 것을 적법하다고 보았다.

## 4. 대상 사업의 범위

□ 구 국세징수법 제23조 소정의 관허 사업은 널리 허가, 인가, 면허 등을 얻어 경영하는 사업 모두가 포함된다고 해석함이 타당하다 할 것이므로 건설업면허를 받아 건설사업을 경영하는 자도 위 동법 제23조 소정의 관허사업을 경영하는 자에 해당한다고 할 것이다(대판 1976. 4. 27, 74누284).

## 5. 형벌과 병과

□ 운전면허 취소처분은 형법상에 규정된 형(刑)이 아니고, 그 절차도 일반 형사소송절차와는 다를 뿐만 아니라, 주취 중 운전금지라는 행정상 의무의 존재를 전제하면서 그 이행을 확보하기 위해 마련된 수단이라는 점에서 형벌과는 다른 목적과 기능을 가지고 있다고 할 것이다. 따라서 운전면허 취소처분을 이중처벌금지 원칙에서 말하는 "처벌"로 보기 힘들다(헌재 2010. 3. 25, 2009헌바83 전원재판부).

[평설] 제재적 행정처분(관허사업의 제한)과 형사벌은 목적을 달리하므로 양자의 병과는 가능하다고 볼 것이다. 판례의 견해도 같다.

## 6. 법규위반이 행정처분 요건이자 형사법규 위반인 경우, 형사소추 원칙의 적용여부

□ 행정처분과 형벌은 각각 그 권력적 기초, 대상, 목적이 다르다. … 병과할 수 있다. … 법규가 예외적으로 형사소추 선행 원칙을 규정하고 있지 않은 이상 형사판결 확정에 앞서 일정한 위반사실을 들어 행정처분을 하였다고 하여 절차적 위반이 있다고 할 수 없다(대판 2017. 6. 19, 2015두59808).

## Ⅲ. 공급거부

□ 당초 허가받은 건축물의 용도를 변경하여 그 허가받은 용도 이외의 다른 용도로 사용하는 것이 건축법 제48조에서 말하는 건축물의 건축에 해당하는 이상 이는 같은법 제42조 제1항 제1호에서 정한 이 법 또는 이 법에 의하여 발하는 명령이나 처분에 위반하여 건축물의 건축을 한 경우에 해당된다 할 것이고, 한

편 같은법 제42조 제3항의 규정에 의하면 제1항 제1호에 해당하는 건축물에 대하여는 수도를 설치하거나 공급하여서는 아니되므로, 위와 같은 요건에 해당하는 이상, 피고가 한 이 사건 단수처분은 적법하다 할 것이고, 용도변경 면적이 건물의 일부에 불과하고 토산품을 취급하지 아니하면 근린생활시설에 해당되는 사정이 있다 한들 그러한 사정을 가지고서는 피고의 단수처분이 재량권을 남용한 것이라고도 할 수 없다(대판 1985. 12. 24, 84누598).

**[평설]** 공급거부로서 단수처분을 처분으로 본 판례이다. 공급거부에 관한 규정의 예로 구 건축법에서 수도의 설치·공급금지에 관한 규정을 볼 수 있었다. **현재로서 공급거부에 관한 규정은 찾아보기 어렵다.**
▫ 구 건축법 제69조 ② 허가권자는 제1항의 규정에 의하여 허가 또는 승인이 취소된 건축물 또는 제1항의 규정에 의한 시정명령을 받고 이행하지 아니한 건축물에 대하여는 전기·전화·수도의 공급자, 도시가스사업자 또는 관계행정기관의 장에게 **전기·전화·수도 또는 도시가스공급시설의 설치 또는 공급의 중지를 요청할**…**수 있다.**

**참고**☞ 구 건축법상의 행정청이 다른 행정청(또는 공급자인 사인)에 대하여 한 단수 등의 공급거부요청행위가 항고소송의 대상인 처분에 해당되는가의 여부에 관해 견해가 나뉘었다. ① 일설은 단수 등의 조치를 요청받은 자는 특별한 이유가 없는 한 이에 응하여야 하고 이는 공급자나 특정인의 법률상 지위에 직접적인 변동을 가져오므로 항고소송의 대상인 처분에 해당된다고 하였다. ② 판례는 단수의 요청이나 단전화·단전기 요청은 권고적 성격에 불과하여 행정처분이 아니라고 하였다(대판 1996. 3. 22, 96누433). 그리고 구청장의 공급불가의 회신도 행정처분이 아니라고 하였다(대판 1995. 11. 21, 95누9099). ③ 사견으로, 다른 행정청(공급자)이 요청행위에 따르는 것은 법률규정에서 나오는 효과이지 요청행위에서 나오는 효과는 아니므로 요청행위는 법적 행위가 아니며 따라서 항고소송의 대상인 처분이 아니다.

## Ⅳ. 공표
### 1. 법적 근거
① 공정거래위원회는 구 독점규제및공정거래에관한법률 제24조 소정의 '법위반사실의 공표'부분이 위헌재정으로 효력을 상실하였다 하더라도 '기타 시정을 위하여 필요한 조치'로서 '법위반을 이유로 공정거래위원회로부터 시정명령을 받은

사실의 공표'명령을 할 수 있다(대판 2003. 2. 28, 2002두6170).

② 독점규제및공정거래에관한법률 제27조[공정거래법 제27조(시정조치) 공정거래위원회는 제26조(사업자단체의 금지행위)의 규정에 위반하는 행위가 있을 때에는 당해 사업자단체(필요한 경우 관련 구성사업자를 포함한다)에 대하여 당해 행위의 중지, 법위반사실의 공표 기타 시정을 위한 필요한 조치를 명할 수 있다] 중 "법위반사실의 공표" 부분은 헌법에 위반된다(헌재 2002. 1. 31, 2001헌바43).

[평설] 공표제도는 상대방에게 침익(예: 인격권·프라이버시권의 침해)을 가져오므로 헌법 제37조 제2항에 비추어 **법률의 근거를** 요한다. 명단 등의 공표에 관해 명시적으로 규정하는 **일반법은 없다.** 공표에 관한 규정들이 **단행법**에서는 발견된다(예: 식품법 제84조; 공직자윤리법 제8조의2; 독점규제 및 공정거래에 관한 법률 제21조, 제24조, 제31조; 하도급거래공정화에 관한 법률 제25조의4; 국세법 제85조의5; 지기법 제140조; 석유 및 대체연료사업법 제14조의2 등).

## 2. 프라이버시권과의 관계

□ 민주주의 국가에서는 여론의 자유로운 형성과 전달에 의하여 다수의견을 집약시켜 민주적 정치질서를 생성·유지시켜 나가는 것이므로 **표현의 자유,** 특히 공익사항에 대한 표현의 자유는 중요한 헌법상의 권리로서 최대한 보장을 받아야 하지만, 그에 못지않게 개인의 명예나 사생활의 자유와 비밀 등 사적 법익도 보호되어야 할 것이므로, **인격권으로서의 개인의 명예의 보호와** 표현의 자유의 보장이라는 두 법익이 **충돌하였을 때** 그 조정을 어떻게 할 것인지는 구체적인 경우에 사회적인 여러 가지 이익을 비교하여 표현의 자유로 얻어지는 이익, 가치와 인격권의 보호에 의하여 달성되는 가치를 형량하여 그 규제의 폭과 방법을 정하여야 한다(대판 1998. 7. 14, 96다17257).

[평설] 개인의 인권 내지 사적 비밀의 보호, 법률유보의 원칙 등과 관련하여 **명문의 규정 없이 이루어지는 공표제도의 적법성**이 문제되고 있다. 일반론으로 말한다면 개인의 프라이버시는 원칙적으로 보호되어야 하지만, 그렇다고 의무자의 의무위반이 중대한 경우에도 개인의 프라이버시가 반드시 보호되어야 한다고 보기는 어렵다. 양자는 조화되어야 한다.

## 3. 손해배상·정정공고

□ (피고 소비자보호원이) 일정한 행정목적 달성을 위하여 언론에 보도자료를 제공하는 등 이른바 **행정상의 공표의 방법**으로 실명을 공개함으로써 타인의 명예를 훼손한 경우, 그 대상자에 관하여 적시된 사실의 내용이 진실이라는 증명이 없더라도 그 공표의 주체가 공표 당시 이를 진실이라고 믿었고 또 그렇게 믿을 만한 상당한 이유가 있다면 위법성이 없는 것이고, 이 점은 언론을 포함한 사인에 의한 명예훼손의 경우와 다를 바가 없다 하겠으나, 그러한 상당한 이유가 있는지 여부의 판단에 있어서는 실명공표 자체가 매우 신중하게 이루어져야 한다는 요청에서 비롯되는 무거운 주의의무와 공권력을 행사하는 공표 주체의 광범한 사실조사 능력, 그리고 공표된 사실이 진실하리라는 점에 대한 국민의 강한 기대와 신뢰 등에 비추어 볼 때 사인의 행위에 의한 경우보다는 훨씬 더 엄격한 기준이 요구되므로, 그 공표사실이 의심의 여지 없이 확실히 진실이라고 믿을 만한 객관적이고도 타당한 확증과 근거가 있는 경우가 아니라면 그러한 상당한 이유가 있다고 할 수 없다. 즉, 행정상 공표에 의한 명예훼손에 위법성이 없다(대판 1998. 5. 22, 97다57689).

**[평설]** **공표 자체의 취소**는 별다른 의미가 없다. 공표가 비권력적 사실행위로서 국가배상법상 직무행위에 해당한다고 볼 것이므로, 공표가 만약 위법한 것이라면 **손해배상**을 청구할 수 있다. 물론 공표의 상대방은 민법 제764조에 근거하여 **정정공고**를 구할 수도 있다.

## V. 시정명령

### 1. 고의·과실의 요부

□ 행정법규 위반에 대하여 가하는 제재조치는 행정목적의 달성을 위하여 행정법규 위반이라는 객관적 사실에 착안하여 가하는 제재이므로, 위반자가 그 의무를 알지 못하는 것이 무리가 아니었다고 할 수 있어 그것을 정당시할 수 있는 사정이 있을 때 또는 의무의 이행을 당사자에게 기대하는 것이 무리라고 하는 사정이 있을 때 등 의무 해태를 탓할 수 없는 정당한 사유가 있는 경우 등의 특별한 사정이 없는 한 위반자에게 고의나 과실이 없다고 하더라도 부과될 수 있다(대판 2012. 6. 28, 2010두24371).

**[평설]** 시정명령은 형벌과 성질을 달리하므로, 시정명령에 형법총칙의 적용은 없다고

볼 것이다. 그러나 시정명령에 위반자의 과실을 요하지 않는다고 하여도, 요건이 충족되면 무제한적으로 시정명령을 할 수 있는 것은 아니라는 취지의 판례이다.

▫ 당시 독점규제 및 공정거래에 관한 법률(2007. 8. 3. 법률 제8631호로 개정된 것) 제21조(시정조치) 공정거래위원회는 제19조(부당한 공동행위의 금지) 제1항의 규정을 위반하는 행위가 있을 때에는 당해사업자에 대하여 당해행위의 중지, 시정명령을 받은 사실의 공표 기타 시정을 위한 필요한 조치를 명할 수 있다.

## 2. 시정명령의 위헌 여부

▫ 독점규제 및 공정거래에 관한 법률상 시정조치조항은 입찰담합행위의 결과를 장래를 향하여 적극적으로 제거하기 위한 것으로, 입찰담합행위로 인한 이익을 누리고 있는 사업자에게 그 행위의 결과를 제거할 책임을 부담시키고 있고, 법원은 구체적인 시정조치 명령이 비례성을 충족하는지 여부를 판단함에 있어서 사업자의 고의·과실의 유무를 고려하며, '정당한 사유'라는 일반적 면책사유를 인정하고 있으므로, 시정조치조항은 직업의 자유 및 일반적 행동자유권을 침해하지 아니한다(헌재 2016. 4. 28, 2014헌바60 등).

[평설] 청구인은 시정조치조항 … 이 사업자의 법위반행위에 대한 고의·과실, 종업원에 대한 관리·감독상의 책임 등을 고려하지 않고 사업자가 무조건적인 책임을 부담하도록 규정하고 있으므로 자기책임원리에 위배된다고 주장하였으나, 헌법재판소는 이러한 주장을 받아들이지 아니하였다.

## 3. 시정명령의 대상

▫ 공정거래위원회가 갑 제약회사(주식회사 유한양행)에 대하여 갑이 주최하는 제품설명회 등에서의 비용 지원과 관련하여 구체적인 독점규제 및 공정거래에 관한 법률 위반행위를 지적하지 않은 채 부당하게 고객을 유인하는 행위를 다시 해서는 안 된다는 시정명령을 한 사안에서, 제품설명회 등에서의 비용지원행위는 제약회사가 의약품의 판매를 위하여 거래처 병·의원을 상대로 독점규제 및 공정거래에 관한 법률 제23조 제1항 제3호에서 정한 부당한 고객유인행위를 하는 대표적인 수단인 점 등에 비추어, 그 행위는 비용지원을 통한 이익제공행위로서의 고객유인행위이므로 위 법 위반행위로 인정된 회식비 등의 지원 등과 동일한 유형의 행위로서 가까운 장래에 반복될 우려가 있다고 보아 공정거래위원회는 시

정명령으로서 그 행위의 반복금지를 명할 수 있음에도, 이와 달리 본 원심판단에 법리를 오해한 위법이 있다(대판 2010. 11. 25, 2008두23177).

[평설] 독점규제 및 공정거래에 관한 법률상 시정명령으로 과거의 위반행위에 대한 중지가 아닌 가까운 장래에 반복될 우려가 있는 동일한 유형의 행위의 반복금지를 명할 수 있음을 전제로 한 판례이다.

## 4. 위반행위 소멸 후 시정명령의 가부

□ 구 '하도급거래 공정화에 관한 법률'(2009. 4. 1. 법률 제9616호로 개정되기 전의 것) 제25조 제1항은 공정거래위원회가 같은 법 제13조 등의 규정을 위반한 원사업자에 대하여 하도급대금 등의 지급, 법 위반행위의 중지 기타 '당해 위반행위의 시정'에 필요한 조치를 권고하거나 명할 수 있다고 규정하고 있는데, 위 법이 제13조 등의 위반행위 그 자체에 대하여 과징금을 부과하고(제25조의3 제1항) 형사처벌을 하도록(제30조 제1항) 규정하고 있는 것과 별도로 그 위반행위를 이유로 한 시정명령의 불이행에 대하여도 형사처벌을 하도록(제30조 제2항 제2호) 규정하고 있는 점 및 이익침해적 제재규정의 엄격해석원칙 등에 비추어 볼 때, 비록 위 법 제13조 등의 위반행위가 있었더라도 그 위반행위의 결과가 더 이상 존재하지 않는다면 위 법 제25조 제1항에 의한 시정명령은 할 수 없다고 보아야 한다(대판 2011. 3. 10, 2009두1990).

[평설] "원고(현대자동차주식회사)가 미지급되었던 지연이자를 2006. 5. 3. 모두 지급하였는데도 피고(공정거래위원회)가 2008. 1. 2. 원고의 지연이자 미지급행위에 대하여 같은 유형의 행위를 다시 하여서는 아니 된다는 내용의 시정명령과 그 시정명령을 받은 사실을 원고와 거래하는 모든 수급사업자들에게 통지하라는 내용의 통지명령을 한 것은 위법하다"는 취지의 판례이다.

## 5. 시정명령의 실효성확보수단으로서 공표

□ 독점규제 및 공정거래에 관한 법률 제24조가 시정조치의 하나로서 시정명령을 받은 사실의 공표를 규정하고 있는 목적은 일반 공중이나 관련 사업자들이 법 위반 여부에 대한 정보와 인식의 부족으로 피고의 시정조치에도 불구하고, 위법사실의 효과가 지속되고 피해가 계속되는 사례가 발생할 수 있으므로 조속히 법

위반에 관한 중요 정보를 공개하는 등의 방법으로 일반 공중이나 관련 사업자들에게 널리 경고함으로써 계속되는 공공의 손해를 종식시키고 위법행위가 재발하는 것을 방지하고자 함에 있다(대판 2006. 5. 12, 2004두12315).

# 제6장

# 국가책임법(손해배상·손실보상)

## 제1절 국가배상제도

### [37] 국가배상법 일반론

### I. 국가배상법의 성격

#### 1. 일반법으로서 국가배상법(국배법 제8조)

① 우편물취급에 수반하여 발생한 손해는 우편법에 의해서만 배상을 청구할 수 있을 뿐이다(대판 1977. 2. 8, 75다1059).

② 우편집배원이 압류 및 전부명령 결정 정본을 특별송달하는 과정에서 민사소송법을 위반하여 부적법한 송달을 하고도 적법한 송달을 한 것처럼 우편송달보고서를 작성하여 압류 및 전부의 효력이 발생한 것과 같은 외관을 형성시켰으나, 실제로는 압류 및 전부의 효력이 발생하지 아니하여 집행채권자로 하여금 피압류채권을 전부받지 못하게 함으로써 손해를 입게 한 경우에는, 우편집배원의 위와 같은 직무상 의무위반과 집행채권자의 손해 사이에는 상당인과관계가 있다고 봄이 상당하고, 국가는 국가배상법에 의하여 그 손해에 대하여 배상할 책임이 있다(대판 2009. 7. 23, 2006다87798; 대판 2009. 5. 28, 2008다89965; 대판 2008. 2. 28, 2005다4734).

[평설] 국가배상법 제8조(국가나 지방자치단체의 손해배상 책임에 관하여는 이 법에 규정된 사항 외에는 「민법」에 따른다. 다만, 민법 외의 법률에 다른 규정이 있을 때에는 그 규정에 따른다)로부터 국가배상법이 국가 또는 지방자치단체의 불법행위책임에 관한 일반법임을 읽을 수 있다. 민법 이외의 법률상 다른 규정(특별규정)으로는 **배상금액을 정형화 또는**

경감하는 경우(예: 우편법 제38조)와 **무과실책임을** 인정하는 경우(연금법 제51조; 원손법 제3조) 등이 있다. ①은 우편법이 적용되는 판례이고, ②는 우편법의 적용대상이 아니어서 국가배상법이 적용되는 판례이다.

## 2. 민사특별법으로서 국가배상법(국배법 제8조)
□ 공무원의 직무상 불법행위로 손해를 받은 국민이 국가 또는 공공단체에 배상을 청구하는 경우 국가 또는 공공단체에 대하여 그의 불법행위를 이유로 손해배상을 구함은 **국가배상법이** 정한 바에 따른다 하여도 이 역시 **민사상의 손해배상책임을 특별법인** 국가배상법이 정한데 불과하다(대판 1972. 10. 10, 69다701).

[평설] 학설은 국가배상법을 **공법으로 보는 견해**(실정법상 공·사법의 2원적 체계가 있다는 점, 국가배상법은 공법적 원인으로 야기되는 배상문제를 규율하는 법이라는 점, 생명·신체의 침해로 인한 국가배상을 받을 권리는 압류와 양도의 대상이 되지 아니한다는 점(국배법 제4조) 등을 논거로 한다)와 **사법으로 보는 견해**(국가의 특권적 지위, 즉 국가무책임의 원칙을 포기하고 국가나 지방자치단체 등도 사인과 같은 지위에서 책임을 지겠다는 것이 헌법의 태도인바, 국가배상책임도 일반불법행위의 한 종류에 불과한 것이고, 따라서 국가배상법은 민법의 특별법으로서 사법의 성질을 갖는다는 점, 국가배상법 제8조가 민법이 보충적으로 적용됨을 규정하고 있는 것도 국가배상법이 민법의 특별법의 지위에 있음을 나타내는 것이라는 점을 논거로 한다)로 나뉜다. 사견으로는, ① 공법적 원인으로 발생한 법적 효과는 공법적으로 다루는 것이 논리일관하다는 점, ② 민법이 보충적으로 적용된다는 것은 공법흠결시 그 흠결의 보충을 위한 불가피한 방법이라는 점, ③ 국가무책임의 포기가 반드시 국가가 사인과 같은 지위에 선다는 것을 뜻하는 것은 아니라는 점 등을 논거로 공법설을 취한다.

## 3. 국가배상제도와 외국인(국배법 제7조)
□   대한민국과아메리카합중국간의상호방위조약제4조에의한시설과구역및대한민국에서의합중국군대의지위에관한협정(한미행정협정) 제23조 제5항은 공무집행중인 미합중국 군대의 구성원이나 고용원의 작위나 부작위 또는 미합중국 군대가 **법률상 책임을** 지는 기타의 작위나 부작위 또는 사고로서 대한민국 안에서 대한민국 정부 이외의 제3자에게 손해를 가한 것으로부터 발생하는 청구권은 대한민국이 이를 처리하도록 규정하고 있으므로 위 청구권의 실현을 위한 소송은 대한민국을 상대로 제기하는 것이 원칙이다(대판 1997. 12. 12, 95다29895).

[평설] 국가배상법 제7조(이 법은 외국인이 피해자인 경우에는 해당 국가와 상호 보증이 있을 때에만 적용한다)는 **상호주의**를 택하고 있다. 여기서 **상호의 보증**이란 한국인도 피해자인 외국인의 본국에서 손해배상을 청구할 수 있어야 함을 의미한다. 개별법률에서 따로 특별규정을 두는 경우도 있다. 이 판례에 나타난 **한미행정협정**이 **특별규정**에 해당한다.


## 4. 국가배상제도와 사경제작용

□ 국가 또는 지방자치단체라 할지라도 공권력의 행사가 아니고 **단순한 사경제의 주체로 활동**하였을 경우에는 그 손해배상책임에 국가배상법이 적용될 수 없고 **민법상의 사용자책임** 등이 인정되는 것이고 국가의 철도운행사업은 국가가 공권력의 행사로서 하는 것이 아니고 **사경제적 작용**이라 할 것이므로, 이로 인한 사고에 공무원이 관여하였다고 하더라도 국가배상법을 적용할 것이 아니고 일반 민법의 규정에 따라야 한다(대판 1999. 6. 22, 99다7008).


## II. 배상금청구절차

### 1. 행정절차(임의적 결정절차)(국배법 제9조)

(1) 구 국가배상법상 필요적 결정전치주의의 위헌 여부

① "국가배상법에 의한 손해배상의 소송은 배상심의회의 배상금지급 또는 기각의 결정을 거친후에 한하여 이를 제기할 수 있다"는 국가배상법 제9조 본문은 헌법에 위반되는 법률이라고 볼 수 없다(대결 1990. 8. 24, 90카72).

② 국가배상법에 의한 손해배상청구에 관한 시간, 노력, 비용의 절감을 도모하여 배상사무의 원활을 기하며 피해자로서도 신속, 간편한 절차에 의하여 배상금을 지급받을 수 있도록 하는 한편, 국고손실을 절감하도록 하기 위한 이 사건 법률조항에 의해 달성되는 공익과, 배상절차의 합리성 및 적정성의 정도, 그리고 한편으로는 배상신청을 하는 국민이 치루어야 하는 수고나 시간의 소모를 비교하여볼 때, 이 사건 법률조항이 헌법 제37조의 기본권제한의 한계에 관한 규정을 위배하여 국민의 재판청구권을 침해하는 정도에는 이르지 않는다(헌재 2000. 2. 24, 99헌바17·18·19).

[평설] 두 판례 모두 구법 하에서의 판례이다. 2000. 12. 29. 시행된 **현행 국가배상법 제9조**(이 법에 따른 손해배상의 소송은 배상심의회에 배상신청을 하지 아니하고도 제기할 수

있다)는 **임의적 결정전치주의** 취하고 있으나, 그 **이전 국가배상법 제9조**(이 법에 의한
손해배상의 소송은 배상심의회의 배상금지급 또는 기각의 결정을 거친 후에 한하여 이를 제기할
수 있다. 다만, 배상신청이 있는 날로부터 3월을 경과한 때에는 그러하지 아니하다)는 **필요적
결정전치주의**를 채택하였다. 결정전치주의는 신속한 배상금지급, 합리적인 처리, 법원
의 업무경감 등을 근거로 하였으나, 실제상 배상심의회가 피해자에게 만족할 만한 배
상금의 지급을 결정하지 아니하면 결정전치주의는 오히려 국민이 권리행사에 장해가
되는 제도가 될 수 있다는 지적도 있었고, 더불어 위헌론도 제기되었다.

## (2) 구 국가배상법상 배상결정에 재판상 화해의 효력 부여의 위헌 여부

□  국가배상법 제16조 중 "심의회의 배상결정은 신청인이 동의한 때에는 민사소
송법의 규정에 의한 재판상의 화해가 성립된 것으로 본다"라는 부분은 헌법에
위반된다. …이 사건 심판대상조항부분은 국가배상에 관한 분쟁을 신속히 종결·
이행시키고 배상결정에 안정성을 부여하여 국고의 손실을 가능한 한 경감하려는
입법목적을 달성하기 위하여 동의된 배상결정에 **재판상의 화해의 효력**과 같은, 강
력하고도 최종적인 효력을 부여하여 재심의 소에 의하여 취소 또는 변경되지 않는 한
그 효력을 다툴 수 없도록 하고 있는바, **사법절차**에 준한다고 볼 수 있는 각종 중재·
조정절차와는 달리 배상결정절차에 있어서는 심의회의 제3자성·독립성이 희박한
점, 심의절차의 공정성·신중성도 결여되어 있는 점, 심의회에서 결정되는 배상
액이 법원의 그것보다 하회하는 점 및 부제소합의의 경우와는 달리 신청인의 배
상결정에 대한 동의에 재판청구권을 포기할 의사까지 포함되는 것으로 볼 수도
없는 점을 종합하여 볼 때, 이는 **신청인의 재판청구권**을 과도하게 제한하는 것이어
서 헌법 제37조 제2항에서 규정하고 있는 기본권 제한입법에 있어서의 **과잉입법
금지의 원칙**에 반할 뿐 아니라, 권력을 입법·행정 및 사법 등으로 분립한 뒤 실질
적 의미의 사법작용인 분쟁해결에 관한 종국적인 권한은 원칙적으로 이를 헌법과
법률에 의한 법관으로 구성되는 **사법부**에 귀속시키고 나아가 **국민**에게 그러한 법
관에 의한 재판을 청구할 수 있는 기본권을 보장하고자 하는 헌법의 정신에도 충실
하지 못한 것이다(헌재 1995. 5. 25, 91헌가7).

[평설] 배상심의회, 배상절차 등과 관련하여 나타나는 필요적 결정전치주의의 불완전
성을 근거로 위헌결정을 하였음을 볼 수 있다. 구 국가배상법 제16조는 1997. 12. 13.
삭제되었다.

2. 사법절차(임의적 결정절차)

□ 소송촉진등에관한특례법 제6조 제1항 중 단서 부분은 재산권과 신속한 재판을 받을 권리의 보장에 있어서 합리적 이유 없이 소송당사자를 차별하여 국가를 우대하고 있는 것이므로 헌법 제11조 제1항에 위반된다(헌재 1989. 1. 25, 88헌가7).

[평설] 당시 이 사건 위헌제청은 「소송촉진등에관한특례법(법률 제3361호) 제6조 제1항은 "재산권의 청구에 관한 판결에는 상당한 이유가 없는 한 당사자의 신청 유무를 불문하고 가집행할 수 있음을 선고하여야 한다. 다만, 국가를 상대로 하는 재산권의 청구에 관하여는 가집행의 선고를 할 수 없다"라고 규정하여 재산권의 청구에 관한 민사소송의 원고 승소판결에는 상당한 이유가 없는 한 법원으로 하여금 반드시 가집행의 선고를 붙이도록 하면서도 유독 국가가 피고일 경우에만은 가집행의 선고를 붙일 수 없도록 예외 규정을 한 것은 평등한 수평적 관계에서 진행되는 민사소송에 있어서 사경제(私經濟)의 주체에 불과한 국가에게 우월적 지위를 부여하는 것이어서, 결국 위 예외규정은 헌법 제11조 제1항의 평등의 원칙에 위배되는 위헌 규정이라고 해석될 여지가 있다」는 것을 논거로 하였다.

## [38] 위법한 직무집행행위로 인한 배상책임

Ⅰ. 배상책임의 요건(국배법 제2조)

1. 공무원과 공무를 위탁받은 사인

(1) 국회의원

□ 우리 헌법이 채택하고 있는 의회민주주의하에서 국회는 다원적 의견이나 각 가지 이익을 반영시킨 토론과정을 거쳐 다수결의 원리에 따라 통일적인 국가의사를 형성하는 역할을 담당하는 국가기관으로서 그 과정에 참여한 국회의원은 입법에 관하여 원칙적으로 국민 전체에 대한 관계에서 정치적 책임을 질 뿐 국민 개개인의 권리에 대응하여 법적 의무를 지는 것은 아니므로, 국회의원의 입법행위는 그 입법 내용이 헌법의 문언에 명백히 위반됨에도 불구하고 국회가 굳이 당해 입법을 한 것과 같은 특수한 경우가 아닌 한 국가배상법 제2조 제1항 소정의 위법행위에 해당된다고 볼 수 없다(대판 1997. 6. 13, 96다56115).

[평설] 국가가 공적 임무를 수행하는 과정에서 개인에게 가한 위법한 침해를 국가가 방치한다는 것은 국민 개개인의 안정된 생활을 해치는 것이 된다. 따라서 발생된 손해

를 국가가 배상하여 피해자를 구제한다는 것은 재산권 등 기본권보장을 내실로 하는 오늘날의 법치국가에서 당연한 것이다. 국가배상제도의 취지에 비추어 국가배상법 제2조 제1항의 공무원은 넓게 새겨야 한다. 국회의원이라 하여 국가배상법 제2조 제1항의 공무원에서 배제되어야 할 이유가 없다. 국회의원의 행위가 위법한가의 여부는 다른 문제이다.

(2) 검사·판사·재판관

① 강도강간의 피해자가 제출한 팬티에 대한 국립과학수사연구소의 유전자검사 결과 그 팬티에서 범인으로 지목되어 기소된 원고나 피해자의 남편과 다른 남자의 유전자형이 검출되었다는 감정결과를 검사가 공판과정에서 입수한 경우 그 감정서는 원고의 무죄를 입증할 수 있는 결정적인 증거에 해당하는데도 검사가 그 감정서를 법원에 제출하지 아니하고 은폐하였다면 검사의 그와 같은 행위는 위법하므로 국가는 배상책임을 진다(대판 2002. 2. 22, 2001다23447).

② 법관이 위법 또는 부당한 목적을 가지고 재판을 하는 등 법관이 그에게 부여된 권한의 취지에 명백히 어긋나게 이를 행사하였다고 인정할 만한 특별한 사정이 있어야 위법한 행위가 되어 국가배상책임이 인정된다고 할 것인바, 압수수색할 물건의 기재가 누락된 압수수색영장을 발부한 법관이 위법·부당한 목적을 가지고 있었다거나 법이 직무수행상 준수할 것을 요구하고 있는 기준을 현저히 위반하였다는 등의 자료를 찾아볼 수 없다면 그와 같은 압수수색영장의 발부행위는 불법행위를 구성하지 않는다(대판 2001. 10. 12, 2001다47290).

③ 헌법재판소 재판관이 청구기간 내에 제기된 헌법소원심판청구 사건에서 청구기간을 오인하여 각하결정을 한 경우, 이에 대한 불복절차 내지 시정절차가 없는 때에는 국가배상책임(위법성)을 인정할 수 있다(대판 2003. 7. 11, 99다24218).

[평설] 검사·판사·재판관의 경우에도 국가배상제도의 취지에 비추어 국가배상법 제2조 제1항의 공무원에서 배제되어야 할 이유가 없다는 점은 국회의원의 경우와 다를 바 없다. 검사·판사·재판관의 행위가 위법한가의 여부는 다른 문제이다.

(3) 집달리(집행관)·의용소방대원

① 관련 규정(법원조직법 제47조, 제48조 제1항, 집달리법 제2조)을 종합하면 집달리가 재판의 집행, 서류의 송달 기타 법령에 의한 사무에 종사하는 실질적 의미에 있

어서의 국가공무원에 속한다 할 것인바, 본건에 있어, 소외 인은 **집달리로서** 집행력있는 판결정본에 의하여 금전채권 집행을 위하여 원고소유의 본건 철주를 압류함에 있어 집달리로서의 직무상 주의의무를 위배함으로써 원고소유의 재산에 손해를 입힌 사실을 적법히 확정한 이상, 피고의 **강제집행** 기관이요, 실질적 국가공무원인 집달리가 그 직무를 행함에 당하여 고의 또는 과실에 의하여 원고에게 손해를 가한 것으로서 국가가 피해자에게 손해배상 의무를 부담할 것임은 헌법 제26조, 국가배상법 제2조의 법의에 비추어 명백하다. 민사소송법 제493조에 "집달리는 채권자의 위임에 의하여 하는 행위와 직무상의 의무의 위배로 인하여 채권자 기타의 관계인에 대하여 손해를 생기게 한 때에는 제1차로 그 책임을 진다"고 규정하고 있음은 집달리의 직무상의 불법행위로 인한 국가배상법상의 국가의 손해배상 책임을 배제하거나 또는 국가의 손해배상책임과 양립되지 않는다는 뜻을 규정한 취지로 해석할 수 없다(대판 1966. 7. 26, 66다854; 대판 1968. 5. 7, 68다326).

② 원심은 소방법 제63조의 규정에 의하여 시, 읍, 면이 소방서장의 소방업무를 보조하게 하기 위하여 설치한 **의용소방대를** 국가기관이라고 할 수 없음은 물론 또 그것이 이를 설치한 시, 읍, 면에 예속된 기관이라고도 할 수 없을 뿐만 아니라, 같은 법 제67조에 의용소방대의 경비는 지방세법 제239조에 의한 소방공동시설세를 재원으로 한다고 규정되어 있는바, 이러한 규정의 취지로 보아도, 의용소방대가 이를 설치한 시, 읍, 면에 예속된 기관이라고는 할 수 없다고 판단하고, 따라서 피고가 이 사건의 차량을, 자기를 위하여 운행하는 자라고는 할 수 없다고 하여 원고의 청구를 배척하였음이 분명한바, 원심의 위와 같은 조처는 정당하다(대판 1978. 7. 11, 78다584).

**[평설]** ①에서 집달리는 현행 집행관법상 집행관에 해당한다. 집행관으로 부르기도 하였다. ②와 관련하여, 의용소방대가 간접적적인 행정조직의 성질을 갖는다고 볼 때, 그리고 의용소방대의 공공적 기능을 고려할 때, 소방대원을 국가배상법 제2조 제1항의 공무원에 포함시켜야 할 것이다. 독일에서는 의용소방대원을 공무원으로 본 판례(BGHZ 20, S.290)가 있다.

(4) 공무를 위탁받은 사인

① 국가배상법 제2조 소정의 "공무원"이라 함은 국가공무원법이나 지방공무원법에 의하여 공무원으로서의 신분을 가진 자에 국한하지 않고, 널리 **공무를 위탁**

받아 실질적으로 공무에 종사하고 있는 일체의 자를 가리키는바, 서울특별시 종로구 통, 반설치조례에 의하면 통장은 동장의 추천에 의하여 구청장이 위촉하고 동장의 감독을 받아 주민의 거주·이동상황 파악 등의 임무를 수행하도록 규정되어 있고, 주민등록법 제14조와 같은법시행령 제7조의2 등에 의하면 주민등록 전입신고를 하여야 할 신고의무자가 전입신고를 할 경우에는 신고서에 관할이장(시에 있어서는 통장)의 확인인을 받아 제출하도록 규정되어 있는 점 등에 비추어 보면 통장이 전입신고서에 확인인을 찍는 행위는 공무를 위탁받아 실질적으로 공무를 수행하는 것이라고 보아야 하므로, 통장은 그 업무범위 내에서는 국가배상법 제2조 소정의 공무원에 해당한다(대판 1991. 7. 9, 91다5570).

② 원심이 이 사건 사실관계에 터잡아, 피고가 '교통할아버지 봉사활동' 계획을 수립한 다음 관할 동장으로 하여금 '교통할아버지' 봉사원을 선정하게 하여 그들에게 활동시간과 장소까지 지정해 주면서 그 활동시간에 비례한 수당을 지급하고 그 활동에 필요한 모자, 완장 등 물품을 공급함으로써, 피고의 복지행정업무에 해당하는 어린이 보호, 교통안내, 거리질서 확립 등의 공무를 위탁하여 이를 집행하게 하였다고 보아, 소외 김조왕금은 '교통할아버지' 활동을 하는 범위 내에서는 국가배상법 제2조에 규정된 지방자치단체의 '공무원'이라고 봄이 상당하다(대판 2001. 1. 5, 98다39060).

[평설] 두 판례 모두 2009. 10. 21.에 시행된 개정 국가배상법에 "공무를 위탁받은 사인도 공무원"이라는 취지의 내용이 국가배상법 제2조 제1항에 반영되기 이전의 판례들이다. 한편, 공무의 위탁이 일시적이고 한정적인 사항에 관한 활동을 위한 것이라도 국가배상법 제2조 제1항의 공무를 위탁받은 사인에 해당한다.

2. 직무

(1) 직무의 범위

① 국가배상법이 정한 배상청구의 요건인 '공무원의 직무'에는 권력적 작용만이 아니라 행정지도와 같은 비권력적 작용도 포함되며 단지 행정주체가 사경제주체로서 하는 활동만 제외되는 것이다(대판 1998. 7. 10, 96다38971; 대판 2004. 4. 9, 2002다10691; 대판 2001. 1. 5, 98다39060; 대판 1999. 11. 26, 98다47245).

② 국가의 철도운행사업은 국가가 공권력의 행사로서 하는 것이 아니고 사경제적 작용이라 할 것이므로, 이로 인한 사고에 공무원이 관여하였다고 하더라도 국가

배상법을 적용할 것이 아니고 일반 민법의 규정에 따라야 한다(대판 1997. 7. 22, 95다6991).

[평설 1] 국가배상법 제2조 제1항의 직무의 범위와 관련하여, 학설은 **협의설**(공법상의 권력작용만을 뜻한다는 견해), **광의설**(공법상 권력작용 외에 국가배상법 제5조에서 규정된 것을 제외한 공법상 비권력작용까지 포함한다는 견해), **최광의설**(공법상의 작용뿐만 아니라 사법상의 작용까지 포함한다는 견해)로 나뉜다. 광의설이 일반적 견해이다. 판례가 과거에는 최광의설을 취한 적도 있으나(대판 1957. 6. 15, 4290민상118), 오늘날에는 광의설을 취한다. 판례의 확립된 견해라 할 수 있다. 그런데 국가배상법 제2조의 「직무」와 제5조의 영조물의 「설치와 관리」와 경합하는 경우도 있을 수 있다(예컨대, 육교의 설치를 위해 설계도를 작성한 후 육교를 설치하였으나 육교가 붕괴된 경우, 설계도의 작성은 국가배상법 제2조 제1항의 직무에 해당하면서, 동시에 국가배상법 제5조의 영조물의 설치의 한 부분에 해당한다고 볼 수 있다). 따라서 광의설에 약간의 수정이 가해질 필요가 있을 것이다.

[평설 2] 광의설에 의하면, 직무에는 **행정**뿐만 아니라 **입법**(대판 1997. 6. 13, 96다56115) 및 **사법**(대판 2001. 10. 12, 2001다47290)의 모든 직무가 포함된다. 다만, 법관의 재판행위의 결과인 확정판결에 대해 국가배상청구를 인정한다는 것은 직접적이지는 않으나 실질적으로 확정판결의 기판력을 부정하는 것이기에 **재판행위에 대한 국가배상청구가 가능한가의 문제**가 있다. 학설은 국가배상책임을 **부인하는 견해**(국가배상책임을 인정하기 위해서는 판결의 위법성이 인정되어야 하므로 확정판결에 대한 국가배상책임의 인정은 기판력을 침해하는 것이 되므로 국가배상책임이 인정되지 않는다는 견해), **긍정하는 견해**[재판과 그로 인한 국가배상청구는 목적과 성질이 다르므로(기판력은 판결의 내용에, 손해배상은 판결의 위법에 관련된다) 국가배상책임을 인정하여도 확정판결의 기판력을 침해하는 것은 아니라는 견해)], **제한적으로 긍정하는 견해**[사법행정작용(강제집행, 가처분)은 일반행정작용과 같이 국가배상책임을 인정하고, 재판작용의 경우(판결, 결정)는 국가배상책임이 기판력을 침해할 우려가 있으므로 법적 안정성의 요구와 권리구제의 요구를 적정히 조화시켜 제한적으로 국가배상책임을 인정하자는 견해]로 나뉜다. **판례는** 법관의 재판작용과 다른 공무원의 직무행위를 구분하지 않고 국가배상책임의 성립을 인정하지만, 법관의 재판작용에 대한 국가배상책임은 상당히 제한적으로 인정하는 입장이다(대판 2001. 10. 12, 2001다47290).

(2) 직무의 사익보호성

① 일반적으로 국가 또는 지방자치단체가 권한을 행사할 때에는 국민에 대한 손

해를 방지하여야 하고, 국민의 안전을 배려하여야 하며, 소속 공무원이 전적으로 또는 부수적으로라도 국민 개개인의 안전과 이익을 보호하기 위하여 법령에서 정한 직무상 의무를 위반하여 국민에게 손해를 가하면 상당인과관계가 인정되는 범위 안에서 국가 또는 지방자치단체가 배상책임을 부담하는 것이지만, 공무원이 직무를 수행하면서 근거되는 법령의 규정에 따라 구체적으로 의무를 부여받았어도 그것이 국민의 이익과는 관계없이 순전히 행정기관 내부의 질서를 유지하기 위한 것이거나, 또는 국민의 이익과 관련된 것이라도 직접 국민 개개인의 이익을 위한 것이 아니라 전체적으로 공공 일반의 이익을 도모하기 위한 것이라면 그 의무를 위반하여 국민에게 손해를 가하여도 국가 또는 지방자치단체는 배상책임을 부담하지 아니한다(대판 2015. 5. 28, 2013다41431; 대판 2017. 11. 9, 2017다228083; 대판 2015. 5. 28, 2013다85448; 대판 2011. 9. 8, 2011다34521; 대판 2003. 4. 25, 2001다59842; 대판 2002. 3. 12, 2000다55225·55232; 대판 1998. 5. 8, 97다36613; 대판 1993. 2. 12, 91다43466).

② 공무원이 준수하여야 할 직무상 의무가 오로지 공공 일반의 전체적인 이익을 도모하기 위한 것에 불과한지 혹은 국민 개개인의 안전과 이익을 보호하기 위하여 설정된 것인지는 결국 근거 법령 전체의 기본적인 취지·목적과 그 의무를 부과하고 있는 개별 규정의 구체적 목적·내용 및 직무의 성질, 가해행위의 태양 및 피해의 정도 등의 제반 사정을 개별적·구체적으로 고려하여 판단하여야 한다(대판 2015. 5. 28, 2013다41431; 대판 2015. 5. 28, 2013다85448; 대판 2003. 4. 25, 2001다59842; 대판 1998. 5. 8, 97다36613).

[평설] ①은 직무의 사익보호성이 필요하다는 판례이다. 필요하지 않다는 반대견해는 보이지 아니한다. 다만, 국가배상책임의 성립요건에서 사익보호성의 체계적 지위와 관련하여 견해가 나뉜다. 즉, 위법성의 문제로 보는 견해(공무원이 직무의무를 규정한 관계 법규가 공익뿐 아니라 국민의 이익도 보호하는 경우에만 그 행정권의 작위의무는 법적인 의무가 되고 그 위반이 국가배상법상 위법한 것이 된다고 하여 위법성의 문제로 보는 견해)와 손해의 문제로 보는 견해(손해란 법익침해에 의한 불이익을 말하며, 반사적 이익의 침해에 의한 불이익, 공공일반의 이익침해 등은 포함되지 않는다고 보아 손해의 문제로 보는 견해)가 있다. 판례는 인과관계의 문제로 본다. 사견으로는 직무의 범위 문제로 본다. 하여간 직무에 사익보호성이 필요하다는 것은 판례의 확립된 견해이다. ②는 직무에 사익보호성이 있는지 여부의 판단은 근거법령과 관련법령의 해석문제이고, 그 해석은 종합적이어야 한다는 취지의 판례이다. 확립된 판례의 견해이다.

QR 32. 사익보호성을 긍정한 직무관련 판례 모음  ☞  QR코드
QR 33. 사익보호성을 부정한 직무관련 판례 모음  ☞  QR코드

3. 집행하면서
□ 국가배상법 제2조 소정의 "공무원이 그 직무를 집행함에 당하여"라고 함은 직무의 범위 내에 속한 행위이거나 직무수행의 수단으로써 또는 직무행위에 부수하여 행하여지는 행위로서 직무와 밀접한 관련이 있는 것도 포함된다(대판 1994. 5. 27, 94다6741).

[평설] 직무를 '집행하면서'라는 것은 순수히 집행시만을 뜻하는 것은 아니다. 국민의 입장에서는 공무원이 행하는 행위가 순수한 직무집행행위인가의 여부를 구별하는 것이 용이하지 않고, 통상 공무원이 행하는 행위를 직무집행행위로 보는 것이 일반적이라 할 것이다. 따라서 직무를 집행하면서란 직무집행행위뿐만 아니라 **외형상으로 직무집행과 관련있는 행위**를 포함하는 의미로 새겨야 한다(외형설). 외형설이 지배적 견해이고 판례의 입장이다.

QR 34. "집행하면서"로 본 판례 모음  ☞  QR코드

4. 고의 또는 과실
□ 주관적 구성요소로서 고의란 "누군가 타인에게 위법하게 손해를 가한다는 인식·인용"을 의미하고, 과실이란 "객관적으로 자신의 행위가 누군가 타인의 법익을 침해한다는 것을 부주의로 예견하지 못하였거나(예견의무 위반), 손해 방지를 위한 조치가 부주의로 객관적으로 보아 적절치 못하였거나 **불충분한 상태**(회피의무위반)"를 의미한다. 공무원의 직무집행상 과실의 의미에 관하여 대법원 판례는 "공무원이 그 직무를 수행함에 있어 당해 직무를 담당하는 **평균인이 보통 갖추어야 할 주의의무를 게을리한 것**" 혹은 "담당공무원이 보통 일반의 공무원을 표준으로 하여 볼 때 **객관적 주의의무를 결하여**"라고 판시하고 있다. 근래에는 국가배상법상의 과실관념을 객관화하거나 조직과실, 과실 추정과 같은 논리의 개발을 통하여 피해자에 대한 구제의 폭을 넓히려는 추세에 있다(헌재 2015. 4. 30, 2013헌바395).

[평설] 고의란 어떠한 위법행위의 발생가능성을 인식하고 그 결과를 인용하는 것을 말

하고, 과실이란 부주의로 인해 어떠한 위법한 결과를 초래하는 것을 말한다. 고의와 과실의 구별이 언제나 용이한 것은 아니다. 판례는 고의와 과실에 대한 근년의 학설과 판례의 동향을 잘 요약하고 있다.

**QR 35. 과실 유무에 관한 유형별 판례 모음   ☞   QR코드**

### 5. 법령을 위반

(1) 법령위반의 성질

① 국가배상책임은 공무원의 직무집행이 법령에 위반한 것임을 요건으로 하는 것으로서, 공무원의 직무집행이 **법령이 정한 요건과 절차에 따라 이루어진 것이라면 특별한 사정이 없는 한 이는 법령에 적합한 것**이고 그 과정에서 개인의 권리가 침해되는 일이 생긴다고 하여 그 법령 적합성이 곧바로 부정되는 것은 아니라고 할 것인바, 불법시위를 진압하는 경찰관들의 직무집행이 **법령에 위반한 것**이라고 하기 위하여는 그 시위진압이 불필요하거나 또는 불법시위의 태양 및 시위 장소의 상황 등에서 예측되는 피해 발생의 구체적 위험성의 내용에 비추어 시위진압의 계속 수행 내지 그 방법 등이 현저히 합리성을 결하여 이를 위법하다고 평가할 수 있는 경우이어야 한다(대판 1997. 7. 25, 94다2480; 대판 2000. 11. 10, 2000다26807·26814).

② 행정처분이 객관적 정당성을 상실하였다고 인정될 정도에 이른 경우에 국가배상법 제2조 소정의 국가배상책임의 요건을 충족하였다고 봄이 상당할 것이며, 이때에 객관적 정당성을 상실하였는지 여부는 피침해이익의 종류 및 성질, 침해행위가 되는 행정처분의 태양 및 그 원인, 행정처분의 발동에 대한 피해자측의 관여의 유무, 정도 및 손해의 정도 등 제반 사정을 종합하여 … 판단하여야 한다(대판 2000. 5. 12, 99다70600).

[평설] 국가배상법상 법령위반(위법)의 성질에 관해 학설은 **결과불법설**(손해배상소송이 손해전보를 목적으로 하는 것이라는 전제하에, 국민이 받은 손해가 결과적으로 시민법상 원리로부터 수인되어야 하는가를 기준으로 위법성여부를 판단하여야 한다는 견해), **상대적 위법성설**(행위 자체의 위법·적법뿐만 아니라 피침해이익의 성격과 침해의 정도, 가해행위의 태양 등을 고려하여 위법성여부를 판단하여야 한다는 견해), **행위위법설**(법률에 의한 행정의 원리 또는 국가배상소송의 행정통제기능을 고려하여, 공권력행사의 행위규범에의 적합여부를 기준으로

위법성여부를 판단하여야 한다는 견해), **직무의무위반설**(국가배상법상 위법을 법에 부합하지
않는 당해 행정처분으로 인해 법익을 침해한 공무원의 직무의무의 위반으로 보는 견해) 등으
로 나뉜다. ①은 행위위법설을 취하면서 결과불법설을 명시적으로 배제하고 있다. 행
위위법설이 판례의 주류적 입장이다. ②는 상대적 위법성설을 취한 것으로 평가되기
도 한다.

## (2) 법령의 의의

□ 국가배상법 제2조 제1항의 '법령을 위반하여'라고 함은 엄격하게 **형식적 의미
의 법령**에 명시적으로 공무원의 행위의무가 정하여져 있음에도 이를 위반하는
경우만을 의미하는 것은 아니고, 인권존중·권력남용금지·신의성실과 같이 **공무
원으로서 마땅히 지켜야 할 준칙이나 규범**을 지키지 아니하고 위반한 경우를 비롯
하여 널리 그 행위가 객관적인 정당성을 결여하고 있는 경우도 포함한다(대판
2015. 8. 27, 2012다204587).

[평설] 법령이란 법률과 명령, 즉 법규를 의미하는바, 여기에는 널리 성문법 외에 불문
법과 행정법의 일반원칙도 포함된다. 고시·훈령형식의 법규명령도 이에 포함된다. 판
례가 말하는 "인권존중·권력남용금지·신의성실과 같이 공무원으로서 마땅히 지켜야
할 준칙이나 규범을 지키지 아니하고 위반한 경우를 비롯하여 널리 그 행위가 객관적
인 정당성을 결여하고 있는 경우"는 기본권(인권존중 부분)과 행정법의 일반원칙(권력남
용금지·신의성실 부분)의 다른 표현이라 할 수 있다. 한편, **행위위법설**에서 법령이란 법
률과 명령, 즉 법규를 의미하는바, 여기에는 널리 성문법 외에 불문법과 행정법의 일
반원칙도 포함된다. **결과불법설**에서 법령에는 그 밖에 인권존중·권리남용금지·신의
성실원칙 등도 포함시킨다. 법령의 의미에 관해 행위위법설과 결과위법설 사이에는 별
다른 차이가 없다.

## (3) 위반의 의의와 형태
### (가) 부작위에 의한 법령위반 여부 관련 사례
① 교도소의 의무관은 교도소 수용자에 대한 진찰·치료 등의 의료행위를 하는
경우 수용자의 생명·신체·건강을 관리하는 업무의 성질에 비추어 환자의 구체적
인 증상이나 상황에 따라 위험을 방지하기 위하여 요구되는 최선의 조치를 행하여야
할 주의의무가 있다. ··· 피고(대한민국) 산하 대구교도소와 마산교도소의 의무관들

은 교도소 수용자인 위 원고에 대한 진찰·치료 등의 의료행위를 함에 있어서 위 원고가 당뇨망막병증으로 시력이 저하되어 가고 있었고, 당시의 치료 경과에 비추어 보면 내과 영역의 치료만으로는 시력저하에 대한 적절한 조치가 되지 못하고 안과 영역의 치료가 행해져야 함을 알 수 있었으므로, 적절한 치료를 함으로써 위 질병의 진행속도를 늦추고 유용한 시력이 가능한 한 오래 보존될 수 있도록 하여야 할 주의의무가 있음에도 그 의무를 다하지 아니하였고, 이로 인하여 위 원고가 양안 실명상태에 이르게 되었다고 볼 여지가 많다(대판 2005. 3. 10, 2004다65121).

② 어린이가 '미니컵 젤리'를 먹다가 질식하여 사망한 사안에서, 그 사고 발생 전에 미니컵 젤리에 대한 세계 각국의 규제 내용이 주로 곤약 등 미니컵 젤리의 성분과 용기의 규격에 대한 규제에 머물러 있었고, 대한민국 정부도 그 수준에 맞추어 미니컵 젤리의 기준과 규격, 표시 등을 규제하는 조치를 취하여 위 사고 발생 전까지 미니컵 젤리와 관련한 질식사고가 발생하지 않았던 점 등에 비추어, 비록 당시의 과학수준상 미니컵 젤리의 성분에 대하여 허위신고를 하더라도 그 진위를 가려내기 어려웠고, 위 사고 발생 후 시험 등을 통하여 그러한 허위신고의 가능성이 확인되고 곤약 등을 제외한 다른 성분을 함유한 미니컵 젤리로 인한 질식의 위험성이 드러났다고 하더라도, 위 사고 발생 무렵 식품의약품안전청장 및 관계 공무원이 그러한 위험성을 인식하거나 예견하기 어려웠던 점 등 여러 사정을 고려하여 보면, 식품의약품안전청장 및 관계 공무원이 위 사고 발생 시까지 구 식품위생법(2005. 1. 27. 법률 제7374호로 개정되기 전의 것)상의 규제 권한을 행사하여 미니컵 젤리의 수입·유통 등을 금지하거나 그 기준과 규격, 표시 등을 강화하고 그에 필요한 검사 등을 실시하는 조치를 취하지 않은 것이 현저하게 합리성을 잃어 사회적 타당성이 없다거나 객관적 정당성을 상실하여 위법하다고 할 수 있을 정도에까지 이르렀다고 보기 어렵고, 그 권한 불행사에 과실이 있다고 할 수도 없다(대판 2010. 9. 9, 2008다77795).

③ 경찰은 범죄의 예방, 진압 및 수사와 함께 국민의 생명, 신체 및 재산의 보호 기타 공공의 안녕과 질서유지를 직무로 하고 있고, 그 직무의 원활한 수행을 위하여 경찰관 직무집행법, 형사소송법 등 관계 법령에 의하여 여러 가지 권한이 부여되어 있으므로, 구체적인 직무를 수행하는 경찰관으로서는 제반 상황에 대응하여 자신에게 부여된 여러 가지 권한을 적절하게 행사하여 필요한 조치를 취할 수 있는 것이고, 그러한 권한은 일반적으로 경찰관의 전문적 판단에 기한 합리

적인 재량에 위임되어 있는 것이나, 경찰관에게 권한을 부여한 취지와 목적에 비추어 볼 때 구체적인 사정에 따라 경찰관이 그 권한을 행사하여 필요한 조치를 취하지 아니하는 것이 현저하게 불합리하다고 인정되는 경우에는 그러한 권한의 불행사는 직무상의 의무를 위반한 것이 되어 위법하게 된다(대판 2017. 11. 9, 2017다228083).

[평설] 법령의 위반이란 법령에 위배됨을 의미한다. 위반의 태양에는 적극적인 작위에 의한 위반과 소극적인 부작위에 의한 위반도 있다. 판례상으로는 부작위에 의한 위반 여부가 쟁점이었던 사례가 빈번하다. ①은 교도소의 경찰(안전)행정, ②는 식품·의약품상 경찰(안전)행정, ③은 치안경찰상 경찰(안전)행정과 관련하여 문제되었음을 보여주고 있다.

## (나) 명문의 근거가 없는 경우, 작위의무 인정 가부

□ 국민의 생명·신체·재산 등에 대하여 절박하고 중대한 위험상태가 발생하였거나 발생할 상당한 우려가 있어서 국민의 생명 등을 보호하는 것을 본래적 사명으로 하는 국가가 초법규적·일차적으로 그 위험의 배제에 나서지 아니하면 국민의 생명 등을 보호할 수 없는 경우에는 형식적 의미의 법령에 근거가 없더라도 국가나 관련 공무원에 대하여 그러한 위험을 배제할 작위의무를 인정할 수 있을 것이다. 그러나 그와 같은 절박하고 중대한 위험상태가 발생하였거나 발생할 상당한 우려가 있는 경우가 아닌 한, 원칙적으로 공무원이 관련 법령에서 정하여진 대로 직무를 수행하였다면 그와 같은 공무원의 부작위를 가지고 '고의 또는 과실로 법령에 위반'하였다고 할 수는 없다. 따라서 공무원의 부작위로 인한 국가배상책임을 인정할 것인지 여부가 문제되는 경우에 관련 공무원에 대하여 **작위의무를 명하는 법령의 규정이 없는 때**라면 공무원의 부작위로 인하여 침해되는 국민의 법익 또는 국민에게 발생하는 손해가 어느 정도 심각하고 절박한 것인지, 관련 공무원이 그와 같은 결과를 예견하여 그 결과를 회피하기 위한 조치를 취할 수 있는 가능성이 있는지 등을 **종합적으로 고려하여 판단하여야** 한다(대판 2012. 7. 26, 2010다95666; 대판 1998. 10. 13, 98다18520).

[평설] 부작위에 의한 법령위반의 경우에는 **작위의무**가 있어야 한다. 명문의 근거가 없는 경우 헌법 및 행정법의 일반원칙(판례상 조리라 불리기도 한다)을 근거로 작위의무를

인정할 수 있는지가 문제된다. 학설은 **부정설**(법률에 의한 행정의 원칙에 비추어 법률상의 근거를 결하는 작위의무를 인정할 수 없다는 견해)과 **긍정설**(법치행정의 목적이 인권보장과 생명과 재산보호라는 점에서 공서양속·조리 내지 건전한 사회통념에 근거하여 법적 작위의무를 인정할 수 있다는 견해)이 있다. 생각건대, 작위의무는 명문의 법규정뿐만 아니라 각 행정분야에서의 헌법 및 행정법의 일반원칙(이른바 객관적 법질서, 조리 및 인권존중의 원칙)으로부터도 도출될 수 있는 것으로 볼 것이다. 판례는 긍정설을 취하고 있음을 보여준다.

### (다) 작위의무위반 여부 판단시, 위반자의 수준

□ 구 소방시설설치유지 및 안전관리에 관한 법률(2011. 8. 4. 법률 제11037호로 개정되기 전의 것, 이하 '구 소방시설법'이라 한다) 제4조 제1항, 제5조, 구 다중이용업소의 안전관리에 관한 특별법(2013. 3. 23. 법률 제11690호로 개정되기 전의 것, 이하 '다중이용업소법'이라 한다) 제9조 제2항은 전체로서의 공공 일반의 안전과 이익을 도모하기 위한 것일 뿐만 아니라 나아가 **국민 개개인의 안전과 이익을 보장하기 위하여 둔 것**이므로, 소방공무원이 구 소방시설법과 다중이용업소법 규정에 정하여진 직무상 의무를 게을리한 경우 의무 위반이 **직무에 충실한 보통 일반의 공무원을 표준으로 객관적 정당성을 상실하였다고 인정될 정도**에 이른 때는 국가배상법 제2조 제1항에 정한 위법의 요건을 충족하게 된다(대판 2016. 8. 25, 2014다225083).

[평설] 이 판례는 의무위반 여부를 판단할 때, 직무에 충실한 보통 일반의 공무원을 표준으로 하여야 함을 보여준다. 직무에 충실한 보통 일반의 공무원이 무엇을 뜻하는지 말하기는 쉽지 않다.

### (라) 불충분한 작위의무 이행 등과 과소보호 금지원칙의 적용

①  국가가 국민의 생명·신체의 안전에 대한 보호의무를 다하지 않았는지 여부를 헌법재판소가 심사할 때에는 국가가 이를 보호하기 위하여 적어도 적절하고 효율적인 최소한의 보호조치를 취하였는가 하는 이른바 '**과소보호 금지원칙**'의 위반 여부를 기준으로 삼아, 국민의 생명·신체의 안전을 보호하기 위한 조치가 필요한 상황인데도 국가가 아무런 보호조치를 취하지 않았든지 아니면 취한 조치가 법익을 보호하기에 전적으로 부적합하거나 매우 불충분한 것임이 명백한 경우에 한하여 국가의 보호의무의 위반을 확인하여야 한다(헌재 2008. 12. 26, 2008헌

마419·423·436(병합) 전원재판부).

② 시장·군수·구청장이 부랑인선도시설 및 정신질환자요양시설의 업무에 관하여 지도·감독을 하고, 필요한 경우 그 시설에 대하여 그 업무의 내용에 관하여 보고하게 하거나 관계 서류의 제출을 명하거나 소속공무원으로 하여금 시설에 출입하여 검사 또는 질문하게 할 수 있는 등 형식상 시장·군수·구청장에게 재량에 의한 직무수행권한을 부여한 것처럼 되어 있더라도 시장·군수·구청장에게 그러한 권한을 부여한 취지와 목적에 비추어 볼 때 구체적인 사정에 따라 시장·군수·구청장이 그 권한을 행사하여 필요한 조치를 취하지 아니하는 것이 현저하게 불합리하다고 인정되는 경우에는 그러한 권한의 불행사는 직무상의 의무를 위반하는 것이 되어 위법하게 된다(대판 2006. 7. 28, 2004다759).

[평설] 재량행위의 경우에 부작위로 나아간 경우뿐만 아니라, 작위로 나아갔다고 하여도 작위의 내용이 작위의무가 부과된 목적의 실현에 필요한 최소한에도 미달한다면, 역시 법령위반이라는 취지의 판례이다.

(마) 수익적 처분 신청의 경우
□ 수익적 행정처분은 그 성질상 특별한 사정이 없는 한 그 처분이 이루어지는 것이 신청인의 이익에 부합하고, 이에 대한 법규상의 제한은 공공의 이익을 위한 것이어서 그러한 법규상의 제한 사유가 없는 한 원칙적으로 이를 허용할 것이 요청된다고 할 것이므로, 수익적 행정처분이 신청인에 대한 관계에서 국가배상법 제2조 제1항의 위법성이 있는 것으로 평가되기 위하여는 당해 행정처분에 관한 법령의 내용, 그 성질과 법률적 효과, 그로 인하여 신청인이 무익한 비용을 지출할 개연성에 관한 구체적 사정 등을 종합적으로 고려하여 객관적으로 보아 그 행위로 인하여 신청인이 손해를 입게 될 것임이 분명하다고 할 수 있어 신청인을 위하여도 당해 행정처분을 거부할 것이 요구되는 경우이어야 할 것이다(대판 2001. 5. 29, 99다37047).

[평설] 수익적 행정처분 그 자체는 피처분자에게 수익적인바, 일반적으로 법령위반을 예상하기 어렵다. 그러나 수익의 내용이 법령이 예정한 수익보다 적다면, 그러한 수익적 처분은 법령위반에 해당할 수 있다.

## (4) 위법행위의 취소가 필요한지 여부

□ 토지구획정리사업시행자가 사실상 도로의 기타 소유자에 대하여 환지도 지정하지 아니하고 청산금도 지급하지 아니하기로 하는 처분은 하나의 **공정력 있는 행정처분**의 성질을 지닌 것이므로 이것이 적법한 행정소송의 절차에 의하여 **취소되지 아니하는 한** 이 처분은 **법원을 기속한다** 할 것이므로 법원이 그 행정처분의 내용과는 달리 청산금이나 손실보상금을 지급하라고 명할 수 없고, 다만 위와 같이 환지도 지정하지 아니하고 청산금지급처분도 하지 아니한 채 환지처분의 **확정처분까지** 거쳐 그 소유권을 상실시켰다면 사업시행자는 그 한도에서 토지구획정리사업을 위법하게 시행하였다고 보아 그 도로의 소유자에 대하여 **불법행위의 책임**을 면할 길이 없는 것이다(대판 1975. 5. 27, 74다347).

[평설] **단순위법행위**의 경우에 그 행위가 취소되기 전에도 손해배상을 청구할 수 있는가의 문제가 있다. **전통적 견해**는 이러한 문제를 행정행위의 공정력과 관련하여 검토하고, 근년에 유력한 견해는 구성요건적 효력의 문제로 다룬다. 어느 입장을 취하든, 그러한 행위의 취소를 구하지 않고도 손해배상을 청구할 수 있다는데 학설은 일치하고 있다. 그 이유는 취소소송과 손해배상은 그 제도적 취지가 다르기 때문이라는 것이다.

## (5) 위법 여부를 판단하는 방법

□ 국가배상법에 따른 손해배상책임을 부담시키기 위한 전제로서, 공무원이 행한 행정처분이 위법하다고 하기 위하여서는 법령을 위반하는 등으로 그 행정처분을 하였음이 인정되어야 하므로, 수익적 행정처분인 허가 등을 신청한 사안에서 그 행정처분을 통하여 달성하고자 하는 신청인의 목적 등을 자세하게 살펴 그 **목적 달성에 필요한 안내나 배려 등을 하지 않았다는 사정만으로 직무집행에 있어 위법한 행위를 한 것이라고 보아서는 아니 된다**(대판 2017. 6. 29, 2017두33824).

## 6. 손해

### (1) 의의

□ 국가배상책임이 성립하기 위해서는 공무원의 직무집행이 위법하다는 점만으로는 부족하고, 그로 인해 타인의 권리·이익이 침해되어 구체적 손해가 발생하여야 한다(대판 2016. 8. 30, 2015두60617).

[평설] 손해배상책이 발생하려면 손해가 발생하여야 한다. 손해란 **가해행위로부터** 발생한 일체의 손해를 말한다. 손해는 법익(법률상 이익)침해로서의 불이익을 의미한다. 반사적 이익의 침해는 여기의 손해에 해당하지 아니한다.

## (2) 인과관계

① 우편역무종사자가 내용증명 우편물을 배달하는 과정에서 구 우편법 관계 법령에서 정한 **직무규정을** 위반하였다고 하더라도, 우편역무종사자가 **발송인 등과 제3자와의 거래관계의** 내용을 인식하고 그 **내용증명우편물을** 배달하지 아니할 경우 그 거래관계의 성립·이행·소멸이 방해되어 발송인등에게 손해가 발생할 수 있다는 점을 알았거나 알 수 있었다는 등의 특별한 사정이 없는 한, 그 직무상 의무 위반과 내용증명우편물에 기재된 의사표시가 도달되지 않거나 그 도달에 대한 증명기능이 발휘되지 못함으로써 발송인 등이 제3자와 맺은 거래관계의 성립·이행·소멸 등과 관련하여 입게 된 손해 사이에는 **상당인과관계가** 있다고 볼 수 없다(대판 2009. 7. 23, 2006다81325; 2016. 8. 25, 2014다225083).

② **상당인과관계의** 유무를 판단할 때에는 일반적인 결과 발생의 개연성은 물론 직무상 의무를 부과하는 법령 기타 행동규범의 목적이나 가해행위의 태양 및 피해의 정도 등을 종합적으로 고려하여야 한다(대판 2017. 11. 9, 2017다228083).

[평설] ① 가해행위인 직무집행행위와 손해의 발생 사이에는 **상당인과관계가** 있어야 한다는 취지의 판례이다. ②는 인과관계 유무의 판단방법에 관한 판례이다.

## (3) 손해의 범위

□ 국가가 그 소속 경찰관의 직무집행상의 과실로 말미암아 피해자에게 손해를 배상할 책임이 있는 경우에 그 **손해배상의 범위를** 정함에 있어서는, 당해 직무집행에서 요구되는 경찰관의 주의의무의 내용과 성격, 당해 경찰관의 주의의무 위반의 경위 및 주의의무 위반행위의 태양, 피해자의 손해 발생 및 확대에 관여된 객관적인 사정이나 그 정도 등 **제반 사정을** 참작하여 손해분담의 공평이라는 손해배상제도의 이념에 비추어 그 손해배상액을 제한할 수 있다. 나아가 **책임감경사유에** 관한 사실인정이나 그 비율을 정하는 것은 그것이 형평의 원칙에 비추어 현저히 불합리하다고 인정되지 않는 한 사실심의 **전권사항에** 속한다(대판 2017. 11. 9, 2017다228083).

(4) 위자료

① 윤락녀들이 윤락업소에 감금된 채로 윤락을 강요받으면서 생활하고 있음을 쉽게 알 수 있는 상황이었음에도, 경찰관이 이러한 감금 및 윤락강요행위를 제지하거나 윤락업주들을 체포·수사하는 등 필요한 조치를 취하지 아니하고 오히려 **업주들로부터 뇌물을 수수하며 그와 같은 행위를 방치한 것은 경찰관의 직무상 의무에 위반하여 위법하므로 국가는 이로 인한 정신적 고통에 대하여 위자료를 지급할 의무가 있다**(대판 2004. 9. 23, 2003다49009).

② 재산상의 손해로 인하여 받는 **정신적 고통은 그로 인하여 재산상 손해의 배상만으로는 전보될 수 없을 정도의 심대한 것이라고 볼 만한 특별한 사정이 없는 한 재산상 손해배상으로써 위자된다.**… 토지 매수를 위하여 금원을 지출한 후 오랜 기간이 지나 그 소유자에게 소유권을 추급당하였고 그 지상의 건물이 철거될 운명에 있으며 오랜 기간 동안 등귀한 토지가격과 매수대금과의 차이가 크다는 이유만으로는 재산상의 손해로 인하여 받는 정신적 고통이 그로 인하여 재산상 손해의 배상만으로는 전보될 수 없을 정도의 심대한 것이라고 볼 만한 특별한 사정이 있다고 볼 수 없다(대판 1998. 7. 10, 96다38971).

[평설] 국가배상법상 손해는 적극적 손해인가 또는 소극적 손해인가, 재산상의 손해인가 또는 생명·신체·정신상의 손해인가를 가리지 않는다. ① 앞의 판례(대판 2004. 9. 23, 2003다49009)는 정신적 고통에 따르는 손해도 당연히 포함된다는 취지이고, ② 뒤의 판례(대판 1998. 7. 10, 96다38971)는 정신적 고통의 대가인 위자료는 통상적으로는 재산상 손해로부터 분리되기 어렵다는 취지이다.

## Ⅱ. 배상책임의 내용

### 1. 배상액(국배법 제3조)

(1) 배상기준의 성질

□ 구 국가배상법(1967. 3. 3. 법률 제1899호) 제3조 제1항과 제3항의 손해배상의 기준은 배상심의회의 배상금지급기준을 정함에 있어서의 하나의 기준을 정한 것에 지나지 아니하는 것이고 이로써 배상액의 상한을 제한한 것으로 볼 수 없다 할 것이며 따라서 법원이 국가배상법에 의한 손해배상액을 산정함에 있어서 그 기준에 구애되는 것이 아니라 할 것이니 이 규정은 국가 또는 공공단체에 대한 손해배상청구권을 규정한 구 헌법(1962. 12. 26. 개정헌법) 제26조에 위반된다고 볼 수

없다(대판 1970. 1. 29, 69다1203).

[평설] 헌법 제29조 제1항에 따른 국가배상법은 생명·신체에 대한 침해와 물건의 멸실·훼손으로 인한 손해에 관해서는 배상금액의 기준을 정해 놓고 있으며(국배법 제3조 제1항 내지 제3항), 그 밖의 손해에 대해서는 불법행위와 상당인과관계가 있는 범위 내의 손해를 기준으로 하고 있다(국배법 제3조 제4항). 이러한 국가배상법의 규정이 법원을 구속하는가(**한정액설**), 아니면 단순한 기준에 불과한 것인가(**기준액설**)의 문제가 있다. 기준액설이 지배적 견해이고, 판례의 입장이다.

## (2) 이익의 공제
□ 불법행위로 인한 장래 얻을 수 있는 일실수익의 현가를 산정함에 있어 중간이자 공제방법으로서 호프만식 계산법에 의하지 아니하고 **라이프니쯔식 계산법에 의하여 그 일실수익의 현가를 산정하였다** 하여 이를 판례위반의 위법이라 할 수 없다(대판 1983. 6. 28, 83다191).

[평설] 피해자가 손해를 입은 동시에 이익을 얻은 경우에는 손해배상액에서 그 이익에 상당하는 금액을 **빼야** 한다(국배법 제3조의2 제1항). 1997년 12월 개정 전의 구 국가배상법은 중간이자의 공제방식으로 **복할인법**(라이프니쯔식)을 규정하였고(동법 제3조의2 제2항), 법원은 **라이프니쯔식과 호프만식**(단할인법) 중에서 어느 하나를 **자유롭게 선택**할 수 있었으나, **현행 국가배상법시행령은 호프만식을 규정**하고 있다(동시행령 제6조 제3항). 일반적으로는 호프만식이 피해자에게 유리하다고 한다.

## 2. 군인·군무원 등의 이중배상배제(국배법 제2조)
### (1) 제도의 합헌성
□ 국가배상법 제2조 제1항 단서는 헌법 제29조 제1항에 의하여 보장되는 국가배상청구권을 헌법 내재적으로 제한하는 헌법 제29조 제2항에 직접 근거하고, 실질적으로 그 내용을 같이하는 것이므로 헌법에 위반되지 아니한다(헌재 2001. 2. 22, 2000헌바38; 대판 2011. 3. 10, 2010다85942).

[평설] 국가배상법 제2조 제1항 단서(다만, 군인·군무원·경찰공무원 또는 향토예비군대원이 전투·훈련·기타 직무집행과 관련하거나 국방 또는 치안유지의 목적상 사용하는 시설 및 자

동차·함선·항공기·기타 운반기구안에서 전사·순직 또는 공상을 입은 경우에 본인 또는 그 유족이 다른 법령의 규정에 의하여 재해보상금·유족연금·상이연금 등의 보상을 지급받을 수 있을 때에는 이 법 및 민법의 규정에 의한 손해배상을 청구할 수 없다)는 헌법 제29조 제2항(군인·군무원·경찰공무원 기타 법률이 정하는 자가 전투·훈련 등 직무집행과 관련하여 받은 손해에 대하여는 법률이 정하는 보상 외에 국가 또는 공공단체에 공무원의 직무상 불법행위로 인한 배상은 청구할 수 없다)에 근거한 것이고 내용도 같은바, 합헌이라는 판례이다. 대법원도 같은 입장이다

참고☞ 과거에 이중배상금지제도는 헌법상 근거없이 국가배상법에서 규정되었고, 1971년 6월 22일 대법원은 이중배상금지를 헌법위반으로 판결하였다(대판 1971. 6. 22, 70다1010).

□ 군인 또는 군속이 공무원의 직무상 불법행위의 피해자인 경우에 그 군인 또는 군속에게 이로 인한 손해배상청구권을 제한 또는 부인하는 국가배상법 제2조 제1항 단서는 헌법 제26조에서 보장된 국민의 기본권인 손해배상청구권을 헌법 제32조 제2항의 질서유지 또는 공공복리를 위하여 제한할 필요성이 없이 제한한 것이고 또 헌법 제9조의 평등의 원칙에 반하여 군인 또는 군속인 피해자에 대하여서만 그 권리를 부인함으로써 그 권리 자체의 본질적 내용을 침해하였으며 기본권제한의 범주를 넘어 권리 자체를 박탈하는 규정이므로 이는 헌법 제26조, 같은법 제8조, 같은법 제9조 및 같은법 제32조 제2항에 위반한다(대판 1971. 6. 22, 70다1010).
그 후 소위 유신헌법에서 이중배상금지를 명문화하였고, 이것이 현행헌법까지 그대로 유지되고 있고, 대법원도 헌법재판소의 판례에 따라 이중배상배제는 합헌으로 판시하고 있다(대판 2002. 5. 10, 2000다39735).

(2) 제도의 취지
□ 국가배상법 제2조 제1항 단서 규정의 입법 취지는, 국가 또는 공공단체가 위험한 직무를 집행하는 군인·군무원·경찰공무원 또는 향토예비군대원에 대한 피해보상제도를 운영하여, 직무집행과 관련하여 피해를 입은 군인 등이 간편한 보상절차에 의하여 자신의 과실 유무나 그 정도와 관계없이 무자력의 위험부담이 없는 확실하고 통일된 피해보상을 받을 수 있도록 보장하는 대신에, 피해 군인

등이 국가 등에 대하여 공무원의 직무상 불법행위로 인한 손해배상을 청구할 수 없게 함으로써, 군인 등의 동일한 피해에 대하여 국가 등의 보상과 배상이 모두 이루어짐으로 인하여 발생할 수 있는 과다한 재정지출과 피해 군인 등 사이의 불균형을 방지하고, 또한 가해자인 군인 등과 피해자인 군인 등의 직무상 잘못을 따지는 쟁송이 가져올 폐해를 예방하려는 데에 있다(대판 2002. 5. 10, 2000다 39735; 대판 2001. 2. 15, 96다42420; 대판 2017. 2. 3, 2015두60075).

[평설] 대법원의 시각과 유사하게 "위험성이 높은 직무에 종사하는 자에 대하여는 사회보장적 위험부담으로서의 국가보상제도를 별도로 마련함으로써, 그것과 경합하는 국가배상청구를 배제하려는 취지이다"라는 견해도 있다. 그러나 논리적인 관점에서 보면, 국가배상법에 의한 배상은 '**불법에 대한 배상**'이며, 다른 법령에 의한 보상은 '**국가에 바친 헌신에 대한 보상**'이어서 양자는 목적을 달리하는 것이므로, 이중배상을 금하는 헌법과 국가배상법의 관련규정은 비합리적인 것으로 생각된다. 삭제가 요구된다고 볼 것이다.

## (3) 적용대상자

① 향토예비군의 직무는 그것이 비록 개별 향토예비군대원이 상시로 수행하여야 하는 것이 아니라 법령에 의하여 동원되거나 소집된 때에 **한시적으로 수행**하게 되는 것이라 하더라도 그 성질상 고도의 위험성을 내포하는 공공적 성격의 직무이므로, 국가배상법 제2조 제1항 단서가 그러한 직무에 종사하는 향토예비군대원에 대하여 다른 법령의 규정에 의한 사회보장적 보상제도를 전제로 이중보상으로 인한 일반인들과의 불균형을 제거하고 국가재정의 지출을 절감하기 위하여 임무수행중 상해를 입거나 사망한 개별 향토예비군대원의 국가배상청구권을 금지하고 있는 데에는 그 목적의 정당성, 수단의 상당성 및 침해의 최소성, 법익의 균형성이 인정되어 기본권제한규정으로서 헌법상 요청되는 과잉금지의 원칙에 반한다고 할 수 없고, 나아가 그 자체로서 평등의 원리에 반한다거나 향토예비군대원의 재산권의 본질적인 내용을 침해하는 위헌규정이라고 할 수 없다(헌재 1996. 6. 13, 94헌바20).

② 국가배상법 제2조 제1항 단서 중의 '경찰공무원'은 '경찰공무원법상의 경찰공무원'만을 의미한다고 단정하기 어렵고, 널리 **경찰업무에 내재된 고도의 위험성**을 고려하여 '경찰조직의 구성원을 이루는 공무원'을 특별취급하려는 취지로 파악함이

상당하므로 **전투경찰순경**은 헌법 제29조 제2항 및 국가배상법 제2조 제1항 단서 중의 '**경찰공무원**'에 해당한다고 보아야 한다(헌재 1996. 6. 13, 94헌마118·93헌바39 (병합)).

③ 공익근무요원은 … 국가기관 또는 지방자치단체의 공익목적수행에 필요한 경비·감시·보호 또는 행정업무 등의 지원과 국제협력 또는 예술·체육의 육성을 위하여 소집되어 공익분야에 종사하는 사람으로서 보충역에 편입되어 있는 자이기 때문에, 소집되어 군에 복무하지 않는 한 군인이라고 말할 수 없으므로, 비록 병역법 제75조 제2항이 공익근무요원으로 복무중 순직한 사람의 유족에 대하여 **국가유공자등예우및지원에관한법률에 따른 보상을 하도록 규정하고** 있다고 하여도, 공익근무요원이 국가배상법 제2조 제1항 단서의 규정에 의하여 국가배상법상 손해배상청구가 제한되는 군인·군무원·경찰공무원 또는 향토예비군대원에 해당한다고 할 수 없다(대판 1997. 3. 28, 97다4036).

④ 현역병으로 입영하여 소정의 군사교육을 마치고 병역법 제25조의 규정에 의하여 전입되어 구 교정시설경비교도대설치법 제3조에 의하여 **경비교도로 임용된** 자는, 군인의 신분을 상실하고 군인과는 다른 경비교도로서의 신분을 취득하게 되었다고 할 것이어서 국가배상법 제2조 제1항 단서가 정하는 군인 등에 해당하지 아니한다(대판 1998. 2. 10, 97다45914).

[평설] 헌법에 규정되지 아니한 향토예비군을 국가배상법이 중배상배제의 대상자로 규정한 것이 위헌이 아닌가의 논란이 있었으나, ①은 합헌으로 보았다. ②는 과거의 전투경찰대설치법에 따른 **전투경찰순경**은 이중배상이 배제되는 경찰공무원에 해당하는 것으로, ③은 **공익근무요원**을 이중배상이 배제되는 향토예비군대원에 해당하지 않는 것으로, ④는 **경비교도로 임용된 자**도 이중배상이 배제되는 군인에 해당하지 않는다고 하였다.

(4) 이중배상이 배제되는 직무의 범위

□ 이 사건 면책조항[국가배상법(2005. 7. 13. 법률 제7584호로 개정된 것) 제2조 제1항 단서]은 종전 면책조항과 마찬가지로 **전투·훈련 또는 이에 준하는 직무집행**뿐만 아니라 일반 직무집행에 관하여도 국가나 지방자치단체의 배상책임을 제한하는 것이다(대판 2011. 3. 10, 2010다85942).

[평설] 2005년 개정 전 국가배상법 제2조 제1항 단서는 「… 전투·훈련·기타 직무집행과 관련하거나 국방 또는 치안유지의 목적상 사용하는 시설 및 자동차·함선·항공기·기타 운반기구안에서 전사·순직 또는 공상을 입은 경우에 …」로 규정되었으나, 2005년 개정된 현행 국가배상법 제2조 제1항 단서는 「… 전투·훈련 등 직무 집행과 관련하여 전사(戰死)·순직(殉職)하거나 공상(公傷)을 입은 경우에 …」로 규정되고 있다. 이 때문에 일반직무가 이중배상이 배제되는 직무에 포함되는지의 여부가 문제된다. 판례는 **2005년 국가배상법 개정 전후를 불문하고 일반직무의 경우에도 이중배상배제가 적용된다고 본다.** 사견으로, 2005년 개정의 의미가 이중배상배제제도의 문제점(국가배상법에 의한 배상은 '불법에 대한 배상'이며, 다른 법령에 의한 보상은 '국가에 바친 헌신에 대한 보상 등'이어서 양자는 목적을 달리하는 것이므로, 이중배상을 금하는 헌법과 국가배상법의 관련규정은 비합리적인 것으로 생각된다)을 완화하는 것이라고 본다면, 일반직무는 이중배상이 배제되는 직무에 포함되지 않는 것으로 볼 것이다.

## (5) 재해보상금 등에 관한 청구권소멸과 이중배상배제의 관계

□ 국가배상법 제2조 제1항 단서 규정은 다른 법령에 보상제도가 규정되어 있고, 그 법령에 규정된 상이등급 또는 장애등급 등의 요건에 해당되어 그 권리가 발생한 이상, 실제로 그 권리를 행사하였는지 또는 그 권리를 행사하고 있는지 여부에 관계없이 적용된다고 보아야 하고, 그 각 **법률에 의한 보상금청구권이 시효로 소멸되었다 하여 적용되지 않는다고 할 수는 없다**(대판 2002. 5. 10, 2000다39735).

[평설] 이 판례는 "(국가배상법 제2조 제1항 단서는) 군인, 군무원 등 국가배상법 규정에 열거된 자가 전투, 훈련 기타 직무집행과 관련하는 등으로 공상을 입은 데 대하여 재해보상금, 유족연금, 상이연금 등 **별도의 보상제도가 마련되어 있는 경우**에는 이중배상의 금지를 위하여 이들의 국가에 대한 국가배상법 또는 민법상의 손해배상청구권 자체를 절대적으로 배제하는 규정이라는 점"을 전제로 한 것이다.

## (6) 공동불법행위와 구상

**참고☞** 종래 대법원은 이중배상의 배제를 이유로 국가와 공동불법행위책임이 있는 자의 국가에 대한 구상권행사를 전면 부인하였다(아래의 첫 번째 판례인 대판 1983. 6. 28, 83다카500). 이에 대하여 **헌법재판소**는 국가배상법 제2조 제1항 단서부분에 대하여 한정위헌을 선고하였고(아래의 두 번째 판례인 헌재 1994. 12. 29, 93헌바21), **그 후 대법원**은 민간인이 공동불법행위자로 부담하는 책임은 공동불법행위의 일반적인 경우와 달리 모든 손해에 대한 것이 아니라 귀책비율에 따른 부분으로 한정된다고 하고, 그 이상의 부담에 대해서는 구상을 청구할 수 없다고 하였다(아래의 세 번째 판례인 대판 2001. 2. 15, 96다42420). 대법원의 이러한 입장은 국가배상법 제2조 제1항 단서의 취지를 살리면서 동시에 공동불법행위자인 민간인의 재산권의 보호를 위한 것으로 이해된다.

① 헌법 제28조 제2항에 근거를 둔 국가배상법 제2조 제1항 단서의 규정은 군인, 군무원 등 위 규정에 열거된 자에 대하여 재해보상금, 유족연금, 상여연금 등 별도의 보상제도가 마련되어 있는 경우에는 2중배상금지를 위하여 이들의 국가에 대한 국가배상법상 또는 민법상의 손해배상청구권을 배제한 규정이므로, 국가와 공동불법행위책임이 있는 자가 피해자에게 그 배상채무를 변제하였음을 이유로 국가에 대하여 구상권을 행사하는 것도 허용되지 않는다(대판 1983. 6. 28, 83다카500).
② 국가배상법 제2조 제1항 단서 중 군인에 관련되는 부분을, 일반국민이 직무집행중인 군인과의 공동불법행위로 직무집행중인 다른 군인에게 공상을 입혀 그 피해자에게 공동의 불법행위로 인한 손해를 배상한 다음 공동불법행위자인 군인의 부담부분에 관하여 국가에 대하여 구상권을 행사하는 것을 허용하지 않는다고 해석한다면, 이는 위 단서 규정의 헌법상 근거규정인 헌법 제29조가 구상권의 행사를 배제하지 아니하는데도 이를 배제하는 것으로 해석하는 것으로서 합리적인 이유 없이 일반국민을 국가에 대하여 지나치게 차별하는 경우에 해당하므로 헌법 제11조, 제29조에 위반되며, 또한 국가에 대한 구상권은 헌법 제23조 제1항에 의하여 보장되는 재산권이고 위와 같은 해석은 그러한 재산권의 제한에 해당하며 재산권의 제한은 헌법 제37조 제2항에 의한 기본권제한의 한계 내에서만 가능한데, 위와 같은 해석은 헌법 제37조 제2항에 의하여 기본권을 제한할 때 요구되는 비례의 원칙에 위배하여 일반국민의 재산권을 과잉 제한하는 경우에 해당하여 헌법 제23조 제1항 및 제37조 제2항에도 위반된다(헌재 1994. 12. 29, 93헌바21).
③ 헌법 제29조 제2항, 국가배상법 제2조 제1항 단서의 입법 취지를 관철하기 위하여는, 국가배상법 제2조 제1항 단서가 적용되는 공무원의 직무상 불법행위로 인하여 직무집행과 관련하여 피해를 입은 군인 등에 대하여 위 불법행위에 관련된 일반국민(법인을 포함한다. 이하 '민간인'이라 한다)이 공동불법행위책임, 사용자책임, 자동차운행자책임 등에 의하여 그 손해를 자신의 귀책부분을 넘어서 배상한 경우에도, 국가 등은 피해 군인 등에 대한 국가배상책임을 면할 뿐만 아니라, 나아가 민간인에 대한 국가의 귀책비율에 따른 구상의무도 부담하지 않는다고 하여

야 할 것이다. 그러나 위와 같은 경우, 민간인은 여전히 **공동불법행위자 등**이라는 이유로 피해 군인 등의 손해 전부를 배상할 책임을 부담하도록 하면서 국가 등에 대하여는 귀책비율에 따른 구상을 청구할 수 없도록 한다면, 공무원의 직무활동으로 빚어지는 이익의 귀속주체인 국가 등과 민간인과의 관계에서 원래는 **국가 등이 부담하여야 할 손해까지 민간인이 부담하는 부당한 결과가** 될 것이고(가해 공무원에게 경과실이 있는 경우에는 그 공무원은 손해배상책임을 부담하지 아니하므로 민간인으로서는 자신이 손해발생에 기여한 귀책부분을 넘는 손해까지 종국적으로 부담하는 불이익을 받게 될 것이고, 가해 공무원에게 고의 또는 중과실이 있는 경우에도 그 무자력 위험을 사용관계에 있는 국가 등이 부담하는 것이 아니라 오히려 민간인이 감수하게 되는 결과가 된다), 이는 위 헌법과 국가배상법의 규정에 의하여도 정당화될 수 없다고 할 것이다. 이러한 부당한 결과를 방지하면서 위 헌법 및 국가배상법 규정의 **입법취지를** 관철하기 위하여는, 피해 군인 등은 위 헌법 및 국가배상법 규정에 의하여 국가 등에 대한 배상청구권을 상실한 대신에 자신의 과실 유무나 그 정도와 관계 없이 무자력의 위험부담이 없는 확실한 국가보상의 혜택을 받을 수 있는 지위에 있게 되는 특별한 이익을 누리고 있음에 반하여 민간인으로서는 손해 전부를 배상할 의무를 부담하면서도 국가 등에 대한 구상권을 행사할 수 없다고 한다면 부당하게 권리침해를 당하게 되는 결과가 되는 것과 같은 각 당사자의 이해관계의 실질을 고려하여, 위와 같은 경우에는 **공동불법행위자 등이 부진정연대채무자로서** 각자 피해자의 손해 전부를 배상할 의무를 부담하는 공동불법행위의 일반적인 경우와 달리 예외적으로 민간인은 피해 군인 등에 대하여 그 손해 중 국가 등이 민간인에 대한 구상의무를 부담한다면 그 내부적인 관계에서 부담하여야 할 부분을 제외한 나머지 자신의 부담부분에 한하여 손해배상의무를 부담하고, 한편 국가 등에 대하여는 그 귀책부분의 구상을 청구할 수 없다고 해석함이 상당하다 할 것이고, 이러한 해석이 손해의 공평·타당한 부담을 그 지도원리로 하는 손해배상제도의 이상에도 맞는다 할 것이다(대판 2001. 2. 15, 96다42420).

## (7) 배상가능한 경우

□ 군인 또는 경찰공무원으로서 교육훈련 또는 직무수행중 상이(공무상의 질병 포함)를 입고 전역 또는 퇴직한 자라고 하더라도 **국가유공자예우등에관한법률에** 의하여 국가보훈처장이 실시하는 신체검사에서 대통령령이 정하는 상이등급에 해당하는 신체의 장애를 입지 않은 것으로 판명되고 또한 **군인연금법상의 재해보상**

등을 받을 수 있는 장애등급에도 해당하지 않는 것으로 판명된 자는 위 각 **법에 의한 적용대상에서 제외**되고, 따라서 그러한 자는 국가배상법 제2조 제1항 단서의 적용을 받지 않아 **국가배상을 청구할 수 있다**(대판 1996. 2. 14, 96다28066).

(8) 다른 법령

□ 국가배상법 제2조 제1항 단서는 헌법 제29조 제2항에 근거를 둔 규정이고, **보훈보상대상자 지원에 관한 법률**(이하 '보훈보상자법'이라 한다)이 정한 보상에 관한 규정은 국가배상법 제2조 제1항 단서가 정한 '**다른 법령**'에 해당하므로, 보훈보상자법에서 정한 보훈보상대상자 요건에 해당하여 보상금 등 보훈급여금을 지급받을 수 있는 경우는 보훈보상자법에 따라 '보상을 지급받을 수 있을 때'에 해당한다. 따라서 군인·군무원·경찰공무원 또는 향토예비군대원(이하 '군인 등'이라 한다)이 전투·훈련 등 직무집행과 관련하여 공상을 입는 등의 이유로 보훈보상자법이 정한 보훈보상대상자 요건에 해당하여 보상금 등 보훈급여금을 지급받을 수 있을 때에는 국가배상법 제2조 제1항 단서에 따라 국가를 상대로 국가배상을 청구할 수 없다고 할 것이다(대판 2017. 2. 3, 2015두60075).

## Ⅲ. 배상책임자, 배상책임의 성질, 선택적 청구 등

### 1. 배상책임자(배상주체)

(1) 사무의 귀속주체로서 배상책임자(국배법 제2조)

① 자동차운전면허시험 관리업무는 **국가행정사무**이고 지방자치단체의 장인 **서울특별시장**은 국가로부터 그 관리업무를 **기관위임**받아 국가행정기관의 지위에서 그 업무를 집행하므로, **국가**는 면허시험장의 설치 및 보존의 하자로 인한 손해배상 **책임을 부담한다**(대판 1991. 12. 24, 91다34097).

② **지방자치단체장간의 기관위임**의 경우에 위임받은 하위 **지방자치단체장**은 상위 **지방자치단체 산하 행정기관**의 지위에서 그 사무를 처리하는 것이므로 사무귀속의 주체가 달라진다고 할 수 없고, 따라서 하위 지방자치단체장을 보조하는 하위 지방자치단체 소속 공무원이 위임사무처리에 있어 고의 또는 과실로 타인에게 손해를 가하였더라도 **상위 지방자치단체**는 여전히 그 사무귀속 주체로서 손해배상 **책임을 진다**(대판 1996. 11. 8, 96다21331).

[평설] 국가배상법 제2조 제1항에서 국가 또는 지방자치단체가 배상책임을 진다고 하는 것은 당해 사무의 귀속주체에 따라서 국가사무의 경우에는 국가가 배상책임을 지고, 자치사무의 경우에 당해 지방자치단체가 배상책임을 진다는 것을 뜻한다. 따라서 기관위임사무의 경우, 위임기관이 속한 행정주체는 당연히 사무의 귀속주체로서 배상책임을 진다. ① 앞의 판례(대판 1991. 12. 24, 91다34097)는 국가가 사무의 귀속주체로서, ② 뒤의 판례(대판 1996. 11. 8, 96다21331)는 광역지방자치단체가 사무의 귀속주체로서 책임을 진다는 취지의 판례이다.

### (2) 비용부담자로서 배상책임자(국배법 제6조 제1항)

① 국가배상법 제6조 제1항 소정의 '공무원의 봉급·급여 기타의 비용'이란 공무원의 인건비만을 가리키는 것이 아니라 **당해사무에 필요한 일체의 경비를** 의미한다고 할 것이고, 적어도 대외적으로 그러한 경비를 지출하는 자는 경비의 실질적·**궁극적 부담자가 아니더라도 그러한 경비를 부담하는 자에 포함된다**(대판 1994. 12. 9, 94다38137).

② 감차처분 및 개별운송사업면허처분에 관련된 사무가 **천안시장에게 재위임된 국가행정사무이어서** 위 법 제2조에 의한 공무원의 선임, 감독자로서의 손해배상책임은 국가에 있다고 하더라도, 위 사무에 소요되는 경비는 피고 시가 지출하였을 것이므로, **천안시장이** 위 사무를 처리함에 있어서 원고의 주장과 같은 불법행위를 저질렀다면, 천안시는 위 법 제6조 제1항 소정의 **비용부담자로서** 이로 인한 **손해를 배상할 책임이** 있다(대판 1994. 12. 9, 94다38137).

[평설] ①은 국가배상법 제6조 제1항에서 말하는 비용부담의 의의를 보여준다. 판례는 비용을 경비의 지출이라는 형식적 관점에서 파악하고 있다. ②는 기관위임사무의 경우에 수임자의 배상책임을 국가배상법 제6조 제1항의 손해배상책임으로 새기고 있음을 볼 수 있다. 국가배상법 제6조 제1항은 「공무원의 선임·감독자와 공무원의 봉급·급여 그 밖의 비용부담자가 동일하지 아니한 경우」를 전제로 하므로, 판례는 기관위임사무의 경우에 공무원의 선임·감독을 맡은 자를 국가 또는 지방자치단체로 보고, 비용부담자를 기관위임사무를 현실적으로 처리하는 자가 속한 지방자치단체로 보고 있음을 알 수 있다. 아울러 ②에서는 국가배상법 제6조 제1항에서 말하는 "비용을 부담하는 자"의 의미와 관련하여 ⓐ **실질적 비용부담자설**(비용의 실질적·궁극적 부담자를 의미한다는 견해), ⓑ **형식적 비용부담자설**(단순히 대외적으로 비용을 부담하는 자를 의미한

다 견해), ⓒ **병합설**(실질적 비용부담자와 형식적 비용부담자를 포함한다는 견해) 중 병합설을 취하고 있음을 볼 수 있다.

## (3) 종국적 배상책임자

□ 원래 광역시가 점유·관리하던 일반국도 중 일부 구간의 포장공사를 국가가 대행하여 광역시에 도로의 관리를 이관하기 전에 교통사고가 발생한 경우, 광역시는 그 도로의 점유자 및 관리자, 도로법 제56조, 제55조, 도로법시행령 제30조에 의한 도로관리비용 등의 부담자로서의 책임이 있고, 국가는 그 도로의 점유자 및 관리자, 관리사무귀속자, 포장공사비용 부담자로서의 책임이 있다고 할 것이며, 이와 같이 광역시와 국가 모두가 도로의 점유자 및 관리자, 비용부담자로서의 책임을 중첩적으로 지는 경우에는, 광역시와 국가 모두가 국가배상법 제6조 제2항 소정의 궁극적으로 손해를 배상할 책임이 있는 자라고 할 것이고, 결국 광역시와 국가의 내부적인 부담 부분은, 그 도로의 인계·인수 경위, 사고의 발생 경위, 광역시와 국가의 그 도로에 관한 분담비용 등 제반 사정을 종합하여 결정함이 상당하다(대판 1998. 7. 10, 96다42819).

[평설] 국가배상법 제6조 제2항은 "제1항의 경우에 손해를 배상한 자는 내부관계에서 그 손해를 배상할 책임이 있는 자에게 구상할 수 있다"고 규정한다. 국가배상법 제6조 제2항의 의미와 관련하여 ① 비용부담자가 제1항에 따라 손해를 배상한 경우에 사무의 귀속주체(공무원의 선임감독 또는 영조물의 설치관리를 맡은 자)에 대하여 구상권을 정하는 규정이라고 해석될 수도 있고, ② 제2항은 내부관계에서의 구상책임에 관해 일반적으로 규정할 뿐, 최종적인 배상책임자에 관해서는 언급하는 바가 없고, 누가 최종적인 배상책임자인가의 문제는 학설·판례가 정할 사항이라는 해석도 가능하다. ①의 해석이 타당하다고 보나, ②의 해석을 전제로 할 때, 학설은 **사무귀속자설**(사무의 귀속주체가 최종적인 책임을 부담한다는 견해), **비용부담자설**(비용부담자가 최종적인 비용부담자라는 견해), **기여도설**(손해발생에 기여한 정도에 따라 최종적인 비용부담자가 정해져야 한다는 견해), **개별검토설**(개별적인 사정, 즉 손해발생의 기여도, 비용부담의 비용 등을 고려하여 구체적인 타당성을 확보한 해결을 도모하는 것이 타당하다는 견해)이 있다. 이 판례는 기여도설에 따른 것으로 보이기도 한다.

## 2. 배상책임의 성질

□ 국가배상법 제2조 제1항 본문 및 제2항의 입법취지는 공무원의 직무상 위법

행위로 타인에게 손해를 끼친 경우에는 **변제자력이 충분한 국가 등에게 선임감독 상 과실여부에 불구하고 손해배상책임을 부담시켜** 국민의 재산권을 보장하되, 공무원이 직무를 수행함에 있어 **경과실로 타인에게 손해를 입힌 경우에는** 그 직무수행 상 통상 예기할 수 있는 흠이 있는 것에 불과하므로, 이러한 공무원의 행위는 여전히 국가 등의 기관의 행위로 보아 그로 인하여 발생한 손해에 대한 **배상책임도 전적으로 국가 등에만 귀속시키고** 공무원 개인에게는 그로 인한 책임을 부담시키지 아니하여 공무원의 공무집행의 안정성을 확보하고, 반면에 공무원의 위법행위가 고의·중과실에 기한 경우에는 비록 그 행위가 그의 직무와 관련된 것이라고 하더라도 그와 같은 행위는 그 본질에 있어서 기관행위로서의 품격을 상실하여 국가 등에게 그 책임을 귀속시킬 수 없으므로 공무원 개인에게 **불법행위로 인한 손해배상책임을 부담시키되,** 다만 이러한 경우에도 그 행위의 외관을 객관적으로 관찰하여 공무원의 직무집행으로 보여질 때에는 피해자인 국민을 두텁게 보호하기 위하여 국가 등이 공무원 개인과 중첩적으로 배상책임을 부담하되 국가 등이 배상책임을 지는 경우에는 공무원 개인에게 구상할 수 있도록 함으로써 궁극적으로 그 책임이 공무원 개인에게 귀속되도록 하려는 것이라고 봄이 합당하다(대판 1996. 2. 15, 95다38677).

[**평설**] 국가나 지방자치단체가 부담하는 배상책임의 성질과 관련하여 학설은 **자기책임 설**(공무원의 행위의 효과는 바로 국가나 지방자치단체의 행위로 귀속되는바, 그 책임은 국가나 지방자치단체 자신의 책임이라는 견해), **대위책임설**(피해자의 보호 등을 위해 국가가 공무원에 대신하여 부담하는 책임이라는 견해), **중간설**(경과실의 경우 국가책임은 자기책임이고, 고의 또는 중대한 과실의 경우에는 원칙적으로 공무원 개인의 책임이지만, 직무행위의 외관을 갖춘 경우에는 국가의 자기책임이라 하면서 직무행위의 외관을 갖춘 경우에는 선택적 청구가 가능하다는 견해), **절충설**(공무원의 위법행위가 고의 또는 중과실에 의한 것인 때에 국가책임은 대위책임과 자기책임의 양면성을 갖지만, 경과실에 의한 것인 때에는 국가의 공무원에 대한 구상권이 부인된다는 것을 이유로 국가책임을 자기책임으로 보는 견해)로 나뉜다. **판례는 절충설**을 취하고 있음을 볼 수 있다. 사견으로는, 공무원의 위법한 권한행사라는 위험한 환경을 마련한 국가의 자기책임으로 본다.

## 3. 선택적 청구의 문제

**참고**☞ 국가나 지방자치단체에 배상책임이 인정된다고 할 때, 피해자는 국가·지방자치단체 외에 가해공무원을 상대로 하여 배상을 청구할 수 있는가의 문제가 있다. 판례는 ① 처음에는 선택적인 청구가 가능하다고 하였으나(①의 판례), ② 그 후 선택적인 청구가 불가능하다고 하였다가(②의 판례), ③ 현재로서는 고의나 중대한 과실이 있는 경우에는 선택적 청구가 가능하지만, 경과실이 있는 경우에는 선택적 청구를 할 수 없다는 입장을 취하고 있다(③의 판례).

① 공무원의 직무상 불법행위로 손해를 받은 국민이 국가 또는 공공단체에 배상을 청구하는 경우 국가 또는 공공단체에 대하여 그의 불법행위를 이유로 손해배상을 구함은 국가배상법이 정한 바에 따른다 하여도 이 역시 민사상의 손해배상책임을 특별법인 국가배상법이 정한데 불과하며 헌법 제26조 단서는 국가 또는 공공단체가 불법행위로 인한 손해배상책임을 지는 경우 공무원 자신의 책임은 면제되지 아니한다고 규정하여 공무원의 직무상 불법행위로 손해를 받은 국민이 공무원 자신에게 대하여도 직접 그의 불법행위를 이유로 손해배상을 청구할 수 있음을 규정하여 국가배상법의 공무원 자신의 책임에 관한 규정여하를 기다릴 것 없이 공무원 자신이 불법행위를 이유로 민사상의 손해배상책임을 져야 한다(대판 1972. 10. 10, 69다701).

② 공무원의 직무상 불법행위로 인하여 손해를 받은 사람은 국가 또는 공공단체를 상대로 손해배상을 청구할 수 있고, 이 경우에 공무원에게 고의 또는 중대한 과실이 있는 때에는 국가 또는 공공단체는 그 공무원에게 구상할 수 있을 뿐, 피해자가 공무원 개인을 상대로 손해배상을 청구할 수 없다(대판 1994. 4. 12, 93다11807).

③ [다수의견] 공무원이 직무수행 중 불법행위로 타인에게 손해를 입힌 경우에 국가 등이 국가배상책임을 부담하는 외에 공무원 개인도 고의 또는 중과실이 있는 경우에는 불법행위로 인한 손해배상책임을 진다고 할 것이지만, 공무원에게 경과실뿐인 경우에는 공무원 개인은 손해배상책임을 부담하지 아니한다고 해석하는 것이 헌법 제29조 제1항 본문과 단서 및 국가배상법 제2조의 입법취지에 조화되는 올바른 해석이다(대판 1996. 2. 15, 95다38677).

참고☞ 국가책임의 본질을 위험책임설적 자기책임으로 보는 사견의 입장에서는 피해자의 선택적인 청구는 불가하고, 국가나 지방자치단체에 대해서만 배상의 청구가 가능하다고 본다. 선택적 청구의 배제는 ① 피해자에게는 담보력이 충분한 자에 의한 배상의 보장을, ② 가해자인 공무원에게는 피해자로부터 직접적인 배상청구를 피함으로써 공무집행에 전념하게 하는 가능성을 가져다 줄 것이다. ③의 별개의견, 반대의견, 반대보충의견을 보기로 한다.

[별개의견] 공무원의 직무상 경과실로 인한 불법행위의 경우에도 공무원 개인의 피해자에 대한 손해배상책임은 면제되지 아니한다고 해석하는 것이, 우리 헌법의 관계 규정의 연혁에 비추어 그 명문에 충실한 것일 뿐만 아니라 헌법의 기본권보장 정신과 법치주의의 이념에도 부응하는 해석이다.

[반대의견] 공무원이 직무상 불법행위를 한 경우에 국가 또는 공공단체만이 피해자에 대하여 국가배상법에 의한 손해배상책임을 부담할 뿐, 공무원 개인은 고의 또는 중과실이 있는 경우에도 피해자에 대하여 손해배상책임을 부담하지 않는 것으로 보아야 한다.

[반대보충의견] 주권을 가진 국민 전체에 대한 봉사자로서 공공이익을 위하여 성실히 근무해야 할 공무원이 공무수행 중 국민에게 손해를 가한 경우, 국민의 봉사자인 공무원이 봉사 대상이 되는 피해자인 국민과 직접 소송으로 그 시비와 손해액을 가리도록 그 갈등관계를 방치하는 것보다는 국가가 나서서 공무원을 대위하여 그 손해배상책임을 지고, 국가가 다시 내부적으로 공무원의 직무상 의무의 불이행 내용에 따라 고의·중과실이 있는 경우에만 구상의 형태로 그 책임을 물어 공무원의 국민과 국가에 대한 성실의무와 직무상 의무의 이행을 제도적으로 확보하겠다는 것이, 헌법 제29조 제1항 단서와 국가배상법 제2조 제2항의 취지라고 해석함이 이를 가장 조화롭게 이해하는 길이 될 것이다.

## 4. 공무원의 책임

### (1) 책임의 내용

□ [다수의견] 헌법 제29조 제1항 단서는 공무원이 한 직무상 불법행위로 인하여 국가 등이 배상책임을 진다고 할지라도 그 때문에 공무원 자신의 민·형사책임이나 징계책임이 면제되지 아니한다는 원칙을 규정한 것이나, 그 조항 자체로 공무원 개인의 구체적인 손해배상책임의 범위까지 규정한 것으로 보기는 어렵다(대판 1996. 2. 15, 95다38677 전원합의체).

[별개의견] 헌법 제29조 제1항 단서의 공무원 개인책임은 그 본문과 연관하여 보면 이는 직무상 불법행위를 한 그 **공무원 개인의 불법행위** 책임임이 분명하며, 여기에서 말하는 불법행위의 개념은 법적인 일반개념으로서, 그것은 고의 또는 과

실로 인한 위법행위로 타인에게 손해를 가한 것을 의미하고, 이 때의 과실은 중
과실과 경과실을 구별하지 않는다는 일반론에 의문을 제기할 여지가 없어 보인다.
[반대의견] 헌법 제29조 제1항 단서의 규정은 직무상 불법행위를 한 공무원 개인
의 손해배상책임이 면제되지 아니한다는 것을 규정한 것으로 볼 수는 없고, 이
는 다만 직무상 불법행위를 한 공무원의 국가 또는 공공단체에 대한 내부적 책임
등이 면제되지 아니한다는 취지를 규정한 것으로 보아야 한다.

### (2) 공무원의 변상책임(내부적 구상책임)

① 공무원의 **중과실**이라 함은 공무원에게 통상 요구되는 정도의 상당한 주의를
하지 않더라도 약간의 주의를 한다면 손쉽게 위법, 유해한 결과를 예견할 수 있
는 경우임에도 만연히 이를 간과함과 같은 거의 고의에 가까운 현저한 주의를 결
여한 상태를 의미한다(대판 2011. 9. 8, 2011다34521; 대판 2003. 12. 26, 2003다13307).
② 국가나 지방자치단체는 해당 공무원의 직무내용, 불법행위의 상황과 손해발
생에 대한 해당 공무원의 기여 정도, 평소 근무태도, 불법행위의 예방이나 손실
분산에 관한 국가 또는 지방자치단체의 배려의 정도 등 제반 사정을 참작하여
손해의 공평한 분담이라는 견지에서 신의칙상 상당하다고 인정되는 한도 내에서
**구상권**을 행사할 수 있다(대판 2016. 6. 10, 2015다217843).
③ 공무원의 직무상 위법행위가 **경과실**에 의한 경우에는 국가배상책임만 인정하고
공무원 개인의 손해배상책임을 인정하지 아니하는 것이 피해자인 국민의 입장에서
보면 헌법 제23조가 보장하고 있는 재산권에 대한 제한이 될 것이지만, 이는 공
무수행의 안정성이란 공공의 이익을 위한 것이라는 점과 공무원 개인책임이 인
정되지 아니하더라도 충분한 자력이 있는 국가에 의한 배상책임이 인정되고 국
가배상책임의 인정 요건도 민법상 사용자책임에 비하여 완화하고 있는 점 등에
비추어 볼 때, 헌법 제37조 제2항이 허용하는 기본권 제한 범위에 속하는 것이
라고 할 것이다(대판 1996. 2. 15, 95다38677).

[평설] 국가나 지방자치단체가 배상하였을 경우, 공무원에게 고의 또는 중대한 과실이
있었다면, 국가나 지방자치단체는 그 공무원에게 구상할 수 있다(국배법 제2조 제2항).
①은 중대한 과실의 의미를 보여준다. ②는 국가의 **구상권** 행사의 범위를 보여준다.
③은 국가배상법이 **경과실**의 경우, **구상권**을 인정하지 않는 것은 공무원으로 하여금
공무에만 전념케 하기 위한 **입법정책적 고려**의 결과로서 위헌이 아니라는 취지의 판

레이다.

## (3) 공무원의 구상권

□ 공무원이 직무수행 중 불법행위로 타인에게 손해를 입힌 경우에 국가 등이 국가배상책임을 부담하는 외에 공무원 개인도 고의 또는 중과실이 있는 경우에는 불법행위로 인한 손해배상책임을 지고, 공무원에게 경과실이 있을 뿐인 경우에는 공무원 개인은 손해배상책임을 부담하지 아니한다. 이처럼 경과실이 있는 공무원이 피해자에 대하여 손해배상책임을 부담하지 아니함에도 피해자에게 손해를 배상하였다면 그것은 채무자 아닌 사람이 타인의 채무를 변제한 경우에 해당하고, 이는 민법 제469조의 '제3자의 변제' 또는 민법 제744조의 '도의관념에 적합한 비채변제'에 해당하여 피해자는 공무원에 대하여 이를 반환할 의무가 없고, 그에 따라 피해자의 국가에 대한 손해배상청구권이 소멸하여 국가는 자신의 출연 없이 채무를 면하게 되므로, 피해자에게 손해를 직접 배상한 경과실이 있는 공무원은 특별한 사정이 없는 한 국가에 대하여 국가의 피해자에 대한 손해배상책임의 범위 내에서 공무원이 변제한 금액에 관하여 **구상권을 취득한다**고 봄이 타당하다(대판 2014. 8. 20, 2012다54478).

[**평설**] 공무원이 피해자에게 손해를 배상한 경우, **공무원이 국가에 대하여 구상권을 취득할 수 있는 경우**를 보여준다. 이 판례는, 공중보건의인 갑에게 치료를 받던 을이 사망하자 을의 유족들이 갑 등을 상대로 손해배상청구의 소를 제기하였고, 갑의 의료과실이 인정된다는 이유로 갑 등의 손해배상책임을 인정한 판결이 확정되어 갑이 을의 유족들에게 판결금 채무를 지급한 사안에서, 갑은 공무원으로서 직무 수행 중 경과실로 타인에게 손해를 입힌 것이어서 을과 유족들에 대하여 손해배상책임을 부담하지 아니함에도 을의 유족들에 대한 패소판결에 따라 그들에게 손해를 배상한 것이고, 이는 민법 제744조의 도의관념에 적합한 비채변제에 해당하여 을과 유족들의 국가에 대한 손해배상청구권은 소멸하고 국가는 자신의 출연 없이 채무를 면하였으므로, 갑은 국가에 대하여 변제금액에 관하여 구상권을 취득한다는 것이다.

## 5. 배상청구권의 시효(국배법 제8조)

### (1) 단기소멸시효의 합헌성

□ 국가배상법 제8조가 '국가 또는 지방자치단체의 손해배상책임에 관하여는 이

법의 규정에 의한 것을 제외하고는 민법의 규정에 의한다. … (생략) …'고 하고 소멸시효에 관하여 별도의 규정을 두고 아니함으로써 국가배상청구권에도 소멸시효에 관한 민법상의 규정인 민법 제766조가 적용되게 되었다 하더라도 이는 국가배상청구권의 성격과 책임의 본질, 소멸시효제도의 존재이유 등을 종합적으로 고려한 입법재량 범위 내에서의 입법자의 결단의 산물인 것으로 국가배상청구권의 본질적인 내용을 침해하는 것이라고는 볼 수 없고 기본권 제한에 있어서의 한계를 넘어서는 것이라고 볼 수도 없으므로 헌법에 위반되지 아니한다(헌재 1997. 2. 20, 96헌바24; 헌재 2011. 9. 29, 2010헌바116).

[평설] 민법상 소멸시효에 관한 규정인 민법 제766조가 국가배상청구권에도 적용되는 것은 합헌이라는 것이 헌법재판소의 확립된 견해이다(헌재 2011. 9. 29, 2010헌바116).

(2) 시효의 진행

☐ 국가배상청구권에 관한 3년의 단기시효기간을 기산하는 경우에도 민법 제766조 제1항 외에 소멸시효의 기산점에 관한 일반규정인 민법 제166조 제1항이 적용되므로, 3년의 단기시효기간은 '손해 및 가해자를 안 날'에 더하여 '권리를 행사할 수 있는 때'가 도래하여야 비로소 시효가 진행한다. … '손해 및 가해자를 안 날'은 공무원의 직무집행상 불법행위의 존재 및 그로 인한 손해의 발생 등 **불법행위의 요건사실**에 대하여 현실적이고도 구체적으로 인식하였을 때를 의미하지만, 피해자 등이 언제 불법행위의 요건사실을 현실적이고도 구체적으로 인식한 것으로 볼 것인지는 개별 사건에서 여러 객관적 사정과 손해배상청구가 가능하게 된 상황 등을 종합하여 합리적으로 판단하여야 한다(대판 2012. 4. 13, 2009다33754).

(3) 시효완성주장의 제한

1 소멸시효를 이유로 한 항변권의 행사도 민법의 대원칙인 신의성실의 원칙과 권리남용금지의 원칙의 지배를 받는 것이어서 채무자가 소멸시효 완성 후 시효를 원용하지 아니할 것 같은 태도를 보여 권리자로 하여금 이를 신뢰하게 하였고, 채무자가 그로부터 권리행사를 기대할 수 있는 상당한 기간 내에 자신의 권리를 행사하였다면, 채무자가 소멸시효 완성을 주장하는 것은 신의성실 원칙에 반하는 권리남용으로 허용될 수 없다(대판 2013. 5. 16, 2012다202819 전원합의체).

2 경찰 수사관들이 A를 불법구금 상태에서 고문하여 간첩혐의에 대한 허위자

백을 받아내는 등의 방법으로 증거를 조작함으로써 A가 구속 기소되어 유죄판결을 받고 그 형집행을 당하도록 하였으므로, 그 소속 공무원들의 불법행위로 인하여 A와 그 가족이 입은 일체의 비재산적 손해에 대하여 국가배상법에 따른 위자료배상책임을 인정하면서, A가 국가를 상대로 위자료지급청구를 할 수 없는 객관적인 장애사유가 있었고, 피해자인 A를 보호할 필요성은 심대한 반면 국가의 이행거절을 인정하는 것은 현저히 부당하고 불공평하므로 국가의 소멸시효 완성 항변은 신의성실의 원칙에 반하는 권리남용으로서 허용될 수 없다(대판 2011. 1. 13, 2009다103950).

## Ⅳ. 국가와 지방자치단체의 자동차손해배상책임(국배법 제2조)

### 1. 배상책임의 성립요건으로서 국가 또는 지방자치단체의 "운행자성"

□ 자동차손해배상 보장법 제3조에서 자동차 사고에 대한 손해배상 책임을 지는 자로 규정하고 있는 '**자기를 위하여 자동차를 운행하는 자**'란 사회통념상 당해 자동차에 대한 운행을 지배하여 그 이익을 향수하는 책임주체로서의 지위에 있다고 할 수 있는 자를 말하고, 이 경우 운행의 지배는 현실적인 지배에 한하지 아니하고 사회통념상 간접지배 내지는 지배가능성이 있다고 볼 수 있는 경우도 포함한다(대판 2009. 10. 15, 2009다42703·42710).

[평설] 자동차손해배상 보장법상의 책임은 "자기를 위하여 자동차를 운행하는 자"(운행자성)에게 성립된다. 따라서, 국가 또는 지방자치단체가 자동차손해배상 보장법상의 운행자성을 갖추어야 한다. 운행자는 보유자(자동차의 소유자 또는 자동차를 사용할 권리가 있는 자로서 자기를 위하여 자동차를 운행하는 자. 동법 제2조 제3항)와 구별된다. 무단운전자, 절도운전자도 운행자에 포함되므로 운행자가 보유자보다 넓은 개념이다. 한편, 운행자는 운전자(타인을 위하여 자동차를 운전 또는 그 보조에 종사하는 자)와도 구별된다. 따라서 운전자는 운행자와는 달리 피해자에 대한 관계에서 민법상의 책임은 별론, 적어도 자동차손해배상 보장법상 책임은 지지 않는다. 따라서 국가 또는 지방자치단체의 운행자성이 인정되어 자동차손해배상 보장법상의 책임 성립요건을 갖출 경우, 공무원은 동법상 손해배상책임을 지지 않는다. 운행자성은 '**운행이익**'(운행으로부터 나오는 이익)과 '**운행지배**'(자동차의 운행과 관련하여 현실적으로 자동차를 관리운행할 수 있는 것)를 요건으로 한다.

## 2. 운행자성 관련 사례

### (1) 공무원이 관용차를 운행한 경우

① 공무원이 그 직무를 집행하기 위하여 국가 또는 지방자치단체 소유의 공용차를 운행하는 경우, 그 자동차에 대한 운행지배나 운행이익은 그 공무원이 소속한 국가 또는 지방자치단체에 귀속된다고 할 것이고 그 공무원 자신이 개인적으로 그 자동차에 대한 운행지배나 운행이익을 가지는 것이라고는 볼 수 없으므로, 그 공무원이 자기를 위하여 공용차를 운행하는 자로서 같은 법조 소정의 손해배상책임의 주체가 될 수는 없다(대판 1994. 12. 27, 94다31860).

② 국가소속 공무원이 관리권자의 허락을 받지 아니한 채 국가소유의 오토바이를 무단으로 사용하다가 교통사고가 발생한 경우에 있어 국가가 그 오토바이와 시동열쇠를 무단운전이 가능한 상태로 잘못 보관하였고 위 공무원으로서도 국가와의 고용관계에 비추어 위 오토바이를 잠시 운전하다가 본래의 위치에 갖다 놓았을 것이 예상되는 한편 피해자들도 위 무단운전의 점을 알지 못하고 또한 알 수도 없었던 일반 제3자인 점에 비추어 보면 국가가 위 공무원의 무단운전에도 불구하고 위 오토바이에 대한 객관적, 외형적인 운행지배 및 운행이익을 계속 가지고 있었다고 봄이 상당하다(대판 1988. 1. 19, 87다카2202).

[평설] 국가 등에게 운행지배나 운행이익을 인정할 사정이 있다면, 국가 등이 운행자의 손해배상책임을 지게 된다는 취지의 판례이다.

### (2) 공무원이 자신의 차를 이용한 경우

① 공무원이 통상적으로 근무하는 근무지로 출근하기 위하여 자기 소유의 자동차를 운행하다가 자신의 과실로 교통사고를 일으킨 경우에는 특별한 사정이 없는 한 국가배상법 제2조 제1항 소정의 공무원이 '직무를 집행함에 당하여' 타인에게 불법행위를 한 것이라고 할 수 없으므로 그 공무원이 소속된 국가나 지방공공단체가 국가배상법상의 손해배상책임을 부담하지 않는다(대판 1996. 5. 31, 94다15271).

② 국가배상법 제2조 소정의 "공무원이 그 직무를 집행함에 당하여"라고 함은 직무의 범위 내에 속한 행위이거나 직무수행의 수단으로써 또는 직무행위에 부수하여 행하여지는 행위로서 직무와 밀접한 관련이 있는 것도 포함되는바, 육군 중사가 자신의 개인소유 오토바이 뒷좌석에 같은 부대 소속 군인을 태우고 다음날부터 실시예정인 훈련에 대비하여 사전정찰차 훈련지역 일대를 살피고 귀대하던 중

교통사고가 일어났다면, 그가 비록 개인소유의 오토바이를 운전한 경우라 하더라도 실질적, 객관적으로 위 운전행위는 그에게 부여된 훈련지역의 **사전정찰임무**를 수행하기 위한 직무와 밀접한 관련이 있다고 보아야 한다(대판 1994. 5. 27, 94다6741).

[평설] ①은 공무원이 직무수행을 위하여 자기 소유의 자동차를 운행하다가 사고가 난 경우, 국가 또는 지방자치단체의 운행자성을 부인하는 취지의 판례이다. 따라서 이 경우 공무원이 자동차손해배상 보장법상의 책임을 지게 된다. ②는 국가 등은 운행자책임(국배법 제2조 제1항 본문 후단)이 부정된다고 하더라도 국가배상책임성립요건을 갖춘다면 국가배상책임(국배법 제2조 제1항 본문 전단)은 성립될 수 있다는 취지의 판례이다.

## 3. 자동차손해배상 보장법의 우선적용
□ 자동차손해배상 보장법의 입법취지에 비추어 볼 때, 같은 법 제3조는 자동차의 운행이 사적인 용무를 위한 것이건 국가 등의 공무를 위한 것이건 구별하지 아니하고 민법이나 국가배상법에 우선하여 적용된다고 보아야 한다. 따라서, 일반적으로 공무원의 공무집행상의 위법행위로 인한 공무원 개인 책임의 내용과 범위는 민법과 국가배상법의 규정과 해석에 따라 정하여질 것이지만, 자동차의 운행으로 말미암아 다른 사람을 사망하게 하거나 부상하게 함으로써 발생한 손해에 대한 공무원의 손해배상책임의 내용과 범위는 이와는 달리 자동차손해배상 보장법이 정하는 바에 의할 것이므로, 공무원이 직무상 자동차를 운전하다가 사고를 일으켜 다른 사람에게 손해를 입힌 경우에는 그 사고가 자동차를 운전한 공무원의 경과실에 의한 것인지 중과실 또는 고의에 의한 것인지를 가리지 않고, 그 공무원이 자동차손해배상 보장법 제3조 소정의 '자기를 위하여 **자동차를 운행하는 자**'에 해당하는 한 자동차손해배상 보장법상의 손해배상책임을 부담한다(대판 1996. 3. 8, 94다23876).

## [39] 영조물의 하자로 인한 배상책임
### I. 배상책임의 요건(국배법 제5조)
### 1. 도로·하천, 그 밖의 공공의 영조물
□ 국가배상법 제5조 제1항 소정의 "**공공의 영조물**"이라 함은 국가 또는 지방자

치단체에 의하여 특정 공공의 목적에 공여된 유체물 내지 물적 설비를 지칭하며, 특정 공공의 목적에 공여된 물이라 함은 일반공중의 자유로운 사용에 직접적으로 제공되는 공공용물에 한하지 아니하고, 행정주체 자신의 사용에 제공되는 공용물도 포함하며 국가 또는 지방자치단체가 소유권, 임차권 그밖의 권한에 기하여 관리하고 있는 경우뿐만 아니라 사실상의 관리를 하고 있는 경우도 포함한다(대판 1995. 1. 24, 94다45302).

[평설] 행정법학에서 도로·하천은 일반적으로 영조물(공적 목적을 위한 인적·물적 종합시설)이 아니라 공물(공적 목적에 제공된 물건 등)로 이해되고 있으므로, **국가배상법 제5조 제1항에서 말하는 영조물이란 학문상 공물에 해당**한다. 판례도 같은 취지이다. 판시사항은, "산업기지개발공사가 시 일대에 구획정리사업을 시행하면서 종합운동장예정부지로 된 토지가 그 후 시 명의로 소유권이전등기가 경료되었으나 그 지상에 아무런 시설도 설치되어 있지 아니한 나대지로서 공용개시가 없는 상태에서 한국모터스포츠연맹의 요구로 그 연맹이 주최하는 자동차경주대회를 위한 사용허가가 되었을 뿐, 시가 그 종합운동장 예정부지를 직접적으로 일반공중의 사용에 제공한 바 없으며, 그 후 그 연맹이 그 토지 위에 시설한 자동차경주에 필요한 방호벽 등 안전시설을 시가 관리한 바도 없다면, 그 종합운동장 예정부지나 그 위에 설치된 위 안전시설이 "공공의 영조물"이라 할 수 없다"고 한 사례에서 나온 것이다.

## 2. 설치나 관리에 하자

### (1) 의의

☐ 국가배상법 제5조 제1항에 규정된 '영조물 설치·관리상의 하자'는 공공의 목적에 공여된 영조물이 그 용도에 따라 통상 갖추어야 할 안전성을 갖추지 못한 상태에 있음을 말한다(대판 2015. 10. 15, 2013다23914; 대판2013. 10. 24, 2013다208074; 대판 2010. 11. 25, 2007다74560; 대판 2005. 1. 27, 2003다49566; 대판 2004. 3. 12, 2002다14242; 대판 2002. 8. 23, 2002다9158; 대판 2001. 7. 27, 2000다56822; 대판 2000. 4. 25, 99다54998).

[평설] 하자의 의미와 관련하여 학설은 **주관설**(공물주체가 안전확보 내지 사고방지의무를 게을리한 잘못이라는 견해), **객관설**(공물 자체가 항상 갖추어야 할 객관적인 안정성의 결여로 이해하는 견해), **절충설**(영조물 자체의 하자뿐만 아니라 관리자의 안전관리의무위반이라는 주관적 요소도 부가하여 하자의 의미가 이해되어야 한다는 견해), **안전의무위반설**(행정주체가 타인을 위험으로부터 보호하여야 할 객관적인 안전의무를 위법하게 위반하는 것을 하자로 보는

견해. 고의나 과실은 요구하지 아니한다) 등이 있다. '그 용도에 따라 통상 갖추어야 할 안전성'이라는 표현으로 인해 판례는 객관설을 취하는 것으로 이해된다.

## (2) 안전성 구비 여부 판단기준

① 안전성의 구비 여부는 영조물의 설치자 또는 관리자가 그 영조물의 위험성에 비례하여 사회통념상 일반적으로 요구되는 정도의 방호조치의무를 다하였는지를 기준으로 판단하여야 하고, 아울러 그 설치자 또는 관리자의 재정적·인적·물적 제약 등도 고려하여야 한다. 따라서 영조물인 도로의 경우도 그 설치 및 관리에 있어 완전무결한 상태를 유지할 정도의 고도의 안전성을 갖추지 아니하였다고 하여 하자가 있다고 단정할 수는 없고, 그것을 이용하는 자의 상식적이고 질서 있는 이용방법을 기대한 상대적인 안전성을 갖추는 것으로 족하다(대판 2013. 10. 24, 2013다208074; 대판 2002. 8. 23, 2002다9158; 대판 2000. 4. 25, 99다54998).

② 안전성을 갖추지 못한 상태, 즉 타인에게 위해를 끼칠 위험성이 있는 상태란 그 영조물을 구성하는 물적 시설 자체에 있는 물리적·외형적 흠결이나 불비로 인하여 그 이용자에게 위해를 끼칠 위험성이 있는 경우뿐만 아니라 그 영조물이 공공의 목적에 이용됨에 있어 그 이용상태 및 정도가 일정한 한도를 초과하여 제3자에게 사회통념상 수인할 것이 기대되는 한도를 넘는 피해를 입히는 경우까지 포함한다고 보아야 할 것이다. 그리고 수인한도의 기준을 결정함에 있어서는 일반적으로 침해되는 권리나 이익의 성질과 침해의 정도뿐만 아니라 침해행위가 갖는 공공성의 내용과 정도, 그 지역환경의 특수성, 공법적인 규제에 의하여 확보하려는 환경기준, 침해를 방지 또는 경감시키거나 손해를 회피할 방안의 유무 및 그 난이 정도 등 여러 사정을 종합적으로 고려하여 구체적 사건에 따라 개별적으로 결정하여야 할 것이다(대판 2015. 10. 15, 2013다23914; 대판 2010. 11. 25, 2007다74560; 대판 2005. 1. 27, 2003다49566; 대판 2004. 3. 12, 2002다14242).

③ 자연영조물로서 하천은 이를 설치할 것인지 여부에 대한 선택의 여지가 없고, 위험을 내포한 상태에서 자연적으로 존재하고 있으며, 그 유역의 광범위성과 유수(流水)의 상황에 따른 하상의 가변성 등으로 인하여 익사사고에 대비한 하천 자체의 위험관리에는 일정한 한계가 있을 수밖에 없어, 하천 관리주체로서는 익사사고의 위험성이 있는 모든 하천구역에 대해 위험관리를 하는 것은 불가능하므로, 당해 하천의 현황과 이용 상황, 과거에 발생한 사고 이력 등을 종합적으로 고려하여 하천구역의 위험성에 비례하여 사회통념상 일반적으로 요구되는 정도의 방호

조치의무를 다하였다면 하천의 설치·관리상의 하자를 인정할 수 없다(대판 2014. 1. 23, 2013다211865; 대판 2010. 7. 22, 2010다33354·33361).

④ 영조물인 도로의 설치·관리상의 하자는 도로의 위치 등 장소적인 조건, 도로의 구조, 교통량, 사고시에 있어서의 교통 사정 등 도로의 이용 상황과 본래의 이용 목적 등 제반 사정과 물적 결함의 위치, 형상 등을 종합적으로 고려하여 사회통념에 따라 구체적으로 판단하여야 하는바, 도로의 설치 후 집중호우 등 자연력이 작용하여 본래 목적인 통행상의 안전에 결함이 발생한 경우에는 그 결함이 제3자의 행위에 의하여 발생한 경우와 마찬가지로, 도로에 그와 같은 결함이 있다는 것만으로 성급하게 도로의 보존상 하자를 인정하여서는 안 되고, 당해 도로의 구조, 장소적 환경과 이용 상황 등 제반 사정을 종합하여 그와 같은 결함을 제거하여 원상으로 복구할 수 있는데도 이를 방치한 것인지 여부를 개별적·구체적으로 심리하여 하자의 유무를 판단하여야 한다(대판 1998. 2. 13, 97다49800; 대판 2005. 1. 14, 2003다24499; 대판 1999. 12. 24, 99다45413; 대판 1998. 2. 10, 97다32536).

⑤ 영조물이 완전무결한 상태에 있지 아니하고 그 기능상 어떠한 결함이 있다는 것만으로 영조물의 설치 또는 관리에 하자가 있다고 할 수 없는 것이고, 위와 같은 안전성의 구비 여부를 판단함에 있어서는 당해 영조물의 용도, 그 설치장소의 현황 및 이용 상황 등 제반 사정을 종합적으로 고려하여 설치·관리자가 그 영조물의 위험성에 비례하여 사회통념상 일반적으로 요구되는 정도의 방호조치의무를 다하였는지 여부를 그 기준으로 삼아야 할 것이며, 만일 객관적으로 보아 시간적·장소적으로 영조물의 기능상 결함으로 인한 손해발생의 예견가능성과 회피가능성이 없는 경우 즉 그 영조물의 결함이 영조물의 설치·관리자의 관리행위가 미칠 수 없는 상황 아래에 있는 경우임이 입증되는 경우라면 영조물의 설치·관리상의 하자를 인정할 수 없다(대판 2001. 7. 27, 2000다56822).

**[평설]** ①은 방호조치의무와 상대적 안정성을 중심으로 접근하고 있다. ②는 물리적·외형적 흠결이나 불비와 제3자에게 사회통념상 수인할 것이 기대되는 한도를 중심으로 접근하고 있다. ①과 ② 모두 **객관설에 제약**을 가하고 있다. 이러한 판례의 입장을 **변형된(수정된) 객관설**이라 부르기도 한다. 한편, ③은 방호조치의무의 이행여부를 중심으로 접근하고 있는 탓으로 **주관설 또는 안전의무위반설**을 취한다고 해석할 여지도 있다. 같은 취지의 판례로 ④, ⑤는 안전성 구비여부에 대한 판단을 **객관적·종합적**으로 하고 있음을 볼 수 있다. 이러한 내용을 직접 표현하는 판례는 적지 않다.

(3) 하천의 안전성 구비 여부 판단기준

① 자연 영조물인 하천은 원래 관리청이 이를 설치할지 말지 선택할 여지가 없고 위험을 내포한 상태에서 자연적으로 존재하고 있으며, 간단한 방법으로 위험 상태를 제거할 수 없는 경우가 많다. 하천의 관리는 유수라고 하는 자연현상을 대상으로 하는 것인데, 그 유수의 원천인 강우의 규모, 범위, 발생 시기 등은 물론이고 홍수의 발생 작용 등을 미리 예측하기 곤란하고, 실제로 홍수가 어떤 작용을 하는지는 실험에 의한 파악이 거의 불가능하며 실제 홍수에 의하여 파악할 수밖에 없어, 결국 과거의 **홍수 경험을 토대로 하천관리**를 할 수밖에 없는 특수한 성질이 있다. 또, 국가나 하천관리청이 목표로 하는 하천의 개수 작업을 완성하는 데는 막대한 예산이 들고, 대규모 공사가 되어 이를 완공하는 데 장기간이 소요되며, 치수의 수단은 강우의 특성과 하천 유역의 특성에 의하여 정해지므로 그 특성에 맞는 방법을 찾아내는 데는 오랜 경험이 필요하고, 기상의 변화에 따라 최신의 과학기술에 의한 방법이 효용이 없을 수도 있는 등 그 관리상의 특수성도 있다(대판 2016. 7. 27, 2014다205829; 대판 2007. 9. 21, 2005다65678; 대판 2003. 10. 23, 2001다48057).

② 하천관리의 하자 유무는, 과거에 발생한 수해의 규모, 발생의 빈도, 발생원인, 피해의 성질, 강우상황, 유역의 지형 기타 자연적 조건, 토지의 이용 상황 기타 사회적 조건, 개수를 요하는 긴급성의 유무 및 그 정도 등 여러 사정을 종합적으로 고려하고, 하천관리에 관한 위와 같은 재정적 · 시간적 · 기술적 제약 하에서 같은 종류, 같은 규모의 하천에 대한 하천관리의 일반적인 수준 및 사회통념에 비추어 시인될 수 있는 안전성을 구비하고 있다고 인정할 수 있는지를 기준으로 판단하여야 한다. 한편 관리청이 하천법 등 관련 규정과 하천시설기준에 의해 책정한 **하천정비기본계획 등**에 따라 개수를 완료한 하천 또는 아직 개수 중이라 하더라도 개수를 완료한 부분의 경우에는, 위 **하천정비기본계획 등**에서 정한 **계획홍수량 및 계획홍수위를 충족**하여 하천이 관리되고 있다면 당초부터 계획홍수량 및 계획홍수위를 잘못 책정하였다거나 그 후 이를 시급히 변경해야 할 사정이 생겼음에도 불구하고 이를 게을리하였다는 등의 **특별한 사정이 없는 한**, 그 하천은 용도에 따라 **통상 갖추어야 할 안전성을 갖추고** 있다고 봄이 타당하다(대판 2016. 7. 27, 2014다205829; 대판 2007. 9. 21, 2005다65678; 대판 2003. 10. 23, 2001다48057).

[평설] 다수의 학설은 설치·관리의 하자의 의미와 관련하여 자연공물의 경우에는 인공공물과 구분하여 검토한다. ①은 하천의 특수성을 적시하고 있다. 하천의 특수성은 하천관리의 하자 유무 판단에 고려될 수밖에 없다. ②는 계획홍수위 하천의 특수성을 말하고 있다. 학설은 제방시설에 통상 요구되는 안전성에 결함이 있어 수해가 발생하는 경우(제방파괴라는 의미에서 **파제형 수해**라고도 한다)에는 국가 등의 배상책임이 인정되지만, 제방의 높이가 낮아 물이 넘쳐흘러 발생하는 수해의 경우(제방이 넘쳐흐른다는 의미에서 **일제형 수해**라고도 한다)에는 계획홍수량을 기준으로 판단하는 입장을 취하고 있다. 말하자면 **계획홍수량**(홍수시에 하천의 제방이 붕괴되지 아니하고 유지될 수 있도록 계획된 최대유량)이 과학적으로 산정되었는지, 그리고 제방이 계획홍수량에 상응하는 높이와 안전성을 구비하였는지의 여부에 따라 판단하고 있다. 위의 판례도 유사한 입장이다.

(4) 불가항력·예산부족 등과 면책 여부

① 100년 발생빈도의 강우량을 기준으로 책정된 계획홍수위를 초과하여 600년 또는 1,000년 발생빈도의 강우량에 의한 하천의 범람은 예측가능성 및 회피가능성이 없는 불가항력적인 재해로서 그 영조물의 관리청에게 책임을 물을 수 없다(대판 2003. 10. 23, 2001다48057).

② 영조물 설치의 「하자」라 함은 영조물의 축조에 불완전한 점이 있어 이 때문에 영조물 자체가 통상 갖추어야 할 완전성을 갖추지 못한 상태에 있음을 말한다고 할 것인바 그 「하자」유무는 객관적 견지에서 본 안전성의 문제이고 그 설치자의 재정사정이나 영조물의 사용목적에 의한 사정은 안전성을 요구하는데 대한 정도 문제로서 참작사유에는 해당할지언정 안전성을 결정지을 절대적 요건에는 해당하지 아니한다 할 것이다(대판 1967. 2. 21, 66다1723).

③ 소음 등을 포함한 공해 등의 위험지역으로 이주하여 들어가서 거주하는 경우와 같이 위험의 존재를 인식하면서 그로 인한 피해를 용인하며 접근한 것으로 볼 수 있는 경우에, 그 피해가 직접 생명이나 신체에 관련된 것이 아니라 정신적 고통이나 생활방해의 정도에 그치고 그 침해행위에 고도의 공공성이 인정되는 때에는, 위험에 접근한 후 실제로 입은 피해 정도가 위험에 접근할 당시에 인식하고 있었던 위험의 정도를 초과하는 것이거나 위험에 접근한 후에 그 위험이 특별히 증대하였다는 등의 특별한 사정이 없는 한 가해자의 면책을 인정하여야 하는 경우도 있을 수 있다. 특히 소음 등의 공해로 인한 법적 쟁송이 제기되거나 그 피해에

대한 보상이 실시되는 등 피해지역임이 구체적으로 드러나고 또한 이러한 사실이 그 지역에 널리 알려진 이후에 이주하여 오는 경우에는 위와 같은 위험에의 접근에 따른 가해자의 면책 여부를 보다 적극적으로 인정할 여지가 있을 것이다. 다만 일반인이 공해 등의 위험지역으로 이주하여 거주하는 경우라고 하더라도 위험에 접근할 당시에 그러한 위험이 존재하는 사실을 정확하게 알 수 없는 경우가 많고, 그 밖에 위험에 접근하게 된 경위와 동기 등의 여러 가지 사정을 종합하여 그와 같은 위험의 존재를 인식하면서도 위험으로 인한 피해를 용인하면서 접근하였다고 볼 수 없는 경우에는 손해배상액의 산정에 있어 형평의 원칙상 과실상계에 준하여 감액사유로 고려하는 것이 상당하다(대판 2010. 11. 25, 2007다74560).

[평설] ①은 불가항력에 따른 재해에 대해서는 책임을 추궁할 수 없다는 판례이다. 그러나 불가항력이 있어도 영조물의 설치·관리에 객관적 안전성을 결여하였다면, 그 결여로 인해 피해가 악화된 범위 내에서는 국가가 책임을 져야 할 것이다. 이 판례는 계획홍수위 하천의 특수성이 적용되는 경우이기도 하다. ②는 예산부족과 영조물의 안전성의 관계에 관한 판례이다. 안전성 구비 여부 판단기준으로 객관설 내지 수정된 객관설을 채택하면, 당연히 예산부족을 안전성 구비 여부 판단기준의 하나로 보기는 어렵다. ③은 위험을 인식하고 위험지역에 접근한 경우, 피해자가 위험을 인식하고 위험지역으로 들어간 경우에는 원칙적으로 면책을 인정하고, 위험을 인식하지 못하고 위험지역으로 들어간 경우에는 면책이 아니라 감액사유로 본다는 취지의 판례이다.

## (5) 하자 유무의 입증책임의 전환

□ 안전성의 구비 여부를 판단함에 있어서는 당해 영조물의 용도, 그 설치장소의 현황 및 이용 상황 등 제반 사정을 종합적으로 고려하여 설치·관리자가 그 영조물의 위험성에 비례하여 사회통념상 일반적으로 요구되는 정도의 방호조치의무를 다하였는지 여부를 그 기준으로 삼아야 할 것이며, 만일 객관적으로 보아 시간적·장소적으로 영조물의 기능상 결함으로 인한 손해발생의 예견가능성과 회피가능성이 없는 경우 즉 그 영조물의 결함이 영조물의 설치·관리자의 관리행위가 미칠 수 없는 상황 아래에 있는 경우임이 입증되는 경우라면 영조물의 설치·관리상의 하자를 인정할 수 없다고 할 것이다. … 적정전압보다 낮은 저전압이 원인이 되어 위와 같은 오작동이 발생하였고 그 고장은 현재의 기술수준상 부득이한 것이라고 가정하더라도 그와 같은 사정만으로 손해발생의 예견가능성이나 회

피가능성이 없어 영조물의 하자를 인정할 수 없는 경우라고 단정할 수 없을 것이다 (대판 2001. 7. 27, 2000다56822; 대판 1988. 11. 8, 86다카775 판결; 대판 1998. 2. 10, 97다 32536; 대판 2000. 2. 25, 99다54004).

[평설] 하자의 유무에 관한 입증책임은 엄격하게 새길 것이 아니다. 일반시민의 입장에서 공물의 안전도에 관한 전문적 지식을 갖는다는 것은 통상 기대하기 어렵다. 따라서 피해자가 하자의 개연성만 주장하면 하자가 추정되는 것으로 보는 제도의 정착이 필요하다고 본다. 이 판례가 예견가능성과 회피가능성의 존부를 국가나 지방자치단체가 부담하도록 한 것은 피해자를 위한 입증책임의 전환 내지 완화의 한 경향으로 볼 수 있을 것이다.

## 3. 타인에게 손해
□ 일반적으로 불법행위로 인한 손해배상청구사건에서 가해자의 가해행위, 피해자의 손해발생, 가해행위와 피해자의 손해발생 사이의 인과관계에 관한 증명책임은 청구자인 피해자가 부담한다. 다만 대기오염이나 수질오염 등에 의한 공해로 인한 손해배상을 청구하는 소송에서 피해자에게 사실적인 인과관계의 존재에 관하여 과학적으로 엄밀한 증명을 요구하는 것은 공해로 인한 사법적 구제를 사실상 거부하는 결과가 될 수 있는 반면에, 기술적·경제적으로 피해자보다는 가해자에 의한 원인조사가 훨씬 용이한 경우가 많을 뿐만 아니라 가해자는 손해발생의 원인을 은폐할 염려가 있기 때문에 가해자가 어떤 유해한 원인물질을 배출하고 그것이 피해물건에 도달하여 손해가 발생하였다면 가해자 측에서 그것이 무해하다는 것을 증명하지 못하는 한 가해행위와 피해자의 손해발생 사이의 인과관계를 인정할 수 있다. 그러나 이 경우에 있어서도 적어도 가해자가 어떤 유해한 원인물질을 배출한 사실, 그 유해의 정도가 사회통념상 일반적으로 참아내야 할 정도(이하 '참을 한도'라고 한다)를 넘는다는 사실, 그것이 피해물건에 도달한 사실, 그 후 피해자에게 손해가 발생한 사실에 관한 증명책임은 피해자가 여전히 부담한다(대판 2016. 12. 29, 2014다67720; 대판 2013. 10. 11, 2012다111661).

[평설] 타인과 손해의 개념은 제2조의 경우와 같다. 설치·관리의 하자와 손해 간에 상당인과관계가 있어야 한다. 이 판례는 인과관계의 존부에 대한 입증책임의 주체에 관해 판시하고 있다.

## 4. 제2조와 제5조의 경합

□ 권한을 위임받은 기관 소속의 공무원이 위임사무처리에 있어 고의 또는 과실로 타인에게 손해를 가하였거나 위임사무로 설치 · 관리하는 영조물의 하자로 타인에게 손해를 발생하게 한 경우에는 권한을 위임한 관청이 소속된 지방자치단체가 국가배상법 제2조 또는 제5조에 의한 배상책임을 부담한다(대판 1999. 6. 25, 99다11120).

[평설] 공물의 설치 · 관리상의 하자와 공무원의 위법한 직무집행행위가 경합하는 경우에는 피해자는 국가배상법 제2조나 제5조 그 어느 규정에 의해서도, 즉 선택적으로 배상을 청구할 수 있다고 본다. 다만, 입증책임과 관련하여 제5조를 주장하는 것이 보다 용이할 것이다. 제5조는 제2조와의 관계에서 보충적 지위에 있다는 견해도 있다.

## II. 배상책임자

### 1. 영조물의 원래의 관리주체(사무의 귀속주체)로서 배상책임자(국배법 제5조)

□ 도로교통법 제3조 제1항에 의하여 **특별시장 · 광역시장 또는 시장 · 군수의 권한**으로 규정되어 있는 도로에서의 신호기 및 안전표지의 설치 · 관리에 관한 권한은 같은법시행령 제71조의2 제1항 제1호에 의하여 **지방경찰청장 또는 경찰서장에게 위탁**되었으나, 이와 같은 권한의 위탁은 이른바 **기관위임**으로서 경찰서장 등은 권한을 위임한 시장 등이 속한 지방자치단체의 산하 행정기관의 지위에서 그 사무를 처리하는 것이므로, 경찰서장 등이 설치 · 관리하는 신호기의 하자로 인한 국가배상법 제5조 소정의 배상책임은 그 **사무의 귀속 주체인 시장 등이 속한 지방자치단체가 부담**한다(대판 2000. 1. 14, 99다24201; 대판 2000. 5. 12, 99다70600; 대판 1994. 1. 11, 92다29528; 대판 1993. 1. 26, 92다2684; 대판 1991. 12. 24, 91다34097).

[평설] 기관위임사무의 경우, 위임기관 소속의 지방자치단체 또는 국가는 사무의 귀속주체로서 배상책임을 진다는 취지의 판례이다. 판례의 확립된 견해이다.

### 2. 비용부담자로서 배상책임자(국배법 제6조 제1항)

(1) 비용부담자의 배상책임자로서의 지위

□ 여의도광장의 관리청이 본래 서울특별시장이라 하더라도 그 관리사무의 일부가 영등포구청장에게 위임되었다면, 그 위임된 관리사무에 관한 한 여의도광

장의 관리청은 영등포구청장이 되고, 같은 법 제56조에 의하면 도로에 관한 비용은 건설부장관이 관리하는 도로 이외의 도로에 관한 것은 관리청이 속하는 지방자치단체의 부담으로 하도록 되어 있어 **여의도광장의 관리비용부담자는 그 위임된 관리사무에 관한 한 관리를 위임받은 영등포구청장이 속한 영등포구가 되므로, 영등포구는 여의도광장에서 차량진입으로 일어난 인신사고에 관하여 국가배상법 제6조 소정의 비용부담자로서의 손해배상책임이 있다**(대판 1995. 2. 24, 94다57671).

[평설] "국가배상법 제5조에 따라 국가나 지방자치단체가 손해를 배상할 책임이 있는 경우에 … 영조물의 설치·관리를 맡은 자와 … 영조물의 설치·관리비용을 부담하는 자가 동일하지 아니하면 그 비용을 부담하는 자도 손해를 배상하여야 한다"는 국가배상법 제6조 제1항과 관련된 판례이다.

### (2) 비용부담자의 배상책임의 성질(부진정연대채무)

① 시가 국도의 관리상 비용부담자로서 책임을 지는 것은 국가배상법이 정한 자신의 고유한 배상책임이므로 도로의 하자로 인한 손해에 대하여 시는 **부진정연대채무자인 공동불법행위자와의 내부관계에서 배상책임을 분담하는 관계에 있으며** 국가배상법 제6조 제2항(제1항의 경우에 손해를 배상한 자는 내부관계에서 그 손해를 배상할 책임이 있는 자에게 구상할 수 있다)의 규정은 도로의 관리주체인 국가와 그 비용을 부담하는 경제주체인 시 상호간에 내부적으로 구상의 범위를 정하는데 적용될 뿐 이를 들어 구상권자인 공동불법행위자에게 대항할 수 없다(대판 1993. 1. 26, 92다2684).

② 트랙터가 서울특별시 내의 일반국도를 주행중 육교에 충돌하여 그 육교상판이 붕괴되면서 이로 인하여 때마침 육교 밑을 통과해 오던 버스운전사가 사망함으로써 위 트랙터에 관하여 공제계약을 체결한 전국화물자동차운송사업조합연합회가 그 유족에게 손해배상금을 지급하여 공동면책된 경우, 피고 대한민국은 위 육교의 관리사무의 귀속주체로서, 피고 서울특별시는 위 육교의 비용부담자로서 각 손해배상책임을 지는 것이고, 국가배상법 제6조 제2항의 규정은 도로의 관리주체인 국가와 그 비용부담자인 시, 구 상호간에 내부적으로 구상의 범위를 정하는 데 적용될 뿐 이를 들어 구상권자인 공동불법행위자에게 대항할 수 없는 것이므로, 피고들은 부진정연대채무자로서 각자 피고들 전체의 부담 부분(전체 손해액 중 구상권자인 전국화물자동차운송사업조합연합회가 부담할 부분을 제외한 전액)에 관

하여 구상권자의 구상에 응하여야 하는 것이지 피고별로 분할채무를 지는 것이
아니다(대판 1998. 9. 22, 97다42502).

[평설] ①은 국가배상법 제6조 제1항에 따른 배상책임은 **비용부담자의 고유한 책임이**
며, 영조물의 원래의 관리주체(사무의 귀속주체)의 책임을 대신 지는 것이 아니라는 취
지의 판례이다. ②는 영조물의 원래의 관리주체(사무의 귀속주체)의 배상책임(채무)과
국가배상법 제6조 제1항에 따른 비용부담자의 배상책임(채무)은 **부진정연대채무라는**
취지의 판례이다. 부진정연대채무란 수인의 채무자가 동일 내용의 급부에 관해 각자
독립하여 전부 급부의무를 부담하고 한 채무자의 이행으로 모든 채무자의 채무가 소
멸하는 점은 연대채무와 같지만, 채무자간의 공동목적에 의한 주관적 관련이 없어 1인
에 대하여 생긴 목적도달 이외의 사유는 다른 채무자에 영향을 미치지 아니하고 채무
자간에 구상관계도 생기지 않는 채권관계로서 민법이 규율하는 연대채무에 속하지 않
는 것을 말한다.

## 3. 선택적 청구와 내부적 분담

### (1) 선택적 청구

□ 국가하천의 유지·보수 사무가 지방자치단체의 장에게 위임된 경우, 지방자치단
체의 장은 국가기관의 지위에서 그 사무를 처리하는 것이므로, 국가는 국가배상
법 제5조 제1항에 따라 영조물의 설치·관리 사무의 귀속주체로서 국가하천의 관리
상 하자로 인한 손해를 배상하여야 한다. 국가가 국가하천의 유지·보수비용의 일
부를 해당 시·도에 보조금으로 지급하였다면, 국가와 해당 시·도는 각각 국가배상법
제6조 제1항에 규정된 영조물의 설치·관리 비용을 부담하는 자로서 손해를 배상할
책임이 있다. 이와 같이 국가가 사무의 귀속주체 및 보조금 지급을 통한 실질적
비용부담자로서, 해당 시·도가 구 하천법 제59조 단서에 따른 법령상 비용부담
자로서 각각 책임을 중첩적으로 지는 경우에는 국가와 해당 시·도 모두가 국가
배상법 제6조 제2항 소정의 궁극적으로 손해를 배상할 책임이 있는 자에 해당한
다(대판 2015. 4. 23, 2013다211834).

[평설] 사무의 귀속주체(영조물의 설치·관리를 맡은 자)와 비용부담자가 있는 경우, **각각**
**궁극적으로 손해를 배상할 책임을 지게** 되며, 이러한 경우에 피해자는 영조물의 설치·
관리를 맡은 자와 영조물의 설치·관리비용을 부담하는 자 중에서 **선택적으로 청구권**

을 행사할 수 있다.

## (2) 내부적 분담

□ 원래 광역시가 점유 관리하던 일반국도 중 일부 구간의 포장공사를 국가가 대행하여 광역시에 도로의 관리를 이관하기 전에 교통사고가 발생한 경우, 광역시는 그 도로의 점유자 및 관리자, 도로법 제56조, 제55조, 도로법시행령 제30조에 의한 도로관리비용 등의 부담자로서의 책임이 있고, 국가는 그 도로의 **점유자 및 관리자**, 관리사무귀속자, 포장공사비용 부담자로서의 책임이 있다고 할 것이며, 이와 같이 광역시와 국가 모두가 도로의 점유자 및 관리자, 비용부담자로서의 책임을 **중첩적으로 지는 경우**에는, 광역시와 국가 모두가 국가배상법 제6조 제2항 소정의 **궁극적으로 손해를 배상할 책임이 있는 자**라고 할 것이고, 결국 광역시와 국가의 내부적인 부담 부분은, 그 도로의 인계·인수 경위, 사고의 발생 경위, 광역시와 국가의 그 도로에 관한 분담비용 등 제반 사정을 종합하여 결정함이 상당하다(대판 1998. 7. 10, 96다42819).

[평설] 영조물의 설치·관리를 맡은 자와 영조물의 설치·관리비용을 부담하는 자가 다른 경우, 국가배상법 제6조 제2항(제1항의 경우에 손해를 배상한 자는 내부관계에서 그 손해를 배상할 책임이 있는 자에게 구상할 수 있다)에 따라 손해를 배상한 자가 구상권을 행사할 때 정하게 되는 내부적 분담 부분의 결정에 관한 기준을 보여주는 판례이다.

# 제2절   손실보상제도

## [40] 손실보상제도 일반론(헌법 제23조 제3항)

### 1. 손실보상제도의 의의

□ 손실보상은 공공사업의 시행과 같이 **적법한 공권력의 행사**로 가하여진 **재산상의 특별한 희생**에 대하여 전체적인 **공평부담**의 견지에서 인정되는 것이다(대판 2013. 6. 14, 2010다9658; 대판 2002. 11. 26, 2001다44352).

[평설] 학설은 행정상 손실보상제도를 국가나 지방자치단체가 공공의 필요에 응하기 위한 적법한 공권력행사로 인해 사인의 재산권에 특별한 희생을 가한 경우에 재산권

보장과 공적 부담 앞의 평등이라는 견지에서 그 사인에게 조절적인 보상을 해주는 제도로 정의한다.

## 2. 손실보상제도의 법적 근거

☐ 헌법 제23조 제3항의 "공공필요에 의한 재산권의 수용·사용 또는 제한 및 그에 대한 보상은 법률로써 하되, 정당한 보상을 지급하여야 한다."는 규정은 보상청구권의 근거에 관하여서 뿐만 아니라 보상의 기준과 방법에 관하여서도 **법률의 규정에 유보**하고 있는 것으로 보아야 한다(대판 2004. 10. 27, 2003두1349).

[평설] 헌법 제23조 제3항은 **수용규율과 보상규율이 하나의 동일한 법률에서 규정될 것**을 요구한다고 해석되는바, 동조항은 **불가분조항**(내용상 분리할 수 없는 사항을 함께 규정하여야 한다는 조항)으로 이해된다. 따라서 보상규정을 두지 아니하거나 불충분한 보상규정을 두는 수용법률은 헌법위반이 되고, 무효이고, 수용의 근거일 수가 없다. 따라서 이러한 경우는 **전형적인 손실보상**이 아니라 **비전형적인 손실보상**의 문제가 된다. 판례도 헌법 제23조 제3항을 불가분조항으로 보는 듯하다(대판 1993. 7. 13, 93누2131). 헌법 제23조 제3항을 불가분조항으로 보지 아니하는 견해도 있다.

## 3. 손실보상청구권의 법적 성질

### (1) 종래의 판례

☐ 구 수산업법 제81조 제1항 제1호 등이 정하는 사유로 인하여 면허·허가 또는 신고한 어업에 대한 처분을 받았거나 당해 사유로 인하여 제14조의 규정에 의한 어업면허의 유효기간의 연장이 허가되지 아니함으로써 손실을 입은 자는 그 처분을 행한 행정관청에 대하여 보상을 청구할 수 있다고 규정하고 있으므로, 면허·허가 또는 신고한 어업에 대한 위와 같은 처분으로 인하여 손실을 입은 자는 처분을 한 행정관청 또는 그 처분을 요청한 행정관청이 속한 권리주체인 지방자치단체 또는 **국가를 상대로 민사소송으로 손실보상금지급청구**를 할 수 있다(대판 2000. 5. 26, 99다37382; 대판 1998. 2. 27, 97다46450; 대판 1998. 1. 20, 95다29161).

[평설] 손실보상청구권의 성질에 관해 학설은 **공권설**(손실보상의 원인행위가 공법적인 것이므로, 그 효과로서 손실보상 역시 공법적으로 보아야 한다는 견해)과 **사권설**(손실보상의 원인은 공법적이나 그 효과로서의 손실보상은 사법적인 것이라는 견해)로 나뉜다. 공권설을 따

르면 손실보상에 관한 소송은 행정소송(당사자소송)의 문제가 되고 사권설을 따르면 민사소송의 문제가 된다. 이 판례를 포함하여 종례의 판례는 사권설을 취한다.

## (2) 근년의 판례

□ 구 공익사업을 위한 토지 등의 취득 및 보상에 관한 법률(2007. 10. 17. 법률 제8665호로 개정되기 전의 것, 이하 '구 공익사업법'이라고 한다) 제79조 제2항은 "기타 공익사업의 시행으로 인하여 발생하는 손실의 보상 등에 대하여는 건설교통부령이 정하는 기준에 의한다."고 규정하고 있고, 그 위임에 따라 공익사업을 위한 토지 등의 취득 및 보상에 관한 법률 시행규칙(이하 '공익사업법 시행규칙'이라고 한다) 제57조는 '사업폐지 등에 대한 보상'이라는 제목 아래 "공익사업의 시행으로 인하여 건축물의 건축을 위한 건축허가 등 관계 법령에 의한 절차를 진행 중이던 사업 등이 폐지·변경 또는 중지되는 경우 그 사업 등에 소요된 법정수수료 그 밖의 비용 등의 손실에 대하여는 이를 보상하여야 한다."고 규정하고 있다. 위 규정들에 따른 사업폐지 등에 대한 보상청구권은 공익사업의 시행 등 적법한 공권력의 행사에 의한 재산상의 특별한 희생에 대하여 전체적인 공평부담의 견지에서 공익사업의 주체가 그 손해를 보상하여 주는 손실보상의 일종으로 공법상의 권리임이 분명하므로 그에 관한 쟁송은 민사소송이 아닌 행정소송절차에 의하여야 할 것이다(대판 2012. 10. 11, 2010다23210; 대판 2006. 5. 18, 2004다6207).

[평설] 손실보상청구권의 성질과 관련하여 종래의 판례들은 효과에 초점을 두고 사권설을 취하였으나, 근년에는 원인행위에 초점을 두고 공권설을 취하고 있는 것으로 보인다.

## (3) 보상금증감소송

□ 수용대상 토지의 소유자 또는 관계인이 토지수용법 제75조의2 제1항과 제2항의 규정에 의하여 이의신청의 재결에 대하여 보상금의 증감에 관한 행정소송을 제기하는 경우 그 소송은 재결청과 기업자를 공동피고로 하는 필요적 공동소송이다(대판 1993. 5. 25, 92누15772).

[평설] 학설도 공익사업을 위한 토지 등의 취득 및 보상에 관한 법률상 보상금증감소송을 행정소송으로서 형식적 당사자소송으로 본다.

## [41] 손실보상청구권의 성립요건(헌법 제23조 제3항)

### Ⅰ. 공공필요

#### 1. 의의

① 헌법재판소는 헌법 제23조 제3항에서 규정하고 있는 '공공필요'의 의미를 "국민의 재산권을 그 의사에 반하여 강제적으로라도 취득해야 할 공익적 필요성"으로 해석하여 왔다. 오늘날 공익사업의 범위가 확대되는 경향에 대응하여 '공공필요'의 요건 중 공익성은 추상적인 공익 일반 또는 국가의 이익 이상의 중대한 공익을 요구하므로 기본권 일반의 제한사유인 '공공복리'보다 좁게 보는 것이 타당하며, 공익성의 정도를 판단함에 있어서는 공용수용을 허용하고 있는 개별법의 입법목적, 사업내용, 사업이 입법목적에 이바지하는 정도는 물론, 특히 그 사업이 대중을 상대로 하는 영업인 경우에는 그 사업 시설에 대한 대중의 이용·접근가능성도 아울러 고려하여야 한다(헌재 2014. 10. 30, 2011헌바172; 헌재 2011. 4. 28, 2010헌바114; 헌재 1995. 2. 23, 92헌바14).

② **국토의 계획 및 이용에 관한 법률**에서 규정하는 **도시계획시설사업**은 도로·철도·항만·공항·주차장 등 교통시설, 수도·전기·가스공급설비 등 공급시설과 같은 도시계획시설을 설치·정비 또는 개량하여 공공복리를 증진시키고 국민의 삶의 질을 향상시키는 것을 목적으로 하고 있으므로, 도시계획시설사업은 그 자체로 공공필요성의 요건이 충족된다(헌재 2011. 6. 30, 2008헌바16).

[평설] 헌법재판소가 불확정개념인 공공필요의 의미를 어떻게 새기는지를 보여주는 판례이다. 공공필요란 도로·항만건설 등 반드시 일정한 사업만을 의미하는 것은 아니지만, 그렇다고 무한정 넓게 새길 수 없다는 것이 판례의 취지이다. ①은 일반론적인 공공필요의 의미이고, ②는 개별 법령에서 본 공공필요의 의미에 관한 것이다.

#### 2. 수용주체로서 사인과 공공필요

□ **헌법 제23조 제3항**은 정당한 보상을 전제로 하여 재산권의 수용 등에 관한 가능성을 규정하고 있지만, **재산권 수용의 주체를 한정하지 않고 있다.** 위 헌법조항의 핵심은 당해 수용이 공공필요에 부합하는가, 정당한 보상이 지급되고 있는가 여부 등에 있는 것이지, 그 수용의 주체가 국가인지 민간기업인지 여부에 달려 있다고 볼 수 없다. 또한 **국가 등의 공적 기관이 직접 수용의 주체가 되는 것이든 그러한 공적기관의 최종적인 허부판단과 승인결정 하에 민간기업이 수용의 주**

체가 되는 것이든, 양자 사이에 공공필요에 대한 판단과 수용의 범위에 있어서 본질적인 차이를 가져올 것으로 보이지 않는다. 따라서 위 수용 등의 주체를 국가 등의 공적 기관에 한정하여 해석할 이유가 없다. 오늘날 산업단지의 개발에 투입되는 자본은 대규모로 요구될 수 있는데, 이러한 경우 산업단지개발의 사업시행자를 국가나 지방자치단체로 제한한다면 예산상의 제약으로 인해 개발사업의 추진에 어려움이 있을 수 있고, 만약 이른바 공영개발방식만을 고수할 경우에는 수요에 맞지 않는 산업단지가 개발되어 자원이 비효율적으로 소모될 개연성도 있다. 또한 기업으로 하여금 산업단지를 직접 개발하도록 한다면, 기업들의 참여를 유도할 수 있는 측면도 있을 것이다. 그렇다면 **민간기업을 수용의 주체로 규정한 자체를 두고 위헌이라고 할 수 없으며**, 나아가 이 사건 수용조항을 통해 민간기업에게 사업시행에 필요한 토지를 수용할 수 있도록 규정할 필요가 있다는 입법자의 인식에도 합리적인 이유가 있다 할 것이다(헌재 2009. 9. 24, 2007헌바114 전원재판부).

[평설] 특정 사기업이 생활배려영역에서 복리적인 기능을 수행한다면, 그 사기업을 위해서도 법률 또는 법률에 근거한 처분으로 수용이 이루어질 수 있다고 보아야 할 것인데, 판례도 이를 긍정적으로 본다. 사기업(사인)에 의한 수용이 가능하다고 하여도, 그것은 공익목적의 실현을 위한 경우에 가능하고, 사익(사기업의 이익)만을 위한 경우에는 불가하다. 사인에 의한 수용을 규정하는 법률로 산업입지 및 개발에 관한 법률 제11조 제1항, 주택법 제18조의2, 도시개발법 제22조 제1항, 기업도시개발특별법 제14조 제1항, 제3항, '도시 및 주거환경정비법' 제28조 제5항, '지역균형개발 및 지방중소기업육성에 관한 법률' 제19조 제1항, '물류시설의 개발 및 운영에 관한 법률' 제10조 제1항, '사회간접자본시설에 대한 민간투자법' 제20조, '산업입지 및 개발에 관한 법률' 제22조 제1항 등을 볼 수 있다.

Ⅱ. 재산권

1. 재산권의 의의

□ 토지의 담보권자가 하천법 제74조 소정의 처분이나 하천공사로 말미암아 그 토지가 하천 또는 제방이 되어 국가에 귀속됨으로써 담보권을 상실하게 되어 채권의 만족을 얻을 수 없게 되었다면 손실을 입은 경우에 해당함이 명백하므로 그 손실을 보상받기 위하여 스스로 재결을 신청할 수 있다(대판 1989. 6. 13, 88누5495).

[평설] 손실보상청구권을 발생시키는 침해는 재산권에 대한 것이어야 한다. 재산권의 종류는 물권인가 채권인가를 가리지 아니한다. 판례도 이러한 취지에서 토지의 담보권도 재산권에 해당한다고 하였을 것이다.

## 2. 재산권의 내용과 한계

□ 구 지하수법 제3조 등 관련 규정을 종합하면, 자연히 용출하는 지하수나 동력장치를 사용하지 아니한 가정용 우물 또는 공동우물 및 기타 경미한 개발·이용 등 공공의 이해에 직접 영향을 미치지 아니하는 범위에 속하는 지하수의 이용은 토지소유권에 기한 것으로서 토지소유권에 부수(附隨)하여 인정되는 권리로 보아야 할 것이지만, 그 범위를 넘어선 지하수 개발·이용은 토지소유권에 부수되는 것이 아니라 지하수의 공적 수자원으로서의 성질과 기능 등을 고려하여 행정청의 허가·감시·감독·이용제한·공동이용 명령·허가취소 등 공적관리방법에 의한 규제를 받게 하고 있다고 할 것이고, 따라서 이러한 규제의 범위에 속하는 지하수 개발·이용권은 토지소유권의 범위에 속하지 않는 것이므로 지하수의 개발·이용허가를 받은 후 그 토지소유권이 이전된다고 하여 허가에 의한 지하수 개발·이용권이 새로운 토지소유자에게 당연히 이전되는 것은 아니다(대판 2001. 10. 23, 99두 7470).

[평설] 헌법 제23조 제1항은 "모든 국민의 재산권은 보장된다. 그 내용과 한계는 법률로 정한다"고 규정하고 있으므로, 손실보상청구권을 발생시키는 침해는 법률에서 정하는 재산권을 대상으로 하는 것이어야 한다. 따라서 외관상 재산상 가치가 있어 보여도 법률이 정하는 재산권의 내용과 한계 내에 들어오는 것이 아니라면, 그러한 것에 대한 침해는 손실보상청구권을 발생시키지 아니한다. 재산상 가치가 있어 보이는 것이 법률이 정하는 재산권의 내용과 한계 내에 들어오는 것인지 아닌지 여부는 법률해석의 문제가 된다. 이 판례는 법률해석의 방법을 예시적으로 보여주고 있다.

## 3. 학술적 가치

□ 문화적·학술적 가치는 특별한 사정이 없는 한 그 토지의 부동산으로서의 경제적·재산적 가치를 높여 주는 것이 아니므로 토지수용법 제51조 소정의 손실보상의 대상이 될 수 없으니, 이 사건 토지가 철새 도래지로서 자연 문화적인 학술가치를 지녔다 하더라도 손실보상의 대상이 될 수 없다(대판 1989. 9. 12, 88누11216).

## III. 적법한 침해(수용·사용·제한)

### 1. 수용

□ 하천법에 따른 수용은 "법률에 의한 수용"이라는 헌법적 요청을 충족하였다 할 것이고, 비록 1971년에 개정된 하천법에는 국유화된 제외지의 종전 소유자에 대한 보상규정이 없었으나 1984년의 하천법 개정과 여러 특별조치법을 통하여 뒤늦게나마 보상청구권을 2013. 12. 31.까지 행사할 수 있도록 연장하였으므로 이는 헌법 제23조 제3항이 요구하는 "법률에 의한 보상"의 요건을 충족하였다 할 것이다. 또한 보상을 규정한 법령을 종합하여 보면 헌법이 요구하는 정당한 보상의 원리에도 위배된다고 볼 수 없다. … 이 사건 법률조항이 이 사건 토지와 같은 제방과 제외지를 국유로 한 것은 국민의 재산권을 예외적으로 박탈할 수 있는 근거규정인 헌법 제23조 제3항에 따라 하천의 효율적 관리·이용이라는 중대한 공익목적을 달성하기 위한 것이고, 더욱이 법률에 의한 정당한 보상을 수반하는 것으로서, 그 목적이 정당하고 수단이 적절하며, 이와 같이 **국유화 조치가 헌법 제23조 제3항의 요청을 충족하는 이상 최소 침해의 원칙에 반한다고 할 수 없고**, 이는 우월한 공익목적을 위한 것으로서 헌법적으로 이미 정당화되는 것이므로, 과잉금지원칙에 위배된다고 할 수 없다(헌재 2010. 2. 25, 2008헌바6 전원재판부; 대판 1992. 6. 9, 91다42640).

[평설] ① 침해란 재산권을 박탈하는 '(좁은 의미의) 수용', 일시사용을 의미하는 '사용', 개인의 사용·수익을 한정하는 '제한' 등을 말한다. (좁은 의미의) 수용·사용·제한을 모두 내포하는 의미로 넓은 의미로 수용이 사용되기도 한다. 한편, ② 침해는 법률에 의해 바로 이루어지기도 하고, 법률에 근거한 행정행위에 의해 이루어지기도 한다. 전자를 **법률수용**, 후자를 **행정수용**이라 부른다. 이 판례는 법률수용의 예를 보여준다.

### 2. 비례원칙

□ 공용수용은 공익사업을 위하여 타인의 특정한 재산권을 법률의 힘에 의하여 강제적으로 취득하는 것이므로 수용할 목적물의 범위는 원칙적으로 사업을 위하여 **필요한 최소한도에 그쳐야** 하고 수용할 토지의 구역이 그 공익사업을 위하여 필요한 최소한도의 것인가의 여부는 **토지수용위원회의 직권조사 사항에 속한다**(대판 1989. 9. 12, 88누11216).

[평설] 수용에도 행정법의 일반원칙인 비례원칙이 적용된다는 점, 그리고 비례원칙 준수 여부는 토지수용위원회의 직권조사 사항이라는 것을 보여주는 판례이다. 비례원칙을 위반한 침해는 위법한 수용을 가져온다.

## Ⅳ. 특별한 희생

### 1. 재산권의 내용과 한계(제한)(헌법 제23조 제1항)

① 도축장 사용정지·제한명령의 목적은 **가축전염병의 발생과 확산을 막기 위한 것**이고, 그러한 명령이 내려지면 국가가 도축장 영업권을 강제로 취득하는 것이 아니라 일정기간 동안 도축장을 사용하지 못하게 하는 것에 불과하다. 그러한 목적과 재산권 제한형태에 비추어 볼 때, **도축장 사용정지·제한명령**은 공익목적을 위하여 이미 형성된 구체적 재산권을 박탈하거나 제한하는 헌법 제23조 제3항의 **수용·사용 또는 제한에** 해당하는 것이 아니라 헌법 제23조 **제1항의 재산권의 내용과 한계에** 해당한다. 따라서 보상금은 도축장 사용정지·제한명령으로 인한 경제적인 부담을 완화하고 그러한 명령의 준수를 유도하기 위하여 지급하는 시혜적인 입법조치에 해당한다(헌재 2015. 10. 21, 2012헌바367).

② 도시정비법 제65조 제2항 전단은 재산권의 **법률적 수용**이라는 법적 외관을 가지고 있으나 그 실질은 정비기반시설의 설치와 그 비용부담자 등에 관하여 규율하는 것으로, 그 규율형식의 면에서 정비사업의 시행으로 새로이 설치된 **정비기반시설과 그 부지를 '개별적이고 구체적으로'** 박탈하려는 데 본질이 있는 것이 아니라, 해당 정비기반시설과 그 부지의 소유관계를 **'일반적이고 추상적으로'** 규율하고자 한 것이고, 그 규율목적의 면에서도 사업시행자의 정비기반시설에 대한 재산권을 박탈·제한함에 본질이 있는 것이 아니라, 사업지구 안의 정비기반시설의 소유관계를 정함으로써 **사업시행자의 지위를 장래를 향하여 획일적으로 확정**하고자 하는 것이므로, 재산권의 내용과 한계를 정한 것으로 이해함이 타당하다. 따라서 도시정비법 제65조 제2항 전단에 따른 정비기반시설의 소유권 귀속은 헌법 제23조 제3항의 수용에 해당하지 않고, 이 사건 법률조항이 그에 대한 보상의 의미를 가지는 것도 아니므로, 그 위헌 여부에 관하여 정당한 보상의 원칙에 위배되는지는 문제되지 않는다(헌재 2013. 10. 24, 2011헌바355).

③ 심판대상조항[도로법 제3조(도로를 구성하는 부지, 옹벽, 그 밖의 물건에 대하여는 사권(私權)을 행사할 수 없다. 다만, 소유권을 이전하거나 저당권을 설정하는 것은 그러하지 아니하다)]은 도로관리청이 도로법 또는 구 도시계획법 등 근거 **법률이 정하는 절차에 따**

라 개설한 도로의 경우 토지의 소유권 등 사법상 권원을 취득하였는지를 불문하고 소유자의 도로부지 인도청구 등을 불허하여 도로개설행위에 의하여 제한된 재산권의 상태를 유지하는 규정이다. 따라서 심판대상조항은 이미 형성된 구체적인 재산권을 공익을 위하여 개별적·구체적으로 박탈하거나 제한하는 것으로서 보상을 요하는 헌법 제23조 제3항의 수용·사용 또는 제한을 규정한 것이라고 할 수는 없고, 헌법 제23조 제1항 및 제2항에 따라 도로부지 등에 관한 재산권의 내용과 한계를 규정한 것이라고 보아야 한다(헌재 2013. 10. 24, 2012헌바376).

[평설] 손실보상은 특별한 희생이 있는 경우에 주어진다. 헌법 제23조[① 모든 국민의 재산권은 보장된다. 그 내용과 한계는 법률로 정한다. ② 재산권의 행사는 공공복리에 적합하도록 하여야 한다]에 비추어 재산권의 내용과 한계의 설정, 그리고 재산권의 사회적 제약의 구체화는 특별한 희생에 해당하지 아니하는 것으로 본다. 이 판례는 보상이 따르지 아니하는 재산권의 내용과 한계 규정의 예를 보여준다.

2. 재산권의 사회적 구속(헌법 제23조 제2항)
① 초·중·고등학교 및 대학교 경계선으로부터 200미터 내로 설정된 학교환경위생정화구역 안에서 여관시설 및 영업행위를 금지하고 있는 이 사건 법률조항 중 초등학교부분에 대하여는 초등학교 학생들의 건전하고 쾌적한 교육환경을 조성하여 학교 교육의 능률화를 기하기 위하여 일정한 학교환경위생정화구역 안에 여관의 시설을 금지함으로써 그 여관시설 및 영업자에 대한 재산권의 사회적 제약을 구체화하는 입법이라는 것이 헌법재판소의 판례인바, 이러한 이치는 중·고등학교 및 대학교 부분에 대하여도 그대로 타당하다고 할 것이고 따라서 이 사건 법률조항은 공익목적을 위하여 개별적·구체적으로 이미 형성된 구체적 재산권을 박탈하거나 제한하는 것이 아니므로, 보상을 요하는 헌법 제23조 제3항 소정의 수용·사용 또는 제한에 해당되는 것은 아니다(헌재 2006. 3. 30, 2005헌바110).
② 토지를 종래의 목적으로도 사용할 수 없거나 더 이상 법적으로 허용된 토지이용방법이 없어서 실질적으로 사용·수익을 할 수 없는 경우에 해당하지 않는 제약은 토지소유자가 수인하여야 하는 사회적 제약의 범주 내에 있는 것이고, 그러하지 아니한 제약은 손실을 완화하는 보상적 조치가 있어야 비로소 허용되는 범주 내에 있다(헌재 2005. 9. 29, 2002헌바84등; 헌재 1998. 12. 24, 89헌마214).

[평설] 재산권의 사회적 구속성의 구체화는 보상이 주어지는 침해가 아니다. 이 판례는 보상이 따르지 아니하는 재산권의 사회적 제약(구속성)의 예를 보여준다.

## 3. 개별 사례 검토

### (1) 특별법규에 의한 재산권 제한

□ (구 국토의 계획 및 이용에 관한 법률 제37조 제1항 제2호 및 해당 지구 내 재산권제한에 관하여 규정하고 있는 제76조 제2항이, 역사문화미관지구 내 토지소유자들에게 일정한 건축제한을 부과하면서 아무런 보상조치를 마련하지 않고 있어 토지소유자들의 재산권을 침해한다는 것 등을 주장하면서 청구한 헌법소원심판에서) 이 사건 법률조항들로 인하여 **역사문화미관지구 내 토지소유자들에게 부과되는 재산권의 제한 정도는 사회적 제약 범위를 넘지 않는 것으로서, 비례의 원칙에 반하지 아니한다**(헌재 2012. 7. 26, 2009헌바328).

[평설] 판례는 문화목적상 제한(예: 보존건물의 개축제한)의 경우는 통상적으로 보상을 요하지 아니하는 것으로 보았다. 그것은 사회적 구속성 하에 들어오는 것으로 보기 때문일 것이다.

### (2) 계획법상 제한

① 도시계획법 제21조의 규정에 의하여 **개발제한구역 안에 있는 토지의 소유자는** 재산상의 권리행사에 많은 제한을 받게 되고 그 한도 내에서 일반 토지 소유자에 비하여 불이익을 받게 됨은 명백하지만, '도시의 무질서한 확산을 방지하고 도시주변의 자연환경을 보전하여 도시민의 건전한 생활환경을 확보하기 위하여 또는 국방부장관의 요청이 있어 보안상 도시의 개발을 제한할 필요가 있다고 인정되는 때'(도시계획법 제21조 제1항)에 한하여 가하여지는 그와 같은 제한으로 인한 **토지소유자의 불이익은 공공의 복리를 위하여 감수하지 아니하면 안 될 정도의 것이**라고 인정되므로, 그에 대하여 손실보상의 규정을 두지 아니하였다 하여 도시계획법 제21조의 규정을 헌법 제23조 제3항, 제11조 제1항 및 제37조 제2항에 위배되는 것으로 볼 수 없다(대판 1996. 6. 28, 94다54511; 대결 1990. 5. 8, 89부2).

② 도시계획법 제21조에 규정된 **개발제한구역제도 그 자체는 원칙적으로 합헌적인** 규정인데, 다만 개발제한구역의 지정으로 말미암아 **일부 토지소유자에게 사회적 제약의 범위를 넘는 가혹한 부담이 발생하는 예외적인 경우에 대하여 보상규정을 두지 않은 것에 위헌성이 있는 것이고**, 보상의 구체적 기준과 방법은 헌법재판소가

결정할 성질의 것이 아니라 광범위한 입법형성권을 가진 입법자가 입법정책적으로 정할 사항이므로, 입법자가 보상입법을 마련함으로써 위헌적인 상태를 제거할 때까지 위 조항을 형식적으로 존속케 하기 위하여 헌법불합치결정을 하는 것인바, 입법자는 되도록 빠른 시일 내에 보상입법을 하여 위헌적 상태를 제거할 의무가 있고, 행정청은 보상입법이 마련되기 전에는 새로 개발제한구역을 지정하여서는 아니되며, 토지소유자는 보상입법을 기다려 그에 따른 권리행사를 할 수 있을 뿐 개발제한구역의 지정이나 그에 따른 토지재산권의 제한 그 자체의 효력을 다투거나 위 조항에 위반하여 행한 자신들의 행위의 정당성을 주장할 수는 없다(헌재 1998. 12. 24, 89헌마214).

[평설] 국토의 계획 및 이용에 관한 법률상 도시계획제한은 사인의 토지이용에 제한을 가져오는 것이지만, 그 규제가 일반적인 것으로 보아 보상대상이 되지 않는다고 본다. 종래 도시관리계획(구 도시계획법상 도시계획)에 의거, 지정된 용도지역·용도지구·용도구역 내에서 부작위의무의 부과를 내용으로 하는 공법상의 제한인 도시계획제한을 둘러싸고 논쟁이 있어 왔다. ①에서 대법원은 보상을 요하지 아니한다고 하였다. 대법원은「재산권의 내용과 공용침해는 별개의 제도가 아니며, 양자 간에는 정도의 차이가 있을 뿐이며, 내용규정의 경계를 벗어나면 보상의무가 있는 공용침해로 전환한다는 견해(경계이론)」를 따른 것으로 보인다. ②에서 헌법재판소는 다만 개발제한구역 지정으로 말미암아 일부 토지소유자(예: 나대지나 오염된 도시근교농지의 소유자)에게 사회적 제약의 범위를 넘는 가혹한 부담이 발생하는 예외적인 경우에 대하여 보상규정을 두지 않은 것에는 위헌성이 있다고 하였다. 헌법재판소는「입법자의 의사에 따라 공용침해(수용·사용·제한)와 재산권의 내용·한계의 설정이 분리되는바, 입법자가 공용침해(수용·사용·제한)를 규정한 것이 아니라 재산권의 내용을 규정하는 경우, 그 규정이 일정한 한계를 벗어나면 보상의 문제를 가져오는 것이 아니라, 위헌의 문제를 가져온다는 견해(분리이론)」를 따른 것으로 보인다. 대법원은 보상 여부에 초점을 두고, 헌법재판소는 위헌 여부에 초점을 두는 것으로 보인다. 이 판례에 따라 당시 도시계획법은 전면 개정되었다. 도시계획법은 2002년 말에 폐지되었고, 그 규율내용은 국토의 계획 및 이용에 관한 법률에서 규정되고 있다.

□  도시계획시설의 지정으로 말미암아 당해 토지의 이용가능성이 배제되거나 또는 토지소유자가 토지를 종래 허용된 용도대로도 사용할 수 없기 때문에 이로 말미

암아 현저한 재산적 손실이 발생하는 경우에는, 원칙적으로 사회적 제약의 범위를 넘는 수용적 효과를 인정하여 국가나 지방자치단체는 이에 대한 보상을 해야 한다(헌재 1999. 10. 21, 97헌바26).

[평설] 계획제한의 경우에도 특별한 희생이 있을 수 있고, 이 경우에도 재산권보장규정과 평등원칙규정에 근거하여 보상이 주어져야 한다는 취지의 판례이다.

## 4. 특별한 희생의 실현

□ 구 공유수면매립법(1999. 2. 8. 법률 제5911호로 전부 개정되기 전의 것) 제17조가 "매립의 면허를 받은 자는 제16조 제1항의 규정에 의한 보상이나 시설을 한 후가 아니면 그 보상을 받을 권리를 가진 자에게 손실을 미칠 공사에 착수할 수 없다. 다만, 그 권리를 가진 자의 동의를 받았을 때에는 예외로 한다."고 규정하고 있으나, 손실보상은 **공공필요에 의한 행정작용에 의하여 사인에게 발생한 특별한 희생에 대한 전보**라는 점에서 그 사인에게 특별한 희생이 발생하여야 하는 것은 당연히 요구되는 것이고, 공유수면 매립면허의 고시가 있다고 하여 반드시 그 사업이 시행되고 그로 인하여 손실이 발생한다고 할 수 없으므로, 매립면허 고시 이후 매립공사가 실행되어 관행어업권자에게 실질적이고 현실적인 피해가 발생한 경우에만 공유수면매립법에서 정하는 손실보상청구권이 발생하였다고 할 것이다 (대판 2010. 12. 9, 2007두6571).

[평설] 손실보상청구권의 성립요건으로서 특별희생은 관념적인 것만으로는 부족하고, 특별희생이 실현되거나 아니면 현실화가 확실하여야 한다는 취지의 판례로 이해될 수 있다.

## [42] 손실보상의 내용

## Ⅰ. 정당한 보상의 원칙

### 1. 헌법규정(법률에 의한 정당한 보상)(헌법 제23조 제3항)

□ 헌법 제23조 제3항에 규정된 "정당한 보상"이란 원칙적으로 수용되는 재산의 객관적인 재산가치를 완전하게 보상하여야 한다는 이른바 "완전보상"을 뜻하는데, 토지의 경우에는 그 특성상 인근 유사토지의 거래가격을 기준으로 하여 그 가격 형성에 미치는 제 요소를 종합적으로 고려한 합리적 조정을 거쳐서 객관적인 가

치를 평가할 수밖에 없다(헌재 2010. 2. 25, 2008헌바6 전원재판부; 헌재 2013. 12. 26, 2011헌바162; 헌재 2001.04 26, 2000헌바31; 헌재 1998. 3. 26, 93헌바12; 헌재 1991. 2. 11, 90 헌바17·18; 대판 2001. 9. 25, 2000두2426; 대판 1993. 7. 13, 93누2131).

[평설] 정당한 보상의 의미에 관해 학설은 **완전보상설**(손실보상이 재산권보장, 부담의 공 평, 상실된 가치의 보전이라는 관점에서 인정된다고 보아 보상은 완전보상이어야 한다는 견해) 과 **상당보상설**(재산권의 사회적 제약 내지 사회적 구속성, 재산권의 공공복리적합의무의 관점 에서 공·사익을 형량하여 보상내용이 결정되어야 한다는 견해, 달리 말하면 완전보상을 원칙으 로 하되 합리적인 이유가 있는 경우에는 완전보상을 하회할 수도 있다는 견해)로 나뉘고 있 다. 완전보상설은 헌법재판소와 대법원의 확립된 견해이다.

## 2. 공시지가(부공법 제3조)

□ 헌법 제23조 제3항이 규정하는 정당한 보상이란 원칙적으로 피수용 재산의 객관적 재산 가치를 완전하게 보상하는 완전보상을 의미하는데, 이 사건 토지보 상조항이 '**부동산 가격공시 및 감정평가에 관한 법률**(현행 부동산 가격공시에 관한 법 률)'에 의한 **공시지가**를 기준으로 토지수용으로 인한 손실보상액을 산정하되, 개 발이익을 배제하고 공시기준일부터 재결 시까지의 시점보정을 인근 토지의 가격 변동률과 생산자물가상승률에 의하도록 한 것은 공시 기준일의 표준지의 객관적 가치를 정당하게 반영하는 것이고 표준지의 선정과 시점보정의 방법이 적정하므 로, 이 사건 토지보상조항은 헌법 제23조 제3항이 규정한 정당보상의 원칙에 위 배되지 않는다(헌재 2013. 12. 26, 2011헌바162; 헌재 1999. 12. 23, 98헌바13·49, 99헌바25 (병합); 헌재 1995. 4. 20, 93헌바20).

[평설 1] 국토교통부장관은 토지이용상황이나 주변 환경, 그 밖의 자연적·사회적 조건 이 일반적으로 유사하다고 인정되는 일단의 토지 중에서 선정한 표준지에 대하여 매 년 공시기준일 현재의 **단위면적당 적정가격**(이하 "**표준지공시지가**"라 한다)을 조사·평 가하고, 제24조에 따른 중앙부동산가격공시위원회의 심의를 거쳐 이를 공시하여야 하는데(부동산 가격공시에 관한 법률 제3조 제1항), 그 단위면적당 적정가격을 표준지공시 지가라 한다.

[평설 2] 협의나 재결에 의하여 취득하는 토지에 대해서는 부동산 가격공시에 관한 법

률에 따른 공시지가를 기준으로 하여 보상하되, 그 공시기준일부터 가격시점까지의 관계 법령에 따른 그 토지의 이용계획, 해당 공익사업으로 인한 지가의 영향을 받지 아니하는 지역의 대통령령으로 정하는 지가변동률, 생산자물가상승률(한국은행법 제86조에 따라 한국은행이 조사·발표하는 생산자물가지수에 따라 산정된 비율을 말한다)과 그 밖에 그 토지의 위치·형상·환경·이용상황 등을 고려하여 평가한 적정가격으로 보상하여야 한다(토상법 제70조 제1항). 이와 관련하여 공시지가를 기준으로 토지수용으로 인한 손실보상액을 산정하는 것이 합헌(정당한 보상)인가의 여부와 관련하여 논란이 있으나, 판례는 합헌으로 보았다. 판례의 확립된 견해이다.

## II. 생활보상(이주대책)

### 1. 생활대책

□ **공익사업을 위한 토지 등의 취득 및 보상에 관한 법률**(이하 '공익사업법'이라 한다)은 제78조 제1항에서 "사업시행자는 공익사업의 시행으로 인하여 주거용 건축물을 제공함에 따라 생활의 근거를 상실하게 되는 자(이하 '이주대책대상자'라 한다)를 위하여 대통령령으로 정하는 바에 따라 이주대책을 수립·실시하거나 이주정착금을 지급하여야 한다."고 규정하고 있을 뿐, 생활대책용지의 공급과 같이 공익사업 시행 이전과 같은 경제수준을 유지할 수 있도록 하는 내용의 **생활대책**에 관한 분명한 근거 규정을 두고 있지는 않으나, 사업시행자 스스로 공익사업의 원활한 시행을 위하여 필요하다고 인정함으로써 생활대책을 수립·실시할 수 있도록 하는 내부규정을 두고 있고 그 내부규정에 따라 생활대책대상자 선정기준을 마련하여 생활대책을 수립·실시하는 경우에는, 이러한 **생활대책** 역시 "공공필요에 의한 재산권의 수용·사용 또는 제한 및 그에 대한 보상은 법률로써 하되, 정당한 보상을 지급하여야 한다."고 규정하고 있는 **헌법 제23조 제3항에 따른 정당한 보상에 포함되는 것으로 보아야 한다**(대판 2011. 10. 13, 2008두17905).

[평설] 판례(대판 2011. 10. 13, 2008두17905)는 **생활보상의 성격인 생활대책용지의 공급과 같은 생활대책을 헌법 제23조 제3항의 보상으로 보았다.** 학설상으로는 **생활보상의 헌법적 근거**에 관해 ① **헌법 제23조설**(헌법 제23조 제3항의 보상을 완전보상으로 이해하면서 완전보상이란 수용 등이 이루어지기 전 상태와 유사한 생활상태를 실현할 수 있도록 하는 보상이므로, 생활보상도 헌법 제23조 제3항의 완전보상에 포함될 수 있다는 견해), ② **헌법 제34조설**(헌법 제23조 제3항은 재산권 보상을 염두에 둔 규정으로 제한적으로 이해되어야 하

며, 재산권 보상으로 메워지지 않는 내용의 보장은 헌법 제34조에 의하여 해결되어야 한다고 하면서, 생활보상은 헌법 제34조의 사회보장수단으로서의 성격을 가진다는 견해), ③ **헌법 제 23조·제34조 결합설**(헌법 제23조 제3항의 공적부담의 평등에 근거한 보상이라는 성격과 헌법 제34조의 생존배려에 근거한 보상이라는 성격이 결합된 것으로 보는 견해)로 나뉜다. ③ 헌법 제23조·제34조 결합설이 다수설이다.

## 2. 이주대책(토상법 제78조)

① 구 공익사업을 위한 토지 등의 취득 및 보상에 관한 법률(2007. 10. 17. 법률 제 8665호로 개정되기 전의 것, 이하 '구 공익사업법'이라 한다)은 공익사업에 필요한 토지 등을 협의 또는 수용에 의하여 취득하거나 사용함에 따른 손실 보상에 관한 사항을 규정함으로써 공익사업의 효율적인 수행을 통하여 공공복리의 증진과 재산권의 적정한 보호를 도모함을 목적으로 하고 있고, 위 법에 의한 이주대책은 공익사업의 시행에 필요한 토지 등을 제공함으로 인하여 생활의 근거를 상실하게 되는 이주대책대상자들에게 **종전 생활상태를 원상으로 회복시키면서 동시에 인간다운 생활을 보장하여 주기 위하여 마련된** 제도이므로, 사업시행자의 이주대책 수립·실시의무를 정하고 있는 구 공익사업법 제78조 제1항은 물론 이주대책의 내용에 관하여 규정하고 있는 같은 조 제4항 본문 역시 당사자의 합의 또는 사업시행자의 재량에 의하여 적용을 배제할 수 없는 **강행법규이다**(대판 2011. 6. 23, 2007다63089 전원합의체; 대판 2013. 8. 23, 2012두24900; 대판 2003. 7. 25, 2001다57778; 대판 1994. 5. 24, 92다35783).

② 이주대책은 헌법 제23조 제3항에 규정된 정당한 보상에 포함되는 것이라기보다는 이에 부가하여 이주자들에게 **종전의 생활상태를 회복시키기 위한 생활보상의 일환으로서** 국가의 정책적인 배려에 의하여 마련된 제도라고 볼 것이다. 따라서 이주대책의 실시 여부는 입법자의 입법정책적 재량의 영역에 속하므로 공익사업을위한토지등의취득및보상에관한법률시행령 제40조 제3항 제3호(이하 '이 사건 조항'이라 한다)가 이주대책의 대상자에서 세입자를 제외하고 있는 것이 세입자의 재산권을 침해하는 것이라 볼 수 없다(헌재 2006. 2. 23, 2004헌마19; 헌재 1993. 7. 29, 92헌마30).

**[평설]** ①은 공익사업을 위한 토지 등의 취득 및 보상에 관한 법률상 이주대책 조항은 강행법규라 하였고, ②는 이주대책은 헌법 제23조 제3항의 보상이 아니라고 하였다.

## 3. 주거이전비

□ 토지보상법령의 규정에 의하여 공익사업 시행에 따라 이주하는 주거용 건축물의 세입자에게 지급하는 주거이전비는 공익사업 시행지구 안에 거주하는 세입자들의 조기 이주를 장려하고 사업추진을 원활하게 하려는 정책적인 목적과 주거이전으로 특별한 어려움을 겪게 될 세입자들에게 사회보장적인 차원에서 지급하는 금원이다(대판 2017. 10. 31, 2017두40068; 대판 2010. 11. 11, 2010두5332).

## 4. 간접보상

□ 행정주체의 행정행위를 신뢰하여 그에 따라 재산출연이나 비용지출 등의 행위를 한 자가 그 후에 공공필요에 의하여 수립된 적법한 행정계획으로 인하여 재산권행사가 제한되고 이로 인한 공공사업의 시행 결과 **공공사업시행지구 밖에서 발생한 간접손실에 관하여** 그 피해자와 사업시행자 사이에 협의가 이루어지지 아니하고, 그 보상에 관한 명문의 근거 법령이 없는 경우라고 하더라도, 헌법 제23조 제3항 및 구 토지수용법(2002. 2. 4. 법률 제6656호로 폐지되기 전의 것) 등의 개별 법률의 규정, 구 공공용지의취득및손실보상에관한특례법(2002. 2. 4. 법률 제6656호로 폐지되기 전의 것) 제3조 제1항 및 같은법시행규칙(2002. 12. 31. 건설교통부령 제344호로 폐지되기 전의 것) 제23조의2 내지 7 등의 규정 취지에 비추어 보면, **공공사업의 시행으로 인하여 그러한 손실이 발생하리라는 것을 쉽게 예견할 수 있고, 그 손실의 범위도 구체적으로 이를 특정할 수 있는 경우에는** 그 손실의 보상에 관하여 구 공공용지의취득및손실보상에관한특례법시행규칙의 관련 규정 등을 유추적용할 수 있다(대판 2004. 9. 23, 2004다25581; 대판 2002. 11. 26, 2001다44352).

[**평설**] 공공사업의 시행 또는 완성 후의 시설이 간접적으로 사업지 범위 밖에 위치한 타인의 토지 등의 재산에 손실을 가하는 경우, 그러한 손실을 보상하는 것을 **간접보상(간접손실보상, 사업손실보상)**이라 한다. 간접보상의 성질에 관해 ① 생활보상의 한 내용으로 보는 견해, ② 재산권보상의 하나로 보는 견해, ③ 재산권보상 및 생활보상과 구별되는 확장된 보상 개념으로 보는 견해로 나누어진다. 간접손실에 대한 보상에 관한 명문의 규정이 없더라도 ⓐ 공공사업의 시행으로 인하여 그러한 손실이 발생하리라는 것을 쉽게 예견할 수 있고, ⓑ 그 손실의 범위도 구체적으로 이를 특정할 수 있는 경우라면 관련규정을 유추적용하여 보상할 수 있다는 것이 판례의 취지이다.

## III. 손실보상금 지급상 원칙(토상법 제61조 이하)

### 1. 개인별 보상의 원칙

□ 구 토지수용법 제45조 제2항은 수용 또는 사용함으로 인한 보상은 피보상자의 개인별로 산정할 수 없을 때를 제외하고는 피보상자에게 개인별로 하여야 한다고 규정하고 있으므로, 보상은 수용 또는 사용의 대상이 되는 **물건별로** 하는 것이 아니라 **피보상자 개인별로** 행하여지는 것이라고 할 것이어서 피보상자는 수용 대상물건 중 전부 또는 일부에 관하여 불복이 있는 경우 그 불복의 사유를 주장하여 행정소송을 제기할 수 있다(대판 2000. 1. 28, 97누11720; 대판 1995. 9. 15, 93누20627; 대판 1994. 8. 26, 94누2718).

[평설] 현행 공익사업을 위한 토지 등의 취득 및 보상에 관한 법률의 경우도 같다(토상법 제64조 본문). 개인별 보상을 **개별급**이라고도 한다.

### 2. 사전보상의 원칙

□ 기업자의 토지수용으로 인한 **손실보상금지급의무**는 그 수용의 시기로부터 발생한다 할 것이고, 현실적으로 구체적인 손실보상금액이 재결이나 행정소송의 절차에 의하여 확정되어진다 하여 달리 볼 것이 아니며 재결절차에서 정한 보상액과 행정소송절차에서 정한 보상금액의 차액 역시 수용과 대가관계에 있는 손실보상의 일부이므로 동 차액이 수용의 시기에 지급되지 않은 이상 이에 대한 지연손해금이 발생하는 것은 당연하다(대판 1991. 12. 24, 91누308).

[평설] 사업시행자는 해당 공익사업을 위한 「공사에 착수하기 이전에」 토지소유자의 관계인에게 보상액 전액을 지급하여야 한다(토상법 제62조 본문). 사전보상은 **선급**이라고도 한다. 그러나 제38조에 따른 천재·지변 시의 토지 사용과 제39조에 따른 시급한 토지 사용 또는 토지소유자 및 관계인의 승낙이 있는 경우에는 그러하지 아니하다(토상법 제62조 단서). 즉 후급을 할 수 있다.

## [43] 손실보상의 절차와 권리보호

### I. 행정절차

### 1. 협의(토상법 제26조)

□ 토지수용에 있어서의 **협의** 그 자체는 사법상의 **법률행위**임은 소론과 같다고 할

것이나, 구 토지수용법 제25조의2에 의하면 협의가 성립되었을 때에는 기업자는 관할 토지수용위원회에 협의 성립의 확인을 신청할 수 있게 되어 있는바, 그 확인 은 구 토지수용법에 의한 재결로 본다고 규정되어 있고, 같은법 제67조 제1항에 의하면, 기업자는 토지 또는 물건을 수용한 날에 그 소유권을 취득하고, 그 토지 나 물건에 관한 다른 권리는 소멸한다고 규정되어 있으며, 같은법 제69조에 의 하면, 담보물권의 목적물이 수용 또는 사용되었을 경우에는 당해 담보물권은 그 목적물의 수용 또는 사용으로 인하여 채무자가 받을 보상금에 대하여 행사할 수 있으되 다만 그 지불 전에 이를 압류하여야 하도록 규정되어 있으니, 기업자는 수용목적물에 제한물권이 설정되어 있으면, 협의 성립 후에 구 토지수용법상의 재결 의 효과를 발생시킴으로써 제한물권을 소멸시키기 위하여 협의 성립의 확인을 신청할 것임이 명백하다 할 것인바, 같은 취지에서 가압류의 요건이 갖추어졌다 하여 채 권자의 이 사건 가압류신청을 받아들인 원심판결은 정당하다(대판 1979. 7. 24, 79 다655).

[평설] 기업자는 수용목적물에 제한물권이 설정되어 있으면 협의성립 후에 토지수용법 상의 재결의 효과를 발생시킴으로써, 제한물권을 소멸시키기 위하여 협의성립의 확인 을 토지수용위원회에 신청할 것임이 명백하므로 토지수용법상의 협의가 진행중인 경 우에는 수용목적물에 제한물권을 가진 자는 가압류할 수 있다는 요지의 판례이다.

## 2. 재결(토상법 제28조)

□ 공익사업을 위한 토지 등의 취득 및 보상에 관한 법률(이하 '공익사업법'이라 한 다) 제30조 제1항은 재결신청을 청구할 수 있는 경우를 사업시행자와 토지소유자 및 관계인 사이에 '협의가 성립하지 아니한 때'로 정하고 있을 뿐 손실보상대상에 관한 이견으로 협의가 성립하지 아니한 경우를 제외하는 등 그 사유를 제한하고 있지 않은 점, 위 조항이 토지소유자 등에게 재결신청청구권을 부여한 취지는 공익사업에 필요한 토지 등을 수용에 의하여 취득하거나 사용할 때 손실보상에 관한 **법률관계를 조속히 확정**함으로써 공익사업을 효율적으로 수행하고 토지소유자 등의 **재산권을 적정하게 보호**하기 위한 것인데, 손실보상대상에 관한 이견으로 손실보상협의가 성립하지 아니한 경우에도 재결을 통해 손실보상에 관한 법률관 계를 조속히 확정할 필요가 있는 점 등에 비추어 볼 때, '협의가 성립되지 아니한 때'에는 사업시행자가 토지소유자 등과 공익사업법 제26조에서 정한 **협의절차**를

거쳤으나 보상액 등에 관하여 협의가 성립하지 아니한 경우는 물론 토지소유자 등이 손실보상대상에 해당한다고 주장하며 보상을 요구하는데도 사업시행자가 손실보상대상에 해당하지 아니한다며 보상대상에서 이를 제외한 채 협의를 하지 않아 결국 협의가 성립하지 않은 경우도 포함된다고 보아야 한다(대판 2011. 7. 14, 2011두2309).

## II. 행정소송절차

### 1. 필요적 전치절차로서 재결절차

□ 구 공익사업법 제26조, 제28조, 제30조, 제34조, 제50조, 제61조, 제83조 내지 제85조의 규정 내용 및 입법 취지 등을 종합하여 보면, 공익사업으로 인하여 영업을 폐지하거나 휴업하는 자가 사업시행자로부터 구 공익사업법 제77조 제1항에 따라 영업손실에 대한 보상을 받기 위해서는 구 공익사업법 제34조, 제50조 등에 규정된 재결절차를 거친 다음 그 재결에 대하여 불복이 있는 때에 비로소 구 공익사업법 제83조 내지 제85조에 따라 권리구제를 받을 수 있을 뿐, 이러한 재결절차를 거치지 않은 채 곧바로 사업시행자를 상대로 손실보상을 청구하는 것은 허용되지 않는다(대판 2011. 9. 29, 2009두10963).

[평설] 판례는 재결절차를 보상금청구소송의 필요적 전치절차로 본다. 물론 현행 공익사업을 위한 토지 등의 취득 및 보상에 관한 법률 제85조 제1항은 원처분(재결신청에 대한 재결)에 대해서도 행정소송을 제기할 수 있음을 명시적으로 규정하고 있다.

### 2. 원처분중심주의

□ 공익사업을 위한 토지 등의 취득 및 보상에 관한 법률 제85조 제1항 전문의 문언 내용과 같은 법 제83조, 제85조가 중앙토지수용위원회에 대한 이의신청을 임의적 절차로 규정하고 있는 점, 행정소송법 제19조 단서가 행정심판에 대한 재결은 재결 자체에 고유한 위법이 있음을 이유로 하는 경우에 한하여 취소소송의 대상으로 삼을 수 있도록 규정하고 있는 점 등을 종합하여 보면, 수용재결에 불복하여 취소소송을 제기하는 때에는 이의신청을 거친 경우에도 수용재결을 한 중앙토지수용위원회 또는 지방토지수용위원회를 피고로 하여 수용재결의 취소를 구하여야 하고, 다만 이의신청에 대한 재결 자체에 고유한 위법이 있음을 이유로 하는 경우에는 그 이의재결을 한 중앙토지수용위원회를 피고로 하여 이의재결의 취소를 구할 수 있다(대판 2010. 1. 28, 2008두1504).

[평설] 판례는 공익사업을 위한 토지 등의 취득 및 보상에 관한 법률 제85조 제1항(사업시행자, 토지소유자 또는 관계인은 제34조에 따른 재결에 불복할 때에는 재결서를 받은 날부터 60일 이내에, 이의신청을 거쳤을 때에는 이의신청에 대한 재결서를 받은 날부터 30일 이내에 각각 행정소송을 제기할 수 있다. …)의 행정소송은 행정소송법 제19조(취소소송은 처분등을 대상으로 한다. 다만, 재결취소소송의 경우에는 재결 자체에 고유한 위법이 있음을 이유로 하는 경우에 한한다)의 **원처분중심주의**를 채택하고 있다. 과거 **토지수용법** 하에서는 재결주의를 채택하였다.

## 3. 단기 제소기간(토상법 제85조 제1항)

□ 구 토지수용법이 행정소송의 **제소기간**에 관하여 일반법인 행정소송법을 배제하고 그보다 **짧은** 제소기간을 규정함으로써 국민이 착오를 일으켜 제소기간을 놓치는 사례가 있을 수 있으나, 이러한 사태는 특별법에서 일반법과 다른 규정을 두는 경우에 언제나 발생할 가능성이 있는 것이며, 그 이유만으로 그 규정이 헌법에 위반되는 것으로 볼 수 없다[헌재 1996. 8. 29, 93헌바63, 95헌바8(병합)].

[평설] 재결신청의 재결에 불복할 때에는 재결서를 받은 날부터 60일 이내에, 이의신청을 거쳤을 때에는 이의신청에 대한 재결서를 받은 날부터 30일 이내에 행정소송을 제기할 수 있다(토상법 제85조 제1항 제1문). 행정심판법 제27조 제1항(행정심판은 처분이 있음을 알게 된 날부터 90일 이내에 청구하여야 한다)과 행정소송법 제20조 제1항(취소소송은 처분등이 있음을 안 날부터 90일 이내에 제기하여야 한다.…)의 규정은 적용되지 아니한다.

## 4. 보상금증감소송(토상법 제85조 제2항)

### (1) 의의

□ 구 '공익사업을 위한 토지 등의 취득 및 보상에 관한 법률'(2007. 10. 17. 법률 제8665호로 개정되기 전의 것) 제74조 제1항에 규정되어 있는 **잔여지 수용청구권**은 손실보상의 일환으로 토지소유자에게 부여되는 권리로서 그 요건을 구비한 때에는 잔여지를 수용하는 토지수용위원회의 재결이 없더라도 그 청구에 의하여 수용의 효과가 발생하는 형성권적 성질을 가지므로, 잔여지 수용청구를 받아들이지 않은 토지수용위원회의 재결에 대하여 토지소유자가 불복하여 제기하는 소송은 위법 제85조 제2항에 규정되어 있는 '**보상금의 증감에 관한 소송**'에 해당하여 사업시

행자를 피고로 하여야 한다(대판 2010. 8. 19, 2008두822).

[평설] 공익사업을 위한 토지 등의 취득 및 보상에 관한 법률 제85조 제1항(사업시행자, 토지소유자 또는 관계인은 제34조에 따른 재결에 불복할 때에는 재결서를 받은 날부터 60일 이내에, 이의신청을 거쳤을 때에는 이의신청에 대한 재결서를 받은 날부터 30일 이내에 각각 행정소송을 제기할 수 있다. …)에 따라 제기하려는 행정소송이 보상금의 증감에 관한 소송인 경우 그 소송을 제기하는 자가 토지소유자 또는 관계인일 때에는 사업시행자를, 사업시행자일 때에는 토지소유자 또는 관계인을 각각 피고로 한다(토상법 제85조 제2항). 이를 **보상금증감소송**이라 부른다. 이 판례에서 대법원은 잔여지 수용청구를 받아들이지 않은 토지수용위원회의 재결에 불복하여 제기하는 소송도 보상금의 증감에 관한 소송에 해당한다고 하였다.

(2) 소송당사자에서 재결청을 제외한 취지

□ 이 사건 법률조항(토상법 제85조 제2항)은 실질적인 당사자들 사이에서만 소송이 이루어지도록 합리적으로 조정하고, 절차의 반복 없이 분쟁을 신속하게 종결하여 **소송경제를 도모하며, 항고소송의 형태를 취할 경우 발생할 수 있는 수용처분의 취소로 인한 공익사업절차의 중단을 최소화**하기 위하여, 소송당사자에서 재결청을 제외하고 사업시행자만을 상대로 다투도록 피고적격을 규정한 것으로, 비록 증거의 구조적 편재가 발생할 수 있다고 하더라도 이를 보완할 수 있는 수단을 마련하고 있는 이상, 이 사건 법률조항은 입법형성의 한계를 벗어나지 않았다고 할 것이므로 청구인의 공정한 재판을 받을 권리는 침해되지 아니한다(헌재 2013. 9. 26, 2012헌바23).

(3) 필요적 공동소송에서 단일소송으로

□ 구 토지수용법 제75조의2 제2항 소정의 손실보상금 증액청구의 소에 있어서 그 이의재결에서 정한 손실보상금액보다 **정당한 손실보상금액이 더 많다는 점**에 대한 입증책임은 원고에게 있다고 할 것이고, 위 보상금증액소송은 재결청과 기업자를 공동피고로 하는 **필요적 공동소송**으로 그 공동피고 사이에 소송의 승패를 합일적으로 확정하여야 하므로 비록 이의재결이 그 감정평가의 위법으로 위법한 경우라도 그 점만으로 위와 같은 입증책임의 소재를 달리 볼 것은 아니다(대판 1997. 11. 28, 96누2255).

[평설] 이 판례는 **구 토지수용법** 제75조의2 제2항(제1항의 규정에 의하여 제기하고자 하는 행정소송이 보상금의 증감에 관한 소송인 때에는, 당해 소송을 제기하는 자가 토지소유자 또는 관계인인 경우에는 재결청 외에 기업자를, 기업자인 경우에는 재결청 외에 토지소유자 또는 관계인을 각각 피고로 한다)하에서 나타난 것으로서 보상금증감소송을 필요적 공동소송으로 보았다. 그러나 현행 공익사업을 위한 토지 등의 취득 및 보상에 관한 **법률**상 보상금증감소송은 1인의 원고와 1인의 피고를 당사자로 하는 단일소송이다.

## (4) 형식적 당사자소송

□ 구 **토지수용법** 제75조의2 제2항의 규정은 그 제1항에 의하여 이의재결에 대하여 불복하는 행정소송을 제기하는 경우, 이것이 보상금의 증감에 관한 소송인 때에는 이의재결에서 정한 보상금이 증액 변경될 것을 전제로 하여 기업자를 상대로 보상금의 지급을 구하는 공법상의 당사자소송을 규정한 것으로 볼 것이다 (대판 1991. 11. 26, 91누285; 대판 2000. 11. 28, 99두3416).

[평설] 구 **토지수용법** 제75조의2 제2항은 제소자가 토지소유자 또는 관계인인 경우에는 재결청 외에 기업자를, 기업자인 경우에는 재결청 외에 토지소유자 또는 관계인을 각각 공동피고로 규정하였던 탓으로 동 소송을 법률이 정한 특수한 소송이라 한 견해도 있었고, 판례는 단순히 당사자소송이라 하였다. 그러나 **현행 공익사업을 위한 토지 등의 취득 및 보상에 관한 법률**은 보상금증감소송의 경우에 처분청인 토지수용위원회를 피고로 하지 아니하고, 대등한 당사자인 토지소유자 또는 관계인과 사업시행자를 당사자로 하고 있는바, **형식적 관점에서 보상금증감소송은 당사자소송에 속한다.** 그러나 보상금증감소송은 **처분청(위원회)의 처분을 다투는 의미**도 갖는 것이므로 항고소송의 성질도 갖는다. 따라서 전체로서 **보상금증감소송을 형식적 당사자소송**이라 부르기도 한다. 같은 취지의 판례로 대판 2000. 11. 28, 99두3416 등을 볼 수 있다.

## (5) 피고적격

□ 구 **토지수용법** 제75조의2 제2항에 규정된 "기업자"라 함은 재결에 의하여 토지의 소유권 등의 권리를 취득하고 그로 인하여 토지소유자 또는 관계인이 입은 손실을 보상하여야 할 의무를 지는 **권리의무의 주체인 국가 또는 지방공공단체** 등을 의미한다. 도시계획법 제23조 등에 의하여 건설부장관이나 시장·군수 등의 행정청이 토지를 수용 또는 사용할 수 있는 공익사업을 시행하는 경우에도 손실보상금의 증감에 관한 행정소송은 행정청이 속하는 권리의무의 주체인 국가나

지방공공단체를 상대로 제기하여야 하고 그 기관에 불과한 행정청을 상대로 제기할 수 없다(대판 1993. 5. 25, 92누15772).

[평설] 행정소송법 제39조가 "당사자소송은 국가·공공단체 그 밖의 권리주체를 피고로 한다"고 규정하고 있지만, 현행 공익사업을 위한 토지 등의 취득 및 보상에 관한 법률 제85조 제2항은 보상금증액청구소송에서의 피고를 '사업시행자'로 하고 있다. 사업시행자란 재결에 의하여 토지의 소유권 등의 권리를 취득하고 그로 인하여 토지소유자 또는 관계인이 입은 손실을 보상하여야 할 의무를 지는 권리·의무의 주체인 국가·지방자치단체 등 공공단체를 의미하는 것이므로 행정청은 피고가 아니다. 같은 취지의 판례이다.

(6) 입증책임
① 이 사건 법률조항[공익사업을 위한 토지 등의 취득 및 보상에 관한 법률(2002. 2. 4. 법률 제6656호로 제정되고, 2011. 8. 4. 법률 제11017호로 개정되기 전의 것) 제85조 제2항 중 '제1항의 규정에 따라 제기하고자 하는 행정소송이 보상금의 증감에 관한 소송인 경우 당해 소송을 제기하는 자가 토지소유자인 때에는 사업시행자를 피고로 한다'는 부분]은 보상금증감의 소에서 당사자적격을 규정하고 있을 뿐, 정당한 손실보상금에 대한 증명책임을 토지소유자인 원고에게 부담하도록 규정하고 있는 것은 아니고, 청구인이 주장하는 보상금증감소송에서의 증명책임의 분배는 재산권의 보호영역에 해당하지 않는다(헌재 2013. 9. 26, 2012헌바23).
② 구 토지수용법 제75조의2 제2항 소정의 손실보상금 증액청구의 소에 있어서 그 이의재결에서 정한 손실보상금액보다 정당한 손실보상금액이 더 많다는 점에 대한 입증책임은 원고에게 있다(대판 1997. 11. 28, 96누2255).

[평설] 법률상 명시적 규정이 없는 한 입증책임은 행정소송법상 입증책임의 법리에 따라 정할 사항이다.

## Ⅲ. 기타 법률상 보상절차와 권리보호
### 1. 하천법의 경우
① 하천법 제74조(현행법 제76조)에 의한 손실보상은 토지수용에 대한 손실보상의 경우와는 달리 하천관리청이 행한 공사로 인하여 이미 손실을 입은 자에 대한

보상이므로 하천관리청뿐만 아니라 손실을 받은 자에게도 위 법조에 의한 협의 요청과 그 협의가 성립되지 아니하거나 협의를 할 수 없을 때의 재결신청의 권한이 있다고 볼 것이다(대판 1989. 11. 28, 89누4680).

[평설] 하천법 제76조 제2항(국토교통부장관 또는 시·도지사는 제1항에 따른 손실을 보상함에 있어서는 손실을 입은 자와 협의하여야 한다)과 제3항(제2항에 따른 협의가 성립되지 아니하거나 협의를 할 수 없는 때에는 대통령령으로 정하는 바에 따라 관할 토지수용위원회에 재결을 신청할 수 있다)은 행위의 주체로 행정청만을 규정하고 있지만, 판례는 하천법 제76조의 손실보상의 특징을 전제하면서 손실을 입은 자에게도 **협의요청권**과 **재결신청권**을 인정하고 있다.

② **토지가 준용하천의 제외지와 같은 하천구역에 편입된 경우**, 토지소유자는 구 하천법 제74조(현행법 제76조)가 정하는 바에 따라 **하천관리청과 협의**를 하고 그 협의가 성립되지 아니하거나 협의를 할 수 없을 때에는 관할 **토지수용위원회에 재결을 신청**하고 그 재결에 불복일 때에는 바로 관할 토지수용위원회를 상대로 재결 자체에 대한 **행정소송**을 제기하여 그 결과에 따라 손실보상을 받을 수 있을 뿐이고, 같은 법 부칙 제2조 제1항을 준용하여 직접 하천관리청을 상대로 **민사소송으로 손실보상을 청구할 수는 없다**(대판 2003. 4. 25, 2001두1369; 대판 2001. 9. 14, 2001다40879).

[평설] 하천법 제76조의 손실보상은 행정소송사항이지 민사소송사항이 아니라는 취지의 판례이다. 판례는 하천법 제76조의 손실보상청구권을 사권이 아니라 공권으로 본다고 말할 수도 있다.

## 2. 구 공유수면매립법의 경우
□ 공유수면매립법 제16조에 의한 손실보상은 협의가 성립되지 아니하거나 협의할 수 없을 경우에 토지수용위원회의 재정을 거쳐 토지수용위원회를 상대로 재정에 대한 **행정소송을 제기하는 방법으로 청구**하여야 하므로, 이를 민사소송으로 청구하는 것은 **부적법하다**(대판 1997. 10. 10, 96다3838; 대판 2001. 6. 29, 99다56468).

[평설] 당시 공유수면매립법 제16조는 손실보상소송에 관해 규정하는 바가 없었으나,

판례는 행정소송의 방법으로 손실보상청구소송을 제기할 수 있다고 하였다. 현행 공유수면 관리 및 매립에 관한 법률 제32조 제1항, 제2항, 제3항의 내용도 유사하다.

□ 당시 공유수면매립법 제16조 (손실방지와 보상) ① 권리를 가진 자가 있는 공유수면에 대하여 매립의 면허를 받은 자는 대통령령의 정하는 바에 의하여 그 권리를 가진 자에게 끼친 손실을 보상하거나 그 손실을 방지하는 시설을 하여야 한다.

② 매립의 면허를 받은 자는 제1항의 규정에 의한 보상에 관하여 미리 보상을 받을 자와 협의하여야 한다.

③ 제2항의 규정에 의한 협의가 성립되지 아니하거나 협의할 수 없을 경우에는 대통령령의 정하는 바에 의하여 토지수용위원회에 재정을 신청할 수 있다.

## [44] 국가책임제도의 보완

### Ⅰ. 재산권의 내용·한계 규정과 보상(헌법 제23조 제1항)

#### 1. 재산권의 내용과 한계 설정

□ 헌법은 제23조 제1항 제1문에서 '모든 국민의 재산권은 보장된다.'라고 하여 재산권의 보장을 선언하고, 제2문에서 '그 내용과 한계는 법률로 정한다.'라고 하여 **재산권은 다른 기본권 규정과는 달리 그 내용과 한계가 법률에 의해 구체적으로 형성되는 기본권 형성적 법률유보의 형태**를 취하고 있다. 그리하여 헌법이 보장하는 재산권의 내용과 한계는 국회에서 제정되는 형식적 의미의 법률에 의하여 정해지므로 이 헌법상의 재산권 보장은 재산권 형성적 법률유보에 의하여 실현되고 구체화하게 된다. 따라서 **재산권의 구체적 모습은 재산권의 내용과 한계를 정하는 법률에 의하여 형성된다.** 다만 이러한 재산권의 내용과 한계를 정하는 법률의 경우에도 사유재산제도나 사유재산을 부인하는 것은 재산권보장규정의 침해를 의미하고 결코 재산권 형성적 법률유보라는 이유로 정당화될 수 없다(헌재 2016. 2. 25, 2015헌바257).

#### 2. 재산권 제한의 유형

□ 헌법 제23조에 의하여 재산권을 제한하는 형태에는, 제1항 및 제2항에 근거하여 재산권의 내용과 한계를 정하는 것과, 제3항에 따른 수용·사용 또는 제한을 하는 것의 두 가지 형태가 있다. 전자는 "입법자가 장래에 있어서 추상적이고 일반적인 형식으로 재산권의 내용을 형성하고 확정하는 것"을 의미하고, 후자는 "국가가 구체적인 공적 과제를 수행하기 위하여 이미 형성된 구체적인 재산적 권리를 전면적

또는 부분적으로 박탈하거나 제한하는 것"을 의미한다(헌재 1999. 4. 29, 94헌바37 등).

[평설] 우리 헌법상 재산권 제한의 형태에 두 가지, 즉 헌법 제23조 제1항·제2항에 의한 제한과 헌법 제23조 제3항에 의한 제한이 있음을 적시하고 있는 판례이다.

## 3. 재산권의 내용과 한계 설정에 따른 재산권 제한의 예

① **택지소유상한에 관한 법률**은, 택지의 소유에 상한을 두거나 그 소유를 금지하고, 허용된 소유상한을 넘은 택지에 대하여는 처분 또는 이용·개발의무를 부과하며, 이러한 의무를 이행하지 아니하였을 때에는 부담금을 부과하는 등의 제한 및 의무부과 규정을 두고 있는바, 위와 같은 규정은 헌법 제23조 제1항 및 제2항에 의하여 **토지재산권에 관한 권리와 의무를 일반·추상적으로 확정함으로써 재산권의 내용과 한계를 정하는 규정**이라고 보아야 한다(헌재 1999. 4. 29, 94헌바37 등).

② 도축장 사용정지·제한명령의 목적은 가축전염병의 발생과 확산을 막기 위한 것이고, 그러한 명령이 내려지면 국가가 도축장 영업권을 강제로 취득하는 것이 아니라 일정기간 동안 도축장을 사용하지 못하게 하는 것에 불과하다. 그러한 목적과 재산권 제한형태에 비추어 볼 때, **도축장 사용정지·제한명령**은 공익목적을 위하여 이미 형성된 구체적 재산권을 박탈하거나 제한하는 헌법 제23조 제3항의 수용·사용 또는 제한에 해당하는 것이 아니라 헌법 제23조 제1항의 **재산권의 내용과 한계**에 해당한다. 따라서 보상금은 도축장 사용정지·제한명령으로 인한 경제적인 부담을 완화하고 그러한 명령의 준수를 유도하기 위하여 지급하는 시혜적인 입법조치에 해당한다(헌재 2015. 10. 21, 2012헌바367).

## 4. 재산권의 내용과 한계 설정에 따른 재산권 제한과 보상

□ **택지소유상한에 관한 법률**은 택지에 관한 권리와 의무를 일반·추상적으로 확정함으로써 그 내용과 한계를 정하는 규정으로서, 재산권의 사회적 제약을 구체화하는 입법이라고 할 수 있다. 따라서 이는 공익목적을 위하여 개별적·구체적으로 이미 형성된 구체적인 재산권을 박탈하거나 제한하는 것으로서 보상을 요하는 헌법 제23조 제3항 소정의 수용·사용 또는 제한과는 구별되는 것이다. 다만 위와 같은 입법 역시 다른 기본권에 대한 제한입법과 마찬가지로, 비례의 원칙을 준수하여야 하며, 재산권의 본질적 내용인 사적 유용성(私的 有用性)과 처분권을 부인해서는 아니 된다. 따라서 입법자가 토지소유자에 대하여 재산권의 사회적

제약성으로도 정당화될 수 없는 가혹한 부담을 부과하는 경우에는, 비례의 원칙을 충족시키고 이로써 법률의 위헌성을 제거하기 위하여, 재산권의 내용과 한계를 정하는 규정에 의하여 발생하는 **특별한 재산적 부담**에 대하여 보상규정을 두거나 또는 보상에 갈음하거나 손실을 완화할 수 있는 제도를 보완하여야 한다(헌재 1999. 4. 29, 94헌바37 등).

[평설] 헌법 제23조 제1항에 따른 재산권이 내용과 한계 설정으로 인한 희생에 대해서도 보상문제가 발생할 수 있음을 밝히는 판례이다. 재산권의 내용·한계규정으로 인한 보상제도를 인정한다면, 보상을 요하는 재산권의 내용·한계규정과 보상을 요하지 아니하는 재산권의 내용·한계규정의 구분이 문제된다. 이에 대한 명확한 기준은 보이지 아니한다. 뿐만 아니라 **보상을 요하는 재산권의 내용·한계규정과 수용의 구분**도 문제된다. 재산권의 내용·한계규정은 일반추상적인 법규이지만, 수용은 개별구체적인 권리의 박탈이라 할 수 있다. 그러나 행정수용이 아니라 **법률수용**인 경우에는 보상을 요하는 재산권의 내용·한계규정과 구분이 반드시 용이한 것은 아니다. 하여간, 보상을 요하지 아니하는 재산권의 내용·한계 설정의 경우에 경제적 혜택(보상금)이 주어진다면, 그것은 보상이 아니라 시혜적인 것에 불과하다.

## II. 재산권 침해에 대한 손실보상청구권의 확장

### 1. 수용·사용·제한규정은 있으나 보상규정 없는 법률과 보상청구권

### (1) 관련 대법원 판례

**참고☞** 헌법 제23조 제3항을 불가분조항으로 보는 경우, 공익을 위한 법률이 재산권의 수용·사용 또는 제한에 관한 규정을 두면서 보상에 관한 규정을 두고 있지 아니하다면, 이러한 법률은 헌법위반의 법률이 된다. 이러한 법률에 따라 특별한 희생으로서 피해가 발생한다면(예컨대 개발제한구역의 지정 및 관리에 관한 특별조치법상 개발제한구역의 지정으로 인한 불이익으로서 공동체를 위해 참아야 할 정도를 벗어나는 특별한 희생이 있는 경우, 동법상 보상규정이 없다), 피해자인 사인에게 ① 국가의 불법행위를 이유로 하는 **손해배상청구권이 발생하는지**, ② 일종의 **손실보상청구권이 발생하는지**의 여부가 문제된다. ②로 본다면, 위법한 법률로 인한 피해를 대상으로 하는 **비전형적 손실보상의 문제**가 된다. 헌법 제23조 제3항을 불가분조항으로 보지 않는다고 하여도 보상가능성의 인정 근거와 관련하여 논란이 있을 수 있고, 보상가능성을 인정한다고 하여도 비전형적인 손실보상의 문제가 된다. 중요 학설로 **위헌무효설**(손실보상청구권은 헌법이 아니라 법률에서 근거되는 것이라는 전제하에 만약 보상규정 없는 수용법률에 의거 수용이 행해진다면 그 법률은 위헌무효의 법률이고, 따라서 수용은 위법한 작용이 되는바, 사인은 손해배상청구권을 갖게 된다는 견해), **직접효력규정설**(개인의 손실보상청구권은 헌법 제23조 제3항으로부터 직접 나온다는 견해), **간접효력규정설**(공용침해에 따르는 보상규정이 없는 경우에는 헌법 제23조 제1항(재산권보장) 및 제11조(평등원칙)에 근거하고, 헌법 제23조 제3항 및 관계규정의 유추해석을 통하여 보상을 청구할 수 있다는 견해) 등이 있다.

### (가) 유추해석을 통해 보상을 인정한 판례

□ 행정주체의 행정행위를 신뢰하여 그에 따라 재산출연이나 비용지출 등의 행위를 한 자가 그 후에 공공필요에 의하여 수립된 **적법한 행정계획으로 인하여 재산권행사가 제한되고 이로 인한 공공사업의 시행 결과 공공사업시행지구 밖에서 발생한 간접손실에 관하여 그 피해자와 사업시행자 사이에 협의가 이루어지지 아니하고, 그 보상에 관한 명문의 근거 법령이 없는 경우라고 하더라도, 헌법 제23조 제3항 및 구 토지수용법 등의 개별 법률의 규정, 구 공공용지의취득및손실보상에관한특례법 제3조 제1항 및 같은법시행규칙 제23조의2 내지 7 등의 규정 취지에 비추어 보면, 공공사업의 시행으로 인하여 그러한 손실이 발생하리라는 것을 쉽게 예견할 수 있고, 그 손실의 범위도 구체적으로 이를 특정할 수 있는 경우에는 그 손실의 보상에 관하여 구 공공용지의취득및손실보상에관한특례법시행규칙의 관련 규정 등을 유추적용할 수 있다**(대판 2004. 9. 23, 2004다25581).

[평설] 유추해석을 통해 손실보상청구권을 인정한 판례는 적지 않다(대판 2011. 8. 25, 2011두2743; 대판 2006. 4. 28, 2004두12278; 대판 1987. 7. 21, 84누126 등). 이러한 판례의 입장을 학설상 유추적용설이라 부르기도 한다. 사견으로는 간접효력규정설이라 부르고 있다.

### (나) 손실보상법리를 근거로 보상을 인정한 판례

□ 이건 토지는 지목상은 도로였으나 실제에 있어서는 피고시가 이건 토지 일대에 대하여 구획정리 사업을 시작할 무렵까지 원고가 농경에 사용하여 왔는데 피고시는 이건 토지가 지목 상 도로라 하여 이건 토지에 대하여 환지를 지정하지 아니하고 이를 다른 사람의 환지로 지정하여 원고로 하여금 환지를 받지 못하게 한 사실을 확정한 후 피고시의 위 토지구획정리사업으로 말미암아 원고에게 이건 토지에 대한 환지를 교부하지 않고 그 소유권을 상실케 한데 대한 이 건과

같은 경우에 손실보상을 하여야 한다는 규정이 토지구획 정리사업법에 없다 할 지라도 이는 **법리상 그 손실을 보상하여야** 할 것이다(대판 1972. 11. 28, 72다1597).

[평설] 판례가 '법리상' 손실을 보상하여야 한다고 판시했는데, 그 '법리상'이 무엇을 뜻 하는지에 관해 언급하는 바는 보이지 아니한다. 생각건대 손실보상의 법리 내지 간접 효력규정설의 논리를 뜻하는 것으로 이해할 수 있을 것이다.

(다) 수용유사적 침해보상의 개념이 등장한 판례
□ 원심이 들고 있는 … **수용유사적 침해의 이론**은 국가 기타 공권력의 주체가 위법하게 공권력을 행사하여 국민의 재산권을 침해하였고 그 효과가 실제에 있 어서 수용과 다름없을 때에는 적법한 수용이 있는 것과 마찬가지로 국민이 그로 인한 손실의 보상을 청구할 수 있다는 내용으로 이해되는데, 과연 우리 법제하 에서 그와 같은 이론을 채택할 수 있는 것인가는 별론으로 하더라도 위에서 본 바에 의하여 이 사건에서 피고 대한민국의 이 사건 주식취득이 그러한 공권력의 행사에 의한 수용유사적 침해에 해당한다고 볼 수는 없다(대판 1993. 10. 26, 93다 6409).

[평설] 독일법상 **수용유사침해보상**이란 국가나 지방자치단체가 공공의 필요에 응하기 위해 법령에 근거하여 공권력행사를 통해 사인의 재산권에 특별한 희생을 가하였으나, 그 근거법령에 보상규정이 없거나 하여 그 공권력행사가 위법한 경우에도 수용침해보 상(전통적 손실보상제도)의 경우와 마찬가지로 재산권 보장과 공적 부담 앞의 평등이라 는 견지에서 그 사인에게 조절적인 보상을 해주는 제도를 말한다. **수용유사침해로 인 한 보상청구권**은 명시적인 법률의 근거 없이 판례에 의해 독일기본법 제14조 제3항(수 용은 공공복리를 위해서만 허용된다. 그것은 다만 보상의 종류와 범위를 정하는 법률에 의하거 나 법률에 근거하여서만 이루어질 수 있다. 보상은 공공의 이익과 관계자의 이익에 대한 정당한 형량하에서만 정해질 수 있다. 보상금액에 관한 분쟁은 일반법원(통상법원)의 관할하에 놓인다) 에 따른 수용보상청구권의 유추의 형식으로 발전된 것이다. 이 판례에서 처음으로 독 일의 수용유사적 침해의 이론이 언급된 것으로 보인다.

(2) 관련 헌법재판소 판례
① 우리 헌법은 제헌 이래 현재까지 일관하여 재산의 수용, 사용 또는 제한에

대한 보상금을 지급하도록 규정하면서 이를 법률이 정하도록 위임함으로써 국가에게 명시적으로 수용 등의 경우 그 보상에 관한 입법의무를 부과하여 왔는바, 해방 후 사설철도회사의 전 재산을 수용하면서 그 보상절차를 규정한 군정법령 제75호에 따른 보상절차가 이루어지지 않은 단계에서 조선철도의통일폐지법률에 의하여 위 군정법령이 폐지됨으로써 대한민국의 법령에 의한 수용은 있었으나 그에 대한 보상을 실시할 수 있는 절차를 규정하는 법률이 없는 상태가 현재까지 계속되고 있으므로, 대한민국은 위 군정법령에 근거한 수용에 대하여 보상에 관한 법률을 제정하여야 하는 입법자의 헌법상 명시된 입법의무가 발생하였으며, 위 폐지법률이 시행된 지 30년이 지나도록 입법자가 전혀 아무런 입법조치를 취하지 않고 있는 것은 입법재량의 한계를 넘는 입법의무불이행으로서 보상청구권이 확정된 자의 헌법상 보장된 재산권을 침해하는 것이므로 위헌이다(헌재 1994. 12. 29, 89헌마2).
② 구 도시계획법 제21조에 규정된 개발제한구역제도 그 자체는 원칙적으로 합헌적인 규정인데, 다만 개발제한구역의 지정으로 말미암아 **일부 토지소유자에게 사회적 제약의 범위를 넘는 가혹한 부담이 발생하는 예외적인 경우**에 대하여 보상규정을 두지 않은 것에 위헌성이 있는 것이고, 보상의 구체적 기준과 방법은 헌법재판소가 결정할 성질의 것이 아니라 광범위한 입법형성권을 가진 입법자가 입법정책적으로 정할 사항이므로, 입법자가 보상입법을 마련함으로써 위헌적인 상태를 제거할 때까지 위 조항을 형식적으로 존속케 하기 위하여 **헌법불합치결정**을 하는 것인바, 입법자는 되도록 빠른 시일 내에 **보상입법**을 하여 위헌적 상태를 제거할 의무가 있고, 행정청은 보상입법이 마련되기 전에는 새로 개발제한구역을 지정하여서는 아니되며, 토지소유자는 **보상입법을 기다려 그에 따른 권리행사를 할 수 있을 뿐** 개발제한구역의 지정이나 그에 따른 토지재산권의 제한 그 자체의 효력을 다투거나 위 조항에 위반하여 행한 자신들의 행위의 정당성을 주장할 수는 없다(헌재 1998. 12. 24, 89헌마214, 90헌바16, 97헌바7).

[평설] 헌법재판소는 공용침해 관련입법이 **위헌인지 여부를 관심의 대상**으로 한다. 그러기에 헌법재판소는 ① 위헌을 선언하여 위헌상태를 종식시키거나 아니면 ② 위헌상태의 해소를 위한 방안을 명하여 위헌상태의 해소를 도모하기도 한다. ①은 ①의 관점에서 진정입법부작위로서 위헌을 결정한 판례이고, ②는 ②의 관점에서 보상입법의무 부과를 결정한 판례이다. 대법원은 분리이론에 따라 재산권에 대한 어떠한 침해가 있는 경우, 침해손실보상이 주어져야 하는 것인지의 여부를 관심대상으로 한다는 점에서

헌법재판소와는 접근방향이 다르다.

## 2. 수용·사용·제한규정 및 보상규정 있는 법률의 위법한 집행과 손실보상청구권

□ 공익사업을 위한 공사는 손실보상금을 지급하거나 토지소유자 및 관계인의 승낙을 받지 않고는 미리 착공해서는 아니 되는 것으로, 이는 그 보상권리자가 수용대상에 대하여 가지는 법적 이익과 기존의 생활관계 등을 보호하고자 하는 것이고, 수용대상인 농지의 경작자 등에 대한 2년분의 영농손실보상은 그 농지의 수용으로 인하여 장래에 영농을 계속하지 못하게 되어 생기는 이익 상실 등에 대한 보상을 하기 위한 것이다(대법원 2000. 2. 25. 선고 99다57812 판결 참조). 따라서 사업시행자가 토지소유자 및 관계인에게 보상금을 지급하지 아니하고 그 승낙도 받지 아니한 채 미리 공사에 착수하여 영농을 계속할 수 없게 하였다면 이는 위 공익사업법상 사전보상의 원칙을 위반한 것으로서 위법하다 할 것이므로, 이 경우 사업시행자는 2년분의 영농손실보상금을 지급하는 것과 별도로, 공사의 사전 착공으로 인하여 토지소유자나 관계인이 영농을 할 수 없게 된 때부터 수용개시일까지 입은 손해에 대하여 이를 배상할 책임이 있다 할 것이다(대판 2013. 11. 14, 2011다27103).

[평설] 독일의 경우에는 법률의 위법한 집행일지라도 공공필요에 부응하기 위한 것이라면 수용침해보상(전통적 손실보상제도)의 경우와 마찬가지로 재산권 보장과 공적 부담 앞의 평등이라는 견지에서 그 사인에게 조절적인 보상을 해준다. 우리의 판례는 법률의 '위법한' 집행에 초점을 맞추고 손해배상의 문제로 해결하였음을 보여준다.

## 3. 수용·사용·제한 규정 없이 이루어진 공공목적의 침해와 보상문제

□ 군사상의 긴급한 필요에 의하여 국민의 재산권을 수용 또는 사용하게 되었던 것이라 할지라도 그 수용 또는 사용이 법률의 근거 없이 이루어진 경우에는 재산권자에 대한 관계에 있어서는 불법행위가 된다. …우리나라 헌법이 재산권의 보장을 명시하였는 만큼 제헌 후 아직 징발에 관한 법률이 제정되기 전에 6.25.사변이 발발되었고 그로 인한 사실상의 긴급한 필요에 의하여 국민의 재산권을 수용 또는 사용하게 되었던 것이라 할지라도 그 수용 또는 사용이 법률의 근거 없이 이루어진 것인 경우에는 그것을 재산권자에 대한 관계에 있어서는 불법행위라고 하지 않을 수 없다(대판 1966. 10. 18, 66다1715).

[평설] 수용·사용·제한의 근거 규정 없이 이루어진 공공목적의 침해에는 ① 특정 법령을 적법하게 집행하면서 나타나는 침해(예: 지하철공사를 위해 특정의 도로에 대해 상당한 기간 동안 통행을 금지함으로써 발생하는 불이익으로서 공동체를 위해 참아야 할 정도를 벗어나는 특별한 희생이 있는 경우)와 ② 관련 법령이 없음에도 나타나는 공공목적의 침해가 있다. 손실보상론에서는 ①의 경우가 중심에 놓인다. ①은「수용·사용·제한규정 및 보상규정 없는 법률의 집행과 손실보상청구권」의 문제로 다룬다. 독일에서는「수용적 침해보상」의 문제로 다룬다. 이에 관한 판례는 보이지 아니한다. 이 판례는 ②에 관한 것이다.

## Ⅲ. 비재산권 침해에 대한 보상청구권

참고☞ 헌법에는 이에 대한 보상청구권에 관한 규정이 없다. 일반법도 없다, 다만 개별 법률에서 약간 나타나고 있을 뿐이다(예: 소방기본법 제24조 제2항, 산림보호법 제44조, 감염병의 예방 및 관리에 관한 법률 제71조 등). 관련 판례를 보기로 한다.

## 1. 예방접종과 특별한 희생

□ 국가의 보상책임은 예방접종의 실시 과정에서 드물기는 하지만 불가피하게 발생하는 부작용에 대해서, 예방접종의 사회적 유용성과 이에 따른 국가적 차원의 권장 필요성, 예방접종으로 인한 부작용이라는 **사회적으로 특별한 의미**를 가지는 손해에 대한 **상호부조와 손해분담의 공평, 사회보장적 이념** 등에 터 잡아 구 전염병예방법이 특별히 인정한 독자적인 피해보상제도이다. … 구 전염병예방법에 의한 피해보상제도가 수익적 행정처분의 형식을 취하고는 있지만, 구 전염병예방법의 취지와 입법 경위 등을 고려하면 실질은 피해자의 **특별한 희생**에 대한 보상에 가깝다(대판 2014. 5. 16, 2014두274).

[평설] 이 판례는 구 전염병예방법 제54조의2(현행법으로는 감염병의 예방 및 관리에 관한 법률 제71조)에 따른 국가보상의 실질을 피해자의 **특별한 희생**에 대한 **보상**으로 보았다. 이 판례는 개별 법률에 근거가 있는 경우에 관한 것이므로 보상청구권을 인정하기가 용이하였을 것이다. **개별 법률에 보상규정이 없는 경우에 특별한 희생에 대한 보상을 인정한 판례는 찾아보기 어렵다.** 재산권보다 생명, 신체에 대한 기본권이 우월하므로 그에 대한 침해가 있는 경우에 당연히 그 희생에 대한 보상청구권을 인정하는 것이 정당하며, 그 근거는 헌법상의 특정의 조항이 아니라 여러 기본권 규정 즉 헌법 제

10조, 제12조, 제23조 제3항, 제37조 제1항과 제11조의 평등조항의 정신에서 간접적으로 도출된다고 볼 것이다(**간접효력규정설**). 독일에서는 **희생보상청구권**의 문제로 접근한다.

□ 구 전염병예방법 제54조의2(예방접종으로 인한 피해에 대한 국가보상) ① 국가는 제10조의2 내지 제12조의 규정에 의하여 예방접종을 받은 자가 그 예방접종으로 인하여 질병에 걸리거나 장애인이 된 때나 사망한 때에는 대통령령이 정하는 기준과 절차에 따라 다음 각호의 보상을 하여야 한다.<개정 1999. 2. 8.>

1. 질병으로 진료를 받은 자에 대하여는 그 진료비 전액과 정액 간병비
2. 장애인이 된 자에 대하여는 일시보상금
3. 사망한 자에 대하여는 대통령령으로 정하는 유족에 대하여 일시보상금과 장제비

## 2. 의사상자에 대한 보상(비재산권 침해에 대한 보상청구권과 구분)

□ 의상자 및 의사자의 유족에 대하여 보상금 등을 지급 및 실시하는 제도는 의상자 및 의사자의 유족의 생활안정과 복지향상을 도모한다는 **사회보장적 성격**을 가질 뿐만 아니라 그들의 국가 및 사회를 위한 공헌이나 희생에 대한 **국가적 예우**를 시행하는 것으로서 **손해를 배상하는 제도와는 그 취지나 목적을 달리 하는 등** 손실 또는 손해를 전보하기 위하여 시행하는 제도가 아니라 할 것이므로, 의사상자예우에관한법률에 의해 지급되거나 지급될 보상금, 의료보호, 교육보호 등의 혜택을 국가배상법에 의하여 배상하여야 할 손해액에서 공제할 수는 없다(대판 2001. 2. 23, 2000다46894).

[평설] 의사상자에 대한 보상금 등은「의사상자 등 예우 및 지원에 관한 법률(구 의사상자예우에관한법률)」에 따라 지급된다. 이 법률에서 "의사자(義死者)"란 직무 외의 행위로서 구조행위를 하다가 사망(의상자가 그 부상으로 인하여 사망한 경우를 포함한다)하여 보건복지부장관이 이 법에 따라 의사자로 인정한 사람을 말하고(동법 제2조 제2호), "의상자(義傷者)"란 직무 외의 행위로서 구조행위를 하다가 대통령령으로 정하는 신체상의 부상을 입어 보건복지부장관이 이 법에 따라 의상자로 인정한 사람을 말한다(동법 제2조 제3호). 의사상자는 국가나 지방자치단체의 공공목적을 위한 공권력행사로 인해 희생을 당한 자가 아니므로, 의사상자에게 주어지는 보상은「**비재산권 침해에 대한 보상청구권**」과 성질을 달리한다.

## IV. 결과제거청구권

참고☞ 학설상 고권작용(공법작용)으로 인해 자기의 권리가 침해되고 또한 그 위법침해로 인해 야기된 사실상태가 계속되는 경우에 관계자는 행정주체에 대하여 불이익한 결과의 제거를 통해 계속적인 법익침해의 해소를 구할 수 있는 권리(예: 수용처분의 취소 후에도 계속 공공용지로사용하고 있는 경우에 당해 토지의 반환청구)를 가진다고 하고, 이러한 권리를 결과제거청구권이라 부르고 있다. 이러한 권리는 법치행정원리(헌법 제107조 등), 기본권규정(헌법 제10조 내지 제37조 제1항), 민법상의 관계규정(제213조, 제214조)의 유추적용에서 찾을 수 있을 것이다. 판례가 결과제거청구권이라는 용어를 사용한 경우는 찾아보기 어렵다.

### 1. 결과제거의 가능성

□ 대지소유자가 그 소유권에 기하여 그 대지의 불법점유자인 시에 대하여 권원 없이 그 대지의 지하에 매설한 상수도관의 철거를 구하는 경우에 공익사업으로서 공중의 편의를 위하여 매설한 상수도관을 철거할 수 없다거나 이를 이설할 만한 마땅한 다른 장소가 없다는 이유만으로써는 대지소유자의 위 철거청구가 오로지 타인을 해하기 위한 것으로서 권리남용에 해당한다고 할 수는 없다(대판 1987. 7. 7, 85다카1383).

[평설] 공법상 결과제거청구권을 긍정하는 경우, 청구권 성립의 요건으로 ① 공법작용, ② 주관적인 법적 지위와의 관련성 및 관련 법적 지위의 보호가치성, ③ 침해의 계속, ④ 행위의 위법성, ⑤ 지위회복의 가능성·허용성·수인성 등이 요구되는 것으로 이해되고 있다. 이 판례는 손해배상을 구한 민사소송에서 판시한 사항이지만, 판시내용이 ⑤의 내용에 대한 설명으로 활용될 수 있을 것이다.

### 2. 결과제거가 불가한 경우

□ 원판결은 그 이유 설명에서 피고는 1966. 8. 21.부터 같은 해 11. 10.까지 청계천변 보도설치공사를 함에 있어 원고 소유인 본건 토지를 적법한 수용절차도 없이 도로로 편입 사용중인 사실을 인정하고 피고의 불법점유라는 이유로 그의 인도와 임료 상당의 손해배상의무 있음을 판단하였다. 그러나 본건 토지가 도로법 소정 노선의 인정과 구역결정이 있는 소위 도로법 소정 도로에 예정지로 인정될 수 있고 도로법 제7조의 적용과 1966. 10. 25. 개정 전의 도로법시행령 제7

조의 적용 또는 개정 후의 같은 규정에 의한 공고가 있어 도로법 제40조 등의 준용이 있을 경우에는 특별한 사정이 없는 한 원고는 본건 토지의 인도를 청구할 수 없고 또한 손실보상은 몰라도 불법점유를 이유로 손해배상을 청구할 수 없을 것임에도 불구하고 도로 예정지 인지의 여부 및 위 도로법 제40조 등의 준용이 있을 수 있는지의 여부에 관한 아무런 심리판단도 없이 위와 같이 한 원판결 판단에는 심리미진 나아가 이유불비의 위법이 있다 할 것으로서 이 점에 관한 상고논지는 결국 이유 있음에 귀착되어 원판결 중 피고 패소부분은 파기를 면치 못할 것이다(대판 1969. 3. 25, 68다2081).

[평설] 이 판례는 손해배상을 구한 민사소송에서 판시한 사항이지만, 판시내용이 ⑤의 내용에 대한 설명으로 활용될 수 있을 것이다. 하여간 요건미비로 결과제거청구권이 인정되지 아니한다면, 손해배상이나 손실보상으로 문제를 해결할 수밖에 없을 것이다. 그러한 취지의 판례로 이해될 수 있을 것이다.

제2부

# 행정쟁송법

*Administrative Law*

# 제1장

# 행정심판법

[45] 일반론
I. 행정심판의 관념
1. 행정심판과 헌법(헌법 제107조 제3항)
□ 헌법 제107조 제3항은 "재판의 전심절차로서 행정심판을 할 수 있다. 행정심판의 절차는 법률로 정하되, 사법절차가 준용되어야 한다."라고 규정하고 있으나, 이는 행정심판제도의 목적이 **행정의 자율적 통제기능과 사법 보완적 기능을 통한 국민의 권리구제**에 있으므로 행정심판의 심리절차에서도 관계인의 충분한 의견진술 및 자료제출과 당사자의 자유로운 변론 보장 등과 같은 대심구조적 사법절차가 준용되어야 한다는 취지일 뿐, **사법절차의 심급제에 따른 불복할 권리까지 준용되어야 한다는 취지는 아니다**(헌재 2014. 6. 26, 2013헌바122).

2. 진정과 구분
① 진정을 수리한 국가기관이 진정을 받아들여 구체적인 조치를 취할 것인지 여부는 국가기관의 **자유재량**에 속하고, 위 진정을 거부하는 "민원회신"이라는 제목의 통지를 하였다 하더라도 이로써 진정인의 권리의무나 법률관계에 하등의 영향을 미치는 것이 아니므로 이를 행정처분이라고 볼 수 없어 이는 행정소송의 대상이 될 수 없으므로 위 회신을 진정에 대한 거부처분으로 보아 그 취소를 구하는 소는 부적법하다(대판 1991. 8. 9, 91누4195).
② 진정서에는 처분청과 청구인의 이름 및 주소가 기재되어 있고, 청구인의 기명날인이 되어 있으며 그 진정서의 기재내용에 의하여 심판청구의 대상이 되는 행정처분의 내용과 심판청구의 취지 및 이유를 알 수 있고, 거기에 기재되어 있

지 않은 재결청, 처분이 있는 것을 안 날, 처분을 한 행정청의 고지의 유무 및 그 내용 등의 불비한 점은 어느 것이나 그 보정이 가능한 것이므로, **처분청에 제출한 처분의 취소를 구하는 취지의 진정서를 행정심판청구로 보아야 한다**(대판 1995. 9. 5, 94누16250).

**[평설]** ①은 **진정의 성격**에 관한 판례이다. 진정은 사인이 국가나 지방자치단체 등에 대하여 어떠한 행위를 해 줄 것을 희망하는 의사표시로 이해된다. 진정에 관해 규율하는 법은 보이지 아니한다. 진정은 **사실행위**에 불과하다. 국가나 지방자치단체 등에 대한 사인의 의사표시에 관한 법률로 청원법, 민원처리에 관한 법률, 행정심판법 등이 있다. 이러한 법률에서 규정하는 사인의 의사표시는 법적 행위이다. ②는 행정청은 사인의 「의사표시의 제목」이 아니라 「의사표시의 내용」에 초점을 맞추어 진정이라는 용어를 사용하여도 행정심판청구의 실체를 갖춘 것으로 볼 수 있다면, 행정심판으로 보아야 한다는 판례이다.

## 3. 행정심판의 의미(존재이유)

□ 행정심판의 기능 및 존재이유로서는 첫째, 행정청에 먼저 재고와 반성의 기회를 주어 행정처분의 하자를 자율적으로 시정하도록 하는 '자율적 행정통제'의 기능, 둘째, 행정의 전문·기술성이 날로 증대됨에 따라 행정기관의 전문지식을 활용할 수 있도록 함으로써 **법원의 전문성 부족을 보완**하는 기능, 셋째, 분쟁을 행정심판단계에서 해결하도록 함으로써 **분쟁해결의 시간과 비용을 절약하고 법원의 부담을 경감**할 수 있다는 기능 등을 들 수 있다(헌재 2016. 12. 29, 2015헌바229; 헌재 2002. 10. 31, 2001헌바40).

## 4. 이의신청

□ 지방자치법 제140조 제3항(사용료·수수료 또는 분담금의 부과나 징수에 대하여 이의가 있는 자는 그 처분을 통지받은 날부터 90일 이내에 그 지방자치단체의 장에게 이의신청할 수 있다)에서 정한 이의신청은 행정청의 위법·부당한 처분에 대하여 행정기관이 심판하는 행정심판과는 구별되는 별개의 제도이나, 이의신청과 행정심판은 모두 본질에 있어 행정처분으로 인하여 권리나 이익을 침해당한 상대방의 권리구제에 목적이 있고, 행정소송에 앞서 먼저 행정기관의 판단을 받는 데에 목적을 둔 엄격한 형식을 요하지 않는 서면행위이므로, 이의신청을 제기해야 할 사람이 처분청

에 표제를 '행정심판청구서'로 한 서류를 제출한 경우라 할지라도 서류의 내용에 이의신청 요건에 맞는 불복취지와 사유가 충분히 기재되어 있다면 표제에도 불구하고 이를 처분에 대한 이의신청으로 볼 수 있다(대판 2012. 3. 29, 2011두26886).

[평설] 이의신청이란 위법·부당한 행정작용으로 인해 권리(법률상 이익)가 침해된 자가 **처분청에 대하여** 그러한 행위의 취소를 구하는 절차를 말한다. 행정심판법상 행정심판은 행정심판법이 정한 **행정심판위원회에 대하여** 그러한 행위의 취소를 구하는 절차를 말한다. 이의신청은 실정법상 불복신청 또는 재결신청 등으로 표현되기도 한다. 행정청은 사인의 「의사표시의 제목」이 아니라 「의사표시의 내용」에 초점을 맞추고 그에 상응하는 조치를 취하여야 한다는 취지의 판례이다.

## II. 고지제도(행심법 제58조)

### 1. 고지의 배제

□ 국세기본법 제56조 제1항은 '제55조에 규정하는 처분에 대하여는 **행정심판법의 규정을 적용하지 아니한다**'고 규정하고 있으므로, 국세청장이 같은법 제55조에 규정하는 처분인, 조세범처벌절차법 제16조에 의한 보상금을 교부하지 않기로 하는 처분을 함에 있어서, 행정심판법 제42조 제1항에 따라 그 상대방에게 행정불복의 방법을 고지할 의무는 없다고 할 것이고 국세기본법 제60조나 같은법시행령 제48조에 의하더라도 국세청장이 위 처분을 함에 있어 상대방에게 불복방법을 통지할 의무가 있는 것으로 해석되지 아니한다(대판 1992. 3. 31, 91누6016).

[평설] 국세기본법 제56조 제1항 본문이 같은법 제55조의 처분에 행정심판법 적용을 배제하고 있다는 것이 판례의 논거인데, **불복고지제도는 성질상 행정절차법의 규정사항이지 행정심판법상의 규정사항은 아니라고 본다면**, 판례의 논거에 문제가 있어 보인다. 국세기본법 제60조가 있어서 상대방의 보호는 가능하지만, 현행 입법체계는 바람직하지 않다.

### 2. 고지의무 위반의 성질

□ 구 자동차운수사업법 제31조 등의 규정에 의한 **사업면허의 취소등의 처분에 관한 규칙**(교통부령) 제7조 제3항의 고지절차에 관한 규정은 행정처분의 상대방이 그 처분에 대한 행정심판의 절차를 밟는 데 있어 편의를 제공하려는 데 있으며

처분청이 위 규정에 따른 고지의무를 이행하지 아니하였다고 하더라도 경우에 따라서는 행정심판의 제기기간이 연장될 수 있는 것에 그치고 이로 인하여 심판의 대상이 되는 행정처분에 어떤 하자가 수반된다고 할 수 없다(대판 1987. 11. 24, 87누529).

[평설] 행정심판법은 경유절차 및 청구기간과 관련하여 위반 시에 일정한 제약을 가하고 있다(행심법 제23조 제2항, 제27조 제5항, 행소법 제18조 제3항 제4호). 그 제약(위반의 효과)은 불고지·오고지라는 의사 그 자체의 흠결이 아니라, 행정심판법이 고지제도의 실효성확보를 위하여 특별히 부여하는 힘이라는 점을 유념할 필요가 있다.

## 3. 청구기간의 고지

① 행정청이 법정 심판청구기간보다 긴 기간으로 잘못 알린 경우에 그 잘못 알린 기간 내에 심판청구가 있으면 그 심판청구는 법정 심판청구기간 내에 제기된 것으로 본다는 취지의 행정심판법 제18조 제5항의 규정은 행정심판 제기에 관하여 적용되는 규정이지, 행정소송 제기에도 당연히 적용되는 규정이라고 할 수는 없다(대판 2001. 5. 8, 2000두6916).

② 도로점용료 상당 부당이득금의 징수 및 이의절차를 규정한 **지방자치법에서 이의제출기간**(당시 지방자치법상 제130조 제3항은 10일 이내로 규정)을 **행정심판법 제18조 제3항 소정기간**(당시 행정심판법 제18조 제1항은 180일로 규정)**보다 짧게 정하였다고 하여도** 같은법 제42조 제1항 소정의 고지의무에 관하여 달리 정하고 있지 아니한 이상 도로관리청인 피고가 이 사건 도로점용료 상당 부당이득금의 징수고지서를 발부함에 있어서 원고들에게 이의제출기간 등을 알려주지 아니하였다면 원고들은 지방자치법상의 이의제출기간에 구애됨이 없이 행정심판법 제18조 제6항, 제3항의 규정에 의하여 징수고지처분이 있은 날로부터 180일 이내에 이의를 제출할 수 있다고 보아야 할 것이다(대판 1990. 7. 10, 89누6839).

[평설] ①은 행정심판법상 심판청구기간의 오고지에 관한 조항은 행정소송에는 적용되지 아니한다는 판례이다. ②는 불복고지에 관한 특별법이 있는 경우(이 판례에서는 지방자치법), 일반법과 특별법의 관계를 판시하고 있다. 당시 행정심판법 제43조 제1항(행정심판에 관하여는 사안의 전문성과 특수성을 살리기 위하여 특히 필요한 경우가 아니면 청구인에게 불리한 내용으로 이 법에 대한 특례를 다른 법률로 정할 수 없다)의 취지를 고려할

때, 판례는 타당하다.

## 4. 재결청(행정심판위원회)에 의한 「행정심판전치 불요」의 오고지

□ 행정소송법 제18조 제3항 제4호의 규정이 행정청이 행정심판을 거칠 필요가 없다고 잘못 알린 때에는 행정심판을 제기하지 않고도 취소소송을 제기할 수 있도록 행정심판전치주의에 대한 예외를 두고 있는 것은 행정에 대한 국민의 신뢰를 보호하려는 것이므로, 처분청이 아닌 재결청이 이와 같은 잘못된 고지를 한 경우에도 행정소송법 제18조 제3항 제4호의 규정을 유추·적용하여 행정심판을 제기함이 없이 그 취소소송을 제기할 수 있다고 할 것이고, 이 때에 재결청의 잘못된 고지가 있었는지 여부를 판단함에 있어서는 반드시 행정조직상의 형식적인 권한분장에 구애될 것이 아니라 담당자의 조직상의 지위와 임무, 당해 언동을 하게 된 구체적인 경위 및 그에 대한 행정심판청구인의 신뢰가능성에 비추어 실질에 의하여 판단하여야 한다(대판 1996. 8. 23, 96누4671).

[평설] 행정소송법은 필요적 행정심판전치를 원칙으로 하다가 1998. 3. 1. 임의적 심판전치의 원칙으로 전환하였다. 이 사건은 필요적 심판전치가 적용되던 시기에 나타난 것이다. 한편, 과거의 **토지수용법**은 수용 및 불복절차를 ① **재결** → ② **이의신청** → ③ **행정소송**의 순으로 규정하였다. 동법 제76조의2 제1항 본문은 "② 이의신청의 재결에 대하여 불복이 있을 때에는 재결서가 송달된 날로부터 1월 이내에 행정소송을 제기할 수 있다"고 규정하였는데, **당시 판례는 ① 재결신청에 대한 재결이 아니라 ② 이의신청에 대한 재결을 소송의 대상으로 보았다.** 이러한 상황을 전제로 할 때, 만약 A가 ① 재결절차를 거친 후 ② 이의신청을 신청하였는데 담당 공무원이 「① 재결절차를 거쳤으니 ② 이의신청절차를 거칠 필요 없이 바로 행정소송을 제기할 수 있다」고 알려 준다면, 이 경우에 행정심판을 제기하지 않고 취소소송을 제기할 수 있는가의 문제가 발생하였다. 제기할 수 있다는 것이 판례의 취지이다. 고지제도의 취지에 비추어 판례의 해석은 타당하다. **이러한 문제는 현행 법제 하에서도 여전히 발생할 수 있다**(예: 관할 행정심판위원회(실제상 소속 공무원)가 행정심판을 거칠 필요가 없다고 하는 경우).
☞ 행정소송법 제18조 제3항 제4호.

## [46] 행정심판법

### I. 행정심판(법)의 관념

#### 1. 행정심판법의 성격(행심법 제3조, 제4조)

① 수용재결에 대한 이의절차에 관해 구 토지수용법에 특별한 규정이 없으면 행정심판법이 적용된다(대판 1992. 6. 9, 92누565).

② 지방공무원의 불복절차에 관해 지방공무원법에 규정되지 아니한 사항에는 행정심판법이 적용된다(대판 1989. 9. 12, 89누909).

[평설] 행정심판법이 행정심판에 관한 일반법이다. ①은 행정심판법 제3조 제1항(행정청의 처분 또는 부작위에 대하여는 다른 법률에 특별한 규정이 있는 경우 외에는 이 법에 따라 행정심판을 청구할 수 있다)을 적용한 것이고, ②는 행정심판법 제4조 제2항(다른 법률에서 특별행정심판이나 이 법에 따른 행정심판 절차에 대한 특례를 정한 경우에도 그 법률에서 규정하지 아니한 사항에 관하여는 이 법에서 정하는 바에 따른다)을 적용한 것이다.

#### 2. 거부처분취소심판(행정심판의 종류)

□ 당사자의 신청을 거부하는 처분을 취소하는 재결이 있는 경우에는 행정청은 그 재결의 취지에 따라 이전의 신청에 대한 처분을 하여야 하는 것이므로 행정청이 그 재결의 취지에 따른 처분을 하지 아니하고 그 처분과는 양립할 수 없는 다른 처분을 하는 것은 위법한 것이라 할 것이고 이 경우 그 재결의 신청인은 위법한 다른 처분의 취소를 소구할 이익이 있다(대판 1988. 12. 13, 88누7880).

[평설] 행정심판법 제5조 제1호는 처분을 취소심판의 대상으로, 제3호는 거부처분을 의무이행심판의 대상으로 규정하고 있다. 제1호의 처분에 거부처분이 포함된다고 보면 거부처분에 대한 취소심판도 가능하지만, 제3호가 거부처분을 규정하고 있으므로 제1호의 처분에 거부처분이 포함되지 아니한다고 보면, 거부처분에 대한 취소심판은 적법하지 않다. 다수설과 판례는 제1호의 처분에 거부처분이 포함된다고 보아 거부처분에 대한 취소심판을 긍정해 왔다. 그런데 2017. 4. 18. 개정 행정심판법 제49조 제2항은 취소심판의 대상에 거부처분이 포함되는 것을 전제하고 있으므로, 거부처분에 대한 취소심판의 형태를 인정할 수밖에 없다.

## 3. 행정심판의 당사자

### (1) 심판청구인(행심법 제13조)

[1] 청구인적격이 없는 자의 명의로 제기된 행정심판청구에 대하여 행정청이나 재결청에게 행정심판청구인을 청구인적격이 있는 자로 변경할 것을 요구하는 보정을 명할 의무가 없고, 행정심판절차에서 **임의적인 청구인의 변경은** 원칙적으로 **허용되지 아니한다**(대판 1999. 10. 8, 98두10073; 대판 1990. 2. 9, 89누4420).

[2] 행정심판 절차에서 청구인(한국미디어센타주식회사)들이 당사자가 아닌 원고 개인(대표이사 갑)을 선정대표자로 선정한 바 있더라도 행정심판법 제11조에 의하면 **선정대표자는 청구인 중에서 이를 선정하여야** 하는 것이므로 당사자가 아닌 원고 개인에 대한 선정행위는 그 효력을 갖는 것은 아니어서 그 선정으로 말미암아 원고 개인이 위 행정심판 절차의 당사자가 되게 되는 것도 아니다. 또 회사의 대표이사라는 이유만으로는 그 회사가 받은 행정처분의 취소를 구할 법률상의 이익이 있다고 할 수는 없다(대판 1991. 1. 25, 90누7791).

[평설] [1]은 **심판청구인의 임의적 변경이 허용되지 아니한다는** 취지의 판례이다. 행정심판법 제13조는 행정심판을 청구할 수 있는 법적 자격을 **심판청구인 적격이라** 한다. 심판청구인의 변경은 적격성을 가진 심판청구인의 변경이므로 변경 전·후「**심판청구의 동일성**」에 변화를 가져올 수 있기 때문에 청구인의 임의적 변경을 인정하기 어려울 것이다. [2]는 선정당사자의 자격, 즉 선정대표자는 청구인 중에서 이를 선정하여야 판례이다(구 행심법 제11조 제1항, 현행 행심법 제15조 제1항).

### (2) 심판피청구인의 잘못된 지정(행심법 제17조 제2항)

□ 피청구인을 국가보훈처 보훈심사위원장으로 잘못 지정한 경우 (당시) 행정심판법 제13조 제2항이 예컨대 본안은 이유 있는 사안으로 보여지나 청구인이 피청구인을 잘못 지정하여 그대로 두면 각하됨으로써 청구인의 권리가 침해될 우려가 있는 경우 등에는 직권에 의한 경정결정을 할 수 있도록 하고, 예컨대 본안이 이유 없는 사안으로 보여져 직권에 의한 경정결정을 하더라도 청구가 기각됨으로써 번거로운 절차만 반복될 것으로 예상되는 사안 등에는 경정결정을 하지 아니할 수도 있도록 하는 등 직권에 의한 피청구인의 경정결정을 위원회의 임의에 맡겨 두고 있으므로 피청구인에 관한 점은 위 법 제23조(보정) 제1항 소정의 보정을 명할 사항이 아니고, 또 위 법 제17조(경유절차) 제2항은 행정심판청구의

경유절차를 알리지 아니하였거나 잘못 알린 행정청에게 행정심판청구 사건의 권한 있는 행정청에의 송부의무를 규정하고 있을 뿐 행정심판 재결청에 부여된 의무는 아니므로 재결청이 권한 있는 행정청에 송부하거나 피청구인을 직권에 의하여 경정하지 아니하고 행정심판청구를 각하하였다 하여 그 재결절차에 위법이 있다 할 수 없다(대판 1992. 2. 28, 91누6979).

[평설] 이 판례는 당시 행정심판법 제13조 제2항(현행법 제17조 제2항과 유사하다), 제23조 제1항(현행법 제32조), 제17조 제2항(현행법 제23조 제2항)의 종합적인 해석을 보여주고 있다.

## II. 행정심판의 청구

### 1. 행정심판청구서의 비엄격성(행심법 제23조 제1항)

☐ 소원법에서 규정하고 있는 소원은 엄격한 형식을 요하지 않는 서면행위라 할 것이어서 위법 또는 부당한 행정처분으로 인하여 권리나 이익을 침해당한 자가 법정기간 내에 그 행정청에 처분의 취소 또는 변경을 구하는 취지의 서면을 제출하였을 때는 그 표제에 표시된 제출기관의 여하를 불문하고 이를 행정소송법 제2조 소정의 소원으로 보아야 할 것이므로 상급행정청이 아닌 **처분청에 제출된 이의신청서란 표제의 서면이 처분청의 행정행위의 취소를 구하는 내용이라면 이는** 소원법 제2조 소정의 소원에 해당한다(대판 1985. 7. 9, 83누189).

[평설] 이 판례는 1984. 12. 15. 제정된 현행 행정심판법의 시행일(1985. 10. 1.) 전에 시행되었던 구 소원법 하에서 나타난 것이다. 현행법 하에서는 행정심판법 제28조가 정하는 사항을 기재한 서면을 제출하면 제목(명칭)을 불문하고 행정심판청구서의 제출이 있는 것으로 볼 것이다. 그런데 행정심판청구서의 서식이 행정심판법 시행규칙에 정해져 있고, 누구나 인터넷 등을 통해 비교적 손쉽게 행정심판청구서 서식에 접근할 수 있는 오늘날에는 행정심판청구서를 둘러싼 분쟁은 발생하기 어려울 것이다.

### 2. 행정심판청구서의 제출(행심법 제23조 제1항)

☐ 국세기본법 제62조 제1항에 따르면 심사청구는 대통령령이 정하는 바에 의하여 불복의 사유를 갖추어 당해 처분을 하거나 하였어야 할 세무서장을 거쳐 국세청장에게 하도록 규정되어 있는바, 이 취지는 청구인의 이익을 위하여 처분

세무서장으로 하여금 재도의 고려를 할 기회를 주는데 있다 할 것이니 청구인이 스스로 이를 포기하고 바로 국세청장의 심사를 요청하는 이상 그 심사청구는 적법하다(대판 1985. 5. 28, 83누435).

[평설] 이 판례에서 보는 국세기본법과 같이 구 **행정심판법**도 "**심판청구는 피청구인인 행정청을 거쳐 제기하여야 한다**"고 하였다(동법 제17조 제1항). 구법의 취지는 심판청구에 처분청을 경유토록 한 것은 ① 처분청에 의한 시정, ② 신속한 답변서의 제출, 그리고 ③ 위원회와 법원의 임무경감을 위한 것으로 이해되었다. 그러나 불이익을 준 행정관청에 대한 심판청구는 국민의 법감정과 거리가 멀고 아울러 처분청으로부터 행정심판청구취하의 압력을 받을 우려가 있다는 이유로 **현행 행정심판법 제23조 제1항**은 청구인의 판단에 따라 처분청을 경유하거나 아니면 행정심판위원회에 직접 청구할 수 있도록 하였다.

## 3. 행정심판청구기간(행심법 제27조)

(1) 행정심판법 제27조 제1항(행정심판은 처분이 있음을 알게 된 날부터 90일 이내에 청구하여야 한다)

① 행정심판법 제18조 제1항(현행법 제27조 제1항) 소정의 심판청구기간 기산점인 '처분이 있음을 안 날(현행법상으로는 알게 된 날)'이라 함은 당사자가 통지·공고 기타의 방법에 의하여 당해 처분이 있었다는 사실을 현실적으로 안 날을 의미하고, 추상적으로 알 수 있었던 날을 의미하는 것은 아니라 할 것이며, 다만 처분을 기재한 서류가 당사자의 주소에 송달되는 등으로 **사회통념상** 처분이 있음을 당사자가 알 수 있는 상태에 놓여진 때에는 반증이 없는 한 그 처분이 있음을 알았다고 추정할 수는 있다(대판 1995. 11. 24, 95누11535; 대판 2002. 8. 27, 2002두3850; 대판 1999. 12. 28, 99두9742; 대판 1998. 2. 24, 97누18226).

② 행정처분의 상대방이 아닌 **제3자**가 어떤 경위로든 행정처분이 있음을 안 이상 행정심판법 제18조 제1항(현행법 제27조 제3항)에 의하여 그 처분이 있음을 안 날로부터 60일 이내에 심판청구를 하여야 하고, 이 경우 제3자가 그 청구기간을 지키지 못하였음에 정당한 사유가 있는지 여부는 문제가 되지 아니한다(대판 1995. 8. 25, 94누12494).

③ 통상 고시 또는 공고에 의하여 행정처분을 하는 경우에는 그 처분의 상대방이 불특정다수인이고, 그 처분의 효력이 불특정다수인에게 일률적으로 적용되는 것

이므로, 그에 대한 행정심판 청구기간도 그 행정처분에 이해관계를 갖는 자가 고시 또는 공고가 있었다는 사실을 현실적으로 알았는지 여부에 관계없이 고시가 효력을 발생하는 날인 고시 또는 공고가 있은 후 5일이 경과한 날에 행정처분이 있음을 알았다고 보아야 한다(대판 2000. 9. 8, 99두11257).

④ 아파트 경비원이 관례에 따라 부재중인 납부의무자에게 배달되는 과징금부과처분의 납부고지서를 수령한 경우, 납부의무자가 아파트 경비원에게 우편물 등의 수령권한을 위임한 것으로 볼 수는 있을지언정, 과징금부과처분의 대상으로 된 사항에 관하여 납부의무자를 대신하여 처리할 권한까지 위임한 것으로 볼 수는 없고, 설사 위 경비원이 위 납부고지서를 수령한 때에 위 부과처분이 있음을 알았다고 하더라도 이로써 납부의무자 자신이 그 부과처분이 있음을 안 것과 동일하게 볼 수는 없다(대판 2002. 8. 27, 2002두3850).

[평설] ①은 처분이 있음을 안 날의 의미를 보여주는 판례이다. ②는 제3자도 행정심판법 제18조 제1항(현행법 제27조 제1항)의 적용을 받는다는 취지의 판례이다. ③은 고시·공고에 의한 행정처분에서 '있음을 알게 된 날'의 의미를 보여주는 판례이다. 고시 또는 공고의 효력이 발생하는 날은 행정 효율과 협업 촉진에 관한 규정 제6조 제3항이 규정하고 있다. ④는 아파트 경비원이 과징금부과처분의 납부고지서를 수령한 때가 납부의무자가 처분이 있음을 안 날인지 여부를 판시하고 있다.

(2) 행정심판법 제27조 제3항(행정심판은 처분이 있었던 날부터 180일이 지나면 청구하지 못한다. 다만, 정당한 사유가 있는 경우에는 그러하지 아니하다)

① 건축허가처분과 같이 상대방이 있는 행정처분에 있어서는 달리 특별한 규정이 없는 한 그 처분을 하였음을 상대방에게 고지하여야 그 효력이 발생한다고 할 것이어서 위의 행정처분이 있은 날이라 함은 위와 같이 그 행정처분의 효력이 발생한 날을 말한다(대판 1977. 11. 22, 77누195).

② 행정심판법 제18조 제3항(현행법 제27조 제3항)에 의하면 행정처분의 상대방이 아닌 제3자라도 처분이 있은 날로부터 180일을 경과하면 행정심판청구를 제기하지 못하는 것이 원칙이지만, 다만 정당한 사유가 있는 경우에는 그러하지 아니하도록 규정되어 있는바, 행정처분의 직접 상대방이 아닌 제3자는 일반적으로 처분이 있는 것을 바로 알 수 없는 처지에 있으므로, 위와 같은 심판청구기간 내에 심판청구를 제기하지 아니하였다고 하더라도, 그 기간 내에 처분이 있은 것을

알았거나 쉽게 알 수 있었기 때문에 심판청구를 제기할 수 있었다고 볼 만한 특별한 사정이 없는 한, 위 법조항 본문의 적용을 배제할 "정당한 사유"가 있는 경우에 해당한다고 보아 위와 같은 심판청구기간이 경과한 뒤에도 심판청구를 제기할 수 있다(대판 1992. 7. 28, 91누12844; 대판 1991. 5. 28, 90누1359; 대판 1989. 5. 9, 88누5150; 대판 1988. 9. 27, 88누29; 대판1986. 11. 11, 86누473).

③ 제3자가 어떤 경위로든 행정처분이 있음을 알았거나 쉽게 알 수 있는 등 같은 법 제18조 제1항 소정의 심판청구기간 내에 심판청구가 가능하였다는 사정이 있는 경우에는 그 때로부터 60일(현행법상 90일) 이내에 심판청구를 하여야 하고, 이 경우 제3자가 그 청구기간을 지키지 못하였음에 정당한 사유가 있는지 여부는 문제가 되지 아니한다(대판 2002. 5. 24, 2000두3641; 대판 1995. 8. 25, 94누12494; 대판 1996. 9. 6, 95누16233).

[평설] ①은 있었던 된 날의 의미를 보여준다. ②는 행정처분의 상대방이 아닌 제3자가 이해관계인으로서 행정심판을 청구하는 경우에는 본문의 적용을 배제하는 정당한 사유가 있는 경우'에 해당한다고 보기가 비교적 용이하다는 취지의 판례이다. ③은 제3자가 90일의 심판청구기간 내에 심판청구가 가능하였다면, 180일의 특례조항이 적용되지 아니한다는 취지의 판례이다.

## (3) 제3자 경우의 특수문제

□ 구 행정심판법 제18조 제6항은 행정청에게 행정심판 고지의무를 부과하고 있는 행정심판법 제42조의 실효성을 확보하고 국민의 권리구제의 기회를 보장하려는 데에 입법취지가 있으므로, 행정처분이 있음을 알고서도 고지신청을 하지 아니한 제3자에 대하여는 행정청의 고지의무가 없기 때문에 행정청이 청구기간 등을 알릴 필요가 없어서 청구기간의 특례가 인정되지 아니한다. … 만약 행정처분이 있음을 알고서도 고지신청을 하지 아니한 제3자의 경우에도 이 사건 법률조항이 적용된다고 한다면, 법 제18조 제1항의 행정심판청구기간[처분이 있음을 안 날로부터 60일(현행법상 90일) 이내]은 처분의 제3자에게 적용할 의미가 전혀 없게 된다. … 그러므로 구 행정심판법 제18조 제6항이 처분이 있음을 알았으나, 법 제42조 제1항에 의거 행정심판고지를 받지 못한 처분의 상대방에게는 처분이 있은 날로부터 180일 이내의 청구기간을 적용하는데 반해서, 처분이 있음을 알고도 법 제42조 제2항에 의거 행정심판고지신청을 하지 아니하여서 행정심판 고지를 받지 못한

처분의 제3자에게는 처분이 있음을 안 날로부터 60일 이내에 청구기간을 적용하도록 차별취급을 하는 데에는 합리적인 사유가 존재하므로 헌법 제11조 제1항상의 평등원칙에 위배되지 아니한다(헌재 1999. 11. 25, 98헌바36).

[평설] 행정심판 청구기간의 특례를 규정하였던 「당시 행정심판법 제18조 제3항(현행법 제27조 제3항)」은 「당시 행정심판법 제18조 제6항(현행법 제27조 제6항)」이 정한 "행정청이 심판청구기간을 알리지 아니한 때"에 적용되었다. 「당시 행정심판법 제42조 제1항(현행법 제58조 제1항)」에 따라 행정청이 처분을 할 때 불복고지를 알려야 하는 상대방에게 심판청구기간을 알리지 아니한 때에 「당시 행정심판법 제18조 제3항(현행법 제27조 제3항)」이 적용됨은 당연하였다. 문제는 알리지 아니하여도 무관한 제3자의 경우에 「당시 행정심판법 제18조 제3항(현행법 제27조 제3항)」이 적용되는가의 여부이었다. 판례는 「당시 행정심판법 제42조 제2항(현행법 제58조 제2항)」에 따라 행정심판 고지신청을 한 제3자에게 '심판청구기간을 알리지 아니한 경우에는 적용된다고 보았으나, 「행정처분이 있음을 알고서도 고지신청을 하지 아니한 제3자」의 경우에는 적용되지 아니한다고 보았다.

## Ⅲ. 행정심판의 심리와 재결

### 1. 심리의 내용

(1) 요건심리(행심법 제32조)

① 행정심판법 제19조, 제23조의 규정 취지와 행정심판제도의 목적에 비추어 보면 행정소송의 전치요건인 행정심판청구는 엄격한 형식을 요하지 아니하는 서면행위로 해석되므로, 위법 부당한 행정처분으로 인하여 권리나 이익을 침해당한 자로부터 그 처분의 취소나 변경을 구하는 서면이 제출되었을 때에는 그 표제와 제출기관의 여하를 불문하고 이를 행정소송법 제18조 소정의 행정심판청구로 보고, 불비된 사항이 보정가능한 때에는 보정을 명하고 보정이 불가능하거나 보정명령에 따르지 아니한 때에 비로소 부적법 각하를 하여야 할 것이며, 더욱이 심판청구인은 일반적으로 전문적 법률지식을 갖고 있지 못하여 제출된 서면의 취지가 불명확한 경우도 적지 않으나, 이러한 경우에도 행정청으로서는 그 서면을 가능한 한 제출자의 이익이 되도록 해석하고 처리하여야 한다(대판 2000. 6. 9, 98두2621; 대판 1995. 11. 10, 94누12852; 대판 1992. 4. 14, 91누7798).

② 원고가 건물철거 대집행 기한의 연기통지에 불과하여 행정처분에 해당되지 아니

하는 제2차 계고서에 의한 고지를 행정처분으로 알고 행정심판청구서에 그것의 취소를 구하는 것처럼 기재하였다 하더라도 원고는 특별한 사정이 없는 한 위 제2차 계고서에 의한 고지만을 상대로 하여서 전심절차를 거치려고 하는 것은 아닐 것이고, 더욱이 원고가 행정청의 철거명령 및 계고처분은 신뢰보호의 원칙 및 비례의 원칙에 위배된 것이라는 내용으로 된 행정심판청구를 하였다면 거기에는 제1차 계고처분의 취소를 구하는 취지가 포함되어 있다고 보는 것이 합리적일 것이며, 또 심판기관의 재결에도 제1차 계고처분의 당부에 관한 실질적인 심리·판단이 있었다고 보아야 할 것이다(대판 1992. 4. 14, 91누7798).

[평설] ①은 당시 행정심판법 제23조 제1항(현행법 제32조 제1항)의 의미를 적시하고 있다. ②에서는 앞의 판례에서 나타난 논리를 적용하고 있다.

(2) 본안심리(행심법 제43조)

① 행정심판에 있어서 행정처분의 위법·부당여부는 원칙적으로 처분시를 기준으로 판단하여야 할 것이나, 위원회는 처분 당시 존재하였거나 행정청에 제출되었던 자료뿐만 아니라, 재결 당시까지 제출된 모든 자료를 종합하여 처분 당시 존재하였던 객관적 사실을 확정하고 그 사실에 기초하여 처분의 위법·부당여부를 판단할 수 있다(대판 2001. 7. 27, 99두5092).

② 행정처분의 취소를 구하는 항고소송에서 처분청은 당초 처분의 근거로 삼은 사유와 기본적 사실관계가 동일성이 있다고 인정되는 한도 내에서만 다른 사유를 추가 또는 변경할 수 있고, 이러한 기본적 사실관계의 동일성 유무는 처분사유를 법률적으로 평가하기 이전의 구체적 사실에 착안하여 그 기초인 사회적 사실관계가 기본적인 점에서 동일한지에 따라 결정되므로, 추가 또는 변경된 사유가 처분 당시에 이미 존재하고 있었다거나 당사자가 그 사실을 알고 있었다고 하여 당초의 처분사유와 동일성이 있다고 할 수 없다. 그리고 이러한 법리는 행정심판 단계에서도 그대로 적용된다(대판 2014. 5. 16, 2013두26118).

③ 이 사건의 처분의 이유로 제시된 당초 처분사유는 시장정비사업계획의 적정성 여부에 관한 것인 반면, 추가 처분사유는 사업지역인 원종시장의 국·공유지 면적 요건의 구비 여부에 관한 것으로서 양자는 기본적 사실관계가 동일하다고 볼 수 없다. 따라서 피고는 당초 처분사유와 기본적 사실관계가 동일하지 아니한 추가 처분사유를 이 사건 처분의 이유로 행정심판에서 추가·변경할 수 없다. 같은 취

지에서 피고가 행정심판에서 추가 처분사유를 주장하는 것은 허용될 수 없다고 본 원심의 판단은 옳고, 거기에 처분사유의 추가·변경에 관한 법리오해 등의 잘 못이 없다(대판 2014. 5. 16, 2013두26118).

[평설] 1은 처분의 위법·부당 여부 판단의 기준시를 제시하는 판례이다. 아울러 판단 자료의 범위도 준다. 2는 처분사유의 추가·변경의 인정 여부를 판시하고 하고 있다. 처분사유의 추가·변경은 행정소송에서도 중요한 문제이다. ☞ [435쪽] 3은 처분사유 의 추가·변경에 대한 판례의 견해를 적용한 사례이다.

## 2. 심리의 방법(답변서)(행심법 제33조)

□ 행정심판청구에 대한 피청구인의 답변서 제출 및 송달은 행정심판위원회의 의결의 편의와 청구인에게 주장을 보충하고 답변에 대한 반박의 기회를 주기 위 한 것일 뿐이므로 행정심판위원회가 피청구인이 아닌 자로부터 제출된 답변서를 청구인에게 송달하여 청구인으로 하여금 그 주장을 보충하고 답변서에 대하여 반박할 기회를 주었다면 청구인이 피청구인으로 한 자의 답변서 제출과 그 송달 없이 한 행정심판의 재결에 고유한 위법이 있다고 할 수 없다(대판 1992. 2. 28, 91누6979).

[평설] 당시 행정심판법 제24조 제4항(현행 행정심판법 제26조 제2항)에 규정된 답변서 제도의 취지에 비추어 현행법의 해석에서도 판례의 견해는 유지될 필요가 있을 것 이다.

## 3. 재결기간의 기산일(행심법 제45조)

□ 국세심판소의 심판청구에 대한 심판은 처분세무서장이 심판청구서를 제출받 은 날의 다음날부터 기산하여 90일 내에 심판결정을 하고 청구인에게 통지하여야 한다(대판 1986. 8. 19, 85누620; 대판 1985. 4. 23, 84누709).

[평설] 심판청구서가 경유기관을 거쳐서 행정심판위원회에 제출되면 경유기관에 제출 된 날의 다음 날부터, 경유기관을 거치지 않고 바로 행정심판위원회에 제출된다면, 행 정심판위원회에 제출된 날의 다음 날부터 재결기간이 진행한다는 취지의 판례이다.

## 4. 재결의 효력

### (1) 행정행위로서 재결의 효력(불가쟁력·불가변력)

① 일반적으로 행정처분이나 행정심판재결이 불복기간의 경과로 인하여 확정될 경우, 그 확정력은 그 처분으로 인하여 법률상 이익을 침해받은 자가 당해 처분이나 재결의 효력을 더 이상 다툴 수 없다는 의미일 뿐, 더 나아가 판결에 있어서와 같은 기판력이 인정되는 것은 아니어서 그 처분의 기초가 된 사실관계나 법률적 판단이 확정되고 당사자들이나 법원이 이에 기속되어 모순되는 주장이나 판단을 할 수 없게 되는 것은 아니다(대판 2000. 4. 25, 2000다2023).

② 귀속재산소청심의회의 판정은 재심 기타 특별한 사정이 없는 한 심의회 자신이 취소변경할 수 없고 재산국장 적시 위 재정의 취소변경 없이 그가 한 처분을 취소변경할 수 없다(대판 1965. 4. 22, 63누200).

[평설] ①은 재결이 형식적 존속력(불가쟁력), ②는 실질적 존속력(불가변력)을 갖는다는 취지의 판례이다. ☞ [136쪽]

### (2) 형성력

### (가) 취소재결의 형성력(행심법 제43조 제3항)

① 행정심판법 제32조 제3항(현행법 제43조 제3항. 구법과 내용상 차이가 있다)에 의하면 재결청은 취소심판의 청구가 이유 있다고 인정할 때에는 처분을 취소·변경하거나 처분청에게 취소·변경할 것을 명한다고 규정하고 있으므로, 행정심판재결의 내용이 처분청에게 처분의 취소를 명하는 것이 아니라 재결청이 스스로 처분을 취소하는 것일 때에는 그 재결의 형성력에 의하여 당해 처분은 별도의 행정처분을 기다릴 것 없이 당연히 취소되어 소멸되는 것이다(대판 1998. 4. 24, 97누17131; 대판 1999. 12. 16, 98두18619 전원합의체; 대판 1994. 4. 12, 93누1879).

② 재결청으로부터 '처분청의 공장설립변경신고수리처분을 취소한다'는 내용의 형성적 재결을 송부받은 처분청이 당해 처분의 상대방에게 재결결과를 통보하면서 공장설립변경신고 수리시 발급한 확인서를 반납하도록 요구한 것은 사실의 통지에 불과하고 항고소송의 대상이 되는 새로운 행정처분이라고 볼 수 없다(대판 1997. 5. 30, 96누14678).

[평설] ①은 취소재결로 인해 바로 형성력이 발생한다는 취지의 판례이다. ②는 취소

재결의 통지 시, 관련 사항을 안내한 행위의 성질을 지적하는 판례이다. 취소명령 재결은 현행 행정심판법에서는 삭제되었다.

### (3) 기속력(행심법 제49조)

① 재결의 기속력은 재결의 주문 및 그 전제가 된 요건사실의 인정과 판단, 즉 처분의 구체적 위법사유에 관한 판단에만 미친다. 따라서 종전 처분이 재결에 의하여 취소되었더라도 종전 처분 시와는 다른 사유를 들어 처분을 하는 것은 기속력에 저촉되지 아니한다. 여기서 동일한 사유인지 다른 사유인지는 종전 처분에 관하여 위법한 것으로 재결에서 판단된 사유와 기본적 사실관계에서 동일성이 인정되는 사유인지 여부에 따라 판단하여야 한다(대판 2017. 2. 9, 2014두40029; 대판 2015. 11. 27, 2013다6759; 대판 2003. 4. 25, 2002두3201; 대판 1988. 12. 13, 88누7880; 대판 1986. 5. 27, 86누127).

② 기본적 사실관계의 동일성 유무는 처분사유를 법률적으로 평가하기 이전의 구체적인 사실에 착안하여 그 기초인 사회적 사실관계가 기본적인 점에서 동일한지 여부에 따라 결정된다(대판 2014. 10. 27, 2012두11959; 대판 2009. 11. 26, 2009두15586; 대판 2006. 10. 13, 2005두10446; 대판 2004. 11. 26, 2004두4482; 대판 2001. 3. 23, 99두6392; 대판 1988. 12. 13, 88누7880).

③ 종전 처분의 처분사유는 이 사건 사업이 주변의 환경, 풍치, 미관 등을 해할 우려가 있다는 것이고, 그에 대한 재결은 이 사건 사업이 환경, 풍치, 미관 등을 정한 1994. 7. 5. 고시와 군산시건축조례에 위반되지 않고, 환경, 풍치, 미관 등을 유지하여야 하는 공익보다는 이 사건 사업으로 인한 지역경제 승수효과와 도시서민들을 위한 임대주택 공급이라는 또 다른 공익과 재산권행사의 보장이라는 사익까지 더해 보면 결국 종전 처분은 비례의 원칙에 위배되어 재량권을 남용하였다는 것이므로 종전 처분에 대한 재결의 기속력은 그 주문과 재결에서 판단된 이와 같은 사유에 대해서만 생긴다고 할 것이고, 한편 이 사건 처분의 처분사유는 공단대로 및 교통여건상 예정 진입도로계획이 불합리하여 대체 진입도로를 확보하도록 한 보완요구를 이행하지 아니하였다는 것 등인 사실을 알 수 있는바, 그렇다면 이 사건 처분의 처분사유와 종전 처분에 관하여 위법한 것으로 재결에서 판단된 사유와는 기본적 사실관계에 있어 동일성이 없다고 할 것이므로 이 사건 처분이 종전 처분에 대한 재결의 기속력에 저촉되는 처분이라고 할 수 없다(대판 2005. 12. 9, 2003두7705).

④ 당사자의 신청을 받아들이지 않은 거부처분이 재결에서 취소된 경우에 행정청은 종전 거부처분 또는 재결 후에 발생한 새로운 사유를 내세워 다시 거부처분을 할 수 있다. 그 재결의 취지에 따라 이전의 신청에 대하여 다시 어떠한 처분을 하여야 할지는 처분을 할 때의 법령과 사실을 기준으로 판단하여야 하기 때문이다(대판 2017. 10. 31, 2015두45045).

**[평설]** ①은 기속력의 객관적 범위를 적시하고, 그 한계의 판단기준으로 기본적 사실관계의 동일성의 여부를 제시하고 있다. ②는 기본적 사실관계의 동일성의 의미를 제시하고 있다. 판례의 확립된 견해이다. ③은 기속력의 객관적 범위를 구체적 사건에 적용하는 논리전개를 보여주고 있다. ④는 새로운 사유로 다시 거부처분을 할 수 있다는 것과 그 이유를 판시하고 있다.

(4) 취소재결과 제3자의 권익침해 여부

□ 거부처분을 취소하는 재결이 있더라도 그에 따른 후속처분이 있기까지는 제3자의 권리나 이익에 변동이 있다고 볼 수 없고 후속처분 시에 비로소 제3자의 권리나 이익에 변동이 발생하며, 재결에 대한 항고소송을 제기하여 재결을 취소하는 판결이 확정되더라도 그와 별도로 후속처분이 취소되지 않는 이상 후속처분으로 인한 제3자의 권리나 이익에 대한 침해 상태는 여전히 유지된다(대판 2017. 10. 31, 2015두45045).

# 행정소송법

## 제 1 절   일반론

### [47] 행정소송의 의의와 한계

### Ⅰ. 행정소송의 의의(행소법 제1조)

1 교육부장관(당시 문교부장관)의 권한을 재위임받은 공립교육기관의 장에 의하여 공립유치원의 임용기간을 정한 전임강사로 임용되어 지방자치단체로부터 보수를 지급받으면서 공무원복무규정을 적용받고 사실상 유치원 교사의 업무를 담당하여 온 유치원 교사의 자격이 있는 자는 교육공무원에 준하여 신분보장을 받는 정원 외의 임시직 공무원으로 봄이 상당하므로 그에 대한 해임처분의 시정 및 수령지체된 보수의 지급을 구하는 소송은 **행정소송의 대상**이지 민사소송의 대상이 아니다(대판 1991. 5. 10, 90다10766).

2 구 종합유선방송법(2000. 1. 12. 법률 제6139호로 전문 개정된 방송법 부칙 제2조 제2호에 따라 폐지)상의 **종합유선방송위원회**는 그 설치의 법적 근거, 법에 의하여 부여된 직무, 위원의 임명절차 등을 종합하여 볼 때 **국가기관이고, 그 사무국 직원들의 근로관계는 사법상의 계약관계**이므로, 원고들은 국가를 상대로 민사소송으로 그 계약에 따른 임금과 퇴직금의 지급을 청구할 수 있다(대판 2001. 12. 24, 2001다54038).

[평설] 행정소송은 행정에 관한 **공법상의 분쟁**, 즉 행정사건을 대상으로 하는 소송을 말한다. 따라서 **사법상 권리관계**에 관한 소송인 민사소송과 구별된다. 행정소송사항과 민사소송사항의 구별은 공법과 사법의 구별기준을 바탕으로 사실관계와 관련 법령 등에 대한 종합적인 해석을 통해 판단할 수밖에 없다.

## II. 행정소송의 한계(1) - 사법본질적 한계

### 1. 구체적 사건성의 한계(사법본질적 한계 1)

#### (1) 사실행위(행소법 제2조, 제3조)

□ 피고 국가보훈처장이 발행·보급한 독립운동사, 피고 문교부장관이 저작하여 보급한 국사교과서 등의 각종 책자와 피고 문화부장관이 관리하고 있는 독립기념관에서의 각종 해설문·전시물의 배치 및 전시 등에 있어서, 일제치하에서의 국내외의 각종 독립운동에 참가한 단체와 독립운동가의 활동상을 잘못 기술하거나, 전시·배치함으로써 그 역사적 의의가 그릇 평가되게 하였다는 이유로 그 사실관계의 확인을 구하고, 또 피고 국가보훈처장은 이들 독립운동가들의 활동상황을 잘못 알고 국가보훈상의 서훈추천권을 행사함으로써 서훈추천권의 행사가 적정하지 아니하였다는 이유로 이러한 서훈추천권의 행사·불행사가 당연무효임의 확인, 또는 그 부작위가 위법함의 확인을 구하는 청구는 과거의 역사적 사실관계의 존부나 공법상의 구체적인 법률관계가 아닌 사실관계에 관한 것들을 확인의 대상으로 하는 것이거나 행정청의 단순한 부작위를 대상으로 하는 것으로서 항고소송의 대상이 되지 아니하는 것이다(대판 1990. 11. 23, 90누3553).

[평설] 행정소송은 법률적 쟁송의 문제, 즉 공법상 권리·의무관계에 관한 소송이므로, 단순한 사실관계의 존부 등의 문제는 행정소송의 대상이 되지 아니한다는 취지의 판례이다. 부언한다면, 위법한 공법상 사실행위로 인한 재산상 피해의 배상을 구하는 소송은 가능하지만, 위법한 공법상 사실행위 그 자체의 취소 등을 구하는 소송은 인정되지 않는다.

#### (2) 행정법규의 효력과 해석(추상적 규범통제)(행소법 제2조 제1항 제1호, 제3조)

□ 헌법 제107조 제2항은 "명령, 규칙 또는 처분이 헌법이나 법률에 위반되는 여부가 재판의 전제로 된 경우에는 대법원은 이를 최종적으로 심사할 권한을 가진다"라고 규정하여 행정입법의 심사는 일반적인 재판절차에 의하여 구체적 규범통제의 방법에 의하도록 명시하고 있으므로, 당사자는 구체적 사건의 심판을 위한 선결문제로서 행정입법의 위법성을 주장하여 법원에 대하여 당해 사건에 대한 적용여부의 판단을 구할 수 있을 뿐 행정입법 자체의 합법성의 심사를 목적으로 하는 독립한 신청을 제기할 수는 없는 것이다(대결 1994. 4. 26, 93부32; 대판 1992. 3. 10, 91누12639; 대판 1987. 3. 24, 86누656).

[평설] 이 판례는「구 풍속영업규제에관한법률시행규칙(1992. 6. 13. 내무부령 제566호로
개정되어, 1993. 11. 20. 내무부령 제598호로 개정되기 전의 것) 제5조는 모법의 위임범위를
벗어나 노래연습장 건물의 용도가 위락시설이어야 한다는 새로운 요건을 추가함으로
써 풍속영업의규제에관한법률이나 시행령에서 정한 노래연습장 개설신고요건을 부당
하게 가중하는 규정으로서 헌법 제11조의 평등권, 제15조의 직업선택의 자유, 제23조
의 재산권보장, 제37조 제2항의 자유와 권리의 제한에 관한 규정에 정면으로 위배됨은
물론 풍속영업의규제에관한법률 및 시행령에도 위배되므로 위 규정의 위법 여부에 대
한 심사를 신청한 사건」에서 나온 것이다.

### (3) 반사적 이익(행소법 제12조)

□ 양곡가공업 허가는 **경찰금지를 해제하는 명령적 행위**로서 피허가자에게 독점
적 재산권을 취득하게 하는 것이 아니라 간접적으로 사실상의 이익을 부여하는 것
에 불과하므로 어떠한 행정처분에 의하여 이미 그 허가를 받은 자의 제분업상의
이익이 감소된다고 하더라도 이는 사실상의 반사적결과일 뿐 동인의 권리가 침
해된 것은 아니므로 그 취소를 소구할 법률상 이익이 없다(대판 1981. 1. 27, 79누
433; 대판 1963. 8. 22, 63누97).

### 2. 법률적용상 한계(사법본질적 한계 2)

**참고☞** 법률적용상 한계란 분쟁의 해결을 위해 행정법령의 적용을 통하여 해결하는 것
이 적절하지 않다는 점에서 나오는 행정소송의 한계를 말한다.

### (1) 재량행위(행소법 제27조)

□ 구 도시계획법(2000. 1. 18. 법률 제6243호로 전문 개정되기 전의 것)상의 **개발제한구**
**역 내에서의 건축물 용도변경에 대한 허가**가 가지는 예외적인 허가로서의 성격과
그 재량행위로서의 성격에 비추어 보면, 그 용도변경의 허가는 개발제한구역에
속한다는 것 이외에 다른 공익상의 사유가 있어야만 거부할 수가 있고 그렇지
아니하면 반드시 허가를 하여야만 하는 것이 아니라 그 용도변경이 개발제한구
역의 지정 목적과 그 관리에 위배되지 아니한다는 등의 사정이 특별히 인정될 경
우에 한하여 그 허가가 가능한 것이고, 또 그에 관한 행정청의 판단이 사실오인,
비례·평등의 원칙 위배, 목적위반 등에 해당하지 아니하면 이를 재량권의 일탈·
남용이라고 하여 위법하다고 할 수가 없다(대판 2001. 2. 9, 98두17593; 대판 1991. 6.

11, 91누2083; 대판 1984. 1. 31, 83누45).  ☞ [99쪽]


## (2) 특별권력관계에서의 행위

□ 농지개량조합과 그 직원과의 관계는 사법상의 근로계약관계가 아닌 **공법상의**
**특별권력관계**이고, 그 조합의 직원에 대한 징계처분의 취소를 구하는 소송은 행
정소송사항에 속한다(대판 1995. 6. 9, 94누10870).  ☞ [27쪽]


## (3) 통치행위

□ 입헌적 법치주의국가의 기본원칙은 어떠한 국가행위나 국가작용도 헌법과 법률에
근거하여 그 테두리 안에서 합헌적·합법적으로 행하여질 것을 요구하고, 이러한 합
헌성과 합법성의 판단은 본질적으로 사법의 권능에 속한다. 다만 고도의 정치성
을 띤 국가행위에 대하여는 이른바 통치행위라 하여 법원 스스로 사법심사권의 행사
를 억제하여 그 심사대상에서 제외하는 영역이 있을 수 있으나, 이와 같이 통치행위
의 개념을 인정하더라도 과도한 사법심사의 자제가 기본권을 보장하고 법치주의
이념을 구현하여야 할 법원의 책무를 태만히 하거나 포기하는 것이 되지 않도록
그 인정을 지극히 신중하게 하여야 한다(대판 2010. 12. 16, 2010도5986 전원합의체).


## Ⅲ. 행정소송의 한계(2) - 권력분립적 한계

□ 우리 행정소송법이 행정청의 부작위에 대하여 부작위위법확인소송만 인정하
고 있을 뿐 작위의무이행소송이나 작위의무확인소송은 인정하지 않고 있는바, 행
정심판법 제4조 제3호가 의무이행심판청구를 인정하고 … 있다고 하더라도, 그
렇다고 하여 행정청의 부작위에 대한 작위의무의 이행이나 확인을 구하는 행정
소송이 허용될 수는 없는 것이다(대판 1992. 11. 10, 92누1629; 대판 1989. 1. 24, 88누
3116; 대판 1989. 9. 12, 87누868; 대판 1990. 11. 23, 90누3553; 대판 1992. 2. 11, 91누4126).
☞ [469쪽]

# 제 2 절 항고소송

## 제1항 취소소송

### [48] 취소소송

#### Ⅰ. 일반론

##### 1. 취소소송의 의의(무효선언을 구하는 의미의 취소소송)(행소법 제4조 제1호, 제2호)

□ 원고의 재화 또는 용역의 공급에 대하여 부가가치세가 면제되거나 그 납세의무가 없는 것인데도 피고가 이를 오인하여 부가가치세부과처분을 하였다 하더라도 그 위법사유는 과세대상의 법률관계 내지 사실관계를 오인하여 세금을 부과한 것에 해당되어 취소사유가 될 뿐이지 당연무효사유에는 해당되지 아니한다 할 것이고, 행정처분의 **당연무효를 선언하는** 의미에서 그 **취소를 구하는** 행정소송을 제기하는 경우에는 **전치절차와** 그 제소기간의 준수등 취소소송의 제소요건을 갖추어야 하는 것이다(대판 1987. 6. 9, 87누219; 대판 1990. 8. 28, 90누1892; 대판 1984. 5. 29, 84누175; 대판 1976. 2. 24, 75누128).

□ 원고의 이 사건 대문설치신고는 형식적 하자가 없는 적법한 요건을 갖춘 신고라고 할 것이어서 피고의 신고증 교부 또는 수리처분 등 별단의 조치를 기다릴 필요가 없이 그 신고의 효력이 발생하였다고 할 것이어서 이 사건 대문은 적법한 것임에도 피고가 원고에 대하여 명한 이 사건 대문의 **철거명령**은 그 하자가 **중대하고 명백하여 당연무효**라고 할 것이고, 그 **후행행위인** 이 사건 계고처분 역시 **당연무효**라고 할 것인바, 이와 같은 취지의 원심 판단(원심판결주문: 피고가 1996. 1. 19.자로 원고에게 한 서울 동작구 상도동 410 현대아파트 후문에 설치된 대문에 대한 대집행계고처분을 취소한다)은 정당하다(대판 1999. 4. 27, 97누6780).

[평설] 행정소송실무상으로는 당연무효의 처분을 취소소송의 형태로 다투는 경우도 발생한다. 판례는 이러한 소송을 「무효를 선언하는 의미의 취소소송」이라 하고, 이러한 형태에 긍정적이다. 이러한 소송에도 전심절차 등의 요건을 갖추어야 한다는 것이 판례의 견해이다.

□ 과세처분의 당연무효를 선언하는 의미에서의 취소청구도 그것이 외견상 존재하는 행정처분에 관하여 권한있는 기관에 의한 **취소를** 구하고 있는 점에서 하나의 항고소송인 이상 위와 같은 전심절차는 그 소송요건이라고 보지 않을 수 없으므로 전심절차

를 거치지 아니한 본소 청구는 결국 그 소송요건을 갖추지 못한 점에서 위와 다를 바가 없다 할 것이며(본원 1971. 2. 25. 선고 70누125 전원합의부 판결; 1971. 5. 31. 선고 69누56 판결; 1969. 12. 9. 선고 67누119 판결 및 1961. 10. 12. 선고 4292행상116 판결 등 참조) 이와는 달리 당연무효를 선언하는 의미에서의 취소청구에는 위와 같은 전심절차를 행정소송법상 특유의 **제소요건의 충족이 필요하지 않다고** 한 종전의 본원판결(1975. 4. 22. 선고 73누215 판결; 1974. 5. 28. 선고 74누96 판결; 1973. 12. 11. 선고 73누104 판결; 1970. 4. 28. 선고 68누203 판결; 1969. 11. 11. 선고 69누122 판결 등)은 이 판결로서 이를 **폐기하는 바이다**[대판 1976. 2. 24, 75누128(전원합의체)].

## 2. 취소소송의 성질

① 행정청이 한 처분 등의 취소를 구하는 소송은 처분에 의하여 발생한 위법 상태를 배제하여 원래 상태로 회복시키고 처분으로 침해된 권리나 이익을 구제하고자 하는 것이다(대판 2017. 10. 31, 2015두45045; 대판 2008. 6. 12, 2006두11088; 대판 2007. 1. 11, 2004두8538; 대판 2006. 7. 28, 2004두13219; 대판 1997. 1. 24, 95누17403).

② 부실금융기관에 대한 파산결정이 확정되고 이미 파산절차가 상당부분 진행되고 있다 하더라도 파산종결이 될 때까지는 그 가능성이 매우 적기는 하지만 동의폐지나 강제화 등의 방법으로 당해 부실금융기관이 영업활동을 재개할 가능성이 여전히 남아 있으므로, 금융감독위원회의 위 부실금융기관에 대한 영업인가의 취소처분에 대한 취소를 구할 소의 이익이 있다(대판 2006. 7. 28, 2004두13219).

[평설] **취소소송**은 개인의 권익구제를 직접적인 목적으로 하는 **주관적 소송**으로서 위법한 처분으로 인해 발생한 **위법상태의 소급적인 제거**를 위한 소송형식이라는 취지의 판례들이다.

## 3. 취소소송의 소송물(행소법 제4조 제1호)

□ 원래 과세처분이란 법률에 규정된 과세요건이 충족됨으로써 객관적, 추상적으로 성립한 조세채권의 내용을 구체적으로 확인하여 확정하는 절차로서, 과세처분취소소송의 소송물은 그 취소원인이 되는 위법성 일반이고 그 심판의 대상은 과세처분에 의하여 확인된 조세채무인 과세표준 및 세액의 객관적 존부이다(대판 1990. 3. 23, 89누5386).

[평설] 취소소송의 소송물이란 취소소송에서의 법적 관점에서 본 다툼의 대상을 말한다. 판례에 의하면, 예컨대, 건축허가취소처분의 취소를 구하는 소송의 경우, 건축허가 취소처분의 위법여부가 다툼의 대상인 소송물이 된다. 건축허가취소처분 그 자체는 계쟁대상으로서 취소의 대상일 뿐이라 하게 된다. 소송물의 개념은 행정소송해당여부, 관할법원, 소송의 종류, 소의 병합과 소의 변경, 소송계속의 범위, 그리고 기판력의 범위 및 그에 따른 판결의 기속력의 범위를 정하는 기준이 된다. 예컨대 동일한 소송물에 대한 소송은 이중소송이 된다. 판례는 행정행위의 위법성 그 자체(행정행위의 위법성 일반)를 취소소송의 소송물로 본다는 점을 기억할 필요가 있다.

## 4. 다른 행정소송과의 관계

### (1) 취소소송과 무효확인소송의 관계(행소법 제4조 제1호, 제2호)

① 행정처분에 대한 무효확인과 취소청구는 서로 양립할 수 없는 청구로서 주위적·예비적 청구로서만 병합이 가능하고 선택적 청구로서의 병합이나 단순병합은 허용되지 아니한다고 할 것인데, 기록에 의하면 원고가 이 사건 환지예정지 지정처분에 대한 무효확인 및 취소청구를 어떠한 병합형태로 한 것인지가 분명하지 아니하므로 이 점을 명백하게 하기 전에는 이 사건 환지예정지 지정처분에 대한 무효확인 및 취소청구에 대한 판단 여부를 결정할 수가 없다(대판 1999. 8. 20, 97누6889).

② 동일한 행정처분에 대하여 무효확인의 소를 제기하였다가 그 후 그 처분의 취소를 구하는 소를 추가적으로 병합한 경우, 주된 청구인 무효확인의 소가 적법한 제소기간 내에 제기되었다면 추가로 병합된 취소청구의 소도 적법하게 제기된 것으로 봄이 상당하다 할 것이다. 따라서 이 사건 주위적 청구인 무효확인에 관한 소가 적법한 제소기간 내에 제기되었다면 예비적 청구인 취소청구에 관한 소도 적법하게 제기된 것으로 보아야 할 것이다(대판 2005. 12. 23, 2005두3554; 대판 1976. 4. 27, 75누251).

③ 하자 있는 행정처분을 놓고 이를 무효로 볼 것인지 아니면 단순히 취소할 수 있는 처분으로 볼 것인지는 동일한 사실관계를 토대로 한 법률적 평가의 문제에 불과하고, 행정처분의 무효확인을 구하는 소에는 특단의 사정이 없는 한 그 취소를 구하는 취지도 포함되어 있다고 보아야 한다(대판 2005. 12. 23, 2005두3554; 대판 1994. 12. 23, 94누477; 대판 1987. 4. 28, 86누887).

④ 행정처분의 무효확인을 구하는 청구에는 특별한 사정이 없는 한 그 처분의

취소를 구하는 취지까지도 포함되어 있다고 볼 수는 있으나 위와 같은 경우에 취소청구를 인용하려면 먼저 취소를 구하는 항고소송으로서의 제소요건을 구비한 경우에 한한다(대판 1986. 9. 23, 85누838).

[평설] ①은 취소소송과 무효확인소송의 양립가능성(병렬관계)에 관한 판례이다. ②는 양립가능한 예비적 청구의 제소기간에 관한 판례이다. ③은 무효확인을 구하는 소에 취소를 구하는 취지도 포함되는지 여부, 즉 포섭관계에 관한 판례이다. ④는 포섭관계에서 취소청구의 인용을 위한 제소요건에 관한 판례이다.

(2) 취소소송과 당사자소송과의 관계(행소법 제4조, 제3조 제2호)

□ 재결에 대하여 불복절차를 취하지 아니함으로써 그 재결에 대하여 더 이상 다툴 수 없게 된 경우에는 기업자는 그 재결이 당연무효이거나 취소되지 않는 한, 이미 보상금을 지급받은 자에 대하여 민사소송으로 그 보상금을 부당이득이라 하여 반환을 구할 수 없다(대판 2001. 4. 27, 2000다50237).

[평설] 행정행위의 공정력으로 인해 단순위법의 하자있는 행정행위는 취소되기까지는 유효하므로, 그러한 행위로 받은 보조금은 법률상 원인이 있는 것이어서 부당이득에 해당하지 않는다. 따라서 반환을 구할 수 없다는 취지의 판례이다.

## II. 본안판단의 전제요건

참고☞ 취소소송을 제기하여 법원으로부터 본안에 관한 승소판결을 받기 위해서는 본안판단의 전제요건(소송요건)과 본안요건을 갖추어야 한다. 본안판단의 전제요건으로는 처분등이 존재하고(A), 관할법원에(B) 원고가 피고를 상대로(C) 일정한 기간 내에(D) 소장을 제출하여야 하고(D), 일정한 경우에는 행정심판전치를 거쳐야 하되(E), 원고에게는 처분등의 취소 또는 변경을 구할 이익이 있어야 하며(F), 아울러 당사자 사이의 소송대상에 대하여 기판력 있는 판결이 없어야 하고 또한 중복제소도 아니어야 한다(G).

A. 처분등의 존재(행소법 제19조 본문, 제2조 제1항 제1호)(본안판단의 전제요건 1)

1. 처분

(1) 행정청

① 사업시행자인 대한주택공사는 국가 또는 지방자치단체와 같은 행정기관이 아니고 이와는 독립하여 법률에 의하여 특수한 존립목적을 부여받아 국가의 특별감독하에 그 존립목적인 공공사무를 행하는 공법인이고, 대한주택공사가 관계법령에 따라 공공사업을 시행하면서 그에 따른 이주대책을 실시하는 경우에도, 그 이주대책에 관한 처분은 법률상 부여받은 행정작용권한을 행사하는 것으로서 항고소송의 대상이 되는 공법상 처분이 되므로, 그 처분이 위법부당한 것이라면 사업시행자인 당해 공법인을 상대로 그 취소소송을 제기할 수 있다(대판 1994. 5. 24, 92다35783).

② 도시재개발법에 의한 재개발조합은 조합원에 대한 법률관계에서 적어도 특수한 존립목적을 부여받은 특수한 행정주체로서 국가의 감독하에 그 존립 목적인 특정한 공공사무를 행하고 있다고 볼 수 있는 범위 내에서는 공법상의 권리의무관계에 서 있는 것이므로 분양신청 후에 정하여진 관리처분계획의 내용에 관하여 다툼이 있는 경우에는 그 관리처분계획은 토지 등의 소유자에게 구체적이고 결정적인 영향을 미치는 것으로서 조합이 행한 처분에 해당하므로 항고소송의 방법으로 그 무효확인이나 취소를 구할 수 있다(대판 2002. 12. 10, 2001두6333).

③ 재항고인은 수도권매립지관리공사의 설립 및 운영 등에 관한 법률의 규정에 의하여 설립된 공공기관(법인)으로서 공공기관의 운영에 관한 법률 제5조 제4항에 의한 '기타 공공기관'에 불과하여 같은 법 제39조에 의한 입찰참가자격 제한조치를 할 수 없을 뿐만 아니라, 재항고인의 대표자는 국가를 당사자로 하는 계약에 관한 법률 제27조 제1항에 의하여 입찰참가자격 제한 조치를 할 수 있는 '각 중앙관서의 장'에 해당하지 아니함이 명백하다. 따라서 재항고인은 행정소송법에 정한 행정청 또는 그 소속기관이거나, 그로부터 이 사건 제재처분의 권한을 위임받은 공공기관에 해당하지 아니하므로, 재항고인이 한 이 사건 제재처분은, 행정소송의 대상이 되는 행정처분이 아니라 단지 신청인을 재항고인이 시행하는 입찰에 참가시키지 않겠다는 뜻의 사법상의 효력을 가지는 통지행위에 불과하다 할 것이고, 따라서 재항고인이 이와 같은 통지를 하였다고 하여 신청인에게 국가를 당사자로 하는 계약에 관한 법률 제27조 제1항에 의한 국가에서 시행하는 모든 입

찰에의 참가자격을 제한하는 효력이 발생한다고 볼 수는 없으므로, 신청인이 재항고인을 상대로 하여 제기한 이 사건 효력정지 신청은 부적법하다(대결 2010. 11. 26, 2010무137).

④ 병역법상 신체등위판정은 행정청이라고 볼 수 없는 군의관이 하도록 되어 있으며, 그 자체만으로 바로 병역법상의 권리의무가 정하여지는 것이 아니라 그에 따라 지방병무청장이 병역처분을 함으로써 비로소 병역의무의 종류가 정하여지는 것이므로 항고소송의 대상이 되는 행정처분이라 보기 어렵다(대판 1993. 8. 27, 93누3356).

[평설] 행정소송법상 처분은 행정청이 행하는 공권력행사이다. 행정청에는 법령에 의하여 행정권한의 위임 또는 위탁을 받은 행정기관, 공공단체 및 그 기관 또는 사인이 포함된다(행소법 제2조 제2항). ①의 **대한주택공사**와 ②의 **재개발조합**은 법률이 부여한 범위 안에서 공법상 처분을 할 수 있다는 판례이다. ③의 **수도권매립지관리공사**는 공법인인 공공단체에 해당하지만, 해당 사건에서 행정권한의 위임 또는 위탁을 받은 바 없기 때문에 행정청에 해당하지 아니한다는 취지의 판례이다. ④는 **군의관은 공무원일 뿐 그 자체가 행정청에 해당하지 않는다**는 취지의 판례이다.

(2) 공권력행사
□  행정소송법에서 "처분등"이라 함은 행정청이 행하는 구체적 사실에 관한 법집행으로서의 공권력의 행사 또는 그 거부와 그 밖에 이에 준하는 행정작용을 말하는 것이라고 정의되어 있으므로, 행정청이 구체적인 사실에 관한 법집행으로서 공권력을 행사할 의무가 있는데도 그 공권력의 행사를 거부함으로써 국민의 권리 또는 이익을 침해한 때에는 그 처분등을 대상으로 취소소송을 제기할 수 있다(대판 1992. 3. 31, 91누4911).

[평설] **공권력행사**란 공법에 근거하여 행정청이 우월한 지위에서 일방적으로 행하는 일체의 행정작용을 의미한다. 따라서 행정청이 행하는 사법작용이나 사인과의 대등한 관계에서 이루어지는 **공법상 계약**등은 여기서 말하는 공권력행사에 해당하지 아니한다. 공권력행사에는 적극적 행위 외에 소극적 행위로서의 거부처분도 포함된다는 취지의 판례이다.

(3) 거부처분

(가) 거부처분 의사표시의 방법

① 검사지원자 중 한정된 수의 임용대상자에 대한 임용결정은 한편으로는 그 임용대상에서 제외한 자에 대한 임용거부 결정이라는 양면성을 지니는 것이므로 임용대상자에 대한 임용의 의사표시는 동시에 임용대상에서 제외한 자에 대한 임용거부의 의사표시를 포함한 것으로 볼 수 있고, 이러한 임용거부의 의사표시는 본인에게 직접 고지되지 않았다고 하여도 본인이 이를 알았거나 알 수 있었을 때에그 효력이 발생한 것으로 보아야 한다(대판 1991. 2. 12, 90누5825).

② 기간제로 임용되어 임용기간이 만료된 국·공립대학의 조교수는 교원으로서의 능력과 자질에 관하여 합리적인 기준에 의한 공정한 심사를 받아 위 기준에 부합되면 특별한 사정이 없는 한 재임용되리라는 기대를 가지고 재임용 여부에 관하여 합리적인 기준에 의한 공정한 심사를 요구할 법규상 또는 조리상 신청권을 가진다고 할 것이니, 임용권자가 임용기간이 만료된 조교수에 대하여 재임용을 거부하는 취지로 한 임용기간만료의 통지는 위와 같은 대학교원의 법률관계에 영향을 주는 것으로서 행정소송의 대상이 되는 처분에 해당한다(대판 2004. 4. 22, 2000두7735).

[평설] 거부처분이라 함은 국민의 공권력 행사의 신청에 대하여 처분의 발령을 거부하는 행정청의 의사작용을 의미한다. 거부의 의사표시는 ① 행정청이 외부적으로 명백히 표시하는 것이 일반적이겠으나, ② 신청인에 대해 직접 거부의 의사표시를 하지 아니하더라도 해석상 거부의 의사표시를 한 것으로 보아야 할 경우(묵시적 거부의 의사표시)도 있다. 두 판례 모두 ②의 경우에 해당한다.

(나) 거부처분의 성립요건

① 국민의 적극적 신청행위에 대하여 행정청이 그 신청에 따른 행위를 하지 않겠다고 거부한 행위가 항고소송의 대상이 되는 행정처분에 해당하기 위해서는, 신청한 행위가 공권력의 행사 또는 이에 준하는 행정작용이어야 하고, 거부행위가 신청인의 법률관계에 어떤 변동을 일으키는 것이어야 하며, 국민에게 행위발동을 요구할 법규상 또는 조리상의 신청권이 있어야 한다(대판 2017. 6. 15, 2013두2945; 대판 2016. 11. 10, 2016두44674; 대판 2007. 10. 11, 2007두1316; 대판 1998. 7. 10, 96누14036).

② 거부행위의 처분성을 인정하는 전제요건이 되는 신청권의 존부는 관계 법규

의 해석에 의하여 일반 국민에게 그러한 신청권이 인정되는지 여부를 살펴 추상적으로 결정되는 것이고, 구체적으로 특정인의 신청이 인용될 수 있는가 하는 점은 소송사건의 본안에서 판단하여야 할 사항이다(대판 2016. 11. 10, 2016두44674; 대판 2009. 9. 10, 2007두20638; 대판 1996. 6. 11, 95누12460).

[평설 1] ①은 거부처분의 성립요건으로 ⓐ 신청한 행위가 공권력의 행사 또는 이에 준하는 행정작용일 것, ⓑ 거부행위가 신청인의 법률관계에 어떤 변동을 일으키는 것일 것, ⓒ 국민에게 그 행위발동을 요구할 법규상 또는 조리상의 신청권이 있을 것을 적시하고 있다. 이것은 판례의 확립된 견해이다. ⓐ와 ⓑ는 행정소송법상 처분개념에 해당하기 위한 일반적 요건이지만, ⓒ는 특히 거부처분에서 판례가 요구하는 요건이다. 판례는 신청권을 처분성(대상적격)의 문제로 접근하는데, 사견으로는 신청권의 유무를 원고적격(행소법 제12조)의 문제로 처리하는 것이 논리적이라 본다. ②는 신청권 존부의 판단 방법을 판시하고 있다. 판례의 확립된 견해이다.

[평설 2] 거부행위가 항고소송의 대상인 행정처분이 되기 위해서는 신청권이 필요하다는 판시는 현행 행정소송법의 발효일(1985. 10. 1.) 이전의 판례부터 나타난다(아래 대판 1984. 10. 23, 84누227 참조). 현행 행정소송법과 달리 구 행정소송법에는 처분개념에 대한 정의규정이 없었으므로 신청권이 필요하다는 판례의 태도를 이해할 수도 있으나, 현행법은 처분개념에 대한 정의규정을 두고 있으므로, 1985. 10. 1. 이후부터 법원은 거부처분에 대한 해석을 달리하였어야 했다.

☐ 국민의 신청에 대한 행정청의 거부처분이 항고소송의 대상이 되는 행정처분이 되기 위하여는, 국민이 행정청에 대하여 그 신청에 따른 행정행위를 해줄 것을 요구할 수 있는 **법규상 또는 조리상의 권리가 있어야 하는바**, 도시계획법상 주민이 도시계획 및 그 변경에 대하여 어떤 신청을 할 수 있음에 관한 규정이 없을 뿐만 아니라, 도시계획과 같이 장기성·종합성이 요구되는 행정계획에 있어서는 그 계획이 일단 확정된 후에 어떤 사정의 변동이 있다고 하여 지역주민에게 일일이 그 계획의 변경을 청구할 권리를 인정해 줄 수도 없는 이치이므로 도시계획시설변경신청을 불허한 행위는 항고소송의 대상이 되는 행정처분이라고 볼 수 없다(대판 1984. 10. 23, 84누227).

(다) 반복된 거부처분

☐ 거부처분은 당사자의 신청에 대하여 관할 행정청이 이를 거절하는 의사를 대외적으로 명백히 표시함으로써 성립되는 것이므로, 당사자가 한 신청에 대하여

거부처분이 있은 후 당사자가 다시 신청을 한 경우에 그 신청의 제목 여하에 불구하고 그 내용이 새로운 신청을 하는 취지라면 관할 행정청이 이를 다시 거절한 이상 새로운 거부처분이 있은 것으로 보아야 한다(대판 2011. 9. 29, 2010두26339; 대판 2002. 3. 29, 2000두6084; 대판 1992. 10. 27, 92누1643; 대판 1991. 6. 11, 90누10292).

### (4) 항고소송의 본질과 처분개념
### (가) 법적 행위로서 공권력 행사

① 항고소송의 대상이 되는 행정처분은, 행정청의 공법상의 행위로서 특정사항에 대하여 법규에 의한 권리의 설정 또는 의무의 부담을 명하거나 기타 법률상 효과를 발생하게 하는 등 국민의 구체적인 권리·의무에 직접적 변동을 초래하는 행위를 말하고, 행정권 내부에서의 행위나 알선, 권유, 사실상의 통지 등과 같이 상대방 또는 기타 관계자들의 법률상 지위에 직접적인 법률적 변동을 일으키지 아니하는 행위 등은 항고소송의 대상이 될 수 없다(대판 2016. 12. 27, 2014두5637; 대판 2015. 12. 10, 2011두32525; 대결 2011. 4. 21, 2010무111(전원합의체); 대판 2004. 11. 26, 2003두10251; 대판 2002. 7. 26, 2001두3532; 대판 1999. 8. 20, 97누6889).

② 행정청의 행위가 공권력의 주체로서 행하는 구체적 사실에 관한 법집행으로서 국민의 권리의무에 직접적으로 영향을 미치는 행위인 행정처분에 해당하면 항고소송의 대상이 될 수 있을 것이나, 그에 해당하는지 여부는 추상적·일반적으로 결정할 수 없고 구체적인 경우에 관련 법령의 내용과 취지, 그 행위의 주체·내용·형식·절차, 상대방 등 이해관계인이 입는 불이익과 그 행위의 실질적 견련성, 그리고 법치행정의 원리와 당해 행위에 관련한 행정청 및 이해관계인의 태도 등을 참작하여 개별적으로 결정하여야 한다(대판 2016. 7. 14, 2015두58645; 대판 2015. 10. 29, 2014두2362; 대판 2012. 9. 27, 2010두3541; 대판 2011. 6. 10, 2010두7321; 대판 2010. 11. 18, 2008두167(전원합의체)).

③ 어떠한 처분의 근거가 행정규칙에 규정되어 있다고 하더라도, 그 처분이 상대방에게 권리의 설정 또는 의무의 부담을 명하거나 기타 법적인 효과를 발생하게 하는 등으로 그 상대방의 권리의무에 직접 영향을 미치는 행위라면, 이 경우에도 항고소송의 대상이 되는 행정처분에 해당한다(대판 2004. 11. 26, 2003두10251; 2002. 7. 26, 2001두3532).

[평설] ①은 처분은 법적 행위라는 판례이다. 취소소송의 본질은 위법성의 소급적 제

거에 있는 것으로 이해되고 있다. 사실적인 것은 소급적인 제거가 불가능하지만, 법적 행위에 있는 위법성은 소급적으로 제거할 수 있으므로, 취소소송의 대상이 되는 공권력행사(처분)는 법적 행위에 한정된다고 볼 것이다. 이러한 취지의 판례로 이해될 수 있다. 법적 행위란 외부적으로 직접적인 법효과를 의도하는 의사표시를 말한다. ②는 행정청의 행위가 항고소송의 대상인 처분에 해당하는지 여부의 판단방법을 제시하는 판례이다. ③은 행정규칙에 근거한 행위도 항고소송의 대상인 처분에 해당할 수 있다는 판례이다.

(나) 권력적 사실행위

□ 단수처분을 두고 그것이 항고소송의 대상이 되는가에 관하여 원심이 약간의 의문을 가지고 있었음이 판시이유에서 간취된다 하더라도 결론에 있어 항고소송의 대상이 되는 것으로 보고 판단하고 있으니 이 점에 관한 원심의 판단은 결국 원고들의 주장과도 일치하여 원고들 스스로 이를 탓할 수도 없다(대판 1979. 12. 28, 79누218).

[평설] 권력적 사실행위에는 ① 순수 사실행위(예: 경찰의 미행행위)만으로 구성되는 경우와 ② 순수 사실행위(예: 건물철거행위)와 행정행위(예: 철거시 상대방의 수인의무)가 합성된 경우(합성적 행위)가 있다. ②는 행정행위 부분과 관련하여 취소소송의 대상이 된다고 본다. 단수처분 그 자체는 사실행위이지만, 단수시 수인하여야 할 의무는 법적 행위(행정행위)라는 점에서 판례가 단수처분을 취소소송의 대상으로 본 것은 긍정적으로 평가할 수 있다.

(5) 이에 준하는 작용

□ 원래 대통령령은 법령의 효력을 가진 것으로서 행정소송법상 행정처분이라 볼 수 없다고 해석함이 타당할 것이므로 그 내용의 적법여부를 논할 것 없이 행정소송의 목적물이 될 수 없을 것이다. 물론 법령의 효력을 가진 명령이라도 그 효력이 다른 행정행위를 기다릴 것 없이 직접적으로 또 현실히 그 자체로서 국민의 권리훼손 기타 이익침해의 효과를 발생케 하는 성질의 것이라면 행정소송법상 처분이라 보아야 할 것이오 따라서 그에 관한 이해관계자는 그 구체적 관계사실과 이유를 주장하여 그 명령의 취소를 법원에 구할 수 있을 것이다(대판 1954. 8. 19, 4286행상37).

[평설] 행정소송법 제2조 제1항 제1호에 규정된 "이에 준하는 작용"이라는 부분이 무엇을 뜻하는지에 관해 다양한 견해가 있다. 분명한 점은 "이에 준하는 작용"은 같은 조문의 앞 부분(행정청이 행하는 구체적 사실에 관한 법집행으로서의 공권력의 행사 또는 그 거부)에 준하는 작용이어야 할 것이다. 그 예를 제시하기가 쉽지 않으나, 이 판례에서 보는 바와 같이 집행행위를 거칠 필요 없이 바로 법적 효과를 발생하는 법령은 처분의 성격을 갖는다고 볼 것이지만, 법형식이 법령이라는 점을 고려할 때, "이에 준하는 작용"에 해당한다고 볼 수도 있다.


QR 36. 처분성을 긍정한 판례 모음   ☞   QR코드
QR 37. 처분성을 부정한 판례 모음   ☞   QR코드
QR 38. 처분을 변경하는 처분의 항고소송 대상 여부에 관한 판례 모음   ☞   QR코드
QR 39. 교원의 임용 관련 행위의 처분성 여부에 관한 판례 모음   ☞   QR코드


## 2. 재결(행소법 제19조)

### (1) '재결 자체에 고유한 위법'

1 행정소송법 제19조(취소소송은 처분등을 대상으로 한다. 다만, 재결취소소송의 경우에는 재결 자체에 고유한 위법이 있음을 이유로 하는 경우에 한한다)에서 말하는 '재결 자체에 고유한 위법'이란 원처분에는 없고 재결에만 있는 재결청의 권한 또는 구성의 위법, 재결의 절차나 형식의 위법, 내용의 위법 등을 뜻하고, 그 중 내용의 위법에는 위법·부당하게 인용재결을 한 경우가 해당한다(대판 1997. 9. 12, 96누14661; 대판 1989. 1. 24, 88누3314).

2 행정심판청구가 부적법하지 않음에도 각하한 재결은 심판청구인의 실체심리를 받을 권리를 박탈한 것으로서 원처분에 없는 고유한 하자가 있는 경우에 해당하고, 따라서 위 재결은 취소소송의 대상이 된다(대판 2001. 7. 27, 99두2970).

3 행정청이 골프장 사업계획승인을 얻은 자의 사업시설 착공계획서를 수리한 것에 대하여 인근 주민들이 그 수리처분의 취소를 구하는 행정심판을 청구하자 재결청이 그 청구를 인용하여 수리처분을 취소하는 형성적 재결을 한 경우, 그 수리처분 취소 심판청구는 행정심판의 대상이 되지 아니하여 부적법 각하하여야 함에도 위 재결은 그 청구를 인용하여 수리처분을 취소하였으므로 재결 자체에 고유한 하자가 있다(대판 2001. 5. 29, 99두10292; 대판 1993. 8. 24, 92누1865).

4 행정처분이 정당한 것으로 인정되어 행정심판청구를 기각한 재결에 대한 항고소

송은 원처분의 하자를 이유로 주장할 수 없다(대판 2001. 7. 27, 99두2970).

5 원고에 대한 감봉 1월의 징계처분을 견책으로 변경한 피고(총무처소청심사위원회)의 이 사건 소청결정 중 원고를 견책에 처한 조치는 재량권의 남용 또는 그 범위를 일탈한 것으로서 위법하다는 사유는 이 사건 소청결정 자체에 고유한 위법을 주장하는 것으로 볼 수 없어, 이는 이 사건 소청결정의 취소사유가 될 수 없는 것이다(대판 1993. 8. 24, 93누5673).

[평설] 1은 행정소송법 제19조의 재결 자체에 고유한 위법의 의미에 관한 것이다. 2와 3은 '재결 자체의 내용상 고유한 위법'이 있는 경우를 보여준다. 4는 원처분이 정당하다는 재결에는 고유한 위법이 없다는 것을 볼 수 있다. 5는 수정재결의 고유한 위법과 관련된 판례이다.

(2) 소의 대상으로서 재결

1 당해 의약품제조품목허가처분취소재결은 보건복지부장관이 재결청의 지위에서 스스로 제약회사에 대한 위 의약품제조품목허가처분을 취소한 이른바 형성재결임이 명백하므로, 위 회사에 대한 의약품제조품목허가처분은 당해 취소재결에 의하여 당연히 취소·소멸되었고, 그 이후에 다시 위 허가처분을 취소한 당해 처분은 당해 취소재결의 당사자가 아니어서 그 재결이 있었음을 모르고 있는 위 회사에게 위 허가처분이 취소·소멸되었음을 확인하여 알려주는 의미의 사실 또는 관념의 통지에 불과할 뿐 위 허가처분을 취소·소멸시키는 새로운 형성적 행위가 아니므로 항고소송의 대상이 되는 처분이라고 할 수 없다(대판 1998. 4. 24, 97누17131; 대판 1997. 12. 23, 96누10911).

2 행정심판법 제37조(현행법 제49조) 제1항의 규정에 의하면 재결은 행정청을 기속하는 효력을 가지므로 재결청이 취소심판의 청구가 이유 있다고 인정하여 처분청에게 처분의 취소를 명하면 처분청으로서는 그 재결의 취지에 따라 처분을 취소하여야 하지만, 그렇다고 하여 그 재결의 취지에 따른 취소처분이 위법할 경우 그 취소처분의 상대방이 이를 항고소송으로 다툴 수 없는 것은 아니다(대판 1993. 9. 28, 92누15093).

[평설] 1은 취소재결은 형성재결이기에 갖는 형성력의 의미에 관한 것이다. 당시 피고(보건복지부장관)가 원고(보령제약주식회사)에 대하여 한 1996. 3. 21.자 의약품제조품

목허가처분에 대하여 소외 동성제약 주식회사가 이미 자신에게 허가한 의약품과 동일·유사한 명칭을 사용하는 의약품에 대하여 허가를 한 것이어서 위법하다는 이유로 행정심판을 제기하자 위 허가에 관한 처분청 겸 재결청인 피고가 국무총리행정심판위원회의 의결을 거쳐 1997. 1. 11. 허가처분을 취소한다는 내용의 취소재결을 하였고, 이어서 1997. 1. 23. 원고에게 다시 위 허가처분을 취소하는 내용의 처분을 하였는데, 여기서 1997. 1. 23. 처분이 소의 대상이 되는지 여부가 쟁점의 하나였던 사건에서 나온 판례이다. 한편, 이 사건 당시 행정심판법에는 형성재결로서 취소재결 외에 명령재결로서 **취소명령재결이** 있었으나, **현행 행정심판법** 제43조 제3항은 형성재결로서 취소재결은 규정하고 있으나, 명령재결로서 **취소명령재결은 규정하고 있지 아니하다.** ② 는 이행재결에 관한 것이다. 한편, 이행재결(명령재결)인 취소명령재결의 경우 재결이 소의 대상인지 아니면 재결에 따른 처분이 소의 대상인지 여부가 문제되었다. 판례는 양자 모두 소의 대상일 수 있다는 입장이다. 이 판례는 취소명령재결이 인정되던 시기에 나온 것이고, 현행법상 취소명령재결은 인정되지 아니한다. 그렇지만 판례의 논리는 현행법상 변경명령재결과 그에 따른 변경처분의 경우에도 적용될 수 있을 것이다.

### (3) 관련 문제

### (가) 고유한 위법이 없는 재결소송에 대한 판결의 종류

□ 행정소송법 제19조는 취소소송은 행정청의 원처분을 대상으로 하되(원처분주의), 다만 "재결 자체에 고유한 위법이 있음을 이유로 하는 경우"에 한하여 행정심판의 재결도 취소소송의 대상으로 삼을 수 있도록 규정하고 있으므로 재결취소소송의 경우 재결 자체에 고유한 위법이 있는지 여부를 심리할 것이고, 재결 자체에 고유한 위법이 없는 경우에는 **원처분의 당부와는 상관없이 당해 재결취소소송은 이를 기각하여야 한다**(대판 1994. 1. 25, 93누16901).

[평설] 행정소송법 제19조 단서를 소극적 소송요건으로 보아 **각하판결을** 해야 한다는 견해도 있으나, 판례는 **기각판결을** 하여야 한다는 입장이다.

### (나) 거부처분취소재결 후 후속처분이 있는 경우, 소의 대상

□ 행정청이 재결에 따라 이전의 신청을 받아들이는 후속처분을 하였더라도 후속처분이 위법한 경우에는 재결에 대한 취소소송을 제기하지 않고도 곧바로 **후속처분에 대한 항고소송을 제기하여 다툴 수 있다**(대판 2017. 10. 31, 2015두45045).

## (4) 원처분중심주의의 예외

### (가) 재결중심주의의 재결소송에서 원처분상 위법의 주장 가부

□ 토지수용법 제73조 내지 제75조의2의 규정을 종합하면 토지수용에 관한 행정소송에 있어서는 중앙토지수용위원회의 이의신청에 대한 재결에 대하여 불복이 있을 때에 제기할 수 있고 수용재결은 행정소송의 대상으로 삼을 수 없다 할 것이므로 그 행정소송에서는 이의 재결 자체의 고유한 위법 사유뿐 아니라 이의신청사유로 삼지 않은 수용재결의 하자도 주장할 수 있다(대판 1991. 2. 12, 90누288).

[평설] 과거 토지수용법상 토지수용에 관한 행정소송은 재결중심주의를 채택한 것이라는 판단 하에 나타난 판례이다. 헌법재판소도 구 토지수용법 제75조의2가 재결소송을 규정한 것으로 보면서 합헌으로 선언하였다(헌재 2001. 6. 28, 2000헌바27). 그러나 **현행 공익사업을 위한 토지 등의 취득 및 보상에 관한 법률**에서는 원처분중심주의를 채택하고 있는 것으로 이해되는바, 이 판결이 현행법에는 적용되지 아니한다. 그러나 이 판례에서 나타난 논지는 개별 법률에서 재결중심주의를 채택하는 경우에는 그대로 적용될 수 있을 것이다.

□ 공익사업을 위한 토지 등의 취득 및 보상에 관한 법률 제85조 제1항 전문의 문언 내용과 같은 법 제83조, 제85조가 중앙토지수용위원회에 대한 이의신청을 임의적 절차로 규정하고 있는 점, 행정소송법 제19조 단서가 행정심판에 대한 재결은 재결 자체에 고유한 위법이 있음을 이유로 하는 경우에 한하여 취소소송의 대상으로 삼을 수 있도록 규정하고 있는 점 등을 종합하여 보면, 수용재결에 불복하여 취소소송을 제기하는 때에는 이의신청을 거친 경우에도 수용재결을 한 중앙토지수용위원회 또는 지방토지수용위원회를 피고로 하여 수용재결의 취소를 구하여야 하고, 다만 이의신청에 대한 재결 자체에 고유한 위법이 있음을 이유로 하는 경우에는 그 이의재결을 한 중앙토지수용위원회를 피고로 하여 이의재결의 취소를 구할 수 있다고 보아야 한다(대판 2010. 1. 28, 2008두1504).

### (나) 재결중심주의에서 무효인 원처분을 다툴 수 있는지 여부

□ 토지수용에 관한 중앙 또는 지방토지수용위원회의 수용재결이 그 성질에 있어 구체적으로 일정한 법률효과의 발생을 목적으로 하는 점에서 일반의 행정처분과 전혀 다를 바 없으므로 수용재결처분이 무효인 경우에는 그 재결 자체에 대한 무효확인을 소구할 수 있다[대판 1993. 1. 19, 91누8050(전원합의체)].

[평설] 원처분(당시 토지수용법상 수용재결)이 무효인 경우 그 효력은 처음부터 당연히

발생하지 않는 것이어서 행정심판 절차를 거칠 필요도 없으므로 개별 법률이 재결주의를 취하고 있는 경우라도 재결(당시 토지수용법상 이의신청재결)을 거칠 필요 없이 원처분 무효확인의 소를 제기할 수 있다는 취지의 판례이다. **재결중심주의의 토지수용법이 폐지되고 대체된 현행 공익사업을 위한 토지 등의 취득 및 보상에 관한 법률이 원처분중심주의를 채택하고 있는 것으로 이해되는바, 이 판결이 현행법에는 적용되지 아니한다. 그러나 이 판례에서 나타난 논지는 개별 법률에서 재결중심주의를 채택하는 경우에는 그대로 적용될 수 있을 것이다.**

### (다) 감사원의 재심의판정(재결중심주의)

□  감사원의 **변상판정처분**에 대하여서는 **행정소송을 제기할 수 없고 재결에 해당하는 재심의 판정에 대하여서만 감사원을 피고로 하여 행정소송을 제기할 수 있는 것**이다(대판 1984. 4. 10, 84누91).

[평설] 판례는 감사원법상 **변상판정처분**을 거친 후 **재심**을 청구하게 되면, **재심의판정**이 소의 대상이 된다고 하여 감사원법은 재결중심주의를 채택하고 있는 것으로 이해한다.

□  감사원법 제36조(재심의 청구) ① 제31조에 따른 변상 판정에 대하여 위법 또는 부당하다고 인정하는 본인, 소속 장관, 감독기관의 장 또는 해당 기관의 장은 변상판정서가 도달한 날부터 3개월 이내에 감사원에 재심의를 청구할 수 있다.

② 감사원으로부터 제32조, 제33조 및 제34조에 따른 처분을 요구받은 소속 장관, 임용권자나 임용제청권자, 감독기관의 장 또는 해당 기관의 장은 그 요구가 위법 또는 부당하다고 인정할 때에는 그 요구를 받은 날부터 1개월 이내에 감사원에 재심의를 청구할 수 있다.

### (라) 노동위원회의 재심판정(재결중심주의)

□  노동위원회법 제19조의2 제1항(현행법 제27조 제1항)의 규정은 행정처분의 성질을 가지는 지방노동위원회의 처분에 대하여 중앙노동위원장을 상대로 행정소송을 제기할 경우의 전치요건에 관한 규정이라 할 것이므로 당사자가 **지방노동위원회의 처분**에 대하여 불복하기 위하여는 처분 송달일로부터 10일 이내에 **중앙노동위원회에 재심**을 신청하고 중앙노동위원회의 재심판정서 송달일로부터 15일 이내에 **중앙노동위원장을 피고로 하여 재심판정취소의 소**를 제기하여야 할 것이다(대판

1995. 9. 15, 95누6724).

**[평설]** 판례는 노동위원회법이 재결중심주의를 채택하고 있는 것으로 이해한다.
□ 당시 노동위원회법 제19조의2(중앙노동위원회의 판정에 대한 소) ① 중앙노동위원회의 판정에 대한 소는 중앙노동위원회위원장을 피고로 하여 판정서 정본의 송달을 받은 날로부터 15일 이내에 이를 제기하여야 한다.

## 3. 존재

### (1) 존재의 의미

①　[갑이 구 도시공원법(2005. 3. 31. 법률 제7476호 도시공원 및 녹지 등에 관한 법률로 전부 개정되기 전의 것)상 도시계획시설인 공원 부지에 포함되어 있던 처와 자녀들 소유 토지(이하 '제안지'라 한다)에 골프연습장을 설치할 수 있도록 공원조성계획을 변경하여 달라는 내용의 변경입안제안을 하자 관할 시장이 반려하였고, 그 후 도시관리계획 변경결정에 따라 공원 전부를 도시자연공원으로 하던 도시계획시설 결정이 폐지되고 구 도시공원 및 녹지 등에 관한 법률(2012. 12. 18. 법률 제11581호로 개정되기 전의 것)에 따라 제안지가 도시자연공원구역으로 변경·지정되었는데, 갑이 변경입안제안 반려처분의 취소를 구한 사안에서] 제안지는 더 이상 공원조성계획의 대상이 되는 도시계획시설인 공원이 아니게 되었고, 제안지에 관한 공원조성계획 역시 폐지되어 존재하지 않게 되었으므로, 반려처분의 취소를 구하는 것은 더 이상 존재하지 않는 공원조성계획의 변경을 구하는 입안제안을 받아들이지 않은 처분의 위법성을 다투는 것에 불과하여 소의 이익이 없다(대판 2015. 12. 10, 2013두14221).

②　행정처분이 취소되면 그 처분은 효력을 상실하여 더는 존재하지 않는 것이고, 직권으로 취소된 처분에 관하여 무효확인을 구하는 소는 존재하지 않는 행정처분을 대상으로 하거나 과거의 법률관계의 효력을 다투는 것에 불과하므로 소의 이익이 없어 부적법하다(대판 2012. 6. 28, 2011두16865; 대판 2010. 4. 29, 2009두16879).

**[평설]** 취소소송은 인용판결시에 법률관계의 변동을 가져오는 소송형식이다. 이것은 취소소송의 제기를 위해서는 소송의 대상이 되는 **처분등이 존재하여야 함**을 의미한다.

(2) 직권조사사항

□ 행정소송에서 쟁송의 대상이 되는 **행정처분의 존부**는 소송요건으로서 **직권조사사항**이고, 자백의 대상이 될 수 없는 것이므로, 설사 그 존재를 당사자들이 다투지 아니한다 하더라도 그 존부에 관하여 의심이 있는 경우에는 이를 직권으로 밝혀 보아야 할 것이고, 사실심에서 변론종결시까지 당사자가 주장하지 않던 직권조사사항에 해당하는 사항을 상고심에서 비로소 주장하는 경우 그 직권조사사항에 해당하는 사항은 상고심의 심판범위에 해당한다(대판 2004. 12. 24, 2003두15195; 대판 2001. 11. 9, 98두892).

B. 관할법원(본안판단의 전제요건 2)

1. 행정법원 전속관할(행소법 제9조)

□ **도시 및 주거환경정비법**(이하 '도시정비법'이라고 한다)에 따른 **주택재건축정비사업조합**(이하 '재건축조합'이라고 한다)은 관할 행정청의 감독 아래 도시정비법상의 주택재건축사업을 시행하는 **공법인**(도시정비법 제18조)으로서, 그 목적 범위 내에서 법령이 정하는 바에 따라 일정한 행정작용을 행하는 **행정주체의 지위**를 갖는다. 따라서 행정주체인 재건축조합을 상대로 관리처분계획안에 대한 조합 총회결의의 효력 등을 다투는 소송은 행정처분에 이르는 절차적 요건의 존부나 효력 유무에 관한 소송으로서 그 소송결과에 따라 행정처분의 위법 여부에 직접 영향을 미치는 공법상 법률관계에 관한 것이므로, 이는 행정소송법상의 **당사자소송**에 해당하고(대법원 2009. 9. 17. 선고 2007다2428 전원합의체 판결 참조), 재건축조합을 상대로 사업시행계획안에 대한 조합 총회결의의 효력 등을 다투는 소송 또한 행정소송법상의 당사자소송에 해당한다(대판 2009. 10. 15, 2008다93001).

[평설] 도시 및 주거환경정비법상의 주택재건축정비사업조합을 상대로 관리처분계획안과 사업시행계획안에 대한 총회결의의 무효확인을 구하는 소를 민사소송으로 제기한 사안에서, 그 소는 행정소송법상 당사자소송에 해당하므로 **행정법원에 전속관할이 있다**고 한 판례이다. 전속관할이란 특정의 법원만이 배타적으로 관할권을 갖는 것을 말한다.

□ **법원조직법 제40조의4**(심판권) 행정법원은 「행정소송법」에서 정한 행정사건과 다른 법률에 따라 행정법원의 권한에 속하는 사건을 제1심으로 심판한다.

2. 관할이송(행소법 제10조)

① 민사소송법 제31조는 전속관할이 정하여진 소에는 합의관할에 관한 민사소송법 제29조, 변론관할에 관한 민사소송법 제30조가 적용되지 아니한다고 규정하고 있고, 민사소송법 제34조 제1항은 법원은 소송의 전부 또는 일부에 대하여 관할권이 없다고 인정하는 경우에는 결정으로 이를 관할법원에 이송한다고 규정하고 있다. 그리고 행정소송법 제7조는 "민사소송법 제34조 제1항의 규정은 원고의 고의 또는 중대한 과실 없이 행정소송이 심급을 달리하는 법원에 잘못 제기된 경우에도 적용한다."라고 규정하고 있다. 그리고 관할 위반의 소를 부적법하다고 하여 각하하는 것보다 관할법원에 이송하는 것이 당사자의 권리구제나 소송경제의 측면에서 바람직함은 물론이다. 따라서 원고가 고의 또는 중대한 과실 없이 행정소송으로 제기하여야 할 사건을 민사소송으로 잘못 제기한 경우, 수소법원으로서는 만약 그 행정소송에 대한 관할도 동시에 가지고 있다면 이를 행정소송으로 심리·판단하여야 하고(대법원 1996. 2. 15. 선고 94다31235 전원합의체 판결 참조), 그 행정소송에 대한 관할을 가지고 있지 아니하다면 당해 소송이 이미 행정소송으로서의 전심절차 및 제소기간을 도과하였거나 행정소송의 대상이 되는 처분 등이 존재하지도 아니한 상태에 있는 등 행정소송으로서의 소송요건을 결하고 있음이 명백하여 행정소송으로 제기되었더라도 어차피 부적법하게 되는 경우가 아닌 이상 이를 부적법한 소라고 하여 각하할 것이 아니라 관할법원에 이송하여야 한다(대판 2017. 11. 9, 2015다215526; 대판 1999. 11. 26, 97다42250; 대판 1997. 6. 30, 95다28960; 대판 1996. 2. 15, 94다31235 전원합의체).

② 주택재건축정비사업조합의 관리처분계획에 대하여 그 관리처분계획안에 대한 총회결의의 무효확인을 구하는 소가 관할을 위반하여 민사소송으로 제기된 후에 관할 행정청의 인가·고시가 있었던 경우 따로 총회결의의 무효확인만을 구할 수는 없게 되었으나, 이송 후 행정법원의 허가를 얻어 관리처분계획에 대한 취소소송 등으로 변경될 수 있음을 고려하면, 그와 같은 사정만으로 이송 후 그 소가 부적법하게 되어 각하될 것이 명백한 경우에 해당한다고 보기 어려우므로, 위 소는 관할법원인 행정법원으로 이송함이 상당하다[대판 2009. 9. 17, 2007다2428(전원합의체); 대판 1997. 6. 30, 95다28960].

③ 행정소송을 위 법 시행일부터 2월의 만료일에 행정소송에 관하여 관할권이 없는 서울민사지방법원에 제출하였으므로 서울민사지방법원은 이 사건을 이 사건

관할 법원인 대구고등법원에 이송할 수 없다 할 것이고, 이를 이송하였다 하여도
편의를 위하여 회송한 효력밖에 없다 할 것이므로 소 제기의 효력은 기록이 대구
고등법원에 접수된 때에 발생한다(대판 1969. 3. 18, 64누51).

[평설] ①은 행정소송을 민사소송으로 제기하였으나, 수소법원이 행정소송 관할권도
가진 경우에 관한 것이다. 만약 원고가 고의 또는 중대한 과실로 행정소송으로 제기하
여야 할 사건을 민사소송으로 잘못 제기한 경우에는 인정되지 아니한다. ②는 행정소
송을 민사소송으로 제기하였으나, 수소법원이 행정소송 관할권을 갖지 않은 경우로서
고려할만한 사정이 있는 경우에 관한 것이다. ③은 오래된 판례인데, 두 번째 판례와
달리 고려할 사항이 보이지 아니하는 경우에 관한 것이다.

## 3. 관련청구소송의 이송과 병합(행소법 제10조)
### (1) 관련청구소송의 의의
① 행정소송법 제10조 제1항 제1호는 행정소송에 병합될 수 있는 관련청구에 관
하여 '당해 처분 등과 관련되는 손해배상·부당이득반환·원상회복등의 청구'라고
규정함으로써 그 병합요건으로 본래의 행정소송과의 관련성을 요구하고 있는바, 이
는 행정소송에서 계쟁 처분의 효력을 장기간 불확정한 상태에 두는 것은 바람직
하지 않다는 관점에서 병합될 수 있는 청구의 범위를 한정함으로써 사건의 심리범
위가 확대·복잡화되는 것을 방지하여 그 심판의 신속을 도모하려는 취지라 할 것
이므로, 손해배상청구 등의 민사소송이 행정소송에 관련청구로 병합되기 위해서
는 그 청구의 내용 또는 발생원인이 행정소송의 대상인 처분 등과 법률상 또는 사
실상 공통되거나, 그 처분의 효력이나 존부 유무가 선결문제로 되는 등의 관계에 있
어야 함이 원칙이다(대판 2000. 10. 27, 99두561).
② 행정소송법 제10조는 처분의 취소를 구하는 취소소송에 당해 처분과 관련되
는 부당이득반환소송을 관련 청구로 병합할 수 있다고 규정하고 있는바, 이 조
항을 둔 취지에 비추어 보면, 취소소송에 병합할 수 있는 당해 처분과 관련되는
부당이득반환소송에는 당해 처분의 취소를 선결문제로 하는 부당이득반환청구가 포
함되고, 이러한 부당이득반환청구가 인용되기 위해서는 그 소송절차에서 판결에 의
해 당해 처분이 취소되면 충분하고 그 처분의 취소가 확정되어야 하는 것은 아니라고
보아야 한다(대판 2009. 4. 9, 2008두23153).

(2) 관련청구소송의 병합

① 행정소송법 제38조, 제10조에 의한 관련청구소송의 병합은 본래의 항고소송이 적법할 것을 요건으로 하는 것이어서 본래의 항고소송이 부적법하여 각하되면 그에 병합된 관련청구도 소송요건을 흠결한 부적합한 것으로 각하되어야 한다. 도로관리 청이 원인자부담금 부과처분에 의한 부과금 징수를 위하여 압류처분을 하고 그에 이어 압류등기를 한 경우에, 이해관계인은 그 압류처분에 대한 항고소송 외에 그 압류등기의 말소청구소송을 제기할 수 있고, 그 경우 행정소송법 제38조, 제10조에 서 말하는 본래의 항고소송은 원인자부담금 부과처분 또는 압류처분에 대한 항고소 송을 모두 포함한다고 보아야 할 것이다. 원심이 압류등기의 말소청구소송은 부 과처분 등과 관련되는 원상회복청구소송으로 관련청구소송이라고 한 판단은 이 러한 법리에 따른 것으로서 정당하고, 거기에 행정소송법 제38조, 제10조에 관 한 법리오해의 위법이 있다고 할 수 없다(대판 2001. 11. 27, 2000두697; 대판 2011. 9. 29, 2009두10963; 대판 2001. 11. 27, 2000두697; 대판 1997. 11. 11, 97누1990; 대판 1997. 3. 14, 95누13708).

② 행정소송법 제10조 제2항의 관련청구의 병합은 그것이 관련청구에 해당하기만 하면 당연히 병합청구를 할 수 있으므로 법원의 피고경정결정을 받을 필요가 없다(대 판 1989. 10. 27, 89두1).

③ 납세자가 과세관청을 상대로 이 사건 양도소득세 등 과세처분의 취소소송에 병합하여 그가 자진납부한 세액에서 그 주장의 정당한 세액을 공제한 금액의 부 당이득반환청구의 소를 제기한 경우, 이는 행정소송법 제10조 제2항에 의거 양도 소득세부과처분취소소송에 병합하여 관련청구소송을 제기한 것으로 볼 수 있으 나 이 사건 부과처분을 한 처분청에 대하여 위와 같은 부당이득금반환의 이행판 결을 구하는 소를 제기할 수는 없는 것이다(대판 1990. 2. 27, 89누3557).

④ 행정처분에 대한 무효확인과 취소청구는 서로 양립할 수 없는 청구로서 주위 적·예비적 청구로서만 병합이 가능하고 선택적 청구로서의 병합이나 단순 병합 은 허용되지 아니한다(대판 1999. 8. 20, 97누6889).

[평설] ①은 관련청구소송의 병합의 요건의 하나로서 본래의 항고소송은 적법하여야 한다는 판례이다. ②는 주관적 병합의 경우, 피고경정결정은 필요하지 않다는 판례이 다. ③은 행정소송법상 인정되지 아니하는 소송인 이행판결을 구하는 소송의 병합은 허용되지 아니한다는 취지의 판례이다. ④는 무효확인과 취소청구의 단순 병합은 허

용되지 아니한다는 판례이다.

(3) 예비적 청구의 의의

1 청구의 예비적 병합이란 병합된 수개의 청구 중 주위적 청구(제1차 청구)가 인
용되지 않을 것에 대비하여 그 인용을 해제조건으로 예비적 청구(제2차 청구)에 관하
여 심판을 구하는 병합형태로서, 이와 같은 예비적 병합의 경우에는 원고가 붙인
순위에 따라 심판하여야 하며 주위적 청구를 배척할 때에는 예비적 청구에 대하여
심판하여야 하나 주위적 청구를 인용할 때에는 다음 순위인 예비적 청구에 대하여 심
판할 필요가 없는 것이므로, 주위적 청구를 인용하는 판결은 전부판결로서 이러
한 판결에 대하여 피고가 항소하면 제1심에서 심판을 받지 않은 다음 순위의 예
비적 청구도 모두 이심되고 항소심이 제1심에서 인용되었던 주위적 청구를 배척
할 때에는 다음 순위의 예비적 청구에 관하여 심판을 하여야 하는 것이다(대판
2000. 11. 16, 98다22253).

2 국가유공자법과 보훈보상자법은 사망 또는 상이의 주된 원인이 된 직무수행
또는 교육훈련이 국가의 수호·안전보장 또는 국민의 생명·재산 보호와 직접적
인 관련이 있는지에 따라 국가유공자와 보훈보상대상자를 구분하고 있으므로,
국가유공자 요건 또는 보훈보상대상자 요건에 해당함을 이유로 국가유공자 비해
당결정처분과 보훈보상대상자 비해당결정처분의 취소를 청구하는 것은 동시에
인정될 수 없는 양립불가능한 관계에 있다고 보아야 하고, 이러한 두 처분의 취
소청구는 원칙적으로 국가유공자 비해당결정처분 취소청구를 주위적 청구로 하
는 주위적·예비적 관계에 있다고 보아야 한다(대판 2016. 7. 27, 2015두46994).

C. 당사자와 참가인(본안판단의 전제요건 3)

□ 소송에서 당사자가 누구인가는 당사자능력, 당사자적격 등에 관한 문제와 직
결되는 중요한 사항이므로, 사건을 심리·판단하는 법원으로서는 직권으로 소송당
사자가 누구인가를 확정하여 심리를 진행하여야 한다. 그리고 개인이나 법인이 과
세처분에 대하여 심판청구 등을 제기하여 전심절차를 진행하던 중 사망하거나 흡
수합병되는 등으로 당사자능력이 소멸하였으나, 전심절차에서 이를 알지 못한 채 사
망하거나 합병으로 인해 소멸된 당사자를 청구인으로 표시하여 그 청구에 관한 결
정이 이루어지고, 상속인이나 합병법인이 위 결정에 불복하여 소를 제기하면서
소장에 착오로 소멸한 당사자를 원고로 기재하였다면, 이러한 경우 실제 소를 제기

한 당사자는 상속인이나 합병법인이고 다만 그 **표시를 잘못**한 것에 불과하므로, 법원으로서는 이를 바로잡기 위한 당사자표시정정신청을 받아들인 후 본안에 관하여 심리·판단하여야 한다(대판 2016. 12. 27, 2016두50440).

## 1. 원고적격(행소법 제12조)

### (1) 법률상 이익의 주체

### (가) 자연인과 법인

① 원고는 **아주대학교 총장**으로서 아주대학교 교원의 임용권을 위임받아 피고 보조참가인(아주대 교원)에 대하여 그 이름으로 재임용기간의 경과를 이유로 **당연면직의 통지**를 하였고, 그 후 구제특별법이 시행되자 피고 보조참가인은 원고를 피청구인으로 하여 재임용 거부처분 취소 청구를 하여 피고(교원소청심사특별위원회)가 위 **재임용 거부처분을 취소**한다는 이 사건 결정처분을 한 다음 원고에게 이를 통지한 사실을 알 수 있으므로, 이를 앞서 본 법리에 비추어 보면, 원고는 피고(교원소청심사특별위원회)를 상대로 이 사건 결정처분의 취소를 구하는 행정소송을 제기할 당사자능력 및 당사자적격이 있다(대판 2011. 6. 24, 2008두9317).

② 법인의 주주는 법인에 대한 행정처분에 관하여 사실상이나 간접적인 이해관계를 가질 뿐이어서 스스로 그 처분의 취소를 구할 원고적격이 없는 것이 원칙이라고 할 것이지만, 그 처분으로 인하여 법인이 더 이상 영업 전부를 행할 수 없게 되고, 영업에 대한 인·허가의 취소 등을 거쳐 해산·청산되는 절차 또한 처분 당시 이미 예정되어 있으며, 그 후속절차가 취소되더라도 그 처분의 효력이 유지되는 한 당해 법인이 종전에 행하던 영업을 다시 행할 수 없는 예외적인 경우에는 주주도 그 처분에 관하여 직접적이고 구체적인 법률상 이해관계를 가진다고 보아 그 효력을 다툴 원고적격이 있다(대판 2005. 1. 27, 2002두5313; 대판 2004. 12. 23, 2000두2648).

[평설] 소송상 당사자(원고·피고·참가인)가 될 수 있는 능력을 당사자능력이라 하고, 개별·구체적인 사건에서 원고나 피고로서 소송을 수행하고 본안판결을 받을 수 있는 능력(자격)을 당사자 적격이라 한다. ①은 **사법인**(아주대학교 법인)(소송실무상 권한을 위임받은 총장)도 **당사자적격(원고적격)**을 갖는다는 취지의 판례이다. ②는 **법인의 주주도 예외적으로 원고적격을 가질 수 있다는** 판례이다.

(나) 상대방과 제3자

□ 주거지역 안에서는 도시계획법 제19조 1항과 개정전 건축법 제32조 1항에 의하여 공익상 부득이 하다고 인정될 경우를 제외하고는 거주의 안녕과 건전한 생활환경의 보호를 해치는 모든 건축이 금지되고 있을 뿐 아니라 주거지역 내에 거주하는 사람이 받는 위와 같은 보호이익은 법률에 의하여 보호되는 이익이라고 할 것이므로 주거지역 내에 위 법조 소정 제한면적을 초과한 연탄공장 건축허가처분으로 불이익을 받고 있는 제3거주자는 비록 당해 행정처분의 상대자가 아니라 하더라도 그 행정처분으로 말미암아 위와 같은 법률에 의하여 보호되는 이익을 침해받고 있다면 당해 행정처분의 취소를 소구하여 그 당부의 판단을 받을 법률상의 자격이 있다(대판 1975. 5. 13, 73누96; 대판 2015. 7. 23, 2012두19496, 19502; 대판 2013. 3. 14, 2012두24474; 대판 2010. 5. 13, 2009두19168; 대판 2010. 4. 15, 2007두16127; 대판 2006. 12. 22, 2006두14001).

[평설] 처분의 상대방뿐만 아니라 제3자도 법률상 이익이 침해되면 원고적격을 갖는다는 취지의 판례이다. 위의 판시사항은 이른바 청주시 연탄공장사건의 판결요지의 한 부분이다. 청주시 연탄공장사건은 제3자의 원고적격에 관한 리딩케이스에 해당한다. 확립된 판례의 견해이다.

(다) 국가(국가기관)와 지방자치단체(지방자치단체의 기관)

① 예비적 원고 충북대학교 총장의 소는, 원고 충북대학교 총장이 원고 대한민국이 설치한 충북대학교의 대표자일 뿐 항고소송의 원고가 될 수 있는 당사자능력이 없어 부적법하다(대판 2007. 9. 20, 2005두6935).

② 법인화되지 않은 국립대학 및 국립대총장은 행정소송의 당사자능력이 인정되지 않는다는 것이 법원의 확립된 판례이다(헌재 2015. 12. 23, 2014헌마1149).

③ 국민권익위원회법이 원고(경기도선거관리위원회 위원장)에게 피고 위원회(국민권익위원회)의 조치요구에 따라야 할 의무를 부담시키는 외에 별도로 그 의무를 이행하지 아니할 경우 과태료나 형사처벌의 제재까지 규정하고 있는데, 이와 같이 국가기관 일방의 조치요구에 불응한 상대방 국가기관에게 그와 같은 중대한 불이익을 직접적으로 규정한 다른 법령의 사례를 찾기 어려운 점, 그럼에도 원고가 피고 위원회의 조치요구를 다툴 별다른 방법이 없는 점 등에 비추어 보면, 피고 위원회의 이 사건 조치요구의 처분성이 인정되는 이 사건에서 이에 불복하고자 하는

원고로서는 이 사건 조치요구의 취소를 구하는 항고소송을 제기하는 것이 유효·적절한 수단이라고 할 것이므로, 비록 원고가 국가기관에 불과하더라도 이 사건에서는 당사자능력 및 원고적격을 가진다고 봄이 상당하다(대판 2013. 7. 25, 2011두1214). ④ 건설교통부장관은 지방자치단체의 장이 기관위임사무인 국토이용계획 사무를 처리함에 있어 자신과 의견이 다를 경우 행정협의조정위원회에 협의·조정 신청을 하여 그 협의·조정 결정에 따라 의견불일치를 해소할 수 있고, 법원에 의한 판결을 받지 않고서도 행정권한의 위임 및 위탁에 관한 규정이나 구 지방자치법에서 정하고 있는 지도·감독을 통하여 직접 지방자치단체의 장의 사무처리에 대하여 시정명령을 발하고 그 사무처리를 취소 또는 정지할 수 있으며, 지방자치단체의 장에게 기간을 정하여 직무이행명령을 하고 지방자치단체의 장이 이를 이행하지 아니할 때에는 직접 필요한 조치를 할 수도 있으므로, 국가가 국토이용계획과 관련한 지방자치단체의 장의 기관위임사무의 처리에 관하여 지방자치단체의 장을 상대로 취소소송을 제기하는 것은 허용되지 않는다(대판 2007. 9. 20, 2005두6935). ⑤ 구 건축법(2011. 5. 30. 법률 제10755호로 개정되기 전의 것) 제29조 제1항, 제2항, 제11조 제1항 등의 규정 내용에 의하면, 건축협의의 실질은 지방자치단체 등에 대한 건축허가와 다르지 않으므로, 지방자치단체 등이 건축물을 건축하려는 경우 등에는 미리 건축물의 소재지를 관할하는 허가권자인 지방자치단체의 장과 건축협의를 하지 않으면, 지방자치단체라 하더라도 건축물을 건축할 수 없다. 그리고 구 지방자치법 등 관련 법령을 살펴보아도 지방자치단체의 장이 다른 지방자치단체를 상대로 한 건축협의 취소에 관하여 다툼이 있는 경우에 법적 분쟁을 실효적으로 해결할 구제수단을 찾기도 어렵다. 따라서 건축협의 취소는 상대방이 다른 지방자치단체 등 행정주체라 하더라도 '행정청이 행하는 구체적 사실에 관한 법집행으로서의 공권력 행사'(행정소송법 제2조 제1항 제1호)로서 처분에 해당한다고 볼 수 있고, 지방자치단체인 원고가 이를 다툴 실효적 해결 수단이 없는 이상, 원고는 건축물 소재지 관할 허가권자인 지방자치단체의 장을 상대로 항고소송을 통해 건축협의 취소의 취소를 구할 수 있다(대판 2014. 2. 27, 2012두22980).

[평설] ①은 국가기관은 원고적격을 갖지 아니한다는 원칙적인 내용의 판례이고, ②도 국가기관인 법인격을 갖지 않는 국립대학과 그 총장은 원고적격을 갖지 아니한다는 원칙적인 내용의 판례이다. ③은 국가기관도 예외적으로 원고적격을 가질 수 있다는 취지이 판례이다. 이 판례는 경기도 선거관리위원회 위원장이 법인격을 갖는 것은 아

니고 다만 국가의 기관일 뿐이지만, 원고적격을 갖는다는 취지의 판례이다. ④는 국가가 지방자치단체에 기관위임한 사무의 경우, 위임자인 국가의 기관(건설교통부장관)은 수임자인 지방자치단체의 장을 피고로 소를 제기할 수 없다는 취지의 판례이다. ⑤는 건축법상 건축협의의 취소에서 보는 바와 같이 지방자치단체 장 사이에서 지방자치단체(지자법 제3조 제1항)도 원고적격을 가질 수 있다는 판례이다.

### (라)  행정심판피청구인(행정청)

□  행정심판청구의 대상이 된 행정청에 대하여 재결에 관한 항쟁수단을 별도로 인정하는 것은 행정상의 통제를 스스로 파괴하고 국민의 신속한 권리구제를 지연시키는 작용을 하게 될 것이다. …행정심판법 제37조 제1항에 '재결은 피청구인인 행정청과 그 밖의 관계행정청을 기속한다'고 규정하고 있으므로 이에 따라 처분행정청은 재결에 기속되어 재결의 취지에 따른 처분의무를 부담하게 되므로 이에 불복하여 행정소송을 제기할 수 없다 할 것이며, 이 규정이 지방자치의 내재적 제약의 범위를 일탈하여 헌법상의 지방자치의 제도적 보장을 침해하는 것으로 볼 수 없다(대판 1998. 5. 8, 97누15432).

[평설] 시·도지사가 시장·군수·구청장을 피청구인으로 하여 시·군·구의 자치사무에 관해 인용재결을 하거나, 장관이 시·도지사를 피청구인으로 하여 시·도의 자치사무에 관해 인용재결을 하는 경우, 피청구인이 항고소송을 다툴 수 있어야 한다. 왜냐하면 ① 자치사무는 행정심판위원회가 속하는 법주체의 사무가 아니라 피청구인이 속하는 법주체의 사무인바, 조직의 원리에 비추어 볼 때 피청구인이 행정심판위원회의 재결에 구속되어야 한다는 것은 입법정책적인 것이지 논리필연적인 것이라 할 수는 없고, ② 피청구인이 속하는 지방자치단체는 그 자체가 객관적인 제도라 하여도, 주민과의 관계에서 어느 정도 사인 유사의 독자적·주관적인 지위를 갖기 때문이며, 또한, ③ 행정심판법 제49조 제1항은 기속력을 규정하고 있으나 행정심판의 피청구인은 행정청으로서의 단체장인 반면 재결에 대해 불복하여 항고소송을 제기하는 것은 지방자치단체이므로 재결의 기속력이 미치지 않는다고 보아야 하고, ④ 인용재결은 형식적으로는 직접 상대방이 행정청으로서의 단체장이지만, 실질적으로 지방자치단체가 그 직접 상대방이 되므로 법률상 이익을 가지고 따라서 원고적격이 인정되어야 한다. 판례는 변경되어야 한다.

(2) 법률상 이익의 의의

(가) 권리와 법률상 이익의 이동

① 행정소송에서 소송의 원고는 행정처분에 의하여 직접 권리를 침해당한 자임을 보통으로 하나 직접권리의 침해를 받은 자가 아닐지라도 소송을 제기할 **법률상의 이익을 가진 자**는 그 행정처분의 효력을 다툴 수 있다고 해석되는바, 해상운송사업법 제4조 제1호에서 당해사업의 개시로 인하여 당해항로에서 전 공급수송력이 전 수송수요량에 대하여 현저하게 공급 과잉이 되지 아니하도록 규정하여 허가의 요건으로 하고 있는 것은 주로 해상운송의 질서를 유지하고 해상운송사업의 건전한 발전을 도모하여 공공의 복리를 증진함을 목적으로 하고 있으며 동시에 한편으로는 업자간의 경쟁으로 인하여 경영의 불합리를 방지하는 것이 공공의 복리를 위하여 필요하므로 허가조건을 제한하여 기존업자의 경영의 합리화를 보호하자는 데도 목적이 있다. 이러한 기존업자의 이익은 단순한 사실상의 이익이 아니고 법에 의하여 보호되는 이익이라고 해석된다. 원심판결은 그 이유에서 다소 미비한 점이 있으나 본건에 있어 원고에게 본건 행정처분취소를 구할 법률상의 이익이 있다고 인정한 결론에 있어 정당하다(대판 1969. 12. 30, 69누106; 대판 1974. 4. 9, 73누173).

② 원고가 이 사건에서 문제로 되어 있는 토지를 1960. 3. 18. 소외인 A로부터 사기는 하였어도 아직 그 앞으로 소유권이전등기를 경유하지 못하였기 때문에 A에게 대하여는 현재 **채권적인 소유권이전등기청구권밖에 가지지 못한다** 할지라도 원고로서는 이 사건 항고소송을 제기할 만한 **법률상의 이해관계가 있다**고 볼 수 있다. 왜냐하면 이 항고소송에서 원고가 승소한다면 이 사건에서 문제로 되어 있는 토지에 관하여 소외인 A는 농지로서 분배를 받을 수 있을 것이요, 원고는 또한 위에서 본 매매계약에 의하여 위 토지에 대한 소유권이전등기를 청구할 수 있을 것이기 때문이다. 이러한 지위에 있는 원고에게 사실상의 이해관계밖에 없음을 전제로 하여 이론을 전개하는 논지는 채용할 수 없다(대판 1970. 3. 24, 70누15).

[평설] ①은 권리와 법률상 이익을 상이한 의미로 사용하였다고 볼 수 있는 종래의 판례이다. 근자의 판례에서는 법률상 이익과 구별되는 개념으로 권리라는 용어를 사용하는 경우를 찾아보기 어렵다. 논리적 입장에서는 판례가 말하는 권리나 법률상의 이익은 동일한 성질의 것이지만, 사적 이익보호의 확대라는 행정소송의 사적 발전과정의 관점에서 본다면, 종래의 판례가 말하는 권리를 좁은 의미의 권리, 판례가 말하는

권리와 법률상 이익을 합한 것을 넓은 의미의 권리라 할 수 있다. 행정소송법상 원고 적격에서 말하는 법률상 이익은 바로 넓은 의미의 권리에 해당한다고 볼 것이다. ②는 법률상 이익에는 사권(사법상 권리)도 포함된다는 것을 보여주는 판례이다.

### (나) 법률상 이익 유무의 판단 기준

① 생태·자연도의 작성 및 등급변경의 근거가 되는 구 자연환경보전법(2011. 7. 28. 법률 제10977호로 개정되기 전의 것) 제34조 제1항 및 그 시행령 제27조 제1항, 제2항에 의하면, 생태·자연도는 토지이용 및 개발계획의 수립이나 시행에 활용하여 자연환경을 체계적으로 보전·관리하기 위한 것일 뿐, 1등급 권역의 인근 주민들이 가지는 생활상 이익을 직접적이고 구체적으로 보호하기 위한 것이 아님이 명백하고, 1등급 권역의 인근 주민들이 가지는 이익은 환경보호라는 공공의 이익이 달성됨에 따라 반사적으로 얻게 되는 이익에 불과하다(대판 2014. 2. 21, 2011두 29052).

② 당해 처분의 근거 법규 및 관련 법규에 의하여 보호되는 법률상 이익은 당해 처분의 근거 법규의 명문 규정에 의하여 보호받는 법률상 이익, 당해 처분의 근거 법규에 의하여 보호되지는 아니하나 당해 처분의 행정목적을 달성하기 위한 일련의 단계적인 관련 처분들의 근거 법규에 의하여 명시적으로 보호받는 법률상 이익, 당해 처분의 근거 법규 또는 관련 법규에서 명시적으로 당해 이익을 보호하는 명문의 규정이 없더라도 근거 법규 및 관련 법규의 합리적 해석상 그 법규에서 행정청을 제약하는 이유가 순수한 공익의 보호만이 아닌 개별적·직접적·구체적 이익을 보호하는 취지가 포함되어 있다고 해석되는 경우까지를 말한다(대판 2015. 7. 23, 2012두19496, 19502; 대판 2015. 7. 23, 2012두19496, 19502; 대판 2014. 12. 11, 2012두28704; 대판 2013. 9. 12, 2011두33044; 대판 2004. 8. 16, 2003두2175).

③ 만나고 싶은 사람을 만날 수 있다는 것은 인간이 가지는 가장 기본적인 자유 중 하나로서, 이는 헌법 제10조가 보장하고 있는 인간으로서의 존엄과 가치 및 행복추구권 가운데 포함되는 헌법상의 기본권이라고 할 것인바, 구속된 피고인이나 피의자도 이러한 기본권의 주체가 됨은 물론이며 … 형사소송법 제89조 및 제213조의2가 규정하고 있는 구속된 피고인 또는 피의자의 타인과의 접견권은 위와 같은 헌법상의 기본권을 확인하는 것일 뿐 형사소송법의 규정에 의하여 비로소 피고인 또는 피의자의 접견권이 창설되는 것으로는 볼 수 없다(대판 1992. 5. 8, 91부8).

④ 행정처분의 직접 상대방이 아닌 제3자라도 당해처분의 취소를 구할 법률상 이익이 있는 경우에는 행정소송을 제기할 수 있다. 이 사건에서 보건대, 설사 국세청장의 지정행위의 근거규범인 이 사건 조항들이 단지 공익만을 추구할 뿐 청구인 개인의 이익을 보호하려는 것이 아니라는 이유로 청구인에게 취소소송을 제기할 법률상 이익을 부정한다고 하더라도, 청구인의 기본권인 경쟁의 자유가 바로 행정청의 지정행위의 취소를 구할 법률상 이익이 된다 할 것이다(헌재 1998. 4. 30, 97헌마141).

[평설] ①은 당해 처분의 근거법령을 법률상 이익 유무의 판단기준으로 제시하고 있는 판례이다. ②는 **법률상 이익 유무의 판단의 일반적인 기준**을 제시하고 있다. 판례의 확립된 견해이다. ③은 헌법상 인간의 존엄가치권·행복추구권의 한 종류로서 접견권을 기준으로 제시하고 있고, ④는 기본권인 경쟁의 자유를 기준으로 제시하고 있다.

(다) 반사적 이익의 예

□ (재단법인 갑 수녀원이, 매립목적을 택지조성에서 조선시설용지로 변경하는 내용의 공유수면매립목적 변경 승인처분으로 인하여 법률상 보호되는 환경상 이익을 침해받았다면서 행정청을 상대로 처분의 무효 확인을 구하는 소송을 제기한 사안에서) 공유수면매립목적 변경 승인처분으로 갑 수녀원에 소속된 수녀 등이 쾌적한 환경에서 생활할 수 있는 환경상 이익을 침해받는다고 하더라도 이를 가리켜 곧바로 갑 수녀원의 법률상 이익이 침해된다고 볼 수 없고, 자연인이 아닌 갑 수녀원은 쾌적한 환경에서 생활할 수 있는 이익을 향수할 수 있는 주체가 아니므로 위 처분으로 위와 같은 생활상의 이익이 직접적으로 침해되는 관계에 있다고 볼 수도 없으며, 위 처분으로 환경에 영향을 주어 갑 수녀원이 운영하는 쨈 공장에 직접적이고 구체적인 재산적 피해가 발생한다거나 갑 수녀원이 폐쇄되고 이전해야 하는 등의 피해를 받거나 받을 우려가 있다는 점 등에 관한 증명도 부족하다는 이유로, 갑 수녀원에 처분의 무효 확인을 구할 원고적격이 없다. 일반적으로 단순한 삶의 안락, 편안함, 단순한 영업상 기회, 경제적 이익, 정치적 이익, 단순한 지리적인 위치상 이익, 관념상 이익(미모, 도시의 미관이나 매력) 등은 사실적 이익, 반사적 이익에 해당하는 것으로 본다(대판 2012. 6. 28, 2010두2005).

(3) 제3자 소송(제3자의 법률상 이익)

(가) 경쟁자소송

① 기존의 고속형 시외버스운송사업자에게 직행형 시외버스운송사업자에 대한 사업계획변경인가처분의 취소를 구할 법률상의 이익이 있다(대판 2010. 11. 11, 2010 두4179).

② 기존의 시외버스운송사업자인 을 회사에 다른 시외버스운송사업자 갑 회사에 대한 시외버스운송사업계획변경인가 처분의 취소를 구할 법률상 이익이 있다(대판 2010. 6. 10, 2009두10512).

③ 시외버스운송사업계획변경인가처분으로 인하여 기존의 시내버스운송사업자의 노선 및 운행계통과 시외버스운송사업자들의 그것들이 일부 중복되게 되고 기존업자의 수익감소가 예상된다면, 기존의 시내버스운송사업자와 시외버스운송사업자들은 경업관계에 있는 것으로 봄이 상당하다 할 것이어서 기존의 시내버스운송사업자에게 시외버스운송사업계획변경인가처분의 취소를 구할 법률상의 이익이 있다(대판 2002. 10. 25, 2001두4450).

④ 여객자동차운수사업법시행규칙의 규정상 기존의 농어촌버스운송사업계획변경신청을 인가하면 신규의 마을버스운송사업면허를 할 수 없게 되는 경우, 마을버스운송사업면허신청자에게 농어촌버스운송사업계획변경인가처분의 취소를 구할 당사자 적격이 있다(대판 1999. 10. 12, 99두6026).

⑤ 해상운송사업법 제4조 제1호에서 당해사업의 개시로 인하여 당해항로에서 전 공급수송력이 전 수송수요량에 대하여 현저하게 공급 과잉이 되지 아니하도록 규정하여 허가의 요건으로 하고 있는 것은 주로 해상운송의 질서를 유지하고 해상운송사업의 건전한 발전을 도모하여 공공의 복리를 증진함을 목적으로 하고 있으며 동시에 한편으로는 업자간의 경쟁으로 인하여 경영의 불합리를 방지하는 것이 공공의 복리를 위하여 필요하므로 허가조건을 제한하여 기존업자의 경영의 합리화를 보호하자는 데도 목적이 있다. 이러한 기존업자의 이익은 단순한 사실상의 이익이 아니고 법에 의하여 보호되는 이익이라고 해석된다(대판 1969. 12. 30, 69누106).

⑥ 구 오수·분뇨 및 축산폐수의 처리에 관한 법률과 같은 법 시행령상 업종을 분뇨와 축산폐수 수집·운반업 및 정화조청소업으로 하여 분뇨 등 관련 영업허가를 받아 영업을 하고 있는 기존 업자의 이익이 법률상 보호되는 이익이라고 보아, 기존

업자에게 경업자에 대한 영업허가처분의 취소를 구할 원고적격이 있다(대판 2006. 7. 28, 2004두6716).

7 원고들의 광구로부터 상당한 거리를 보유한 경계선에 동종의 광업권을 갖고 있던 피고 보조참가인이 원고들에 대한 광업권 증구허가처분으로 인하여 동 증구허가의 대상구역에 해당하는 보안구역이 폐지됨으로 말미암아 원고들의 광구로부터의 상당한 거리를 상실하는 결과가 되어 보안구역존치의 이익을 침해당하였다면 위 증구허가처분에 대하여 구 광업법 제71조 소정의 이의신청을 할 적격이 있고 위 증구허가처분취소처분의 취소를 구하는 소송에 이해관계있는 자로서 보조참가할 수 있다(대판 1982. 7. 27, 81누271).

(나) 경원자소송

1 [부산광역시 강서구청장이 '모집공고에서 정한 신청조건에 적합하지 아니하다'는 이유로 원고에게 주유소 운영사업자 불선정처분(이하 '이 사건 거부처분'이라 한다)을 함과 아울러 경원자인 소외인에게 주유소 운영사업자 선정처분을 하였다. 원고가 주유소운영사업자 불선정처분취소소송을 제기한 사건에서] 경원자소송에서 취소판결이 확정되는 경우 그 판결의 직접적인 효과로 경원자에 대한 허가 등 처분이 취소되거나 그 효력이 소멸되는 것은 아니더라도 행정청은 취소판결의 기속력에 따라 그 판결에서 확인된 위법사유를 배제한 상태에서 취소판결의 원고와 경원자의 각 신청에 관하여 처분요건의 구비 여부와 우열을 다시 심사하여야 할 의무가 있으며, 그 재심사 결과 경원자에 대한 수익적 처분이 직권취소되고 취소판결의 원고에게 수익적 처분이 이루어질 가능성을 완전히 배제할 수는 없으므로 특별한 사정이 없는 한 경원관계에서 허가 등 처분을 받지 못한 사람은 자신에 대한 거부처분의 취소를 구할 소의 이익이 있다(대판 2015. 10. 29, 2013두27517).

2 액화석유가스충전사업의 허가기준을 정한 전라남도 고시에 의하여 고흥군 내에는 당시 1개소에 한하여 L.P.G. 충전사업의 신규허가가 가능하였는데, 원고가 한 허가신청은 관계 법령과 위 고시에서 정한 허가요건을 갖춘 것이고, 피고보조참가인(이하 참가인이라 부른다)들의 그것은 그 요건을 갖추지 못한 것임에도 피고(고흥군수)는 이와 반대로 보아 원고의 허가신청을 반려하는 한편 참가인들에 대하여는 이를 허가하는 이 사건 처분을 하였다는 것인바, 그렇다면 원고와 참가인들은 경원관계에 있다 할 것이므로 원고에게는 이 사건 처분의 취소를 구할 당사자적격이 있다고 하여야 함은 물론 나아가 이 사건 처분이 취소된다면 원고가 허가를 받

을 수 있는 지위에 있음에 비추어 처분의 취소를 구할 정당한 이익도 있다(대판 1992. 5. 8, 91누13274).

③ 원고(학교법인 조선대학교)를 포함하여 법학전문대학원 설치인가 신청을 한 41개 대학들은 2,000명이라는 총 입학정원을 두고 그 설치인가 여부 및 개별 입학정원의 배정에 관하여 서로 경쟁관계에 있고 이 사건 각 처분이 취소될 경우 원고의 신청이 인용될 가능성도 배제할 수 없으므로, 원고가 이 사건 각 처분의 상대방이 아니라도 그 처분의 취소 등을 구할 당사자적격이 있다(대판 2009. 12. 10, 2009두8359).

④ 원고와 피고보조참가인은 동일한 장소인 포항부두 4번 접안장소 뒤에 바다모래 제염 처리시설을 설치하기 위하여 항만공사 시행허가 신청을 하였고, 피고는 1개 업체만 허가하기로 하였으므로, 피고보조참가인의 신청을 허가하면 원고의 신청은 거부할 수밖에 없었으니, 원고에게 피고보조참가인에 대한 허가처분의 취소를 구할 법률상 이익이 있다(대판 1998. 9. 8, 98두6272). ☞ [107쪽]

(다) 이웃소송(인인소송)

① 구 장사 등에 관한 법률(2007. 5. 25. 법률 제8489호로 전부 개정되기 전의 것) 제14조 제3항, 구 장사 등에 관한 법률 시행령(2008. 5. 26. 대통령령 제20791호로 전부 개정되기 전의 것) 제13조 제1항 [별표 3]에서 납골묘, 납골탑, 가족 또는 종중·문중 납골당 등 사설납골시설의 설치장소에 제한을 둔 것은, 이러한 사설납골시설을 인가가 밀집한 지역 인근에 설치하지 못하게 함으로써 주민들의 쾌적한 주거, 경관, 보건위생 등 생활환경상의 개별적 이익을 직접적·구체적으로 보호하려는 데 취지가 있으므로, 이러한 납골시설 설치장소에서 500m 내에 20호 이상의 인가가 밀집한 지역에 거주하는 주민들은 납골당 설치에 대하여 환경상 이익 침해를 받거나 받을 우려가 있는 것으로 사실상 추정된다. 다만 사설납골시설 중 종교단체 및 재단법인이 설치하는 납골당에 대하여는 그와 같은 설치 장소를 제한하는 규정을 명시적으로 두고 있지 않지만, 종교단체나 재단법인이 설치한 납골당이라 하여 납골당으로서 성질이 가족 또는 종중, 문중 납골당과 다르다고 할 수 없고, 인근 주민들이 납골당에 대하여 가지는 쾌적한 주거, 경관, 보건위생 등 생활환경상의 이익에 차이가 난다고 볼 수 없다. 따라서 납골당 설치장소에서 500m 내에 20호 이상의 인가가 밀집한 지역에 거주하는 주민들에게는 납골당이 누구에 의하여 설치되는지를 따질 필요 없이 납골당 설치에 대하여 환경 이익 침해 또는 침해 우려가

있는 것으로 사실상 추정되어 원고적격이 인정된다고 보는 것이 타당하다(대판 2011. 9. 8, 2009두6766).

② 행정처분의 근거 법규 또는 관련 법규에 그 처분으로써 이루어지는 행위 등 사업으로 인하여 환경상 침해를 받으리라고 예상되는 영향권의 범위가 구체적으로 규정되어 있는 경우에는, 그 영향권 내의 주민들에 대하여는 당해 처분으로 인하여 직접적이고 중대한 환경피해를 입으리라고 예상할 수 있고, 이와 같은 환경상의 이익은 주민 개개인에 대하여 개별적으로 보호되는 직접적·구체적 이익으로서 그들에 대하여는 특단의 사정이 없는 한 환경상 이익에 대한 침해 또는 침해 우려가 있는 것으로 사실상 추정되어 **법률상 보호되는 이익으로 인정됨으로써 원고적격이 인정되며**, 그 영향권 밖의 주민들은 당해 처분으로 인하여 그 처분 전과 비교하여 수인한도를 넘는 환경피해를 받거나 받을 우려가 있다는 자신의 환경상 이익에 대한 침해 또는 침해 우려가 있음을 증명하여야만 법률상 보호되는 이익으로 인정되어 원고적격이 인정된다(대판 2010. 4. 15, 2007두16127).

③ 도시 및 주거환경정비법(이하 '법'이라 한다) 제13조 제1항 및 제2항에 의하면, 시장·군수 또는 주택공사 등이 아닌 자가 주택재개발사업 등을 시행하고자 하는 경우에는 토지 등 소유자로 구성된 조합을 설립하여야 하고, 위와 같은 조합을 설립하고자 하는 경우에는 토지 등 소유자 2분의 1 이상의 동의를 얻어 위원장을 포함한 5인 이상의 위원으로 조합설립추진위원회(이하 '추진위원회'라 한다)를 구성하여 건설교통부령이 정하는 방법 및 절차에 따라 시장·군수의 승인을 얻어야 하는 것인바, 위 규정의 입법 경위와 취지에 비추어 하나의 정비구역 안에서 복수의 추진위원회에 대한 승인은 허용되지 않는 점, 추진위원회가 조합을 설립할 경우 법 제15조 제4항에 의하여 추진위원회가 행한 업무와 관련된 권리와 의무는 조합이 포괄승계하며, 주택재개발사업의 경우 정비구역 내의 토지 등 소유자는 법 제19조 제1항에 의하여 당연히 그 조합원으로 되는 점 등에 비추어 보면, 추진위원회의 구성에 동의하지 아니한 정비구역 내의 토지 등 소유자도 추진위원회설립승인처분에 대하여 법에 의하여 보호되는 직접적이고 구체적인 이익을 향유한다고 할 것이다(대판 2007. 1. 25, 2006두12289). ☞ [30쪽]

(4) 법률상 이익 존부 판단의 기준시점, 직권조사사항

① 원고적격은 소송요건의 하나이므로 사실심 변론종결시는 물론 상고심에서도 존속하여야 하고 이를 흠결하면 부적법한 소가 된다(대판 2007. 4. 12, 2004두7924).

② 해당 처분을 다툴 법률상 이익이 있는지 여부는 **직권조사사항**으로 이에 관한 당사자의 주장은 직권발동을 촉구하는 의미밖에 없으므로, 원심법원이 이에 관하여 판단하지 않았다고 하여 판단유탈의 상고이유로 삼을 수 없다(대판 2017. 3. 9, 2013두16852).

## 2. 피고적격(행소법 제13조 제1항)

### (1) 행정소송법 제13조 제1항의 의미

① 취소소송은 **다른 법률에 특별한 규정이 없는 한 그 처분 등을 행한 행정청을 피고로 한다**(행정소송법 제13조 제1항). 여기서 '행정청'이라 함은 국가 또는 공공단체의 기관으로서 국가나 공공단체의 의견을 결정하여 외부에 표시할 수 있는 권한, 즉 **처분권한을 가진 기관**을 말하고, 대외적으로 의사를 표시할 수 있는 기관이 아닌 내부기관은 실질적인 의사가 그 기관에 의하여 결정되더라도 피고적격을 갖지 못한다. …구 전염병예방법 제54조의2 제2항은 "제1항에서 예방접종으로 인한 질병, 장애 또는 사망이라 함은 예방접종약품의 이상이나 예방접종행위자 등의 과실유무에 관계없이 당해 예방접종을 받았기 때문에 발생한 피해로서 보건복지가족부장관이 인정하는 경우를 말한다."고 규정하고 있으나, 위 규정에 의한 보건복지가족부장관의 인정은 피해자의 직접 신청에 기해 행해지는 것이 아니라 보상신청을 받은 시장·군수·구청장이 보건복지가족부장관에게 제출하는 형식으로 행해지고 있을 뿐이므로 보건복지가족부장관의 인정은 보상금 지급의 전단계로서 행정기관 상호 간에 이루어지는 내부적 행위에 불과하고, 보건복지가족부장관은 보상금 지급 여부에 관한 행정청의 의사를 대외적으로 표시할 수 있는 기관이 아니라고 할 것이다(대판 2014. 5. 16, 2014두274; 대판 1989. 1. 24, 88누3314; 대판 1966. 3. 29, 65누103).

② 구 지방공무원법(1993. 12. 27. 법률 제4613호로 개정되기 전의 것) 제7조, 제8조, 제9조, 제32조, 지방공무원임용령 제42조의2 등 관계규정에 의하면, **시·도 인사위원회는 독립된 합의제행정기관**으로서 7급 지방공무원의 신규임용시험의 실시를 관장한다고 할 것이므로, 그 관서장인 시·도 인사위원회 위원장은 그의 명의로 한 7급 지방공무원의 신규임용시험 불합격결정에 대한 취소소송의 피고적격을 가진다(대판 1997. 3. 28, 95누7055).

③ 원고는 피고가 원고에 대하여 파면처분을 할 권한을 가지고 있지 아니하다는

점에 관하여 원심에 전혀 다투지 아니하다가 상고이유에서 비로소 피고가 원고에 대하여 파면처분을 할 권한이 없기 때문에 이 사건 파면 처분이 위법하다고 주장하고 있으나, **처분청이 처분권한을 가지고 있는가 하는 점은 직권조사사항이 아니므로** 원심이 이에 관하여 아무런 판단을 하지 아니하였다 하여 여기에 논하는 바와 같은 석명의무 위반이나 심리미진의 위법이 있다고 할 수 없다(대판 1996. 6. 25, 96누570; 대판 2006. 9. 8, 2004두5225; 대판 1997. 6. 19, 95누8669(전원합의체)).

④ 검찰청법 제34조, 국가공무원법 제3조 제2항 제2호, 제16조, 행정심판법 제3조 제2항의 규정취지를 종합하여 보면, **검사임용처분에 대한 취소소송의 피고는 법무부장관으로 함이 상당하다고 할 것**이므로 원심이 피고를 대통령으로 경정하여 줄 것을 구하는 원고의 신청을 각하한 조치는 옳다(대판 1990. 3. 14, 90두4).

[평설] ①은 **피고적격**(처분 등을 행한 행정청)의 의미를 정의하고 있고, ②는 **합의제 행정기관의 장도 피고적격을 갖는다는 판례**이다. ③은 **처분청의 처분권한 유무는 본안판단의 전제요건이 아니라 본안판단의 대상**이지 법원의 직권조사사항이 아니라는 취지의 판례이다. ④는 다른 법률에 피고에 관한 특별한 규정이 있는 경우에 해당한다. ㅁ 국가공무원법 제16조(행정소송과의 관계) ② 제1항에 따른 행정소송을 제기할 때에는 대통령의 처분 또는 부작위의 경우에는 소속 장관(대통령령으로 정하는 기관의 장을 포함한다. 이하 같다)을, 중앙선거관리위원회위원장의 처분 또는 부작위의 경우에는 중앙선거관리위원회사무총장을 각각 피고로 한다.

## (2) 권한의 위임·위탁, 대리

① 행정처분의 취소 또는 무효확인을 구하는 행정소송은 **다른 법률에 특별한 규정이 없는 한 그 처분을 행한 행정청을 피고로 하여야 하며**, 행정처분을 행할 적법한 권한 있는 상급행정청으로부터 내부위임을 받은데 불과한 하급행정청이 권한 없이 행정처분을 한 경우에도 실제로 그 처분을 행한 하급행정청을 피고로 할 것이지 그 상급행정청을 피고로 할 것은 아니다(대판 1989. 11. 14, 89누4765).

② 근로복지공단이 원고에 대하여 이 사건 각 고용보험료를 부과·고지하는 처분을 한 후, 피고(국민건강보험공단)가 구 고용보험 및 산업재해보상보험의 보험료징수 등에 관한 법률(2010. 1. 27. 법률 제9989호로 개정되어 2011. 1. 1.부터 시행된 것) 제4조에 따라 종전 근로복지공단이 고용노동부장관의 위탁을 받아 수행하던 보험료의 고지 및 수납, 보험료 등의 체납관리에 관한 업무를 고용노동부장관의

위탁을 받아 수행하게 되었고, 위 법 부칙 제5조는 '위 법 시행 전에 종전의 규정에 따른 근로복지공단의 행위는 국민건강보험공단의 행위로 본다'고 규정하고 있는바, 원고에 대한 **근로복지공단**의 이 사건 각 고용보험료 부과처분에 관계되는 권한 중 적어도 보험료의 고지에 관한 업무는 피고가 그 명의로 고용노동부장관의 위탁을 받아서 한 것으로 보아야 한다. 그렇다면 이 사건 각 고용보험료 부과처분의 무효확인 및 취소를 구하는 항고소송의 피고는 **고용노동부장관**으로부터 그 고지징수권을 위탁받아 외부적으로 자기 명의로 그 부과고지를 한 것으로 간주되는 이 사건 피고가 되어야 하고, 설령 근로복지공단이 보험료 부과내역을 정해 피고에게 통보하여 피고가 이를 고지하는 절차를 거친다고 하더라도 이는 행정기관 내부의 문제일 뿐, 이 점으로 인하여 근로복지공단이 처분의 주체가 된다고 할 수 없고, 따라서 항고소송의 피고가 될 수는 없다(대판 2013. 2. 28, 2012두22904; 대판 1995. 12. 22, 95누14688; 대판 1994. 8. 12, 94누2763; 대판 1994. 6. 14, 94누1197; 대판 1991. 2. 22, 90누5641).

③ 행정관청이 특정한 권한을 법률에 따라 다른 행정관청에 이관한 경우와 달리 내부적인 사무처리의 편의를 도모하기 위하여 그의 보조기관 또는 하급행정관청으로 하여금 그의 권한을 사실상 행하도록 하는 **내부위임**의 경우에는 수임관청이 그 위임된 바에 따라 위임관청의 **이름으로 권한을 행사**하였다면 그 처분청은 위임관청이므로 그 처분의 취소나 무효확인을 구하는 소송의 피고는 위임관청으로 삼아야 한다. ···구청장이 서울특별시장의 이름으로 한 직위해제 및 파면의 처분청은 서울특별시장이므로 구청장을 피고로 한 소를 각하한 원심의 판단이 정당하다(대판 1991. 10. 8, 91누520).

[평설] ①은 내부위임의 경우에 수임자가 자기명의로 처분을 한 경우의 피고는 수임자라는 판례이고, ②는 국가기관이 일정 사무를 ⓐ 법인에 위탁하였는데, 법령개정으로 수탁기관을 ⓑ 법인으로 변경하면서, 종전에 ⓐ 법인이 한 행위를 ⓑ 법인이 한 행위로 본다고 규정을 둔 경우, 종전에 ⓐ 법인이 한 행위에 대한 행정소송에서 ⓑ 법인이 피고가 된다는 판례이고, ③은 내부위임에 따라 수임청이 위임관청의 명의로 처분을 한 경우에도 명의인인 위임관청을 피고로 하여야 한다는 취지의 판례이다.

① 대리권을 수여받은 데 불과하여 그 자신의 명의로는 행정처분을 할 권한이 없는 행정청의 경우 대리관계를 밝힘이 없이 그 자신의 명의로 행정처분을 하였다면 그

에 대하여는 처분명의자인 당해 행정청이 항고소송의 피고가 되어야 하는 것이 원칙이지만, 비록 대리관계를 명시적으로 밝히지는 아니하였다 하더라도 처분명의자가 피대리 행정청 산하의 행정기관으로서 실제로 피대리 행정청으로부터 대리권한을 수여받아 피대리 행정청을 대리한다는 의사로 행정처분을 하였고 처분명의자는 물론 그 상대방도 그 행정처분이 피대리 행정청을 대리하여 한 것임을 알고서 이를 받아들인 예외적인 경우에는 피대리 행정청이 피고가 되어야 한다(대결 2006. 2. 23, 2005부4).

② 고속국도법은 고속국도의 관리청을 피고 건설교통부장관으로 규정하고 있으며, 한국도로공사법 제6조 제1항은 국가는 유료도로관리권을 피고 공사에 출자할 수 있다고 규정하고 있고, 구법 제2조 제3항은 유료도로관리권이라 함은 유료도로를 유지·관리하고 유료도로를 통행하거나 이용하는 자로부터 통행료 또는 점용료 등을 징수하는 권리를 말한다고 규정하고 있는바, 위에서 본 사실 및 관계 법령의 규정을 종합하면, 피고 공사는 국가로부터 유료도로 통행료 징수권이 포함된 유료도로관리권을 출자받아 이 사건 구간의 **통행료 징수권을 행사할 권한을 적법하게 가지게 되었고, 이에 따라 피고 한국도로공사가 이 사건 처분을 한 것이지 피고 장관이 이 사건 처분을 하였다고 볼 수 없으므로** 이 사건 소 중 피고 장관을 상대로 한 부분은 부적법하고, 한편 이 사건 처분의 통지서 명의자가 피고 공사가 아닌 피고 공사의 중부지역본부장으로 되어 있지만, 피고 공사의 중부지역본부장은 한국도로공사법 제11조에 의한 피고 공사의 대리인으로서 이 사건 처분은 피고 공사의 중부지역본부장이 피고 공사를 대리하여 적법하게 행한 것이라고 할 것이다(대판 2005. 6. 24, 2003두6641).

[평설] ①은 대리권을 수여받은 자가 자신의 명의로 처분을 한 경우, 피고적격에 관한 판례이다. ②는 법령에서 권한을 부여받은 공법인의 행위에 대한 행정소송에서 피고적격, 공법인의 직원의 행위가 대리인으로서의 행위인지 여부에 관한 판례이다.

(3) 권한의 승계(행소법 제13조 제1항)

□ 무효등확인소송에 준용되는 행정소송법 제13조 제1항은 "취소소송은 다른 법률에 특별한 규정이 없는 한 그 처분등을 행한 행정청을 피고로 한다. 다만, 처분등이 있은 뒤에 그 처분등에 관계되는 권한이 다른 행정청에 승계된 때에는 이를 승계한 행정청을 피고로 한다"고 규정하고 있고, 여기서 '그 처분등에 관계

되는 권한이 다른 행정청에 승계된 때'라고 함은 처분등이 있은 뒤에 행정기구의 개혁, 행정주체의 합병·분리 등에 의하여 처분청의 당해 권한이 타행정청에 승계된 경우뿐만 아니라 처분등의 상대방인 사인의 지위나 주소의 변경 등에 의하여 변경 전의 처분등에 관한 행정청의 관할이 이전된 경우 등을 말한다. … 공무원보수규정에 의하면 호봉획정 및 승급은 법령의 규정에 의한 임용권자(임용에 관한 권한이 법령의 규정에 의하여 위임 또는 위탁된 경우에는 위임 또는 위탁을 받은 자를 말한다) 또는 임용제청권자가 이를 시행하도록 되어 있고(위 규정 제7조), 호봉의 획정 또는 승급이 잘못된 때에는 당해 공무원의 현재의 호봉획정 및 승급시행권자가 그 잘못된 호봉발령일자로 소급하여 호봉을 정정하도록 규정하고 있으므로(위 규정 제18조 제1항, 제2항), 종전 임용권자가 행한 호봉획정처분 및 각 승급처분에 대한 정정권한은 현재의 임용권자에게 승계되었다고 보아야 한다(대판 2000. 11. 14, 99두5481).

## (4) 피고경정(행소법 제14조)

① 행정소송법 소정의 당사자소송에 있어서 원고가 피고를 잘못 지정한 때에는 법원은 원고의 신청에 의하여 결정으로서 피고의 경정을 허가할 수 있는 것이므로(행정소송법 제44조 제1항, 제14조), 원고가 피고를 잘못 지정한 것으로 보이는 경우 법원으로서는 마땅히 석명권을 행사하여 원고로 하여금 정당한 피고로 경정하게 하여 소송을 진행케 하여야 할 것이지, 그러한 조치를 취하지 아니한 채 피고의 지정이 잘못되었다는 이유로 막바로 소를 각하할 것은 아니다. 기록과 관계 법령에 의하면, 개정 하천구역 편입토지 보상에 관한 특별조치법 제2조는 개정 하천법 부칙 제2조와 달리 손실보상 의무자를 관리청이 아닌 시·도지사로 명시하고 있으므로, 원고가 개정 특조법 제2조를 근거로 손실보상금청구권의 확인을 구하는 이 사건에서 대전광역시를 피고로 삼았어야 함에도 불구하고 손실보상 의무자도 아닌 대한민국을 상대로 소를 제기한 사실을 알 수 있는바, 위 법리에 비추어 보면, 원고가 확인을 구하는 손실보상금청구권은 공법상의 권리로서 그 소송절차는 행정소송법상 당사자소송절차에 의하여야 할 것인데, 당사자소송에서는 민사소송과 달리 사실심 변론종결시까지 피고의 동의 없이 피고의 경정이 가능하므로, 원고가 피고를 잘못 지정하였다면 원심으로서는 당연히 석명권을 행사하여 원고로 하여금 피고를 대전광역시로 경정하게 하여 소송을 진행하였어야 할 것이다(대판 2006. 11. 9, 2006다23503; 대판 2016. 10. 13, 2016다221658; 대판 2004. 7. 8, 2002두7852; 대판 1985. 11. 12, 85누621).

② 행정소송법 제14조 제1항 소정의 피고경정은 사실심변론종결시까지만 가능하고 상고심에서는 허용되지 않는다(대판 1996. 1. 23, 95누1378; 대결 2006. 2. 23, 2005부4).

[평설] ①은 원고가 피고를 잘못 지정한 것으로 보이는 경우, 법원이 해야 할 조치(피고경정)를 판시하고 있다. ②는 피고경정이 사실심변론종결시까지만 가능하다는 판례이다.

## (5) 관련 청구병합의 경우, 법원의 피고경정결정 요부

□ (원고가 피고 서울특별시를 상대로 하여 주위적으로 금원의 지급을 구하는 청구를 하고 이에 병합하여 중앙토지수용위원회를 상대로 예비적으로 위 위원회가 1987. 7. 24.자로 원고에 대하여 한 하천편입토지손실보상금재결신청에 관한 반려처분의 취소를 구하면서 위 위원회를 피고로 추가하는 피고경정신청을 한 사안에서) 원심은, 중앙토지수용위원회에 대하여는 주위적 청구가 없고 예비적 청구만이 있는 소위 주관적, 예비적 병합은 행정소송법 제28조 제3항과 같은 예외적 규정이 있는 경우를 제외하고는 원칙적으로 허용되지 않는 것이고, 또 행정소송법상 소의 종류의 변경에 따른 당사자(피고)의 변경은 교환적 변경에 한 한다고 봄이 상당하며 이 사건 신청을 행정소송법 제10조 제2항의 관련청구의 병합이라고 볼 수도 없다 하여 신청을 각하하였다. 위 제10조 제2항의 관련청구의 병합은 그것이 관련청구에 해당하기만 하면 당연히 병합청구를 할 수 있으므로 법원의 피고경정결정을 받을 필요가 없을 것이다. … 주관적, 예비적 병합에 관한 원심의 판단은 정당하다(대판 1989. 10. 27, 89두1).

## 3. 소송참가

□ 민사소송법에 대한 특별법인 행정소송법에 있어서는 동법에서 처분을 행한 행정청을 상대로 하여 제기하라고 규정되어 있으므로 행정청 아닌 원고를 피고로 하여 독립당사자참가를 하는 것은 허용되지 아니한다(대판 1970. 8. 31, 70누70·71).

## (1) 제3자의 소송참가(행소법 제16조)

참고☞ 제3자의 소송참가란 소송의 결과에 따라 권리 또는 이익의 침해를 받을 제3자가 있는 경우, 당사자 또는 제3자의 신청 또는 직권에 의하여 법원이 결정으로써 그 제3자를 소송에 참가시키는 것을 말한다(행소법 제16조 제1항).

① 특정 소송사건에서 당사자 일방을 보조하기 위하여 **보조참가**를 하려면 당해

소송의 결과에 대하여 이해관계가 있어야 하고, 여기서 말하는 이해관계라 함은 사실상·경제상 또는 감정상의 이해관계가 아니라 **법률상의 이해관계**를 가리킨다. 피고보조참가인의 보조참가신청 이유에 의하면, 피고보조참가인은 이 사건 충전소로부터 1.4㎞ 떨어진 곳에서 피고(광주광역시 북구청장)로부터 고압가스 제조 및 판매허가를 받아, 원고가 소유한 버스 등에 압축천연가스를 충전시키는 월출 가스충전소를 운영하고 있는데, 원고의 **이 사건 청구**(고압가스제조허가신청반려처분취소청구소송)가 **인용될** 경우 원고와 경쟁관계에 놓이게 될 피고보조참가인의 압축천연가스 판매량이 급감하게 되어 그로 인한 충전요금 상승으로 광주광역시의 재정부담이 커질 개연성이 많으므로, 피고보조참가인은 이 사건 소송의 결과에 **법률상의 이해관계가 있다고 주장**하나, 고압가스법 등 관련 법령에 해당 업자들 사이의 과당경쟁으로 인한 경영의 불합리를 방지하는 것을 그 목적으로 하고 있다고 볼만한 규정이 없는 이상, 위와 같은 사정만으로는 이 사건 소송에 관하여 법률상 이해관계가 있다고 할 수 없으므로, 이 사건 보조참가신청은 참가의 요건을 갖추지 못하여 부적법하다고 할 것이다(대판 2014. 8. 28, 2011두17899).

② 원고들의 광구로부터 상당한 거리를 보유한 경계선에 동종의 광업권을 갖고 있던 피고 보조참가인이 원고들에 대한 **광업권 증구허가처분으로** 인하여 동 증구허가의 대상구역에 해당하는 **보안구역이 폐지됨으로** 말미암아 원고들의 광구로부터의 상당한 거리를 상실하는 결과가 되어 **보안구역존치의 이익을** 침해당하였다면 위 증구허가처분에 대하여 구 광업법 제71조 소정의 이의신청을 할 적격이 있고 위 증구허가처분취소처분의 취소를 구하는 소송에 이해관계 있는 자로서 보조참가할 수 있다(대판 1982. 7. 27, 81누271).

(2) 다른 행정청의 소송참가(행소법 제17조 제1항)

① 법원은 다른 행정청을 소송에 **참가시킬 필요가 있다고** 인정되는 때에 그 행정청을 소송에 참가시킬 수 있고, 여기에서 참가의 필요성은 관계되는 다른 행정청을 소송에 참가시킴으로써 **소송자료 및 증거자료가 풍부하게** 되어 그 결과 사건의 적정한 심리와 재판을 하기 위하여 필요한 경우를 가리킨다(대판 2002. 9. 24, 99두1519).

② 타인 사이의 항고소송에서 소송의 결과에 관하여 이해관계가 있다고 주장하면서 **민사소송법 제71조에 의한 보조참가를 할 수 있는** 제3자는 민사소송법상의 당사자능력 및 소송능력을 갖춘 자이어야 하므로 그러한 당사자능력 및 소송능력이

없는 행정청으로서는 민사소송법상의 보조참가를 할 수는 없고 다만 행정소송법 제17조 제1항에 의한 소송참가를 할 수 있을 뿐이다(대판 2002. 9. 24, 99두1519).

(3) 민사소송법에 의한 소송참가(행소법 제8조 제2항)

① 행정소송 사건에서 참가인이 한 보조참가는 행정소송법 제16조가 규정한 제3자의 소송참가에 해당하지 아니하더라도, 민사소송법상 보조참가의 요건을 갖춘 경우 허용되고 그 성격은 공동소송적 보조참가라고 할 것이다. 민사소송법상 보조참가는 소송결과에 이해관계가 있는 자가 할 수 있는데, 여기서 이해관계란 법률상 이해관계를 말하는 것으로, 당해 소송의 판결의 기판력이나 집행력을 당연히 받는 경우 또는 당해 소송의 판결의 효력이 직접 미치지는 아니한다고 하더라도 적어도 그 판결을 전제로 하여 보조참가를 하려는 자의 법률상 지위가 결정되는 관계에 있는 경우를 의미한다. …공정거래위원회가 명한 시정조치에 대하여 그 취소 등을 구하는 행정소송에서 당해 시정조치가 사업자의 상대방에 대한 특정행위를 중지·금지시키는 것을 내용으로 하는 경우, 당해 소송의 판결 결과에 따라 해당 사업자가 특정행위를 계속하거나 또는 그 행위를 할 수 없게 되고, 따라서 그 행위의 상대방은 그 판결로 법률상 지위가 결정된다고 볼 수 있으므로 그는 위 행정소송에서 공정거래위원회를 보조하기 위하여 보조참가를 할 수 있다(대결 2013. 7. 12, 2012무84).

② 행정소송 사건에서 참가인(피고보조참가인 한국농어촌공사)이 한 … 보조참가는 민사소송법 제78조에 규정된 공동소송적 보조참가라고 볼 수 있다. 민사소송법 제78조의 공동소송적 보조참가에는 필수적 공동소송에 관한 민사소송법 제67조 제1항, 즉 "소송목적이 공동소송인 모두에게 합일적으로 확정되어야 할 공동소송의 경우에 공동소송인 가운데 한 사람의 소송행위는 모두의 이익을 위하여서만 효력을 가진다."고 한 규정이 준용되므로, 피참가인의 소송행위는 모두의 이익을 위하여서만 효력을 가지고, 공동소송적 보조참가인에게 불이익이 되는 것은 효력이 없으므로, 참가인이 상소를 할 경우에 피참가인이 상소취하나 상소포기를 할 수는 없다. 한편, 민사소송법상 보조참가신청에 대하여 당사자가 이의를 신청한 때에는 수소법원은 참가를 허가할 것인지 여부를 결정하여야 하지만, 당사자가 이의를 신청하지 아니한 채 변론하거나 변론준비기일에서 진술을 한 경우에는 이의를 신청할 권리를 잃게 되고(민사소송법 제73조 제1항, 제74조) 수소법원의 보조참가 허가 결정 없이도 계속 소송행위를 할 수 있다(대판 2017. 10. 12,

2015두36836).

③ 민사소송법 제78조에 규정된 공동소송적 보조참가는 그 성질상 필수적 공동소송 중에서는 이른바 유사필수적 공동소송에 준한다 할 것인데, 유사필수적 공동소송에서는 원고들 중 일부가 소를 취하하는 경우에 다른 공동소송인의 동의를 받을 필요가 없다. 또한 소취하는 판결이 확정될 때까지 할 수 있고 취하된 부분에 대해서는 소가 처음부터 계속되지 아니한 것으로 간주되며(민사소송법 제267조), 본안에 관한 종국판결이 선고된 경우에도 그 판결 역시 처음부터 존재하지 아니한 것으로 간주되므로, 이는 재판의 효력과는 직접적인 관련이 없는 소송행위로서 공동소송적 보조참가인에게 불이익이 된다고 할 것도 아니다. 따라서 피참가인이 공동소송적 보조참가인의 동의 없이 소를 취하하였다 하더라도 이는 유효하다. 그리고 이러한 법리는 행정소송법 제16조에 의한 제3자 참가가 아니라 민사소송법의 준용에 의하여 보조참가를 한 경우에도 마찬가지로 적용된다(대판 2013. 3. 28, 2011두13729).

[평설] ①은 행정소송법 제8조(법적용예)에 근거하여 소송결과에 이해관계가 있는 자는 민사소송법에 따른 참가도 가능하다는 것과 그 이해관계의 의미를 지적하는 판례이다. ②는 민사소송법에 따른 참가제도의 특성을 지적하는 판례이다. ③은 민사소송법에 따른 참가제도에서 소의 취하의 특성을 지적하는 판례이다. 한편, 다수설도 보조참가는 참가인 자신의 이름으로 판결을 구하는 것이 아니라 당사자의 일방을 보조하는 데 그치는 것이므로 민사소송법 제71조의 요건을 충족하는 한 행정소송에서도 허용되는 것으로 본다. 따라서 **제3자는 그 선택에 따라 행정소송법 제16조에 의하여 판결의 형성력을 받는 참가를 하든가 민사소송법상 판결의 참가적 효력만을 받는 보조참가를 하든가 선택할 수 있다.** 독립당사자참가에 대해서는 부정적이다(대판 1970. 8. 31, 70누70·71).

D. 제소기간(본안판단의 전제요건 4)(행소법 제20조)
1. 의의와 성질
① 제소기간의 준수 여부는 소송요건으로서 법원의 직권조사사항이다(대판 2013. 3. 14, 2010두2623).
② 재판을 청구할 수 있는 기간 또는 재판에 불복할 수 있는 기간을 정하는 것 역시 입법자가 그 **입법형성재량**에 기초한 정책적 판단에 따라 결정할 문제이므로, 그것이 입법부에 주어진 합리적인 재량의 한계를 일탈하지 아니하는 한 위헌이라고

할 수 없다. 다만, 이러한 입법재량도 제소기간 또는 불복기간을 너무 짧게 정하여 재판을 제기하거나 불복하는 것을 사실상 불가능하게 하거나 합리적인 이유로 정당화될 수 없는 방법으로 이를 어렵게 할 수는 없다는 점에서 입법형성권의 한계가 있다(헌재 2016. 7. 28, 2014헌바206).

[평설] ①의 제소기간은 처분의 상대방 등이 소송을 제기할 수 있는 시간적 간격을 말한다. 법원은 제소기간의 준수 여부를 명백히 한 다음 본안판결을 하여야 한다(대판 1987. 1. 20, 86누490). ②는 제소기간을 정하는 것은 입법재량에 속한다는 판례이다.

## 2. 처분등이 있음을 안 날부터 90일(행소법 제20조 제1항·제3항)

### (1) 행정심판을 거치지 않은 경우

① 행정소송법 제20조 제1항이 정한 제소기간의 기산점인 '처분 등이 있음을 안 날'이란 통지, 공고 기타의 방법에 의하여 당해 처분 등이 있었다는 사실을 현실적으로 안 날을 의미하므로, 행정처분이 상대방에게 고지되어 상대방이 이러한 사실을 인식함으로써 행정처분이 있다는 사실을 현실적으로 알았을 때 행정소송법 제20조 제1항이 정한 제소기간이 진행한다고 보아야 하고, 처분서가 처분상대방의 주소지에 송달되는 등 사회통념상 처분이 있음을 처분상대방이 알 수 있는 상태에 놓인 때에는 반증이 없는 한 처분상대방이 처분이 있음을 알았다고 추정할 수 있다. 또한 우편물이 등기취급의 방법으로 발송된 경우 그것이 도중에 유실되었거나 반송되었다는 등의 특별한 사정에 대한 반증이 없는 한 그 무렵 수취인에게 배달되었다고 추정할 수 있다(대판 2017. 3. 9, 2016두60577; 대판 2014. 9. 25, 2014두8254; 대판 1999. 12. 28, 99두9742; 대판 1992. 3. 27, 91누3819; 대판 1989. 1. 31, 88누940).

② 행정소송법 제20조 제2항 소정의 제소기간 기산점인 "처분이 있음을 안 날"이란 … 그 행정처분의 위법 여부를 판단한 날을 가리키는 것은 아니다(대판 1991. 6. 28, 90누6521).

③ 통상 고시 또는 공고에 의하여 행정처분을 하는 경우에는 그 처분의 상대방이 불특정 다수인이고 그 처분의 효력이 불특정 다수인에게 일률적으로 적용되는 것이므로, 그 행정처분에 이해관계를 갖는 자가 고시 또는 공고가 있었다는 사실을 현실적으로 알았는지 여부에 관계없이 고시가 효력을 발생하는 날 행정처분이 있음을 알았다고 보아야 한다. 인터넷 웹사이트에 대하여 구 청소년보호법에 따른 청소년유해매체물 결정 및 고시처분을 한 사안에서, 위 결정은 이해관계인이 고

시가 있었음을 알았는지 여부에 관계없이 관보에 고시됨으로써 효력이 발생하고, 그가 위 결정을 통지받지 못하였다는 것이 제소기간을 준수하지 못한 것에 대한 정당한 사유가 될 수 없다(대판 2007. 6. 14, 2004두619).

④ 행정소송법 제20조 제1항 소정의 제소기간 기산점인 '처분이 있음을 안 날'이라 함은 당사자가 통지, 공고 기타의 방법에 의하여 당해 처분이 있었다는 사실을 현실적으로 안 날을 의미하는바, **특정인에 대한 행정처분을 주소불명 등의 이유로 송달할 수 없어 관보·공보·게시판·일간신문 등에 공고한 경우에는, 공고가 효력을 발생하는 날에 상대방이 그 행정처분이 있음을 알았다고 볼 수는 없고, 상대방이 당해 처분이 있었다는 사실을 현실적으로 안 날에 그 처분이 있음을 알았다고 보아야 한다**(대판 2006. 4. 28, 2005두14851).

**[평설]** ①은 '처분 등이 있음을 안 날'은 처분 등이 있었다는 사실을 현실적으로 안 날을 의미한다는 판례이고, ②는 '처분 등이 있음을 안 날'이 행정처분의 위법 여부를 판단한 날을 뜻하는 것은 아니라는 판례이다. ③은 고시 또는 공고에 의한 행정처분의 안 날의 의미에 관한 판례이고, ④는 주소불명 등의 이유로 송달할 수 없다는 이유로 관보·공보·게시판·일간신문 등에 공고한 경우, 안 날의 의미에 관한 판례이다.

## (2) 행정심판을 거친 경우

① 행정소송법 제20조 제1항에 따르면, 취소소송은 처분 등이 있음을 안 날부터 90일 이내에 제기하여야 하는데, 행정심판청구를 할 수 있는 경우에 행정심판청구가 있은 때의 기간은 **재결서의 정본을 송달받은 날부터 기산한다.** 이처럼 취소소송의 제소기간을 제한함으로써 처분 등을 둘러싼 법률관계의 안정과 신속한 확정을 도모하려는 입법 취지에 비추어 볼 때, 여기서 말하는 '행정심판'은 행정심판법에 따른 일반행정심판과 이에 대한 특례로서 다른 법률에서 사안의 전문성과 특수성을 살리기 위하여 특히 필요하여 **일반행정심판을 갈음하는 특별한 행정불복절차를 정한 경우의 특별행정심판**(행정심판법 제4조)을 뜻한다고 보아야 할 것이다. 공공감사법상의 재심의신청과 이 사건 감사규정상의 이의신청에 관한 관련 규정에 비추어 보면, 이러한 법령들은 다른 법률에 해당하지 않는다고 본 원심판단은 정당하다(대판 2014. 4. 24, 2013두10809).

② 행정소송법 제20조 제1항에 의하면 취소소송은 원칙적으로 처분 등이 있음을 안 날부터 90일 이내에 제기하여야 하나, 행정청이 **행정심판청구를 할 수 있다**

고 잘못 알려 행정심판의 청구를 한 경우에는 그 제소기간은 행정심판 재결서의 정본을 송달받은 날부터 기산하여야 한다(대판 2006. 9. 8, 2004두947).

③ 이미 제소기간이 도과함으로써 불가쟁력이 발생하여 불복청구를 할 수 없었던 경우라면 그 이후에 행정청이 행정심판청구를 할 수 있다고 잘못 알렸다 하더라도 그로 인하여 처분 상대방이 적법한 제소기간 내에 취소소송을 제기할 수 있는 기회를 상실하게 된 것은 아니므로 이러한 경우에 있어서 그 잘못된 안내에 따라 청구된 행정심판 재결서 정본을 송달받은 날부터 다시 취소소송의 제소기간이 기산되는 것은 아니다. 불가쟁력이 발생하여 더 이상 불복청구를 할 수 없는 처분에 대하여 행정청의 잘못된 안내가 있었다고 하여 처분 상대방의 불복청구의 권리가 새로이 생겨나거나 부활한다고 볼 수는 없기 때문이다(대판 2012. 9. 27, 2011두27247).

[평설] ①은 행정소송법 제20조 제1항 단서에서 말하는 **행정심판의 의미(종류)**에 관한 판례이다. ②는 행정소송법 제20조 제1항 단서에서 **행정심판청구를 할 수 있다고 잘못 알린 경우**, 90일의 기산일은 재결서의 정본을 송달받은 날이라는 판례이다. ③은 처분이 불가쟁력을 발생한 이후, 행정청이 행정심판청구를 할 수 있다고 잘못 알린 경우에는 취소소송을 제기할 수 없는바, 제소기간이 기산되는 것은 아니라는 판례이다.

## (3) 불변기간

□ 행정소송법 제20조 제1항, 제3항에서 말하는 "취소소송은 처분 등이 있음을 안 날부터 90일 이내에 제기하여야 한다"는 제소기간은 불변기간이고, 다만 당사자가 책임질 수 없는 사유로 인하여 이를 준수할 수 없었던 경우에는 같은 법 제8조에 의하여 준용되는 구 민사소송법 제160조 제1항에 의하여 그 사유가 없어진 후 2주일 내에 해태된 소송행위(제소행위)를 추완할 수 있다고 할 것이며, 여기서 당사자가 책임질 수 없는 사유란 당사자가 그 소송행위를 하기 위하여 일반적으로 하여야 할 주의를 다하였음에도 불구하고 그 기간을 준수할 수 없었던 사유를 말한다(대판 2005. 1. 13, 2004두9951; 대판 2001. 5. 8, 2000두6916).

[평설] 법원은 불변기간을 신장하거나 단축할 수 없다(민소법 제172조 제1항). 다만 원격지에 있는 자를 위하여 부가기간을 정할 수 있고(민소법 제172조 제2항), 당사자가 그 책임을 질 수 없는 사유로 인하여 불변기간을 준수할 수 없었던 경우에는 그 사유가 종료된 후 2주일 내에 해태된 소송행위를 추완할 수 있다(민소법 제173조).

## 3. 처분등이 있은 날부터 1년(행소법 제20조 제2항)

### (1) 처분등이 있은 날

1 행정심판을 제기하지 아니하거나 그 재결을 거치지 아니하는 사건에 대한 제소기간을 규정한 행정소송법 제20조 제2항에서 "처분이 있은 날"이라 함은 상대방이 있는 행정처분의 경우는 특별한 규정이 없는 한 의사표시의 일반적 법리에 따라 그 행정처분이 상대방에게 고지되어 효력이 발생한 날을 말한다(대판 1990. 7. 13, 90누2284; 대판 1989. 1. 31, 88누940; 대판 1967. 11. 21, 67누129).

2 행정처분의 효력발생요건으로서의 도달이란 처분상대방이 처분서의 내용을 현실적으로 알았을 필요까지는 없고 처분상대방이 알 수 있는 상태에 놓임으로써 충분하며, 처분서가 처분상대방의 주민등록상 주소지로 송달되어 처분상대방의 사무원 등 또는 그 밖에 우편물 수령권한을 위임받은 사람이 수령하면 처분상대방이 알 수 있는 상태가 되었다고 할 것이다(대판 2017. 3. 9, 2016두60577).

[평설] 1은 처분이 있은 날이란 대외적인 효력을 발생한 날을 의미한다는 판례이다. 2는 효력발생요건으로서의 도달은 처분상대방이 알 수 있는 상태에 놓임으로써 충분하다는 판례이다.

### (2) 정당한 사유

□ (행정소송법 제20조 제2항의) "정당한 사유"란 불확정 개념으로서 그 존부는 사안에 따라 개별적, 구체적으로 판단하여야 하나 민사소송법 제160조(소송행위의 추완)의 "당사자가 그 책임을 질 수 없는 사유"나 행정심판법 제18조 제2항 소정의 "천재, 지변, 전재, 사변 그 밖에 불가항력적인 사유"보다는 넓은 개념이라고 풀이되므로, 제소기간도과의 원인 등 여러 사정을 종합하여 지연된 제소를 허용하는 것이 사회통념상 상당하다고 할 수 있는가에 의하여 판단하여야 한다(대판 1991. 6. 28, 90누6521).

## 4. 안 날과 있은 날의 관계

□ 「행정처분이 있은 것을 안 날부터 1월 이내 행정처분이 있는 날로부터 3월 이내」로 정한 취지를 감안함으로써 동법은 행정처분의 조기확정을 기하여 당사자가 처분이 있은 사실을 알지 못하였다 할지라도 소원제기의 최장기간을 처분이 있은 날로부터 3월 이내로 제한하는 일방 당사자가 처분이 있은 것을 알았을 경우

에는 위 기간 내에서 처분이 있는 것을 안 날부터 1월 이내로 소원제기의 기간을 단축하였음을 알 수 있는 바이니 위에서 말하는 「안 날」은 소원 당사자가 그 행정처분이 있는 사실을 현실적으로 안 날을 이르는 것이라고 해석한 것이다(대판 1964. 9. 8, 63누196).

[평설] 처분이 있음을 안 날과 처분이 있은 날 중 어느 하나의 기간만이라도 경과하면 제소기간은 종료하게 된다는 취지의 판례로 볼 수 있다. 오래된 판례이나 그 의미는 여전히 유지된다.

## 5. 적용범위

① 행정심판전치주의에 대한 예외사유에 해당하는 때에는 행정심판에 대한 재결서의 송달이란 있을 수 없는 것이므로 그러한 때에는 행정처분의 상대방이 아닌 제3자가 제기하는 경우라도 그에 대한 취소소송은 행정소송법 제20조 제2항에 의해 정당한 사유가 있음을 증명하지 못하는 한 그 대상인 처분이 있는 것을 안 날로부터 180일, 처분이 있는 날로부터 1년 이내에 제기하지 않으면 안된다(대판 1991. 6. 28, 90누6521).

② 행정처분의 당연무효를 선언하는 의미에서 그 취소를 구하는 행정소송을 제기한 경우에도 제소기간의 준수 등 취소소송의 제소요건을 갖추어야 하는 것이므로 원고가 주위적 청구로 이 사건 이의재결의 취소를 구하고 있는 이상 그 취지가 위 이의재결의 당연무효를 선언하는 의미에서 취소를 구하는 것이라 하더라도 토지수용법 제75조의2 소정의 제소기간을 준수하여야 할 것인데 기록에 의하면 원고는 당초 원재결의 취소를 구하는 행정소송을 제기하였다가 이 사건 이의신청에 대한 재결서를 받고서도 그때부터 1월이 훨씬 지난 뒤인 1990. 11. 1.에야 청구취지를 이의재결의 취소를 구하는 것으로 변경한 사실이 분명하므로 결국 이 사건 소송은 불변기간을 넘어서 제기된 것으로 부적법하고 그 흠결은 보정될 수 없는 것이라고 하겠다(대판 1993. 3. 12, 92누11039; 대판 1990. 12. 26, 90누6279; 대판 1987. 6. 9, 87누219; 대판 1984. 5. 29, 84누175).

③ 제소기간의 준수 여부는 취소소송의 대상이 되는 개개의 처분마다 독립적으로 판단하는 것이 원칙이다(대판 2016. 11. 9, 2014두1260).

[평설] ①은 행정소송법상 제소기간의 제한은 제3자가 취소소송을 제기하는 경우에도

적용된다는 판례이다. ②는 당연무효를 선언하는 의미에서 그 취소를 구하는 행정소송을 제기하는 경우에도 적용된다는 판례이다. ③은 관련처분이 다수인 경우, 개별처분마다 판단하여야 한다는 판례이다.

## QR 40. 제소기간 관련 판례 모음 ☞ QR코드

### 6. 세무행정상 재조사의 경우

□ 이의신청 등에 대한 결정의 한 유형으로 실무상 행해지고 있는 재조사결정은 처분청으로 하여금 하나의 과세단위의 전부 또는 일부에 관하여 당해 결정에서 지적된 사항을 재조사하여 그 결과에 따라 과세표준과 세액을 경정하거나 당초 처분을 유지하는 등의 후속 처분을 하도록 하는 형식을 취하고 있다. 이에 따라 재조사결정을 통지받은 이의신청인 등은 그에 따른 후속 처분의 통지를 받은 후에야 비로소 다음 단계의 쟁송절차에서 불복할 대상과 범위를 구체적으로 특정할 수 있게 된다. 이와 같은 재조사결정의 형식과 취지, 그리고 행정심판제도의 자율적 행정통제기능 및 복잡하고 전문적·기술적 성격을 갖는 조세법률관계의 특수성 등을 감안하면, 재조사결정은 당해 결정에서 지적된 사항에 관해서는 처분청의 재조사결과를 기다려 그에 따른 후속 처분의 내용을 이의신청 등에 대한 결정의 일부분으로 삼겠다는 의사가 내포된 변형결정에 해당한다고 볼 수밖에 없다. 그렇다면 재조사결정은 처분청의 후속 처분에 의하여 그 내용이 보완됨으로써 이의신청 등에 대한 결정으로서의 효력이 발생한다고 할 것이므로, 재조사결정에 따른 심사청구기간이나 심판청구기간 또는 행정소송의 제소기간은 이의신청인 등이 후속 처분의 통지를 받은 날부터 기산된다(대판 2010. 6. 25, 2007두12514).

### E. 행정심판의 전치(본안판단의 전제요건 5)(행소법 제18조)

### 1. 행정심판제도의 취지

① 행정심판전치주의를 정당화하는 이유는 일반적으로 다음과 같다. 첫째, 행정심판절차는 통상의 소송절차에 비하여 간편한 절차를 통하여 시간과 비용을 절약하면서 신속하고 효율적인 권리구제를 꾀할 수 있다는 장점이 있다. 궁극적으로 행정심판은 국민의 이익을 위한 것이고, 사전절차를 통하여 원칙적으로 권리구제가 약화되는 것이 아니라 강화되는 것이다. 둘째, 법원의 입장에서 보더라도, 행정심판제도는 불필요한 소송을 방지하는 동시에 쟁점, 증거 등을 정리하게 하

여 법원의 부담을 경감하는 효과를 가져온다(헌재 2002. 10. 31, 2001헌바40).

② 과세처분에 불복하여 행정소송을 제기하고자 하는 경우에 **국세기본법에 의한 전심절차를 먼저 하게 하는 것**은 그 행정행위의 특수성, 전문성 등에 비추어 행정청으로 하여금 스스로의 재고, 시정의 기회를 부여함에 그 뜻이 있으므로 법률에 특별한 규정이 있는 경우를 제외하고는 그 필요를 넘어서 국민에게 **지나치게 엄격한 절차를 요구할 것은 아니다**(대판 1989. 10. 10, 88누11292; 대판 1996. 7. 30, 95누6328; 대판 1986. 9. 9, 86누254).

③ 행정소송법 제20조 제2항은 행정심판을 제기하지 아니하거나 그 재결을 거치지 아니하는 사건을 적용대상으로 한 것임이 규정 자체에 의하여 명백하고, 행정처분의 상대방이 아닌 제3자가 제기하는 사건은 같은법 제18조 제3항 소정의 행정심판을 제기하지 아니하고 제소할 수 있는 사건에 포함되어 있지 않으므로 같은법 제20조 제2항 단서를 적용하여 **제소에 관한 제척기간의 규정을 배제할 수는 없다.** (그러나) 행정처분의 직접상대방이 아닌 제3자는 행정처분이 있음을 곧 알 수 없는 처지이므로 행정심판법 제18조 제3항 소정의 심판청구의 제척기간 내에 처분이 있음을 알았다는 **특별한 사정이 없는 한 그 제척기간의 적용을 배제할 같은 조항 단서 소정의 정당한 사유가 있는 때에 해당한다**(대판 1989. 5. 9, 88누5150; 대판 1992. 7. 10, 91누9107).

[평설] ①은 행정심판제도의 취지를 적시하는 판례이고, ②는 **행정심판제도의 비엄격성**을 적시하는 판례이고, ③은 **제3자에게도 행정심판전치는 적용된다**는 취지의 판례이다.

## 2. 필요적 행정심판전치(예외)(행소법 제18조 제1항 단서)

### (1) 일반론

① 입법자는 행정심판을 통한 권리구제의 실효성, 행정청에 의한 자기시정의 개연성, 문제되는 행정처분의 특수성 등을 고려하여 행정심판을 **임의적 전치절차로 할 것인지**, 아니면 **필요적 전치절차로 할 것인지**를 결정하는 **입법형성권**을 가지고 있다(헌재 2007. 1. 17, 2005헌바86).

② 재심청구는 불복절차로 행정소송을 제기할 수 있으므로 재판의 전심절차로서의 한계를 준수하고 있고, 판단기관인 재심위원회의 구성과 운영에 있어서 심사 · 결정의 독립성과 공정성을 객관적으로 신뢰할 수 있으며, 교원지위법과 교원

징계처분등의재심에관한규정이 규정하고 있는 재심청구의 절차와 보완적으로 적용되는 행정심판법의 심리절차를 고려하여 보면 심리절차에 사법절차를 준용하고 있으므로, 헌법 제107조 제3항에 위반된다고 할 수 없다(헌재 2007. 1. 17, 2005헌바86).

③ 조세부과처분, 도로교통법상의 처분 등과 같이 대량·반복적으로 행해지는 처분으로서 행정의 통일을 기해야 할 필요가 있거나, 행정처분의 특성상 전문적·기술적 성질을 가지는 것 등에 대해서만 예외적으로 **개별 법률에서 필요적 행정심판전치주의를 채택**하고 있다(헌재 2016. 12. 29, 2015헌바229).

[평설] ①은 필요적 전치절차의 도입 여부는 입법자의 입법형성권의 범위 내에 있다는 판례이다. ②는 교원징계절차상 재심청구제도는 입법형성권의 범위 내에 있어 합헌이라는 판례이다. ③은 **필요적 심판전치가 채택되는 영역**에 관해 언급하고 있다. 필요적 심판전치를 규정하는 법률이란 **필요적 전치를 명시적으로 규정하는 법률**을 말한다는 취지로 이해될 수 있는 판례이기도 하다.

④ 행정소송에 있어 전심절차를 거쳤는지 여부는 소송요건으로서 직권조사사항에 속하는 것인바, 취득세 부과처분에 대하여 이의신청을 받은 처분청이나 심사청구를 받은 내무부장관이 각 불복신청이 적법한 기간 내에 제기된 것임을 전제로 본안에 들어가 판단하였고, 원심의 변론절차에서도 그 처분의 적법여부에 대하여만 다투어졌을 뿐 이의신청이 적법한 기간 내에 제기된 것인지 여부에 대하여는 별다른 다툼이나 석명이 없었다면, 원심은 그 소를 각하하기에 앞서 원고에게 **이의신청기간의 준수여부에 대하여 석명을 하여 입증을 촉구하였어야 한다**(대판 1996. 9. 6, 96누7045).

⑤ 행정소송의 전제인 전심절차를 적법하게 거친 여부는 **당사자의 주장 유무에 불구하고 법원이 직권으로 조사할 사항이다**(대판 1982. 12. 28, 82누7).

⑥ 산업재해보상보험법상의 보험급여처분에 대한 행정소송은 심사 및 재심사의 2단계전심절차를 거친 연후에 제기하도록 되어 있기는 하나 이와 같은 행정심판전치주의의 근본취지가 행정청에게 반성의 기회를 부여하고 행정청의 전문지식을 활용하는데 있는 것이라 하겠으므로 제소당시에 비록 전치요건을 구비하지 못한 위법이 있다 하여도 **사실심 변론종결당시까지 그 전치요건을 갖추었다면 그 흠결의 하자는 치유되었다고 볼 것이다**(대판 1987. 9. 22, 87누176; 대판 1981. 1. 27, 80누447; 대

판 1965. 6. 29, 65누57).

7 행정심판 전치요건은 행정소송 제기 이전에 반드시 갖추어야 하는 것은 아니고 **사실심 변론종결 시까지 갖추면 되므로, 전치요건을 구비하면서도 행정소송의 신속한 진행을 동시에 꾀할 수 있다**(헌재 2016. 12. 29, 2015헌바229; 헌재 2015. 3. 26, 2013헌바186; 헌재 2007. 1. 17, 2005헌바86).

[평설] 4와 5는 전심절차를 거쳤는지 여부는 소송요건으로서 직권조사사항에 속한다는 판례이다. 6과 7은 필요적 심판전치요건의 구비 시한은 사실심 변론종결당시까지라는 판례이다.

## (2) 필요적 심판전치의 예외(행소법 제18조 제2항·제3항)
### (가) 재결을 요하지 않는 경우
1 행정심판을 제기함이 없이 취소소송을 제기할 수 있는 경우가 별도로 행정소송법 제18조 제3항에 규정되어 있는 점에 비추어 보면, 같은조 제2항 제2호 소정의 행정심판의 재결을 거치지 아니하고 취소소송을 제기할 수 있다는 뜻은 행정심판의 제기 없이도 취소소송을 제기할 수 있다는 취지가 아니라 행정심판은 제기하였으나 위 규정소정의 사유가 있는 때에는 그에 대한 재결을 기다리지 아니하고 바로 취소소송을 제기할 수 있다는 뜻으로 풀이함이 상당하다(대판 1987. 12. 8, 87누381).

2 계고처분의 집행으로 생길 중대한 손해를 예방하여야 할 긴급한 필요가 있었더라도 이는 행정소송법 제18조 제2항에 따라 재결을 거치지 아니하고 바로 취소소송을 제기할 수 있다는 뜻일 뿐 행정심판 자체를 제기하지 않고도 취소소송을 제기할 수 있다는 취지는 아니다(대판 1990. 10. 26, 90누5528; 대판 1993. 6. 8, 93누6164; 대판 1985. 10. 22, 84누477; 대판 1985. 5. 14, 84누753).

[평설] 1은 행정소송법 제18조 제1항 단서에서 말하는 "행정심판의 재결을 거치지 아니하고 취소소송을 제기할 수 있다"는 의미를 적시하고 있다. 2는 행정대집행법상 대집행계고처분의 취소를 구하는 경우에는 필요적 전치가 적용된다는 것을 전제로 한 판례이다. 그러나 행정대집행법 제8조가 명시적으로 필요적 심판전치를 규정한 것으로 보기는 어려우므로, 필요적 심판전치를 규정하는 행정소송법 제18조 제1항 단서에 비추어 판례의 변경이 필요하다.

(나) 심판제기를 요하지 않는 경우

① 동일한 처분으로 수인이 동일한 의무를 부담하는 경우, 1인의 심판제기가 있으면, 타인은 심판제기하지 아니하고 제소할 수 있다(대판 1988. 2. 23, 87누704).

② 구 행정소송법(1994. 7. 27. 법률 제4770호로 개정되기 전의 것) 제18조 제3항 제1호에서 행정심판의 제기 없이도 행정소송을 제기할 수 있는 경우로 규정하고 있는 '동종사건에 관하여 이미 행정심판의 기각재결이 있은 때'에 있어서의 '동종사건'이라 함은 당해 사건은 물론 당해 사건과 기본적인 점에서 동질성이 인정되는 사건을 가리킨다(대판 2000. 6. 9, 98두2621).

③ 행정소송법 제18조 제3항 제4호의 규정이 행정청이 행정심판을 거칠 필요가 없다고 잘못 알린 때에는 행정심판을 제기하지 않고도 취소소송을 제기할 수 있도록 행정심판전치주의에 대한 예외를 두고 있는 것은 행정에 대한 국민의 신뢰를 보호하려는 것이므로, 처분청이 아닌 재결청이 이와 같은 잘못된 고지를 한 경우에도 행정소송법 제18조 제3항 제4호의 규정을 유추·적용하여 행정심판을 제기함이 없이 그 취소소송을 제기할 수 있다고 할 것이고, 이 때에 재결청의 잘못된 고지가 있었는지 여부를 판단함에 있어서는 반드시 행정조직상의 형식적인 권한 분장에 구애될 것이 아니라 담당자의 조직상의 지위와 임무, 당해 언동을 하게 된 구체적인 경위 및 그에 대한 행정심판청구인의 신뢰가능성에 비추어 실질에 의하여 판단하여야 한다(대판 1996. 8. 23, 96누4671).

[평설] ①은 동일한 처분으로 수인이 동일한 의무를 부담하는 경우에 관한 것이고, ②는 행정소송법 제18조 제3항 제1호에서 말하는 동종사건의 의미를 적시하고 있다. ③은 처분청이 아닌 재결청이 잘못된 고지를 한 경우에도 심판제기를 요하지 않는 경우에 해당할 수 있다는 취지의 판례이다.

QR 41. **심판제기를 요하는지 여부에 관한 판례 모음** ☞ QR코드

(3) 적용범위

① 피고(수원세무서장)의 1988. 6. 16.자 1988년도 1기분 부가가치세 9,365,430원의 부과처분 및 이에 대한 1988. 11. 25.자 가산금 1,217,470원의 징수처분의 취소를 구하는 부분의 소는 전심절차를 거치지 않았는데, 과세처분의 무효선언을 구하는 의미에서 그 취소를 구하는 소송이라도 전심절차를 거쳐야 하므로 이 부분 소

는 부적법하다(대판 1990. 8. 28, 90누1892; 대판 1987. 9. 22, 87누482; 대판 1984. 5. 29, 84
누175).

② 주위적 청구가 행정심판의 재결을 거칠 필요가 없는 무효확인소송이라 하더라도
병합 제기된 예비적 청구가 취소소송이라면 이에 대한 행정심판의 재결을 거치는
등으로 적법한 제소요건을 갖추어야 한다(대판 1994. 4. 29, 93누12626).

③ 주위적 청구가 전심절차를 요하지 아니하는 당사자 소송이더라도 병합 제기된 예
비적 청구가 항고소송이라면 이에 대한 전심절차 등 제소의 적법요건을 갖추어야
한다(대판 1989. 10. 27, 89누39).

[평설] ①은 무효선언을 구하는 의미의 취소소송에도 행정심판전치가 적용된다는 취
지의 판례이다. 학설은 긍정설(행정심판전치는 소송요건이지 본안요건은 아닐 뿐 아니라 무
효와 취소의 구별은 상대적이라는 이유로 긍정)과 부정설(무효선언을 구하는 의미의 취소소
송은 본질이 무효 등 확인소송이라는 이유로 부정)로 나뉜다. ②는 무효등확인소송에는
행정심판전치의 법리가 적용되지 아니하지만(행소법 제38조 제1항), 무효등확인소송에
예비적으로 병합된 취소소송에는 행정심판전치의 법리가 적용된다는 취지의 판례이
다. ③은 당사자소송에는 행정심판전치의 법리가 적용되지 아니하지만, 당사자소송
에 예비적으로 병합된 취소소송에는 행정심판전치의 법리가 적용된다는 취지의 판례
이다.

(4) 행정소송과 행정심판의 관련정도
① 처분이 있음을 안 날부터 90일 이내에 행정심판을 청구하지도 않고 취소소송
을 제기하지도 않은 경우에는 그 후 제기된 취소소송은 제소기간을 경과한 것으
로서 부적법하고, 처분이 있음을 안 날부터 90일을 넘겨 청구한 부적법한 행정심
판청구에 대한 재결이 있은 후 재결서를 송달받은 날부터 90일 이내에 원래의 처분
에 대하여 취소소송을 제기하였다고 하여 취소소송이 다시 제소기간을 준수한 것으로
되는 것은 아니다(대판 2011. 11. 24, 2011두18786; 대판 1991. 6. 25, 90누8091; 대판 1982.
6. 22, 81누358; 대판 1975. 11. 25, 74누214).

② 동일한 행정처분에 의하여 여러 사람이 동일한 의무를 부담하는 경우 그 중 한
사람이 적법한 행정심판을 제기하여 행정처분청으로 하여금 그 행정처분을 시정할 수
있는 기회를 가지게 한 이상 나머지 사람은 행정심판을 거치지 아니하더라도 행
정소송을 제기할 수 있다(대판 1988. 2. 23, 87누704).

③ 항고소송에 있어서 원고는 전심절차에서 주장하지 아니한 공격방어방법을 소송절차에서 주장할 수 있고 법원은 이를 심리하여 행정처분의 적법 여부를 판단할 수 있는 것이므로, 원고가 전심절차에서 주장하지 아니한 처분의 위법사유를 소송절차에서 새롭게 주장하였다고 하여 다시 그 처분에 대하여 별도의 전심절차를 거쳐야 하는 것은 아니다(대판 1996. 6. 14, 96누754; 대판 1992. 4. 14, 91누7088).

④ 행정소송이 전심절차를 거쳤는지 여부를 판단함에 있어서 전심절차에서의 주장과 행정소송에서의 주장이 전혀 별개의 것이 아닌 한 그 주장이 반드시 일치하여야 하는 것은 아니고, 당사자는 전심절차에서 미처 주장하지 아니한 사유를 공격방어방법으로 제출할 수 있다(대판 1999. 11. 26, 99두9407).

[평설] ①은 필요적 심판전치에서 행정심판의 전치는 **적법한 행정심판의 제기를 전제**로 한다는 취지의 판례이다. ②는 동일한 처분에 여러 사람이 동일한 의무를 부담하는 경우 그 중 한 사람의 적법한 행정심판제기만으로도 족하다는 판례이다. ③과 ④는 사건의 동일성 여부와 공격방어방법의 동일성 여부는 별개의 문제라는 취지의 판례들이다.

## F. 권리보호의 필요(본안판단의 전제요건 6)

### 1. 일반론

① 행정처분의 무효확인 또는 취소를 구하는 소에서, 비록 행정처분의 위법을 이유로 무효확인 또는 취소 판결을 받더라도 그 처분에 의하여 발생한 위법상태를 원상으로 회복시키는 것이 불가능한 경우에는 원칙적으로 그 무효확인 또는 취소를 구할 법률상 이익이 없고, 다만 원상회복이 불가능하더라도 그 무효확인 또는 취소로써 회복할 수 있는 다른 권리나 이익이 남아 있는 경우 예외적으로 법률상 이익이 인정될 수 있을 뿐이다(대판 2017. 4. 13, 2016두64241; 대판 2016. 8. 30, 2015두60617; 대판 2008. 6. 12, 2006두11088; 대판 2007. 1. 11, 2004두8538; 대판 2006. 7. 28, 2004두13219; 대판 1997. 1. 24, 95누17403).

② 행정소송에서 소의 이익이란 개념은 국가의 **행정재판제도를 국민이 이용할 수 있는 한계를 구획하기 위하여** 생겨난 것으로서 원고가 필요하다고 생각하여 제소하였더라도 객관적으로 보아 그것이 불필요하다고 인정되는 경우에는 그 소를 각하하는 것이 합리적이지만 그 인정을 인색하게 하면 실질적으로는 재판의 거부와

같은 부작용을 낳게 될 것이며 이 사건의 경우는 소의 이익이 있다고 보아야 할 것이다[대판 1989. 12. 26, 87누308(전원합의체)].

[평설] ①은 권리보호의 필요(협의의 소의 이익)가 본안판단의 전제요건이라는 취지의 판례이다. 판례의 확립된 견해이다. 이 판례에서 법률상 이익이란 권리보호의 필요를 의미하는 것으로 볼 것이다. ②는 권리보호의 필요의 요건이 나타나게 된 이유를 적시하고 있다. 권리보호의 필요의 요건은 유용성이 없는 재판청구, **과도한 재판청구는 금지되어야 한다는** 소송경제의 원칙과 소송법에도 적용되는 **신의성실의 원칙**(소권남용의 부인)으로부터 나온다. 소의 이익의 개념은 사인의 남소방지와 이로 인한 법원·행정청의 부담완화, 그리고 원활한 행정작용을 위한 것이다.

## 2. 권리보호의 필요가 없는 경우

(1) 원고가 추구하는 목적을 소송 아닌 보다 간편한 방법으로 달성할 수 있는 경우

① 해당 처분 등의 취소를 구하는 것보다 **실효적이고 직접적인 구제수단이 있음에도 처분 등의 취소를 구하는 것은** 특별한 사정이 없는 한 분쟁해결의 유효적절한 수단이라고 할 수 없어 법률상 이익이 있다고 할 수 없다(대판 2017. 10. 31, 2015두45045).

② 원심판결이유 중 이의재결시의 보상가액이 아닌 수용재결 보상가액을 공제한 것은 명백한 **계산상의 착오로서** 판결경정 절차를 통하여 시정될 일이며 상고로 다툴 성질의 것이 아니다(대판 1993. 4. 23, 92누17297).

(2) 원고가 추구하는 권리보호가 오로지 이론상으로만 의미 있는 경우

① 공익근무요원 소집해제신청을 거부한 후에 원고가 계속하여 공익근무요원으로 복무함에 따라 복무기간 만료를 이유로 소집해제처분을 한 경우, 원고가 입게 되는 권리와 이익의 침해는 소집해제처분으로 해소되었으므로 위 거부처분의 취소를 구할 소의 이익이 없다(대판 2005. 5. 13, 2004두4369).

② 상등병에서 병장으로의 진급요건을 갖춘 자에 대하여 그 진급처분을 행하지 아니한 상태에서 예비역으로 편입하는 처분을 한 경우라도 예비역편입처분은 병역법시행령 제27조 제3항에 따라 헌법상 부담하고 있는 국방의 의무의 정도를 현역에서 예비역으로 변경하는 것으로 병의 진급처분과 그 요건을 달리하는 별개의 처분으로서 그 자에게 유리한 것임이 분명하므로 예비역편입처분에 앞서 진

급권자가 진급처분을 행하지 아니한 위법이 있었다 하더라도 예비역편입처분으로 인하여 어떠한 권리나 법률상 보호되는 이익이 침해당하였다고 볼 수 없고, 또한 예비역편입처분취소를 통하여 회복하고자 하는 이익침해는 계급을 상등병에서 병장으로 진급시키는 진급권자에 의한 진급처분이 행하여져야만 보호받을 수 있는 것인데 비록 위 예비역편입처분이 취소된다 하더라도 그로 인하여 신분이 예비역에서 현역으로 복귀함에 그칠 뿐이고, 상등병에서 병장으로의 진급처분 여부는 원칙적으로 진급권자의 합리적 판단에 의하여 결정되는 것이므로 그와 같은 진급처분이 행하여지지 않았다는 이유로 위 예비역편입처분의 취소를 구할 이익이 있다고 할 수 없다(대판 2000. 5. 16, 99두7111).

③ 징집을 면하기 위한 **병역처분변경거부처분의 취소를 구하는 소를 제기한 후 현역병으로 지원하여 복무중이라면, 이 사건의 위법을 다툴 효용 내지 실익이 없다** (대판 1998. 9. 8, 98두9165).

(3) 원고가 오로지 부당한 목적으로 소구하는 경우

□ 피징계자가 징계처분(파면처분)에 중대하고 명백한 흠이 있음을 알면서도 퇴직시에 지급되는 퇴직금 등 급여를 지급받으면서 그 징계처분에 대하여 위 흠을 들어 항고하였다가 곧 취하하고 그 후 5년 이상이나 그 징계처분의 효력을 일체 다투지 아니하다가 위 비위사실에 대한 공소시효가 완성되어 더 이상 형사소추를 당할 우려가 없게 되자 새삼 위 흠을 들어 그 징계처분의 무효확인을 구하는 소를 제기하기에 이르렀고 한편 징계권자로서도 그 후 오랜 기간 동안 피징계자의 퇴직을 전제로 승진·보직 등 인사를 단행하여 신분관계를 설정하였다면 피징계자가 이제와서 위 흠을 내세워 그 징계처분의 무효확인을 구하는 것은 신의칙에 반한다(대판 1989. 12. 12, 88누8869).

3. 효력소멸의 경우

(1) 원칙

□ 이 사건 감사업무제한처분은 원고에 대하여 대한생명보험 주식회사(다음부터 '대한생명'이라 한다)에 대한 제51기 내지 제53기 회계연도(1999. 4. 1.부터 2002. 3. 31.)의 감사업무를 제한하는 것을 내용으로 한 처분으로서 2002. 3. 31.이 경과하였음이 역수상 분명하다. 위와 같이 감사업무제한기간이 만료되어 그 처분이 외형상 잔존함으로 인하여 어떠한 법률상의 이익이 침해되고 있다고 볼 만한 별다른 사정이

인정되지 아니하는 이 사건에서는 그 처분의 취소를 구할 법률상의 이익이 없다고 할 것이므로 결과적으로 이 사건 감사업무제한처분의 취소를 구하는 부분은 부적법하게 되었다고 할 것이고, 위와 같은 감사업무제한기간의 만료가 상고심 계속중에 생긴 사유라 하여 달리 볼 수가 없다고 할 것이다(대판 2004. 7. 8, 2002두1946; 대판 2002. 7. 26, 2000두7254; 대판 1999. 2. 23, 98두14471; 대판 1996. 2. 9, 95누14978).

[평설] 처분등이 소멸하면, 처분이 외형상 잔존함으로 인하여 어떠한 법률상의 이익이 침해되고 있다고 볼 만한 특별한 사정이 인정되는 경우가 아닌 한, 권리보호의 필요는 없다는 취지의 판례이다.

## (2) 예외

참고☞ 다음의 경우는 학설과 판례상 처분등이 소멸되었음에도 예외적으로 권리보호의 필요가 있는 것으로 보는 경우이다.

## (가) 위법한 처분이 반복될 위험성이 있는 경우

① 제소 당시에는 권리보호의 이익을 갖추었는데 제소 후 취소 대상 행정처분이 기간의 경과 등으로 그 효과가 소멸한 때, 동일한 소송 당사자 사이에서 동일한 사유로 위법한 처분이 반복될 위험성이 있어 행정처분의 위법성 확인 내지 불분명한 법률문제에 대한 해명이 필요하다고 판단되는 경우, 그리고 선행처분과 후행처분이 단계적인 일련의 절차로 연속하여 행하여져 후행처분이 선행처분의 적법함을 전제로 이루어짐에 따라 선행처분의 하자가 후행처분에 승계된다고 볼 수 있어 이미 소를 제기하여 다투고 있는 선행처분의 위법성을 확인하여 줄 필요가 있는 경우 등에는 행정의 적법성 확보와 그에 대한 사법통제, 국민의 권리구제의 확대 등의 측면에서 여전히 그 처분의 취소를 구할 법률상 이익이 있다(대판 2007. 7. 19, 2006두19297).

② 원고의 긴팔 티셔츠 2개(앞 단추가 3개 있고 칼라가 달린 것, 이하 '이 사건 영치품'이라 한다)에 대한 사용신청 불허처분(이하 '이 사건 처분'이라 한다) 이후 이루어진 원고의 다른 교도소로의 이송이라는 사정에 의하여 원고의 권리와 이익의 침해 등이 해소되지 아니한 점, 원고의 형기가 만료되기까지는 아직 상당한 기간이 남아 있을 뿐만 아니라, 진주교도소가 전국 교정시설의 결핵 및 정신질환 수형자들을 수용·관리하는 의료교도소인 사정을 감안할 때 원고의 진주교도소로의 재이송 가능성이

소멸하였다고 단정하기 어려운 점 등을 종합하면, 원고로서는 이 사건 처분의 취소를 구할 이익이 있다(대판 2008. 2. 14, 2007두13203).

[평설 ] ①은 "임시이사 선임처분에 대하여 취소를 구하는 소송의 계속중 임기만료 등의 사유로 새로운 임시이사들로 교체된 경우, 선행 임시이사 선임처분의 효과가 소멸하였다는 이유로 그 취소를 구할 법률상 이익이 없다고 보게 되면, 원래의 정식이사들로서는 계속중인 소를 취하하고 후행 임시이사 선임처분을 별개의 소로 다툴 수밖에 없게 되며, 그 별소 진행 도중 다시 임시이사가 교체되면 또 새로운 별소를 제기하여야 하는 등 무익한 처분과 소송이 반복될 가능성이 있으므로, 이러한 경우 법원이 선행 임시이사 선임처분의 취소를 구할 법률상 이익을 긍정하여 그 위법성 내지 하자의 존재를 판결로 명확히 해명하고 확인하여 준다면 위와 같은 구체적인 침해의 반복 위험을 방지할 수 있을 뿐 아니라, 후행 임시이사 선임처분의 효력을 다투는 소송에서 기판력에 의하여 최초 내지 선행 임시이사 선임처분의 위법성을 다투지 못하게 함으로써 그 선임처분을 전제로 이루어진 후행 임시이사 선임처분의 효력을 쉽게 배제할 수 있어 국민의 권리구제에 도움이 된다. 그러므로 취임승인이 취소된 학교법인의 정식이사들로서는 그 취임승인취소처분 및 임시이사 선임처분에 대한 각 취소를 구할 법률상 이익이 있고, 나아가 선행 임시이사 선임처분의 취소를 구하는 소송 도중에 선행 임시이사가 후행 임시이사로 교체되었다고 하더라도 여전히 선행 임시이사 선임처분의 취소를 구할 법률상 이익이 있다"고 하였다. ②는 수형자의 영치품에 대한 사용신청 불허처분 후 수형자가 다른 교도소로 이송되었다 하더라도 수형자의 권리와 이익의 침해 등이 해소되지 않은 점 등에 비추어, 위 영치품 사용신청 불허처분의 취소를 구할 이익이 있다고 본 사례이다.

(나) 회복하여야 할 불가피한 이익이 있는 경우 ☞ [아래의 (3)]

(다) 세재상 혜택의 확보가 필요한 경우

□ 일반적으로 **공장등록이 취소된 후 그 공장 시설물이 어떠한 경위로든 철거되어 다시 복구 등을 통하여 공장을 운영할 수 없는 상태라면** 이는 공장등록의 대상이 되지 아니하므로 외형상 공장등록취소행위가 잔존하고 있다고 하여도 그 **처분의 취소를 구할 법률상의 이익이 없다** 할 것이나, 위와 같은 경우에도 유효한 공장등록으로 인하여 공장등록에 관한 당해 법률이나 다른 법률에 의하여 보호되는 직접적·

구체적 이익이 있다면, 당사자로서는 공장건물의 멸실 여부에 불구하고 그 공장등록취소처분의 취소를 구할 법률상의 이익이 있다. … 공장등록이 취소된 후 그 공장시설물이 철거되었다 하더라도 대도시 안의 공장을 지방으로 이전할 경우 조세특례제한법상의 세액공제 및 소득세 등의 감면혜택이 있고, 공업배치및공장설립에관한법률상의 간이한 이전절차 및 우선 입주의 혜택이 있는 경우, 그 공장등록취소처분의 취소를 구할 법률상의 이익이 있다(대판 2002. 1. 11, 2000두3306).

(라) 손해배상청구소송이나 손실보상청구소송의 준비가 필요한 경우
□ 원고가 허위공문서작성, 동행사죄로 징역 8월에 2년간 집행유예의 판결을 받아 그 판결이 원심변론종결 전인 1983. 12. 27에 확정됨으로써 지방공무원법 제61조의 규정에 따라 같은 날짜로 **당연퇴직되었고**, 당연퇴직이나 파면이 퇴직급여에 관한 불이익의 점에 있어서 동일하다 하더라도 그 점은 피고가 원고에 대한 징계의 종류로 파면을 택한 것이 재량권 남용이 되는 여부의 판단을 좌우할 사유가 될 수 없을 뿐 아니라, 원고가 그와 같은 당연퇴직으로 공무원으로서의 신분을 상실하였다 하여도 최소한도 이 사건 **파면처분이 있은 때**(1983. 5. 9)로부터 **지방공무원법 제61조의 규정에 의한 당연퇴직일자**(1983. 12. 27)까지의 기간에 있어서는 파면처분의 취소를 구하여 그로 인해 박탈당한 이익의 회복을 구할 소의 이익이 있다(대판 1985. 6. 25, 85누39).

[평설] 박탈당한 이익의 회복으로는 받지 못한 봉급을 지급받는 것을 예상할 수 있다. 따라서 원고는 봉급의 지급을 구하는 소송을 병합하여 제기할 수도 있을 것이다.

(3) 가중요건의 입법형식과 권리보호필요의 유무
(가) 법률 또는 대통령령
① 행정처분의 효력기간이 경과하였다고 하더라도 그 처분을 받은 전력이 장래에 불이익하게 취급되는 것으로 법정의 가중요건으로 되어 있고, 이후 그 법정가중요건에 따라 새로운 제재적 행정처분이 가해지고 있다면 선행행정처분의 잔존으로 인하여 법률상의 이익이 침해되고 있다고 볼 만한 특별한 사정이 있는 경우에 해당한다고 볼 것이다(대판 1990. 10. 23, 90누3119).
② 의료법 제53조 제1항은 보건복지부장관으로 하여금 일정한 요건에 해당하는 경우 의료인의 면허자격을 정지시킬 수 있도록 하는 근거 규정을 두고 있고, 한

편 같은 법 제52조 제1항 제3호는 보건복지부장관은 의료인이 3회 이상 **자격정지처분을 받은 때에는 그 면허를 취소할 수 있다**고 규정하고 있는바, 이와 같이 의료법에서 의료인에 대한 제재적인 행정처분으로서 면허자격정지처분과 면허취소처분이라는 2단계 조치를 규정하면서 전자의 제재처분을 보다 무거운 후자의 제재처분의 기준요건으로 규정하고 있는 이상 **자격정지처분을 받은 의사로서는** 면허자격정지처분에서 정한 기간이 도과되었다 하더라도 그 처분을 그대로 방치하여 둠으로써 장래 의사면허취소라는 가중된 제재처분을 받게 될 우려가 있는 것이어서 의사로서의 업무를 행할 수 있는 법률상 지위에 대한 위험이나 불안을 제거하기 위하여 면허자격정지처분의 취소를 구할 이익이 있다(대판 2005. 3. 25, 2004두14106).

③ 연 2회 이상 건축사의 업무정지명령을 받은 경우 그 정지기간이 통산하여 12월 이상이 된 때를 건축사사무소의 등록을 취소할 경우의 하나로 규정하고 있는 건축사법 제28조 제1항 제5호의 규정은 제재적인 행정처분의 법정가중요건을 규정해 놓은 것으로 보아야 하고, 원고가 변론재개신청과 함께 이 사건 건축사업무정지명령이 전제가 되어 원고의 건축사사무소 등록이 취소되었음을 알 수 있는 소명자료까지 제출하고 있다면, 이 사건 **건축사업무정지명령에서 정한 정지기간이 도과하였다고 하더라도** 그 처분으로 인하여 원고에게는 건축사사무소등록취소라는 법률상의 이익이 침해되고 있다는 사정을 나타내 보인 것이라고 할 것이다(대판 1990. 10. 23, 90누3119).

④ 건축사법 제28조 제1항이 건축사 업무정지처분을 연 2회 이상 받고 그 정지기간이 통산하여 12월 이상이 될 경우에는 가중된 제재처분인 건축사사무소 등록취소처분을 받게 되도록 규정하여 건축사에 대한 제재적인 행정처분인 업무정지명령을 더 무거운 제재처분인 사무소등록취소처분의 기준요건으로 규정하고 있으므로, 건축사 업무정지처분을 받은 건축사로서는 위 처분에서 정한 기간이 경과하였다 하더라도 위 처분을 그대로 방치하여 둠으로써 장래 건축사사무소 등록취소라는 가중된 제재처분을 받을 우려가 있어 건축사로서 업무를 행할 수 있는 법률상 지위에 대한 위험이나 불안을 제거하기 위하여 건축사 업무정지처분의 취소를 구할 이익이 있으나, 업무정지처분을 받은 후 새로운 업무정지처분을 받음이 없이 1년이 경과하여 **실제로 가중된 제재처분을 받을 우려가 없어졌다면** 위 처분에서 정한 정지기간이 경과한 이상 특별한 사정이 없는 한 그 처분의 취

소를 구할 법률상 이익이 없다(대판 2000. 4. 21, 98두10080).

[평설] ①, ②, ③ 모두 가중요건이 법률과 대통령령으로 규정된 경우(예: 건축사법 제28조 제1항 제5호; 건설기술관리법 제33조 제1항 제10호·제3항 및 동법시행령 제115조 별표 1)에는 권리보호의 필요(협의의 소의 이익)가 있다는 판례이다. ④는 가중요건이 **법률과 대통령령**으로 규정되어 있다고 하여도 실제상 제재처분을 받을 우려가 소멸되었다면 소의 이익(권리보호의 필요)이 없다는 취지의 판례이다.

## (나) 시행규칙

① 행정명령에 불과한 식품위생법시행규칙 제53조에서 위반횟수에 따라 가중처분하게 되어 있다 하여 이것만으로 효력기간이 경과한 행정처분의 취소를 구할 어떠한 법률상 이익이 있다고 볼 수 없다(대판 1993. 9. 14, 93누4755).
② 행정처분에 효력기간이 정하여져 있는 경우, 그 처분의 효력 또는 집행이 정지된 바 없다면 위 기간의 경과로 그 행정처분의 효력은 상실되므로 그 기간 경과 후에는 그 처분이 외형상 잔존함으로 인하여 어떠한 법률상 이익이 침해되고 있다고 볼 만한 별다른 사정이 없는 한 그 처분의 취소를 구할 법률상의 이익이 없고, 행정명령에 불과한 각종 규칙상의 행정처분 기준에 관한 규정에서 위반 횟수에 따라 가중처분하게 되어 있다 하여 법률상의 이익이 있는 것으로 볼 수는 없다(대판 1995. 10. 17, 94누14148).

[평설] ①은 가중요건이 부령인 시행규칙상 처분기준으로 규정되어 있는 경우(예: 식품위생법시행규칙 제89조 별표 23 행정처분기준, 도로교통법시행규칙 제91조 제1항 별표 28 행정처분기준)에는 법률상 이익이 없는 것으로 본 **종전의 판례**이다. 여기서 법률상 이익은 협의의 소의 이익(권리보호의 필요)의 의미로 볼 것이다. 한편, ②는 앞의 판례가 소의 이익(권리보호의 필요)이 없다고 한 것은, 시행규칙상 처분기준의 법형식은 부령이지만, 법적 성질은 행정규칙으로 본데 기인한다는 것을 보여준다.

③ 국민의 재판청구권을 보장한 헌법 제27조 제1항의 취지와 행정처분으로 인한 권익침해를 효과적으로 구제하려는 행정소송법의 목적 등에 비추어 행정처분의 존재로 인하여 국민의 권익이 실제로 침해되고 있는 경우는 물론이고 권익침해의 구체적·현실적 위험이 있는 경우에도 이를 구제하는 소송이 허용되어야

한다는 요청을 고려하면, 규칙이 정한 바에 따라 선행처분을 가중사유 또는 전제요건으로 하는 후행처분을 받을 우려가 현실적으로 존재하는 경우에는, 선행처분을 받은 상대방은 비록 그 처분에서 정한 제재기간이 경과하였다 하더라도 그 처분의 취소소송을 통하여 그러한 불이익을 제거할 권리보호의 필요성이 충분히 인정된다고 할 것이므로, 선행처분의 취소를 구할 법률상 이익이 있다고 보아야 할 것이다. 그러므로 이와는 달리 규칙에서 제재적 행정처분을 장래에 다시 제재적 행정처분을 받을 경우의 가중사유로 규정하고 있고 그 규정에 따라 가중된 제재적 행정처분을 받게 될 우려가 있다고 하더라도 그 제재기간이 경과한 제재적 행정처분의 취소를 구할 법률상 이익이 없다는 취지로 판시한 대법원 1995. 10. 17. 선고 94누14148 전원합의체 판결 및 대법원 1988. 5. 24. 선고 87누944 판결, 대법원 1992. 7. 10. 선고 92누3625 판결, 대법원 1997. 9. 30. 선고 97누7790 판결, 대법원 2003. 10. 10. 선고 2003두6443 판결 등을 비롯한 같은 취지의 판결들은 이 판결의 견해에 배치되는 범위 내에서 이를 모두 변경하기로 한다(대판 2006. 6. 22, 2003두1684).

④ 제재적 행정처분의 가중사유나 전제요건에 관한 규정이 법령이 아니라 규칙의 형식으로 되어 있다고 하더라도, 그러한 규칙이 법령에 근거를 두고 있는 이상 그 법적 성질이 대외적·일반적 구속력을 갖는 법규명령인지 여부와는 상관없이, 관할 행정청이나 담당공무원은 이를 준수할 의무가 있으므로 이들이 그 규칙에 정해진 바에 따라 행정작용을 할 것이 당연히 예견되고, 그 결과 행정작용의 상대방인 국민으로서는 그 규칙의 영향을 받을 수밖에 없다. 따라서 그러한 규칙이 정한 바에 따라 선행처분을 받은 상대방이 그 처분의 존재로 인하여 장래에 받을 불이익, 즉 후행처분의 위험은 구체적이고 현실적인 것이므로, 상대방에게는 선행처분의 취소소송을 통하여 그 불이익을 제거할 필요가 있다고 할 것이다[대판 2006. 6. 22, 2003두1684(전원합의체); 대판 2007. 9. 20, 2007두6946; 대판 2007. 1. 11, 2006두13312].

[평설] 종전의 입장을 변경한 판례이다. 이 판례에 처분기준의 법적 성질에 관해 적시하는 바가 없다. 한편, 시행규칙(부령)에 규정된 제재적 행정처분기준과 관련하여 대법원이 종전의 입장을 변경하여 법률상 이익(권리보호의 필요)을 긍정한 것은 타당하지만, 시행규칙(부령)에 규정된 제재적 행정처분기준이 법규명령임을 밝히지 아니한 것은 타당하지 않다. 저자는 대법원이 2006년 6월 22일 판례를 변경하기 이전부터 ① 법령의 위임을 받아 제재적 처분기준을 정하는 부령은 헌법 제95조에 따른 위임입법으로서

법규명령으로 보아야 한다는 점, ② 제재적 처분기준을 대통령령으로 정하는 경우는 법규명령으로 보면서 부령으로 정하는 경우는 행정규칙으로 보아야 할 특별한 이유는 없다는 점, ③ 제재적 처분기준은 행정내부적 사무처리기준으로서의 성격도 갖지만, 국민의 기본권제한과 관련하므로 그것을 단순히 행정내부적 사무처리기준으로만 볼 수 없다는 점 등을 지적하여 왔다. 이 판례에 대해서도 동일한 지적을 가하지 않을 수 없다. 저자의 시각에서 볼 때 이 판결의 별개의견이 합리적이다.

□ 다수의견은, 제재적 행정처분의 기준을 정한 부령인 시행규칙의 법적 성질에 대하여는 구체적인 논급을 하지 않은 채, 시행규칙에서 선행처분을 받은 것을 가중사유나 전제요건으로 하여 장래 후행처분을 하도록 규정하고 있는 경우, 선행처분의 상대방이 그 처분의 존재로 인하여 장래에 받을 불이익은 구체적이고 현실적이라는 이유로, 선행처분에서 정한 제재기간이 경과한 후에도 그 처분의 취소를 구할 법률상 이익이 있다고 보고 있는바, 다수의견이 위와 같은 경우 선행처분의 취소를 구할 법률상 이익을 긍정하는 결론에는 찬성하지만, 그 이유에 있어서는 부령인 제재적 처분기준의 법규성을 인정하는 이론적 기초 위에서 그 법률상 이익을 긍정하는 것이 법리적으로는 더욱 합당하다고 생각한다. 상위법령의 위임에 따라 제재적 처분기준을 정한 부령인 시행규칙은 헌법 제95조에서 규정하고 있는 위임명령에 해당하고, 그 내용도 실질적으로 국민의 권리·의무에 직접 영향을 미치는 사항에 관한 것이므로, 단순히 행정기관 내부의 사무처리준칙에 지나지 않는 것이 아니라 대외적으로 국민이나 법원을 구속하는 법규명령에 해당한다고 보아야 한다[대판 2006. 6. 22, 2003두1684(별개의견)].

QR 42. **권리보호의 필요를 부인한 판례 모음** ☞ QR코드
QR 43. **권리보호의 필요를 긍정한 판례 모음** ☞ QR코드

Ⅲ. 이유의 유무(본안요건)

1. 의의

□ 어떠한 처분에 법령상 근거가 있는지, 행정절차법에서 정한 처분 절차를 준수하였는지는 본안에서 당해 처분이 적법한가를 판단하는 단계에서 고려할 요소이지, 소송요건 심사단계에서 고려할 요소가 아니다(대판 2016. 8. 30, 2015두60617).

[평설] 처분의 위법성은 본안판단의 대상이지 소송요건(본안판단의 전제요건) 판단의 대상은 아니라는 취지의 판례이다.

## 2. 행정입법이 위법판단의 근거법인지 여부

⊡ 개발제한구역관리규정(1995. 11. 11. 건설교통부훈령 제126호로 개정된 것)은 그 규정의 내용이나 성질 등에 비추어 볼 때 개발제한구역의 관리 등에 관한 **행정청 내부의 사무처리준칙**을 정한 것에 불과하여 대내적으로 행정청을 기속함은 별론으로 하되 대외적으로 법원이나 일반국민을 기속하는 효력은 없으므로, 위 개발제한구역관리규정이 정한 기준에 부합한다고 하여 바로 토지형질변경불허가처분 등이 적법하게 되는 것은 아니고, 그 처분의 적법여부는 관계 법령의 규정내용과 취지 및 공익상의 필요 여부 등에 따라 별도로 판단되어야 한다(대판 1998. 6. 9, 97누19915).

⊡ 법령의 규정이 특정 행정기관에 그 법령내용의 구체적 사항을 정할 수 있는 권한을 부여하면서 그 권한 행사의 절차나 방법을 특정하고 있지 않은 관계로 수임행정기관이 행정규칙의 형식으로 그 법령의 내용이 될 사항을 구체적으로 정하고 있는 경우에는, 그 행정규칙이 당해 법령의 위임한계를 벗어나지 않는 한, 그와 결합하여 대외적으로 구속력이 있는 법규명령으로서 효력을 가지는 것이므로, 산업자원부장관이 공업배치및공장설립에관한법률 제8조의 규정에 따라 공장입지의 기준을 구체적으로 정한 고시는 법규명령으로서 효력을 가진다(대판 2003. 9. 26, 2003두2274).

[평설] ⊡은 행정규칙인 훈령은 처분의 위법 여부 판단의 근거규정이 아니라는 취지의 판례이고, ⊡는 법률보충규칙으로서 고시(훈령)는 처분의 위법 여부 판단의 근거규정이 된다는 취지의 판례이다. ☞ [80쪽]

## 3. 위법사유로서 재량권의 일탈과 남용

▢ 구 도시계획법(2000. 1. 18. 법률 제6243호로 전문 개정되기 전의 것) 제21조와 같은 법시행령(1998. 5. 19. 대통령령 제15799호로 개정되기 전의 것) 제20조 제1항·제2항 및 같은법시행규칙(1998. 5. 19. 건설교통부령 제133호로 개정되기 전의 것) 제7조 제1항 제6호 (다)목 등의 규정을 살펴보면, 도시의 무질서한 확산을 방지하고 도시주변의 자연환경을 보전하여 도시민의 건전한 생활환경을 확보하기 위하여 지정되는 **개발제한구역** 내에서는 구역지정의 목적상 건축물의 건축이나 그 용도변경은 원칙적으로 금지되고, 다만 구체적인 경우에 위와 같은 구역지정의 목적에 위배되지 아니할 경우 예외적으로 허가에 의하여 그러한 행위를 할 수 있게 되어 있음이 위와 같은 관련 규정의 체제와 문언상 분명한 한편, 이러한 **건축물의 용도변경에**

대한 예외적인 허가는 그 상대방에게 수익적인 것에 틀림이 없으므로, 이는 그 **법률적 성질이 재량행위 내지 자유재량행위에 속하는 것**이라고 할 것이고, 따라서 그 위법여부에 대한 심사는 재량권 일탈·남용의 유무를 그 대상으로 한다(대판 2001. 2. 9, 98두17593).

## 4. 재결의 하자와 원처분의 관계
□ 행정처분에 대한 행정심판의 재결에 이유모순의 위법이 있다는 사유는 재결처분 자체에 고유한 하자로서 재결처분의 취소를 구하는 소송에서는 그 위법사유로서 주장할 수 있으나, 원처분의 취소를 구하는 소송에서는 그 취소를 구할 위법사유로서 주장할 수 없다(대판 1996. 2. 13, 95누8027).

## IV. 소의 변경
### 1. 행정소송법에 따른 소의 변경(행소법 제21조, 제22조)
□ 행정처분의 무효확인을 구하는 청구에는 특별한 사정이 없는 한 그 처분의 취소를 구하는 취지까지도 포함되어 있다고 볼 수는 있으나 위와 같은 경우에 취소청구를 인용하려면 먼저 취소를 구하는 항고소송으로서의 제소요건을 구비한 경우에 한한다(대판 1986. 9. 23, 85누838).

[평설] 소의 변경(행소법 제21조)은 **무효등확인소송 및 부작위위법확인소송의 경우에도 준용된다**(행소법 제37조). 무효확인의 소를 취소소송으로 변경하는 경우에는 **소송요건상의 제한이 따른다**는 취지의 판례이다. 소의 변경은 당사자소송을 항고소송으로 변경하는 경우에도 준용된다(행소법 제42조).

### 2. 민사소송법에 따른 소의 변경(행소법 제8조 제2항)
□ 행정소송법 제21조와 제22조가 정하는 소의 변경은 그 법조에 의하여 특별히 인정되는 것으로서 민사소송법상의 소의 변경을 배척하는 것이 아니므로, 행정소송의 원고는 행정소송법 제8조 제2항에 의하여 준용되는 민사소송법 제235조에 따라 청구의 기초에 변경이 없는 한도에서 청구의 취지 또는 원인을 변경할 수 있다. … 하나의 행정처분인 택지초과소유부담금 부과처분 중 일부의 액수에 대하여만 불복하여 전심절차를 거치고 그 후 다시 행정소송에서 위 액수에 관하여만 부과처분의 취소를 구하였다가 택지소유상한에관한법률이 헌법에 위반

된다는 헌법재판소의 결정에 따라 그 청구취지를 부과처분 전부의 취소를 구하는 것으로 확장하였다고 하더라도, 이는 동일한 처분의 범위 내에서 청구의 기초에 변경이 없이 이루어진 소의 변경에 해당하여 적법하다(대판 1999. 11. 26, 99두9407).

[평설] 행정소송법 제8조 제2항에 의거하여 민사소송법에 따른 소의 변경 또한 가능하다(행소법 제8조 제2항; 민소법 제262조, 제263조)는 취지의 판례이다. 민사소송법에 따른 소변경은 소송의 종류의 변경에 이르지 않는 소변경, 즉 처분의 일부취소만을 구하다가 전부취소를 구하는 것으로 청구취지를 확장하거나, 소송의 대상이 될 수 없는 중간 단계의 처분등의 취소를 구하다가 소송의 대상이 될 수 있는 최종단계의 처분의 취소를 구하는 것으로 변경하는 것 등을 말한다.

## 3. 민사소송과 행정소송 사이에서 소의 변경

□ 행정소송법 제7조는 원고의 고의 또는 중대한 과실 없이 행정소송이 심급을 달리하는 법원에 잘못 제기된 경우에 민사소송법 제31조 제1항을 적용하여 이를 관할 법원에 이송하도록 규정하고 있을 뿐 아니라, 관할 위반의 소를 부적법하다고 하여 각하하는 것보다 관할 법원에 이송하는 것이 당사자의 권리구제나 소송경제의 측면에서 바람직하므로, 원고가 고의 또는 중대한 과실 없이 행정소송으로 제기하여야 할 사건을 민사소송으로 잘못 제기한 경우, 수소법원으로서는 만약 그 행정소송에 대한 관할도 동시에 가지고 있다면 이를 행정소송으로 심리·판단하여야 하고, 그 행정소송에 대한 관할을 가지고 있지 아니하다면 당해 소송이 이미 행정소송으로서의 전심절차 및 제소기간을 도과하였거나 행정소송의 대상이 되는 처분 등이 존재하지도 아니한 상태에 있는 등 행정소송으로서의 소송요건을 결하고 있음이 명백하여 행정소송으로 제기되었더라도 어차피 부적법하게 되는 경우가 아닌 이상 이를 부적법한 소라고 하여 각하할 것이 아니라 관할 법원에 이송하여야 한다(대판 1997. 5. 30, 95다28960; 대판 1999. 11. 26, 97다42250; 대판 2008. 7. 24, 2007다25261).

[평설] 항고소송과 민사소송 사이에서의 피고(처분청과 처분청이 소속한 행정주체)는 실질적으로 동일하여 소의 변경이 피고에게 큰 불이익을 주지 않는다는 점, 소송경제 및 원고의 권리구제를 위하여 판례의 입장처럼 수소법원이 그 행정소송(반대의 경우 민

사소송)에 대한 관할도 동시에 가지고 있는 경우라면 행정소송과 민사소송 사이의 소
의 변경을 인정할 필요가 있다.

## V. 가구제(잠정적 권리보호)(행소법 제23조)

### 1. 집행정지의 의의

① 집행정지…제도는 신청인이 본안 소송에서 승소판결을 받을 때까지 그 지위를
보호함과 동시에 후에 받을 승소판결을 무의미하게 하는 것을 방지하려는 것이다
(대결 2007. 7. 13, 2005무85; 대결 1992. 6. 8, 92두14).

② 행정처분에 대한 효력정지신청을 구함에 있어서도 이를 구할 **법률상 이익이
있어야 하는바**, 이 경우 법률상 이익이라 함은 그 행정처분으로 인하여 발생하거
나 확대되는 손해가 당해 처분의 근거 법률에 의하여 보호되는 직접적이고 구체
적인 이익과 관련된 것을 말하는 것이고 단지 간접적이거나 사실적·경제적 이
해관계를 가지는 데 불과한 경우는 여기에 포함되지 않는다(대결 2000. 10. 10,
2000무17).

[평설] ①은 **집행정지제도의 의미**, 즉 집행정지제도는 효과적인 권리보호를 위한 제도
라는 점, ②는 집행정지의 신청에도 법률상 이익이 있어야 한다는 취지의 판례이다.

### 2. 집행정지의 요건(행소법 제23조 제2항·제3항)

#### (1) 적극적 요건

#### (가) 본안이 계속 중일 것

① 행정처분의 효력정지는 소위 **행정처분집행부정지의 원칙**에 대한 예외로서 인정
되는 일시적인 응급처분이므로 그러한 신청은 행정소송법 제23조에 의한 효력정
지결정을 구하는 방법에 의해야 하고 위의 방법에 의한 행정처분효력정지결정을
하려면 그 효력정지를 구하는 당해 행정처분에 대한 **본안소송이 법원에 제기되어
계속중임을 요건으로 한다**(대결 1988. 6. 14, 88두6).

② 행정처분의 집행정지결정을 하려면 이에 대한 본안소송이 법원에 제기되어
계속중임을 요건으로 할 것이고 집행정지결정을 한 후에라도 본안소송이 취하되어
그 소송에 계속하지 아니한 것으로 되면 이에 따라 집행정지결정은 당연히 그 효력
이 소멸되는 것이고 별도의 취소 조치를 필요로 하는 것은 아니다(대판 1975. 11. 11,
75누97).

③ 집행정지기각결정 후 본안소송이 취하되면, 기각결정에 대한 재항고는 각하되어야 한다(대결 1980. 4. 30, 79두10).

④ 행정처분의 효력정지나 집행정지를 구하는 신청사건에서 행정처분 자체의 적법 여부는 원칙적으로 판단의 대상이 아니고, 그 행정처분의 효력이나 집행을 정지할 것인가에 관한 행정소송법 제23조 제2항 소정의 요건의 존부만이 판단의 대상이 된다. 다만, 집행정지는 행정처분의 집행부정지원칙의 예외로서 인정되는 것이고, 또 본안에서 원고가 승소할 수 있는 가능성을 전제로 한 권리보호수단이라는 점에 비추어 보면, 집행정지사건 자체에 의하여도 신청인의 본안청구가 적법한 것이어야 한다는 것을 집행정지의 요건에 포함시킴이 상당하다(대결 2013. 1. 31, 2011아73; 대결 2010. 11. 26, 2010무137; 대결 1999. 11. 26, 99부3; 대판 1995. 2. 28, 94두36; 대판 1994. 10. 11, 94두35).

[평설] ①은 본안소송이 계속 중이어야 한다는 판례이고, ②는 집행정지결정을 한 후라도 본안소송이 취하되면 별도의 조치 없이 집행정지결정은 당연히 그 효력이 소멸된다는 판례이다. ③은 집행정지기각결정 후 본안소송이 취하되면, 기각결정에 대한 재항고는 각하되어야 한다는 판례이고, ④는 행정처분 자체의 적법 여부는 문제되지 아니하지만, 본안청구 자체는 적법하여야 한다는 판례이다.

ㅁ 행정처분의 집행정지는 그 처분의 집행 또는 절차의 속행으로 인하여 생길 회복하기 어려운 손해를 예방하기 위하여 긴급한 필요가 있다고 인정될 때에 할 수 있는 것이므로 행정처분 그 자체가 위법하다고 주장하는 사유는 그 행정처분의 집행정지신청을 기각한 원심결정에 대한 적법한 재항고사유가 된다고 할 수 없다(대결 1990. 7. 19, 90두12).

(나) 처분등이 존재할 것
ㅁ 신청에 대한 거부처분의 효력을 정지하더라도 거부처분이 없었던 것과 같은 상태 즉 거부처분이 있기 전의 신청시의 상태로 되돌아가는 데에 불과하고 행정청에게 신청에 따른 처분을 하여야 할 의무가 생기는 것이 아니므로, 거부처분의 효력정지는 그 거부처분으로 인하여 신청인에게 생길 손해를 방지하는 데에 아무런 소용이 없어 그 효력정지를 구할 이익이 없다(대결 1992. 2. 13, 91두47).

[평설] 판례는 거부처분에 대한 집행정지를 부정한다. 그러나 기간에 제한이 있는 허가

사업을 영위하는 자가 허가기간 만료 시 갱신허가를 신청하였음에도 권한행정청이 거부처분한 경우에는 집행정지를 인정할 실익도 있는바, 거부처분이 언제나 집행정지의 대상이 아니라고 말하기는 어려운바, 제한적으로 긍정할 필요가 있다.

**(다) 회복하기 어려운 손해를 예방하기 위한 것일 것**

□ 행정소송법 제23조 제2항에서 정하고 있는 효력정지 요건인 '회복하기 어려운 손해'란, 특별한 사정이 없는 한 금전으로 보상할 수 없는 손해로서 금전보상이 불가능한 경우 내지는 금전보상으로는 사회관념상 행정처분을 받은 당사자가 참고 견딜 수 없거나 참고 견디기가 현저히 곤란한 경우의 유형, 무형의 손해를 일컫는다(대결 2014. 1. 23, 2011무178; 대결 2011. 4. 21, 2010무111; 대결 2010. 5. 14, 2010무48; 대결 2003. 4. 25, 2003무2; 대결 1999. 12. 20, 99무42; 대결 1994. 9. 24, 94두42; 대결 1991. 5. 6, 91두13; 대결 1991. 3. 2, 91두1).

**QR 44. 회복하기 어려운 손해를 긍정한 판례 모음** ☞ QR코드

**(라) 긴급한 필요가 있을 것**

□ '처분 등이나 그 집행 또는 절차의 속행으로 인하여 생길 회복하기 어려운 손해를 예방하기 위하여 긴급한 필요'가 있는지는 처분의 성질과 태양 및 내용, 처분 상대방이 입는 손해의 성질·내용 및 정도, 원상회복·금전배상의 방법 및 난이 등은 물론 본안청구의 승소가능성 정도 등을 종합적으로 고려하여 구체적·개별적으로 판단하여야 한다(대결 2014. 1. 23, 2011무178; 대결 2011. 4. 21, 2010무111; 대결 2010. 5. 14, 2010무48; 대결 2008. 5. 6, 2007무147; 대결 2004. 5. 17, 2004무6; 대결 2004. 5. 12, 2003무41).

**(2) 소극적 요건**
**(가) 공공복리에 중대한 영향이 없을 것**

□ 행정소송법 제23조 제3항에서 집행정지의 요건으로 규정하고 있는 '공공복리에 중대한 영향을 미칠 우려'가 없을 것이라고 할 때의 '공공복리'는 그 처분의 집행과 관련된 구체적이고도 개별적인 공익을 말한다(대결 1999. 12. 20, 99무42).

**(나) 본안청구의 이유없음이 명백하지 아니할 것**

① 행정처분의 효력정지나 집행정지제도는 신청인이 본안 소송에서 승소판결을

받을 때까지 그 지위를 보호함과 동시에 후에 받을 승소판결을 무의미하게 하는
것을 방지하려는 것이어서 본안 소송에서 처분의 취소가능성이 없음에도 처분의 효
력이나 집행의 정지를 인정한다는 것은 제도의 취지에 반하므로 효력정지나 집행정
지사건 자체에 의하여도 신청인의 본안 청구가 이유 없음이 명백하지 않아야 한다
는 것도 효력정지나 집행정지의 요건에 포함시켜야 한다(대결 2008. 5. 6, 2007무
147; 대결 2007. 7. 13, 2005무85; 대결 2004. 5. 17, 2004무6; 대결 1992. 6. 8, 92두14).

② 허가 없이 자동차관련시설인 차고지로 조성하기 위하여 정지작업을 함으로
써 토지의 형질을 변경하고, 나아가 조성된 차고지 일부에 차고관련시설로서 건
축물인 컨테이너하우스 6개를 허가 없이 축조 설치하여 사용함으로써 도시계획
법 제4조, 건축법 제5조를 위반한 신청인이 행정청의 건물철거대집행계고처분에
대한 집행정지신청을 한 데 대하여 집행정지의 요건이 결여되었다(대결 1992. 6. 8,
92두14).

[평설] 본안청구의 이유 없음이 명백하다면, 집행정지를 인정할 필요가 없다는 취지의
판례이다. 이 요건은 행정소송법에는 규정이 없지만, 집행정지제도의 취지에 비추어
판례가 설정한 것이다. 판례의 확립된 견해이다. 한편, 학설은 ① 본안청구에 이유 없
음이 명백하지 않아야 한다는 것을 집행정지의 소극적 요건으로 보는 견해, ② 그것을
요건으로 보지 아니하는 견해, ③ 본안청구에 이유 있음이 명백하여야 한다는 것을 집
행정지의 적극적 요건으로 보는 견해로 나뉜다. ③ 생각건대 판례의 입장인 ①의 견해
가 합리적이다.

(3) 주장·소명책임

□ 행정소송법 제23조 제2항에서 행정청의 처분에 대한 집행정지의 요건으로
들고 있는 '회복하기 어려운 손해'라⋯(는) 집행정지의 적극적 요건에 관한 주장·소
명책임은 원칙적으로 신청인 측에 있고, 그 한편 같은 조 제3항에서 집행정지의
또 다른 요건으로 규정하고 있는 '공공복리에 중대한 영향을 미칠 우려'가 없을
것이라(는) ⋯ 집행정지의 소극적 요건에 대한 주장·소명책임은 행정청에게 있다(대
결 1999. 12. 20, 99무42).

3. 상소시 관할법원

□ 본안판결에 대하여 상소를 한 경우에 소송기록이 원심법원에 있으면 원심법원

이 민사소송법 제501조, 제500조 제4항의 예에 따라 행정소송법 제23조 제2항의
규정에 의한 집행정지에 관한 결정을 할 수 있다고 봄이 상당하다(대결 2005. 12.
12, 2005무67).

## 4. 집행정지의 대상(행소법 제23조 제2항)

□ 산업기능요원 편입 당시 지정업체의 해당 분야에 종사하지 아니하였음을 이
유로 산업기능요원의 편입이 취소된 사람은 편입되기 전의 신분으로 복귀하여
현역병으로 입영하게 하거나 공익근무요원으로 소집하여야 하는 것으로 되어 있
는데, 그 취소처분에 의하여 생기는 손해로서 그 동안의 근무실적이 산업기능요
원으로서 종사한 것으로 인정받지 못하게 된 손해 부분은 본안소송에서 그 처분
이 위법하다고 하여 취소하게 되면 그 취소판결의 소급효만으로 그대로 소멸되
게 되므로, 그 부분은 그 처분으로 인하여 생기는 회복할 수 없는 손해에 해당한
다고 할 수가 없고, 결국 그 취소처분으로 인하여 입게 될 회복할 수 없는 손해
는 그 처분에 의하여 산업기능요원 편입이 취소됨으로써 편입 이전의 신분으로 복귀
하여 현역병으로 입영하게 되거나 혹은 공익근무요원으로 소집되는 부분이라고 할 것
이며, 이러한 손해에 대한 예방은 그 처분의 효력을 정지하지 아니하더라도 그
후속절차로 이루어지는 현역병 입영처분이나 공익근무요원 소집처분 절차의 속행을
정지함으로써 달성할 수가 있으므로, 산업기능요원편입취소처분에 대한 집행정지로
서는 그 후속절차의 속행정지만이 가능하고 그 처분 자체에 대한 효력정지는 허용되
지 아니한다(대결 2000. 1. 8, 2000무35).

[평설] 행정소송법 제23조 제2항 단서 부분(처분의 효력정지는 처분등의 집행 또는 절차
의 속행을 정지함으로써 목적을 달성할 수 있는 경우에는 허용되지 아니한다)을 **적용한 판례**
이다. **집행의 정지란** 처분내용의 강제적인 실현을 위한 공권력행사의 정지를 의미한다
(예: 강제퇴거명령서에 따른 강제퇴거의 정지). **절차의 속행의 정지란** 단계적으로 발전하
는 법률관계에서 선행행위의 하자를 다투는 경우에 후행행위를 하지 못하게 함을 말
한다(예: 체납처분절차에서 압류의 효력을 다투는 경우에 매각을 정지시키는 경우).

## 5. 집행정지의 효과

① 행정처분의 집행정지가처분은 행정소송의 대상이 된 행정처분이 집행을 요하
는 경우 그 집행이 종료되지 아니한 때에 당해 소송에 관한 판결이 있을 때까지 그

집행을 정지하는데 불과하고 이미 집행된 사권의 행사를 제한하는 효력은 없다(대판 1957. 11. 4, 4290민상623).

② 행정처분의 집행정지결정에 위배한 행정처분은 그 하자가 중대하고 명백하여 무효이다(대판 1961. 11. 23, 4294행상3).

③ 행정소송법 제23조에 의한 효력정지결정의 효력은 결정주문에서 정한 시기까지 존속하고 그 시기의 도래와 동시에 효력이 당연히 소멸하므로, 보조금 교부결정의 일부를 취소한 행정청의 처분에 대하여 법원이 효력정지결정을 하면서 주문에서 그 법원에 계속 중인 본안소송의 판결 선고 시까지 처분의 효력을 정지한다고 선언하였을 경우, 본안소송의 판결 선고에 의하여 그 정지결정의 효력은 소멸하고 이와 동시에 당초의 보조금 교부결정 취소처분의 효력이 당연히 되살아난다고 할 것이다. 따라서 효력정지결정의 효력이 소멸하여 보조금 교부결정 취소처분의 효력이 되살아난 경우, 특별한 사정이 없는 한 행정청으로서는 보조금법 제31조 제1항에 따라 그 취소처분에 의하여 취소된 부분의 보조사업에 대하여 효력정지 기간 동안 교부된 보조금의 반환을 명하여야 할 것이다(대판 2017. 7. 11, 2013두 25498; 대결 2007. 11. 30, 2006무14; 대판 2005. 6. 10, 2005두1190; 대판 2003. 7. 11, 2002다 48023; 대판 1999. 9. 23, 98두14471; 대판 1993. 8. 24, 92누18054).

④ 행정처분 집행정지결정의 효력은 그 주문에 특별한 제한이 없는 한 그 본안재판이 확정될 때까지 그 효력이 존속한다(대판 1962. 4. 12, 4294민상1541).

[평설] ①은 집행정지결정의 형성력과 관련된 판례이다. 집행정지결정은 그 자체로 효력 그 자체의 정지, 집행의 정지, 절차속행의 정지를 가져온다(형성력). 집행정지결정의 형성력은 장래적으로 발생하는 것이지 소급적으로 발생할 수 있는 것은 아니라는 취지의 판례이다. ②는 기속력과 관련된 판례이다. 집행정지결정은 당사자인 행정청과 그 밖의 관계행정청을 기속한다(행소법 제23조 제6항, 제30조 제1항). 이러한 결정에 반하는 처분은 당연무효가 된다는 취지의 판례이다. ③은 시간적 효력과 관련된 판례이다. 효력정지결정의 효력은 결정주문에서 정한 시기까지 존속한다는 판례이다. ④는 결정주문에서 특별히 정한 바 없으면, 본안재판 확정시까지 집행정지결정의 효력이 존속한다는 판례이다.

## 6. 집행정지결정의 취소(행소법 제24조)

□ 행정처분 집행정지신청사건의 본안소송사건에서 신청인의 패소가 확정된 경우

에 그 집행정지결정을 유지함은 공공복리에 중대한 영향을 미치게 할 우려가 있다고 할 것이다(대판 1960. 9. 5, 4291행상36).

[평설] 집행정지의 결정이 확정된 후 집행정지가 공공복리에 중대한 영향을 미치거나 그 정지사유가 없어진 때에는 당사자의 신청 또는 직권에 의하여 결정으로써 집행정지의 결정을 취소할 수 있다(행소법 제24조 제1항).

참고☞ 가처분
[1] 가처분이란 **권리 또는 법률관계에 관한 쟁송이** 있음을 전제로 그 판결의 집행을 용이하게 하거나 확정판결이 있을 때까지 손해가 발생하는 것을 방지할 목적으로 일시적으로 **현상을 동결하거나 임시적 법률관계를 형성하는 보전처분**을 말한다. 행정소송법은 이에 관한 명문의 규정이 없다. 인정 여부에 관해 학설은 긍정설, 부정설, 제한적 긍정설로 나뉜다. 저자는 행정소송법이 처분등의 집행정지제도를 두고 있는 관계상 처분등의 집행정지제도가 미치지 않는 범위에서만 가처분제도가 인정된다고 본다.
[2] 판례는 **부정설**을 취한다.
□ 민사집행법 제300조 제2항이 규정한 임시의 지위를 정하기 위한 가처분은 그 가처분의 성질상 그 주장 자체에 의하여 다툼이 있는 권리관계에 관한 정당한 이익이 있는 자는 그 가처분의 신청을 할 수 있고, 그 경우 그 주장 자체에 의하여 신청인과 저촉되는 지위에 있는 자를 피신청인으로 하여야 한다. 한편 민사집행법상의 가처분으로써 행정청의 어떠한 행정행위의 금지를 구하는 것은 허용될 수 없다(대결 2011. 4. 18, 2010마1576; 대결 1992. 7. 6, 92마5).

## VI. 취소소송의 심리
### 1. 심리절차상 원칙
(1) 처분권주의
① 원심이 원고가 청구하지도 아니한 1990년 개별지가결정처분에 대하여 판결한 것은 민사소송법 제188조 소정의 **처분권주의에 반하여 위법**하다 할 것이므로 그 취소(파기)를 면할 수 없다(대판 1993. 6. 8, 93누4526).
② 원심은 이 사건 청구의 내용을 오해하여 원고가 **청구하지 아니한 사항에 대하여 판결**하였으니(공무원연금법에 기한 유족보상금지급청구에 대하여 산업재해보상보험법에 따른 보상금지급을 인용함) 이는 처분권주의에 위배하여(행정소송법 제8조 제2항, 민사소

송법 제188조 참조) 판결결과에 영향을 미친 위법을 저질렀다고 할 것이다(대판 1989. 12. 26, 88누9510).

[평설] **처분권주의**란 당사자가 분쟁대상 및 소송절차의 개시(예: 제소)와 종료(예: 소송 취하·재판상 화해)에 대하여 결정할 수 있다는 원칙을 말한다(민소법 제203조, 행소법 제8조 제2항). 두 판례 모두 처분권주의는 행정소송에도 적용된다는 취지의 판례이다.

### (2) 행정소송상 자유심증주의

① 행정소송법 제8조 제2항에 따라 행정소송에 준용되는 민사소송법 제202조가 선언하고 있는 **자유심증주의**는 형식적·법률적 증거규칙에 얽매일 필요가 없다는 것을 뜻할 뿐 법관의 자의적 판단을 허용하는 것은 아니므로, 사실의 인정은 적법한 증거조사절차를 거친 증거에 의하여 정의와 형평의 이념에 입각하여 논리와 경험의 법칙에 따라 하여야 하고, 사실인정이 사실심의 재량에 속한다고 하더라도 그 한도를 벗어나서는 아니 된다(대판 2017. 3. 9, 2016두55933).

② 법원은 **변론 전체의 취지와 증거조사의 결과를 참작하여 자유로운 심증으로 사회정의와 형평의 이념에 입각하여 논리와 경험의 법칙에 따라 사실주장이 진실한지 아닌지를 판단**하고(행정소송법 제8조 제2항, 민사소송법 제202조), 그 판단은 위와 같은 자유심증주의의 한계를 벗어나지 않는 한 **사실심 법원의 전권**에 속한다(대판 2017. 10. 31, 2017두40068).

### (3) 행정소송법 제26조(직권심리)의 성질

① 행정소송법 제26조는 "법원은 필요하다고 인정할 때에는 직권으로 증거조사를 할 수 있고, 당사자가 주장하지 아니한 사실에 대하여도 판단할 수 있다"고 하여, 행정소송에서는 **직권심리주의**가 적용되도록 하고 있으므로, 법원으로서는 기록상 현출되어 있는 사항에 관하여 직권으로 증거조사를 하고 이를 기초로 하여 판단할 수 있다. 다만, 행정소송에서도 당사자주의나 변론주의의 기본 구도는 여전히 유지된다고 할 것이므로, 새로운 사유를 인정하여 행정처분의 정당성 여부를 판단하는 것은 당초의 처분사유와 기본적 사실관계에 있어서 동일성이 인정되는 한도 내에서만 허용된다 할 것이다(대판 2013. 8. 22, 2011두26589; 대판 2017. 5. 17, 2016두53050).

② 행정소송에서 기록상 자료가 나타나 있다면 당사자가 주장하지 않았더라도 판단

할 수 있고, 당사자가 제출한 소송자료에 의하여 법원이 처분의 적법 여부에 관한 합리적인 의심을 품을 수 있음에도 단지 구체적 사실에 관한 주장을 하지 아니하였다는 이유만으로 당사자에게 석명을 하거나 직권으로 심리·판단하지 아니함으로써 구체적 타당성이 없는 판결을 하는 것은 행정소송법 제26조의 규정과 행정소송의 특수성에 반하므로 허용될 수 없다(대판 2010. 2. 11, 2009두18035).

[평설] 행정소송법 제26조의 성질과 관련하여 학설은 **변론주의보충설**(당사자가 주장하지 않은 사실은 심판의 대상이 될 수 없고, 당사자가 주장한 사실에 대해 당사자의 입증활동이 불충분하여 법원이 심증을 얻기 어려운 경우에 당사자의 증거신청에 의하지 않고 직권으로 증거조사가 가능하다는 견해)·**직권탐지주의가미설**(직권증거조사 외에 일정한 한도 내에서 사실관계에 대한 직권탐지도 가능하다는 견해)·**직권탐지주의설**(당사자가 주장하지 아니한 사실(당사자의 주장에 구애되지 않고)에 대해서도 직권탐지가 가능하며 당사자의 증거신청에 의하지 않고 직권으로 증거조사가 가능하다는 견해)로 나뉜다. 판례는 **직권탐지주의가미설**을 취하는 것으로 평가할 수 있다. 저자는 **직권탐지주의설**을 취하고 있다. 따라서 법원은 **변론주의의 원칙하에서**(이 점에서 직권탐지주의를 취하는 독일과 다르다) 행정소송법 제26조를 근거로 하여 **사실자료에 대한 직권탐지도** 할 수 있고(이 점에서 보충적 직권증거조사만을 인정하는 일본과 다르다), 행정소송법 제8조 제2항에 의하여 준용되는 민사소송법 제292조(법원은 당사자가 신청한 증거에 의하여 심증을 얻을 수 없거나, 그 밖에 필요하다고 인정한 때에는 직권으로 증거조사를 할 수 있다)의 **보충적 직권증거조사를** 넘어서서 독자적으로 직권으로 증거조사를 할 수도 있다고 볼 것이다.

## 2. 심리의 방법
### (1) 주장책임
① 원고는 원심에서, 이 사건 토지는 취득하여 양도시까지 8년 이상 자경한 농지로서 양도소득세 면제대상이고 양도 당시 농지소재지에 거주하면서 직접 이를 경작하였으므로 농어촌특별세는 감면되어야 한다고 주장하였을 뿐 이 사건 토지의 양도차익을 산정함에 있어서 양도가액을 환지된 면적을 기준으로 하여 계산하지 않은 것이 위법하다는 점은 이를 다투거나 주장한 바 없이 상고심에서 비로소 주장하는 것이어서 이 점을 들어 적법한 상고이유로 삼을 수 없다 할 것이고, 나아가 원심이 이 점에 대하여 심리·판단하지 아니하였다 하여 원심판결에 행정소송법 제26조의 규정에 위배한 위법이나 심리미진 내지 판단유탈의 위법이 있

다고 할 수 없다(대판 2000. 5. 30, 98두20162; 대판 1995. 4. 11, 94누8020; 대판 1994. 11. 25, 94누9047).

2 행정소송에 있어서 특별한 사정이 있는 경우를 제외하면 당해 행정처분의 적법성에 관하여는 행정청이 이를 주장·입증하여야 할 것이나 행정소송에 있어서 직권주의가 가미되어 있다고 하더라도 여전히 변론주의를 기본구조로 하는 이상 행정처분의 위법을 들어 그 취소를 청구함에 있어서는 직권조사사항을 제외하고는 그 취소를 구하는 자가 위법사유에 해당하는 구체적 사실을 먼저 주장하여야 한다(대판 2001. 1. 16, 99두8107; 대판 2000. 3. 23, 98두2768; 대판 1995. 7. 28, 94누12807).

3 일반적으로 행정처분이나 행정심판 재결이 불복기간의 경과로 확정될 경우 그 확정력은, 처분으로 법률상 이익을 침해받은 자가 당해 처분이나 재결의 효력을 더 이상 다툴 수 없다는 의미일 뿐, 더 나아가 판결과 같은 기판력이 인정되는 것은 아니어서 그 처분의 기초가 된 사실관계나 법률적 판단이 확정되고 당사자들이나 법원이 이에 기속되어 모순되는 주장이나 판단을 할 수 없게 되는 것은 아니다(대판 2008. 7. 24, 2006두20808; 대판 2015. 11. 27, 2013다6759; 대판 2004. 7. 8, 2002두11288; 대판 1993. 4. 13, 92누17181).

[평설] 1은 주장책임의 의미와 관련한다. 분쟁의 중요한 사실관계를 주장하지 않음으로 인하여 일방당사자가 받는 불이익부담을 주장책임이라 부른다. 주장책임은 변론주의에서 문제되며, 그것은 소송상 쟁점의 형성을 당사자에게 맡기는 것이다. 그러나 현행행정소송법은 직권탐지주의를 보충적으로 인정하고 있으므로 그러한 한도 안에서 주장책임의 의미는 완화되고 있다. 2는 행정소송에서 주장·입증책임은 원칙적으로 원고가 부담한다는 취지의 판례이다. 3은 더 이상 다툴 수 없다는 의미의 확정력(형식적 확정력, 불가변력)에 관한 것이다. 불가쟁력은 처분을 더 이상 다툴 수 없다는 것이지, 처분의 기초된 사실관계나 법적 판단이 확정된다는 것은 아니라는 취지의 판례이다.

(2) 입증책임
(가) 의의
1 민사소송법 규정이 준용되는 행정소송에서 증명책임은 원칙적으로 민사소송 일반원칙에 따라 당사자 간에 분배되고, 항고소송의 경우에는 그 특성에 따라 처분의 적법성을 주장하는 피고에게 그 적법사유에 대한 증명책임이 있다. 피고가 주장하는

일정한 처분의 적법성에 관하여 합리적으로 수긍할 만한 증명이 있는 경우에는 그 처분은 정당하다고 볼 수 있고, 이와 상반되는 예외적인 사정에 대한 주장과 증명은 그 상대방인 원고에게 그 책임이 있다(대판 2017. 7. 11, 2015두2864; 대판 2016. 10. 27, 2015두42817; 대판 2013. 1. 10, 2011두7854; 대판 2011. 9. 8, 2009두15005; 대판 2007. 1. 12, 2006두12937; 대판 2001. 1. 16, 99두81079; 대판 1984. 7. 24, 84누124).

② 입증책임은 **법규의 구조와 형식**(예컨대 본문과 단서, 일반규정과 특별규정, 원칙규정과 예외규정 등)에 따라 분배되어야 하고, 권리의 존재를 주장하는 당사자는 권리근거사실에 대하여 입증책임을 부담하며, 권리의 존재를 다투는 당사자는 권리장애사실, 권리소멸사실 또는 권리저지사실에 대하여 입증책임을 진다는 것이 일반적으로 받아들여지고 있다(헌재 2016. 4. 28, 2015헌바230).

[평설] 어떠한 사실관계에 대한 명백한 입증이 없을 때, 누가 이로 인한 불이익을 부담하여야 할 것인가의 문제가 입증책임의 문제이다. 입증책임은 직권탐지주의가 적용되는 경우에도 여전히 의미를 갖는다. 왜냐하면 직권탐지가 언제나 입증문제를 분명하게 해결해 주는 것은 아니기 때문이다. 입증책임의 분배와 관련하여 학설은 **원고책임설**(행정행위에는 공정력이 있어서 처분의 적법성이 추정되므로 행정행위의 위법성에 대한 입증책임은 원고에게 있다는 견해) · **피고책임설**(법치행정의 원리상 국가행위의 적법성은 국가가 담보하여야 하므로, 행위의 적법성의 입증책임은 피고인 국가에 놓인다는 견해) · **법률요건분류설**(특별한 규정이 없는 한 민사소송법상의 입증책임분배의 원칙에 따라야 한다는 견해이다. 말하자면 당사자는 각각 자기에게 유리한 요건사실의 존재에 대하여 입증책임을 부담한다는 입장인데, 이 견해는 입증책임분배설 · 규범설 등으로 불리기도 한다. 다수설이다) 등으로 나뉜다. **판례는 법률요건분류설을 취한다.** 두 판례 모두 입증책임에 관한 일반원칙을 제시하고 있다. 판례의 확립된 견해이다.

## QR 45. 입증책임(증명책임)에 관한 판례 모음 ☞ QR코드

(나) 직권조사와 석명의무
① 행정소송에서 쟁송의 대상이 되는 행정처분의 존부는 소송요건으로서 직권조사사항이고, 자백의 대상이 될 수 없는 것이므로, 설사 그 존재를 당사자들이 다투지 아니한다 하더라도 그 존부에 관하여 의심이 있는 경우에는 이를 직권으로 밝혀 보아야 할 것이고, 사실심에서 변론종결시까지 당사자가 주장하지 않던 직권조사사

항에 해당하는 사항을 상고심에서 비로소 주장하는 경우 그 직권조사사항에 해당하는 사항은 상고심의 심판범위에 해당한다(대판 2004. 12. 24, 2003두15195; 대판 2001. 11. 9, 98두892; 대판 1995. 2. 3, 94누910; 대판 1986. 7. 8, 84누653).

② 법원의 석명권 행사는 사안을 해명하기 위하여 당사자에게 그 주장의 모순된 점이나 불완전·불명료한 부분을 지적하여 이를 정정·보충할 수 있는 기회를 주고, 계쟁사실에 대한 증거의 제출을 촉구하는 것을 그 내용으로 하는 것이며, 당사자가 주장하지도 않은 법률효과에 관한 요건사실이나 공격방어방법을 시사하여 그 제출을 권유하는 행위는 변론주의의 원칙에 위배되고 석명권 행사의 한계를 일탈한 것이 된다(대판 2005. 1. 14, 2002두7234; 대판 2001. 10. 23, 99두3423).

### (다) 증거제출의 시한

□ 과세처분의 위법을 다투는 행정소송에 있어서 그 처분의 적법여부는 과세액이 정당한 세액을 초과하느냐의 여부에 따라 판단되는 것으로서 당사자는 소송 **변론종결시까지** 객관적인 조세채무액을 뒷받침하는 주장과 증거를 제출할 수 있다(대판 1989. 6. 27, 87누448).

### (라) 기타

① 행정소송이 전심절차를 거쳤는지 여부를 판단함에 있어서 전심절차에서의 주장과 행정소송에서의 주장이 전혀 별개의 것이 아닌 한 그 주장이 반드시 일치하여야 하는 것은 아니고, 당사자는 전심절차에서 미처 주장하지 아니한 사유를 공격방어방법으로 제출할 수 있다(대판 1999. 11. 26, 99두9407; 대판 1996. 6. 14, 96누754).

② 원래 민사나 행정소송에서는 형사재판에서 인정된 사실에 구속받는 것은 아니라 할지라도 관련된 형사사건의 판결에서 인정된 사실은 민사나 행정소송에서 유력한 증거자료가 되는 것이어서 **특별한 사정이 없는 한** 관련된 민사나 행정사건에서 이와 반대되는 사실을 인정할 수 없다(대판 1983. 9. 13, 81누324; 대판 1999. 11. 26, 98두10424; 대판 1985. 10. 8, 84누411; 대판 1981. 1. 27, 80누13).

③ 행정재판이나 민사재판은 반드시 검사의 무혐의불기소처분 사실에 대하여 구속받는 것은 아니고 법원은 증거에 의한 **자유심증으로써** 그와 반대되는 사실을 인정할 수 있다(대판 1987. 10. 26, 87누493).

[평설] ①은 전심절차에의 주장과 행정소송절차에서 주장의 관련성에 관한 것이고, ②

는 형사판결에서 인정된 사실이 행정소송에 미치는 영향에 관한 것이고, ③은 검사의
무혐의처리가 행정소송에 미치는 영향에 관한 것이다.

## 3. 처분이유의 사후변경
### (1) 사후변경의 인정 여부
□ 행정처분의 취소를 구하는 항고소송에서 처분청은 당초 처분의 근거로 삼은
사유와 기본적 사실관계가 동일성이 있다고 인정되는 한도 내에서 다른 사유를 추가
혹은 변경할 수 있다(대판 2014. 10. 27, 2012두11959; 대판 2011. 11. 24, 2009두19021; 대
판 2009. 11. 26, 2009두15586; 대판 2003. 12. 11, 2001두8827).

[평설] 처분이유의 사후변경의 인정여부와 관련하여 ① **부정설**(처분이유의 사후변경은
처분의 상대방에게 예기하지 못한 불이익을 가져올 수 있으므로 인정될 수 없다는 견해), ②
**긍정설**(처분이유의 사후변경을 부정한다고 하여도 행정청은 다른 사유로 새로운 재처분을 할
수 있으므로 처분이유의 사후변경을 부정할 실익이 없다는 견해), ③ **제한적 긍정설**(처분의
상대방의 보호와 소송경제의 요청을 고려할 때, 제한적인 범위 내에서 처분이유의 사후변경은
인정되어야 한다는 견해)로 나뉜다. 제한적 긍정설이 통설이다. **판례**는 기본적 사실관계
의 동일성이라는 개념을 활용하면서 제한적 긍정설을 취하고 있다. 판례의 확립된 견
해이다.

### (2) 기본적 사실관계의 동일성
□ 기본적 사실관계의 동일성 유무는 처분사유를 법률적으로 평가하기 이전의 구
체적인 사실에 착안하여 그 기초인 사회적 사실관계가 기본적인 점에서 동일한지에
따라 결정되고, 추가 또는 변경된 사유가 종전 처분 당시에 그 사유를 명기하지 아니
하였을 뿐 이미 존재하고 있었고 당사자도 그 사실을 알고 있었다고 하여 당초의 처
분사유와 동일성이 있는 것이라고 할 수 없다(대판 2015. 11. 27, 2013다6759; 대판
2014. 10. 27, 2012두11959; 대판 2009. 11. 26, 2009두15586; 대판 2006. 10. 13, 2005두
10446).

### (3) 사후변경 인정가능 시한
□ 행정청은 기본적 사실관계의 동일성이 있다고 인정되는 한도 내에서만 다른
**처분사유를 추가, 변경할 수 있다**고 할 것이나 이는 **사실심변론종결시까지만 허용**

된다. 원고가 이주대책신청기간이나 소정의 이주대책실시(시행)기간을 모두 도과
하여 실기한 이주대책신청을 하였으므로 원고에게는 이주대책을 신청할 권리가
없고, 사업시행자가 이를 받아들여 택지나 아파트공급을 해 줄 법률상 의무를
부담한다고 볼 수 없다는 피고의 상고이유의 주장은 원심에서는 하지 아니한 새
로운 주장일 뿐만 아니라 사업지구 내 가옥 소유자가 아니라는 이 사건 처분사
유와 기본적 사실관계의 동일성도 없으므로 적법한 상고이유가 될 수 없다(대판
1999. 8. 20, 98두17043).

QR 46. 기본적 사실관계의 동일성을 부정한 판례 모음  ☞  QR코드
QR 47. 기본적 사실관계의 동일성을 긍정한 판례 모음  ☞  QR코드

## Ⅶ. 취소소송의 판결
### 1. 위법성의 판단
#### (1) 위법성 판단의 기준시점
① 행정소송에서 행정처분의 위법 여부는 행정처분이 있을 때의 법령과 사실상태
를 기준으로 하여 판단하여야 하고, 처분 후 법령의 개폐나 사실상태의 변동에 의하
여 영향을 받지 아니한다(대판 2016. 7. 14, 2015두4167; 대판 2017. 4. 7, 2014두37122; 대
판 2002. 10. 25, 2002두4464; 대판 1996. 12. 20, 96누9799).

② 행정소송에서 행정처분의 위법 여부는 행정처분이 행하여졌을 때의 법령과
사실상태를 기준으로 하여 판단해야 하고, 이는 공정거래법에 기한 피고의 시정
명령 및 과징금 납부명령에서도 마찬가지이다. 따라서 피고(공정거래위원회)의 과
징금 납부명령 등이 재량권 일탈·남용으로 위법한지 여부는 다른 특별한 사정이 없
는 한 과징금 납부명령 등이 행하여진 '의결일' 당시의 사실상태를 기준으로 판단하여
야 한다(대판 2015. 5. 28, 2015두36256).

③ 허가 등의 행정처분은 원칙적으로 처분시의 법령과 허가기준에 의하여 처리되어
야 하고 허가신청 당시의 기준에 따라야 하는 것은 아니며, 비록 허가신청 후 허
가기준이 변경되었다 하더라도 그 허가관청이 허가신청을 수리하고도 정당한 이유
없이 그 처리를 늦추어 그 사이에 허가기준이 변경된 것이 아닌 이상 변경된 허가기
준에 따라서 처분을 하여야 한다(대판 2006. 8. 25, 2004두2974).

④ 행정처분은 그 근거 법령이 개정된 경우에도 경과 규정에서 달리 정함이 없는

한 처분 당시 시행되는 개정 법령과 그에서 정한 기준에 의하는 것이 원칙이고, 그 개정 법령이 기존의 사실 또는 법률관계를 적용대상으로 하면서 종전보다 불리한 법률효과를 규정하고 있는 경우에도 그러한 사실 또는 법률관계가 개정 법률이 시행되기 이전에 이미 종결된 것이 아니라면 이를 헌법상 금지되는 소급입법이라고 할 수는 없으며, 그러한 개정 법률의 적용과 관련하여서는 개정 전 법령의 존속에 대한 국민의 신뢰가 개정 법령의 적용에 관한 공익상의 요구보다 더 보호가치가 있다고 인정되는 경우에 그러한 국민의 신뢰보호를 보호하기 위하여 그 적용이 제한될 수 있는 여지가 있을 따름이다(대판 2001. 10. 12, 2001두274; 대판 2005. 7. 29, 2003두3550; 대판 2000. 3. 10, 97누13818; 대판 1996. 8. 20, 95누10877).

⑤ 정당한 절차에 의하지 않고 구두에 의한 하도급계약을 체결하여 공사를 시작한 때에 건설업법 제34조 제3항의 위반행위를 범한 것이 되니 그 위반행위를 이유로 한 행정상의 제재처분(행위당시에는 필요적 취소사유)을 하려면 그 위반행위 이후 법령의 변경에 의하여 처분의 종류를 달리(영업정지 사유로) 규정하였다 하더라도 그 법률적용에 관한 특별한 규정이 없다면 위반행위 당시에 시행되던 법령을 근거로 처분을 하여야 마땅하다(대판 1983. 12. 13, 83누383).

[평설] ①은 행정처분의 위법 여부 판단의 기준시점에 관한 원칙으로 보여주는 판례이다. 판례의 확립된 견해이다. ②는 합의제 행정청(공정거래위원회)의 의결일을 행정처분의 위법 여부 판단의 기준일로 보는 판례이다. ③은 허가신청 후 허가기준이 변경된 경우, 위법 여부 판단의 기준시점에 관한 판례이다. ④는 국민의 신뢰보호의 요구로 개정 법률의 적용이 제한될 수 있다는 취지의 판례이다. ⑤는 제재적 처분은 행위시법에 의한다는 취지의 판례이다.

(2) 위법성 판단 자료의 범위(행정처분의 위법 여부를 판단하는 기준 시점이 처분시라는 의미)
□ 행정처분의 위법 여부를 판단하는 기준 시점에 관하여 판결 시가 아니라 처분 시라고 하는 의미는 행정처분이 있을 때의 법령과 사실상태를 기준으로 하여 위법 여부를 판단할 것이며 처분 후 법령의 개폐나 사실상태의 변동에 영향을 받지 않는다는 뜻이지 처분 당시 존재하였던 자료나 행정청에 제출되었던 자료만으로 위법 여부를 판단한다는 의미는 아니다. 그러므로 처분 당시의 사실상태 등에 관한 증명은 사실심 변론종결 당시까지 할 수 있고, 법원은 행정처분 당시 행정청이 알고 있었던 자료뿐만 아니라 사실심 변론종결 당시까지 제출된 모든

자료를 종합하여 처분 당시 존재하였던 객관적 사실을 확정하고 그 사실에 기초하여 처분의 위법 여부를 판단할 수 있다(대판 2017. 4. 7, 2014두37122; 대판 2010. 1. 14, 2009두11843; 대판 2001. 7. 27, 99두5092; 대판 1988. 6. 7, 87누1079; 대판 2001. 7. 27, 99두5092; 대판 1993. 5. 27, 92누19033).

## 2. 판결의 종류
### (1) 사정판결(행소법 제28조)
#### (가) 의의
① 사정판결은 행정처분이 위법함에도 불구하고 이를 취소·변경하게 되면 그것이 도리어 현저히 공공의 복리에 적합하지 않은 경우에 극히 예외적으로 할 수 있으므로, 그 요건에 해당하는지는 … 처분에 이르기까지의 경과 및 처분 상대방의 관여 정도, 위법사유의 내용과 발생원인 및 전체 처분에서 위법사유가 관련된 부분이 차지하는 비중, 처분을 취소할 경우 예상되는 결과, 특히 처분을 기초로 새로운 법률관계나 사실상태가 형성되어 다수 이해관계인의 신뢰 보호 등 처분의 효력을 존속시킬 공익적 필요성이 있는지 여부 및 정도, 처분의 위법으로 인해 처분 상대방이 입게 된 손해 등 권익 침해의 내용, 행정청의 보완조치 등으로 위법상태의 해소 및 처분 상대방의 피해 전보가 가능한지 여부, 처분 이후 처분청이 위법상태의 해소를 위해 취한 조치 및 적극성의 정도와 처분 상대방의 태도 등 제반 사정을 종합적으로 고려하여야 한다(대판 2016. 7. 14, 2015두4167).
② 사정판결을 할 경우 미리 원고가 입게 될 손해의 정도와 구제방법, 그 밖의 사정을 조사하여야 하고, 원고는 피고인 행정청이 속하는 국가 또는 공공단체를 상대로 손해배상 등 적당한 구제방법의 청구를 당해 취소소송 등이 계속된 법원에 청구할 수 있는 점(행정소송법 제28조 제2항, 제3항) 등에 비추어 보면, 사정판결제도가 위법한 처분으로 법률상 이익을 침해당한 자의 기본권을 침해하고, 법치행정에 반하는 위헌적인 제도라고 할 것은 아니다(대판 2009. 12. 10, 2009두8359).

#### (나) 공공복리
□ (사정판결의) 요건인 현저히 공공복리에 적합하지 아니한가의 여부를 판단함에 있어서는 위법·부당한 행정처분을 취소·변경하여야 할 필요와 그 취소·변경으로 인하여 발생할 수 있는 공공복리에 반하는 사태 등을 비교·교량하여 그 적용 여부를 판단하여야 한다(대판 2009. 12. 10, 2009두8359; 대판 2008. 12. 11, 2007두18215; 대판 2006.

12. 21, 2005두16161; 대판 2006. 9. 22, 2005두2506; 대판 2005. 12. 8, 2003두10046; 대판 1998. 5. 8, 98두4061 등).

### (다) 원고의 구제(보호)

□ 사정판결은 처분이 위법하나 공익상 필요 등을 고려하여 취소하지 아니하는 것일 뿐 처분이 적법하다고 인정하는 것은 아니므로, 사정판결의 요건을 갖추었다고 판단되는 경우 법원으로서는 행정소송법 제28조 제2항에 따라 원고가 입게 될 손해의 정도와 배상방법, 그 밖의 사정에 관하여 심리하여야 하고, 이 경우 원고는 행정소송법 제28조 제3항에 따라 손해배상, 제해시설의 설치 그 밖에 적당한 구제방법의 청구를 병합하여 제기할 수 있으므로, 당사자가 이를 간과하였음이 분명하다면 적절하게 석명권을 행사하여 그에 관한 의견을 진술할 수 있는 기회를 주어야 한다(대판 2016. 7. 14, 2015두4167).

### (라) 사정판결 요부 판단의 기준시

□ 피고가 위 건축불허가 처분당시에 위 처분이 위법하다고 하더라도 본건 구두변론 종결당시에는 이미 진주시 도시계획 재정비 결정으로 도시계획법 제21조에 의한 녹지지역으로 지정고시되었던 만큼 동조의 규정에 의하면 녹지지역 내에서는 보건위생 또는 보안에 필요한 시설 및 녹지지역으로서의 효용을 해할 우려가 없는 용도에 공하는 건축물이 아니면 건축을 할 수 없다고 규정한 위 법조의 취지로 보아 본건 건축불허가 처분을 취소하는 것은 현저히 공공의 복리에 적합하지 아니하다고 인정되는 것인데도 불구하고 원심이 원고의 청구를 인용하였음은 행정소송법 제12조의 법리를 오해한 위법을 면치 못한다(대판 1970. 3. 24, 69누29).

### (마) 피고의 신청이 필요한지 여부

□ 행정처분이 위법한 경우에는 이를 취소하는 것이 원칙이고, 예외적으로 그 위법한 처분을 취소·변경하는 것이 도리어 현저히 공공복리에 적합하지 아니한 경우에는 그 취소를 허용하지 아니하는 사정판결을 할 수 있고, 이러한 사정판결에 관하여는 당사자의 명백한 주장이 없는 경우에도 기록에 나타난 여러 사정을 기초로 직권으로 판단할 수 있는 것이나, 그 요건이 현저히 공공복리에 적합하지 아니한지 여부는 위법한 행정처분을 취소·변경하여야 할 필요와 그 취소·변경으로 인하여 발생할 수 있는 공공복리에 반하는 사태 등을 비교교량하여 판단하여야

한다(대판 2001. 1. 19, 99두9674; 대판 2006. 12. 21, 2005두16161; 대판 2006. 9. 22, 2005두2506; 대판 2005. 12. 8, 2003두10046; 대판 1995. 7. 28, 95누4629; 대판 1992. 2. 14, 90누9032).

[평설] 행정소송법 제26조가 있다고 하더라도 행정소송법 제8조 제2항에 따라 민사소송법상의 **변론주의**가 전적으로 배제되는 것이 아니므로 **당사자의 주장 없이는 직권으로 사정판결을 할 수 없다**는 것이 학설상 일반적인 견해이나 판례는 행정소송법 제26조를 근거로 법원이 직권으로 사정판결을 할 수 있다는 입장이다. 판례의 확립된 견해이다.

(바) 적용범위

□ 당연무효의 행위에는 존치시킬 효력 있는 행위가 없는바, **사정판결을 할 수 없다**(대판 1996. 3. 22, 95누5509; 대판 1996. 3. 22, 95누5509; 대판 1992. 11. 10, 91누8227; 대판 1991. 10. 11, 90누9926; 대판 1987. 3. 10, 84누158; 대판 1985. 2. 26, 84누380).

[평설] 당연무효의 행위에 대한 사정판결의 가부와 관련하여 학설은 **부정설**(준용한다는 규정이 없고, 사정판결은 법치주의의 예외로 인정되는 것이므로 가능한 범위를 최소화할 필요가 있는 점 등을 논거로 한다)과 **긍정설**[사정판결 여부는 처분에 의해 형성된 기성사실(위법한 처분등에 수반하여 형성되는 새로운 법률관계·사실관계)을 백지화하는 것이 공공복리에 적합한가, 아니면 기성사실을 그대로 두고 다른 방법에 의한 구제를 강구하는 것이 공공복리에 적합한가라는 각도에서 판단해야지 계쟁처분의 무효 여부에서만 그것을 찾아서는 안 된다는 것을 논거로 한다]로 나뉜다. **부정설이 논리적이지만, 사정판결이 무제한 인정되는 것은 아니라는 점을 전제할 때, 실제적인 이유에서 긍정설이 보다 설득력을 갖는다.** 판례는 부정설을 취한다. 판례의 확립된 견해이다.

(2) 인용판결
(가) 주문
□ 판결의 주문은 그 내용이 특정되어야 하고 그 주문 자체에 의해 **특정할 수 있어야 할 것인바** 「피고가 ○○년 ○월 ○일자로 원고에 대하여 ○○사업년도 법인세 금 ○○○원을 부과한 처분 중 과세표준금액 금 ○○○원에 대응하는 세액을 초과하는 부분을 취소한다」는 식의 주문기재는 피고가 부과처분한 위 세액 중 무슨 세금이 어느 범위에서 취소되는지가 불명할 뿐 아니라 취소되는 부분을

특정할 수도 없고 따라서 청구 기각되는 부분도 분간할 수 없어 위 주문은 판결로서 갖추어야 할 명확성을 결한 위법한 것이다. 통상 주문은 「피고가 2020. 2. 2. 원고에 대하여 한 건축허가거부처분을 취소한다」, 「피고가 2020. 2. 2. 원고에 대하여 한 파면처분은 무효임을 확인한다」는 형태로 기재된다(대판 1986. 4. 8, 82누242; 대판 2016. 7. 14, 2015두46598; 대판 2006. 3. 9, 2005다60239; 대판 1995. 6. 30, 94다55118). ☞ 민사소송법 제208조(판결서의 기재사항 등)

## (나) 무효선언으로서 취소판결
□ 피고(서울특별시장)가 내린 허가처분은 과시논지가 주장하는 것처럼 무효라고 보는 것이 옳을 것이나 원심이 취소를 명한 것은 무효인 행정처분의 무효를 확인하는 취지라 할 것이므로 원심판결에는 영향이 없게 된다. 따라서 행정처분의 **무효확인을 구하는** 의미에서 그 행정처분의 **취소를 구하는** 이 사건 청구가 부당한 청구라고 단정하지는 못한다(대판 1974. 8. 30, 74누168).

[평설] 취소소송은 행정청의 위법한 처분등을 취소 또는 변경하는 소송이므로(행소법 제4조 제1호), 취소소송의 인용판결 처분(거부처분포함)의 **취소판결과 변경판결**, 재결의 **취소판결과 변경판결**이 있다. 판례는 이 밖에 **무효선언으로서의 취소판결**도 인정한다.

## (다) 일부취소 가능 여부의 판단기준
□ 외형상 하나의 행정처분이라 하더라도 가분성이 있거나 그 처분대상의 일부가 특정될 수 있다면 그 일부만의 취소도 가능하고 그 일부의 취소는 당해 취소부분에 관하여 효력이 생긴다(대판 1995. 11. 16, 95누8850 전원합의체).

QR 48. 취소소송에서 일부 취소를 긍정한 판례 모음  ↻  QR코드
QR 49. 취소소송에서 일부 취소를 부정한 판례 모음  ↻  QR코드

## 3. 판결의 효력
참고☞ 취소소송의 판결의 효력에는 일반적 효력으로서 **자박력**(선고법원도 자신의 판결의 내용을 취소·변경할 수 없는 효력)·**확정력·형성력** 외에 민사소송에서는 볼 수 없는 행정소송에 특별히 인정되는 **기속력**이 있다.

(1) 실질적 확정력(기판력)

(가) 내용

① 확정판결의 기판력은 소송물로 주장된 법률관계의 존부에 관한 판단에 미치는 것이므로 동일한 당사자 사이에서 전소의 소송물과 동일한 소송물에 대한 후소를 제기하는 것은 전소 확정판결의 기판력에 저촉되어 허용될 수 없다(대판 2014. 3. 27, 2011다49981).

② 기판력이라 함은 기판력 있는 전소판결의 소송물과 동일한 후소를 허용하지 않는 것임은 물론, 후소의 소송물이 전소의 소송물과 동일하지 않다고 하더라도 전소의 소송물에 관한 판단이 후소의 선결문제가 되거나 모순관계에 있을 때에는 후소에서 전소판결의 판단과 다른 주장을 하는 것을 허용하지 않는 작용을 하는 것이다(대판 2001. 1. 16, 2000다41349; 대판 2000. 2. 25, 99다55472; 대판 1995. 3. 24, 94다46114).

③ 갑이 을에 대하여 전소에서 토지를 대물변제받아 점유하기 시작하여 취득시효가 완성되었다는 사실을 그 이유로 하여 소유권이전등기절차이행을 구하였다가 배척되었음에도 불구하고 후소에서는 이를 증여받아 점유하기 시작하여 취득시효가 완성되었다고 주장하는 것은 전소의 소송물인 취득시효완성을 원인으로 한 소유권이전등기청구권의 존부에 관한 공격방법의 하나에 불과한 사실을 후소에서 다시 주장하는 것으로 이는 전소의 사실심변론종결 전에 주장할 수 있었던 사유임이 명백할 뿐만 아니라, 후소에서 갑이 이러한 주장을 하는 것을 허용한다면 위 토지에 관한 취득시효완성을 이유로 하여 을의 위 토지상의 건물철거청구를 거부할 수 있게 된다는 결론에 도달하게 되는 것이니, 갑의 위와 같은 주장은 전소판결의 소송물과 서로 모순관계에 있다고 하지 않을 수 없고, 따라서 전소판결의 기판력에 저촉되어 허용될 수 없다(대판 1995. 3. 24, 94다46114).

(나) 효력범위

1) 주관적 범위

□ 과세처분 취소소송의 피고는 처분청이므로 행정청을 피고로 하는 취소소송에 있어서의 기판력은 당해 처분이 귀속하는 국가 또는 공공단체에 미친다(대판 1998. 7. 24, 98다108540).

[평설] 실질적 확정력(기판력)의 주관적 범위란 기판력이 미치는 사람의 범위를 말한다. 실질적 확정력은 당사자 또는 당사자와 동일시할 수 있는 승계인(기판력 발생시점

이후에 당사자로부터 소송물인 권리·의무를 승계한 자, 민소법 제218조 제1항 참조)뿐만 아니라 행정소송에서 보조참가는 공동소송적 보조참가이므로 **보조참가인에게도 미친다.** 행정청을 피고로 하는 취소소송에 있어서의 기판력은 당연히 당해 처분이 귀속하는 국가 또는 공공단체에 미친다는 판례이다.

## 2) 객관적 범위

① 확정판결의 기판력은 그 판결의 주문에 포함된 것, 즉 소송물로 주장된 법률관계의 존부에 관한 판단의 결론 그 자체에만 미치는 것이고 판결이유에서 설시된 그 전제가 되는 법률관계의 존부에까지 미치는 것은 아니다(대판 2000. 2. 25, 99다55472).

② 취소판결의 기판력은 소송물로 된 행정처분의 위법성 존부에 관한 판단 그 자체에만 미치는 것이므로 전소와 후소가 그 소송물을 달리하는 경우에는 전소 확정판결의 기판력이 후소에 미치지 아니한다(대판 2009. 1. 15, 2006두14926; 대판 1996. 4. 26, 95누5820).

③ 행정청이 관련 법령에 근거하여 행한 공사중지명령의 상대방이 명령의 취소를 구한 소송에서 패소함으로써 그 명령이 적법한 것으로 이미 확정되었다면, 이후 이러한 공사중지명령의 상대방은 그 명령의 해제신청을 거부한 처분의 취소를 구하는 소송에서 그 명령의 적법성을 다툴 수 없다. 그와 같은 공사중지명령에 대하여 그 명령의 상대방이 해제를 구하기 위해서는 명령의 내용 자체로 또는 성질상으로 명령 이후에 원인사유가 해소되었음이 인정되어야 한다(대판 2014. 11. 27, 2014두37665).

[평설] 실질적 확정력(기판력)의 객관적 범위란 기판력이 미치는 사항적 범위를 말한다. 객관적 범위에 관한 원칙을 보여주는 판례이다.

④ 전 소송은 이 사건에서의 피고 보조참가인이 원고가 되어 피고를 상대로 피고가 1990. 2. 3.에 한 이 사건 **변경승인취소처분의 취소를 구하는 소송**에서 이 사건에서의 원고가 피고 보조참가인이 되어 원고(이 사건에서의 피고 보조참가인)의 청구를 다투는 형식이었는데 반하여, 이 사건 소송은 원고가 피고를 상대로 1988. 9. 6.자 피고의 이 사건 **변경승인의 무효확인**(주위적으로) 또는 **취소**(예비적으로)를 구하는 소송에서 피고 보조참가인이 피고를 보조하여 원고의 청구를 다투는 것이어서, 전 소송과 이 사건 소송은 그 청구취지를 달리하는 것이므로 전 소송의 판결의 기판

력은 그 소송물이었던 1990. 2. 3.자 **변경승인취소처분의 위법성 존부에 관한 판단
그 자체에만 미치는 것**이고 그 소송물을 달리하는 이 사건 소에는 미치지 아니한
다고 보아야 할 것이다(대판 1996. 4. 26, 95누5820).

⑤ 주된 납세의무자인 태영실업 주식회사(이하 '태영실업'이라 한다)가 피고(진주시장)
를 상대로 제기한 소송은 태영실업에 대한 1998. 11. 21.자 처분에 관한 것인 반
면, 이 사건은 제2차 납세의무자인 원고에 대한 2004. 6. 19.자 처분에 관한 것
이어서 그 취소소송의 대상인 행정처분이 동일하지 아니하고, 원고가 전소의 계
쟁물에 관한 당사자적격을 승계한 자에 해당한다고 볼 수도 없으므로, 전소의
기판력이 원고에게 미친다고 볼 수 없다(대판 2009. 1. 15, 2006두14926).

**[평설]** 실질적 확정력(기판력)의 객관적 효력범위에 들어오지 아니하는 사례들을 보여
주는 판례이다.

### 3) 시간적 범위

① 과세처분무효확인소송의 경우 소송물은 권리 또는 법률관계의 존부확인을
구하는 것이며, 이는 청구취지만으로 소송물의 동일성이 특정된다고 할 것이고
따라서 당사자가 청구원인에서 무효사유로 내세운 개개의 주장은 공격방어방법
에 불과하다고 볼 것이며, 한편 **확정된 종국판결은 그 기판력으로서 당사자가 사실
심의 변론종결시를 기준으로 그 때까지 제출하지 않은 공격방어방법은 그 뒤 다시 동
일한 소송을 제기하여 이를 주장할 수 없다**(대판 1992. 2. 25, 91누6108).

② 토지의 양도가 특수관계자 사이의 저가양도임은 별론으로 하고 무상양도는
아니라는 이유로 증여세부과처분이 확정판결에 의하여 전부 취소된 후 과세관청
이 위 토지의 양도가 특수관계자 사이의 저가양도에 해당한다는 이유로 다시 증
여세부과처분을 한 경우, 그 처분은 **확정판결에 적시된 종전처분의 위법사유를 보
완하여 행한 새로운 과세처분으로서 상호 처분의 동일성이 인정되지 아니하므로
확정판결의 기속력 내지 기판력에 반하지 아니한다**(대판 2002. 5. 31, 2000두4408).

③ 소송에서 다투어지고 있는 권리 또는 법률관계의 존부가 **동일한 당사자 사이
의 전소에서 이미 다투어져 이에 관한 확정판결이 있는 경우에 당사자는 이에 저촉
되는 주장을 할 수 없고, 법원도 이에 저촉되는 판단을 할 수 없음은 물론, 위와
같은 확정판결의 존부는 직권조사사항**이어서 당사자의 주장이 없더라도 법원이

이를 직권으로 조사하여 판단하지 않으면 아니 되고, 당사자는 확정판결의 존재를 사실심 변론종결시까지 주장하지 아니하였다 하더라도 상고심에서 새로이 이를 주장·입증할 수 있는 것이다(대판 2006. 10. 13, 2004두10227; 대판 1989. 10. 10, 89누1308).

[평설] ①은 실질적 확정력(기판력)의 시간적 한계에 관한 것으로서, 실질적 확정력(기판력)은 **사실심의 변론종결시를 기준으로 하여 발생한다**는 취지의 판례이다. 따라서 사실심의 변론종결시 이전의 사유로 이미 발생한 실질적 확정력(기판력)을 부정할 수 없다. ②는 실질적 확정력(기판력)이 발생한 이후에 발생한 새로운 사유로 하는 처분은 이미 발생한 실질적 확정력(기판력)에 반하는 것이 아니라는 취지의 판례이다. ③은 실질적 확정력(기판력)이 발생한 **확정판결의 존부는 직권조사항**이므로 항소심뿐만 아니라 **상고심에서도 다툴 수 있다**는 취지의 판례이다.

(다) 기각판결의 경우

□  과세처분 취소청구를 기각하는 판결이 확정되면 그 처분이 적법하다는 점에 관하여 기판력이 생기고 그 후 원고가 이를 무효라 하여 무효확인을 소구할 수 없는 것이어서 과세처분의 취소소송에서 청구가 기각된 확정판결의 기판력은 그 과세처분의 무효확인을 구하는 소송에도 미친다(대판 2003. 5. 16, 2002두3669; 대판 1996. 6. 25, 95누1880; 대판 1993. 4. 27, 92누9777).

(2) 형성력
(가) 의의(당연 형성)

① 행정처분을 취소한다는 확정판결이 있으면 그 취소판결의 형성력에 의하여 당해 행정처분의 취소나 취소통지 등의 별도의 절차를 요하지 아니하고 당연히 취소의 효과가 발생한다고 할 것이고 별도로 취소의 절차를 취할 필요는 없을 것이다. 따라서 이 사건 보상대상 토지에 관한 종전의 1987. 4. 1.자 이의재결이 위법하다 하여 이를 취소하는 확정판결이 있었음에도 동 재결의 취소절차를 취하지 아니하고 한 이 사건 이의재결이 위법하다는 논지는 이유없다(대판 1991. 10. 11, 90누5443).

② 과세처분을 취소하는 판결이 확정되면 그 과세처분은 처분시에 소급하여 소멸하는 것이므로 과세처분을 취소하는 판결이 확정된 뒤에는 그 과세처분을 경정하는 이른바 경정처분을 할 수 없는 것이다. 원판시 이 사건 과세처분이 법원의 확정판

결에 의하여 취소된 뒤에 과세관청에서 그 과세처분을 경정하는 경정처분을 한 것이라면 이는 존재하지 아니하는 과세처분을 경정한 것으로서 그 하자가 중대하고 명백한 당연무효의 처분이라고 보아야 할 것이다(대판 1989. 5. 9, 88다카16096).

[평설] ①은 취소판결에는 당연 형성효가 발생한다는 취지의 판례이고, ②는 취소판결로 처분은 소멸되었으므로, 취소된 처분에 대하여 경정처분을 할 수는 없다는 판례이다.

(나) 제3자효(행소법 제29조 제1항)

1) 제3자효의 의미

□ 행정처분을 취소하는 확정판결이 제3자에 대하여도 효력이 있다고 하더라도 일반적으로 판결의 효력은 주문에 포함한 것에 한하여 미치는 것이니 그 취소판결 자체의 효력으로써 그 행정처분을 기초로 하여 새로 형성된 제3자의 권리까지 당연히 그 행정처분 전의 상태로 환원되는 것이라고는 할 수 없고, 단지 취소판결의 존재와 취소판결에 의하여 형성되는 법률관계를 소송당사자가 아니었던 제3자라 할지라도 이를 용인하지 않으면 아니된다는 것을 의미하는 것에 불과하다 할 것이며, 따라서 취소판결의 확정으로 인하여 당해 행정처분을 기초로 새로 형성된 제3자의 권리관계에 변동을 초래하는 경우가 있다 하더라도 이는 취소판결 자체의 형성력에 기한 것이 아니라 취소판결의 위와 같은 의미에서의 제3자에 대한 효력의 반사적 효과로서 그 취소판결이 제3자의 권리관계에 대하여 그 변동을 초래할 수 있는 새로운 법률요건이 되는 까닭이라 할 것이다(대판 1986. 8. 19, 83다카2022).

[평설] 행정소송법 제29조 제1항(처분등을 취소하는 확정판결은 제3자에 대하여도 효력이 있다)에 따라 취소판결의 형성력이 제3자효를 갖는다는 것이 제3자의 법률관계에 당연형성을 가져오는 것이 아니라, 새로운 법률관계형성의 원인이 된다는 취지의 판례이다.

2) 제3자효의 확장

□ 행정상의 법률관계는 이를 획일적으로 규율할 필요가 있을 뿐 아니라 행정처분무효확인소송은 제소기간의 도과 등으로 인하여 행정처분취소의 소를 제기할 수 없게 되었을 때라도 중대하고 명백한 하자 있는 행정처분이 무효임을 확정하

여 그 외견적 효력을 제거하여 줌으로써 행정처분취소의 소를 제기한 것과 같은 구제의 길을 터주려는데 그 취지가 있는 것이고 행정청의 공권력의 행사에 불복하여 그 처분의 효력을 다투는 점에서 행정처분취소의 소와 기본적으로 동질의 소송유형에 속하여 그에 준하는 성질을 가지는 것이라 할 것이므로 행정처분의 무효확인 판결이 비록 형식상은 확인판결이라 하여도 그 무효확인 판결의 효력은 그 취소판결과 같이 소송의 당사자는 물론 제3자에게도 미치는 것이라고 함이 상당하며 이는 당원의 판례이기도 하다(대판 1982. 7. 27, 82다173).

[평설] 행정소송법상 제3자에 대한 효력은 **집행정지의 결정이나 집행정지의 취소의 결정의 경우**에 준용된다(행소법 제38조 제1항). 또한 **무효등확인소송·부작위법확인소송에도 준용**된다(행소법 제38조 제1항·제2항, 제29조 제2항). **종래 판례**는 행정처분의 무효확인판결은 비록 형식상은 확인판결이라 하여도 그 확인판결의 효력은 그 취소판결의 경우와 같이 소송의 당사자는 물론 제3자에게도 미친다. 이 판례는 **현행 행정소송법 제정 이전**에 나타난 판례이다.

(다) 취소의 소급효
① 피고인이 행정청으로부터 **자동차운전면허취소처분**을 받았으나 나중에 그 행정처분 자체가 행정쟁송절차에 의하여 취소되었다면, 위 운전면허취소처분은 그 처분시에 소급하여 효력을 잃게 되고, 피고인은 위 운전면허취소처분에 복종할 의무가 원래부터 없었음이 후에 확정되었다고 봄이 타당할 것이고, 행정행위에 공정력의 효력이 인정된다고 하여 행정소송에 의하여 적법하게 취소된 운전면허취소처분이 단지 장래에 향하여서만 효력을 잃게 된다고 볼 수는 없다(대판 1999. 2. 5, 98도4239).
② 이 사건 공소사실은 피고인이 영업허가취소처분이 있음에도 불구하고 이에 위반하여 무허가영업을 하였다는 것인데, 그 영업의 금지를 명한 영업허가취소처분 자체가 나중에 행정쟁송절차에 의하여 이미 취소되었다면, 그 영업허가취소처분은 그 처분시에 소급하여 효력을 잃게 되고, 공소외 인과 피고인은 위 영업허가취소처분에 복종할 의무가 원래부터 없었음이 후에 확정되었다고 봄이 타당할 것이고, 그 영업허가취소처분이 단지 장래에 향하여서만 효력을 잃게 된다고 볼 근거가 없다(대판 1993. 6. 25, 93도277).

[평설] 행정쟁송절차에 의한 취소는 위법한 행위를 바로 잡는 것이기에 그 효력은 원

칙적으로 소급할 수밖에 없다.

## (3) 기속력(행소법 제30조)

### (가) 성질

□  행정소송법 제30조 제1항은 "처분 등을 취소하는 확정판결은 그 사건에 관하여 당사자인 행정청과 그 밖의 관계행정청을 기속한다."라고 규정하고 있다. 이러한 취소 확정판결의 '기속력'은 취소 청구가 인용된 판결에서 인정되는 것으로서 당사자인 행정청과 그 밖의 관계행정청에게 확정판결의 취지에 따라 행동하여야 할 의무를 지우는 작용을 하는 것이다. 이에 비하여 행정소송법 제8조 제2항에 의하여 행정소송에 준용되는 민사소송법 제216조, 제218조가 규정하고 있는 '기판력'이란 기판력 있는 전소 판결의 소송물과 동일한 후소를 허용하지 않음과 동시에, 후소의 소송물이 전소의 소송물과 동일하지는 않다고 하더라도 전소의 소송물에 관한 판단이 후소의 선결문제가 되거나 모순관계에 있을 때에는 후소에서 전소 판결의 판단과 다른 주장을 하는 것을 허용하지 않는 작용을 하는 것이다(대판 2016. 3. 24, 2015두48235).

[평설] **기속력의 성질**과 관련하여 **기판력설**(기속력은 기판력과 동일하다는 견해. 따라서 행정소송법상 기속력에 관한 규정은 판결 자체의 효력으로서 당연한 것을 규정한 것으로 보는 견해)과 **특수효력설**(소판결의 실효성을 확보하기 위해 행정소송법이 취소판결에 특히 인정한 특유한 효력이라는 견해. 취소판결로 행정행위의 취소는 가능하여도 동일한 행정행위의 발령은 막을 수 없기 때문에 기속력이 인정된다는 견해)로 나뉜다. **판례는 양자를 구별하지만, 양자의 성격 자체에 대하여 판시하는 바는 없다.**

### (나) 반복금지효(소극적 관점에서 효력)

참고☞ 반복금지효란 당사자인 행정청은 물론이고 그 밖의 관계행정청(예: 재결취소소송에서 원처분청)도 **확정판결에 저촉되는 처분을 할 수 없다**는 것을 의미한다. 말하자면 동일한 사실관계에 대하여 동일한 사유로 취소된 처분과 동일한 처분을 할 수 없다. 이를 **부작위의무**라고도 한다.

### 1) 범위

① 행정처분의 절차 또는 형식에 위법이 있어 행정처분을 취소하는 판결이 확정

되었을 때는 그 확정판결의 기판력은 거기에 적시된 절차 및 형식의 위법사유에 한하여 미치는 것이므로 행정관청은 그 위법사유를 보완하여 다시 새로운 행정처분을 할 수 있고 그 새로운 행정처분은 확정판결에 의하여 취소된 종전의 행정처분과는 별개의 처분이라 할 것이어서 종전의 처분과 중복된 행정처분이 아니다(대판 1992. 5. 26, 91누5242).

② 과세처분시 납세고지서에 과세표준, 세율, 세액의 산출근거 등이 누락되어 있어 이러한 절차 내지 형식의 위법을 이유로 과세처분을 취소하는 판결이 확정된 경우에 그 확정판결의 기판력은 확정판결에 적시된 절차 내지 형식의 위법사유에 한하여 미친다고 할 것이므로 과세처분권자가 그 확정판결에 적시된 위법사유를 보완하여 행한 새로운 과세처분은 확정판결에 의하여 취소된 종전의 과세처분과는 별개의 처분으로서 확정판결의 기판력에 저촉되는 것은 아니다(대판 1986. 11. 11, 85누231).

[평설] 기속력은 판결의 주문과 이유에서 적시된 개개의 위법사유에 미치므로 처분시에 존재한 다른 사유를 들어 동일한 내용의 처분을 하더라도 반복금지효에 위반되지 않는 처분이다(미성년자고용을 이유로 1월의 영업정지처분을 받고 영업정지처분취소소송에서 승소하였으나 처분청이 무자료주류판매를 이유로 1월의 영업정지처분을 발령한 경우). 위의 판례에서는 기판력이라는 용어가 기속력(반복금지효)의 의미로 사용된 것으로 볼 수 있다.

2) 위반
□ 확정판결의 당사자인 처분행정청이 그 행정소송의 사실심 변론종결 이전의 사유를 내세워 다시 확정판결과 저촉되는 행정처분을 하는 것은 허용되지 않는 것으로서 이러한 행정처분은 그 하자가 중대하고도 명백한 것이어서 당연무효라 할 것이다(대판 1990. 12. 11, 90누3560).

(다) 재처분의무(적극적 관점에서 효력)
1) 판결의 취지에 따르는 재처분의무(행소법 제30조 제2항)
□ 기간을 정하여 임용된 국·공립대학의 교원은 특별한 사정이 없는 한 그 임용기간의 만료로 교원으로서의 신분관계가 종료되는 것이고, 임용기간이 만료된 교원의 재임용이 거부되었다가 그 재임용거부처분이 법원의 판결에 의하여 취소되었다고 하더라도 임용권자는 다시 재임용 심의를 하여 재임용 여부를 결정할 의

무를 부담할 뿐, 위와 같은 취소 판결로 인하여 당연히 그 교원이 재임용거부처분 당시로 소급하여 신분관계를 회복한다고 볼 수는 없다(대판 2009. 3. 26, 2009두416).

[평설] 재처분의무에서 「판결의 취지에 따른다」는 것은 원고의 신청대로 재처분을 한 다는 것은 아니다. 재량행위의 경우에는 재처분에 대하여 행정청은 재량권의 일탈과 남용을 하지 아니하는 범위 안에서 선택의 자유가 있다. 그러나 행정청의 재처분 그 자체는 당사자의 신청없이도 당연히 하여야 하는 것이다.

## QR 50. 기속력에 반하지 않는 재처분 관련 판례 모음  ☞  QR코드

2) 절차위반과 재처분의무(행소법 제30조 제3항)

□ 행정소송법 제30조 제2항의 규정에 의하면 행정청의 거부처분을 취소하는 판결이 확정된 경우에는 그 처분을 행한 행정청이 판결의 취지에 따라 이전의 신청에 대하여 재처분할 의무가 있다고 할 것이나, 그 취소사유가 행정처분의 절차·방법의 위법으로 인한 것이라면 그 처분 행정청은 그 확정판결의 취지에 따라 그 위법사유를 보완하여 다시 종전의 신청에 대한 거부처분을 할 수 있고, 그러한 처분도 위 조항에 규정된 재처분에 해당한다(대판 2005. 1. 14, 2003두13045).

[평설] 신청에 따른 처분이 절차의 위법을 이유로 취소되는 경우에도 행정청에 재처분 의무가 부과된다(행소법 제30조 제2항). 행정소송법 제30조 제2항은 신청을 거부당한 자가 제기한 소에 대하여 취소판결이 주어지는 경우이다. 이에 비하여 **행정소송법 제30조 제3항**은 신청이 받아들여짐으로써 불이익을 받는 제3자에 의한 소제기에 대하여 취소판결이 주어지는 경우에 해당한다(예컨대, 허가처분의 이웃하는 자 또는 경쟁자가 행정청의 허가처분에 대하여 절차상의 위법을 이유로 소를 제기하여 그 허가처분이 취소되는 경우).

(라) 기속력의 효력범위
1) 객관적 범위

① 행정소송법 제30조 제1항에 의하여 인정되는 취소소송에서 처분등을 취소하는 확정판결의 기속력은 주로 판결의 실효성 확보를 위하여 인정되는 효력으로서 판결의 주문뿐만 아니라 그 전제가 되는 처분등의 구체적 위법사유에 관한 이유

중의 판단에 대하여도 인정되고, 같은 조 제2항의 규정상 특히 거부처분에 대한 취소판결이 확정된 경우에는 그 처분을 행한 행정청은 판결의 취지에 따라 다시 처분을 하여야 할 의무를 부담하게 되므로, 취소소송에서 소송의 대상이 된 거부처분을 실체법상의 위법사유에 기하여 취소하는 판결이 확정된 경우에는 당해 거부처분을 한 행정청은 원칙적으로 신청을 인용하는 처분을 하여야 한다(대판 2001. 3. 23, 99두5238).

② 새로운 처분의 처분사유가 종전 처분의 처분사유와 기본적 사실관계에서 동일하지 않은 다른 사유에 해당하는 이상, 해당 처분사유가 종전 처분 당시 이미 존재하고 있었고 당사자가 이를 알고 있었다 하더라도 이를 내세워 새로이 처분을 하는 것은 확정판결의 기속력에 저촉되지 않는다(대판 2016. 3. 24, 2015두48235).

③ 원고의 승소로 확정된 판결은 원고 출원의 광구 내에서의 불석채굴이 공익을 해한다는 이유로 한 피고의 불허가처분에 대하여 그것이 공익을 해한다고는 보기 어렵다는 이유로 이를 취소한 내용으로서 이 소송과정에서 피고가 원고 출원의 위 불석광은 광업권이 기히 설정된 고령토광과 동일광상에 부존하고 있어 불허가대상이라는 주장도 하였으나 이 주장 부분은 처분사유로 볼 수 없다는 점이 확정되어 판결의 판단대상에서 제외되었다면, 피고가 그 후 새로이 행한 처분의 적법성과 관련하여 다시 위 주장을 하더라도 위 확정판결의 기판력에 저촉된다고 할 수 없다(대판 1991. 8. 9, 90누7326).

[평설] ①은 취소판결의 기속력의 객관적 범위와 관련하여, 기속력은 판결의 주문뿐만 아니라 그 전제가 되는 처분등의 구체적 위법사유에 관한 이유 중의 판단에 대하여 미친다는 판례이다. ②는 처분사유가 종전 처분 당시 이미 존재하고 있었고 당사자가 이를 알고 있었다 하더라도 소송절차에서 주장된 처분사유가 아니라면 기판력이 미치지 아니하고, 새로운 처분사유로 할 수 있다는 판례이다. ③은 두 번째 판례의 원리를 적용한 사례에 해당한다.

## 2) 시간적 범위

① 취소소송에서 소송의 대상이 된 거부처분을 실체법상의 위법사유에 기하여 취소하는 판결이 확정된 경우에는 당해 거부처분을 한 행정청은 원칙적으로 신청을 인용하는 처분을 하여야 하고, 사실심 변론종결 이전의 사유를 내세워 다시 거부처분을 하는 것은 확정판결의 기속력에 저촉되어 허용되지 아니한다(대판 2001. 3.

23, 99두5238).

② 행정처분의 적법 여부는 그 행정처분이 행하여진 때의 법령과 사실을 기준으로 하여 판단하는 것이므로 거부처분 후에 법령이 개정·시행된 경우에는 개정된 법령 및 허가기준을 새로운 사유로 들어 다시 이전의 신청에 대한 거부처분을 할 수 있으며 그러한 처분도 행정소송법 제30조 제2항에 규정된 재처분에 해당된다. 건축불허가처분을 취소하는 판결이 확정된 후 국토이용관리법시행령이 준농림지역 안에서의 행위제한에 관하여 지방자치단체의 조례로써 일정 지역에서 숙박업을 영위하기 위한 시설의 설치를 제한할 수 있도록 개정된 경우, 당해 지방자치단체장이 위 처분 후에 개정된 신법령에서 정한 사유를 들어 새로운 거부처분을 한 것이 행정소송법 제30조 제2항 소정의 확정판결의 취지에 따라 이전의 신청에 대한 처분을 한 경우에 해당한다(대결 1998. 1. 7, 97두22).

[평설] ①은 취소판결의 기속력의 시간적 범위와 관련하여, 사실심 변론종결 이전의 사유를 내세워 다시 거부처분을 하는 것은 안 된다는 판례이고, ②는 건축불허가처분을 취소하는 판결이 확정된 후에 개정된 신법령에서 정한 사유를 들어 새로운 거부처분을 하는 것은 판결의 취지에 따라 이전의 신청에 대한 처분을 한 경우에 해당한다는 판례이다.

(마) 기속력 위반의 효과
□ 어떠한 행정처분에 위법한 하자가 있다는 이유로 그 취소를 소구한 행정소송에서 그 행정처분을 취소하는 판결이 선고되어 확정된 경우에 처분행정청이 그 행정소송의 사실심 변론종결이전의 사유를 내세워 다시 확정판결에 저촉되는 행정처분을 하는 것은 확정판결의 기판력에 저촉되어 허용될 수 없는 것이고, 이와 같은 행정처분은 그 하자가 명백하고 중대한 경우에 해당되어 당연무효라 할 것이다(대판 1982. 5. 11, 80누104; 대판 2003. 4. 25, 2002두3201; 대판 2001. 3. 23, 99두5238; 대판 1992. 7. 14, 92누2912 등).

(4) 집행력(간접강제)(행소법 제34조)
참고☞ 집행력이란 통상 이행판결에서 명령된 이행의무를 강제집행절차로써 실현할 수 있는 효력을 의미한다. 따라서 형성판결인 취소판결에는 성질상 강제집행할 수 있는 효력, 즉 집행력이 인정되지 않는다. 그러나 거부처분취소판결의 확정시에 행정청

에 부과되는 재처분의무의 이행을 확보하기 위해 행정소송법은 다음의 제도를 도입하고 있다

참고☞ 판결에 의하여 취소되는 처분이 당사자의 신청을 거부하는 것을 내용으로 하는 경우에는 그 처분을 행한 행정청은 판결의 취지에 따라 다시 이전의 신청에 대한 처분을 하여야 한다(행소법 제30조 제2항). 그럼에도 행정청이 제30조 제2항의 규정에 의한 처분을 하지 아니하는 때에는 제1심 수소법원은 당사자의 신청에 의하여 결정으로써 상당한 기간을 정하고 행정청이 그 기간 내에 이행하지 아니하는 때에는 그 지연기간에 따라 일정한 배상을 할 것을 명하거나 즉시 손해배상을 할 것을 명할 수 있다(행소법 제34조 제1항). 이러한 **배상명령제도**를 **간접강제**라 한다.

## [간접강제 결정문의 형식]

□ 피신청인(서울시 광진구청장)은 결정정본을 받은 날로부터 30일 이내에 신청인이 90년 12월 29일자에 낸 광장동 381의 5 등 5필지 토지에 대한 형질변경신청에 대하여 허가처분을 하고, 만약 동기간내(30일)에 이를 이행하지 않을 때에는 이 기간만료의 다음 날로부터 이행완료시까지 1일 500만원의 비율에 의한 돈을 지급하라(서울고법 1996. 11, 96부904)(법률신문 1996. 11. 28).

## (가) 간접강제의 적용범위

□ 행정소송법 제38조 제1항이 무효확인판결에 관하여 취소판결에 관한 규정을 준용함에 있어서 같은 법 제30조 제2항을 준용한다고 규정하면서도 같은 법 제34조는 이를 준용한다는 규정을 두지 않고 있으므로, 행정처분에 대하여 무효확인판결이 내려진 경우에는 그 행정처분이 거부처분인 경우에도 행정청에 판결의 취지에 따른 재처분의무가 인정될 뿐 그에 대하여 간접강제까지 허용되는 것은 아니라고 할 것이다(대결 1998. 12. 24, 98무37).

[평설] 판례와 달리 학설상 거부처분이 당연무효인 경우에 재처분의무를 강제할 방법이 없다고 하는 것은 거부처분이 취소할 수 있는 경우보다 사인의 권리보호에 미흡한 것이므로, 거부처분이 당연무효인 경우에도 간접강제가 허용되어야 한다는 것이 **일반적** 견해이다.

(나) 간접강제의 적용요건

□ 거부처분에 대한 취소의 확정판결이 있음에도 행정청이 아무런 재처분을 하지 아니하거나, 재처분을 하였다 하더라도 그것이 종전 거부처분에 대한 취소의 확정판결의 기속력에 반하는 등으로 당연무효라면 이는 아무런 재처분을 하지 아니한 때와 마찬가지라 할 것이므로 이러한 경우에는 행정소송법 제30조 제2항, 제34조 제1항 등에 의한 간접강제신청에 필요한 요건을 갖춘 것으로 보아야 한다(대결 2002. 12. 11, 2002무22).

[평설] 간접강제가 적용되기 위해서는 ① 거부처분취소판결이나 부작위위법확인판결이 확정되거나, 신청에 따른 처분이 절차의 위법을 이유로 취소가 확정되어야 하고, 또한 ② 거부처분취소판결 등이 확정되었음에도 행정청이 아무런 처분을 하지 않았어야 한다. 위의 판례는 ②와 관련하여 재처분이 확정판결의 취지에 어긋나 기속력에 반하는 당연무효의 것이라면 간접강제신청이 가능하다는 취지의 판례이다.

(다) 배상금의 법적 성격

□ 행정소송법 제34조 소정의 간접강제결정에 기한 배상금은 … 확정판결의 취지에 따른 재처분의 지연에 대한 제재나 손해배상이 아니고 재처분의 이행에 관한 심리적 강제수단에 불과한 것으로 보아야 하므로, 특별한 사정이 없는 한 간접강제결정에서 정한 의무이행기한이 경과한 후에라도 확정판결의 취지에 따른 재처분의 이행이 있으면 배상금을 추심함으로써 심리적 강제를 꾀할 목적이 상실되어 처분상대방이 더 이상 배상금을 추심하는 것은 허용되지 않는다(대판 2004. 1. 15, 2002두2444; 대판 2010. 12. 23, 2009다37725).

Ⅷ. 기타

1. 심리불속행제도

□ '헌법과 법률이 정하는 법관에 의하여 법률에 의한 재판을 받을 권리'가 사건의 경중을 가리지 않고 모든 사건에 대하여 대법원을 구성하는 법관에 의한 균등한 재판을 받을 권리를 의미한다거나 또는 상고심재판을 받을 권리를 의미하는 것이라고 할 수는 없다. 또한 심급제도는 사법에 의한 권리보호에 관하여 한정된 법발견자원의 합리적인 분배의 문제인 동시에 재판의 적정과 신속이라는 서로 상반되는 두 가지의 요청을 어떻게 조화시키느냐의 문제로 돌아가므로, 원

칙적으로 입법자의 형성의 자유에 속하는 사항이다. 심리불속행 조항은 비록 국민의 재판청구권을 제약하고 있기는 하지만 위 심급제도와 대법원의 기능에 비추어 볼 때 헌법이 요구하는 대법원의 최고법원성을 존중하면서 민사, 가사, 행정 등 소송사건에서 상고심재판을 받을 수 있는 객관적 기준을 정함에 있어 개별적 사건에서의 권리구제보다 법령해석의 통일을 더 우위에 둔 규정으로서 그 합리성이 있다(헌재 2012. 5. 31, 2010헌마625).

## 2. 소송비용에 대한 재판의 효력
□ 민사소송법 제361조가 소송비용의 재판에 대하여 독립하여 상소할 수 없다고 규정한 것은 본안의 재판에 대하여 불만이 없는 사람에게 부수적 재판인 비용부담의 재판에 관하여 따로 불복을 신청할 수 있게 하면 그 비용부담의 적정 여부를 가리기 위하여 다시 본안재판의 적정 여부까지 가려 보아야 하는 본말을 전도하는 현상이 생기게 되므로 본안재판에 대한 불복과 함께 하는 것이 아니면 허용하지 아니한다는 취지이고, 그 규정이 헌법 제23조 제1항과 제27조 제1항에 위반되는 것이 아니다(대결 1991. 12. 30, 91마726; 대판 1996. 1. 23, 95다38233).

## 3. 전부 승소한 원심판결에 대한 불복 상고의 가부
□ 상소는 자기에게 불이익한 재판에 대하여 자기에게 유리하도록 그 취소·변경을 구하는 것이므로 전부 승소한 원심판결에 대한 불복 상고는 상고를 제기할 이익이 없어 허용될 수 없고, 한편 재판이 상소인에게 불이익한지 여부는 원칙적으로 재판의 주문을 표준으로 판단하여야 하며, 상소인의 주장이 받아들여져 승소하였다면 그 판결 이유에 불만이 있더라도 상소의 이익이 없다(대판 2017. 1. 12, 2015두2352).

## 4. 판결에 대한 헌법소원
□ 행정처분의 취소를 구하는 행정소송이 확정된 경우에 그 원행정처분의 취소를 구하는 헌법소원심판청구를 받아들여 이를 취소하는 것은, 원행정처분을 심판의 대상으로 삼았던 법원의 재판이 예외적으로 헌법소원심판의 대상이 되어 그 재판 자체가 취소되는 경우에 한하여 국민의 기본권을 신속하고 효율적으로 구제하기 위하여 가능한 것이고, 이와는 달리 법원의 재판이 취소되지 아니하는 경우에는 확정판결의 기판력으로 인하여 원행정처분은 헌법소원심판의 대상이 되지 아니하며,

뿐만 아니라 원행정처분에 대한 헌법소원심판청구를 허용하는 것은 "명령·규칙 또는 처분이 헌법이나 법률에 위반되는 여부가 재판의 전제가 된 경우에는 대법원은 이를 최종적으로 심사할 권한을 가진다"고 규정한 헌법 제107조 제2항이나, 원칙적으로 헌법소원심판의 대상에서 법원의 재판을 제외하고 있는 헌법재판소법 제68조 제1항의 취지에도 어긋난다(헌재 2001. 2. 22, 99헌마409; 헌재 2012. 5. 31, 2011헌마385; 헌재 2001. 6. 28, 98헌마485).

## 제2항 무효등 확인소송
### [49] 일반론
### Ⅰ. 무효등 확인소송의 관념
### 1. 무효등 확인소송의 의의

□ 행정처분의 무효확인소송이 허용되는 이유는 외형상 행정처분이 존재하고 그 처분의 성질상 유효한 효력이 지속하는 것으로 오인될 가능성이 있는 것에 대하여 재판에 의하여 그 효력의 부정을 선언할 필요가 있다고 함에 있는 것이다(대판 1969. 12. 9, 66누71).

[평설] 무효등 확인소송이란 행정청의 처분등의 효력 유무 또는 존재여부를 확인하는 소송을 말한다(행소법 제4조 제2호). 그런데 무효행위와 취소할 수 있는 행위의 구분이 절대적으로 명확한 것은 아니므로 무효행위를 유효한 행위로 보고 강제가 가해질 수도 있는 것이고 보면 이러한 위험으로부터 사인을 보호할 필요는 있는 것인바, 이것이 무효등확인소송이 인정되는 이유라는 취지의 판례이다.

### 2. 무효등 확인소송의 소송물

□ 과세처분무효확인소송의 경우 소송물은 권리 또는 법률관계의 존부 확인을 구하는 것이며, 이는 청구취지만으로 소송물의 동일성이 특정된다고 할 것이고 따라서 당사자가 청구원인에서 무효사유로 내세운 개개의 주장은 공격방어방법에 불과하다(대판 1992. 2. 25, 91누6108).

### 3. 작위의무확인소송의 인정 가부

□ 피고 국가보훈처장 등에게, 독립운동가들에 대한 서훈추천권의 행사가 적정

하지 아니하였으니 이를 바로잡아 다시 추천하고, 잘못 기술된 독립운동가의 활동상을 고쳐 독립운동사 등의 책자를 다시 편찬, 보급하고, 독립기념관 전시관의 해설문, 전시물 중 잘못된 부분을 고쳐 다시 전시 및 배치할 의무가 있음의 확인을 구하는 청구는 작위의무확인소송으로서 항고소송의 대상이 되지 아니한다(대판 1990. 11. 23, 90누3553).

[평설] 행정소송법상 무효등확인소송에는 처분 등의 **유효확인소송**, 처분 등의 **무효확인소송**, 처분 등의 **존재확인소송**, 처분 등의 **부존재확인소송**, 그리고 처분 등의 **실효확인소송**이 있다. 그러나 법률관계존부확인소송의 일종이라 할 **작위의무확인소송**은 인정되지 아니한다.

## II. 무효등 확인소송의 소송요건(본안판단의 전제요건)

**참고☞** 무효등확인소송의 본안판단의 전제요건(소송요건)을 **취소소송**과 비교할 때, 무효등확인소송의 경우에는 제소기간의 적용이 없고, 또한 행정심판전치의 문제가 없다는 점이 다르다.

## 1. 원고적격(행소법 제35조)

① 폐기물소각시설의 부지경계선으로부터 300m 밖에 거주하는 주민들도 위와 같은 소각시설 설치사업으로 인하여 사업 시행 전과 비교하여 수인한도를 넘는 환경피해를 받거나 받을 우려가 있음에도 폐기물처리시설 설치기관이 주변영향지역으로 지정·고시하지 않는 경우 같은 법 제17조 제3항 제2호 단서 규정에 따라 당해 폐기물처리시설의 설치·운영으로 인하여 **환경상 이익에 대한 침해 또는 침해우려가 있다는 것을 입증**함으로써 그 처분의 무효확인을 구할 원고적격을 인정받을 수 있다(대판 2005. 3. 11, 2003두13489).

② **체납처분**에 기한 **압류처분**은 행정처분으로서 이에 기하여 이루어진 집행방법인 압류등기와는 구별되므로 압류등기의 말소를 구하는 것을 압류처분 자체의 무효를 구하는 것으로 볼 수 없고, 또한 압류등기가 말소된다고 하여도 압류처분이 외형적으로 효력이 있는 것처럼 존재하는 이상 그 불안과 위험을 제거할 필요가 있다고 할 것이므로, 압류처분에 기한 압류등기가 경료되어 있는 경우에도 압류처분의 무효확인을 구할 이익이 있다(대판 2003. 5. 16, 2002두3669).

2. 권리보호의 필요

(1) 의의

□ 행정처분의 무효확인 또는 취소를 구하는 소에서, 비록 행정처분의 위법을 이유로 무효확인 또는 취소 판결을 받더라도 그 처분에 의하여 발생한 위법상태를 원상으로 회복시키는 것이 불가능한 경우에는 원칙적으로 그 무효확인 또는 취소를 구할 법률상 이익이 없고, 다만 원상회복이 불가능하더라도 그 무효확인 또는 취소로써 회복할 수 있는 다른 권리나 이익이 남아 있는 경우 예외적으로 법률상 이익이 인정될 수 있을 뿐이다(대판 2016. 6. 10, 2013두1638).

[평설] 무효확인소송의 제기에도 취소소송의 경우와 같이 권리보호의 필요가 있어야 한다는 취지의 판례이다.

QR 51. **무효등 확인소송에서 권리보호의 필요의 유무에 관한 판례 모음** ☞ QR코드

(2) 확인의 이익과 확인소송의 보충성

(가) 종전의 판례

① 확인의 소는 원고의 권리 또는 법률상의 지위에 현존하는 불안, 위험이 있고 확인판결을 받는 것이 그 분쟁을 근본적으로 해결하는 가장 유효, 적절한 수단일 때에 허용된다(대판 2007. 2. 8, 2005두7273; 대판 2002. 12. 27, 2001두2799).

② 행정처분무효확인소송에 관한 행정소송법 제35조 소정의 '확인을 구할 법률상 이익'은 그 대상인 현재의 권리 또는 법률관계에 관하여 당사자 사이에 분쟁이 있고 그로 인하여 원고의 권리 또는 법률상의 지위에 불안, 위험이 있어 판결로써 그 법률관계의 존부를 확정하는 것이 불안, 위험을 제거하는데 필요하고도 적절한 경우에 인정된다(대판 1992. 7. 28, 92누4352).

[평설] 종래의 판례들인데, ①은 확인의 소는 확인판결을 받는 것이 '가장 유효적절한 수단일 때' 인정된다고 하여, 민사법상 무효확인소송에서도 확인소송의 일반적 요건인 「즉시확정의 이익」이 요구된다고 하였다. ②는 확인의 소는 확인판결을 받는 것이 불안, 위험을 제거하는데 필요하고도 적절한 경우에 인정된다는 판례이다. 첫 번째 판례의 취지와 같다.

QR 52. **무효등 확인소송에서 확인의 이익의 유무에 관한 종전 판례 모음**  ☞  QR코드

(나) 변경된 판례

□ 행정소송은 행정청의 위법한 처분 등을 취소·변경하거나 그 효력 유무 또는 존재 여부를 확인함으로써 국민의 권리 또는 이익의 침해를 구제하고 공법상의 권리관계 또는 법 적용에 관한 다툼을 적정하게 해결함을 목적으로 하므로, 대등한 주체 사이의 사법상 생활관계에 관한 분쟁을 심판대상으로 하는 민사소송과는 목적, 취지 및 기능 등을 달리한다. 또한 행정소송법 제4조에서는 무효확인소송을 항고소송의 일종으로 규정하고 있고, 행정소송법 제38조 제1항에서는 처분 등을 취소하는 확정판결의 기속력 및 행정청의 재처분 의무에 관한 행정소송법 제30조를 무효확인소송에도 준용하고 있으므로 무효확인판결 자체만으로도 실효성을 확보할 수 있다. 그리고 무효확인소송의 보충성을 규정하고 있는 외국의 일부 입법례와는 달리 우리나라 행정소송법에는 명문의 규정이 없어 이로 인한 명시적 제한이 존재하지 않는다. 이와 같은 사정을 비롯하여 행정에 대한 사법통제, 권익구제의 확대와 같은 행정소송의 기능 등을 종합하여 보면, 행정처분의 근거 법률에 의하여 보호되는 직접적이고 구체적인 이익이 있는 경우에는 행정소송법 제35조에 규정된 '무효확인을 구할 법률상 이익'이 있다고 보아야 하고, 이와 별도로 무효확인소송의 보충성이 요구되는 것은 아니므로 행정처분의 무효를 전제로 한 이행소송 등과 같은 직접적인 구제수단이 있는지 여부를 따질 필요가 없다고 해석함이 상당하다(대판 2008. 3. 20, 2007두6342).

[평설] 대법원은 2008년 3월 20일 판례를 변경하여 「무효확인소송의 보충성」이 요구되는 것은 아니라는 입장을 취하였다. 무효확인소송의 보충성에 관한 종래의 판례의 입장을 긍정적으로 평가하는 견해도 있었으나, 저자는 행정소송법상 특별한 제한규정이 없음에도 이렇게 제한적으로 새기는 것은 합당하지 않다고 지적해왔다. 왜냐하면 행정행위의 하자가 무효사유인지 아니면 취소사유인지의 구분이 반드시 용이한 것도 아니고, 행정행위의 무효와 부존재는 예외적인 현상이기 때문에 보충성을 배제한다고 하여 남소의 가능성이 큰 것도 아니고, 또한 원고가 무효등확인소송을 남용한다면, 법원은 권리보호의 필요의 요건의 해석을 통해 제한을 가할 수 있다고 보았기 때문이었다. 2008년 3월 20일자 대법원의 판례변경에 대해서는 긍정적인 평가를 할만하다.

## [50] 기타

### 1. 입증책임

□ 행정처분의 당연무효를 주장하여 그 무효확인을 구하는 행정소송에 있어서는 원고에게 그 행정처분이 무효인 사유를 주장·입증할 책임이 있다(대판 2010. 5. 13, 2009두3460; 대판 2000. 3. 23, 99두11851; 대판 1992. 3. 10, 91누6030).

[평설] 입증책임과 관련하여 학설은 **입증책임분배설**(취소소송의 경우와 같다는 견해)과 **원고책임부담설**(하자가 중대하고 명백하다면 원고가 부담하여야 한다는 견해. 취소소송과 무효등확인소송은 요건사실의 존재·부존재의 주장내용에 차이가 있으며, 무효등확인소송에서 주장되는 중대·명백한 흠은 특별한 예외적인 것이며, 무효등확인소송은 제소기간의 제한 없이 언제든 제기할 수 있어 그 사이에 증거가 없어질 수 있으므로 취소소송과 동일하게 볼 수 없다는 점을 논거로 한다)로 나뉘고 있다. **판례는 원고책임부담설**을 취한다.

### 2. 일부무효확인

□ 외형상 하나의 행정처분이라 하더라도 가분성이 있거나 그 처분대상의 일부가 특정될 수 있다면 일부만의 무효확인도 가능하고 그 일부에 대한 무효확인은 해당 무효확인 부분에 관하여 효력이 생긴다. … 이 사건 처분의 처분서인 이행강제금 부과고지서에는, 2008년, 2009년, 2010년, 2011년별로 각 해당연도의 이행강제금이 특정되어 있고, 이를 단순 합산한 금액이 이 사건 처분에 의하여 부과된 사실을 알 수 있으므로, 이 사건 처분은 외형상 하나의 처분이라 하더라도 각 연도별로 가분되어 특정될 수 있으므로, 각 연도별로 일부를 무효확인할 수 있다고 보아야 한다. 또한 원심판결이 주문에서 금액을 기재하지 않은 채 연도별로 무효 부분을 특정하였더라도, 그 내용은 충분히 특정가능하고 그 집행에 어떠한 의문이 있다고 보이지도 않는다(대판 2016. 7. 14, 2015두46598).

### 3. 판결의 효력

① 행정상의 법률관계는 이를 획일적으로 규율할 필요가 있을 뿐 아니라 행정처분무효확인소송은 제소기간의 도과 등으로 인하여 행정처분취소의 소를 제기할 수 없게 되었을 때라도 중대하고 명백한 하자 있는 행정처분이 무효임을 확정하여 그 외견적 효력을 제거하여 줌으로써 행정처분취소의 소를 제기한 것과 같은 구제의 길을 터주려는데 그 취지가 있는 것이고 행정청의 공권력의 행사에 불복

하여 그 처분의 효력을 다투는 점에서 행정처분취소의 소와 기본적으로 동질의 소송유형에 속하여 그에 준하는 성질을 가지는 것이라 할 것이므로 행정처분의 무효확인판결이 비록 형식상은 확인판결이라 하여도 그 무효확인판결의 효력은 그 취소판결과 같이 소송의 당사자는 물론 제3자에게도 미치는 것이라고 함이 상당하며 이는 당원의 판례이기도 하다(대판 1982. 7. 27, 82다173).

② 귀속재산이 아닌 토지를 귀속재산으로 오인하여 귀속재산과 함께 한 사람에게 불하하여 그 토지들이 1필의 토지로 환지확정되었으나 귀속재산으로 오인된 토지소유자가 환지후의 1필지 토지 전부에 대하여 행정소송을 제기하여 불하처분무효확인의 판결이 확정되었다면 그 판결의 대세적 효력 때문에 그 후 국가가 불하처분을 취소하여도 위 취소처분은 확정판결에 의하여 무효임이 확정된 사실을 다시 확인하는데 불과하고 또 위 불하처분을 취소하는 처분을 다시 취소하여도 위 확정판결에 의하여 무효임이 확인된 불하처분이 다시 불하처분 당시로 소급하여 그 효력을 발생할 수 없는 것이다(대판 1980. 8. 26, 79다1866).

[평설] 취소판결의 제3자효에 관한 행정소송법 제29조 제1항(처분등을 취소하는 확정판결은 그 사건에 관하여 당사자인 행정청과 그 밖의 관계행정청을 기속한다)은 무효확인소송에도 준용된다(행소법 제38조 제1항). 위의 판례는 **현행 행정소송법이 제정·발효되기 전**에 나타난 것이다.


## 제3항 부작위위법확인소송

### [51] **부작위위법확인소송의 소송요건**(본안판단의 전제요건)

참고☞ 부작위위법확인소송의 소송요건은 취소소송의 소송요건과 기본적으로 다를 바 없다. 그러나 부작위위법확인소송은 무효등확인소송의 경우와 달리 **제소기간의 적용 가능성**이 있고, **행정심판전치의 적용가능성**도 있다. 본안판단의 전제요건의 결여의 효과는 취소소송의 경우와 같다.


### 1. 신청권의 존부(당사자의 신청)

① 부작위위법확인소송은 처분의 신청을 한 자로서 부작위가 위법하다는 확인을 구할 법률상의 이익이 있는 자만이 제기할 수 있는 것이므로, 당사자가 행정청에 대하여 어떠한 행정처분을 하여 줄 것을 요청할 수 있는 법규상 또는 조리상의

권리를 갖고 있지 아니하거나 부작위의 위법확인을 구할 법률상의 이익이 없는 경우에는 항고소송의 대상이 되는 위법한 부작위가 있다고 볼 수 없거나 원고적격이 없어 그 부작위위법확인의 소는 부적법하다(대판 2000. 2. 25, 99두11455; 대판 1999. 12. 7, 97누17568; 대판 1990. 5. 25, 89누5768).

② 외무공무원의 정년 등을 규정한 외무공무원법상 일반 국민이나 국회의원 등이 외무공무원의 임면권자에 대하여 특임공관장의 임면과정이나 지위 변경 등에 관하여 어떠한 신청을 할 수 있다는 규정이 없을 뿐 아니라, 나아가 국회의원은 헌법이 부여한 권한에 따라 국정감사·조사권, 국무위원 등의 국회출석요구권·질문권, 국무위원 등의 해임건의권 등의 다양한 권한행사를 통하여 행정부의 위법·부당한 행위를 통제할 수 있고, 또한 국회법상 국회통일외교통상위원회는 외무공무원의 인사에 관한 사항 등 외교통상부 소관에 속하는 의안과 청원의 심사 등의 직무를 행하도록 규정되어 있기는 하지만, 이러한 규정들에 의하여 국회의원이 국무위원인 외교통상부장관에 대하여 정치적인 책임을 물을 수 있음은 별론으로 하고 국회의원 개개인에게 특임공관장의 인사사항에 관한 구체적인 신청권을 부여한 것이라고 할 수 없어서, 국회의원에게는 대통령 및 외교통상부장관의 특임공관장에 대한 인사권 행사 등과 관련하여 대사의 직을 계속 보유하게 하여서는 아니된다는 요구를 할 수 있는 법규상 신청권이 있다고 할 수 없고, 그 밖에 조리상으로도 그와 같은 신청권이 있다고 보여지지 아니한다(대판 2000. 2. 25, 99두11455).

[평설] 두 판례 모두 신청권의 존재를 원고적격의 요소로 파악하면서 동시에 대상적격의 문제로 접근한다. 그리하여 신청권(명문으로 규정된 경우뿐만 아니라 법령의 해석상 신청권이 있는 것으로 판단되는 경우도 포함)에 의하지 아니한 신청을 행정청이 받아들이지 아니한 것을 위법한 부작위로 보지 아니한다.

## 2. 상당한 기간

□ 4급 공무원이 당해 지방자치단체 인사위원회의 심의를 거쳐 3급 승진대상자로 결정되고 임용권자가 그 사실을 대내외에 공표까지 하였다면, 그 공무원은 승진임용에 관한 법률상 이익을 가진 자로서 임용권자에 대하여 3급 승진임용을 신청할 조리상의 권리가 있고, 이러한 공무원으로부터 소청심사청구를 통해 승진임용 신청을 받은 행정청으로서는 상당한 기간 내에 그 신청을 인용하는 적극적 처분을 하거나 각하 또는 기각하는 등의 소극적 처분을 하여야 할 법률상의 응답의무

가 있다. 그럼에도, 행정청이 위와 같은 권리자의 신청에 대해 아무런 적극적 또는 소극적 처분을 하지 않고 있다면 그러한 행정청의 부작위는 그 자체로 위법하다(대판 2009. 7. 23, 2008두10560).

[평설] 상당한 기간이란 어떠한 처분을 함에 있어 **통상 요구되는** 기간을 의미한다고 본다. 상당한 기간의 판단에는 처분의 성질·내용 등이 고려되어야 할 것이나 업무의 폭주, 인력의 미비 같은 사정은 고려될 성질의 것이 아니다.

## 3. 일정한 처분을 할 법률상 의무

### (1) 처분

① 부작위위법확인소송은 처분의 신청을 한 자로서 부작위의 위법확인을 구할 법률상 이익이 있는 자만이 제기할 수 있다 할 것이며 이를 통하여 구하는 행정청의 응답행위는 행정소송법 제2조 제1항 제1호 소정의 처분에 관한 것이라야 하므로 당사자가 행정청에 대하여 어떠한 행정행위를 하여 줄 것을 신청하지 아니하였거나 신청을 하였더라도 당사자가 행정청에 대하여 그러한 행정행위를 하여 줄 것을 요구할 수 있는 법규상 또는 조리상 권리를 갖고 있지 아니하든지 또는 행정청이 당사자의 신청에 대하여 거부처분을 한 경우에는 원고적격이 없거나 항고소송의 대상인 위법한 부작위가 있다고 볼 수 없어 그 부작위위법확인의 소는 부적법하다(대판 1993. 4. 23, 92누17099; 대판 1991. 11. 8, 90누9391).

② 입법부작위에 대한 행정소송의 적법여부에 관하여 대법원은 "행정소송은 구체적 사건에 대한 법률상 분쟁을 법에 의하여 해결함으로써 법적 안정을 기하자는 것이므로 부작위위법확인소송의 대상이 될 수 있는 것은 구체적 권리의무에 관한 분쟁이어야 하고, 추상적인 법령에 관하여 제정의 여부 등은 그 자체로서 국민의 구체적인 권리의무에 직접적 변동을 초래하는 것이 아니어서 행정소송의 대상이 될 수 없다"고 판시하고 있으므로, 피청구인 보건복지부장관에 대한 청구 중 위 시행규칙에 대한 입법부작위 부분은 다른 구제절차가 없는 경우에 해당한다(헌재 1998. 7. 16, 96헌마246).

③ 형사본안사건에서 무죄가 선고되어 확정되었다면 형사소송법 제332조 규정에 따라 검사가 압수물을 제출자나 소유자 기타 권리자에게 환부하여야 할 의무가 당연히 발생한 것이고, 권리자의 환부신청에 대한 검사의 환부결정 등 어떤 처분에 의하여 비로소 환부의무가 발생하는 것은 아니므로 압수가 해제된 것으로 간주된 압

수물에 대하여 피압수자나 기타 권리자가 민사소송으로 그 반환을 구함은 별론으로 하고 검사가 피압수자의 압수물 환부신청에 대하여 아무런 결정이나 통지도 하지 아니하고 있다고 하더라도 그와 같은 부작위는 현행 행정소송법상의 부작위위법확인소송의 대상이 되지 아니한다(대판 1995. 3. 10, 94누14018).

[평설] ①은 부작위위법확인소송은 **처분의 부작위를 다투는 소송**이라는 취지이고, ②는 **입법의 부작위는 부작위위법확인소송의 대상이 아니라**는 취지이고, ③은 검사에게 압수물 환부를 이행하라는 청구는 행정청의 부작위에 대하여 일정한 처분을 하도록 하는 **의무이행소송으로 현행 행정소송법상 허용되지 아니한다**는 취지이다.

### (2) 법률상 의무

□ 검사의 임용 여부는 임용권자의 자유재량에 속하는 사항이나, 임용권자가 동일한 검사신규임용의 기회에 원고를 비롯한 다수의 검사 지원자들로부터 임용신청을 받아 전형을 거쳐 자체에서 정한 임용기준에 따라 이들 일부만을 선정하여 검사로 임용하는 경우에 있어서 **법령상 검사임용 신청 및 그 처리의 제도에 관한 명문 규정이 없다고 하여도 조리상 임용권자는 임용신청자들에게 전형의 결과인 임용 여부의 응답을 해줄 의무가 있다**고 할 것이며, 응답할 것인지 여부 조차도 임용권자의 편의재량사항이라고는 할 수 없다(대판 1991. 2. 12, 90누5825).

[평설] 부작위는 행정청이 어떠한 처분을 하여야 할 법률상 의무가 있음에도 행정청이 처분을 하지 않는 경우에 성립하게 된다. **법률상 의무에는 명문의 규정에 의해 인정되는 경우뿐만 아니라 법령의 해석상 인정되는 경우도 있다**는 취지의 판례이다.

### 4. 행정청이 아무런 처분도 하지 않았을 것

① 소제기의 전후를 통하여 판결시까지 행정청이 그 신청에 대하여 적극 또는 소극의 처분을 함으로써 **부작위상태가 해소된 때에는 소의 이익을 상실하게 되어 당해 소는 각하를 면할 수가 없는 것**이다(대판 1990. 9. 25, 89누4758).

② 행정청이 당사자의 신청에 대하여 **거부처분을 한 경우**에는 항고소송의 대상인 **위법한 부작위가 있다고 볼 수 없어 그 부작위위법확인의 소는 부적법**하다(대판 1998. 1. 23, 96누12641).

③ 검사 지원자 중 한정된 수의 임용대상자에 대한 임용 결정은 한편으로는 그

임용대상에서 제외한 자에 대한 임용거부결정이라는 양면성을 지니는 것이므로 임용대상자에 대한 임용의 의사표시는 동시에 임용대상에서 제외한 자에 대한 임용거부의 의사표시를 포함한 것으로 볼 수 있고, 이러한 임용 거부의 의사 표시는 본인에게 직접 고지되지 않았다고 하여도 본인이 이를 알았거나 알 수 있었을 때에 그 효력이 발생한 것으로 보아야 한다(대판 1991. 2. 12, 90누5825).

[평설] ①은 부작위가 해소되면 부작위위법확인소송이 각하된다는 판례이다. ②는 첫 번째 판례의 예가 된다. 이 경우에는 취소소송으로 소의 변경을 할 수 있을 것이다. ③은 묵시적 거부도 거부처분에 해당한다는 취지의 판례이다.

## [52] 기타

### 1. 원고적격(행소법 제36조)

#### (1) 신청권

□ 부작위위법확인소송은 처분의 신청을 한 자로서 부작위가 위법하다는 확인을 구할 법률상의 이익이 있는 자만이 제기할 수 있는 것이므로, 당사자가 행정청에 대하여 어떠한 행정처분을 하여 줄 것을 요청할 수 있는 **법규상 또는 조리상의 권리를 갖고 있지 아니하거나 부작위의 위법확인을 구할 법률상의 이익이 없는** 경우에는 항고소송의 대상이 되는 위법한 부작위가 있다고 볼 수 없거나 원고적격이 없어 그 부작위위법확인의 소는 부적법하다(대판 2000. 2. 25, 99두11455; 대판 1999. 12. 7, 97누17568; 대판 1990. 5. 25, 89누5768).

[평설] 부작위위법확인소송은 처분을 신청한 자로서 부작위의 위법을 구할 법률상의 이익이 있는 자만이 제기할 수 있다(행소법 제36조). 학설은 원고적격이 인정되기 위해서는 ① 일정한 처분을 신청한 것으로 족하다는 견해와 ② 법령(명시적 규정이나 해석상 인정되는 경우 포함)에 의해 신청권을 가지는 자에 한한다는 견해, 그리고 ③ '행정청의 부작위로 자기의 법률상의 이익이 침해되었다고 주장하는 자'에게 인정된다는 견해가 있다. 판례는 원고에게 신청권이 있어야 한다는 견해를 취한다.

#### (2) 제3자의 원고적격

□ 행정소송법상 취소소송이나 부작위위법확인소송에 있어서는 당해 행정처분 또는 부작위의 직접상대방이 아닌 제3자라 하더라도 그 처분의 취소 또는 부작위

위법확인을 받을 법률상의 이익이 있는 경우에는 원고적격이 인정되나 여기서 말하는 **법률상의 이익**은 그 처분 또는 부작위의 근거법률에 의하여 보호되는 직접적이고 구체적인 이익을 말하고, 간접적이거나 사실적, 경제적 관계를 가지는 데 불과한 경우는 포함되지 않는다(대판 1989. 5. 23, 88누8135).

## 2. 제소기간

① 부작위위법확인의 소는 부작위상태가 계속되는 한 그·위법의 확인을 구할 이익이 있다고 보아야 하므로 원칙적으로 제소기간의 제한을 받지 않는다. 그러나 행정소송법 제38조 제2항이 제소기간을 규정한 같은 법 제20조를 부작위위법확인소송에 준용하고 있는 점에 비추어 보면, 행정심판 등 전심절차를 거친 경우에는 행정소송법 제20조가 정한 제소기간 내에 부작위위법확인의 소를 제기하여야 한다(대판 2009. 7. 23, 2008두10560).

② 당사자가 동일한 신청에 대하여 부작위위법확인의 소를 제기하였으나 그 후 소극적 처분이 있다고 보아 처분취소소송으로 소를 교환적으로 변경한 후 여기에 부작위위법확인의 소를 추가적으로 병합한 경우, 최초의 부작위위법확인의 소가 적법한 제소기간 내에 제기된 이상 그 후 처분취소소송으로의 교환적 변경과 처분취소소송에의 추가적 변경 등의 과정을 거쳤다고 하더라도 여전히 제소기간을 준수한 것으로 봄이 상당하다(대판 2009. 7. 23, 2008두10560).

## 3. 권리보호의 필요

① 당사자의 신청이 있은 이후 당사자에게 생긴 사정의 변화로 인하여 위 부작위가 위법하다는 확인을 받는다고 하더라도 종국적으로 침해되거나 방해받은 권리와 이익을 보호·구제받는 것이 불가능하게 되었다면 그 부작위가 위법하다는 확인을 구할 이익은 없다(대판 2002. 6. 28, 2000두4750; 대판 1992. 7. 28, 91누7361; 대판 1992. 6. 9, 91누11278; 대판 1990. 9. 25, 89누4758).

② 이 사건 소는 서초구청 교통행정과 소속 지방지도원으로서 버스전용차로 통행위반 단속업무에 종사하던 원고가 사실상 노무에 종사하는 공무원이라고 주장하면서 지방공무원법 제58조 제2항에서 노동운동이 허용되는 사실상의 노무에 종사하는 공무원의 범위를 조례로 정하도록 규정하고 있음에도 피고가 조례를 통하여 '사실상 노무에 종사하는 공무원'의 구체적 범위를 규정하지 않고 있는

것은 위법한 부작위에 해당한다는 이유로 그 확인을 구하는 것인데, 원고는 이 사건 소가 상고심에 계속중이던 2000. 6. 30. 이미 정년퇴직하였음을 알 수 있는 바, 그렇다면 설령 피고가 위 조례를 제정하지 아니한 것이 위법한 부작위에 해당한다고 하더라도 그 확인으로 인하여 원고가 종국적으로 구제를 받는 것이 불가능하게 되었다 할 것이므로 결국 위 조례를 제정하지 아니한 부작위가 위법하다는 확인을 구할 소의 이익은 상실되었다 할 것이어서 이 사건 소는 부적법하다(대판 2002. 6. 28, 2000두4750).

## 4. 이유의 유무(본안요건)

□ 행정청이 행한 공사중지명령의 상대방은 그 명령 이후에 그 원인사유가 소멸하였음을 들어 행정청에게 공사중지명령의 철회를 요구할 수 있는 조리상의 신청권이 있다 할 것이고, 상대방으로부터 그 신청을 받은 행정청으로서는 상당한 기간 내에 그 신청을 인용하는 적극적 처분을 하거나 각하 또는 기각하는 등의 소극적 처분을 하여야 할 **법률상의 응답의무**가 있다고 할 것이며, 행정청이 상대방의 신청에 대하여 아무런 적극적 또는 소극적 처분을 하지 않고 있는 이상 **행정청의 부작위는 그 자체로 위법**하다(대판 2005. 4. 14, 2003두7590).

## 5. 심리의 범위

□ 부작위위법확인의 소는 행정청이 국민의 법규상 또는 조리상의 권리에 기한 신청에 대하여 상당한 기간내에 그 신청을 인용하는 적극적 처분 또는 각하하거나 기각하는 등의 소극적 처분을 하여야 할 법률상의 응답의무가 있음에도 불구하고 이를 하지 아니하는 경우, **판결시**(사실심의 구두변론 종결시)를 기준으로 그 부작위의 위법을 확인함으로써 행정청의 응답을 신속하게 하여 부작위 내지 무응답이라고 하는 소극적인 위법상태를 제거하는 것을 목적으로 하는 것이고, 나아가 당해 판결의 구속력에 의하여 행정청에게 처분 등을 하게 하고 다시 당해 처분 등에 대하여 불복이 있는 때에는 그 처분 등을 다투게 함으로써 최종적으로는 국민의 권리이익을 보호하려는 제도이다(대판 1990. 9. 25, 89누4758).

[평설] 부작위위법확인소송은 부작위가 위법하다는 것을 확인하는데 그치고, 부작위위법확인소송의 인용판결이 있으면, 행정청은 판결의 기속력에 따라(행소법 제38조 제2항, 제30조) 신청에 대하여 적극적 또는 소극적 처분을 할 것이고, 이러한 처분에 불복하

면, 취소소송으로 다룰 수 있다는 취지의 판례이다. 한편, **학설상 부작위위법확인소송에서 법원의 심리범위와 관련하여 실체적 심리설**(법원은 단순히 행정청의 방치행위의 적부에 관한 절차적 심리에만 그치지 아니하고, 신청의 실체적 내용이 이유 있는 것인지도 심리하여, 그에 대한 적정한 처리방향에 관한 법률적 판단을 하여야 한다는 견해)과 **절차적 심리설**(부작위위법확인소송의 수소법원은 부작위의 위법 여부만을 심사하여야 하며 만약 실체적인 내용을 심리한다면 그것은 의무이행소송을 인정하는 결과가 되어 정당하지 않다는 견해)로 나뉜다. 판례는 절차적 심리설을 취한다. 부작위위법확인소송의 소송물이 부작위의 위법성이라는 점과 행정소송법상 부작위위법확인소송의 개념(행정청의 부작위가 위법하다는 것을 확인하는 소송)에 비추어 **논리적으로는 절차적 심리설이 일단 타당하다.** 그러나 무명항고소송(예: 이행소송·적극적 형성소송) 등이 인정되어야 한다는 본서의 입장에서는 무명항고소송이 인정되기까지 **정책적인 관점에서 본안심리의 경우에 신청의 내용도 심리하는 것이 필요하다고 본다.** 그래야만 판결의 취지에 따르는 재처분의무의 이행이 보다 큰 의미를 가질 것이기 때문이다. 그것은 결국 국민의 권익보호에 크게 기여하게 될 것이다.

## 6. 위법성 판단의 기준시

□ 부작위위법확인의 소는…소제기의 전후를 통하여 판결시까지 행정청이 그 신청에 대하여 적극 또는 소극의 처분을 함으로써 **부작위상태가 해소된 때에는 소의 이익을 상실하게 되어** 당해 소는 각하를 면할 수가 없는 것이다(대판 1990. 9. 25, 89누4758).

[평설] 취소소송이나 무효등확인소송과 달리 부작위위법확인소송의 경우에는 **위법성판단의 기준시점을 판결시로 보는 것이 타당하다.** 왜냐하면 부작위위법확인소송은 이미 이루어진 처분을 다투는 것이 아니고 다투는 시기에 행정청에 법상의 의무가 있음을 다투는 것이기 때문이다. 같은 견해의 판례이다.

## 제4항  무명항고소송(법정외 항고소송)

□ 우리 행정소송법이 행정청의 부작위에 대하여 **부작위위법확인소송만 인정**하고 있을 뿐 **작위의무이행소송**이나 **작위의무확인소송**은 인정하지 않고 있는바, 행정심판법 제4조 제3호가 의무이행심판청구를 인정하고 … 있다고 하더라도, 그렇다고 하여 행정청의 부작위에 대한 작위의무의 이행이나 확인을 구하는 행정소송이 허용될 수는

없는 것이다(대판 1992. 11. 10, 92누1629; 대판 1989. 1. 24, 88누3116; 대판 1989. 9. 12, 87누868; 대판 1990.11 23, 90누3553; 대판 1992. 2. 11, 91누4126).

## [53] 유형별 검토

### 1. 의무이행소송

□ 행정소송법상 행정청의 부작위에 대하여는 부작위위법확인소송만 인정되고 작위의무의 이행이나 확인을 구하는 행정소송은 허용될 수 없다 할 것인데, 피고가 원고(서울특별시)에 대하여 구하고 있는 이 사건 위탁시설에 대한 관리위탁처분이 행정처분임은 앞서 본 바와 같은바, 그렇다면 이 부분 소는 행정청인 원고에 대하여 행정처분에 대한 작위의무의 이행을 구하는 것으로서 법률상 허용되지 않는 것으로서 부적법하다(대판 2004. 2. 13, 2001다15828).

[평설] 행정청으로 하여금 일정한 행정처분을 하도록 명하는 이행판결(예: "A시장은 갑에게 건축허가를 발령하여야 한다"는 판결)을 구하는 소송을 **의무이행소송** 또는 **이행소송**이라 한다. 이러한 소송에 대하여 판례는 소극적이다.

## QR 53. **의무이행소송(이행소송)을 인정하지 아니하는 판례 모음**  ☞  QR코드

= 행정소송법 제4조에 의무이행소송을 규정하지 아니한 것이 위헌인지 여부

□ 의무이행소송의 성격은 취소소송이나 확인의 소인 부작위위법확인소송과는 본질적으로 다르고, 소송요건, 본안 요건, 판결의 효력, 집행 방법 등에 있어서도 본질적으로 구별되는 별도의 소송유형이라는 점, 행정청의 1차적 판단권이 존중되어야 한다는 권력분립적 요청, 법치행정의 요청 및 국민의 효율적인 권리구제의 요청, 사법권의 정치화·행정화를 막고 부담을 경감하여야 한다는 사법자제적 요청, 국가 주도의 발전과정과 행정권의 역할에 대한 고려, 행정기관과 법원의 수용태세 등을 고려하여 현행 행정소송법에 도입되지 않은 입법경위 등을 종합하면, 행정소송법 제4조가 의무이행소송을 항고소송의 하나로 규정하지 아니한 것은 의무이행소송에 대한 입법행위가 없는 경우(입법권의 불행사)에 해당하는 것이지, 항고소송의 유형을 불완전·불충분하게 규율하여 입법행위에 결함이 있는 경우(입법권 행사의 결함)라고 보기 어렵다. 따라서 이 사건 헌법소원심판청구 중 행정소송법 제4조에 대한 청구 부분은 실질적으로 입법이 전혀 존재하지 않는

의무이행소송이라는 새로운 유형의 항고소송을 창설하여 달라는 것으로 헌법재판소법 제68조 제2항에 의한 헌법소원에서 허용되지 않는 진정입법부작위에 대한 헌법소원심판청구이므로 부적법하다(헌재 2008. 10. 30, 2006헌바80).

## 2. 적극적 형성소송

□ 현행 행정소송법상 … 법원으로 하여금 행정청이 일정한 행정처분을 행한 것과 같은 효과가 있는 행정처분을 직접 행하도록 하는 형성판결을 구하는 소송은 허용되지 아니하므로 원심이 피고에 대하여 판시의 도면표시 (나), (마) 부분을 공동어업면허의 면허면적에 편입시켜 줄 것을 구하는 취지의 원고들의 청구 부분은 부적법하다고 판단한 것은 정당하다(대판 1997. 9. 30, 97누3200).

[평설] 법원이 직접 행정처분을 하도록 명하는 판결(적극적 형성판결)(예: "A법원은 갑에게 건축을 허가한다"는 판결)을 구하는 소송을 적극적 형성소송이라 한다. 이러한 소송에 대하여 판례는 소극적이다.

## 3. 작위의무확인소송

□ 피고 국가보훈처장 등에게, 독립운동가들에 대한 서훈추천권의 행사가 적정하지 아니하였으니 이를 바로잡아 다시 추천하고, 잘못 기술된 독립운동가의 활동상을 고쳐 독립운동사 등의 책자를 다시 편찬, 보급하고, 독립기념관 전시관의 해설문, 전시물 중 잘못된 부분을 고쳐 다시 전시 및 배치할 의무가 있음의 확인을 구하는 청구는 작위의무확인소송으로서 항고소송의 대상이 되지 아니한다(대판 1990. 11. 23, 90누3553).

□ 단순한 부작위위법확인이 아닌 작위의무확인청구는 항고소송의 대상이 되지 아니한다 할 것인바, 원심이 같은 취지에서 애국지사의 사망일시금 및 유족생계부조수당지급의무의 확인청구는 항고소송의 대상이 되지 아니하여 부적법하다고 판단한 것은 정당하다(대판 1989. 1. 24, 88누3314).

[평설] 행정청이 일정한 행정처분을 할 의무(작위의무)가 있음을 확인한다는 판결(예: "A시장은 갑에게 건축허가를 내줄 의무가 있다"는 판결)을 구하는 소송을 작위의무확인소송이라 한다. 이러한 소송에 대하여 판례는 소극적이다.

## 4. 예방적 부작위소송

① 행정소송법상 행정청이 일정한 처분을 하지 못하도록 그 부작위를 구하는 청구는 허용되지 않는 부적법한 소송이라 할 것이므로, 피고 국민건강보험공단은 이 사건 고시(건강보험요양급여행위 및 그 상대가치점수 개정)(보건복지부고시 제2001-32호)를 적용하여 요양급여비용을 결정하여서는 아니된다는 내용의 원고들의 위 피고에 대한 이 사건 청구는 부적법하다 할 것이다(대판 2006. 5. 25, 2003두11988).
② 건축건물의 준공처분을 하여서는 아니된다는 내용의 부작위를 구하는 청구는 행정소송에서 허용되지 아니하는 것이므로 부적법하다(대판 1987. 3. 24, 86누182).

[평설] 행정청이 일정한 처분을 하지 못하도록 행정청에 그 부작위를 명하는 판결(예: "A경찰서장은 B에게 총기소지허가를 내주어서는 아니 된다"는 판결)을 구하는 소송을 예방적 부작위소송이라 한다. 예방적 부작위소송은 권익침해의 예방을 목적으로 논의되고 있다. 이러한 소송에 대하여 판례는 소극적이다.

# 제 3 절  당사자소송

## [54] 당사자소송 일반론

### 1. 형식적 당사자소송

□ 토지수용법 제75조의2 제2항의 규정은 그 제1항에 의하여 이의재결에 대하여 불복하는 행정소송을 제기하는 경우, 이것이 보상금의 증감에 관한 소송인 때에는 이의재결에서 정한 보상금이 증액 변경될 것을 전제로 하여 기업자를 상대로 보상금의 지급을 구하는 공법상의 당사자소송을 규정한 것으로 볼 것이다(대판 1991. 11. 26, 91누285).

[평설] 당사자소송에는 **실질적 당사자소송**(대등당사자 사이의 공법상의 권리관계에 관한 소송으로서 통상의 당사자소송이 이에 해당한다. 당사자소송은 공권력행사·불행사 그 자체가 소송물은 아니며, 다만 그러한 행사로 인해 형성되는 공법상 법률관계(권리관계) 그 자체가 소송물인 것이다)과 형식적 당사자소송이 있다. **형식적 당사자소송**이란 실질적으로 행정청의 처분등을 다투는 것이나 형식적으로는 처분등의 효력을 다투지도 않고, 또한 처분청을 피고로 하지도 않고, 그 대신 처분등으로 인해 형성된 법률관계를 다투기 위해 관련 법률관계의 일방당사자를 피고로 하여 제기하는 소송을 말한다. 현행 공익사업을

위한 토지등의 취득 및 보상에 관한 법률 제85조 제2항(구 토지수용법 제75조의2 제2항)에 규정하는 소송이 형식적 당사자소송의 전형적인 예에 해당한다.

## 2. 당사자소송의 활용

① 현행 행정소송법은 항고소송과 당사자소송의 형태를 모두 규정하고 있으므로, 이제는 공법상의 권리관계의 분쟁에 있어서는 그 권리구제의 방법에 관하여 항고소송만에 의하도록 예정한 산업재해보상보험업무및심사에관한법률 제3조와 같은 규정이 있는 경우를 제외하고는, 소의 이익이 없는 등 특별한 사정이 없는 한 항고소송 외에 당사자소송도 허용하여야 할 것이고, 불필요하게 국민의 권리구제방법을 제한할 것은 아니다[대판 1994. 5. 24, 92다35783(전원합의체[반대의견에 대한 보충의견])].
② 사업시행자가 실제로 이주대책을 수립하기 이전에는 이주자의 수분양권은 아직 추상적인 권리나 법률상의 지위 내지 이익에 불과한 것이어서 이 단계에 있어서는 확인의 이익이 인정되지 아니하여 그 권리나 지위의 확인을 구할 수 없다고 할 것이나, 사업시행자가 이주대책을 수립 실시하지 아니하는 경우에는 사업시행자에게 이를 청구하여 거부되거나 방치되면 부작위위법확인을 소구할 수는 있다고 볼 것이다. 그러나 이주대책을 수립한 이후에는 이주자의 추상적인 수분양권이 그 이주대책이 정하는 바에 따라 구체적 권리로 바뀌게 되므로, 구체적 이주대책에서 제외된 이주자는 위와 같은 수분양권에 터잡은 분양신청(이른바 실체적 신청권의 행사)을 하여 거부당한 경우에는 이를 실체적 신청권을 침해하는 거부처분으로 보아 그 취소를 구하는 항고소송을 제기할 수 있을 것이고, 신청기간을 도과한 경우, 사업시행자가 미리 수분양권을 부정하거나 이주대책에 따른 분양절차가 종료되어 분양신청을 하더라도 거부당할 것이 명백한 경우, 또는 분양신청을 묵살당한 경우, 기타 확인판결을 얻음으로써 분쟁이 해결되고 권리구제가 가능하여 그 확인소송이 권리구제에 유효 적절한 수단이 될 수 있는 특별한 사정이 있는 경우에는, 당사자소송으로 수분양권 또는 그 법률상의 지위의 확인을 구할 수 있다고 보아야 한다[대판 1994. 5. 24, 92다35783(전원합의체[반대의견에 대한 보충의견])].

[평설] 이주자의 이주대책대상자 선정신청에 대한 사업시행자의 확인·결정 및 사업시행자의 이주대책에 관한 처분의 법적 성질과 이에 대한 쟁송방법과 관련하여 판례의 다수견해는 ① 이주대책에 관한 처분은 법률상 부여받은 행정작용권한을 행사하는 것으로서 항고소송의 대상이 되는 것이고, ② 민사소송이나 공법상 당사자소송으로 이주

대책상의 수분양권의 확인 등을 구하는 것은 허용될 수 없다고 하였다. 다수 견해는 국민의 권리구제방법을 제한하는 견해로 보인다. 반대견해가 보다 의미있다고 본다.

## 3. 피고적격

① 공법상의 법률관계를 다투는 당사자소송은 행정소송법 제3조 제2호, 제39조에 의하여 그 법률관계의 한쪽 당사자인 국가·공공단체 그 밖의 권리주체가 피고적격을 가진다(대판 2001. 12. 11, 2001두7794).

② 납세의무부존재확인의 소는 공법상의 법률관계 그 자체를 다투는 소송으로서 당사자소송이라 할 것이므로 행정소송법 제3조 제2호, 제39조에 의하여 그 법률관계의 한쪽 당사자인 국가·공공단체 그 밖의 권리주체가 피고적격을 가진다(대판 2000. 9. 8, 99두2765).

③ 공법상의 권리관계의 확인을 구하는 당사자소송은 그 권리주체인 국가 또는 공공단체 등을 피고로 하여야 하므로 그 권리주체가 아닌 재향군인회장과 국방부장관을 피고로 하여 제기한 소는 부적법하다(대판 1991. 1. 25, 90누3041).

[평설] 당사자소송에서는 국가·공공단체 그 밖의 권리주체가 당사자소송의 피고가 되며(행소법 제39조), 항고소송의 경우와 달리 행정청이 피고가 아니라는 취지의 판례이다.

## 4. 소의 변경

① 공법상의 법률관계에 관한 당사자소송에서는 그 법률관계의 한쪽 당사자를 피고로 하여 소송을 제기하여야 한다(행정소송법 제3조 제2호, 제39조). 다만 원고가 고의 또는 중대한 과실 없이 당사자소송으로 제기하여야 할 것을 항고소송으로 잘못 제기한 경우에, 당사자소송으로서의 소송요건을 결하고 있음이 명백하여 당사자소송으로 제기되었더라도 어차피 부적법하게 되는 경우가 아닌 이상, 법원으로서는 원고가 당사자소송으로 소 변경을 하도록 하여 심리·판단하여야 한다(대판 2016. 5. 24, 2013두14863).

② 피고의 이 사건 통지는 행정처분이 아니므로 원고는 피고를 상대로 항고소송을 제기할 수 없고 국가를 상대로 이 사건 차액의 지급을 구하는 당사자소송을 제기하였어야 하며, 다만 권리 구제나 소송경제의 측면에 비추어 원고로 하여금 당사자소송으로 소 변경을 할 수 있는 기회를 갖도록 함이 타당하므로 원심으로서

는 이 사건을 항고소송에서 당사자소송으로 소 변경할 것인지에 대하여 석명권을 적절하게 행사함으로써 적법한 소송형태를 갖추도록 하였어야 한다(대판 2016. 5. 24, 2013두14863).

[평설] 당사자소송으로 제기하여야 할 것을 항고소송으로 잘못 제기한 경우, 법원이 취해야 할 바를 제시하는 판례이다.

## 5. 관련청구소송의 병합

□ 행정소송법 제44조, 제10조에 의한 관련청구소송 병합은 본래의 당사자소송이 적법할 것을 요건으로 하는 것이어서 본래의 당사자소송이 부적법하여 각하되면 그에 병합된 관련청구소송도 소송요건을 흠결하여 부적합하므로 각하되어야 한다. 따라서 영업손실보상금청구의 소가 재결절차를 거치지 않아 부적법하여 각하되는 이상, 이에 병합된 생활대책대상자 선정 관련청구소송 역시 소송요건을 흠결하여 부적법하므로 각하되어야 한다(대판 2011. 9. 29, 2009두10963).

## 6. 가처분

□ 당사자소송에 대하여는 행정소송법 제23조 제2항의 집행정지에 관한 규정이 준용되지 아니하므로(행정소송법 제44조 제1항 참조), 이를 본안으로 하는 가처분에 대하여는 행정소송법 제8조 제2항에 따라 민사집행법상의 가처분에 관한 규정이 준용되어야 한다(대결 2015. 8. 21, 2015무26).

## 7. 가집행선고

□ 가집행의 선고는 불필요한 상소권의 남용을 억제하고 신속한 권리실현을 위하여 둔 제도이지 집행불능을 사전에 방지하려는 제도가 아니므로, 국가에 대하여 집행이 불가능하게 될 염려가 없다고 해서 가집행 선고의 필요가 없는 것도 아니고, 가집행으로 인한 국가회계질서 문란의 우려는 국가 스스로 얼마든지 이를 예방할 수 있는 것이므로 아무런 문제가 될 수 없으며, 가집행 후 상소심에서 판결이 번복되었을 경우 원상회복이 어렵게 될 경우를 예상할 수 있으나, 이러한 문제는 국가가 피고일 경우에만 생기는 문제가 아니라 가집행제도의 일반적인 문제라 할 것이어서, 이러한 문제는 법원이 판결을 함에 있어 가집행을 붙이지 아니할 상당성의 유무를 신중히 판단하고 민사소송법 제199조 제1항에 의한

담보제공명령이나 같은 법조 제2항에 의한 가집행 면제제도를 적절하게 운용하
며 또, 국가로서도 민사소송법 제473조, 제474조에 의하여 법원에 신청하여 가
집행 정지명령을 받는 등의 방법으로 사전에 예방할 수 있는 것이므로 위와 같
은 문제가 있다고 해서 그것이 국가에 대하여 예외적으로 가집행선고를 금지할
이유가 될 수 없다. … 소송촉진등에관한특례법 제6조 제1항 중 "다만, **국가를 상
대로 하는 재산권의 청구에 관하여는 가집행의 선고를 할 수 없다**"라는 부분은 헌법
제11조 제1항에 위반된다(헌재 1989. 1. 25, 88헌가7).

□ 행정소송법 제8조 제2항에 의하면 행정소송에도 민사소송법의 규정이 일반
적으로 준용되므로 법원으로서는 **공법상 당사자소송에서 재산권의 청구를 인용하
는 판결을 하는 경우 가집행선고를 할 수 있다**(대판 2000. 11. 28, 99두3416).

[평설] ①에 맞추어 1990년 1월 소송촉진등에관한특례법의 개정으로 가집행선고에 관
해 규정하였던 동법 제6조는 삭제되었다. ②는 행정소송법 제8조 제2항에 따라 당사
자소송에 민사소송법상 가집행이 적용된다는 판례이다.

## QR 54. 당사자소송 관련 판례 모음   ☞   QR코드

## 제 4 절   객관적 소송

### [55] 민중소송(행소법 제3조 제3호, 제45조, 제46조)

□ 공직선거법 제222조와 제224조에서 규정하고 있는 **선거소송은 집합적 행위로
서의 선거에 관한 쟁송으로서 선거라는 일련의 과정에서 선거에 관한 규정을 위
반한 사실이 있고, 그로써 선거의 결과에 영향을 미쳤다고 인정하는 때에 선거의
전부나 일부를 무효로 하는 소송이다.** 이는 선거를 적법하게 시행하고 그 결과를
적정하게 결정하도록 함을 목적으로 하므로, 행정소송법 제3조 제3호에서 규정
한 민중소송 즉 국가 또는 공공단체의 기관이 법률을 위반한 행위를 한 때에 직
접 자기의 법률상 이익과 관계없이 그 시정을 구하기 위하여 제기하는 소송에
해당한다(대판 2016. 11. 24, 2016수64).

[평설] 민중소송의 예로 ① 공직선거법상 선거소송(공선법 제222조), ② 공직선거법상

당선소송(공선법 제223조), ③ 국민투표법상 국민투표무효소송(동법 제92조), ④ 지방자치법상 주민소송(지자법 제17조), ⑤ 주민투표법상 주민투표소송(동법 제25조 제2항)을 볼 수 있다.

QR 55. 민중소송 관련 판례 모음 ☞ QR코드

[56] 기관소송(행소법 제3조 제4호, 제45조, 제46조)
□ 기관소송은 "국가 또는 공공단체의 기관 상호 간에 있어서의 권한의 존부 또는 그 행사에 관한 다툼이 있을 때에 이에 대하여 제기하는 소송"으로(행정소송법 제3조 제4호) 행정의 적법성 보장을 목적으로 하는 객관적 소송이고, 법률이 정한 경우 법률에 정한 자에 한하여 제기할 수 있다(행정소송법 제45조). 감사원법 제40조 제2항에 "감사원의 재심의 판결에 대하여는 감사원을 당사자로 하여 행정소송을 제기할 수 있다."라고 규정되어 있으나, 위와 같은 기관소송의 성격과 내용, 앞서 본 바와 같이 감사원의 징계 요구나 그에 대한 재심의 결정은 그 자체로는 법률적 구속력을 발생시킨다고 보기 어려운 점, 감사원법 제40조 제2항이 기관소송에 관한 규정이라면 기관소송에서의 제소기간 등이 함께 규정되었어야 할 것이나 그러한 규정이 없는 점, 감사원법 제40조 제2항의 규정 형식과 내용, 연혁, 관련 규정의 체계 등을 종합하여 보면, 감사원법 제40조 제2항을 원고 서울특별시장에게 감사원을 상대로 한 기관소송을 허용하는 규정으로 볼 수는 없다. 그 밖에 행정소송법을 비롯한 어떠한 법률에도 원고 서울특별시장에게 '감사원의 재심의 판결'에 대하여 기관소송을 허용하는 규정을 두고 있지 않다. 따라서 원고 서울특별시장이 제기한 이 사건 소송이 기관소송으로서 감사원법 제40조 제2항에 따라 허용된다고 볼 수 없다(대판 2016. 12. 27, 2014두5637).

[평설] 현행 행정소송법상 기관소송은 동일 지방자치단체의 기관 간에서 문제된다. ① 지방자치법 제107조 제3항 또는 지방자치법 제172조 제3항에 의거하여 지방자치단체의 장이 지방의회를 상대로 대법원에 제기하는 소송, ② 지방교육자치에 관한 법률 제31조 제3항에 의거하여 교육감이 시ㆍ도의회 또는 교육위원회를 상대로 대법원에 제기하는 소송이 기관소송의 대표적인 예에 해당한다.

QR 56. 기관소송 관련 판례 모음 ☞ QR코드

# 판례색인

[대법원 판례]

대판 1953. 8. 19, 53누37 ···································· 67
대판 1954. 8. 19, 4286행상37 ······················ 367
대판 1957. 6. 15, 4290민상118 ···················· 259
대판 1957. 11. 4, 4290민상623 ···················· 428
대판 1960. 9. 5, 4291행상36 ······················ 429
대판 1961. 11. 23, 4294행상3 ······················ 428
대판 1962. 1. 25, 4294민상9 ·························· 57
대판 1962. 4. 12, 4294민상1541 ·················· 428
대판 1962. 10. 18, 62누117 ·························· 224
대판 1963. 8. 22, 63누97 ··················· 104, 106
대판 1964. 9. 8, 63누196 ···························· 403
대판 1964. 11. 10, 64누33 ···························· 157
대판 1965. 4. 22, 63누200 ·························· 351
대판 1966. 2. 28, 65누141 ·························· 218
대판 1966. 7. 26, 66다854 ·························· 257
대판 1966. 10. 18, 66다1715 ······················ 330
대판 1966. 11. 29, 66다1619 ······················ 146
대판 1967. 2. 21, 66다1723 ······················ 294
대판 1967. 10. 23, 67누126 ························ 155
대판 1968. 3. 19, 67누164 ···························· 45
대판 1968. 12. 6, 68다1753 ························ 19
대판 1969. 3. 18, 64누51 ···························· 376
대판 1969. 3. 25, 68다2081 ······················ 334
대판 1969. 12. 9, 66누71 ···························· 456
대판 1969. 12. 26, 69누134 ························ 177
대판 1969. 12. 30, 69누106 ················ 383, 386
대판 1970. 1. 29, 69다1203 ······················ 271
대판 1970. 3. 24, 69누29 ···························· 439
대판 1970. 3. 24, 70누15 ···························· 383
대판 1970. 7. 21, 70누76 ······························ 19
대판 1970. 8. 31, 70누70·71 ··········· 395, 398
대판 1971. 2. 23, 70누161 ·························· 231
대판 1971. 6. 22, 70다1010 ······················ 272

대판 1971. 10. 22, 71다1716 ························· 3
대판 1971. 11. 30, 71도1736 ······················ 213
대판 1972. 4. 28, 72다337 ················· 134, 228
대판 1972. 9. 26, 72다1070 ······················ 125
대판 1972. 10. 10, 69다701 ················ 252, 282
대판 1972. 11. 28, 72다1597 ······················ 328
대판 1973. 3. 20, 73누10 ···························· 123
대판 1973. 10. 10, 72누121 ·························· 99
대판 1974. 2. 26, 73누186 ·························· 229
대판 1974. 4. 9, 73누173 ···························· 29
대판 1974. 7. 26, 74다703 ·························· 39
대판 1974. 8. 30, 74누168 ·························· 441
대판 1974. 11. 26, 74누110 ························ 106
대판 1974. 12. 10, 73누129 ························ 136
대판 1975. 3. 11, 74누138 ·························· 108
대판 1975. 4. 8, 75누41 ···························· 143
대판 1975. 4. 22, 73누215 ·························· 218
대판 1975. 5. 13, 73누96 ·························· 380
대판 1975. 5. 13, 73누96·97 ····· 29, 33, 34
대판 1975. 5. 27, 74다347 ·························· 268
대판 1975. 8. 29, 75누23 ················· 115, 162
대판 1975. 11. 11, 75누97 ·························· 423
대판 1975. 12. 9, 75누218 ·························· 227
대판 1976. 1. 27, 75누230 ·························· 226
대판 1976. 2. 24, 75누128(전합) ·············· 359
대판 1976. 3. 23, 76다253 ·························· 160
대판 1976. 4. 27, 74누284 ·························· 244
대판 1976. 11. 9, 76도2703 ······················ 236
대판 1977. 2. 8, 75다1059 ························ 251
대판 1977. 5. 24, 76누295 ·························· 117
대판 1977. 11. 22, 77누195 ························ 346
대판 1978. 4. 25, 78누42 ···························· 114
대판 1978. 7. 11, 78다584 ·························· 257

대판 1979. 6. 26, 79누43 ······················ 144
대판 1979. 7. 24, 79다655 ······················ 317
대판 1979. 12. 28, 79누218 ······················ 367
대결 1980. 4. 30, 79두10 ······················ 424
대판 1980. 6. 10, 80누6 ······················ 13
대판 1980. 8. 26, 79다1866 ······················ 461
대판 1981. 1. 27, 79누433 ··············· 106, 356
대판 1981. 7. 7, 80누456 ······················ 119
대판 1982. 3. 9, 80누105 ················· 85, 87
대판 1982. 5. 11, 80누104 ······················ 452
대판 1982. 7. 13, 81누129 ······················ 118
대판 1982. 7. 27, 81누174 ······················ 109
대판 1982. 7. 27, 81누271 ········ 34, 387, 396
대판 1982. 7. 27, 82다173 ··············· 447, 461
대판 1982. 12. 28, 82누7 ······················ 406
대판 1982. 12. 28, 82누441 ······················ 176
대판 1983. 6. 28, 83다191 ······················ 271
대판 1983. 6. 28, 83다카500 ············· 275, 276
대판 1983. 7. 26, 82누420 ······· 128, 150, 188
대판 1983. 9. 13, 81누324 ······················ 434
대판 1983. 12. 13, 83누383 ······················ 437
대판 1984. 4. 10, 83누393 ······· 129, 150, 188
대판 1984. 4. 10, 83누676 ······················ 124
대판 1984. 4. 10, 84누91 ······················ 372
대판 1984. 9. 11, 82누166 ········ 78, 185, 187
대판 1984. 9. 11, 83누658 ······················ 97
대판 1984. 9. 25, 84누201 ······················ 230
대판 1984. 10. 10, 84누463 ······················ 144
대판 1984. 10. 23, 84누227 ······················ 365
대판 1984. 12. 11, 80누344 ······················ 123
대판 1985. 2. 8, 83누625 ··············· 160, 161
대판 1985. 3. 26, 84누181 ······················ 116
대판 1985. 4. 23, 84도2953 ······················ 48
대판 1985. 5. 14, 83누655 ······················ 40
대판 1985. 5. 28, 83누435 ······················ 345
대판 1985. 6. 25, 85누39 ······················ 415
대판 1985. 7. 9, 83누189 ······················ 344
대판 1985. 7. 9, 83누412 ······················ 159
대판 1985. 7. 9, 84누604 ······················ 166
대판 1985. 10. 8, 84누251 ······················ 130
대판 1985. 11. 26, 85누394 ······················ 124

대판 1985. 12. 10, 85누186 ······················ 86
대판 1985. 12. 24, 84누598 ······················ 245
대판 1986. 2. 25, 85누712 ······················ 114
대판 1986. 4. 8, 82누242 ······················ 441
대판 1986. 5. 27, 86도265 ······················ 110
대판 1986. 7. 8, 85누1002 ······················ 243
대판 1986. 7. 22, 85도108 ······················ 210
대판 1986. 8. 19, 83다카2022 ······················ 446
대판 1986. 8. 19, 85누620 ······················ 350
대판 1986. 8. 19, 86누81 ······················ 44
대판 1986. 8. 19, 86누115 ······················ 144
대판 1986. 8. 19, 86누202 ······················ 167
대판 1986. 9. 9, 86누76 ······················ 241
대판 1986. 9. 23, 85누838 ··············· 361, 421
대판 1986. 10. 28, 85누808 ······················ 22
대판 1986. 11. 11, 85누231 ······················ 449
대판 1986. 11. 11, 86누479 ······················ 229
대판 1986. 11. 25, 84누147 ······················ 107
대판 1986. 12. 23, 83누715 ······················ 175
대판 1987. 1. 20, 86누490 ······················ 399
대판 1987. 2. 10, 86누91 ······················ 189
대판 1987. 3. 24, 86누182 ······················ 471
대판 1987. 5. 26, 86누788 ······················ 128
대판 1987. 6. 9, 87누219 ······················ 358
대판 1987. 7. 7, 85다카1383 ······················ 333
대판 1987. 7. 21, 84누126 ······················ 23
대판 1987. 9. 8, 87누373 ······················ 15
대판 1987. 9. 22, 87누176 ······················ 407
대판 1987. 9. 22, 87누383 ··············· 144, 228
대판 1987. 10. 26, 87누493 ······················ 434
대판 1987. 11. 10, 87도1213 ······················ 212
대판 1987. 11. 24, 87누529 ······················ 340
대판 1987. 11. 24, 87누593 ······················ 229
대판 1987. 12. 8, 87누381 ······················ 407
대판 1987. 12. 8, 87누861 ······················ 103
대판 1988. 1. 19, 87다카2202 ······················ 288
대판 1988. 2. 23, 87누704 ··············· 408, 410
대판 1988. 3. 22, 87누986 ······················ 132
대판 1988. 5. 24, 87누388 ······················ 187
대결 1988. 6. 14, 88두6 ······················ 423
대판 1988. 9. 20, 87도449 ······················ 122

대판 1988. 11. 22, 87다카2777 ····················· 52
대판 1988. 12.  6, 88누2816 ························· 83
대판 1988. 12. 13, 88누7880 ······················ 342
대판 1989.  1. 24, 88누3314 ······················ 470
대판 1989.  2. 28, 87다카684 ····················· 229
대판 1989.  3. 28, 87누930 ························ 222
대판 1989.  5.  9, 88누5150 ······················ 405
대판 1989.  5.  9, 88다카16096 ················· 446
대판 1989.  5. 23, 88누8135 ······················ 466
대판 1989.  6. 13, 88누5495 ······················ 304
대판 1989.  6. 27, 87누448 ························ 434
대판 1989.  6. 27, 88누6283 ······················ 158
대판 1989.  7. 11, 88누11193 ····················· 221
대판 1989.  9. 12, 88누11216 ············· 305, 306
대판 1989.  9. 12, 88누6962 ························· 66
대판 1989.  9. 12, 89누909 ······················· 342
대판 1989.  9. 12, 89누1452 ······················ 162
대판 1989.  9. 12, 89누2103 ························· 27
대판 1989.  9. 26, 89누4963 ······················ 132
대판 1989. 10. 10, 88누11292 ····················· 405
대판 1989. 10. 13, 88다카33039 ··················· 43
대판 1989. 10. 24, 89누2431 ······················ 157
대판 1989. 10. 27, 89누39 ························· 409
대판 1989. 10. 27, 89두1 ····················· 377, 395
대판 1989. 11. 10, 88누7996 ························· 94
대판 1989. 11. 14, 89누4765 ······················ 391
대판 1989. 11. 24, 89누787 ························ 176
대판 1989. 11. 28, 89누4680 ······················ 323
대판 1989. 12. 12, 88누8869 ············· 149, 412
대판 1989. 12. 26, 87누308(전합) ············· 411
대판 1989. 12. 26, 88누9510 ······················ 430
대판 1990.  2. 23, 87누7061 ························· 45
대판 1990.  2. 27, 89누3557 ······················ 377
대판 1990.  3. 14, 90두4 ························· 391
대판 1990.  3. 23, 89누5386 ······················ 359
대판 1990.  4. 27, 89누4093 ·························· 3
대판 1990.  5.  8, 90누1168 ······················ 242
대판 1990.  5. 22, 90누639 ························· 76
대판 1990.  7. 10, 89누6839 ······················ 340
대판 1990.  7. 13, 90누2284 ············· 159, 402
대결 1990.  7. 19, 90두12 ························· 424

대판 1990.  8. 10, 90도1062 ······················ 122
대판 1990.  8. 14, 89누7900 ······················ 107
대판 1990.  8. 28, 89누8255 ······················ 102
대판 1990.  8. 28, 90누1892 ······················ 409
대판 1990.  9. 11, 90누1786 ············· 128, 159
대판 1990.  9. 14, 90누2048 ······················ 223
대판 1990.  9. 25, 89누4758 ····· 464, 467, 468
대판 1990. 10. 23, 90누3119 ············· 415, 416
대판 1990. 10. 26, 90누5528 ············· 225, 407
대판 1990. 11.  9, 90누4129 ······················ 154
대판 1990. 11. 23, 90누3553 ····· 355, 457, 470
대판 1990. 12. 11, 90누1243 ························· 77
대판 1990. 12. 11, 90누3560 ······················ 449
대판 1991.  1. 25, 90누3041 ······················ 473
대판 1991.  1. 25, 90누7791 ······················ 343
대판 1991.  2. 12, 90누288 ························· 371
대판 1991.  2. 12, 90누5825 ···················
······························· 36, 364, 464, 465
대판 1991.  4. 12, 91도218 ························ 108
대판 1991.  5. 10, 90다10766 ····················· 354
대판 1991.  5. 28, 90누1359 ······················ 150
대판 1991.  6. 28, 90누6521 ····· 399, 402, 403
대판 1991.  7.  9, 91다5570 ······················ 258
대판 1991.  7. 12, 90누8350 ························· 52
대판 1991.  7. 26, 91다5631 ························· 40
대판 1991.  8.  9, 90누7326 ······················ 451
대판 1991.  8.  9, 91누4195 ······················ 337
대판 1991. 10.  8, 91누520 ························· 392
대판 1991. 10. 11, 90누5443 ······················ 445
대판 1991. 10. 11, 91누7835 ············· 124, 145
대판 1991. 11. 22, 91누2144 ························· 28
대판 1991. 11. 26, 91누285 ··············· 321, 471
대판 1991. 12. 13, 90누8503 ······················ 167
대판 1991. 12. 24, 91누308 ························ 316
대판 1991. 12. 24, 91다34097 ············· 278, 279
대결 1991. 12. 30, 91마726 ······················ 455
대판 1992.  1. 21, 91누1264 ······················ 167
대결 1992.  2. 13, 91두47 ························· 424
대판 1992.  2. 25, 91누6108 ············· 444, 456
대판 1992.  2. 28, 91누6979 ············· 344, 350
대판 1992.  3. 31, 91누4911 ············· 31, 363

대판 1992.  3. 31, 91누6016 ·················· 339
대판 1992.  3. 31, 91누9824 ····················· 15
대판 1992.  4. 10, 91누5358 ·················· 117
대판 1992.  4. 14, 91누7798 ·················· 349
대판 1992.  4. 14, 91다42197 ····················· 5
대판 1992.  4. 24, 91도1609 ·················· 173
대판 1992.  4. 28, 91누6863 ·················· 139
대판 1992.  4. 28, 91다46885 ················ 177
대판 1992.  5.  8, 91누11261 ···················· 68
대판 1992.  5.  8, 91누13274 ·········· 33, 388
대결 1992.  5.  8, 91부8 ········ 23, 30, 32, 384
대판 1992.  5. 22, 91도2525 ·················· 110
대판 1992.  5. 26, 91누5242 ·················· 449
대결 1992.  6.  8, 92두14 ······················· 426
대판 1992.  6.  9, 92누565 ····················· 342
대판 1992.  6. 12, 91누13564 ················ 219
대판 1992.  6. 23, 92추17 ······················ 193
대판 1992.  7. 28, 91누12844 ················ 347
대판 1992.  7. 28, 92누4352 ·················· 458
대판 1992.  8. 14, 91누11582 ·················· 86
대판 1992. 10. 23, 92누2844 ··········· 149, 188
대판 1992. 10. 27, 91누3871 ··················· 31
대판 1992. 11. 10, 92누1162 ··················· 86
대판 1992. 11. 10, 92누1629 ·········· 357, 468
대판 1993.  1. 19, 91누8050(전합) ············ 372
대판 1993.  1. 26, 92다2684 ·················· 298
대판 1993.  2. 26, 92누12247 ················ 140
대판 1993.  3. 12, 92누11039 ········· 146, 403
대판 1993.  4. 13, 92누17181 ················ 136
대판 1993.  4. 23, 92누17099 ················ 463
대판 1993.  4. 23, 92누17297 ················ 411
대판 1993.  5. 25, 92누15772 ·········· 302, 322
대판 1993.  6.  8, 91누11544 ················ 110
대판 1993.  6.  8, 93누4526 ·················· 429
대판 1993.  6. 25, 93도277 ···················· 447
대판 1993.  7. 13, 93누2131 ·················· 301
대판 1993.  8. 24, 93누5673 ·················· 369
대판 1993.  8. 27, 93누3356 ·················· 363
대판 1993.  9. 10, 92도1136 ·················· 210
대판 1993.  9. 10, 93누5741 ···················· 10
대판 1993.  9. 10, 93다24711 ·················· 43

대판 1993.  9. 14, 92누4611 ············ 170, 172
대판 1993.  9. 14, 93누4755 ·················· 417
대판 1993.  9. 28, 92누15093 ················ 369
대판 1993. 10.  8, 93누2032 ·················· 161
대판 1993. 10. 26, 93누6331 ·················· 174
대판 1993. 10. 26, 93다6409 ················ 328
대판 1993. 11.  9, 93누14271 ·········· 133, 227
대판 1994.  1. 25, 93누8542 ···················· 17
대판 1994.  1. 25, 93누16901 ················ 370
대판 1994.  2.  8, 93누111 ······················ 92
대판 1994.  3. 11, 93누19719 ·················· 21
대판 1994.  3. 22, 93누18969 ················ 186
대판 1994.  4. 12, 93다11807 ················ 282
대결 1994.  4. 26, 93부32 ······················ 355
대판 1994.  4. 29, 93누12626 ················ 409
대판 1994.  5. 24, 92다35783(전합) ·· 362, 472
대판 1994.  5. 27, 94다6741 ············ 261, 289
대판 1994.  8.  9, 94누3414 ···················· 77
대판 1994. 10. 28, 92누9463 ··········· 140, 141
대판 1994. 10. 28, 94누5144 ·················· 224
대판 1994. 12.  9, 94다38137 ················ 279
대판 1994. 12. 27, 94다31860 ··············· 288
대판 1995.  1. 20, 94누6529 ···················· 98
대판 1995.  1. 24, 94다45302 ················ 290
대판 1995.  2. 24, 94다57671 ················ 298
대판 1995.  3. 10, 94누7027 ·················· 155
대판 1995.  3. 10, 94누14018 ················ 464
대판 1995.  3. 24, 94다46114 ················ 442
대판 1995.  5. 16, 95누4810 ·················· 115
대판 1995.  5. 23, 94도2502 ···················· 72
대판 1995.  6.  9, 94누10870 ············ 27, 357
대판 1995.  6. 13, 94다56883 ················ 166
대판 1995.  6. 29, 95누4674 ·················· 215
대판 1995.  6. 30, 93추83 ························ 58
대판 1995.  7. 11, 94누4615(전합) ··················
······················ 137, 138, 143
대판 1995.  8. 25, 94누12494 ················ 345
대판 1995.  9.  5, 94누16250 ················ 338
대판 1995.  9. 15, 95누6311 ·················· 137
대판 1995.  9. 15, 95누6724 ·················· 373
대판 1995. 10. 17, 94누14148 ················ 417

대판 1995. 11. 10, 94누11866 ················ 109
대판 1995. 11. 16, 95누8850(전합) ·········· 441
대판 1995. 11. 21, 95누9099 ··········· 92, 245
대판 1995. 11. 24, 95누11535 ················ 345
대판 1995. 12.  8, 95카기16 ···················· 59
대판 1995. 12. 12, 94다51253 ·················· 43
대판 1995. 12. 22, 95누30 ······················ 184
대판 1995. 12. 22, 95누4636 ·················· 171
대판 1996.  1. 23, 95누1378 ··················· 395
대판 1996.  2. 13, 95누8027 ··················· 421
대판 1996.  2. 14, 96다28066 ················· 278
대판 1996.  2. 15, 95다38677(전합) ···············
 ························································· 281, 282, 283, 284
대판 1996.  3.  8, 94다23876 ················· 289
대판 1996.  3. 22, 95누5509 ··················· 440
대판 1996.  3. 22, 96누433 ···················· 245
대판 1996.  4. 12, 96도158 ···················· 216
대판 1996.  4. 26, 95누5820 ··················· 444
대판 1996.  5. 16, 95누4810 ··················· 116
대판 1996.  5. 28, 95다52383 ·················· 41
대판 1996.  5. 31, 94다15271 ················· 288
대판 1996.  6. 14, 96누754 ···················· 410
대판 1996.  6. 25, 96누570 ···················· 391
대판 1996.  6. 28, 94다54511 ················· 309
대판 1996.  6. 28, 96누4374 ··················· 220
대판 1996.  8. 20, 95누10877 ·················· 98
대판 1996.  8. 23, 96누1665 ··················· 101
대판 1996.  8. 23, 96누4671 ············ 341, 408
대판 1996.  9.  6, 96누7045 ··················· 406
대결 1996.  9. 12, 96마1088 · 1089 ·········· 114
대판 1996.  9. 20, 95누8003 ···················· 67
대판 1996. 10. 11, 96누6172 ·················· 137
대판 1996. 10. 11, 96누8086 ············ 222, 226
대판 1996. 10. 25, 95누14244 ················ 131
대판 1996. 11.  8, 96다21331 ··········· 278, 279
대판 1996. 11. 29, 96누8567 ···················· 84
대판 1996. 12. 23, 95다40038 ················· 26
대판 1997.  1. 21, 96누3401 ············ 154, 155
대판 1997.  1. 24, 95누17403 ·················· 92
대판 1997.  2. 14, 96누15428 ··········· 146, 223
대판 1997.  2. 28, 96도2247 ··················· 21

대판 1997.  3. 11, 96다49650 ············· 16, 164
대판 1997.  3. 28, 95누7055 ··················· 390
대판 1997.  3. 28, 97다4036 ··················· 274
대판 1997.  5. 23, 96누2439 ··················· 194
대판 1997.  5. 28, 95다15735 ·················· 66
대판 1997.  5. 30, 95다28960 ················· 422
대판 1997.  5. 30, 96누5773 ···················· 75
대판 1997.  5. 30, 96누14678 ················· 351
대판 1997.  5. 30, 97누2627 ··················· 164
대판 1997.  6. 13, 96다56115 ···· 234, 255, 259
대판 1997.  6. 27, 96누4305 ··················· 121
대판 1997.  7. 22, 95다6991 ··················· 259
대판 1997.  7. 25, 94다2480 ··················· 262
대판 1997.  8. 29, 96누6646 ···················· 49
대판 1997.  9. 12, 96누6219 ··················· 156
대판 1997.  9. 12, 96누14661 ················· 368
대판 1997.  9. 26, 96누10096 ·················· 11
대판 1997.  9. 30, 97누3200 ··················· 470
대판 1997. 10. 10, 96다3838 ·················· 323
대판 1997. 11. 14, 96다10782 ·················· 41
대판 1997. 11. 28, 96누2255 ············ 320, 322
대판 1997. 12. 12, 95다29895 ················· 252
대판 1997. 12. 12, 97누13962 ············· 44, 45
대판 1997. 12. 26, 97누9390 ·················· 188
대판 1997. 12. 26, 97누15418 ·················· 83
대결 1998.  1.  7, 97두22 ····················· 452
대판 1998.  1. 23, 96누12641 ················· 464
대판 1998.  2. 10, 97다45914 ················· 274
대판 1998.  2. 13, 97다49800 ················· 292
대판 1998.  4. 24, 97누17131 ··········· 351, 369
대판 1998.  4. 24, 97도3121 ·········· 46, 47, 48
대판 1998.  4. 28, 97누21086 ·················· 96
대판 1998.  5.  8, 97누15432 ················· 382
대판 1998.  5. 22, 97다57689 ················· 247
대판 1998.  6.  9, 97누19915 ················· 420
대판 1998.  6. 26, 96누12634 ················· 145
대판 1998.  7. 10, 96다38971 ···· 174, 258, 270
대판 1998.  7. 10, 96다42819 ·········· 280, 300
대판 1998.  7. 14, 96다17257 ················· 246
대판 1998.  7. 24, 96다42789 ················· 190
대판 1998.  7. 24, 98다108540 ··············· 442

대판 1998. 8. 21, 98두8919 ·············· 35, 165
대판 1998. 9. 4, 97누19588 ··················· 94
대판 1998. 9. 8, 98두6272 ···················· 388
대판 1998. 9. 8, 98두9165 ···················· 412
대판 1998. 9. 22, 97다42502 ·················· 299
대판 1998. 9. 25, 98두7503 ····················· 49
대판 1998. 10. 23, 97누157 ····················· 220
대판 1998. 12. 22, 98다51305 ················· 163
대결 1998. 12. 24, 98무37 ······················ 453
대판 1999. 2. 5, 98도4239 ····················· 447
대판 1999. 4. 27, 97누6780 ·············· 47, 358
대판 1999. 5. 25, 98다53134 ·················· 168
대판 1999. 6. 22, 99다7008 ···················· 253
대판 1999. 6. 25, 99다11120 ·················· 297
대판 1999. 8. 20, 97누6889 ····· 122, 360, 377
대판 1999. 8. 20, 98두17043 ·················· 436
대판 1999. 9. 21, 97누5114 ············ 191, 193
대판 1999. 10. 8, 98두10073 ·················· 343
대판 1999. 10. 12, 99두6026 ·················· 386
대판 1999. 11. 26, 99두9407 ····· 410, 422, 434
대결 1999. 12. 20, 99무42 ··············· 425, 426
대판 1999. 12. 24, 98다57419·57426 ········· 46
대판 1999. 12. 24, 99두5658 ···················· 58
대판 1999. 12. 28, 98두1895 ············ 129, 151
대결 2000. 1. 8, 2000무35 ···················· 427
대판 2000. 1. 14, 99다24201 ·················· 297
대판 2000. 1. 28, 97누11720 ·················· 316
대판 2000. 1. 28, 97누4098 ····················· 97
대판 2000. 1. 28, 98두16996 ·················· 116
대판 2000. 2. 22, 98두4665 ···················· 224
대판 2000. 2. 25, 99다55472 ·················· 443
대판 2000. 2. 25, 99다57812 ·················· 330
대판 2000. 2. 25, 99두10520 ·················· 151
대판 2000. 2. 25, 99두11455 ············ 462, 465
대판 2000. 3. 23, 98두2768 ····················· 90
대판 2000. 4. 21, 98두10080 ·················· 417
대판 2000. 4. 25, 2000다2023 ················· 351
대판 2000. 5. 12, 99다70600 ·················· 262
대판 2000. 5. 16, 99두7111 ···················· 412
대판 2000. 5. 26, 98두5972 ·············· 17, 216
대판 2000. 5. 26, 99다37382 ············ 48, 301

대판 2000. 5. 30, 98두20162 ·················· 432
대판 2000. 5. 30, 99추85 ······················ 205
대판 2000. 6. 9, 98두2621 ············ 348, 408
대판 2000. 9. 8, 99두2765 ···················· 473
대판 2000. 9. 8, 99두11257 ·················· 346
대판 2000. 9. 8, 2000다12716 ················· 26
대판 2000. 9. 29, 98두12772 ···················· 66
대결 2000. 10. 10, 2000무17 ·················· 423
대판 2000. 10. 27, 98두8964 ···················· 92
대판 2000. 10. 27, 99두561 ···················· 376
대판 2000. 11. 10, 2000두727 ··················· 15
대판 2000. 11. 14, 99두5481 ·················· 394
대판 2000. 11. 16, 98다22253 ················· 378
대판 2000. 11. 28, 99두3416 ··········· 321, 475
대판 2001. 1. 5, 98다39060 ·················· 258
대판 2001. 1. 16, 98다58511 ·················· 134
대판 2001. 1. 16, 99두8107 ···················· 432
대판 2001. 1. 16, 99두10988 ············ 87, 112
대판 2001. 1. 16, 2000다41349 ··············· 442
대판 2001. 1. 19, 99두3812 ···················· 101
대판 2001. 1. 19, 99두9674 ···················· 440
대판 2001. 2. 9, 98두17593 ···················
································ 99, 104, 356, 421
대판 2001. 2. 9, 2000도2050 ··················· 50
대판 2001. 2. 15, 96다42420 ············ 276, 277
대판 2001. 2. 23, 2000다46894 ··············· 332
대판 2001. 3. 9, 99두5207 ····················· 83
대판 2001. 3. 13, 99다57942 ···················· 31
대판 2001. 3. 23, 99두5238 ············ 451, 452
대판 2001. 4. 13, 2000두3337 ················· 184
대판 2001. 4. 27, 2000다50237 ··············· 361
대판 2001. 5. 8, 2000두6916 ················· 340
대판 2001. 5. 29, 99다37047 ·················· 267
대판 2001. 5. 29, 99두10292 ············ 47, 368
대판 2001. 6. 12, 2000다18547 ················· 67
대판 2001. 6. 15, 99두509 ···················· 167
대판 2001. 7. 27, 99두2970 ············ 368, 369
대판 2001. 7. 27, 99두5092 ·················· 349
대판 2001. 7. 27, 99두8589 ·················· 102
대판 2001. 7. 27, 2000다56822 ········· 292, 296
대판 2001. 10. 12, 2001다47290 ········ 256, 259

대판 2001. 10. 12, 2001두274 ·················· 437
대판 2001. 10. 23, 99두7470 ····················· 305
대판 2001. 11. 27, 2000두697 ···················· 377
대판 2001. 12. 11, 2001두7794 ········· 170, 473
대판 2001. 12. 24, 2001다54038 ················ 354
대판 2002.  1. 11, 2000두3306 ·················· 415
대판 2002.  2. 22, 2001다23447 ················· 256
대판 2002.  4. 26, 2000다16350 ········ 104, 108
대판 2002.  5. 10, 2000다39735 ······················
·································· 272, 273, 275
대판 2002.  5. 24, 2000두3641 ·················· 347
대판 2002.  5. 31, 2000두4408 ·················· 444
대판 2002.  6. 28, 2000두4750 ········· 466, 467
대판 2002.  7. 26, 2001두3532 ···················· 77
대판 2002.  8. 27, 2002두3850 ·················· 346
대판 2002.  9. 24, 99두1519 ·········· 396, 397
대판 2002. 10. 11, 2000두8226 ····················· 85
대판 2002. 10. 25, 2001두1253 ······················ 15
대판 2002. 10. 25, 2001두4450 ·················· 386
대판 2002. 11. 13, 2001두1543 ·················· 127
대판 2002. 11. 22, 2001도849 ···················· 215
대판 2002. 11. 26, 2002두5948 ·················· 171
대판 2002. 12. 10, 2001두4566 ·················· 143
대판 2002. 12. 10, 2001두6333 ·················· 362
대결 2002. 12. 11, 2002무22 ····················· 454
대판 2003.  2. 14, 2001두7015 ····················· 50
대판 2003.  2. 28, 2002두6170 ·················· 246
대판 2003.  3. 28, 2002두12113 ················ 106
대판 2003.  4. 25, 2001두1369 ·················· 323
대판 2003.  5. 16, 2002두3669 ········· 445, 457
대판 2003.  7. 11, 99다24218 ···················· 256
대판 2003.  7. 11, 2001두6289 ····················· 50
대판 2003.  7. 22, 2002두11066 ················ 153
대판 2003.  8. 22, 2002두12946 ················ 204
대판 2003.  9. 23, 2001두10936 ·········· 90, 91
대판 2003.  9. 26, 2003두2274 ·················· 420
대판 2003. 10. 23, 2001다48057 ················ 294
대판 2003. 11. 28, 2003두674 ···················· 181
대판 2003. 12. 11, 2003두8395 ·················· 192
대판 2003. 12. 12, 2003두8050 ········· 196, 208
대판 2004.  1. 15, 2002두2444 ·················· 454

대판 2004.  2. 13, 2001다15828 ················ 469
대판 2004.  3. 18, 2001두8254 ·················· 201
대판 2004.  4.  9, 2003두13908 ················ 132
대판 2004.  4. 22, 2000두7735 ········· 121, 364
대판 2004.  4. 22, 2003두9015 ·················· 118
대판 2004.  5. 14, 2002두12465 ·················· 31
대판 2004.  7.  8, 2002두1946 ·················· 413
대판 2004.  7.  8, 2002두8350 ·················· 184
대판 2004.  7.  8, 2002두19460 ··················· 37
대판 2004.  7. 22, 2004다19715 ················ 112
대판 2004.  9. 23, 2003다49009 ················ 270
대판 2004.  9. 23, 2003두1370 ·················· 192
대판 2004.  9. 23, 2004다25581 ········ 315, 327
대판 2004. 10. 15, 2003두6573 ········· 93, 131
대판 2004. 10. 27, 2003두1349 ·················· 301
대판 2004. 11. 25, 2004두7023 ·················· 160
대판 2004. 11. 26, 2003두10251 ················ 366
대판 2004. 12. 10, 2002다73852 ················ 176
대판 2004. 12. 23, 2002다73821 ················· 24
대판 2004. 12. 24, 2003두15195 ········ 374, 434
대판 2005.  1. 13, 2004두9951 ·················· 401
대판 2005.  1. 14, 2002두7234 ·················· 434
대판 2005.  1. 14, 2003두13045 ················ 450
대판 2005.  1. 27, 2002두5313 ·················· 379
대판 2005.  1. 27, 2004다50143 ·················· 43
대판 2005.  3. 10, 2004다65121 ················ 264
대판 2005.  3. 11, 2003두13489 ················ 457
대판 2005.  3. 25, 2004두14106 ················ 416
대판 2005.  4. 14, 2003두7590 ·················· 467
대판 2005.  4. 15, 2004두11626 ·················· 32
대판 2005.  5. 12, 2004두14229 ·················· 32
대판 2005.  5. 13, 2004두4369 ·················· 411
대판 2005.  6. 24, 2003두6641 ·················· 393
대판 2005.  7. 21, 2002다1178 ····················· 9
대판 2005.  7. 29, 2003두3550 ·················· 105
대판 2005.  8. 19, 2003두9817 · 9824 ········· 37
대판 2005.  8. 19, 2004다2809 ·················· 220
대판 2005. 11. 10, 2004도2657 ·················· 211
대판 2005. 12.  9, 2003두7705 ·················· 352
대결 2005. 12. 12, 2005무67 ····················· 427
대판 2005. 12. 23, 2005두3554 ········· 51, 360

대판 2006. 2. 10, 2003두5686 ················ 154
대판 2006. 3. 9, 2004다31074 ················ 242
대판 2006. 3. 16, 2006두330 ················· 131
대판 2006. 4. 13, 2005두15151 ··············· 125
대판 2006. 4. 14, 2004두3854 ················· 12
대판 2006. 4. 28, 2005두14851 ·············· 400
대판 2006. 5. 11, 2003다37969 ········ 151, 156
대판 2006. 5. 12, 2004두12315 ·············· 250
대판 2006. 5. 12, 2004두14717 ·············· 149
대판 2006. 5. 25, 2003두11988 ·············· 471
대판 2006. 5. 25, 2006두3049 ··········· 74, 198
대판 2006. 6. 2, 2004두12070 ··············· 237
대결 2006. 6. 19, 2006마117 ················ 176
대판 2006. 6. 22, 2003두1684(전합) ·· 418, 419
대판 2006. 6. 27, 2003두4355 ················· 55
대판 2006. 6. 30, 2004두701 ············· 36, 152
대판 2006. 7. 28, 2004다759 ················ 267
대판 2006. 7. 28, 2004두6716 ··· 33, 107, 387
대판 2006. 7. 28, 2004두13219 ·············· 359
대판 2006. 8. 24, 2004두2783 ·········· 194, 197
대판 2006. 8. 25, 2004두2974 ·········· 105, 436
대판 2006. 9. 8, 2004두947 ··········· 62, 401
대판 2006. 9. 22, 2005두2506 ················ 67
대판 2006. 9. 28, 2004두7818 ··············· 130
대판 2006. 10. 13, 2004두10227 ············· 445
대판 2006. 10. 26, 2006두11910 ·············· 200
대판 2006. 11. 9, 2006다23503 ·············· 394
대판 2006. 11. 10, 2006두9351 ··············· 200
대판 2006. 12. 7, 2005두241 ··············· 206
대결 2006. 12. 8, 2006마470 ················ 232
대판 2006. 12. 21, 2004다17054 ·············· 6
대판 2006. 12. 21, 2006두16274 ············· 102
대판 2006. 12. 22, 2004다68311·68328 ······· 35
대판 2007. 1. 12, 2004두7146 ················ 125
대판 2007. 1. 25, 2006두12289 ·············· 389
대판 2007. 2. 8, 2005두7273 ··············· 458
대판 2007. 3. 15, 2006두15806 ·············· 130
대판 2007. 3. 29, 2004두6235 ··············· 120
대판 2007. 4. 12, 2004두7924 ················ 389
대판 2007. 4. 12, 2005두1893 ··············· 186
대판 2007. 4. 12, 2006두20150 ·············· 123

대판 2007. 5. 11, 2006도1993 ················ 214
대판 2007. 5. 11, 2007두1811 ··········· 36, 137
대판 2007. 6. 1, 2007두2555 ··············· 208
대판 2007. 6. 14, 2004두619 ····· 76, 142, 400
대판 2007. 6. 29, 2006두4097 ··············· 121
대판 2007. 7. 12, 2006두4554 ·········· 100, 213
대판 2007. 7. 12, 2007두6663 ··············· 163
대결 2007. 7. 13, 2005무85 ················· 423
대판 2007. 7. 19, 2006두19297 ·············· 413
대판 2007. 7. 26, 2005두15748 ·············· 143
대판 2007. 7. 27, 2006두8464 ··············· 230
대판 2007. 9. 20, 2005두6935 ········· 380, 381
대판 2007. 9. 20, 2007두6946 ··········· 74, 79
대판 2007. 9. 21, 2006두20631 ·············· 183
대판 2007. 10. 11, 2005두12404 ·············· 109
대판 2007. 10. 12, 2006두14476 ··············· 63
대판 2007. 10. 26, 2007두9884 ··············· 112
대판 2007. 10. 29, 2005두4649 ··········· 13, 72
대판 2007. 11. 29, 2006다3561 ··············· 68
대판 2007. 12. 27, 2006두3933 ·············· 149
대판 2008. 2. 14, 2007두13203 ·············· 414
대판 2008. 3. 20, 2007두6342 ··············· 459
대결 2008. 5. 6, 2007무147 ··············· 426
대판 2008. 7. 24, 2006두20808 ·············· 432
대판 2008. 11. 13, 2008두13491 ·············· 117
대판 2008. 11. 27, 2006두19419 ··············· 21
대판 2008. 11. 27, 2007두24289 ·············· 161
대판 2009. 1. 15, 2006두14926 ········ 443, 444
대판 2009. 1. 30, 2007두7277 ··············· 119
대판 2009. 2. 12, 2005다65500 · 16, 163, 166
대판 2009. 2. 12, 2007두17359 ··············· 24
대판 2009. 3. 12, 2008두11525 ·············· 120
대판 2009. 3. 26, 2009두416 ··············· 450
대판 2009. 4. 9, 2008두23153 ·············· 376
대판 2009. 4. 23, 2008도6829 ················ 19
대판 2009. 6. 23, 2007두18062 ·············· 103
대판 2009. 6. 25, 2006다18174 ·············· 168
대판 2009. 7. 23, 2006다81325 ········ 133, 269
대판 2009. 7. 23, 2006다87798 ·············· 251
대판 2009. 7. 23, 2008두10560 ········ 463, 466
대판 2009. 9. 10, 2008두9324 ··············· 71

대판 2009. 9. 17, 2007다2428(전합) ········ 375
대판 2009. 10. 15, 2008다93001 ········ 25, 374
대판 2009. 10. 15, 2009다42703 · 42710 ····· 287
대결 2009. 11. 2, 2009마596 ················· 88
대판 2009. 12. 10, 2006다19177 ·············· 41
대판 2009. 12. 10, 2007두20140 ·············· 133
대판 2009. 12. 10, 2009두8359 ········ 388, 438
대판 2009. 12. 10, 2009두12785 ······ 207, 209
대판 2009. 12. 24, 2009두14507 ············· 233
대판 2010. 1. 28, 2008두1504 ········ 318, 371
대판 2010. 1. 28, 2009두19137 ············· 113
대판 2010. 2. 11, 2009두6001 ········ 198, 209
대판 2010. 2. 11, 2009두18035 ······ 126, 431
대판 2010. 2. 25, 2007두9877 ·············· 204
대판 2010. 4. 8, 2009다90092 ··············· 133
대판 2010. 4. 15, 2007두16127 ············· 389
대판 2010. 4. 29, 2008두5643 ·············· 197
대판 2010. 5. 13, 2009두3460 ·············· 460
대판 2010. 5. 27, 2009두1983 ··············· 59
대판 2010. 6. 10, 2009두10512 ········ 200, 386
대판 2010. 6. 25, 2007두12514 ············· 404
대판 2010. 7. 15, 2010도4869 ················ 38
대판 2010. 8. 19, 2008두822 ··············· 320
대판 2010. 9. 9, 2008다77795 ·············· 264
대판 2010. 10. 28, 2010두6496 ············· 115
대판 2010. 11. 11, 2010두4179 ············· 386
대판 2010. 11. 25, 2007다74560 ············ 295
대판 2010. 11. 25, 2008두23177 ············ 249
대결 2010. 11. 26, 2010무137 ·············· 363
대판 2010. 12. 9, 2007두6571 ·············· 311
대판 2010. 12. 9, 2010두16349 ·············· 72
대판 2010. 12. 16, 2010도5986(전합) · 4, 357
대판 2010. 12. 23, 2008다75119 ·············· 6
대판 2010. 12. 23, 2008두13101 ·············
·················································· 196, 197, 199
대판 2010. 12. 23, 2010두14800 ············· 200
대판 2011. 1. 13, 2009다103950 ······· 16, 287
대판 2011. 1. 20, 2010두14954(전합) ······ 110
대판 2011. 1. 27, 2010두23033 ············· 100
대판 2011. 2. 10, 2008두2330 ············· 240
대판 2011. 2. 24, 2010두21464 ················ 5

대판 2011. 3. 10, 2009두1990 ············· 249
대판 2011. 3. 10, 2010다85942 ············· 274
대판 2011. 3. 24, 2010두25527 ············· 231
대결 2011. 4. 18, 2010마1576 ············· 429
대판 2011. 4. 28, 2007도7514 ············· 221
대판 2011. 5. 26, 2008두18335 ············· 240
대판 2011. 6. 23, 2007다63089(전합) ······ 314
대판 2011. 6. 24, 2008두9317 ············· 379
대판 2011. 7. 14, 2011두2309 ············· 318
대결 2011. 7. 14, 2011마364 ············· 215
대판 2011. 7. 28, 2010다18850 ············· 238
대판 2011. 8. 25, 2011두2743 ············· 327
대판 2011. 9. 8, 2009두6766 ········ 49, 389
대판 2011. 9. 8, 2010다48240 ······· 222, 225
대판 2011. 9. 8, 2011다34521 ············· 284
대판 2011. 9. 29, 2009두10963 ······· 318, 474
대판 2011. 9. 29, 2010두26339 ············· 366
대판 2011. 10. 13, 2008두17905 ············· 313
대판 2011. 11. 10, 2011도11109 ······ 126, 135
대판 2011. 11. 24, 2009두19021 ············· 202
대판 2011. 11. 24, 2011두18786 ············· 409
대판 2012. 1. 12, 2010두5806 ·············· 89
대판 2012. 1. 12, 2010두12354 ············· 120
대판 2012. 2. 9, 2009두16305 ············· 111
대판 2012. 2. 16, 2010두10907(전합) ······· 142
대판 2012. 3. 29, 2011두26886 ············· 339
대판 2012. 4. 13, 2009다33754 ············· 286
대판 2012. 5. 10, 2012두1297 ············· 243
대판 2012. 5. 24, 2010두16714 ·············· 18
대판 2012. 6. 28, 2010두2005 ············· 385
대판 2012. 6. 28, 2010두24371 ············· 247
대판 2012. 6. 28, 2011두16865 ············· 373
대판 2012. 7. 5, 2010다72076 ·············· 81
대판 2012. 7. 5, 2011두19239 ·············· 22
대판 2012. 7. 26, 2010다95666 ············· 265
대판 2012. 9. 27, 2011두27247 ············· 401
대판 2012. 10. 11, 2010다23210 ············· 302
대판 2012. 11. 22, 2010두19270(전합) ······ 106
대판 2012. 12. 13, 2011두29144 ········ 52, 182
대판 2012. 12. 26, 2012도13215 ·············· 38
대판 2013. 1. 24, 2010두18918 ······· 197, 198

대결 2013.  1. 31, 2011아73 ················ 424
대판 2013.  2. 28, 2012두22904 ············· 392
대판 2013.  3. 14, 2010두2623 ················ 398
대판 2013.  3. 14, 2012두6964 ················ 148
대판 2013.  3. 28, 2011두13729 ·············· 398
대판 2013.  4. 26, 2010다79923 ·············· 133
대판 2013.  5. 16, 2012다202819(전합) ····· 286
대판 2013.  6. 14, 2010다9658 ················ 300
대결 2013.  7. 12, 2012무84 ·················· 397
대판 2013.  7. 25, 2011두1214 ················ 381
대판 2013.  8. 22, 2011두26589 ·············· 430
대판 2013.  9. 12, 2011두10584 ········· 74, 75
대판 2013. 10. 24, 2013다208074 ············· 291
대판 2013. 11. 14, 2011다27103 ·············· 330
대판 2013. 11. 14, 2011두18571 ·············· 127
대판 2013. 11. 14, 2011두28783 ················ 10
대판 2013. 12. 26, 2012두19571 ················ 73
대판 2014.  1. 16, 2011두6264 ················· 23
대결 2014.  1. 23, 2011무178 ················· 425
대판 2014.  1. 23, 2013다211865 ············· 292
대판 2014.  2. 21, 2011두29052 ·············· 384
대판 2014.  2. 27, 2011두11570 ·············· 148
대판 2014.  2. 27, 2012두22980 ·············· 381
대판 2014.  3. 27, 2011다49981 ·············· 442
대판 2014.  4. 10, 2011다15476 ················ 45
대판 2014.  4. 10, 2012두16787 ············· 100
대판 2014.  4. 24, 2013두10809 ············· 400
대판 2014.  4. 24, 2013두26552 ················ 20
대판 2014.  5. 16, 2012두26180 ············· 181
대판 2014.  5. 16, 2013두26118 ········ 349, 350
대판 2014.  5. 16, 2014두274 ··········· 331, 390
대판 2014.  6. 12, 2014두2157 ················· 82
대판 2014.  6. 26, 2012두911 ·················· 18
대판 2014.  7. 10, 2013두7025 ················ 44
대판 2014.  7. 16, 2011다76402(전합) ········ 26
대판 2014.  7. 24, 2012다49933 ·············· 195
대판 2014.  7. 24, 2012두12303 ·············· 207
대판 2014.  7. 24, 2013두20301 ·············· 205
대판 2014.  8. 20, 2012다54478 ·············· 285
대판 2014.  8. 20, 2012두19526 ················ 57
대판 2014.  8. 28, 2011두17899 ·············· 396

대판 2014. 10. 27, 2012두11959 ········ 352, 435
대판 2014. 11. 27, 2013두18964 ··········· 78, 82
대판 2014. 11. 27, 2014두9226 ················ 151
대판 2014. 11. 27, 2014두37665 ············· 443
대판 2014. 12. 11, 2012다15602 ················ 42
대판 2014. 12. 11, 2013두15750 ·············· 233
대판 2014. 12. 24, 2010두6700 ·············· 243
대판 2014. 12. 24, 2014두9349 ········· 192, 194
대판 2015.  1. 15, 2013두14238 ················ 63
대판 2015.  1. 29, 2012두11164 ················ 89
대판 2015.  2. 12, 2013두987 ·················· 97
대판 2015.  3. 20, 2011두3746 ················ 139
대판 2015.  4. 23, 2013다211834 ············· 299
대판 2015.  5. 28, 2013다41431 ·············· 260
대판 2015.  5. 28, 2015두36256 ·············· 436
대판 2015.  6. 23, 2012두2986 ················ 55
대판 2015.  7.  9, 2015두39590 ············· 111
대판 2015.  7. 23, 2012두19496, 19502 ····· 384
대결 2015.  8. 21, 2015무26 ·················· 474
대판 2015.  8. 27, 2012다204587 ············· 263
대판 2015.  8. 27, 2013두1560 ················ 44
대판 2015. 10. 15, 2013다23914 ········ 290, 291
대판 2015. 10. 29, 2013두27517 ············· 387
대판 2015. 11. 27, 2013다6759 ·············· 435
대판 2015. 12. 10, 2011두32515 ················ 85
대판 2015. 12. 10, 2013두14221 ·············· 373
대판 2016.  1. 28, 2015두52432 ············· 102
대판 2016.  2. 18, 2015두53640 ····· 84, 88, 89
대판 2016.  3. 10, 2012다105482 ······· 190, 191
대판 2016.  3. 24, 2015두48235 ······· 448, 451
대판 2016.  5. 24, 2013두14863 ········ 473, 474
대판 2016.  6. 10, 2013두1638 ················ 458
대판 2016.  6. 10, 2015다217843 ············· 284
대판 2016.  7. 14, 2015두4167 ·························
················································· 436, 438, 439
대판 2016.  7. 14, 2015두46598 ······· 231, 460
대판 2016.  7. 14, 2015두48846 ············· 102
대판 2016.  7. 14, 2015두58645 ············· 366
대판 2016.  7. 27, 2014다205829 ············· 293
대판 2016.  7. 27, 2015두46390 ················ 23
대판 2016.  7. 27, 2015두46994 ············· 378

대판 2016. 8. 17, 2015두51132 ················ 82
대판 2016. 8. 24, 2016두35762 ················ 111
대판 2016. 8. 25, 2014다225083 ·············· 266
대판 2016. 8. 30, 2015두60617 ········ 268, 419
대판 2016. 9. 28, 2014도10748 ·············· 214
대판 2016. 10. 27, 2014두12017 ·············· 76
대판 2016. 10. 27, 2016두41811 ········ 182, 235
대판 2016. 11. 9, 2014두1260 ················ 403
대판 2016. 11. 10, 2016두44674 ······ 208, 365
대판 2016. 11. 24, 2014두47686 ·············· 111
대판 2016. 11. 24, 2016수64 ················ 475
대판 2016. 12. 15, 2012두11409 · 11416 ·········
················································ 203, 208
대판 2016. 12. 15, 2013두20882 ·············· 193
대판 2016. 12. 15, 2016두47659 ·············· 237
대판 2016. 12. 27, 2014두5637 ········ 366, 476
대판 2016. 12. 27, 2016두50440 ·············· 379
대판 2016. 12. 29, 2014다67720 ·············· 296
대판 2017. 1. 12, 2015두2352 ················ 455
대판 2017. 2. 3, 2015두60075 ················ 278
대판 2017. 2. 9, 2014두40029 ················ 352
대판 2017. 2. 15, 2014다230535 ··············· 40
대판 2017. 2. 16, 2015도16014(전합) ······· 64
대판 2017. 3. 9, 2013두16852 ················ 390
대판 2017. 3. 9, 2016두55933 ················ 430
대판 2017. 3. 9, 2016두60577 ········ 399, 402
대판 2017. 3. 15, 2014두41190 ········ 156, 158
대판 2017. 3. 16, 2014두8360 ·········· 235, 236
대판 2017. 3. 16, 2016두54084 ··············· 42
대판 2017. 3. 22, 2016다258124 ··············· 39
대판 2017. 3. 30, 2015두43971 ·············· 151
대판 2017. 4. 7, 2014두1925 ·················· 14
대판 2017. 4. 7, 2014두37122 ················ 438
대판 2017. 4. 7, 2016두63224 ········ 183, 185
대판 2017. 4. 13, 2016두64241 ·············· 410

대판 2017. 4. 20, 2015두45700 ················ 58
대판 2017. 4. 27, 2016두33360 ················ 238
대판 2017. 4. 28, 2016다213916 ····················
········································ 219, 225, 228
대판 2017. 5. 11, 2014두8773 ················ 243
대판 2017. 5. 30, 2017두34087 ··············· 47
대판 2017. 5. 31, 2017두30764 ··············· 56
대판 2017. 6. 15, 2013두2945 ················ 364
대판 2017. 6. 15, 2014두46843 ····················
········································ 151, 152, 153
대판 2017. 6. 15, 2016두52378 ··············· 65
대판 2017. 6. 19, 2015두59808 ·············· 244
대판 2017. 6. 29, 2017두33824 ·············· 268
대판 2017. 7. 11, 2013두25498 ·············· 428
대판 2017. 7. 11, 2015두2864 ················ 433
대판 2017. 7. 11, 2016두35120 ········ 122, 147
대판 2017. 7. 11, 2017두36885 ·············· 241
대판 2017. 7. 18, 2016두49938 ·············· 147
대판 2017. 8. 29, 2016두44186 ·················
········································ 91, 126, 128
대판 2017. 9. 7, 2017두44558 ·················
···································· 199, 202, 203, 206
대판 2017. 9. 21, 2017도7321 ················ 135
대판 2017. 10. 12, 2015두36836 ·············· 398
대판 2017. 10. 12, 2015두60105 ··············· 61
대판 2017. 10. 12, 2017두48956 ··············· 97
대판 2017. 10. 31, 2015두45045 ·················
········································ 353, 359, 370, 411
대판 2017. 10. 31, 2017두40068 ········ 315, 430
대판 2017. 10. 31, 2017두46783 ··············· 95
대판 2017. 11. 9, 2015다215526 ·············· 375
대판 2017. 11. 9, 2017다228083 ·················
········································ 100, 265, 269
대판 2017. 12. 13, 2016두55421 ·············· 236

[헌법재판소 결정]

헌재 1989. 1. 25, 88헌가7 ······················· 255
헌재 1989. 5. 24, 89헌가37 ························ 10
헌재 1989. 7. 14, 88헌가5 ························· 12
헌재 1990. 9. 3, 90헌마13 ························· 9
헌재 1990. 10. 15, 89헌마178 ···················· 69
헌재 1991. 5. 13, 89헌가97 ························ 41
헌재 1991. 5. 13, 90헌마133 ······················ 30
헌재 1991. 7. 22, 89헌마174 ······················ 88
헌재 1992. 10. 1, 92헌마68·76 ················· 173
헌재 1993. 5. 13, 92헌가10 ····················· 140
헌재 1994. 6. 30, 92헌바23 ····················· 138
헌재 1994. 6. 30, 92헌바38 ····················· 217
헌재 1994. 12. 29, 89헌마2 ······················ 329
헌재 1994. 12. 29, 93헌바21 ············· 275, 276
헌재 1995. 5. 25, 91헌가7 ······················ 254
헌재 1995. 6. 29, 94헌바39 ······················ 13
헌재 1996. 6. 13, 94헌마118, 93헌바39(병합)
······················································ 274
헌재 1996. 6. 13, 94헌바20 ····················· 273
헌재 1996. 8. 29, 93헌바63, 95헌바8(병합) ···
······················································ 319
헌재 1996. 10. 31, 94헌마108 ···················· 70
헌재 1997. 2. 20, 96헌바24 ····················· 286
헌재 1997. 11. 27, 94헌마60 ···················· 202
헌재 1998. 2. 27, 97헌마64 ······················ 57
헌재 1998. 4. 30, 97헌마141 ·············· 75, 385
헌재 1998. 7. 16, 96헌마246 ···················· 463
헌재 1998. 9. 30, 97헌바38 ······················ 20
헌재 1998. 12. 24, 89헌마214, 90헌바16,
97헌바7 ········································ 310, 329
헌재 1999. 4. 29, 94헌바37 ············· 325, 326
헌재 1999. 6. 24, 97헌마315 ···················· 118
헌재 1999. 10. 21, 97헌바26 ···················· 311
헌재 1999. 11. 25, 98헌바36 ···················· 348
헌재 1999. 12. 23, 98헌바33 ····················· 11
헌재 2000. 2. 24, 99헌바17·18·19 ··········· 253
헌재 2000. 6. 29, 99헌가16 ······················ 63
헌재 2001. 1. 18, 98헌바75·89, 99헌바89
(병합) ················································· 5
헌재 2001. 2. 22, 99헌마409 ···················· 456
헌재 2001. 2. 22, 2000헌바38 ·················· 271
헌재 2001. 4. 26, 99헌바37 ······················ 39
헌재 2001. 4. 26, 2000헌마122 ·· 54, 59, 62, 64
헌재 2001. 5. 31, 99헌바413 ····················· 78
헌재 2002. 5. 30, 2000헌바58, 2001헌바3
(병합) ················································ 90
헌재 2002. 10. 31, 2000헌가12 ·········· 233, 234
헌재 2002. 11. 28, 2002헌바45 ·················· 14
헌재 2003. 6. 26, 2002헌마337, 2003헌마
7·8(병합) ·········································· 175
헌재 2003. 7. 24, 2001헌가25 ·················· 239
헌재 2003. 10. 30, 2002헌마275 ··············· 214
헌재 2003. 12. 18, 2002헌바1 ··················· 30
헌재 2004. 2. 26, 2001헌마718 ·················· 70
헌재 2004. 2. 26, 2001헌바80 ·················· 231
헌재 2004. 4. 29, 2003헌마814 ··················· 4
헌재 2004. 10. 28, 99헌바91 ····················· 56
헌재 2004. 12. 16, 2002헌마478 ················· 27
헌재 2004. 12. 16, 2002헌마579 ··············· 195
헌재 2005. 2. 24, 2003헌마289 ·················· 28
헌재 2005. 5. 26, 99헌마513, 2004헌마190
(병합) ········································· 189, 190
헌재 2005. 9. 29, 2002헌바84 ·················· 308
헌재 2006. 2. 23, 2004헌마19 ·················· 314
헌재 2006. 3. 30, 2005헌바110 ················· 308
헌재 2006. 6. 29, 2002헌바80 ··················· 11
헌재 2007. 1. 17, 2005헌바86 ·········· 405, 406
헌재 2007. 6. 28, 2004헌마262 ·················· 25
헌재 2007. 10. 25, 2006헌마1236 ··············· 80
헌재 2007. 10. 26, 2007두9884 ················· 60
헌재 2008. 9. 25, 2006헌바108 ·················· 21
헌재 2008. 10. 30, 2006헌바80 ················· 470
헌재 2008. 10. 30, 2007헌마1281 전원재판부 ··
······················································ 70
헌재 2008. 12. 26, 2008헌마419·423·436
(병합) 전원재판부 ······························· 267
헌재 2009. 4. 30, 2007헌가8 ·················· 229
헌재 2009. 7. 30, 2008헌가14 ·················· 212

헌재 2009. 9. 24, 2007헌바114 전원재판부 ·····
······························· 304
헌재 2009. 9. 24, 2009헌바28 전원재판부 ······
······························· 104
헌재 2010. 2. 25, 2008헌바6 전원재판부 ·······
······························· 306, 312
헌재 2010. 3. 25, 2009헌바83 ················· 244
헌재 2010. 6. 1, 2010헌마291 ················· 203
헌재 2011. 6. 30, 2009헌마406 ·················· 12
헌재 2011. 9. 29, 2010헌가93 ··················· 55
헌재 2011. 9. 29, 2010헌바116 ················· 286
헌재 2012. 4. 24, 2011헌바62 ················· 239
헌재 2012. 5. 31, 2010헌마625 ················· 455
헌재 2012. 7. 26, 2009헌바328 ················· 309
헌재 2012. 10. 25, 2011헌마429 ················· 172
헌재 2013. 6. 27, 2011헌바386 ·················· 59
헌재 2013. 8. 29, 2012헌마767 ················· 79
헌재 2013. 9. 26, 2012헌바23 ······· 320, 322
헌재 2013. 10. 24, 2011헌바355 ················· 307
헌재 2013. 10. 24, 2012헌바368 ·················· 58
헌재 2013. 10. 24, 2012헌바376 ················· 308
헌재 2013. 12. 26, 2011헌바162 ················· 312
헌재 2014. 2. 27, 2010헌바483 ················· 113
헌재 2014. 3. 27, 2011헌마291 ·················· 85
헌재 2014. 3. 27, 2012헌바192 ··················· 8
헌재 2014. 5. 29, 2012헌바28 ················· 241
헌재 2014. 6. 26, 2013헌바122 ················· 337
헌재 2014. 7. 24, 2013헌바183 ·················· 80
헌재 2014. 10. 30, 2011헌바172 ················· 303
헌재 2015. 4. 30, 2012헌마38 ···················· 8

헌재 2015. 6. 25, 2011헌마769 ················· 192
헌재 2015. 7. 30, 2014헌바298 ··················· 17
헌재 2015. 10. 21, 2012헌바367 ········· 307, 325
헌재 2015. 12. 23, 2014헌마1149 ················· 380
헌재 2016. 2. 25, 2013헌마830 ················· 191
헌재 2016. 2. 25, 2013헌바435 ·················· 64
헌재 2016. 2. 25, 2015헌바257 ················· 324
헌재 2016. 3. 31, 2014헌바382 ·················· 61
헌재 2016. 3. 31, 2016헌가4 ················· 211
헌재 2016. 4. 28, 2012헌마630 ···················· 7
헌재 2016. 4. 28, 2014헌바60 ················· 248
헌재 2016. 4. 28, 2015헌바230 ················· 433
헌재 2016. 5. 26, 2015헌바263 ···················· 8
헌재 2016. 6. 30, 2013헌바370 ·················· 56
헌재 2016. 7. 28, 2014헌바206 ················· 399
헌재 2016. 7. 28, 2014헌바421 ················· 115
헌재 2016. 9. 29, 2015헌바325 ·················· 60
헌재 2016. 9. 29, 2015헌바331 ·················· 61
헌재 2016. 10. 27, 2015헌바358 ················· 180
헌재 2016. 11. 24, 2015헌바207 ················· 141
헌재 2016. 12. 29, 2015헌바229 338, 406, 407
헌재 2017. 4. 27, 2016헌바452 ·················· 69
헌재 2017. 5. 25, 2014헌마844 ·················· 60
헌재 2017. 5. 25, 2017헌바57 ················· 217
헌재 2017. 7. 27, 2015헌마1052 ················· 14
헌재 2017. 7. 27, 2015헌마1094 ·················
························· 7, 59, 189, 190
헌재 2017. 8. 31, 2015헌바388 ·················· 60
헌재 2017. 9. 28, 2016헌바140 ············· 80, 81

# 사항색인

[ㄱ]

가구제 423
가산금 241
가산세 240
가집행선고 474
가처분 429, 474
간접강제 452, 453
간접보상 315
강제금 231
강제조사 236
개별토지가격결정 92
개인별 보상 316
개인적 공권 28
개인적 공권의 성립요건 31
개인정보자기결정권 189
객관적 소송 475
거부처분 364
거부처분의 사전통지 180
거부처분취소심판 342
결과제거청구권 333
경원자소송 33, 387
경쟁자소송 33, 386
계고 223
계획변경청구권 90
계획재량 88
계획폐지청구권 90
고시 · 훈령 형식의 행정규칙 72
고의 · 과실 210, 261
고지제도 339
공개대상정보 197
공공필요 303
공권 · 공의무의 승계 37
공권력행사 363
공급거부 244

공동불법행위 275
공매 229
공무를 위탁받은 사인 255
공무원 255
공법관계 26
공법상 계약 169
공법상 법인 25
공법상 부당이득 43
공법상 사무관리 42
공법상 사실행위 173
공법인 5
공부에의 등재행위 117
공익 3
공정력 133
공증행위 117
공청회 186
공청회제도 186
공포일 19
공표 245
과소보호금지 원칙 8
과징금 213, 238
관련청구소송의 병합 377
관련청구소송의 의의 376
관습법 9
관할법원 374
관할이송 375
관허사업의 제한 243
구상권 285
구성요건적 효력 133
구체적 사건성 355
구체적으로 범위를 정하여 59
국가배상법 251
국가배상제도 251
국가책임제도의 보완 324
권력적 사실행위 367

권리보호의 필요 173, 410, 458, 466
권한의 위임 391
귀화허가 115
금전상 제재 238
기간의 계산 38
기관소송 476
기본적 사실관계 435
기속력 352, 448
기속행위와 재량행위의 구분 99
기판력 442
기한 160

[ㄴ]

논리적 해석 22

[ㄷ]

다단계행정행위 93
다른 행정청의 소송참가 396
단기소멸시효 285
단일소송 320
대집행 218
대집행의 절차 223
대집행의 주체 222
대체적 작위의무 219
대통령령 · 총리령 · 부령 형식 등의 행정규칙 73
도달주의 46, 132
등기우편 133

[ㅁ]

명령적 행위 103
명확성의 원칙 17
목적론적 해석 22

무하자재량행사청구권   35
무효등 확인소송   456
무효와 취소의 구별   137
무효의 사유   143
무효의 주장방법   146
문리적 해석   22
문서형식   126
민사소송법에 따른 소의 변경   421
민사소송법에 의한 소송참가   397
민사특별법   252
민중소송   475

[ㅂ]
반복금지효   448
반복된 거부처분   365
반사적 이익   107, 356
방호조치의무   292
배상금청구절차   253
배상기준   270
배상액   270
배상책임의 내용   270
배상책임의 성질   280
배상책임의 요건   255
법규명령   54
법규명령사항의 고시·훈령에 위임   80
법규명령형식의 행정규칙   82
법령위반   262
법률상 이익   107
법률상 이익 유무의 판단 기준   384
법률상 이익의 의의   383
법률상 이익의 주체   379
법률유보의 원칙   7
법률효과의 일부배제   161
법원의 흠결   24
법인의 책임   211
법치주의   7
보상금증감소송   302, 319

보통우편   133
본안심리   349
본안요건   419
부과금   238
부관의 하자   165
부관의 한계   164
부담   161
부당결부금지의 원칙   16
부분승인   94
부분허가   94
부작위위법확인소송   461
부작위의무   220, 448
부진정소급효   19
불가변력   136
불가쟁력   136
불변기간   401
불확정개념   97
비공개대상정보   199
비교법적 해석   22
비권력적 사실행위   173
비례원칙   11, 306
비용부담자   279, 297
비재산권 침해   331

[ㅅ]
사무의 귀속주체   278
사법관계   26
사법으로의 도피   176
사법형식의 행정작용   176
사인의 공법행위   43
사전보상의 원칙   316
사전통지를 받을 권리   180
사정판결   438
사회복지주의   8
상당성의 원칙   12
상당한 기간   462
상위법 합치적 해석   23
생활보상   313
석명의무   433
선결문제   133
설치나 관리에 하자   290

소멸시효   39
소송참가   395
소의 변경   421
손실보상제도   300
손해   268
수리를 요하는 신고   48
수리를 요하지 않는 신고   46
수리의 거부   48, 49, 122
수리행위   121
수용   306
수인성의 원칙   17
시정명령   247
신고   46
신고필증   48
신뢰보호의 원칙   13, 78
신의성실의 원칙   16
신청권   461, 465
실질적 존속력   136
실질적 확정력   442
실효   159
심리불속행제도   454
심판청구인   343
심판피청구인   343

[ㅇ]
압류   228
역사적 해석   22
영리활동   178
영장제도   233
영조물   289
영조물의 하자로 인한 배상책임   289
예방적 부작위소송   471
예비결정   95
예비적 청구의 의의   378
예측가능성   60
요건심리   348
운행자성   288
원고적격   379, 457, 465
원처분중심주의   318
원처분중심주의의 예외   371

위법성 판단 자료의 범위 437
위법성 판단의 기준시 468
위법성 판단의 기준시점 436
위임명령의 근거 57
위임입법의 의의 54
위임입법의 형태 55
위자료 270
의견제출권 182
의견제출제도 182
의무이행소송 469
의사상자 332
의회유보 7
이에 준하는 작용 367
이웃소송 34, 388
이유제시 127
이의신청 338
이익의 공제 271
이주대책 313
이중처벌 213
인·허가의제 110
인가 115
인간다운 생활을 할 권리 8
인용판결 440
인인소송 34, 388
일반사병 이라크파병 4
일부무효확인 460
일부취소 441
일신전속성 232
일정한 처분을 할 법률상 의무 463
입증책임 432, 460

[ㅈ]
자유심증주의 430
작위의무확인소송 470
재결 317, 368
재결 자체에 고유한 위법 368
재결의 효력 351
재결중심주의 371
재량준칙 10
재량하자 101

재량하자에 대한 사법심사 102
재량하자의 효과 102
재량행위 356
재산권 304
재산권 제한의 유형 324
재산권 침해에 대한 손실보상청구권의 확장 326
재산권의 내용과 한계 307
재산권의 사회적 구속 308
재위임 63
재처분의무 449
적극적 형성소송 470
절충설 290
정당한 보상 311
정당한 사유 402
정보공개청구권 191
정보공개청구권자 196
정보공개청구의 상대방 196
정보상 자기결정권 189
제3자 소송 386
제3자의 사익보호 32
제3자의 소송참가 395
제3자의 원고적격 465
제3자효 446
제3자효의 확장 446
제소기간 398, 466
제재의 승계 109
제재적 행정처분 243
조건 160
조달행정 178
존속력 136
종국적 배상책임자 280
종합적 해석 22
주거이전비 315
주장책임 431
준법률행위적 행정행위 117
중대명백설 139
중요사항 위임 64
지위승계신고 50
직권심리 430

직권조사 433
직권취소 151
직권취소청구권 151
직무 258
진정 337
진정소급효 20
집중효 86
집행력 452
집행정지 423

[ㅊ]
처벌규정 위임 63
처분 362
처분권주의 429
처분등이 있은 날 402
처분이유의 사후변경 435
처분적 법규 67
철회 155
철회청구권 156
청문권 183
청문제도 183
최소침해의 원칙 12
취득시효 41
취소소송 358
취소소송과 당사자소송과의 관계 361
취소소송과 무효확인소송의 관계 360
취소소송의 성질 359
취소소송의 소송물 359
취소의 소급효 447

[ㅌ]
타인의 행위에 대한 책임 212
통고처분 213
통지행위 120
통치행위 4, 357
특별법 18
특별한 희생 307
특별행정법관계 27
특허 113

[ㅍ]
평등의 원칙   10
포괄적 위임의 금지   58
피고경정   394
피고적격   390
필요성의 원칙   12
필요적 결정전치주의   253
필요적 전치절차   318
필요적 행정심판전치   405

[ㅎ]
하자의 승계   227
하자의 전환   150
하자의 치유   148
하천의 안전성   293
합의제기관   123
항고소송의 본질   366
행정개입청구권   36
행정계획(Plan)의 성질   84
행정계획의 의의   84
행정관행   78
행정규칙   72
행정규칙(고시)의 종류   75
행정규칙사항의 대통령령·
   총리령·부령에 위임   82
행정규칙의 통제   79
행정규칙의 효과   76

행정규칙형식의 법규명령   80
행정법관계   26
행정법원 전속관할   374
행정법의 일반원칙   9
행정사법   177
행정상 강제집행   218
행정상 강제징수   228
행정상 즉시강제   233
행정소송법에 따른 소의 변경
   421
행정소송의 의의   354
행정소송의 한계   355
행정심판   337
행정심판의 전치   404
행정심판청구기간   345
행정심판청구서   344
행정의 자기구속의 원칙   9
행정의 주체   25
행정입법부작위   67
행정절차   180
행정절차상 하자   187
행정지도   173, 174
행정질서벌   215
행정처분   91
행정청   362
행정행위의 내용   103
행정행위의 부관   160

행정행위의 실효   159
행정행위의 철회   155
행정행위의 하자   137
행정행위의 하자의 승계   146
행정형벌   210, 213
허가   104
허가갱신   109
허가영업의 양도   109
헌법소원   68
협력절차   129
협의   316
협의의 비례원칙   12
협의의 특허   113
형량하자   89
형성력   351, 445
형성의 자유   88
형식선택의 자유   176
형식적 당사자소송   321
형식적 존속력   136
확인소송의 보충성   458
확인의 이익   458
확인행위   117
횡단보도설치   92
효력규정   6
훈시규정   5

## 저자약력

서울대학교 법과대학 졸업
서울대학교 대학원 졸업(법학박사)
독일 Universität Tübingen, Universität Wuppertal, Freie Universität Berlin, 미국 University of
  California at Berkeley 등에서 행정법연구
한국공법학회 회장(현 고문)
한국지방자치법학회 회장(현 명예회장)
지방자치단체 중앙분쟁조정위원회 위원장(현)·서울특별시민간위탁운영평가위원회 위원장(현)·
  주식백지신탁심사위원회 위원장·행정자치부정책자문위원회 위원장·지방분권촉진위원회위원·
  민주화운동관련자명예회복및보상심의위원회위원·헌법재판소공직자윤리위원회위원·행정소송
  법개정위원회위원·국무총리행정심판위원회위원·중앙분쟁조정위원회위원·중앙토지평가위원
  회위원·경찰혁신위원회위원·전국시장군수구청장협의회자문교수·서울특별시강남구법률자문교
  수 등
사법시험·행정고시·입법고시·외무고시·지방고등고시 등 시험위원
이화여자대학교 법과대학 교수
연세대학교 법학전문대학원·법과대학 교수

저    서
헌법과 정치(법문사, 1986)
행정법원리(박영사, 1990)
판례행정법(길안사, 1994)
사례행정법(신조사, 1996)
행정법연습(신조사, 초판 1999, 제 8 판 2008)
신행정법연습(신조사, 초판 2009, 제 2 판 2011)
경찰행정법(박영사, 초판 2007, 제 3 판 2013)
신지방자치법(박영사, 초판 2009, 제 4 판 2018)
행정법원론(상)(박영사, 초판 1992, 제26판 2018)
행정법원론(하)(박영사, 초판 1993, 제26판 2018)
신행정법특강(박영사, 초판 2002, 제17판 2018)
최신행정법판례특강(박영사, 초판 2011, 제 2 판 2012)
로스쿨 객관식 행정법특강(박영사(공저), 2012)
기본 행정법(박영사, 초판 2013, 제 6 판 2018)
기본 경찰행정법(박영사, 2013)
기본 CASE 행정법(박영사(공저), 2016)
민간위탁의 법리와 행정실무(박영사, 2015)
공직자 주식백지신탁법(박영사, 2018)
신판례행정법입문(박영사, 2018)

## 신판례행정법입문

초판발행    2018년 3월 5일

지은이      홍정선
펴낸이      안종만

편 집       김선민
기획/마케팅  조성호
표지디자인   조아라
제 작       우인도·고철민

펴낸곳      (주)**박영사**
            서울특별시 종로구 새문안로3길 36, 1601
            등록 1959. 3. 11. 제300-1959-1호(倫)
전 화       02)733-6771
f a x       02)736-4818
e-mail      pys@pybook.co.kr
homepage    www.pybook.co.kr
ISBN        979-11-303-3155-3  93360

정 가       29,000원